ΟΔΟΣ ΑΒΥΣΣΟΥ ΑΡΙΘΜΟΣ 0

ΤΟΥ ΙΔΙΟΥ

	Πρώτη έκδοση
ΔΙΗΓΗΜΑΤΑ	
Τα πλοία δεν άραξαν	1938
Περιμένοντας το ουράνιο τόξο	1940
Γλυκοχάραμα	1944
Αυτοί που φέρανε την καταχνιά	1946
Βουρκωμένες μέρες	1953
Το τραγούδι των διψασμένων	1966
ΜΥΘΙΣΤΟΡΗΜΑΤΑ	
Έκσταση	1943
Καληνύχτα, ζωή...	1946
Συννεφιάζει	1948
Ένα παιδί μετράει τ' άστρα	1956
Οι κερασιές θ' ανθίσουν και φέτος	1956
Τότε που κυνηγούσα τους ανέμους	1956
Οδός Αβύσσου αριθμός 0	1962
Το ρολόι του κόσμου χτυπά μεσάνυχτα	1963
(και έκδοση γ΄ εκ νέου επεξεργασμένη)	1966
Η φυλακή του κάτω κόσμου	1964
Θυμωμένα στάχυα	1965
Οι σαρκοφάγοι - Το κρασί των δειλών	1965
Οι ήρωες κοιμούνται ανήσυχα - Σαρκοφάγοι ΙΙ	1967
Αγέλαστη άνοιξη	1971
Κάτω απ' τα κάστρα της ελπίδας	1972
Ο άγγελος με τα γύψινα φτερά - Σαρκοφάγοι ΙΙΙ	1974
Της γης οι αντρειωμένοι	1976
Τρόπαια Α΄ (Η οπτασία του Μαραθώνα)	χ.χ.
Τρόπαια Β΄ (Σαλαμίνα)	χ.χ.
Λύσσα	χ.χ.
ΒΙΟΓΡΑΦΙΕΣ	
Ο λυράρης (Μιλτιάδης Μαλακάσης)	1974
Ο κονταρομάχος (Κώστας Βάρναλης)	1974
Ο εξάγγελος (Άγγελος Σικελιανός)	1976
ΠΟΙΗΣΗ	
Κραυγή στα πέρατα	1954
Τραγουδώ για την Κύπρο	1956
Το σπαθί και το φιλί	1967
Κοντσέρτο για δυο μυδράλια κι ένα αηδόνι	1973
Οι εφτά κύκλοι της μοναξιάς	1975
Θρηνολόι και άσμα για το σταυρωμένο νησί	1975
Πυρπολημένη μνήμη	1975
ΘΕΑΤΡΟ	
Οι κεραυνοί ξεσπούν	1958
Οι αρχιτέκτονες του τρόμου	1966
Ανθισμένο όνειρο	1975
Ταξίδια του χαμού	1975
Θα κλάψω αύριο	1975
Πικρή θάλασσα	1976
Οι Δήμιοι με τ' άσπρα γάντια	1978
ΤΑΞΙΔΙΩΤΙΚΑ - ΠΟΛΙΤΙΚΑ	
Ο μεγάλος Δεκέμβρης	1945
Μπατ-Τάι	1966
Ταξίδι στην απεραντοσύνη - Οδοιπορικό	1976
ΠΑΙΔΙΚΗ ΛΟΓΟΤΕΧΝΙΑ	
Ο Ηρακλής	1976
Ο Δαίδαλος	χ.χ.
Ο Θησέας	χ.χ.
Ο Ίκαρος	χ.χ.

ΜΕΝΕΛΑΟΣ ΛΟΥΝΤΕΜΗΣ

Οδός Αβύσσου αριθμός 0

ΜΥΘΙΣΤΟΡΗΜΑ

ΤΕΤΑΡΤΗ ΕΚΔΟΣΗ

ΕΚΔΟΣΕΙΣ ΠΑΤΑΚΗ

Θέση υπογραφής δικαιούχου/-ων δικαιωμάτων πνευματικής ιδιοκτησίας, εφόσον η υπογραφή προβλέπεται από τη σύμβαση.

Εκδόσεις Πατάκη – Σύγχρονη ελληνική λογοτεχνία
Πεζογραφία – 358
Μενέλαος Λουντέμης, *Οδός Αβύσσου αριθμός 0*
Υπεύθυνη έκδοσης Υβόνη Καρύδη
Διόρθωση Σπύρος Καράμπαλης
Σελιδοποίηση ΑΦΟΙ Καπένη Κ. & Α. Ο.Ε.
Φιλμ-μοντάζ Γιώργος Κεραμάς

Πρώτη έκδοση από τη Βιβλιοεκδοτική, Αθήνα, 1962
Πρώτη έκδοση από τις Εκδόσεις Πατάκη, Αθήνα, Απρίλιος 2015
Ακολούθησαν οι ανατυπώσεις Φεβρουαρίου 2018, Ιουλίου 2020
Η παρούσα είναι η τέταρτη εκτύπωση, Ιανουάριος 2023
Κ.Ε.Τ. 9524 Κ.Ε.Π. 812/22
ISBN 978-960-16-6035-6

ΕΚΔΟΣΕΙΣ ΠΑΤΑΚΗ

ΠΑΝΑΓΗ ΤΣΑΛΔΑΡΗ (ΠΡΩΗΝ ΠΕΙΡΑΙΩΣ) 38, 104 37 ΑΘΗΝΑ
ΤΗΛ.: 210.36.50.000, 210.52.05.600, 801.100.2665 - FAX: 210.36.50.069
ΚΕΝΤΡΙΚΗ ΔΙΑΘΕΣΗ: ΕΜΜ. ΜΠΕΝΑΚΗ 16, 106 78 ΑΘΗΝΑ, ΤΗΛ.: 210.38.31.078
ΥΠΟΚΑΤΑΣΤΗΜΑ ΒΟΡΕΙΑΣ ΕΛΛΑΔΑΣ: ΚΟΡΥΤΣΑΣ (ΤΕΡΜΑ ΠΟΝΤΟΥ – ΠΕΡΙΟΧΗ Β΄ ΚΤΕΟ),
570 09 ΚΑΛΟΧΩΡΙ ΘΕΣΣΑΛΟΝΙΚΗΣ, Τ.Θ. 1213, ΤΗΛ.: 2310.70.63.54, 2310.70.67.15 - FAX: 2310.70.63.55
Web site: http://www.patakis.gr • e-mail: info@patakis.gr, sales@patakis.gr

Κείνο το βράδυ σώπαιναν οι λύκοι,
γιατί ουρλιάζανε άνθρωποι.

Μ. Λ.

ΠΡΟΛΟΓΟΣ

Ο ΔΡΟΜΟΣ ΤΩΡΑ κόβεται απ' τη θάλασσα. Κυλάει το κανάλι σα θυμωμένο σπαθί και κόβει τη στεριά στη μέση. Τα βράδια τα σκίνα κλαίνε σα νυχτοπούλια που τα σφάζει ο βοριάς. Οι άνθρωποι εδώ είναι φρυμένοι. Το ψωμί τους μαύρο και λιγοστό, εφτάρμυρο απ' τον ιδρώτα και τη θάλασσα. Έτσι ήταν πάντα η Λαυρεωτική, απ' τους παληούς καιρούς. Αχαμνή, με λίγο άρρωστο χορτάρι στις πλαγιές. Οι άνθρωποι, μη βρίσκοντας τίποτα να φάνε πάνω στη γη, χώθηκαν κάτω απ' τη γη. Έτσι βρέθηκε το μεταλλείο του Λαυρίου.

Νυχτώνει γρήγορα εδώ. Τρυπώνουν στα χαμόσπιτά τους νωρίς νωρίς γιατί το βράδυ τούς βρίσκει λειωμένους απ' την κούραση και την απελπισιά. Δεν είναι «πέρασμα Θεού» εδώ, δεν έχει λόγους να περάσει ο Θεός, δεν του αρέσει ο βήχας. Θέλει ψαλμουδιές, κι εδώ όλοι είναι χτικιάρηδες. Νυχτώνει, λοιπόν, γρήγορα εδώ και πέφτει το βράδυ σα μαύρο μολύβι, και σκοτώνει τα όνειρα.

Η αντίπερα αδερφή της στεριάς είναι ακόμη χειρότερη. Μια στεγνή, κακοτράχαλη γλώσσα που η θάλασσα αντί να τη δροσίσει την ξέρανε πιο πολύ. Δεν είχε τίποτα να της παινέψουν, καμιά χάρη, καμιά ομορφιά. Έτσι, ούτε όνομα δε βρήκαν να της δώσουν. Ψάξανε, ψάξανε, δε βρήκαν τίποτε, ούτε ένα μικρό σημάδι από δέντρο ή ιστορία. Ήταν ένα πέτρινο σκιάχτρο κυκλωμένο γύρω γύρω από θυμωμένο νερό. Σκέτος βράχος και νερό. Στις κοφτερές ακρογιαλιές της δεν άραξε ποτές καΐκι. Δεν το 'βαλε ποτέ νους ανθρώπου να γυρέψει αραξοβόλι στους κόρφους της, δεν είχε κόρφους. Μόνο κάτι πέτρινα μαστάρια είχε που δεν τ' άγγιζαν ούτε πουλιά. Να, γι' αυτό λένε —έτσι λένε— ένας κορτάκιας του παληού καιρού, ένας κάποιος Πάρις, σαν έκλεψε μια μορφονιά απ' τη Σπάρτη, εκεί την πήγε για να μην τους βρει κανένας. Και δεν τους βρήκε.

Έτσι, στους αμέτρητους αιώνες, το νησί αρμένιζε σαν καταραμένο καράβι μέσα στο νερό, χωρίς πλήρωμα, χωρίς λιμάνι, χωρίς σκοπό. Πήγε κάποτε, λένε, ένας τσομπάνης με μια καϊκιά γίδια να τα βοσκήσει και τρελλάθηκε. Ο κόσμος φυσικά είναι μια δρασκελιά από κει, μα η θάλασσα που ζώνει το νησί φωνάζει τόσο πολύ που τα βουβαίνει όλα. Βούιζε κι η απέναντι στεριά απ' τις μηχανές και τις ρόδες, μα το βουητό της θάλασσας ήταν πιο στριγγό και πιο αδιάκοπο, ένας αέναος κατακλυσμός που τα σωπάζει και τα πνίγει όλα.

Σ' όλο αυτό το μεγάλο κύλισμα του καιρού δεν τ' ανακάλυψαν το νησί. Ήταν μια δρασκελιά δρόμος — αδιάφορο, δεν τ' ανακάλυψαν. Δεν τους χρειαζόταν. Ήταν βέβαια κάτι σκίνα πίσω στην πλαγιά του ήλιου, κάτι χορταράκια που ξεμύτιζαν τις λοχίτσες τους, μα ερχόταν το χνώτο της θάλασσας και τα 'καιε. Από καιρό σε καιρό μοναχά ξέπεφταν εκεί κάτι μέλισσες που τις παράριχναν οι νοτιάδες, μα ψοφούσαν αμέσως απ' την αρμύρα και την πείνα. Ούτε και φίδια μπορούσαν να ζήσουν. Ξεραίνονταν αμέσως σαν κρεμμυδότσουφλα. Μόνο οι βράχοι στέκονταν όρθιοι, ανήμερα λιοντάρια, που μερόνυχτα ουρλιάζουνε και χτυπούνε τα κεφάλια τους στα κύματα, τρελλά από λύσσα κι απελπισιά.

Ίσαμε σήμερα, που αρχίζει η ιστορία μας, κανένας νους —μισερός ή ολάκερος— δε σκέφτηκε να κατοικήσει τούτο το νησί. Μονάχα εκεί, λένε, κατά το τέλος ενός παληού πολέμου, φέρανε κάτι άρρωστους ξένους στρατιώτες, για να τελειώσουν τις μέρες τους, γιατί ούτε γιατρικό ούτε κέφι είχαν να τους γιατρέψουν. Ήταν κάτι ετοιμοθάνατα κορμιά, σκαμμένα απ' τις αιχμαλωσιές και τα πάθη του πολέμου. Άλλη σωτηρία απ' το θάνατο δεν είχαν.

Δεν πέρασε όμως πολύς καιρός κι η αιώνια σιγή σύρτηκε ξανά πάνω στο βράχο. Τα κόκαλα κύλησαν μες στις νεροσυρμές και θάφτηκαν μόνα τους. Η ερημιά ξανάπεσε απ' τη μια άκρη ως την άλλη πιο βαρειά. Γεράκι δεν πετούσε ποτέ χαμηλά. Τι να φάει; Μόνο κάτι αλκυόνες παραχώνανε κάπου τ' αυγά τους και το ρίχνανε στους καβγάδες ξεφωνίζοντας σα μυλωνούδες, γιατί τις ξεκούφαινε η βουή της θάλασσας.

Λοιπόν, δεν ήταν για ζωή τούτος ο τόπος. Κι αν ήταν, θα ήταν μόνο γι' αυτούς που σιχάθηκαν τη ζωή τους. Στα παληά τα χρόνια —λένε— ξέπεσε εδώ κάποιος αρχαίος θεός και κουτσάθηκε. Είχε κουβαληθεί εκεί, λέει, για κάτι βρωμιές, μα ο τόπος ήταν άβολος ακόμα και για βρωμιές. Ήταν μια εποχή που οι θεοί κάνανε τις αμαρτίες μοναχοί τους και δε βάζανε ανθρώπους να τις κάνουνε και κατόπι να βγούνε και να τους κατηγορήσουνε. Βολικοί κι αθώοι καιροί... Για να πάει κανείς να σκοτώσει έναν που ήταν μακριά, ήθελε μια ολόκληρη ζωή, γι' αυτό το ανέβαλλε. Τώρα σημαδεύεις εδώ και σκοτώνεις στην άλλη άκρη του κόσμου. Ο θάνατος έγινε εύκολος. Μα από τότε που άρχισε να γίνεται εύκολος ο θάνατος, έγινε δύσκολη η ζωή. Ας είναι...

Σ' αυτό το νησί, λοιπόν, το απολιθωμένο τούτο ψάρι, που τα λέπια του γυαλίζουν κάτου απ' τον ήλιο σαν αναμμένα σπαθιά... σ' αυτή την απάνθρωπη, λοιπόν, στεριά, τον απίθανα σκληρό τούτο τόπο, που δεν άραξε ούτε μερμήγκι, μια μέρα άραξε ένα καΐκι. Ένας ξανθομούστακος κουλοχέρης με στρατιωτικό αμπέχονο πήδηξε απ' το καΐκι και πάτησε στη στεριά. Ξοπίσω του πήδηξαν και κάτι κιτρινιάρηδες με σφιγμένα χαρακτηριστικά και του δείχνουν με το δάχτυλο τούτο και τ' άλλο.

—Καλό, στρατηγέ;... Γκουτ;

—Νόου..., έκανε αυτός και δάγκανε τη γλώσσα του. (Αν είχε δόντια, θα 'πρεπε να την είχε φάει από καιρό.) Νοτ γιετ..., συνέχιζε κατσούφικα και κυνηγούσε με τα μάτια τις νεροσυρμές.

Αντίκρυ στο Λαύριο οι άνθρωποι πιάσανε απελπισμένοι τα κεφάλια τους.

—Πάει... Έπεσε πάλε λοιμική. Καμιά καταραμένη χολέρα θ' άρχισε πάλε να θερίζει.

—Σώσον, Κύριε, τον λαόν σου, έκανε ο παπάς. Θυμούμαι ακόμη την πρώτη λοιμική. Πολυεύσπλαχνε Κύριε, γενού ημίν ίλεως.

—Ναι, μα ο κουλοχέρης τι θέλει μαζί; ρώτησε ένας που δεν έπαιρνε τα μάτια του απ' το νησί. Καλά χολέρα, μα ο Εγγλέζος τι θέλει;

—Απ' την Άφρικα θα 'ρχεται, φαίνεται, η λοιμική.

—Δε θα 'χεις άδικο, ξέρεις... Την Άφρικα την έχουνε όλη κάτου απ' την πατούσα τους α υ τ ο ί. Από κάνα ποτάμι της Άφρικας θα 'ρχεται η λοιμική.

—Ποτάμι; λέει ένας τρίτος... Τι σόι ποτάμι;

—Ένα τεμπέλικο βαρύ ποτάμι που κατεβάζει κοπριά και μολεύει τον κάμπο.

—Ναι, έχουνε να το λένε κι αυτό. Πίνουνε, λέει, οι πεινασμένοι κείνο το νερό, νταλακιάζουνε, φωλεύει μέσα τους η πανούκλα κι ύστερα άιντε κράτα την.

—Στάσου όμως, μωρέ συμπέθερε. Έχουνε να λένε πως η Άφρικα δε βγάζει μόνο πανούκλες, μα και άγρια θεριά.

—Μπράβο, λέει ένας άλλος, γεια στο στόμα σου. Άκουσα που το διάβαζε αυτό ο δικός μου, ο Δημητράκης..., σπουδαίο παιδί...

—Είδες που δεν το σκέφτηκα..., έκανε ο πρώτος. Αυτό, ξέρεις, θα είναι... Ναι... ναι..., έτσι θα 'ναι. Έτσι όπως το ζώνει το νησί η θάλασσα είναι ένα κι ένα για κλουβί. Ούτε σύρματα ούτε κάγκελα. Μπράβο, έτσι θα 'ναι. Εμ..., να σου πω, είναι κρίμα τα καημένα τα ζουντανά να τα κρατάς χρόνο καιρό φυλακωμένα. Άφ' τα λεύτερα... Πού θα πάνε; Τα φυλάει γύρω τρόυρα η θάλασσα. Αυτό θα 'ναι μωρέ. Ωχ! ησύχασα... Μαλάκωσε η ψυχή μου. Ναι, τις έχουνε κάτι τέτοιες ψυχοπονιές τούτοι οι Εγγλέζοι. Ύστερα από τον πόλεμο, λένε, πήρανε όλοι την απόφαση να ημερέψουνε.

—Στάσου να δεις... Ε, μπράβο. Αυτό θα 'ναι..., καλά που το θυμήθηκα.

—Τι πράμα;

—Προχτές ακόμη το γράφανε τα φύλλα. Καλά που το θυμήθηκα...

—Τι πράμα, μωρέ κουμπάρε;

—Θέλανε, λένε, εκεί σαπάνου στου διαόλου τη μάνα, ψηλά στη Γερμανία, να τινάξουνε κάτι τσιμεντένιες φωλιές που 'χανε κάνει για τα υποβρύχια. Τα 'χανε φτιάξει οι χιτλερικοί, για να κρύβουνε μέσα τα καταραμένα τους τα υποβρύχια... Και τώρα, λέει, που τέλεψε ο πόλεμος, για να μην τα βλέπουνε, λέει, οι Γερμαναράδες και τους ανοίγεται η όρεξη γι' άλλο πόλεμο.

—...Ναι, τα 'χουνε κάτι τέτοια μεράκια.

—...Ε, για να φύγει απ' τη μέση, λέει, κείνο το χωριό για τα υποβρύχια, που θύμιζε και τις μαύρες μέρες...

—Ναι, ναι γεια σου... Τώρα θυμάμαι πως το διάβασα κι εγώ. Κίελο, Κίεβο, κάτι έτσι το λένε.

—Κίεβο είναι στη Ρουσσία.

—Ε τότες θα είναι Κίελο... Δεν παίρνω κι όρκο.

—Το λοιπόν;

—Ε να, πήρανε —όπως σας είπα και πιο πάνου— την απόφαση να βάνουνε δυναμίτη και να τα κάνουνε ούλα θρύψαλα. Μα εκεί δα —να, αυτό θα ειπεί ψυχοπόνια— κάτι τους σταμάτησε το χέρι. Βρε τι πάμε να κάνουμε —Θε μου, φύλαγε— εμείς εδώ πέρα; Στραβωμάρα έχουμε; Εδώ ο τόπος όλος έχει γιομίσει από μιλιούνια πουλάκια του Θεού που ίσα ίσα είναι πάνου στα γέννα τους. Θα τα χαλάσουμε όλα αυτά τα πράματα του Θεού μαζί με τα τουνέλια και τα μπετά;

—Λοιπόν;... Λοιπόν;... Λοιπόν;...

—Ράισε η ψυχή τους. Τότε βάλανε όλοι, μικροί μεγάλοι, τις κλάβες τους κάτου... Και βγάλανε, ματάκια μου, μιαν απόφαση που δε θα την έβγαζε ούτε ο σοφός Σολομώντας.

—Τι σόι;

—Ρίξανε καμιά διακοσαριά κανονιές στον αέρα, έτσι για να τα φοβερίξουνε...

—Να μυαλό...

—...Και κατόπις βάλανε φωτιά στο φυτίλι με το δυναμίτη.

—Ε να, ό,τι θέλεις πες μου, εγώ αυτό το λέω μεγάλη ψυχοπόνια, αληθινή.

Όλοι σταμάτησαν, για να σκεφτούνε τι μεγάλες ψυχές γεννάει καμιά φορά τούτος ο σιχαμένος κόσμος. Και μόνο ένας ξεραγκιανός και κίτρινος σα μελισσοκέρι, που δεν άκουσε απ' όλα αυτά τίποτα, μα κοιτούσε ολοένα κατά το νησί, γυρίζει και λέει σε κείνον που πρωτομίλησε:

—Ώστε έτσι λες εσύ, για θερία λες ότι το ετοιμάζουνε αυτοί εκεί αντίκρυ, ε;

—Γιατί εσύ λες τίποτες άλλο;

—Δεν ξέρω...

Ο κουλοχέρης αντίκρυ, με το στρατιωτικό αμπέχονο, μποτζάριζε πα στα βράχια δυνατά για να βάλει το κλαδεμένο κορμί του σε ισάδα. Οι σμπίροι του γύρω —κείνοι οι κιτρινιάρηδες— τρέμανε σαν τα φύλλα μην τους πέσει τ' αφεντικό τους και χαραμιστεί. Στο τέλος κείνος μέτρησε, μέτρησε..., έκοψε με το χέρι του λίγο αέρα, έδειξε το πίσω μπρος και ξαναπήδηξε με σβελτάδα στο καΐκι. Όλα είχαν αποφασιστεί. Το καΐκι έκανε τη μανούβρα του, έβγαλε λίγο γαλανό καπνό κι έβαλε πλώρη για το Λαύριο. Μια σελίδα μαύρη και φρικιαστική —η πιο μαύρη και φρικιαστική σελίδα που είδε ο τελευταίος κόσμος— άνοιξε κάτω απ' τον πιο λαμπρό ήλιο της Αττικής: Μακρόνησος.

ΜΕΡΟΣ ΠΡΩΤΟ

ΚΕΦΑΛΑΙΟ ΠΡΩΤΟ

ΜΑΗΣ ΗΤΑΝ, μήνας λεβεντονιός. Χαμοκυλάνε τα σύννεφα μαλακά. Ένα κουτούλησε πάνου στον Υμηττό κι έλειωσε. Η μέρα είναι δροσάτη, λυγερή, σα δεκαεννιάχρονο κορίτσι.

Ο Γιώργης άνοιξε τα μάτια του σαν το γάτο που κοιμάται στον ήλιο. Κατόπι έκανε το χέρι του γροθιά και πήγε να τρίψει το μάτι του, να τ' ανοίξει, μα κάποιος τον βλαστήμησε.

—Πού το πας το χέρι μου;

—Στο μάτι μου.

—Και δεν μπορείς να το βγάλεις μόνο με το δικό σου χέρι; Είν' ανάγκη να τραβάς και το δικό μου;

Ο Γιώργης άνοιξε τα μάτια του και πάγωσε.

—Α, ναι..., συμπάθα με, του λέει. Ξέχασα...

Τότε κατάλαβε ότι ήταν δεμένος με το σύντροφό του, κι αυτό τον έκανε να ξυπνήσει περισσότερο. Αντίκρυ τους ο σκοπός νύσταζε σαν κακός σκύλος. Μόνο το μάτι του παραμόνευε μονάχο, σα να ήταν άλλος φρουρός του εαυτού του.

Το πλεούμενο έφευγε τρέμοντας. Κάτω το νερό σκιζότανε σα γαλάζιο ρούχο. Άπλωναν απελπισμένα χέρια ξοπίσω τους οι στεριές.

Ο Γιώργης γύρισε μπρούμυτα. Κατόπι έχωσε το πηγούνι του μες στην αριστερή του γροθιά κι έβλεπε το νερό όπως το ’δερνε η προπέλα. Τότε κατάλαβε πως τα γένια του τον αγκυλώνανε σαν μπαντανόβουρτσα. Δυο μήνες είχε να ξουριστεί, πώς να ξουριστεί; Στην «απομόνωση» δεν τους επιτρέπανε ούτε πιρούνι. Η προπέλα δούλευε πάντα σα μύλος του καφέ.

—Το ξέρεις πως όλοι οι νόμοι τ’ απαγορεύουνε;

Ο Γιώργης δεν το κατάλαβε με το πρώτο. Ο Παναής τού το ξανάπε:

—Για τους νόμους σού είπα.

—Τι σου κάνουνε οι άνθρωποι;

—Βρε ποιοι άνθρωποι; Οι νόμοι, σου λέω!

—Ε, τι κάνουνε οι νόμοι;

—Το απαγορεύουνε.

—Τι πράμα;

—Ωχ, εσύ κοιμάσαι κι εγώ χάνω άδικα τα λόγια μου. Όλοι οι νόμοι το απαγορεύουνε να μπαγλαρώνεις άνθρωπο και να τον ταξιδεύεις. Κι αυτοί τους πατάνε...

—Άσ’ τους να τους πατάνε. Δικοί τους δεν είναι; Ό,τι θέλουνε τους κάνουνε.

Ο σκοπός γκρίνιαξε σιγά, με κακία, και με κάποιο παράπονο. Ύστερα σιγούρεψε το τουφέκι του κι ακούμπησε στο άλμπουρο.

Τώρα η μηχανή έκανε ένα άσκημο τακ τακ τακ σα να κάρφωνε καμιά παληά σανιδόπορτα.

Ο Γιώργης αναστέναξε.

—Αχ... ας είχα ένα τσιγάρο! είπε με καημό. Ας είχα έστω και μισό.

—Τα τσιγάρα «τέλος». Μέτρα τα πατ πατ της μηχανής. Είναι ένα κι ένα... σαν κομπολόι.

—Σαν το τσιγάρο τίποτα δεν είναι.

—Οι ψείρες. Τις σπας μια μια, λέει, και κάνεις κέφι.

—Ξέρω ποιος σου τα είπε αυτά. Ο Σκυλόγιωργας που ανταμώσαμε στο «Μεταγωγών».

—Είπε κι άλλα. Μα κείνο που μου 'κανε την περισσότερη εντύπωση είναι κάτι άλλο. Τη μισή του τη ζωή, λέει, την πέρασε στη φυλακή, πότε για κλοπή και πότε για «βιαιοπραγίαν». Αλλά ποτέ δεν τρόμαξε από...

—Ναι, αλλά πήρες σβάρνα με τη βιογραφία του Σκυλόγιωργα και δε μου είπες τι είν' αυτό που σου 'κανε την περισσότερη εντύπωση.

—Ναι, έχεις δίκιο, συμπάθα με. Λοιπόν..., στη φυλακή, λέει, κείνο που σκοτώνει τον άνθρωπο δεν είναι ούτε τα σίδερα ούτε η μούχλα ούτε η κλεισούρα. Είναι η μοναξιά. Αν δεν υπήρχαν οι ψείρες, λέει, θ' αυτοκτονούσε. Εκεί μέσα γυρεύεις κάτι ζωντανό... έστω και για να το σκοτώσεις. Η πιο μαύρη μέρα της ζωής του, λέει, ήταν η μέρα που ήρθε ένας «υγειονομικός» χωροφύλακας με ψειρόσκονη και τρομπάρισε μες στα βρακιά του. Ψόφησαν όλες κι έμεινε ολομόναχος.

—Βλακείες. Και πώς δεν πέθανε ύστερα απ' αυτό, παρά έζησε και σου 'πε όλες αυτές τις βλακείες;

—Τον γλύτωσε, λέει, κάτι άλλο.

—Ποιο;

—Με συγχωρείς... Το κλάσιμο. Έτσι για να περνάει η ώρα —τους ταΐζανε, βλέπεις, κάθε μέρα φασόλια— κάθε λίγο έβαζε φωτιά στα τόπια. Η μοναξιά, λέει... Σου βυζαίνει λίγο λίγο την ψυχή, σ' τη ροκανάει σα λίμα, ώσπου την κάνει μικρά μικρά κομματάκια και τα καταπίνει.

—Να χαρείς..., άσ' τη φιλοσοφία του Σκυλόγιωργα γιατί τη σιχαίνουμαι.

—Καλά, σωπαίνω.

Σωπάσανε κι οι δυο. Στην πλώρη τους τώρα φάνηκε ένα νησάκι σταχτί, με απότομες πλαγιές. Κάτι γλάροι το στολίζανε σαν άσπρα κεντήματα. Ο Γιώργης το 'δειξε με το σαγόνι.

—Να..., ένας τέτοιος ξέρακας είναι το νησί που μας πάνε. Λες να μας χωρέσει; Κάθε μέρα, λέει, αδειάζουνε καινούριες καραβιές.

—Ου, θα μας χωρέσει και θα γυρεύει κι άλλους. Αραιώνουνε. Αποφασίζουνε... «να δούνε το φως» και τους αφήνουν.

—Μυστήριο... Τόσο γλήγορα ανοίγουνε τα μάτια εκεί κάτου;

—Άμα θέλουν, ας κάνουν κι αλλοιώς. Αν αργήσουν λιγάκι να τ' ανοίξουνε, θα τους τα κλείσουν οι άλλοι.

—Ωραία φάμπρικα!...

Το νησάκι με τα γλαρόνια έμεινε τώρα πίσω. Η γκαζολίνα έδερνε το νερό υστερικά, με τουφεκιές και με πείσματα. Να τον κι άλλος ένας βράχος. Κακιά που πρέπει να 'ναι τούτη η θάλασσα..., για ν' αναγκάζει κάθε λίγο τον ουρανό να την πετροβολάει... Να, γι' αυτό γέμισε πετρονήσια. Ταξίδι είν' αυτό ή σύρσιμο πάνω σε τρόχαλα; Κι έχεις και το σκοπό να σε κοιτάζει... σα να 'ναι η μύτη σου καμιά μπερδεμένη σελίδα και δεν μπορεί να τη διαβάσει. Το τουφεκοβόλημα της μηχανής δεν τον αφήνει ν' ακούσει τι λένε οι δεμένοι. Να μπορούσε να πιάσει μια ακρούλα απ' την κουβέντα τους... Τα παρακάτου θα τα ξεδιάλυνε. Αλλά —τα ρεμάλια!— μιλούνε, βλέπεις, μια γλώσσα ακαταλαβίστικη, κομμουνιστική!

Το καΐκι γαζώνει τη γαλάζια ποδιά της θάλασσας. Οι γλάροι βάζουν τα λουλούδια. Τι άσκημα που ταιριάζουν εδώ τα σίδερα...

Ο Παναής πήρε να μιλά γλυκά και ξεχασμένα, μόνος του...

—Τι είπες; του λέει ο Γιώργης.

—Στην άκρη του κόσμου να με πάνε..., θα με κυνηγάνε τα μάτια της.

Ο Γιώργης έχωσε μες στο στόμα του τ' αυτί του. Ύστερα του λέει σοβαρά.

—Άκου δω. Την αγαπάς; Αλήθεια; Σοβαρά;

—Με πειράζεις; Αλλά τι ξέρεις εσύ απ' αυτά;

—Έχεις δίκιο. Τι ξέρω εγώ απ' αυτά;... Πώς να ξέρω;... Δε μου λες... Γυμνασιοκόριτσο είναι;

—Σιγά να μην είναι και του Δημοτικού.

—Ε, πού ξέρω.

—Είναι κιόλας τρία χρόνια που το τέλειωσε και τώρα πάει στη Δραματική Σχολή.

—Έλεγα κι εγώ...

—Γιατί; Κι αν, δηλαδή, δεν το τέλειωνε, θα σε πείραζε; Ε, λοιπόν, δεν το τελείωσε. Δεν μπορεί, δηλαδή, ν' αγαπήσει ένα κορίτσι αν δεν τελειώσει το Γυμνάσιο;

—Εσύ ξέρεις.

—Ξέρω. Δεν το τελείωσε και μ' αγαπάει σαν τρελλή.

—Δε μου λες... Ξανθιά είναι;

—Όχι. Καστανομαλλούσα.

—Μάτια;

—Κόκκινα.

—Μ' αναμπαίζεις;

Ο Παναής έβαλε τη γροθιά του στο μάτι. (Η φωνή του ήταν θαμπή. Όχι, δεν τον ανάμπαιζε καθόλου.)

—Θυμάμαι, του λέει, πώς ήταν τα μάτια της την ώρα που χωρίζαμε. Ε... ήταν κόκκινα. Δε θυμάμαι πώς ήταν πριν. Κι ούτε και με νοιάζει. Εγώ θυμάμαι πώς ήταν κείνη την ώ ρ α...

Ο Γιώργης ζύγωσε το πηγούνι του και το ’τριψε τρυφερά στο κεφάλι του φίλου του.

—Έχεις δίκιο, του λέει, Παναή..., κι ήταν σα να ’σταζε η φωνή του δάκρυα. Για τέτοιες ώρες, έχεις δίκιο... τα ομορφότερα μάτια είναι τα κόκκινα.

Ο σκοπός τούς τρυπάνιζε συνέχεια με τα σουβλιά των ματιών του. Παράξενοι άνθρωποι... Τι παράξενοι άνθρωποι είναι τούτοι, Χριστούλη μου! Άλλοτες είναι σκυλιά πεισματερά... Και τώρα, να, κλαίνε! Ε, άιντε κατάλαβέ τους. Αλλά..., για στάσου... Κατάλαβα. Ναι, ναι. Αυτό είναι. Θα τους πονούσαν οι χειροπέδες. Εμ, ολάκερη βδομάδα τους είχε δεμένους έτσι. Ούτε και την ανάγκη τους δεν τους άφηνε να κάνουνε λυτοί. Το βρήκε. Αυτό θα ’ναι. Αλλά για να δούμε. Είναι στ’ αλήθεια αυτό ή τρέχει τίποτις άλλο;

Σέρνει το τουφέκι του και ζυγώνει το Γιώργη.

—Σου πονάει ο κελεφές σου, ε; του λέει. Έτσι δεν είναι;

—Όχι.

—Γιατί έλεγα, αν σου πονάει, να σ’ τον σφίξω λίγο ακόμη, κατάλαβες;

—Κατάλαβα. Για το καλό ήσουν πάντα πρόθυμος.

—Κι αμέ. Αλλά εσείς είστενε για το κακό. Έτσι;

—Ναι, ναι, σώπα.

—Γιατί δε φωνάζεις «ζήτω η Ελλάς» ρε να σε λύσω; Φώναξε και θα σε λύσω.

—Θα με λύσεις;

—Είμαι ένας άτιμος απ’ τα γεννοφάσκια μου αν δε σε λύσω.

—Ε, γι' αυτό δε φωνάζω.

Κοίτα, κοίτα, κοίτα... πώς τον μπέρδευαν! Να, τέτοια κουμάσια του κερατά ήταν, γι' αυτό τραβούσαν όσα τραβούσανε. Κι ύστερις... «συμπόνεση» λέει κείνη η γιαγιά με το καλημκερί. Βρε μανιά, για ποιους μου λες; Για τούτα δω τα μαμούτια; Άσ' τα να ρέψουνε... Τους γιγαντώνω, λέει... Μπαρδόν; Και τους τυραγνάω, λέει, όπως τον Ισούν Χριστόν. Ωπαλάκια! Να μούτρα για Ισοί Χριστοί.

Κάτω απ' το στραβό μουστάκι του γέλασε μ' ένα φτηνό θρίαμβο κι έφκιαξε τις μπαλάσκες του.

—Πεινάτε ρε; τους ρωτά σε λίγο διφορούμενα.

—Όχι.

—Το ξέρω. Δηλαδής, το ξέρω ότι πεινάτε..., αλλά δε σας αφήνει η ψώρα να το πείτε. «Πεινάω» ρε! Τόσο δύσκολο είναι να το πεις; Δέθηκε τ' άντερό μου φιόγκο... Πες το. Τι καρτεράς; Για να σ' το πω εγώ; Ε, όχι, πουλάκι μου.

Τώρα το καΐκι μπήκε σε βαθύτερα νερά. Έξω η στεριά είχε περιβόλια. Κάτι μοσκοβόλησε... Ας ήταν ο αέρας άγριος. Κάτι έφερνε μαζί του... Του Παναή μέλωσαν τα μάτια του.

—Λες και περνάει απ' τις γλάστρες της..., ψιθύρισε γλυκά.

—Τι είπες;

—Τίποτα...

Ο άλλος έκλεισε τα μάτια. Τώρα το ελεύθερο χέρι του Παναή μπήκε στη γελεκότσεπη. Ανάσυρε ένα χαρτάκι... «Παναή μου, αγάπη μου. Γλυκέ μου, δυνατέ μου, άντρα μου... (ο αέρας μοσκοβολούσε πιο πολύ...) όπου και να σε πάνε..., όπως και να σε πούνε..., εγώ θα 'μαι δική σου... δική σου... δική σου...»

—Τς... τς... τς..., έπαιξε η γλώσσα του Γιώργη.

Ο Παναής έβαλε το χαρτάκι στην τσέπη του.

—Σε βλάφανε πάλι;

—Τρεις γραμμές είναι. Δεν μπόρεσες να τις μάθεις απόξω;

—Το ξέρω νεράκι.

—Τότε γιατί το ξαναδιαβάζεις;

—Άλλο είναι και να το βλέπεις.

—Ναι, δε σου λέω... άλλο είναι και να το βλέπεις, αλλά άλλο είναι να σε βλέπω κι εγώ να το μετράς σαν τον τσιγκούνη το θησαυρό του.

—Κι είναι. Δίκιο έχεις. Είναι ο θησαυρός μου αυτό. Κατάλαβες τι πα να πει; Να σε λένε όλοι «προδότη», «ξενόσπορο», «ξωμότη» και κείνη να 'ρχεται και... «είμαι δική σου» να σου λέει, «δική σου... δική σου... δική σου...». Μωρέ... Άμα τούτο δω δεν είναι αγάπη, τότε, άμα βρεθεί κανένας και πει ότι σ' αυτόνε τον κόσμο δεν υπάρχει αγάπη, είναι μισερός, είναι άδειος, σακάτης στην ψυχή. Με νοιώθεις;

—Καλά... Ησύχασε...

—Όχι «καλά ησύχασε», θέλω να με νοιώσεις. Το κατάλαβες;

—Καλά, σε νοιώθω. Ησύχασε τώρα.

Το βλέμμα του σκοπού μπήκε πάλι ανάμεσά τους σα βρώμικη γλώσσα.

—Τι λέτε ρε; τους ρωτά στριμμένα.

Κανείς απ' τους δυο δεν αποκρίθηκε.

—Όχι, θέλω να μου πείτε!

Τους ζύγωσε εκεί πάνω με την κλοτσιά έτοιμη να πέσει.

—Τίποτα, λέει ήσυχα ο Παναής.

—Τίποτα, έκανε πιο ήσυχα κι ο Γιώργης. Κάτι δικά μας.

Δε θέλανε να τεντώσουνε από μόνοι τους την κατάσταση.

—Δικά σας, ε; Χμ..., τα ξέρω εγώ τα δικά σας. Τα «συνωμοτικά», ε;

—Όχι..., είπε ο Γιώργης. Κάτι οικογενειακά...

—Οικογενειακά;... Χα... τα πουλάκια μου. Έχουνε κι αυτοί τώρα οικογενειακά... Ρε σεις! Εσείς δεν είσαστε που θα χαλάσετε την οικογένεια; Το λοιπόν, τι «οικογενειακά» μου τσαμπουνάτε; «Οικογενειακά» λέει. Σιγά τον πολυέλαιο. Και τώρα ίσα. Μιλάτε. Με το καλό, ε; Δε θέλω να το πάρω με τον υποκόπανο, το οποίον που θέλω να πάρω. Έτσι; Λοιπόν..., ταχτικά και ήσυχα. Ίσα. Λέγε εσύ, ρε χοντρέ!

Ο Γιώργης τον κοιτούσε ατάραχα, χωρίς θυμό, αλλά και χωρίς διάθεση να του αποκριθεί.

—Δε λέγαμε τίποτα, του λέει. Σου το 'πα. Τι άλλο θέλεις να σου πω;

—Δε χόρτασα μ' αυτό που μου 'πες. Θέλω να μάθω την αλήθεια. Και θα τη μάθω. Αντιλαμβάνεσαι τι θα πει «θα τη μάθω».

Ο Γιώργης δεν απάντησε.

—Θα πει..., συνεχίζει ο σκοπός, θα πει... ότι θα σε μαζέψουνε με το κουταλάκι του γλυκού. Θα σε κάνω, ρε παληοπούστη, να... έτσι! Έτσι! Έτσι!

Ένας χορός βάρβαρος, βρώμικος, απάνθρωπος... άρχισε πάνω στα δεμένα κορμιά. Οι αρβύλες κεινού του χωριατόπαιδου που είχε ντυθεί τη στολή της εξουσίας δε σταμάτησαν παρά αφού γέμισαν αίματα...

Και τότε έγειρε αποκαμωμένος σαν το σκαφτιά που

ακουμπά στον όχτο να πάρει μιαν ανάσα. Έστησε την πλάτη του στο άλμπουρο, μα το δάχτυλό του έμεινε κολλημένο στη σκαντάλη...

Ήσυχα ήταν έτσι. Ήταν πολύ γενναία. Τα 'βαλε ένας με δύο. Δεν ήταν μικρό πράμα. Έβγαλε ένα μαντήλι και σκούπισε τον ιδρώτα του. Ύστερα στρώθηκε κι έφαγε. Αλλά!... Τι νομίζετε σεις; Το παιδί έφαγε με τον ιδρώτα του προσώπου του. Σάματι είναι πολλών λογιών ο ιδρώτας; Υπάρχουν βλάκες που τον βγάζουν με τον κασμά ή με το κουπί. Κακώς. Ας πάρουμε τώρα ένα σφυριγματάκι. Όμως τα «μαμούτια» δε βογγάνε. Και μας χαλάσανε όλη τη γλύκα της σφυριγματιάς. Ας είναι καλά το μοτόρι που κρατάει το χρόνο. Μάλιστα λες και το 'ξερε ο μηχανικός και το 'βαλε στη μεγάλη ταχύτητα.

Οι «κρατούμενοι» όλη αυτή την ώρα σωπαίνανε. Πασκίζανε να καταπιούν τον πόνο τους. Ντρέπονταν να πονέσουν για άνανδρο ξύλο. Δεν είν' αλήθεια πως υπάρχουν άνθρωποι που δεν πονούν, ή άνθρωποι που μπορούν κι αντέχουν το ξύλο. Όχι. Υπάρχουν άνθρωποι που ντρέπονται να κλάψουν όταν αυτός που τους χτύπησε ήταν τιποτένιος και άναντρος. Σφίξανε τα δόντια τους και σώπαιναν. Ούτε κι απ' τα αίματά τους δε θέλησαν να σκουπιστούν για να μη νομίσει ο δήμιός τους ότι πάσκισαν να λιγοστέψουν τον πόνο τους.

ΚΕΦΑΛΑΙΟ ΔΕΥΤΕΡΟ

ΖΥΓΩΝΕ ΜΕΣΗΜΕΡΙ. Μέσα απ' το καβούκι του ο καπετάνιος έδειξε μ' ένα δάχτυλο —σκούρο απ' τα μηχανόλαδα— πέρα, μακριά, έναν κάβο που τον τριγύριζαν τα κύματα σα θυμωμένα σκυλιά. Ο καϊξής τού έχωσε μες στη μύτη του το βρώμικο αυτί του.

—Τι 'ναι, καπτα-Παντέλο; Δε βγάζω άκρη. Δείχνει να βράζει... Τι θέλει το βράσιμο εκεί κάτω;

—Μπατάρει ο καιρός, είπε ο καπετάνιος, δεν το μυρίστηκες; Τώρα τον φέρνει από κει.

—Γρεγολεβάντες;

—Ρε τσομπάνη! Τι θέλει ο γρεγολεβάντες από κει; Τραμουντάνα είναι, και τι τραμουντάνα! Φαρμακερή. Δέσε καλά σκότες, λαγουδέρες. Ό,τι βρει στην κουβέρτα, θα το πάρει.

—Αμάν. Τι λες, καπτα-Παντέλο!... Λες να φτάσει ως εκεί; Ω πω πω πω!...

—Μωρέ άκου με τι σου λέω... Θα περάσει σα σκούπα, κι ό,τι βρει, κλάφ' το.

—Και δε βλέπω και κόρφο πουθενά.

—Με πρόκοψες. Εδώ οι στεριές είναι κομμένες με το μαχαίρι.

Πραγματικά. Ένας μολυβής κόσμος ήταν όλα... στεριά, πέλαγος, σύννεφα... Μόνο τα κύματα τον έσπαζαν με κάτι άσπρες κοντυλιές.

—Βλέπω το χωροφύλακα..., λέει ο ναύτης.

—Ε, τι;

—Δεν τα πάει καθόλου καλά. Ωχ!... Από τώρα κιόλας; Μωρέ! Όλοι οι κωροφυλάκοι έχουνε πάρει διαζύγιο με τη θάλασσα. Δεν έχω δει κωροφύλακα να μην τον «πιάνει». Μαράζι το 'χω.

—Καλά, σ' ακούσαμε. Το 'πες τόσες φορές. Όλο το ίδιο θα λες; Οι άλλοι... τι κάνουνε; Αυτό να μας πεις.

—Τίποτις.

—Πώς τίποτις; Κάτι θα κάνουνε.

—Τίποτις σου λέω. Ε, να... αυτό θα πει κουμμουνιστής..., να μην τον καταλαβαίνεις. Να μην παίρνεις κάβο πότε πονά, πότε πεινάει, τι σκέφτεται... Πες του παραδείγματον: «Άκου δω... Ήρθε τώρα δα η διαταγή... Σ' αμολάνε. Πας γι' απέλυση». «Καλά» θα σου πει. Ή πες του: «Ρε συ, τα 'μαθες; Ήρτε τώρα δα η διαταγή, πας για εχτέλεση...». «Καλά» θα σου πει ξανά. Ε, άιντε βρες τον!

—Είναι επικίνδυνοι;

—Μου το 'πε τώρα δα ο κωροφύλακας. «Πρόσεχ' τους αυτουνούς...» μου λέει. «Είναι επικίντυνοι... Ιλίαν επικίντυνοι...», έτσι τους είπε. «Και να τους προσέχουτε» μου ξαναλέει «γιατί, όπως σου το 'πα, είναι ιλίαν επικίντυνοι...». «Τι να τους προσέχουμε» του λέω «κύριε κωροφύλακα; Τι πάρε δώσε έχουμε εμείς με τούτους δω;» του λέω. «Αυτό που σου λέω» μου κάνει ξανάς. Καλάααα... εντάξει.

Ένα σγουρό πάπλωμα, μαύρο σαν κατράμι, ερχότανε από πέρα. Το καΐκι άρχισε να παλεύει σα ζώο που θέλουν να το πνίξουν. Έβραζε η θάλασσα με άχτι γύρω απ' αυτό το φασούλι που κουβαλούσε ανθρώπους.

Ο καπετάνιος γύρισε να ρίξει μια ματιά προς τα πίσω του.

—Καλώς τα δεχτήκαμε, είπε. Ωχ... από τώρα;

—Η τραμουντάνα;

—Να ήταν μόνο αυτό... Στραβωμάρα έχεις; Για κοίτα κει.

Ο γεμιτζής κοίταξε.

—Χμ... Ο κύριος κωροφύλακας... απ' τα τώρα; Σα ζαλισμένη όρνιθα κάνει. Βρε ας έβλεπα κωροφύλακα να μην τον πιάνει η θάλασσα! Μαράζι το 'χω. Όλοι οι χωροφυλάκοι έχουνε πάρει διαζύγιο με τη θάλασσα.

—Πάλε τα ίδια άρχισες; Το βαρέθηκα το τροπάρι σου.

—Μα όχι, για κοίτα τονε μια σταλιά.

Πραγματικά. Δεν έλεγε ψέματα. Ο σκοπός αποδώ και λίγη ώρα είχε αρχίσει ένα πολύ άσκημο θέατρο. Τριγυρνούσε στη θέση του σαν ποτισμένος με βαριά βότανα. Έλεγε τη θάλασσα «σκρόφα». Τον καιρό «πουστόκαιρο». Την τύχη του «πουτάνα»... και κατόπι τ' ανακάτωνε όλα αυτά με βρισιές, εμετά και δάκρυα. Σε λίγο ήταν ένα πτώμα ντυμένο στρατιωτικά. Από καιρό σε καιρό μονάχα ζωντάνευε και ξερνούσε... ή φώναζε δυνατά τη μάνα του να τον γλυτώσει. Αλλά η μάνα του δε φαινόταν, και τότε γύρισε κατά τους δεμένους. Ζήτησε να τον γλυτώσουν αυτοί. Ο θάνατος που τον βρήκε αργούσε πολύ και δεν τον άντεχε.

—Σπρώχτε με, ρε σεις, τους φώναζε. Εσάς λέω... Σπρώχτε με να κυλήσω να πάω στο μπάτο, να γλυτώσω... Ααααχ, μάνα μου!... Γιατί δεν έρχεσαι, μωρή μάνα; Πώς κουφάθηκες, μωρή;... Γιατί κουφάθηκες, μωρή μάνα; Σπρώχτε με ρε!

Νέο κύμα από χαλκοπράσινο εμετό ανέβηκε στο στόμα του. Ο Γιώργης έσπρωξε με το δεμένο χέρι το φίλο του. Κοιτάχτηκαν...

—Ναι, του λέει ο Παναής.

Σύρτηκαν κοντά του και τον τράβηξαν με τα ελεύθερα χέρια τους κατά το άλμπουρο που ήταν πιο στεγνά. Του ξέπλυναν με θάλασσα το στόμα. Κατόπι του δώσανε να βυζάξει ένα λεμόνι που 'χε στην τσέπη του ο Γιώργης για κάτι τέτοιες ώρες. Σιγούρεψαν κάπου και το τουφέκι του. Ο Παναής έψαξε μες στη γελεκότσεπη, εκεί που 'χε το γραμματάκι της.

—Στάσου, λέει του Γιώργη. Έχουμε και τούτα δω... Μου τα 'βαλε στην τσέπη την τελευταία στιγμή. Είναι για τη θάλασσα...

Έπιασε δυο τρία χαπάκια και τα τάισε στο χωροφύλακα. Κείνος τα κατάπιε χωρίς αντίσταση. Τα κύματα τώρα ανέβαιναν σαν άλογα πάνω στο κατάστρωμα και σέρνανε κατά τη θάλασσα ό,τι έβρισκαν μπροστά τους.

Ο χωροφύλακας άνοιξε τα μάτια του και τους κοίταξε.

—Με σκοτώνετε;... τους λέει. Καλά μου κάνετε... τέτοιο ρεμάλι που είμαι. Ωχ..., καλά μου κάνετε. Ναι. Έτσι μου ταίριαζε του κερατά.

Ο Γιώργης τού ζύγωσε στο στόμα το λεμόνι.

—Κάτσε ήσυχα, του λέει, και μη μετατοπίζεσαι. Τράβα και τούτο το λεμόνι.

—Μου χρειαζότανε του ρουφιάνου... Καλά μου κάνετε. Ωχ!

Ένα κύμα τον χαστούκισε με δύναμη.

—Βάρα με και συ, σκρόφα! Άντε, δώσ' μου και συ! Άι

δώσ' μου, να δούμε τι θα καταλάβεις. Ωωωωχ... καλά μου 'κανες!

Άρχισε ξανά τους εμετούς. Ξαφνικά ένα κύμα αγριότερο απ' όλα τούς τίναξε και τους τρεις κατά την κουπαστή. Ο χωροφύλακας βρέθηκε ο μισός έξω από το παραπέτο. Ο Γιώργης τον γάντζωσε απ' το καλάμι.

—Πιάσε και συ την άλλη άντζα!... φωνάζει του Παναή. Έλα... Βίρα.

—Ωωωωχ! άρχισε τα ουρλιαχτά ο χωροφύλακας... Η φωνή του ακουόταν ως το Λαύριο. Στα όπλααα! Με πνίγουνε! Πυυυρρρ!

Κείνοι τον τραβήξανε και τον σιγουρέψανε ξανά κοντά στο άλμπουρο. Ήταν πια ανίσχυρος σαν άδειο ρούχο. Κάποια στιγμή κατάφερε ν' ανοίξει τα μάτια του, και τότε οι δυο φίλοι τα είδαν γεμάτα φρίκη, παγωμένα απ' το δέος ενός άγριου θανάτου.

—Πέθανα; σαλέψανε τα χείλη του.

—Όχι..., του λέει ο Γιώργης. Αγάντα λίγο ακόμη. Σε κάνα κάρτο πιάνουμε στεριά. Να τηνε. Ούτε μισό μίλι δεν είναι.

—Θα μ' εχτελέσουνε, είπε ο χωροφύλακας κι έπιασε τ' άντερά του για να μην του φύγουνε. Ένα μαυροπράσινο υγρό πλημμύρισε το στόμα του... Αλλά δε φλάφτει..., συνέχισε. Θα πεθάνω πριν προκάμουνε να μ' εχτελέσουνε. Να, κοίτα... Άρχισα τώρα να χέζω κι απ' το στόμα.

—Δεν είναι τίποτα αυτό..., του λέει ο Παναής.

—Τίποτα..., του λέει κι ο Γιώργης. Κάτι χολές είναι. Έτσι και πάτησες στη στεριά, θα κόψουνε με το πρώτο.

—Ωχ, μάνα μου! λέει ο χωροφύλακας και τους κοίταξε αμίλητος στα μάτια. Ύστερα μπρουμύτισε κι έβαλε τα κλάματα.

Κάποτε, έτσι, σαν πειραχτικό περιγέλιο, μια γλώσσα στεριά φάνηκε στην πλώρη. Ο ναύτης τούς ζύγωσε χορεύοντας απ' το μπότζι καρσιλαμά.

—Ψτ..., λέει του Γιώργη. Συγυρίστε τον λιγουλάκι.

Ο Γιώργης δεν κατάλαβε.

—Συγυρίστε τον, ξαναλέει ο ναύτης, γιατί με τα χάλια που 'χει πάει με το κατευτείαν για το πειθαρχείο, κι από κει... ούτε φύλλος στον κόρφο του. Είπα τίποτις; Εγώ δε μίλησα. Μίλησα;... Κουλουβάχατα γινήκατε όλοι εδώ μέσα. Σάματι εσείς την έχετε καλύτερα; Σάματις, δηλαδή, άμα το μάθει το κόμμα, θα σας αφήσει έτσι; Δε θα φάτε διαγραφή; Αλλά εγώ δεν είπα μια φορά τίποτις. Είπα;

—Γιατί να μην πεις; λέει ο Παναής. Να πεις. Κάναμε τίποτα κακό;

—Κοίτα ρε άνθρωπος που πάει να «δουλέψει» εμένα... Ρε κύριε, για κοίταξέ με καλά — όχι, να με κοιτάξεις! Δε μου λες, μοιάζω για αμερικανάκι; Ε, λοιπόν, σβήσ' το. Ρε συ, καλό σε κωροφύλακα δεν είναι κακό στο κόμμα; Ε;

—Όχι.

—Τι; Ε, να με φάνε οι κόττες για κριθάρι αν πήρα κάβο εγώ τι μυαλά φοράτε εσείς. Ρε συ, περί ισότη δεν παλεύετε;

—Ναι.

—Φίνα. Κι ο κωροφύλακας πάει να σας τη χαλάσει την ισότη, ναι ή ου;

—Ναι.

—Και πάτε και τον γλυτώνετε... Ρε δεν πάτε να κατουρηθείτε, λέω, κι οι δυο να ζεστάνετε λίγο και τα μπατζάκια σας που 'χουνε παγώσει;

Ύστερα στρέφεται στο χωροφύλακα.

—Ψτ..., άκου δω. Κύριε κωροφύλαξ, περμαζέψου λίγο... Περμαζέψου λίγο γιατί φτάνουμε. Και... εγώ μια βολά τίποτα δε θα πω..., αλλά για τα παιδιά αποδώ ένα πράμα έχω να σου ξεμυστηρευτώ. Άφηνέ τα λίγο λάσκα. Τούτη δω είναι η δική μου γνώμη... επειδή το οποίον είναι μεν κουμμούνες, αλλά για το «ιλίαν επικίντυνοι» και τα λοιπά σάλια που μου παρλάριζες σβήσ' τα. Την πάτησες. Γιατί —αδερφάκι κύριε κωροφύλακα—, αν τούτοι δω ήταν «ιλίαν επικίντυνοι» και διάφορες άλλες σάλτσες, τώρα δα του λόγου σου θα γινόσουνα μεζεδάκι για τις σαρδέλλες. Εννόησες; Αλλά εγώ μια φορά τίποτα δεν είπα.

Ο χωροφύλακας σώπαινε..., σώπαινε σα μοιρολογίστρα που κουράστηκε απ' το κλάμα και τώρα κλαίει με το κορμί.

Το καΐκάκι ξαφνικά λασκάρισε σκότα και πήρε τον καιρό στην πλώρη. Πίσω από κάτι γυμνούς βράχους φάνηκε ένας κόρφος ολοστρόγγυλος με ήσυχα νερά.

—Σάλτα! φωνάζει ο καπετάνιος. Ρίξε κάβο.

Πήχτρα ήταν όξω. Έβραζε τ' αμπέχονο. Ήταν σα μιαν αγέλη νηστική που η πείνα τής έφερνε τρέλλα. Το καΐκάκι τώρα πλεύρισε σ' ένα πέτρινο μουράγιο. Μια φωνή σηκώθηκε. Ύστερα κάτι ματσούκια ανεμίστηκαν σα ράμφη από αρπαχτικά πουλιά.

—Βουρ, Γκουντά μου! Χύσου πρώτος! σηκώνεται άγρια μια φωνή.

Ένας γιομάτος νέος άντρας με χοντρά φρύδια ήρθε κοντά στο μαδέρι.

—Ζωντανούς μας τους έφερες; λέει στο χωροφύλακα. Μπράβο! Έτσι να μου ζήσεις, λεβεντιά μου. Μουδιάσανε τα χέρια μας. Τι χαμπεράκια, κύριε συνάδελφε;

Ο χωροφύλακας τον κοίταξε με ψόφιο κεφάλι.

—Δεν αναμιγνύομαι, του λέει και ζουφώνει πιο κοντά στο άλμπουρο.

—Εμ βέβαια... Εσύ έβγαλες το άχτι σου. Δε ρωτάς και τα παιδιά εδώ που μπαφιάσανε. Ίσα, βγάλ' τους. Όχι για μένα. Εγώ θα κοιτάξω να τα γλυτώσω τα παιδιά, αλλά είμαι σίγουρος ότι δε θα το καταφέρω. Είπα: Βγάλ' τους γιατί θα γδάρουνε εμένα.

—Μπες και πάρ' τους μόνος σου. Εμένα κοπήκανε τα λουριά μου απ' το ξερατό. Δεν αναμιγνύομαι.

—Έχεις τύχη που λείπει ο 'πασπιστής... αλλοιώς τα βρίσκαμε. Ακούς; Έχεις τύχη.

—Κάνε ό,τι καταλαβαίνεις. Σ' το ξανάπα. Δεν αναμιγνύομαι...

Ο καπετάνιος με το ναύτη του αποτραβήχτηκαν πίσω απ' την πιλοτίνα και κάθισαν ανακούρκουδα. Δεν έβγαζαν λέξη. Ήξεραν τι θ' άρχιζε σε λίγο. Βγάλανε τσιγάρα. Καθώς άναβε ο ναύτης, είδε του καπετάνιου το χέρι να τρέμει... Κοιτάχτηκαν. Τα τσιγάρα έλειωσαν μες στα χέρια τους.

—Στην αρχή έλεγα..., πήγε ν' αρχίσει ο ναύτης.

Πέρασε ένα λεπτό.

—Τι έλεγες; ρωτά θαμπά ο καπετάνιος.

—Στην αρχή έλεγα... θα το συνηθίσω. Δε συνηθίζεται το φονικό, πάει τέλειωσε. Έπεσα όξω.

—Και όμως αυτοί το κάνανε τάβλι, κοντσίνα...

—Αυτοί το συνήθισαν...

—Πρεζάκηδες γίνηκαν... Πρεζάκηδες του φονικού. Τέλεψε!

—Σσσς.

Κείνος με τα χοντρά φρύδια, που άκουε στ' όνομα

«Γκουντάς», είχε δρασκελίσει το μαδέρι και μπήκε μέσα... Σε λίγο τους περνούσαν απ' το μαδέρι. Ο Γκουντάς βρήκε την ευκαιρία να κάνει την «εξυπνάδα» του.

—Κοίτα τους πούστηδες πώς πάνε... Δυο δυο κολλημένοι, σαν τα σκυλιά.

Ουρλιαχτά ξεσπάσανε απέξω.

—Σιγάααα. Με τάξη..., έκαν' ο Γκουντάς. Εγώ σας λέω, ρε παιδιά, καλύτερα να τους πάρετε με το μέλι· ναι, ρε παιδιά... Δηλαδή, με το γλυκό.

—Έλα, Γκουντά μου... Βάλε το «ευλοητός». Δεν αντέχουμε πια! φώναξαν όλοι. Ρίχ' το το σύνθημα γιατί δε βαστάμε.

Ο Γκουντάς σήκωσε τη φωνή του κατά τους σμπίρους του.

—Με το μαλακό, είπαμε, τους λέει αυστηρά. Αυτό ήταν το σύνθημα.

—Κάτω οι πουλημένοι!!... Οι ξενόσποροι!... Οι προδότες! ξεφώνισε ένας.

—Κάτωωωωωωω..., ακούστηκε από κάτι σκοτεινά κι ακατανόητα στόματα. Και ρίχτηκαν σαν τους λύκους που σηκώθηκαν ξαφνικά στα δυο τους πόδια.

* * *

Το πώς ζήσανε και γιατί ζήσανε κείνοι οι δυο άνθρωποι είναι μια παράλογη ιδιοτροπία της ψυχής... που φορές φορές φοβάται υστερικά το θάνατο και τρυπώνει μες στα τελευταία κουρέλια της σάρκας σαν το πουλί που ζητά απάγκιο...

Χυμένους σε δυο κουβέρτες τούς πετάξανε σε μια μακρόστενη σκηνή και τους ρίξανε κι από πάνω θαλασσόνερο για να τους ανεβάσουν τον πόνο.

...Το καΐκι σε λίγο έλυσε κάβο κι έφυγε. Η θάλασσα είχε παράξενα, ανεξήγητα, γαληνέψει. Ο χωροφύλακας ζουφωμένος πίσω απ' τ' άλμπουρο είχε χώσει το κεφάλι του μες στο γιακά της χλαίνης του και σώπαινε βαριά και παρατεταμένα. Ο ναύτης τον λυπήθηκε. Πήρε το πακέττο του και τον ζύγωσε.

—Κάνε τσιγάρο, του λέει με ζεστή φωνή.

Του πέρασε το τσιγάρο στα δάχτυλα. Μα σε λίγο το τσιγάρο γλίστρησε μόνο του κι έπεσε απ' τα χέρια του χωροφύλακα.

—Τι τρέχει; του κάνει ο ναύτης.

—Δε μου λες..., του λέει ο χωροφύλακας... σα να μην άκουσε... Τα 'ξερες εσύ αυτά από πρωτύτερα;

—Ναι...

—Και γιατί δε μου τα 'λεγες;

—Κι αν σου τα 'λεγα, τι θα 'κανες; Μπορούσες να τους απελύσεις;

—Όχι. Μα θα τους σκότωνα και θα γλύτωναν. Τούτο δω δεν αντέχεται.

—Χμ... Τούτο δω; Τούτο δω δεν είναι τίποτις... Παραΰστερα να δεις.

—Έχει και χειρότερα; Και... δε μου λες... δεν τελεύει, δηλαδής, ποτέ αυτό;

—Τελεύει άμα τα τινάξουνε. Αν στο πίσου πίσου δεν τα τινάξουνε, τους κάνουνε γομαρομούλαρα και κουβαλάνε πέτρες.

—Και τι χτίζουνε; Εγώ δεν είδα τίποτις.

—Τίποτις δε χτίζουνε. Ε, να, αυτού δα είναι όλο το κακό. Ότι δε χτίζουνε τίποτις. Αν χτίζανε κατιτίς, θα τέλευε καμιά βολά και θα ησυχάζανε.

—Και τότες γιατί την κουβαλάνε την πέτρα;

—Χμ... Να. Έτσι για να την κουβαλάνε. Δουλειά στο βρόντο, δηλαδή. Κουβάλημα για το κουβαλητό. Την ξεριζώνουνε απ' το βουνό και την πηγαίνουνε περίπατο... απ' το βουνό στη θάλασσα, απ' τη θάλασσα στο βουνό... κι ύστερις πάλι στη θάλασσα και μετά πάλι στο βουνό... και βουνό και θάλασσα, και θάλασσα και βουνό, απ' τη στιγμής που θα ξεμυτίσει ο ήλιος ίσαμε να βουτήξει στο νερό. Εννόησες;

Ο χωροφύλακας τον κοιτούσε πελαγωμένος.

—Και... γιατί;

—Πού ξέρω γω...

—Και... εκείνοι τι κάνουνε; Αντέχουνε;... Δε... σπάνε;

—Είναι και καμπόσοι που σπάνε. Υπογράφουνε ότι χωρίζουνε τα τσανάκια τους κι ότι τους περιπλάνησε ο Μαξ...

—Τι είν' αυτός;

—Δάσκαλός τους.

—Εγγλέζος;

—Όχι, Ρούσσος. Όλα αυτά, για να ξέρεις, είναι ρούσσικα. Λοιπόν, υπογράφουνε ότι τώρα δα μόλις το καταλάβανε ότι τους περιπλάνησε ο Μαξ, και υπογράφουνε τη «μετάνοια» και πάνε στα σπιτάκια τους. Οι άλλοι που το βαστάνε μουλαρίσια μέχρι δεύτερη περιουσία, που λένε, αυτοί... ζωή σ' ελόγου μας. Πεθαίνουν αβέρτα σαν τους τζίτζικους το καλοκαίρι.

—Τς... τς... τς... Έτσι, ε;

Ο χωροφύλακας έβγαλε το πηλήκιό του και το 'παιζε αλωνίζοντας μέσα το δάχτυλό του.

—Έχεις ένα τσιγάρο;... είπε λίγο πιο ύστερα. Ήθελα να ξέρω μωρέ... Τι της βρίσκουνε της προδοσάς και την αγαπάνε τόσο;

—Εγώ..., λέει ο ναύτης καταπίνοντας. Εγώ —το 'πες και μοναχός σου τώρα δα— δεν αναμιγνύομαι.

—Μια φορά για προδότες είναι. Έτσι; Αυτό —για να 'χουμε καλό ρώτημα— είναι ξεκαθαρισμένο. Έτσι;... Είναι. Τέλειωσε. Έτσι;

—Σου είπα. Δεν αναμιγνύομαι.

—Γιατί τότε τι σκατά κάνουμε αν δεν είναι;... Έτσι στον αέρα τούς ρίχνουμε το στειλιάρι;

—Αυτά ξεκαθάρισέ τα μόνος σου. Πού να ξέρω εγώ ο κακομοίρης... Εγώ είμαι πιο αγράμματος κι απ' το παπούτσι μου. Σου το είπα, θαρρώ. Και ένεκα τούτου δεν αναμιγνύομαι.

—Σάματι εγώ έμαθα τα πολλά; Ως και τα ραβασάκια της γκόμινας άλλονε έβαζα και μου τα 'γραφε.

—Μοδιστρόνι είναι;

—Ασπρορουχού. Μα... είμαι υποχρεωμένος —εννοείς— να κόψω. Εννόησες;

—Και γιατί;

Ο χωροφύλακας φύσηξε με καημό.

—Έχει αδερφό... από δαύτους...

—Απ' τους προδότες;

Ο χωροφύλακας δεν απάντησε.

—Δηλαδή, συνέχισε, για να λέμε την πάσαν αλήθεια, δεν την έκοψα... μ' έκοψε... κατάλαβες; Τα 'χαμε μαζί απ' τα πριν... κατάλαβες; Απ' τον καιρό που 'μουνα, δηλαδή, πολίτης... κατάλαβες; Γιατί μόλις ντύθηκα... την έκοψα... Δηλαδή, για να 'μαι ειλικρινής..., μ' έκοψε... κατάλαβες;... Δε μπειράζει...

—Σου 'σβησε..., λέει ο ναύτης και σκύβει για να του ξανανάψει το τσιγάρο.

Ο χωροφύλακας κοπάνησε μια γροθιά στο γόνατό του.

—Αλλά ένας άντρας δεν τα καταπίνει κάτι τέτοια εύκολα! Έτσι;

—...Τι... τη σκαμπίλισες;

Ο χωροφύλακας άργησε ν' απαντήσει. Ο θυμός του, που πήγε ν' ανάψει, έγινε ξαφνικά ντροπή. Κοκκίνισε. Ύστερα κιτρίνισε.

—Τη σύλληψα..., λέει στο τέλος με θαμπή φωνή. Τώρα είναι εξορία, συνέχισε μόλις ψιθυρίζοντας με σκυφτό το κεφάλι.

Ο ναύτης πάσκισε να τον παρηγορήσει.

—Πάρε φωτιά... Εμ... αφού ήτανε προδότισσα, καλά έκανες και τη σύλληψες. Πρέπει να ξεβρωμίσει ο τόπος. Εγώ αυτό ξέρω! Έτσι;

Ο άλλος τον κοιτούσε κατάματα.

—Καλά δε λέω;... συνέχισε ο ναύτης.

Ο χωροφύλακας πάλι δεν αποκρίθηκε. Ο ναύτης τράβηξε μια βαθειά ρουφηξιά.

—...Γιατί, συνεχίζει ο ναύτης, για να τη συλλήψεις εσύ, ένα όργανον, που λένε, πάει να πει ότι την είχε κατουρημένη τη φωλίτσα της η μικρή... Έτσι; Γιατί πάει ποτές στα καλά καθούμενα ένα όργανον, που λένε, να συλλήψει ένα αθώο κορίτσι που παλεύει με τ' ασπρόρουχά του και να το στείλει εξορία;... Έτσι; Εδώ το πράμα είναι καθαρό. Την προδοσία την είχε μες στο αίμα της η μικρούλα... Έτσι;... Μίλα ντε... Έλα... σου ξανάσβησε πάλι...

Ο χωροφύλακας έσκυψε το κεφάλι του κατά το σπίρτο... μα τόσο βαθιά, που του 'πεσε το πηλήκιο. Τότε ο ναύτης με ολάνοιχτα μάτια είδε ότι, μ' όλη την παγωνιά, το κούτελο του χωροφύλακα ήταν γεμάτο από ψιλό ψιλόν ιδρώ...

—Καλά δε λέω; συνέχισε ο ναύτης για να τον αποτελειώσει. Εγώ αυτό ξέρω. Άμα είσαι άντρας, γίνε και προδότης, που λέει ο λόγος. Μπορείς να γίνεις, άντρας είσαι. Αλλά οι κατουρλούδες τι θέλουνε και μπαίνουνε στη μέση; Ο Θεός για να τους δώσει φουστάνια κάτι ήξερε. Την έκανε για το σπίτι. Μα κείνη έχει το διάλο μέσα της. Κάτσε, ρε μυστήριο πλάσμα, σπίτι. Τι βγαίνεις και ξεφωνίζεις στο δρόμο σα μανάβης «λευτεριά» και την κακή σου την τύφλα; Λευτεριά θέλεις, μωρή; Τράβα στη μαμμή να σε ξεγεννήσει. Τι βγαίνεις με τις χωνάρες στο δρόμο και στριγγλίζεις σαν υστερικιά; Εγώ, κύριε κωροφύλακα, ξομολοημένη αμαρτία... Μα τι έχουνε τα χέρια σου; Σου 'πεσε πάλι το τσιγάρο...

—Τι 'πες;... Τίποτις.

Ο ναύτης έσκυψε και τα ξανακοίταξε. Έτρεμαν σαν άχνουδα πουλιά.

—Συμπάθα με..., του λέει με συμπόνια. Συμπάθα με. Σε πρόσβαλα.

Και σηκώθηκε κι έφυγε για να τον αφήσει να τρέμει μόνος.

ΚΕΦΑΛΑΙΟ ΤΡΙΤΟ

ΓΙΑΤΙ ΤΑ ΔΥΟ ζωντανά τούτα πλάσματα έζησαν; Γιατί... Ερώτηση άχρηστη. Άμα όλα τα «γιατί» γίνονταν «διότι», τότε η ζωή θα 'μενε χωρίς «γιατί» και τότε τι αξία θα είχε; Να... Έζησαν γιατί δεν κόπηκαν όλες οι κλωστές μέσα τους. Γιατί αυτό το παράξενο έντομο που συνηθίζουν να το λένε ψυχή έχει εξασκηθεί τόσο πολύ ν' αποφεύγει τα χτυπήματα, που στο τέλος πηδώντας από γερό σε γερό κομμάτι βρήκε καταφύγιο στο τελευταίο απείραχτο κομμάτι, γάντζωσε απάνω του και γλύτωσε.

Οι δυο φίλοι ανακάλυψαν ότι ζουν όταν ο πόνος ανέβηκε πιο ψηλά απ' την αίσθηση της ζωής. Όταν αυτό που λένε πέντε αισθήσεις ισοπεδώθηκε σε μια. Στην ιστορία των μαρτυρίων «ζω» θα πει «πονώ». Μα και «πονώ τόσο πολύ» θα πει «δεν μπορώ να ζήσω». Είναι γνωστό πως ο δρόμος που σε πάει στον αιώνιο χαμό, το θάνατο, περνάει πρώτα απ' τον πόνο. Μα εδώ ήταν μόνο πόνος χωρίς χαμό. Πρώτη φορά οι δυο τούτοι άνθρωποι ανακάλυψαν ότι στη ζωή υπάρχει κάτι πιο αβάσταχτο απ' το θάνατο... Ο αβάσταχτος πόνος που δε σε πάει στο θάνατο.

Αλλά να κάνεις φιλοσοφία του πόνου πάνω σε μιαν άπονη ζωή είναι σα να θέλεις ν' ανάψεις φωτιά επάνω στη στάχτη.

Μια μέρα οι δυο φίλοι, μπουσουλώντας με τα τέσσερα, έφτασαν στη μικρή πόρτα της σκηνής κι ανακάλυψαν τον κόσμο για δεύτερη φορά στη ζωή τους. Ένας ήλιος νέος χύθηκε πάνω στα βασανισμένα κεφάλια τους και τους καλημέρισε σα φίλος που 'ρχότανε από 'ναν άλλο άγνωστο και φωτεινό κόσμο. «Θέλω να ζήσω!» είπαν οι φλεβίτσες που παίξανε δίπλα στα μάτια τους. Μα μια ζωντανή φλεβίτσα πάνω σ' ένα τσακισμένο κορμί είναι σα μια ζωντανή μύγα πάνω σ' ένα νεκρό σώμα.

Ο Παναής έτριψε το μάγουλό του στο μουσαμά του τσαντιριού σαν άρρωστο μωρό που τρίβεται στο στήθος της μάνας του. Ύστερα ανέβασε ένα ζεστό βλέμμα κατά πάνω προσπαθώντας ν' ανταμώσει το βλέμμα του φίλου του.

—Μην... είδες;... του λέει δειλά.

—Τι;

—Τίποτα...

—Όχι, δεν το είδα.

—Αφού δεν ξέρεις τι... γιατί λες «δεν το είδα»; Ξέρεις για ποιο πράμα θέλω να σου πω;

—Ξέρω... Δεν το είδα.

—Ε, τι;

—Εσύ τι μου γύρευες;

—Τι νομίζεις ότι σου γύρευα;

Ο Γιώργης δεν του αποκρίθηκε. Τον κοίταξε μόνο με μια γλυκειά συμπόνια.

—Τώρα το πιστεύω, του λέει. Το πιστεύω πια πως θα ζήσεις. Πως ξέφυγες το θάνατο. Όσες μέρες δε μου το γύρευες, έτρεμα. Πάει..., έλεγα, τον χάνω. Σήμερα ξανάσανα. Πάρ' το!... Να, εδώ στη γελεκότσεπη το 'χω. Το μάζεψα με χίλιους φόβους την ώρα που μας... Τέλος πάντων. Πάρ' το.

Ο Παναής πήρε το πολύπαθο χαρτάκι και το μύρισε. Ύστερα το κράτησε έτσι με τα χέρια αντίκρυ στα μάτια του και —ξαφνικά— τα μάτια του γέμισαν θαυμασμό. Η γλώσσα του σαν από μοναχή της άρχισε ένα παράξενο δικό της κουβεντολόι.

—Τς... τς... τς..., έκανε γλυκά και ξεχασμένα.

—Πάλι τα ίδια αρχίσαμε;

—Κοίτα κει, μωρέ κόσμε!... Να σε βρίζουνε, να σε λιανίζουνε, να σε κάνουνε πριονιστό... και κείνη... «είμαι δική σου» να λέει, «είμαι δική σου... είμαι δική σου... Είμαι δική σου!...».

—Ουουουφφ... πάλι τα ίδια της σχωρεμένης αρχίσαμε;

Ο Παναής δε θύμωσε. Το 'τριψε μόνο γλυκά πα στα γένια του κι έκλεισε τα μάτια. Το χαρτάκι θρόισε πα στα γένια σαν πεταλουδίτσα που σέρνεται στη χλόη... Ύστερα ο Παναής —με τα μάτια πάντα κλειστά— γέλασε. Γέλιο άρρωστου παιδιού που το βγάζεις για πρώτη φορά στον ήλιο.

Κατόπι ζύγωσε πιο πολύ στην πορτούλα και κοίταξε τη θάλασσα. Το Λαύριο λιαζόταν αντίκρυ τους κακομούτσουνο. Οι άνθρωποι τριγύριζαν σα σκοτεινά μερμήγκια. Ως τώρα μια Κόλαση μοναχά είχαν γνωρίσει. Αυτήν που πήγαιναν κάθε μέρα ν' ανταμώσουν εκεί κάτω μες στις άφεγγες στοές. Και τώρα τι 'ταν αυτό; Ο ίδιος ο άνθρωπος που έτρεμε την Κόλαση πήγε κι έφτιαξε με τα δικά του χέρια μιαν άλλη τρισχειρότερη. Και πού; Στον απάνου κόσμο και κάτου απ' τον ήλιο. Ο ίδιος άνθρωπος, αυτή η παράξενη μηχανή, που ήταν έτοιμη —τη μια στιγμή— να υψώσει ένα όνειρο στο ανάστημα τ' ουρανού και —την άλλη— να γεμίσει ένα λάκκο με αθώα, ζεστά αίματα.

Οι τσιμινιέρες δούλευαν πάντα καρτερικά και ανίδεα. Ένας νωθρός καπνός ανέβαινε σαν επιθανάτιο λιβάνι. Κάτι βούλιαζε αργά εκεί κάτω. Η κούφια γης ζητούσε πίσω το χώμα που της έκλεβαν τόσους αιώνες.

—Παναή... Βάλε το κεφάλι σου μέσα, το καλό που σου θέλω. Αυτοί παίζουνε πετροπόλεμο με τα κεφάλια μας.

Ο Παναής δεν αποκρίθηκε. Κοιτούσε πάντα με ξαφνιασμένα μάτια τον κόσμο πού ξανάβρισκε.

—Άκουσες τι σου είπα;

—Δε μου λες... Λες να ήρθε καμιά μέρα ίσαμ' εκεί αντίκρυ;

—Ποιος;

Ο Παναής θύμωσε.

—Τίποτα. Δε σε ξαναρωτάω.

—Μη με ξαναρωτάς. Εμένα τώρα μόνο αυτό με νοιάζει. Να βάλεις το κεφάλι σου μέσα.

Ο Παναής επιτέλους το τράβηξε.

—Να το. Τι το θέλεις;

Ο Γιώργης κάθισε και τον κοιτούσε.

—Είσαι όμορφος, του λέει. Τώρα το κατάλαβα άλλη μια φορά. Μ' όλα που σου κάνανε, μένεις όμορφος... Μπορώ να πω... πιο όμορφος...

Ο Παναής τον κοιτούσε αμήχανος, αθώος.

—Η μάνα μου μ' έλεγε «κατσίκι».

—Απ' την αγάπη της το 'κανε.

—Κι η...

—Έλα... λέγε... λέγε.

—Κείνη πάλι μ' έλεγε... Γέλασε.

—Ό,τι και να 'λεγε, κι αυτή απ' την αγάπη της το 'κανε... Ζει ακόμη η μάνα σου;

—Αν είναι για να τα μάθει όλα τούτα, θα ήθελα να μη ζει.

—Πώς θα τα μάθει;

—Τους τα γράφουνε. Τους στέλνουνε κάτι χοντρά, πρόστυχα γράμματα. «Κυρά μου..., κάποτες είχες, θαρρώ, ένα γιο, ε; Ε, έλα να τον δεις. Κι αν τον γνωρίσεις, εμένα να με χέσεις. Μεθ' υπολήψεως, Γκουντάς».

Απ' τον γκρεμό, που τον άσπριζαν οι γλάροι, μια φωνή σηκώθηκε ολομόναχη, άξαφνη, κι αμέσως κόπηκε... σα να την έσφαξαν. Βάλανε κι οι δυο τ' αυτί τους, το κολλήσανε πάνω στο πανί του τσαντιριού, σα χαρτόσημο. Τίποτα. Η φωνή δεν ξανακούστηκε. Ο Παναής γύρισε στο φίλο του.

—Είναι ένας θαλασσινός, λέει, που τον πιλατεύουν καιρό. Τρία «τζίνια» έχει αχρηστέψει ως την ώρα. Τώρα τον παρέλαβε προσωπικώς ο Γκουντάς. Τ' ορκίστηκε στην «τιμή» και στα «γαλόνια» του, λέει, να τον σπάσει ώσπου να κλείσει μήνας. Κάθε μέρα σοφίζεται καινούρια σχέδια. Μα όλα τού τ' αχρηστεύει αυτός ο ναύτης· ο Γκουντάς τον λέει «καπετάνιο». Κανείς δεν τον έχει δει ως τώρα. Είναι μια πιθαμή κοντά μας και παλεύει άγνωστος, μόνος και περήφανος.

Η φωνή δοκίμασε άλλη μια φορά να σηκωθεί πίσω απ' τους βράχους, μα γύρισε βραχνό ουρλιαχτό και σώπασε.

Βγάλανε κι οι δυο απ' το τσαντίρι τα κεφάλια τους. Έμοιαζαν έτσι με κάτι νεογέννητα κατσικάκια που ξεμύτισαν απ' το ταγάρι του τσομπάνη τους. Μια κοτρώνα έπεσε με φόρα κι έπαιξε ταμπούρλο στην τέντα της σκηνής τους.

—Μέσα τα πεπόνια ρεεεε!! ρέκαξε ένας απ' τη ράχη.

Τραβήχτηκαν κι οι δυο βιαστικά.

—Το περίμενα, είπε ο Γιώργης. Σου το 'χα πει. Άργησαν μάλιστα.

Σύρτηκαν στο βάθος της σκηνής και ξαπλώσανε στην κουρελού που τους είχε δώσει την τελευταία στιγμή με παρακάλια η μάνα του Γιώργη. Ευλογημένα χέρια... Ξανασκέπασε ολόκληρο το νησί η ησυχία. Η ησυχία της Μακρόνησος... Είναι μια σιωπή απάνθρωπη, κάτι απίθανα κρύο και σκοτεινό, σαν την αιώνια σιγή των βυθών όταν μετά απ' τους σεισμούς σωπάσανε όλοι οι θόρυβοι και σύρτηκαν πάνω τους, σα σάβανο, τα βουβά κι ασάλευτα νερά.

Μόνο κάθε δύση κλαίει μια σάλπιγγα. Οι άνθρωποι τότε πέφτουν εκεί που βρέθηκαν — μερικοί και με την πέτρα τους στον ώμο. Δεν έχουν τη δύναμη ούτε και για να φτάσουν ως τα τσαντίρια τους. Και κείνα τους κοιτούν γεμάτα απορία σαν τις άδειες λειψανοθήκες που τις αφησαν και φύγανε οι νεκροί τους...

Στη γωνιά τους πασκίσανε να ζεστάνουνε λίγο τη μιλιά τους που είχε κι αυτή παγώσει. Μα όπου και να πήγαιναν, ο αέρας θα τους ξετρύπωνε σαν άγριο λαγωνικό να τους δαγκάσει. Ο αέρας εδώ δεν είναι αέρας. Είναι ακονισμένα σπαθιά που σε σκίζουνε βαθιά, αρμυρισμένα απ' τους αχνούς της θάλασσας, για να τσούζουν περισσότερο. Ο αέρας αυτός κάποτε σηκώνει τους ανθρώπους μαζί με τα τσαντίρια και τους πάει στη θάλασσα ή τους τραβολογά ως κάτω στις νεροσυρμές και τους σκοτώνει. Παραβγαίνουνε κι οι δυο ποιος θα σκοτώσει σκληρότερα. Το νησί αυτό θα 'λεγες πως έχει ένστικτα, και μάλιστα απ' τα πιο σκοτεινά. Ίσως και γι' αυτό το πέλαγος γύρω του βράζει τόσο μανιασμένο. Κι ίσως και γι' αυτό δεν έχει ζήσει ποτέ εδώ πουλί. Τα κυνηγούν οι βοριάδες με τις πέτρες και τα σκοτώνουν. Πέτρες... Εδώ —αέρηδες, άνθρωποι-δήμιοι— όλοι με τις πέτρες έχουν να κάνουν. Άλλοι να τις κουβαλούν κι άλλοι να τις ξεριζώνουν και να σε σκοτώνουν. Ως και τα ρούχα ακόμη που φοράς πετρόχρωμα έγιναν κι αυτά. Η σύνθεση είναι πολύ απλή: γκρίζο, μαβί και άσπρο νεκρικό. Ένας ζωγράφος δε θα είχε να πει τίποτα. Θα τραβούσε μια τρομαγμένη πινελιά και θα 'φευγε.

Στα στρωσίδια απάνω, σ' αυτά τα βρεγμένα, φτενά στρωσίδια, ο ύπνος ήρθε σήμερα παράξενα καταδεχτικός και απροσκάλεστος. Πώς τα κατάφερε; Πού βρήκε το δρόμο ανάμεσα σε τόσους πόνους και τυράγνιες; Ιδιότροπο ζωντόβολο, μα την αλήθεια, είναι ο ύπνος... Πολλές φορές δεν έρχεται ούτε στα πούπουλα. Και μπορεί νά 'ρθει βολικά να σ' ανταμώσει πάνω στις πέτρες ή σε κάποιο χαντάκι της δημοσιάς. Κάποτε οι γενιές που θά 'ρθουν (όταν στη γη θα 'χουν τελειώσει για πάντα τα μαρτύρια) πρέπει να φκιάσουν ένα άγαλμα στον «Άγνωστο Ύπνο». Είναι ο σεμνός και αφανής ήρωας που βοήθησε τους μάρτυρες στις πιο βασανιστικές τους ώρες. Που τους δυνάμωνε λίγο πριν απ' τις δοκιμασίες και τους μαλάκωνε μετά απ' αυτές. Όταν παλεύεις με το φόβο, όταν δέρνεσαι με τις αμφιβολίες, όταν η λίγη σου αντοχή πάει να σ' αφήσει, όταν η ψυχή ξεκολλήσει από μέσα σου και πάει να γκρεμιστεί... έρχεται αυτός, ο ευλογημένος, ο ανεκτίμητος, ο Ύπνος, και σου ρίχνει τη μαγική του κλωστή και σε τραβά απ' τα βάραθρα και σε γλυτώνει. Τιμή κι ευγνωμοσύνη, λοιπόν, στο μεγάλο και άγνωστο σύμμαχο που δε ζήτησε ποτέ στεφάνι κι ανταμοιβή. Κι ένα πελώριο «ευχαριστώ» στο άμορφο, άυλο και παντοδύναμο ον που έσωσε τα ανθρώπινα μυαλά στην περίοδο της Μεγάλης Φρίκης... αυτήν που σκόρπισε στον κόσμο η μορφή του Ναζισμού.

Ο Παναής ονειρευόταν πάντα δυνατά. Τα γλυκά όνειρα του φέρνανε στο στόμα μικρούς κι ευτυχισμένους στεναγμούς, και περιχύνανε το πρόσωπό του με γλύκα κι αφροντισιά. Οι εφιάλτες τον κάνανε να βελάζει, τον γέμιζαν πηχτό παγωμένο ιδρώτα. Σε τέτοιες στιγμές φώναζε δυνατά και σπαραχτικά τη μάνα του. Άλλοτε πάλι, στις στιγμές του ήσυχου ύπνου, καλούσε τρυφερά ένα κοριτσίστικο όνομα...

Τούτη τη φορά όμως πρέπει να ξεφώνισε πολύ δυνατά, τόσο δυνατά που πήγε να σπάσει τη σιωπή της Μακρόνησος. Ο Γιώργης τον άρπαξε απ' το κεφάλι και τον ανασήκωσε, καλώντας τον επίμονα να γυρίσει κοντά του, εδώ, στο τσαντίρι τους, που ήταν αυτός, ο αδερφός του ο Γιώργης... που τον φρόντιζε και τον αγαπούσε.

Ο Παναής άνοιξε τα μάτια του. Μέσα τους κρεμόταν ο γκρεμός της Μακρόνησος.

—Τι τρέχει;... φώναξε στο Γιώργη και γάντζωσε απάνω του.

—Τίποτα, Παναή... Γύρνα... Δεν είναι τίποτα. Είμαστε πάντα στα ίδια.

—Κι αυτό... το...

—Ποιο πράμα;

—Δώσ' μου λίγο νερό.

Ένα λαγήνι ήταν γειρμένο δίπλα τους πλαγιαστά για να μην το κουτουλήσει κανείς στα σκοτεινά και το σπάσει.

Ο Γιώργης τού δρόσισε λίγο το πρόσωπο κι ύστερα

τον έπιασε γλυκά απ' το πηγούνι και τον πότισε. Ο Παναής —που σιγά σιγά πια συνερχόταν— έψαξε μόνος του για μαντήλι και σκούπισε τον ιδρώτα του.

—Είδα..., άρχισε να λέει.

—Δε χρειάζεται... μου τα λες αργότερα.

—Τις θυμάσαι τις τρύπες αντίκρυ του Λαυρίου;

—Άσε τώρα τις τρύπες και κάτσε να ξελαχανιάσεις.

—Όχι, τις θυμάσαι;

—Ε, τις θυμάμαι... Λοιπόν;

—Είδα οι τρύπες ν' ανοίγουνε ξαφνικά τα στόματά τους. Κι από μέσα να βγαίνουνε κάτι άνθρωποι χωματένιοι... να βγαίνουνε... να βγαίνουνε... και να πατάνε τα σπίτια, τα δέντρα, τους ανθρώπους, τα μαγαζιά, και να τα κάνουνε όλα... όλα χωματένια... Και στο τέλος να πατάει ένας πάνω μου και να...

—Σώπα. Κατάλαβα. Και κει απάνω φώναξες.

—Ναι. Τι θα πει αυτό, Γιώργη;

—Τα όνειρα είναι παλαβά. Ξέρω γω τι θα πει!... Φαίνεται ότι βγήκανε απ' το χώμα τους όλοι οι παληοί πεθαμένοι άνθρωποι για να διορθώσουν τους ζωντανούς. Τα όνειρα όμως είναι, τις πιο πολλές φορές, ανόητα. Σ' το ξανάπα... Μην τους δίνεις σημασία. Άναψε τώρα τούτο το μισαδάκι. Θα σου κάνει καλό. Πάρ' το. Είναι το τελευταίο μας. Το φύλαγα για κάτι τέτοιες ώρες. Κοίταξε να μην το χαραμίσεις... Έλα, ρούφα...

Ο Παναγής το 'πιασε με κάτι κρύα δάχτυλα. Κι έψαχνε να βρει τα χείλη του. Παράξενο όνειρο. Όπως συμβαίνει, οι άνθρωποι που βρίσκονται στην Κόλαση ονειρεύονται πάντα τον Παράδεισο. Κι αυτός απ' την Κόλαση ονειρεύτηκε ξανά την Κόλαση... Τέλος. Κάποτε βρήκε τα χείλη του και τράβηξε την πρώτη ρουφηξιά. Σιγά σιγά συνερχόταν. Κάποτε μάλιστα γύρισε και πάσκισε, αχνά, να γελάσει του Γιώργη.

—Το είδες; του λέει κείνος. Πάει, αυτό ήταν. Άσ' τα να 'ρχονται. Όσα όνειρα θέλουν ας έρχονται. Αυτά δεν αφήνουν λαβωματιές. Το ερχόμενο βράδυ ονειρεύεσαι τη μάνα σου. Κι όλα σβήνουν. Το τέλειωσες το μισαδάκι; Έτσι. Έλα τώρα να κοιμηθείς. Όνειρα τώρα γλυκά...

ΚΕΦΑΛΑΙΟ ΤΕΤΑΡΤΟ

Ο ΑΝΘΡΩΠΟΣ τα 'βαλε με τη δημιουργία επειδή δεν του έδωσε φτερά, κι έκανε δικά του. Θύμωσε που δεν του έδωσε δυνατά μάτια, και τα μεγάλωσε μόνος του. Έφκιαξε κυάλια για να βλέπει μακριά. Αλλά κανείς δεν έφκιαξε κυάλια για να βλέπει μέσα του. Αν μπορούσε να το κάνει αυτό, θα εξαφανίζονταν από το πρόσωπο της γης οι δήμιοι. Δήμιος είναι ένα μηχάνημα που δεν μπόρεσε ποτέ να δει μέσα του. Που δεν κουβέντιασε ποτέ με τον εαυτό του, που δεν έμεινε ποτέ μόνος.

Ο δήμιος είναι φύση τυφλή, δειλή, με ψυχολογία σαρκοβόρου που ζει πέρα απ' τα ένστικτα, πέρα κι από κάθε λογικό ειρμό. Μα αυτός που δίνει στους άλλους τόσο εύκολα το θάνατο είναι αδύνατο να τον δεχτεί ο ίδιος. Αν κάποιος δήμιος τύχαινε να καταδικαστεί σε θάνατο, δε θα είχε ποτέ τη δύναμη να φτάσει ως το ικρίωμα. Θα ψοφούσε στην πορεία.

Ένα απομεσήμερο φωνάξανε με βαρειά φωνή απ' το μικρόφωνο το όνομα του Παναή. Οι δυο φίλοι κοιτάχτηκαν. Ήξεραν τι θα πει αυτό. Ότι σε λίγο, ή μπορεί και αργότερα, ο Παναής έπρεπε να ετοιμαστεί για τη μεγάλη δοκιμασία. Έτσι κάνανε πάντα, ποτέ δε σε παίρνανε αμέσως. Σου κάνανε πρώτα την ένεση του τρόμου και περιμένανε την αντίδρασή της. Εσύ ετοιμάζεσαι, βάζεις όλα τα δυνατά σου. Είσαι έτοιμος να τ' αντέξεις όλα. Αν σε πάρουν τώρα, σώθηκες. Μπορείς να βαστάξεις και το σταυρό, και το κάψιμο με τ' αναμμένο σίδερο, και το βγάλσιμο των νυχιών, όλα... Αλλά δεν το κάνουν. Σ' αφήνουν πρώτα ν' ανέβει η δύναμή σου στη διαπασών, να φτάσει η αντοχή σου στο ψηλότερό της σημείο... ν' αρχίσει έπειτα η αδημονία, η κάμψη, και τότε σε παίρνουν. Η διαδρομή έγινε. Μ' ένα μικρό σπρωξιματάκι η ψυχή θα πέσει.

Ο Γιώργης τα 'ξερε αυτά.

—Παναή, του λέει, αδερφέ μου, κρατήσου γερά. Αυτοί δε θα σε πάρουν τώρα. Μπορεί ούτε και ως το βράδυ. Ως τότε έχεις καιρό να το σκεφτείς. Είδαν ότι δε σπάμε μαζί και μας χωρίζουν. Μα εμείς δεν μπορούμε να χωρίσουμε. Και κει, και δω, και παντού θα τους πολεμάμε με δυο καρδιές. Δε σου κάνω μάθημα, πρόσεξέ με. Τα σιχαίνομαι τα μαθήματα. Στον κόσμο όλα μπορείς να τα διδάξεις εξόν απ' την παλληκαριά. Αυτοί την τουφεκιά τους τη ρίξανε. Ας στήσουμε, λοιπόν, και μεις τώρα το δικό μας πολυβολάκι. Αυτοί πασκίζουνε με τούτα και με κείνα να βρούνε την ψυχή μας, να μας την τρομάξουν και να την πάρουνε. Άσ' τους να κουρεύονται. Εμείς ξέρουμε και τη μεταμφιέζουμε. Δε θα τη βρουν ούτε και τώρα. Άιντε, γεια σου. Τέλος τώρα. Στοπ. Σου είπα τα καινούρια; Τι 'ναι, βρε παιδί μου, καμιά φορά αυτή η τύχη!... Ξέρεις τι βρήκα σήμερα πρωί πρωί μες στη φόδρα του σακακιού μου; Δε θα το πιστέψεις... Τσιγάρα!

Ο Παναής σάστισε. Άρχισε να κοιτά το φίλο του κάπως υποψιασμένος.

—Κάτι πας να μου σκαρώσεις. Εχτές μου 'στρωσες το

σακάκι σου για μαξιλάρι. Δεν είχε μέσα ούτε σπιρτόξυλο. Πώς βρέθηκε μέσα ολόκληρο πακέττο τσιγάρα; Για δείξ' τα μου... Τι μάρκα είναι;

—Κεράνη... Μυστήριο... Ποτέ δεν έχω ξαναβάλει στο στόμα μου τέτοια μάρκα. Ούτε αγόρασα ποτές μου τέτοια άχερα. Τότε πώς στο διάλο βρέθηκαν εδώ μέσα; Τι γίνεται, ρε Παναή; Για στάσου. Ξέρεις τι;... Πάνε να μας φτιάξουνε δουλειά. Για μύρισέ τα.

Ο Παναής τα μύρισε.

—Κανονική μυρουδιά καπνού, λίγο σέρτικη.

—Αν εδώ μέσα δεν υπάρχει φαρμάκι, τότε υπάρχει λάκκος. Αυτοί πιο πολύ θα ευχαριστηθούν να μας βγάλουνε σκάρτους παρά ψόφιους. «Ο κομμουνιστής, άμα πεθάνει, δε χάνεται. Χάνεται όμως —και να μην πεθάνει— άμα, παραδείγματος, κλέψει ή ατιμάσει ή σκαρτέψει η χαραχτήρα του». Αυτό το τροπάρι το 'λεγε σ' ένα μικρό μάθημα του ποδαριού στα τζίνια του μια μέρα ο Γκουντάς. Λοιπόν, αυτό είναι... Αλλά τώρα υπάρχει το κάτι άλλο: Ποιος τα 'βαλε; Εδώ μέσα δεν μπαίνει παρά μονάχα κείνος ο βλογιάρης με τη μουστάκα που μας κάνει κάθε πρωί κι απόγεμα το προσκλητήριο. Άλλη εξήγηση δε χωρά. Αυτουνού του λεβέντη δουλειά είναι. Αλλά βρήκε παιδιά να τη σκαρώσει. Έλα, πουλάκι μου, για το προσκλητήριό σου και τα λέμε!

Στο μεταξύ ο ήλιος ανέβαινε κι έμπαζε μέσα τις κλωστές του από καθάριο μετάξι. Στο τσαντίρι είχε πέσει ξανά η σιωπή. Ο Παναής έκλεισε τα μάτια του. Είχε να κάνει σκληρό δρόμο ανάμεσα από φωτιές, σίδερα και φρίκη. Ήξερε πώς έβγαιναν από κει μέσα όσοι πηγαίναν για «μια μικρή ανάκριση». Πολλές φορές δεν έβγαιναν και καθόλου. Στη Μακρόνησο όλο το παν ήταν να μπορέσεις να κάνεις αυτήν την περίεργη γεωμετρική εξίσωση: Να κρατήσεις σε απόλυτα κάθετη στάση την ψυχή σου, έστω κι αν το κορμί σου βρίσκεται οριζόντια. Πολύ εγωίστρια είχε γίνει η ψυχή τούτα τα τελευταία χρόνια εδώ. Όλα τα 'θελε δικά της. Το κορμί ήταν ένα απλό μεταφορικό της μέσο. Άμα κείνο έμενε στη μέση, τ' άφηνε άπονα και χωρίς να γυρίσει να το δει. Άφηνε να γονατίσουν όλα μπροστά της. Να παραμορφωθούν... Να γίνουν μικρά ματωμένα μόρια. Να χάσουν το σχήμα τους... το χρώμα τους... αδιάφορο. Κείνη μονάχα να 'μενε ορθή. Παράξενη Ηρωδιάδα.

—Άκουσες κάτι να σέρνεται όξω; ρωτά ο Παναής και βάζει το δάχτυλο στειλιάρι μπρος στο στόμα.

—Όχι. Τίποτα.

—Αφουγκράσου.

—Όχι. Τίποτα. Αφουγκράστηκα.

—Ξαναφουγκράσου...

—Έκανα τ' αυτιά μου χωνιά. Όχι. Τίποτα.

Φέρανε τα γόνατά τους κοντά και βάλανε τα πηγούνια τους απάνω. Περίεργο... Όλοι οι φυλακισμένοι του κόσμου να συλλογιούνται έτσι... Ακουμπάνε τα γόνατά τους στο στήθος και βάζουνε το πηγούνι να κάτσει απάνου τους. Του κάνουν έτσι μια καρέκλα και το βάζουν να ξεκουραστεί.

Καλά είναι έτσι. Μα ο ήλιος ανεβαίνει και σε λιγάκι θά 'ρθουν να πάρουν τον Παναή. Η ένεση τρόμου που του κάνανε πρωί πρωί έκανε την επενέργειά της. Τώρα ο «ήρωας» θα πέσει σα σάπιο σύκο. Χοντροκομμένοι υπολογισμοί ενός σκέτου δημίου που δεν έμαθε να υπολογίζει παρά μονάχα στη δύναμη του σίδερου και της φωτιάς. Ο Γιώργης έριξε τα μάτια του μακριά... πίσω απ' το φτηνό πανί του τσαντιριού.

Εκεί, λίγο πιο πέρα, ήταν η γλυκειά Αθήνα με το κάτασπρο φως και τις μεθυστικές κερήθρες της ομορφιάς της. Κι εδώ ένας μικρός, μα απέραντος σε σκοτεινιά Μεσαίωνας, που τον φράζουν τα κύματα κι οι δήμιοι, χίλιες φορές σκοτεινότεροι.

—Τι συλλογιέσαι;...

Ο Γιώργης χάιδεψε —έτσι καλοπιαστικά— το βασανισμένο πηγούνι του.

—Δε θα 'θελες, βέβαια, να θυμηθώ καμιά... καμιά... μορφονιά σαν και τη δικιά σου.

—Αυτό έλειπε...

Ο Γιώργης χάιδεψε τώρα το πηγούνι του μαλακότερα.

—Ε, και όμως... Μια τέτοια μορφονιά συλλογίστηκα. Μα... γι' αυτά τα ζητήματα συνήθισα να μην κουβεντιάζω με κανένα.

—Και τώρα γιατί τα κουβεντιάζεις;

—Παναγή, αντρίκεια..., ξέρε πως ως τα τώρα σε καμιά δεν είπα α υ τ ή τη λέξη που πετάει μες στα πάρκα σα σπουργιτάκι από παγκάκι σε παγκάκι. Δεν την είπα. Πες με κρύο, εγωίσταρο, υποχοντριακό, ό,τι θέλεις. Ντράπηκα; Μη με ρωτάς. Δεν ξέρω. Μια φορά το γεγονός είναι ότι δεν την είπα. Και το τι είναι αγάπη; Κι αυτό μπορεί να μην το ξέρω. Μα το τι είναι να μην κλείνεις μάτι ολόκληρες νυχτιές, να μη βάζεις στο στόμα σου άλλο μεζέ εξόν απ' τ' όνομά της... Να ξενοικιάσεις το μυαλό σου απ' όλα τ' άλλα και να την βάζεις να σεργιανίζει σα μονοκρατόρισσα μέσα... τούτα τα κατάλαβα, τα 'ζησα. Ναι, εγώ. Αν θέλεις τώρα, γέλα. Και ξέρεις ποια είναι; Κείνο το ομορφοκόριτσο που 'ρχότανε και παράσταινε την αρχαία κολόνα στο Μεταγωγών.

—Με περιπαίζεις τώρα; Δεν είπες ότι αυτή είναι αδερφή σου από δεύτερο πατέρα;

—Ντρεπόμουνα. Αυτή είναι.

—Ποια;

—Μη με σκας. Αφού σου λέω αυτή, δε χρειάζεται να σου πω και ποια. Αυτή θα πει αυτή... Θέλει παραπάνω εξήγηση;

—Για κοίτα κει, κόσμε! Και μ' έκανε να πιστέψω ότι είναι αδερφή του. Κι έλεγα μέσα μου... τι παραξενιές είναι αυτές; Πώς, μωρέ κόσμε, γίνεται να βγήκε απ' την ίδια κοιλιά αυτό το κουκλί και τούτος ο σκυλομούρης;

—Ευχαριστώ.

—Γιώργη... Χωράτεψα. Μην το πάρεις τώρα επί πόνου. Η κάθε μορφονιά —αν είχε και την τόση δα ομορφιά μέσα της— θα 'πρεπε να είναι μισερή για να μην τρελλαθεί μαζί σου.

—Τέλος πάντων... Ας τη δεχτούμε και την κοροϊδία σου. Μια φορά αδερφός μου είσαι.

—Στην πίστη μου.

—Τέλος πάντων... ας το δεχτούμε. Και τα καλά δεχούμενα και τα κακά δεχούμενα, όπως έλεγε η μάνα μου.

—Καλά, βρε Γιώργη... Κι αφού ήταν αυτή, γιατί ήταν τόσο αλαφιασμένη; Γιατί δεν ερχότανε θαρρετά όπως κάνανε όλες οι άλλες;

—Φοβότανε μην την μπερδέψουνε, μην την πάρουνε, λέει, για ύποπτη κι έχει περιπέτειες. Βλέπεις, αυτή δεν είχε την καρδιά και την αποκοτιά της δικιάς σου, που τ' αψήφησε όλα... όλα... και κίνδυνο, και φόβο, και μπερδέματα. Μα δεν πειράζει... Εγώ την αγαπώ κι έτσι. Ύστερα, το είδες; Είναι πολύ όμορφη. Γιατί να χαθεί τόση ομορφιά μέσα στα μπουντρούμια; Καλά κάνει και την προφυλάει. Έτσι δεν είναι;

—Καλά κάνει;

—Ναι. Δε συμφωνείς;

—Όχι.

—Ε... Εμένα αυτό μου φτάνει.

—Εμένα δε μου φτάνει. Άμα όμως εσένα σου φτάνει, με τις υγείες σου.

—Εσύ είσαι ο Παναής..., ομορφόπαιδο, λεβέντης, σ' όλα άγγελος... και λίγο λιονταράκι. Εγώ..., το είπες — όχι... μην πας τώρα να το πάρεις πίσω—, σκυλομούρης. Το είπες. Δεν το παίρνω όμως κατάκαρδα. Αν μάλιστα δεν ήταν αυτή στη μέση, θα γλένταγα κι εγώ μαζί σου με τη φκιαξά μου. Αλλά, βλέπεις, είναι αυτή... Και το που μ' αφήνει μονάχα να την αγαπώ... είναι πολύ, πολύ, δεν πληρώνεται με τίποτα.

—Στην καρδιά δε σε φτάνει κανένας!

—Καρδιά... Καλή είναι, αλλά βλέπεις πήγε και τρύπωσε στο πιο βαθύ μέρος του κορμιού και κανένας δεν τη βλέπει. Στην... παρανομία το 'χει ρίξει κι αυτή.

—Κοροϊδεύεις την πιο όμορφη καρδιά του κόσμου.

—Πού το ξέρεις ότι είναι όμορφη; Εγώ δεν την είδα ποτές. Κρύβεται, βλέπεις, κι από μένα. Μήπως έχεις καμιά φωτογραφία της να μου τη δείξεις, να πάρω κι εγώ μια ιδέα;

—Άσ' τα... άσ' τα... και δε σου πάνε. Φωτογραφία της είπες; Ε, έχω. Αυτά όλα που κάνεις. Αυτά τα ντεντέματα που έκανες ακόμα και στο χωροφύλακα..., αυτή η αφοσίωση σε μια άπονη, αυτό το δόσιμο σ' όλα... τι είναι;

—Ξέρω γω!... Μπορεί να 'ναι και βλακεία.

—Και κείνο... που έμπαινες μπροστά, που με σκέπαζες τις ώρες που μας δέρνανε και τις μάζευες όλες εσύ, και τις δικές μου και τις δικές σου... τι είναι;

—Μπα... έκανα τέτοιο πράμα; Ε, δεν το πρόσεξα.

—Σου ξαναλέω, άσ' τα αυτά γιατί δε σου πάνε.

—Είσαι όμορφος, Παναγή... και το κορίτσι το ίδιο..., αγγελούδι. Της το 'πα κρυφά. «Μείνε ήσυχη» της λέω. «Δε θ' αφήσω να σου τον στραπατσάρουνε...»

—Και κείνη τι σου αποκρίθηκε, Γιώργη;... Όχι, να μου το πεις.

—«Να ζήσει μόνο...» μου λέει. «Αυτό θέλω... Να ζήσει... και νά 'ρθεις και συ μαζί του. Να ζήσει... Κι άλλο τίποτα...»

—Θα γίνει μεγάλη καλλιτέχνιδα, λέει ο Παναγής και κάνει ν' ανεβάσει το χέρι κατά τα μάτια.

—Κουραφέξαλα. Θεατρίνα μπορεί να γίνει μια και χωρίς καρδιά. Θα γίνει να λες «σπουδαίος άνθρωπος». Αλλά τι «θα γίνει»; Είναι κιόλα.

—Σ' ευχαριστώ...

—Μπορείς να μου πεις τι έχεις πάθει κι όλο μου τραβάς το χέρι κατά τον ανήφορο; Άσε... σου σκουπίζω εγώ τα μάτια. Σ' το 'πα κι άλλοτε. Από μένα δε θέλω να κρύβεσαι. Σάματι είναι ντροπή; Ντροπή είναι να μην κλάψεις ποτέ. Από συγκίνηση, εννοώ. Γιατί από δειλία... ο αξιότιμος κύριος Γκουντάς μπορεί να τους ξεπεράσει όλους.

—Όχι, μη μου πεις ότι δεν είναι σπουδαίο κορίτσι! Να γιατί την αγαπώ.

—Θα την αγαπούσες και να μην ήταν σπουδαία... φτάνει να είχες κάνει την τρέλλα να την αγαπήσεις απ' την αρχή. Αμ, αν ήταν, καημένε, ν' αγαπούμε μόνο τα σπουδαία κορίτσια, τότε ο κόσμος θα ήταν γεμάτος γεροντοκόρες. Άμα στραβωθείς και την αγαπήσεις μια φορά, δε θα την ξεαγαπήσεις ποτέ, ακόμα κι αν ξεστραβωθείς. Μην πονοκεφαλιάζεις να βρεις άκρη. Η ζωή, που λένε πως είναι σοφή, έχει και κάτι κομπαλάκια που δε θα ξεδιαλυθούν ποτέ.

—Καλά... εσύ, ένα τέτοιο κεφάλι, δεν το είδες απ' την αρχή ότι η κοπέλλα δεν ερχότανε στα μέτρα σου;

—Πώς δεν το είδα... Αλλά μήπως αγαπάμε με το κεφάλι; Ξέρεις τι εγωίστρια είναι η καρδιά! Όσο της πάει κόντρα το κεφάλι, τόσο κείνη πεισματώνεται και κάνει τα δικά της.

—Μπορεί να 'ναι κι έτσι. Εσύ ξέρεις πιο πολλά. Εγώ πρώτη φορά αγαπώ.

—Μήπως εγώ αγαπώ δεύτερη; Πρωτάρης ήμουνα κι εγώ, γι' αυτό και παραδόθηκα έτσι.

—Θέλω να μου πεις ένα πράμα, Γιώργη. Να, να μου πεις αυτή την ιστορία. Να μου την πεις όλη, απ' την αρχή...

Ο Γιώργης δεν αποκρίθηκε αμέσως. Στύλωσε λίγο τα μάτια του κατά κει... κατά το μέρος που έπρεπε να ήταν η Αθήνα... Άφησε την ψυχή του να μπερμπαντέψει λίγο μες στα σοκάκια της...

—Καλά..., είπε στο τέλος. Δεν την έχω πει πουθενά. Μα τώρα το θέλει η ώρα. Φαρμάκωσέ με όμως πρώτα με κάνα τσιγάρο.

—Καλά..., μα αν, όπως είπες, έχουν μέσα φαρμάκι;

—Μποσικάδα είπα. Αυτωνών δεν τους συφέρει να φαρμακωθούμε. Είναι εύκολος θάνατος και δεν τον προτιμούν. Αν ήταν για να μας σκοτώνανε, θα το κάνανε στην Αθήνα. Εδώ μας φέρανε για να μας λυγίσουνε και να μας πάρουνε τη δήλωση. Κούνια που τους κούναγε!... Τέλος πάντων. Λοιπόν, τι θα γίνει; Θα μ' ανάψεις καμιά φορά κείνο το τσιγαράκι;

—Τώρα, αμέσως.

Ανάψανε και ρουφήξανε με δίψα από μια διπλή. Ύστερα κι από άλλη μια, πιο βαθειά.

—Λοιπόν... Και τώρα έλα... Λέγε...

—Τη μέρα της απελευθέρωσης...

Βήματα γοργά και άτσαλα ακούστηκαν απόξω.

—Πνίξ' το, φωνάζει ο Γιώργης. Το τσιγάρο σου. Πνίχ' το. Θάφ' το. Και κουκουλώσου πάνω απ' το κεφάλι με την μπατανία.

Ησυχία πηχτή χύθηκε μέσα. Τα βήματα σταμάτησαν απέξω και πήραν να συλλογιούνται... να συλλογιούνται και να μη σαλεύουνε... δέκα λεπτά... Είκοσι... Μια ώρα... Ύστερα σιγά σιγά άρχισαν να ξεμακραίνουνε... Μα οι δυο φίλοι τ' ακούανε μες στο μισοΰπνι τους, γιατί ο μεγάλος φίλος, ο ακριβός αδερφός τους, ο Ύπνος, είχε πέσει μαλακά και τους σκέπασε μαζί με τις ξεφτισμένες τους μπατανίες...

ΚΕΦΑΛΑΙΟ ΠΕΜΠΤΟ

ΑΛΛΑ Ο ΥΠΝΟΣ αυτού του νησιού είναι σαν το ταξίδι πάνω σε υφάλους κι ανάμεσα από πυκνά βάραθρα. Ο ύπνος που άρχισε από βήματα δε διακόπηκε από βήματα. Διακόπηκε από κλοτσιές και κάτι φωνάρες σαν τρομπέτες.

—Προσκλητήριο, ρε μαμούτια! Απού τώρα στο ροχαλητό το ρίξατε; Καλά κάνετε... γιατί αυτό που σας περιμένει βαστάει πολύ και θέλει κότσια.

Τους μέτρησε. Μα πώς τους μέτρησε; Πατώντας με τις αρβύλες πάνω στις κοιλιές τους. Ένα δυο...

—Ωχ..., έκανε ο Παναής.

—Εσύ είπες «λάθος»; λέει στον Παναή. Εντάξει, αγόρι μου... Σας ξαναμετράμε.

Ξαναπάτησε με δύναμη πάνω στις κοιλιές τους. Ο Παναής έσφιξε τα δόντια του. Δεν του 'φυγε ούτε «κιχ».

—Είπε τίποτις κανείς; Τίποτις. Εντάξει. Μα, για να είμαστε πιο σίγουροι, ας κάνουμε από ένα ακόμη μετρηματάκι. Είπε κανείς όχι;

—Κάθε άλλο, είπε ο Γιώργης. Να κάνεις το καθήκον σου για να είσαι εντάξει.

—Ρε συ χοντρέ... από σένα περιμένω να πάρω διαταγές; Ε; Τι καταλαβαίνεις; Ε, λοιπόν, δε σας ξαναμετράω. Ό,τι θέλω γω θα κάνω – όχι ό,τι θέλεις εσύ. Έτσι; Λοιπόν, τέλειωσε το προσκλητήριο. Είπες τίποτα; Εσένα λέω, ρε χοντρέ. Είπες τίποτα;

—Ναι.

—Τι πράμα;

—Κάποιος ξέχασε εδώ ένα πακέττο τσιγάρα... Κεράνη.

—Και λοιπόν;... Του τα σελεμίσατε;

—Μόνο από ένα.

—Βάλατε χέρι ρε στα ξένα τσιγάρα; Ωχ!...

—Καλά, του λέει ο Γιώργης. Πάρ' τα και έχεις λαμβάνειν τέσσερα.

—Εγώ να πάρω ανοιχτό κουτί; Για να μου κολλήσουνε κατόπι τη ρετσινιά ότι σας τρατάρισα;... Αμ δεν τρελλάθηκα. Θα μου τα ξεράσετε εδώ μπροστά μου ξηράν τροφήν. Ίσα συ, ρε χοντρέ! Αρχίνα πρώτος! Άμα δεν ξέρεις να ξεράσεις, να σε βοηθήσουμε. Σου κάνω μια προκαταρκτική κλοτσοπατινάδα να μάθεις. Απάνω!

Ετοιμάστηκε να χυθεί σα σίφουνας κατά πάνω του. Σιγούρεψε στη χερούκλα του και κείνη τη μαγκούρα που είχε για να σπάζει τα κόκαλα. Ξαφνικά όμως ρίχνει μια ματιά στο ρολόι του.

—Αλλά, που να πάρει ο διάολος τη μάνα μου, έχετε τύχη! Έχεις τύχη, ρε χοντρέ, τύχη βουνό που πέρασε η ώρα. Αλλά δεν πειράζει. Έχει ο Θεός κι αυριανή μέρα. Θα σε κάνω να ξεράσεις ως και της μάνας σου το γάλα. Όσον περί την αφεντιά σου, λέει του Παναγή, σε λιγάκι αρχίζουνε τα μεγάλα γυμνάσια. Ετοιμάσου. Κι άμα δε σπάσεις σα φλυτζάνι του καφέ, εμένα να με πούνε Αλή-Μουσακά. Λοιπόν... Αντίο και καλήν αντάμωσιν.

Ο βλογιάρης έφτυσε πάνω στον Παναγή, κατά λάθος, κι έφυγε.

Μείνανε κι οι δυο κάμποσο αμίλητοι.

—Τι σκέφτεσαι; λέει ο Παναής.

—Τον είδες αυτόν;... λέει ο Γιώργης.

—Ε, τον είδα... Λοιπόν;

—Η αφεντιά του είναι που μας τα δίνει τα τσιγάρα. Δεν κάνω το ξεφτέρι. Μα θαρρώ πως τους έμαθα πια νεράκι. Αν δεν έκανε τον άγριο, θα αμφέβαλλα. Μα μετά απ' όλα αυτά... Μετά απ' τις βρισιές, τις κλοτσιές και τις φοβέρες πείστηκα. Ο άνθρωπος γίνεται γεράκι, γουρούνι, λύκος, φίδι, όλα... μα πάντα κάτι από άνθρωπος μένει μέσα του... Φτάνει να ξέρεις να του το πάρεις.

—Κι εμείς, δηλαδή, του το πήραμε;

—Νομίζω ναι... Αν πηγαίναμε με σκοπό, μπορεί και να μην τα καταφέρναμε... Μα, καθώς βλέπω, χωρίς να το θέλουμε, αυτόν εδώ τον τύπο τον χαλάσαμε. Αν μάλιστα συνεχιστεί το μέτρημα μαζί μας, νομίζω πως μπορεί σε λίγο να τον κλαίνε. Θα τον αχρηστέψουμε.

—Και... τι τον χάλασε;

—Να σου το πω;... Μα... ντρέπουμαι. Ε, όχι. Δεν μπορώ να το πω.

—Γιατί... τόσο κακό είναι;

—Κακό είναι να το λες... Μα να το κάνεις δεν είναι.

—Λοιπόν;

—Να, ρε Παναή... είσαι παλληκαράκι..., κατάλαβες. Την ώρα που μας τις ρίχνουνε, εσύ τους κοιτάς ήσυχος σα μουσκαράκι... Κι αυτό τους κάνει να τα χάνουνε.

—Ε τότε εσύ είσαι που τους χαλάς. Εσύ είσαι το μουσκαράκι... δαμαλάκι του κάμπου που μόλις τ' αποκόψανε απ' το βυζί της μάνας του. Γεια σου. Τώρα ναι, το καταλαβαίνω κι εγώ. Αν φώναζες, αν έβριζες, αν έκλαιες... το πράμα θα ήταν αλλοιώτικο. Θα είχαν μια δικαιολογία, θα τους έδινες ένα πάτημα. Αυτό... αυτή η αθωότητά σου τους δαιμονίζει. Τους κάνει και βγαίνουν απ' τα ρούχα τους. Δεν ξέρουν τι να κάνουν... κάποιοι παραλύουνε και σ' αφήνουνε. Άλλοι τρελλαίνονται απ' το θυμό και κουράζονται γρήγορα. Τους συγυρίζεις όμορφα.

—Αμ εσύ; Θέλεις, δηλαδή, ν' ακούσεις και τα δικά σου;

—Καλά... καλά..., δε θα τσακωθούμε τώρα. Τα μοιραζόμαστε αν θέλεις. Αλλά η γνώμη μου είναι ότι δεν είμαστε εντάξει. Ένα παλληκάρι δε θα τα 'κανε ποτές τέτοια ψόφια καμώματα.

—Είμαι κι εγώ της δικής σου γνώμης... Αχ μωρέ, ας μπορούσα να ξέρω τι κάνουνε σε τέτοιες στιγμές τα παλληκάρια, δηλαδή αυτοί που λένε «ήρωες».

—Μια φορά οτιδήποτε άλλο εξόν απ' αυτό που κάνουμε εμείς.

—Ε, αυτό πια να λέγεται. Αλλά τι τα ζητάμε; Αυτές είναι δουλειές δικές τους... των ηρώων, δηλαδή, που λένε.

—Συμφωνώ. Λοιπόν... ας τ' αφήσουμε.

—Καλύτερα θα ήταν να συνεχίζαμε την ιστορία που άρχισες το πρωί. Αν συμφωνείς, δηλαδή...

—Συμφωνώ. Άναψέ μου.

Ο Παναής έκανε το χέρι του κουπίτσα κι άναψε μέσα της το σπίρτο.

Ο Γιώργης πήρε φωτιά και κυνήγησε μ' ένα φύσημα τον καπνό απ' τα μάτια του.

—Πού σταθήκαμε;

—Θαρρείς θυμάμαι; Α, ναι... Ήσουν στην αρχή αρχή. Στην πρώτη φράση. Τώρα τη θυμούμαι κιόλα, ατόφια. Άρχιζε έτσι: «Την ημέρα της απελευθέρωσης...».

—Ναι, έτσι γεια σου. Τη μέρα, λοιπόν, της απελευθέρωσης... Δηλαδή, ποιας απελευθέρωσης; Το πιο σωστό θα ήταν να έλεγα την ημέρα της Μεγάλης Απάτης. Τέλος πάντων... Τη μέρα, λοιπόν, αυτουνού του χαμομηλιού που το βγάλανε «απελευθέρωση»... ξεφώνιζα μ' ένα χουνί από 'να μπαλκονάκι της γειτονιάς μου. Ε, σ' αυτή τη σύναξη ήρτε και του λόγου της για να καμαρώσει ρητορική.

—Η γνώμη μου είναι ότι σ' αυτά τα πράματα δεν κάνει να περιπαίζεις τον εαυτό σου.

—Το ξέρω, δεν το επιτρέπει και η στιγμή. Αλλά η αλήθεια είναι αυτή. Γιατί... γούστο θα 'χε τώρα να πιστέψω ότι τη φαγούριζε ο πατριωτισμός κι ήρθε να χορτάσει ρήτορα. Εξάλλου τι σ' το λέω; Είδες, φαντάζομαι, την κοψιά της και κατάλαβες αν ήταν ποτέ δυνατόν αυτό το «πλάσμα» να 'χει τέτοιου είδους έγνοιες.

—Λοιπόν;...

—Ε, ναι. Ήρτε να καμαρώσει κι αυτή ρητορική. Είναι, βλέπεις, που λείπανε τ' άλλα θεάματα... κινηματογράφοι κτλ., έπληττε το κορίτσι... Πήρε, λοιπόν, τις γαμπίτσες του κι ήρθε να χαζέψει κάτου απ' το μπαλκόνι που ξελαρυγγιζόμουνα σα να μου κάψανε το σπίτι μου. Είχα δει τις ματάρες της από νωρίς να με κυαλάρουνε, μα έκανα τον μπούφο. Ύστερα... τι το κάναμε δω πέρα; Για να καμαρώσουμε τις μορφονιές ήρθαμε ή για να βγάλουμε πατριωτικό λόγο; Κάποια στιγμή ο «πεντάρικός» μου πήρε τέλος, κι ο κόσμος χτύπησε παλαμάκια και πήγε στο σπίτι του για να χωνέψει τη μεγάλη χαρά της... απελευθέρωσης. Εκεί δα κατά το βραδάκι, όπως γύριζα στο σπίτι, που με καρτερούσε —ύστερα από τόσον καιρό— η μάνα μου, πέφτω απάνου της. Πήγαινε αλαμπρατσέτα με μια κοκκινοφορούσα και σε μια στιγμή καρφώνει έτσι άξαφνα τις ματάρες της απάνω μου και λέει στην άλλη «Να, αυτός ο κρυόμπλαστρος είναι που 'βγαλε σήμερα το λόγο», και σκάει στα γελάκια. Μου φάνηκε η γης σφοντύλι. Στην αρχή είπα να της το χαρίσω, μα πιο ύστερα... «Ρε Γιώργη» λέω «τι θα γίνει; Θα το χωνέψεις τούτο το σπαθί που σου 'μπηξε η μικρούλα;». Έκανα μια μικρή συνεδρίαση με τον εαυτό μου... Η απόφαση ήταν «όχι». Γυρίζω, λοιπόν, πίσω και την προφταίνω...

«Να με συμπαθά η μυτούλα σου» της λέω «αλλά άλλη φορά να μην πειράξεις άντρα... έτσι όπως το 'κανες τώρα δα μ' εμένα».

«Και τι θα με κάνεις; Θα με σφάξεις;» μου λέει πειραχτικά.

«Εγώ, κοπέλλα μου, ούτε σφάζω ούτε και προσβέλνω... Αλλά ούτε και προσβολή δέχομαι... Έτσι;»

«Σας προσβάλαμε, κύριε;»

«Μας προσβάλατε... Και μάλιστα βαριά... ασήκωτα».

«Εγώ μίλησα στη φίλη μου. Δεν απευθύνθηκα σε σας. Ορίστε μας!...»

Στάθηκα και παρατηρούσα τα ρουθουνάκια της, έτσι όπως ανοιγόκλειναν σα μικρά τυφλά μάτια.

«Με ξαρμάτωσες...» της λέω προσπαθώντας να καμωθώ τον έξυπνο. «Τα τριαντάφυλλα...» συνεχίζω —κι είδα το στόμα της να στρογγυλεύει, να γίνεται κόκκινη κουπίτσα— «τα τριαντάφυλλα, δεσποινίς, έχω τη γνώμη ότι δεν πρέπει να θυμώνουν. Αλλά είναι όμορφα ακόμη κι όταν θυμώνουν».

Βρε μάνα μου, γιατί μ' έκανες τόσο αδύνατο που να με σέρνει τόσο πολύ το κόκκινο χρώμα;... Κείνη κοκκίνισε... Κι εγώ κιτρίνισα... Γιατί κάτι άρχισε να παίρνει φτερό μες στην ψυχή μου.

«Γυρεύω συμπάθειο...» της λέω ξανά. «Συμπάθειο, κι ύστερα σφάξε με. Μα άκουσέ με... Δηλαδή... πίστεψέ με... Δεν τσαντίστηκα επειδή πρόσβαλες εμένα... αλλά, να, δεν το βαστάει η ψυχή μου να βλέπω ένα τέτοιο κορίτσι να μελανώνει το στοματάκι του με λόγια άπρεπα: Συνεννοηθήκαμε;»

Βρε Παναή, δε σου λέω τίποτα... Με κοίταξε. Γιατί, βρε τύχη άτιμη, να με κοιτάξει! Αλλά... το λέω... Όποιον και να κοίταζε, έτσι σαν και μένα θα χανόταν. Το βράδυ αρπάζω τον εαυτό μου απ' το γιακά. «Γιώργηηηη..., περμαζέψου» του λέω. «Δεν είν' αυτή για την κεφάλα σου. Βρες κάνα κορίτσι της σειράς σου... κάνα Δεσποινάκι, π.χ., για να σταθεί και λίγο αντιστύλι στη μάνα σου».

—Γιατί είπες «Δεσποινάκι»; Τι θέλει μες στην ιστορία σου αυτό τ' όνομα;

—Έχει τη θέση του. Γιατί όλα τα χρόνια της παρανομίας, και στις πείνες και στις γύμνιες... αυτή παραστάθηκε τη μάνα μου. Αυτό, το Δεσποινάκι, έπαιρνε τον ντενεκέ της γριάς και πήγαινε με τα καλάμια του στην άκρη της Αθήνας να της φέρει λίγο χυλό... Κι άμα της βρισκότανε κάνα ψιλό, αντίς να πάει να πάρει καμιά κορδέλλα για τα ωραία της μαλλιά... αυτή τ' αγόραζε παστέλι για τη μάνα μου. Να κοπέλλα για να της χαρίσεις την καρδιά... Αυτό δε θα μου 'λεγες; Ε, αυτό είπα κι εγώ στον εαυτό μου. Αλλά πού σ' αφήνει η καρδιά να δεις το σωστό; Εγώ έτρεχα πίσω απ' τους φονιάδες που 'χε μες στις τρυπούλες των ματιών της κείνη. Ήξερε καλά να τσιγαρίζει σα να 'κανε σ' όλη της τη ζωή εξάσκηση.

—Ε, καλά... Τι έγινε παρακάτω; Δε θα μου πεις;

—Να σου πω. Μια μέρα μ' ανταμώνει στο δρόμο κείνη η φιλινάδα της που σου 'λεγα με το κόκκινο μπλουζόνι. «Είδα σε μια εφημερίδα τη φωτογραφία σας» μου λέει. «Σας πήρανε τότε που βγάζατε το λόγο απ' το μπαλκόνι. Η Δαφνούλα την ψαλίδισε και την έχει στο τσαντάκι της».

«Δαφνούλα τη λένε;»

«Ναι. Δε σας αρέσει;»

«Μ' αρέσει... Μα για τη φωτογραφία που μου 'λεγες, ξέρω γιατί την έκοψε».

«Γιατί; Τον πολύ έξυπνο μας κάνετε και καμιά μέρα θα την πάθετε άσκημα».

«Το ξέρω. Να σου πω τώρα γιατί ψαλίδισε η φιλινάδα σου τη φωτογραφία; Γιατί φαίνεται ότι ο φακός κατά λάθος θα τράβηξε και κείνην».

«Τι θα πει "κατά λάθος"; Δεν έχει, δηλαδή, η Δαφνούλα ε μ φ ά ν ι σ η;»

«Άκου λόγια!... Αλλά, που να πάρει ο διάλος, κείνη τη μέρα είχαμε —νομίζω, δηλαδή— πολιτική συγκέντρωση, έτσι; Δεν είχαμε καλλιστεία. Έτσι;»

«Όλο "έ τ σ ι" λέτε και γι' αυτό δε σας χωνεύει».

«Το ξέρω».

«Κι όλο "το ξέρω" λέτε. Ε, λοιπόν, τίποτα δεν ξέρετε. Αυτό ακούστε το από μένα. Να γιατί δε σας χωνεύω κι εγώ όλους εσάς που 'σαστε στον Αγώνα. Είσαστε όλοι εγωίσταροι!»

«Αν είμαι εγωίσταρος —καθώς λες—, δε φταίει ο αγώνας, αλλά ο χαραχτήρας μου. Πριν ήμουνα πιο πολύ. Σ' αυτό θέλω να με πιστέψεις, κι εσύ κι η...»

«...Η Δαφνούλα. Γιατί δε λέτε τ' όνομά της; Θα σας φάει;»

«Το λέω: Η Δαφνούλα».

«Τι ωραία που το λέει!... Αχ, να ήταν εδώ να τ' άκουε...»

«Ευχαριστώ. Θα τη δεις;»

«Δεν ξέρω. Μα, αν έχετε κάτι να μου παραγγείλετε, να πάω να τη βρω. Έχετε;»

«Όχι».

«Να γιατί δε σας χωνεύω εσάς που 'σαστε στον Αγώνα. Όλοι εγωίσταροι».

Πειράχτηκα άσκημα.

«Για τον Αγώνα...» της λέω... «Άκου δω —έτσι, αν θέλεις να τα πάμε καλά κι εσύ κι εκείνη—, για τον Αγώνα άλλη φορά δε θέλω να ξαναμιλήσεις έτσι. Συνεννοηθήκαμε;»

«Καλά... καλά..., δε σας τον κατηγορήσανε. Εγώ όμως ένα πράμα ξέρω. Κείνη που θα πάρει "αγωνιστή" είναι τρελλή. Πάει, τέλειωσε».

«Ας πούμε ότι έχεις δίκιο» της λέω. «Αλλά μπορείς να μου πεις γιατί;»

«Γιατί... Γιατί... Να, γιατί κείνη θα είναι κουρελάκι, που θα την κάνει ό,τι θέλει ο Αγώνας κι όχι ό,τι θέλει ο άντρας της. Εγώ μια φορά το είπα. Όποια πάρει κανέναν από σας, είναι τρελλή, πάει, τέλειωσε».

«Δε μου λες... Της φιλινάδας σου γνώμη είναι αυτή;»

«Όχι. Κείνη είναι τρελλή...»

«Τρελλή; Για βάστα. Τότες, κατά τα λεγόμενά σου, θα πάρει κάποιον από μας. Δεν είναι; Ή σφάλλω;»

«Μάλιστα. Σφάλλετε... Εσείς σιγά σιγά τώρα πάτε να μου πείτε και πως σας είπα πως σας αγαπάει. Όλα μπορεί να τα περιμένει κανείς από έναν άνθρωπο σαν και σας. Παναγίτσα μου, πού έμπλεξα!»

«Στάσου, βρε κοπέλλα μου... Εγώ ο φουκαράς τίποτα δεν είπα. Όλα εσύ τα λες. Εγώ μόνο συμπεράσματα βγάζω».

«Να πάψετε να βγάζετε συμπεράσματα! Και... σας παρακαλεί πολύ, και με το περιπλέον, να μην περάσετε από το σπίτι της. Αυτή είναι η παράκλησή της».

«Ούτε και ξέρω πού κάθεται».

«Γούστο θα 'χει τώρα να μου πείτε ότι δεν ξέρετε πως κάθεται στην οδός Νότη Μπότσαρη στη γωνίτσα, γούστο θα 'χει να μου πείτε ότι δεν το ξέρετε κι αυτό!»

«Όχι, δεν το ξέρω».

«Ε, εκεί κάθεται, και σας παρακαλεί πολύ...»

«...και με το περιπλέον...»

«Αφήστε τις κοροϊδίες. Ναι, σας παρακαλεί πολύ, και με το περιπλέον, να μην ξαναπεράσετε».

«Στις διαταγές σας...»

«Δε φταίτε σεις... Φταίει κείνη που...»

«Τι;»

«Τίποτις... τίποτις...»

Έφυγε. Κι εγώ, μόλο που 'μουνα πρωτάρης, κάτι πήρα να μυρίζομαι. Βρε, δε θέλεις —λέω— η μικρή να 'παθε κάνα τσιμπηματάκι; Ο κόσμος σ' αυτά τα πράματα είναι παράξενος, όλα μπορείς να τα περιμένεις. Ακόμα και να τσιμπηθεί γυναίκα με το Γιώργη το σκυλομούρη, όπως μου 'λεγες. Έτσι δε μ' έλεγες;

Μα ο Παναής δεν τον άκουε. Είχε στημένο τ' αυτί του στη μπάντα του τσαντιριού, όπου κάποιο παράξενο σούρσιμο άρχισε ν' ακούεται.

—Σσσς, του κάνει. Σκύψε.

—Τι;

—Δεν ακούς τίποτα;

—Ναι. Κάτι ακούω. Κάποιο φίδι θα είναι.

—Μακάρι να ήταν φίδι. Μπροστά σ' αυτούς τα φίδια είναι αγγελάκια που σέρνονται. Δεν πήρες κάβο; «Καρφί» ήτανε.

Ο Γιώργης έχωσε το μάτι του σε μια χαραμάδα του πανιού. Κάποια πλάτη φάνηκε να φεύγει καμπουριαστά κατά τη μεριά της Διοίκησης. Ο Γιώργης γύρισε προς τα μέσα.

—«Καρφί» ήταν..., λέει σιγά και σώπασε.

Η καμπούρα γλίστρησε ύπουλα κατά τις σκοπιές και τρύπωσε μέσα σ' ένα σκούρο τσαντίρι.

Αυτά τα «καρφιά» ήταν σκορπισμένα παντού, όχι μόνο στη Μακρόνησο. Ήταν σπαρμένα παντού απ' άκρη σ' άκρη σ' όλη την Ελλάδα. Στους δρόμους, στις φάμπρικες, στα περίπτερα, στα γιαπιά. Αυτό το «καρφί» ήταν ο μεγάλος μοχλός που κινούσε ολόκληρη τη μηχανή του τρόμου. Ο λόγος, η κίνηση, το βλέμμα που άρπαξε τ' αυτί ή το μάτι του «καρφιού» ήταν το νήμα απ' όπου θα φκιαχτεί ο «φάκελλος», η κατηγορία, η δίκη και η ποινή. Το *καρφί*, η πεμπτουσία του καθεστώτος που το λέγανε, χιουμοριστικά, Δημοκρατία!

ΚΕΦΑΛΑΙΟ ΕΚΤΟ

ΣΑΝ ΤΟΝ ΑΪ-ΓΙΑΝΝΗ ΤΟΝ ΠΡΟΔΡΟΜΟ τον περιμένανε στην έδρα αυτόν με την καμπουριαστή ράχη. Ήρθε η ώρα να δούνε, τέλος πάντων, πού βαδίζουνε. Βγάζουνε τίποτα μ' αυτά τα συστήματα ή πάει ο καιρός τους χαμένος. Ο Γκουντάς καθότανε στην πρωτοκαθεδρία και περίμενε. Δική του έμπνευση ήταν να τον φωνάξουνε πρώτα με το μεγάφωνο, να τον αφήσουν κατόπι ολάκερη μέρα να τον ροκανίσει, να τον λειώσει το σαράκι, κι ύστερα —με το πρώτο φυσηματάκι— να πέσει μπρούμυτα και να τους πει «Μπαρδόν, παιδιά, έσφαλα. Υπογράφω». Τους είχε πει ακόμα και κάτι άλλο. Τον άλλον να μην τον πειράξουνε. Αυτός δε σπάει με τα «ψυχολογικά», είναι σαΐνι... Αυτός θέλει χοντρό πάλεμα. Ο υπολοχαγός στεκότανε κλαρίνο μπροστά του σα να του μιλούσε στρατηγός. Συμφώνησε, λοιπόν, με το πρώτο. Ό,τι πει το ξεφτέρι μας, ο Γκουντάς μας. Εντάξει... Έγινε.

Η ράχη τρύπωσε στο τσαντίρι, σκυφτά σα να χιόνιζε έξω.

—Λοιπόν; του λέει ο Γκουντάς. Πρίμα;

—Τι πρίμα και πλώρα! λέει ζεματισμένο το «καρφί». Αυτοί εκεί, α δε μας λειώσουνε, εμένα να μη με ξαναπεί η μάνα μου Μανώλη.

—Τι σου στάθηκε ρε;

—Για τα «συνωμοτικά» ρε δε με στείλατε; Για να μάθω, δηλαδή, τα καθέκαστα περί «οργάνωση», «γιάφκα», «δίχτυον» κ.λπ., ε;

—Ναι. Και λοιπόν;

—Δε μπας να τα μάθεις; Ρε συ!... Αυτοί όλη τούτη την ώρα μιλούσανε για ερωτοδουλειές οι άτιμοι!

—Κάτσε καλά!

—Ναι σας λέω – να θάψω τη μάνα μου. Εγώ δε βγάζω τίποτα, και αποδώ κι ύστερα πάω πάσσο. Δηλαδής, κόβω από «καρφί».

Ο Γκουντάς, που όλη αυτή την ώρα σκάλιζε με το δάχτυλο τη μύτη του, έφτυσε.

—Πάω στοίχημα αυτά δω —είπε κι έδειξε τα γαλόνια του—, πάω, λέω, στοίχημα τούτα δω αν αυτοί οι ρουφιάνοι δεν είναι οι πιο επικίνδυνοι απ' όσους πέσανε στα χέρια μας.

—Αφού σου λέω μιλούσανε περί έρωτα οι πουλημένοι!

—Μανώλη, ένα πράμα βλέπω. Ότι είσαι ακόμη νηπιαγωγείον. Ρε συ! Δεν μπήκες στο νόημα τι εννοούσανε μ' αυτές τις σάλτσες; Δεν πήρες κάβο ότι μιλούσανε συνθηματικά; Δώσε βάση. Η κοπέλλα είναι η «Οργάνωση». Μπούφο! Το στέκι που δίνανε τα ραντεβουδάκια είναι η «Γιάφκα». Μάπα! Τι άλλο λέγανε; Περί γάμο; Αυτό είναι «κομματική σύνδεση». Όρνιο! Μπήκατε όλοι ρε στην υπόθα;

—Άκου λόγια... Κελάηδα, Γκουντά μου! Έτσι σε θέλουμε.

Ο Γκουντάς ξερόβηξε, έβγαλε ένα παχύ σάλιο, το πέταξε έξω μ' ένα χοντρό «πφου» κι έβγαλε την ταμπακιέρα του. Πέρασε ένα τσιγάρο στ' αυτί του και κατόπι έφερε το πακέττο βόλτα.

—Κάντε τσιγαράκι...

Τα παιδιά πήρανε.

—Καλό είναι για το ξεχαρμάνιασμα, είπε ο Μανωλάκης.

Ο Γκουντάς τού βάρεσε μια «φιλικιά».

—Εγώ δεν ξεχαρμανιάζω με τα καπνά, λέει στεναχωρημένος. Φέρε μου τον καπετάνιο «σπασμένο». Μου τον φέρνεις; Όχι. Να, αυτό θα με φάει. Όσο γι' αυτά τα ψιμάρνια τα δικά σου, άσε να ξεμπλέξουμε πρώτα με τον καπετάνιο και τα βρίσκουμε.

—Του τα τελείωσες όλα τα συστήματα; ρωτάει ο Μανώλης.

—Τελειώνουνε ρε ποτές τα συστήματά μου; Κάθε μέρα σ' ενέργειαν το πρώτο μου. Προχτές ξέρεις τι του κάνω; Του πούστη;... Αφού του αλάτισα καλά καλά τις πληγές του κι έριξα και το σχετικό πιπεράκι από πάνω, πάω στη γωνιά, ανάβω ένα τσιγάρο, το ξεκοιλιάζω και βάζω τα κλάματα. «Ρε καπετάνιο» του λέω «εσένα δε σε γέννησε μάνα; Δεν έχεις λύπηση ρε εσύ μέσα σου; Όλα δικά σου τα θέλεις σ' αυτό τον κόσμο; Εμείς, δηλαδή, τα φτωχαδάκια τίποτις; Πώς θα δω την κοινωνία, ρε καπετάνιο, εγώ αύριο; Με τι μούτρα θα παρησιαστώ στον κόσμο; Γιατί το 'βαλες πείσμα να με σκαρτέψεις, ρε καπετάνιο; Τι σου 'κανα;... Μίλα ντε. Είχαμε τίποτις προηγούμενα, δηλαδής, και μου το κάνεις αυτό το κακό; Ρε καπετάνιο, δεν το ξέρεις; Για μιαν υπόληψη ρε ζει ο κόσμος την σήμερον ημέρα... γιατί θέλεις να με ξιφτιλίσεις; Πώς το τραβάει η καρδιά σου μωρέ εσύ, ένας άντρας, να ρεζιλέψεις έτσι έναν άλλον άντρα;»...

—Ε, τι σου είπε;

—Τίποτις..., είπε ο Γκουντάς κι έπεσε σε βαρειά μελαγχολία. Να, είπε σε λίγο ξεφυσώντας. Αυτό το τίποτις θα με φάει.

Σωπάσανε κι οι άλλοι. Σε λίγο όλοι ήταν ασάλευτοι. Έπεφτε με βαριά βήματα η νύχτα. Νύχτωνε και κανείς δε σηκώθηκε ν' ανάψει φως. Μόνο τα τσιγάρα σημάδευαν τη θέση τους σα μάτια αγριμιών που αγρυπνούσαν σε πυκνό δάσος. Σιγά σιγά αυτή η πάνινη καλύβα έχανε το σχήμα της, πέτρωνε, έφευγε μες στους αιώνες, κυλούσε προς τα πίσω, έμπαινε στην περιοχή του προάνθρωπου, γινόταν πρωτόγονη σπηλιά... όπου —μέσα της— σαλεύανε τα άσχημα, άλογα σαρκοβόρα... που ύστερα από μυριάδες χρόνια θα γίνουν άνθρωποι.

* * *

—Δε θα 'ρθουν, είπε ο Γιώργης.

—Προσπαθώ να καταλάβω γιατί.

—Τους το αχρηστέψαμε το σημερινό σχέδιο. Τώρα πώς; Να, αυτό προσπαθώ να καταλάβω. Και... θαρρώ πως το βρήκα.

—Ποιο λες να είναι;

—Κείνο το «καρφί» τούς πήγε άσκημα μαντάτα. «Αυτοί» τους είπε «σαχλολογάνε του καλού καιρού. Μόνο γι' αγάπες και για σάλια μιλούσανε».

—Και μήπως έχει άδικο;

—Δε λέω το αντίθετο. Μα κατόπι απ' αυτήν την αναφορά του «καρφιού» θεωρήσανε άσκοπη τη σημερινή τους πρόβα. Όλη η ιστορία, γι' αυτούς, είναι η πρώτη κρυάδα. Άμα αντέξεις στην πρώτη κρυάδα, κατόπι σιγά σιγά συνηθίζεις. Αυτό μοιάζει με κείνο που στον πόλεμο λένε «στοιχείον αιφνιδιασμού». Λοιπόν, ο σημερινός τους «αιφνιδιασμός» απέτυχε.

—Θα δοκιμάσουνε αύριο.

—Ίσως. Μα όχι με το ίδιο όπλο. Για αύριο θα σκαρφιστούνε άλλα. Μπορεί ευκολότερα, μπορεί δυσκολότερα. Δεν ξέρω. Άσε να ξημερώσει και θα δούμε. Για σήμερα ο συναγερμός έληξε.

—Λες;

—Λέω, αλλά δεν είμαι μες στο μυαλό τους για να 'μαι και τόσο σίγουρος. Έτσι χαλασμένα που είναι τα μυαλά τους, πώς να τα πιάσεις; Σε κείνο που μπορείς να βασιστείς είναι το κακό. Ο βασανιστής, άμα μείνει μια μέρα άνεργος, χάνει τη γαλήνη του. Τον βαραίνει η συνείδησή του και σηκώνεται τα μεσάνυχτα, σαν τον δίκαιο που άφησε το έργο του μισερό, και πάει να το συμπληρώσει. Έτσι, λοιπόν, μπορεί και να 'ρθούνε. Αλλά θα κάνουνε ένα σοβαρό λάθος τακτικής, γιατί τα λάθη δεν είναι μοναχά προνόμιο των σοφών, αλλά και των τρελλών και των...

—Τους θεωρείς, λοιπόν, τρελλούς;

—Δε μ' άφησες να τελειώσω. Ήθελα να πω «και των σκληρών», μα τότε θα 'κανα μεγαλύτερο λάθος. Αυτοί δεν είναι ούτε τρελλοί ούτε σκληροί... κι αυτό είναι που κάνει τα πράγματα σοβαρότερα. Οι σκληροί κάποτε σταματούν γιατί κουράστηκαν, ή γιατί βαρέθηκαν, ή γιατί θεώρησαν άσκοπη τη συνέχιση. Οι δειλοί δε σταματούν ποτέ γιατί ξέρουν πως, μόλις σταματήσουν, θα χαθούν.

—Γιώργη...

—Τι είναι;... Γιατί με διακόπτεις;

—Μ' αρέσει να σ' ακούω να μιλάς. Ξέρεις τώρα τι σκέφτομαι; Ότι, αν δε σε είχα κοντά μου, μπορεί και να 'σπαγα. Τι «μπορεί», θα 'σπαγα χωρίς άλλο. Σκέφτομαι πως, αν τη βγάλουμε αποδώ στεγνή, αν δε μας στραπατσάρουνε για καλά και γλυτώσουμε...

—Ε, λοιπόν;

—Σκέφτομαι, Γιώργη, να μη χωρίσουμε πια ποτές. Να κάνουμε το ίδιο τσαρδί κι οι δυο με τις γυναίκες μας και τις γριούλες, και να ζήσουμε σα μια αχώριστη φαμίλια. Στο σπίτι μας θα βράζει ένα τσουκάλι, ένα τραπέζι θα στρώνεται, εξόν...

—Εξόν... τι;

—Εξόν αν τα φουκαριάρικα τα γριάδια μας θέλουνε τίποτα μαλακό για τα δοντάκια τους, και τότε θα λέω στη δική μου να βάζει πλάι ένα δεύτερο τσουκάλι.

—Τι κάθεσαι, ρε Παναή, και σκέφτεσαι... Κοίτα, λοιπόν, τι είναι καμιά φορά ο άνθρωπος. Είχα γνωρίσει ένα γεροντάκι, ένα σάψαλο καμιά ογδονταριά χρονώ, που, σαν άκουσε μια μέρα κάποιον να λέει ότι με τις πετριές που ρίχνει ο ήλιος πάνου στη γη μπορεί καμιά μέρα — ύστερα από χιλιάδες χρόνια— να λειώσει η γης και να καούμε, το 'πιασε μαύρη απελπισία. Εγώ, Παναή, σ' το λέω καθαρά, δε θέλω να σε απελπίσω, μα είμαι υποχρεωμένος να σε ειδοποιήσω για να μην κάνεις άχρηστα σχέδια.

—Ε, τι;

—Παναή, ο δειλός δεν αυτοκτονάει εύκολα.

—Με μπέρδεψες... Τι σχέση έχει αυτό με την αυτοκτονία;

—Αν αποτύχουνε μαζί μας, άλλη λύση δεν τους μένει παρά να αυτοκτονήσουνε. Αλλά είναι δειλοί και δε θα το κάνουνε. Γι' αυτό το πιο πρόχειρο θα είναι να μας φάνε. Εδώ που φτάσαμε, Παναή, κείνο που πάμε να σώσουμε τώρα δεν είναι πια η ζωή. Αυτό το ξέρουνε καλά κι εκείνοι. Τη ζωή... το είδανε ότι τη δώσαμε... Όχι τη δώσαμε —αυτό θα ήτανε πιο εύκολο—, τη δίνουμε κάθε μέρα, και με τον τρόπο που θέλουνε αυτοί. Αυτό που μας μένει εμάς τώρα να κάνουμε είναι ν' αλλάξουμε την κατεύθυνσή τους. Να τη δώσουμε με τον τρόπο που θέλουμε εμείς. Αυτό θα είναι η σωτηρία μας... και η νίκη μας. Αλλά και η καταστροφή τους... Τι είναι;

—Κάποιος κοπανάει τις αρβύλες του από μακριά.

Ο Γιώργης αφουγκράστηκε.

—Έχεις δίκιο, λέει. Ζυγώνει.

Σε λίγο οι αρβύλες σταμάτησαν μπρος στην μπασιά.

—Μπορώ να μπω, παιδιά; ακούστηκε όλο οικειότητα η φωνή του Γκουντά.

Οι από μέσα δεν απάντησαν. Γούστο θα 'χε τώρα ν' αρχίσουν μαζί του αυτό το άνοστο θέατρο.

—Κοιμάστε, ρε παιδιά; Τι διάλο... απ' τα τώρα;

Έχωσε μέσα το κεφάλι του.

—Δέχεστε επισκέψεις;

Τώρα έχωσε κι ένα μικρό φαναράκι.

—Ε, εγώ θα μπω κι εσείς, άμα θέλετε, διώξτε με. Ε; Τι λέτε; Θα με διώξετε; Αμάν... η αποκαταδεξιά σας! Στο στομάχι μού κάθεται.

Αναμέρισε το πανί κι έμπασε μέσα ολόκληρο το θεόρατο και άγαρμπο κορμί του.

—Νανάκια κάνετε; ξανάκανε με την ίδια οικειότητα. Ε, όχι, ρε παιδιά, κι απ' τα τώρα. Ακόμη να, τώρα δα βούτηξε η ήλιος. Πάρτε τσιγαράκι. Λοιπόν, Καρυστινέ... Καρυστινό δε σε λένε; λέει στο Γιώργη. Είδες, όλα τα ξέρω. Λοιπόν, Καρυστινέ... Μ' ακούς;

—Λέγε, του κάνει ο Γιώργης.

—Παιδιά..., συνεχίζει ο Γκουντάς με σοβαρή και επίσημη φωνή. Παιδιά, ανθρωπότης είμαστε... σφάλλουμε, τι να γίνει... πέσαμε όξω. Και πέσαμε πολύ άγαρμπα, πάρα πολύ άγαρμπα..., το λέω. Αλλά τα λάθη πάλι —όπως λένε— για τον άνθρωπο είναι. Λοιπόν, την πάθαμε σαν αγράμματοι. Αλλά καλύτερα να τα πάρω τα πράματα απ' την αρχή. Και, πρώτα πρώτα, πρέπει να σας πω... κάναμε μια ατιμία. Κι αυτό είμαι υποχρεωμένος να σας το πω. Κάναμε, λοιπόν, μια βρωμερή ατιμία: Βάλαμε να σας παρακολουθήσουνε. Δούλεψε, δηλαδή, όπως λένε, «καρφί». Όποιος μου πει ότι δεν είναι προστυχιά αυτό, είναι χαλασμένος απ' της μάνας του την κοιλιά. Ε, βάλαμε το αυτί, να εδώ δα, στον ορθοστάτη πίσω... Τι να κάνουμε; Σ' αυτό δεν πρέπει να μας κατηγορήσετε... Τη δουλειά μας κάνουμε και μεις τα φουκαραδάκια. Λοιπόν... το αυτί μάς έφερε πίσω αέρα γιαχνιστό. Τζίφος. Τότες καταλάβαμε την γκάφα μας. Ρε Γκουντά, λέω στον εαυτό μου, είσαι άντρας. Κι ένας άντρας πρέπει, όταν το καλεί η ώρα, να 'ναι έτοιμος να ζητήξει και συγγνώμης. Τράβα στα παιδιά και πάρ' τους συγγνώμης. Εντάξει δε φέρθηκα;

—Δε σε καταλαβαίνω, λέει ο Γιώργης κρύα.

—Ούτε κι εγώ, συμπληρώνει με τον ίδιο τόνο κι ο Παναής.

—Λοιπόννν, να... σας ζητάω συνώμης, ρε παιδιά. Μπαρδόν. Τη μπάτησα τη φλούδα... Έπεσα όξω. Τι θα γίνει τώρα... θα μου πάρετε το κεφάλι; Λοιπόν, μπαρδόν. Και σας παρακαλώ, εκεί που θα πάτε, ας μη σας φύγει κουβέντα για το φάλτσο μου και ρεζιλευτώ. Γιατί, εδώ που τα λέμε, για μιαν υπόληψη ζει ο άνθρωπος... Νομίζω;

—Ούτε και τώρα σε κατάλαβα, λέει ο Γιώργης.

—Λάβε λίγη υπομονή και θα με καταλάβεις. Λοιπόν... ο αγώνας, όπως λένε, είναι σκληρός. Για να ξεπατώσουμε μια τέτοια άτιμη φύτρα, κάπου κάπου κάνουμε και καμιά ατιμία. Λοιπόν... κάναμε την ατιμία και πετάξαμε πάνου στο πανί σας αυτί. Τώρα το τι μας έφερε, μου φαίνεται, θαρρώ πως σας το ξανάπα. Μυρωμένο αεράκι του βουνού. Παναπεί μηδέν του μηδενός. Τώρα τι θα κάνουμε; Θα μείνουμε με σταυρωμένα τα χέρια; Εδώ αποδείχτηκε μια μεγάλη αδικία. Εδώ σας πετσοκόψαμε, σας στουμπήσαμε, σας πετάξαμε σβουριχτούς στα βράχια, από μια καθαρή παραξήγησις. Κάποια μαγάρα, ως φαίνεται, εκεί κάτω στην Αθήνα σάς ρουφιάνεψε στην Αστυνομία για προδότες και σας κάνανε τσιμπητούς... Αλλά το άδικον —όπως λέει και το Ευαγγέλιο— δεν ευλογείται. Λοιπόν, τη μπάτησε η Αστυνομία, την πατήσαμε στην αρχή και μεις, κατόπις..., τέλος πάντων, είδαμε την παραξήγηση. Το αντρίκειο είναι, λέω στον εαυτό μου, το αντρίκειο, Γκουντά, είναι να πας στα παιδιά και να τους πάρεις συγγνώμης... Έτσι, αν είσαι ίσιος άντρας και τίμιο παλληκάρι, μη λογαριάζεις τις σάλτσες, τράβα, πες «έσφαλα, μπαρδόν, τα παιδιά δεν είναι προδότες». Έτσι δεν είναι; Δεν είσαστε προδότες, ρε παιδιά, πώς να πάρω το σάλιο μου πίσω; Έτσι δεν είναι;

—Σ' αυτό έχεις δίκιο, λέει ο Γιώργης. Και βέβαια που δεν είμαστε.

—Να το. Είδες; Λοιπόν, ευχαριστώ, ρε παιδιά. Με βγάζετε ασπροπρόσωπο. Εγώ τους το 'πα. «Παιδιάαααα, το νου σας. Καλά, αν είναι —όπως μας είπανε— προδότες, μπράβο, βγάλτε τους τ' άντερα και να βοηθήσω κι εγώ. Αλλά αν την πατήσαμε και δεν είναι, τότες τι κάνουμε; Ε;... Εδώ σας θέλω». Το πράμα απόδειξε ότι δεν είσαστε. Είχα δίκιο. Δεν είσαστε προδότες. Έτσι;

—Όλο τα ίδια θα λέμε; του ρίχνεται ο Γιώργης. Σου το 'πα και πιο πριν. Δεν είμαστε.

—Δόξα σοι ο Θεός. Να ξέρετε, ρε παιδιά, τι πέτρα απ' τα στήθια μού σηκώνετε. Γεια στα χέρια σας! Κοίτα ρε σε τι μπελά μπορεί να βάλει τον άνθρωπο μιαν άτιμη ρουφιανιά. Γιατί, αν δε βρισκότανε αυτή η μαγάρα να σας ρουφιανέψει, θα βρισκόσαστε σήμερα εδώ στην απομόνωση; Όχι. Θα βρισκόσαστε στα σπιτάκια σας, πλάι στις γυναικούλες σας... Ψέματα; Ε, τι να σας πω! Πάσκα έχει η ψυχή μου σήμερα. Μπράβο σας, ρε παιδιά. Και μπράβο σου και σένα, ρε Γκουντά. Το 'δειξες ξανά ότι είσαι άντρας. Γιατί, αν καθάριζες αυτά τα παιδιά για προδότες, θα το 'χες βάρος στη συνείδησή σου για χρόνια. Γιατί τα παιδιά το απόδειξαν, φως φανάρι. Δεν είναι προδότες. Πάει, τέλειωσε. Έτσι, παιδιά;

—Ουουουφ! κάνει ο Γιώργης. Θα τελειώσεις καμιά φορά; Όλο τα ίδια θα λες; Αν το ξαναπείς άλλη μια φορά, θα το βουλώσω. Σ' το λέω για να 'μαστε εξηγημένοι.

—Για στάσου, ρε Καρυστινέ... γιατί με χολοσκάς; Σιγά σιγά θα με πάρει το παράπονο. Εγώ ήρτα για να ζητήσω μπαρντόν και συ μ' αποπαίρνεις; Κι εγώ ο φουκαράς που ήρτα για τόσο καλό σκοπό... Γιατί ναι, ρε παιδιά, για χρυσό σκοπό ήρτα. Γιατί να το κρύψω; Δεν είναι ντροπή. Σας έφερα τ' απολυτήριά σας. Πάτε γι' απέλυση. Απελύεστε. Μάλιστα. Μπαρκάρετε αύριο με το μπεντζινάκι. Να, τούτα δω είναι. Για κοιτάτε τα. Λοιπόν, ετοιμάστε τα μπογαλάκια σας και αύριο με τις υγείες σας... και καλήν κοινωνία. Όχι, μη μ' ευχαριστάτε. Τι έκανα; Το καθήκον μου. Λοιπόν, καληνύχτα. Α, πάρτε κι από 'να τσιγαράκι. Ε ρε ζωή που σας περιμένει έξω! Είναι, πανάθεμά την, η Αθήνα —τι να τα ξαναλέμε—, είναι τσακίστρα, ξεμυαλίστρα, χαμούρα δηλαδή πρώτης τάξεως. Ποιος τη χάρη σου, ρε Ζαγκλίφα. Όλα τα 'χεις. Τίποτα δε σου λείπει. Μόρφωσις, νεότης, όλα. Ένα πραματάκι μοναχά σου 'λειπε. Η ελευθερία. Τώρα την αποχτάς κι αυτή. Φίνα. Όσον περί εσένα, Καρυστινέ, δεν ξέρω. Μα θαρρώ πως θα σε ρουφήξουνε οι γυναίκες. Είναι μερικές που ψοφάνε για εργάτες με μόρφωση. Η γυναίκα, γενικά, είν' ένα φρούτο πολύ στυφό και τζαναμπέτικο. Δεν ξέρω. Εγώ συνήθισα να τη «βγάζω» με αγοραστές. Και τη βγάζω πολύ καλά. Τη γυναίκα, για να την έχεις του χεριού σου και να σου κάνει όλα σου τα γούστα, πρέπει να την πλερώσεις. Αλλοιώς... μούτζω' τα. Λοιπόν, τέλειωσα, παιδιά. Γεια σας και καλήν κοινωνία. Αμήν.

ΚΕΦΑΛΑΙΟ ΕΒΔΟΜΟ

Ο ΓΚΟΥΝΤΑΣ ΒΓΗΚΕ. Λίγο πιο κάτω έφτυσε με καμάρι, και σε λίγο άρχισε να σφυρά ένα κασάπικο που ήταν τελευταία της μόδας στους κύκλους της Τρούμπας.

—Ααααααλτ!!! Ακίνητος!!! ακούστηκε σαν ούρλιασμα μες στο φαράγγι μια φωνή.

Κατόπι απάντησε με αυστηρή οικειότητα η φωνή του βασανιστή.

—Καλά, καλά. Γκουντάς εδώ. Βούλωσ' το. Σ' ακούσαμε. Έχεις γαϊδουρινή φωνή. Μπήκα.

Κατόπι έπεσε βαρειά σιγή. Σα να σφάξανε κάποιον και τώρα να 'μεινε μόνο του το αίμα και να χύνεται.

Ο Γιώργης έψαξε στα σκοτεινά για τσιγάρο.

—Κούνια που σε κούναγε, μούργκο! ψιθύρισε μόνος του. Μου κακοφαίνεται, ρε Παναγή.

—Τι πράμα, Γιώργη;

—Μου κακοφαίνεται να με πιάνουν για ηλίθιο τούτα τα ρεμάλια.

—Δε βαριέσαι! Τόσο του κόβει, τόσο κάνει.

—Ρε ποιους πάνε να τουμπάρουνε; Όχι, σε παρακαλώ να μου πεις... Μοιάζουμε για αμερικανάκια —που 'πε κι ο καϊξής— και πάνε να μας τη φέρουνε με κάτι τέτοια; Αύριο θα ξανάρθει, και πρωί πρωί, να μου το θυμάσαι.

Άιντε κόπιασε, ρε κύριε Γκουντά, να δούμε τι ψάρια θα πιάσεις.

—Γιώργη...

—Ρε εμείς δεν τρομάζουμε το στειλιάρι σας... η σοφία σας θα μας τρομάξει;

—Ψψτ, Γιώργη...

—Όχι, να μου πεις, μωρέ Παναή, είμαστε τίποτε μουσκαράκια που λυγάμε με τα «ψυχολογικά» τους;

—Γιώργη, είπα! Θα μ' ακούσεις καμιά φορά;

—Συμπάθα με. Λέγε...

—Αυτοί θα 'χουν στείλει κιόλα νέο «καρφί». Θέλουνε να δούνε τι θα πιάσουν με τη δεύτερη καλάδα.

—Έχεις δίκιο, μωρέ Παναή. Συμπάθα με. Να, έτσι την παθαίνω καμιά φορά. Έχεις δίκιο. Σωπαίνω.

—Καλύτερα να μου συνεχίσεις την ιστορία σου. Όχι γι' αυτούς... Εδώ που τα λέμε... μ' αρέσει. Το θέλω κι εγώ, πολύ. Όσο γι' αυτούς, μπορεί να 'χω και λάθος και να μη στείλουν άλλο «καρφί». Μπορεί να σκεφτούν —και πολύ σωστά— ότι, μιας και μας το φανέρωσαν, εμείς θα το περιμένουμε, και συνεπώς...

—Καλά, καλά, μπορεί να 'ναι κι έτσι, μπορεί κι αλλοιώς... Μ' αυτούς θ' απασχολούμαστε τώρα; Εντάξει. Σου συνεχίζω την ιστορία. Άναψε όμως κι εσύ για να 'χουμε δυο φωτίτσες.

—Λοιπόν... Να σου θυμίσω και πού είχαμε σταματήσει. Στάσου... Α, ναι... Είχαμε σταματήσει εκεί που κείνη η φιλινάδα της με το κόκκινο μπλουζόνι σε είχε παρακαλέσει πολύ «και με το περιπλέον» να μην ξαναπεράσεις απ' το σπίτι της.

—Ε... μες στη σαστισμάρα μου δεν πρόσεξα την αντρέσα που μου 'δωσε και μια μέρα, κατά λάθος, πέρασα.

Μόλις την αντίκρισα στο παραθύρι, κάηκα... αλλά ήταν αργά πια για να κάνω πίσω. Πέρασα, λοιπόν, σύρριζα και, για να κάνω ξανά τον έξυπνο, της πέταξα πάλι ένα ποντάκι.

«Βλέπω, δεσποινίς, ότι ο δρόμος μου κι ο δρόμος σας ανταμώσανε...» της λέω.

«Ο δρόμος σας και το παραθύρι μου να λέτε».

«Τι "ο δρόμος σας...". Δεν είναι δικός μου ο δρόμος. Είναι —στάσου να δεις...—, α να, το γράφει καθαρά: Νότη Μπότσαρη. Οδός Νότη Μπότσαρη. Δε γράφει οδός Γιώργη Καρυστινού».

«Καρυστινό σας λένε;»

«Ναι..., αν το επιτρέπει η Δαφνούλα».

«Κάνετε άσκημα να γυρνάτε αποδώ κι αποκεί και να ρωτάτε για τ' όνομά μου».

«Δεν το 'κλεψα. Μου το 'δωσε η φίλη σου, έτσι όπως της το παρήγγειλες».

«Θέλει ένα ξύλο αυτή... Ποτέ δεν της το παρήγγειλα».

Δεν είχα τι να πω παρακάτω. Έκανα και δυο τρία βήματα για να φύγω.

Τότε ακούω να μου λέει έξαφνα και τρελλάθηκα:

«Θα γίνετε υπουργός;».

Έβαλα τέτοια γέλια, που την ανάγκασα να κρυφτεί πίσω απ' την κουρτίνα της.

Ώστε έτσι, λοιπόν... Για υπουργίνα πήγαινε το πουλάκι μου, γι' αυτό μ' έφερνε ψιλή βόλτα. Τα γέλια μου πήραν τέτοιον ανήφορο, που η καλή σου θύμωσε για τα καλά.

«Είσαστε ο πιο κρυόμπλαστρος τύπος που έχω συναντήσει...» μου λέει άγρια. «Γιατί γελάτε έτσι και με εκθέτετε σ' όλη τη γειτονιά; Πού ξέρω γω τι θα γίνετε και τι δε θα γίνετε; Μια φιλινάδα μου μου είπε ότι όλοι εσείς που είσαστε "Αγωνιστές της Αντίστασης" θα γίνετε υπουργοί. Κι άμα δε γίνετε, το ίδιο μου κάνει. Ορίστε μας!»

«Βρε κοπέλλα μου, εγώ ο κακομοίρης δεν κάνω ούτε για φουστανελάς της φρουράς... Τι υπουργός μού λες; Ύστερα... στη ζωή μου δε φόρεσα ποτές γυαλάκια... Γίνεται ποτές υπουργός δίχως γυαλάκια; Λοιπόν, ξέρεις τι έχω σκοπό να γίνω; (Εσένα θα σ' το πω γιατί μ' αρέσεις.) Θα γίνω, λοιπόν...»

«Ευχαριστώ, ας μένει. Μου είναι αδιάφορο».

«Με προσβάλλεις. Αλλά ας είναι, σ' το συχωρώ».

«Η χάρη σου».

«Ξέρεις όμως τι λέω, Δαφνούλα; Εσύ αποκεί κι εγώ αποδώ δεν κάνουμε καλό χωριό. Δεν κατεβαίνεις μια στάλα να τα πούμε καλύτερα;»

«Αυτό δε θα γίνει ποτέ...»

«Ας είν' καλά το πείσμα σου... αλλά και πεισμωμένη μ' αρέσεις».

«Δεν είμαι για τα μούτρα σου».

«Το ξέρω... Είσαι για υπουργό, αλλά πάτησες άσκημα».

Τότε η καλή σου δίνει μια στο παράθυρο και το κλείνει. Αλλά το κεφάλι της φαινότανε πίσω απ' τη γρίλια να με παραμονεύει. Το κοίταξα, το κοίταξα... χτύπησα το γείσο μου κι έφυγα.

Είπα πια πως πάει, την έχασα για πάντα. Αλλά η τύχη μ' έφερε μια μέρα ξανά μπροστά στο παραθύρι της.

—Η τύχη;

—Ας πούμε η τύχη, για να μην πέσει η μύτη μας. Το

σωστό είναι ότι μ' έφεραν τα πόδια μου. Η κατεργάρα με είδε, φαίνεται, από μακριά και πήγε κι έβαλε το κεφάλι της ίσα ίσα πλάι στο παραθύρι, μα έτσι που μόνο να το βλέπω και να δαιμονίζομαι και κεινής να μην της καίγεται καρφάκι. Έβηξα γλυκά γλυκά... τίποτα. Κείνη ήταν σκυμμένη σε κάτι —βιβλίο, κέντημα, δεν ξεχώρισα— και καμωνότανε την αδιάφορη. Τέτοια μου είσαι; λέω. Στάσου και να δεις. Είχα μες στην τσέπη μου κάτι στραγάλια, έτσι, για να 'χω κομπολόι για το στόμα. Της πετάω, λοιπόν, ένα και —το άτιμο!— πάει και τη βρίσκει ίσα ίσα πάνω στο κεφάλι. Τινάχτηκε άξαφνα σα λαφίνα που τη σαϊτέψανε.

«Α, εσύ ήσουνα, υπουργίνα;» λέω. «Ωχ, μάνα μου, τι έπαθα! Νόμιζα πως ήταν καμιά άλλη... γιατί πάει κανείς ποτέ να πετάει στραγάλια σε μια υπουργίνα; Και βέβαια όχι. Έτσι;...»

«Κι άρχισε πάλι και τα "έτσι". Κύριε, σε ποια γλώσσα πρέπει να σας το πω ότι δε θέλω να περνάτε απ' το δρόμο μου;»

«Πάλι δ ρ ό μ ο σας; Δε σας το 'πα ότι είναι του Νότη Μπότσαρη; Όλο τα ίδια θα λέμε; Κι ύστερα, αν στ' αλήθεια είναι δρόμος σας, γιατί δεν τον κλείνετε; Δεν ακούς που το λέει και το τραγουδάκι;

Αν δε με θε — αν δε με θέλεις να περνώ,
βάλε να φρα — βάλε να φράξουν το στενό».

«Ορίστε θράσος!... Εγώ με τέτοια φωνή δε θα τολμούσα να πω ούτε "καλημέρα" και κείνος δοκιμάζει να τραγουδήσει».

«Δε θυμώνω. Γιατί η φύσις —που λένε— τα πήρε μεν όλα από μένα, αλλά τα 'δωσε όλα χοντρικώς σε σένα. Κι έτσι είμαι και ευχαριστημένος..., γιατί πάλι μες στο σπίτι μου θα μείνουνε».

«Δεν έχω τρελλαθεί ακόμη...»

«Επειδή δε θα γίνω υπουργός;» της λέω με παράπονο.

«Αυτό να μην το ξαναπείτε...» μου κάνει κακιωμένη. «Με πληγώνετε...»

«Βρε Δαφνούλα, εγώ ήμουνα που το πρωτόπα; Όχι, να μου πεις...»

«Εγώ, αν το είπα... το είπα γιατί αποφάσισα, αν ήταν αλήθεια, να ξεκόψω. Τι θέλω εγώ με υπουργούς; Εγώ είμαι ένα απλό κορίτσι. Κι αν δεν ήσουνα αυτό που λένε...»

«Τι λένε πάλι; Για ν' ακούσουμε, τι άλλο λένε;»

«Λένε... για α γ ω ν ι σ τ ή ς...»

«Ε, και... κακό είναι;»

«Δεν ξέρω, μα εγώ φοβάμαι».

«Άλλο και τούτο. Και... για πε μου παρακάτου: Τι βάζεις, δηλαδή, με το νου σου πως είναι ο αγωνιστής; Μπορείς να μου πεις;»

«Ξέρω. Ένας που δεν έχει μάτι ούτε για σπίτι, ούτε για παιδί, ούτε για μάνα... και όλα τα δίνει σ' ένα πράμα που το λέτε "Υπόθεση"».

«Δαφνούλα... Πάρε αυτή την αντρέσα... Οδός Φαλήρου — διαγώνιος. Γαργαρέττα, στο υπογειάκι. Τράβα βρες τη μανούλα μου... Τίποτις άλλο δε σου λέω... Τώρα γεια σου».

«Κύριε... Γιώργο...» λέει σοβαρά κι ανατριχιάζει. «Γιώργο... Στάσου μια στιγμή, μια μονάχα στιγμή...»

«Άσε με, τίποτα... Γεια σου...»

Το βραδάκι στο γυρισμό βρίσκω τη γριά μου σα ζαλισμένη κότta.

«Τι έχεις, ρε μάνα;» της λέω.

Με κοίταξε τα μπρος τα πίσω...

«Βρε τέτοιο καμάρι έκανα γω» μου λέει «και δεν το 'ξερα! Γιε μου... Ξέρεις τι μπήκε σήμερα μες στο σπίτι μας; Ο αυγερινός κι η πούλια... Ένα κορίτσι όμορφο σαν αερικό. Μοσκοβολούσε τριαντάφυλλα. "Εσύ είσαι η μάνα του Γιώργη του Καρυστινού;" μου λέει. Κι ευτύς, με το "ναι" που της είπα, σκύβει και μου φιλάει το χέρι. Τα 'χασα. "Τι καλό σου 'κανε ο γιόκας μου, κοριτσάκι μου" της λέω "και μου φιλάς το χέρι;". "Καλό; Κανένα καλό, γιαγιάκα" μου λέει. "Μα φοβάμαι πως θα μου κάνει πολύ κακό". Αγρίεψα. "Κακό;" της λέω. "Τότες, κοπέλλα μου, λάθεψες την πόρτα. Το παιδί μου δεν κάνει κακό σε κανένα. Εγώ το γέννησα και τ' ανάθρεψα. Καμιά δεν ξέρει το παιδί μου καλύτερα από μένα. Λοιπόν, αν ήρτες εδώ για να μου το βρίσεις..., σε παρακαλώ, καρτέρα να σου ψήσω το καφεδάκι που σου χρωστώ και να πας στο καλό!" Το κορίτσι γίνηκε ανοιξιάτικη παπαρούνα. "Γιαγιάα" μου κάνει —κι ήτανε, γιε μου, σα να 'λειωνε ολόκληρο— "γιαγιά, ψέματα σου είπα πως θα μου κάνει κακό. Το κακό μού το 'κανε κιόλα. Τον αγάπησα..."». Η γριά μου η καημενούλα —καταλαβαίνεις— απόμεινε. "Ματάκια μου" της λέω "πού το βρίσκεις το κακό στην αγάπη;". "Είναι αγωνιστής" μου λέει "εκεί είναι το κακό". "Ό,τι πιστεύει ο γιος μου" της λέω "είναι και δικό μου κόνισμα. Και, αν το 'βαλες σκοπό να τον αλλαξοπιστήσεις, άδικα κοπιάζεις". "Όχι, γιαγιά" λέει "όχι για να τον αλλαξοπιστήσω, μα να..., λένε πως ο αγωνιστής ρίχνει πέτρα πίσω του, δε θέλει να δει ούτε μάνα, ούτε γυναίκα, ούτε παιδιά... κι αυτό —μη μου ρίχνεις άδικο, σε παρακαλώ, γιαγιά— με τρομάζει. Και κάθε άλλη στη θέση μου το ίδιο θα 'κανε. Εγώ ήρθα εδώ για να τ' ακούσω απ' το στόμα σου. Είναι αλήθεια όλα αυτά που λένε; Είσαι η μάνα του..., ποιον άλλον έπρεπε να πάω να ρωτήσω;". "Καλά έκανες, κόρη μου, κι ήρθες σε μένα" της λέω. "Καμιά δεν τον ξέρει καλύτερα από μένα... Κόρη μου, θέλω να μου πεις ένα πράμα... Με είδες... Μοιάζω για μάνα που δε νοιάζεται το γιο της;" "Όχι" μου λέει. "Να 'σαι καλά" της κάνω. "Αν τώρα ο γιος μου ήταν κανένας απ' αυτούς τους άπονους που μου έλεγες, θα τον αγαπούσα έτσι;" "Όχι" μου κάνει. "Ε, αυτή η αγάπη δεν είναι τίποτα μπροστά στην αγάπη που μου 'χει αυτός. Με πιστεύεις;" Με κοίταξε καλά καλά... ροδοκοκκίνισε άλλη μια φορά και σκύβει και μου φιλά ξανά το χέρι. "Σε πιστεύω, μητέρα" μου λέει. Μητέρα... ακούς; Αυτό το λουλούδι με είπε μητέρα...»

«Καλά, ρε μάνα, μην τρελλαίνεσαι από τώρα» της λέω. «Ξέρεις τι πονηρά είναι τα σημερινά κορίτσια. Μπορεί να παίζει και με σένα και με μένα».

Η γριούλα αγρίεψε.

«Τα παιχνίδια μπορεί να τα κάνει με σένα. Με τις μάνες δεν παίζουνε... Άκουσες; Αυτό μονάχα σου λέω».

Η καημενούλα η μάνα μου! Από κείνη τη μέρα ονειρευότανε μωρουδιακά ρουχαλάκια, νταντέματα, γλύκες και παιζογελάσματα... Δεν ήξερε ότι τούτες οι χαρές δεν είναι για μας. Ότι εμείς γεννηθήκαμε για να κουρνιάσουμε μες σ' αυτή την κόλαση και ν' ακούμε μόνο τις βρισιές και τους κρότους που κάνουν οι μαγκούρες στην πλάτη μας.

Ο Παναγής τού χάιδεψε την πλάτη.

—Σκέφτομαι τι γλυκειά θα είναι η ζωή αν την ξεσκαλώναμε απ' όλα τούτα και δίναμε το παρόν.

—Μη... Μην το μελετάς καλύτερα. Άσ' την, αν είναι, να 'ρθει μόνη της. Η αλήθεια είναι ότι μ' όλα τούτα έγινε πιο γλυκειά... αλλά, για να γλυτώσουμε, εδώ που πέσαμε, πρέπει νά 'ρθει ο κόσμος τ' απάνου κάτου... και, καθώς το βλέπω, είναι ακόμη καλά ριζωμένος στην παληά του θέση. Αλλά, πάλι, ποιος ξέρει... Μα εμάς —ανάθεμά το— η δουλειά μας είναι να ποντέρνουμε πάντα στο κακό. Το καλό, αν είναι νά 'ρθει, θά 'ρθει μόνο του, δε θέλει προφύλαξη. Μακάρι νά 'ρθει κι όταν θα πάψουμε να το περιμένουμε... Θα 'ναι..., αλλά ας τ' αφήσουμε... Πού είχαμε σταθεί; Α, ναι, στη μάνα μου... Η καημενούλα... ήταν η πρώτη φορά μετά από το Αλβανικό που γέλασε. Κατόπι το γέλιο της κόπηκε... μάτωσε... έγινε κατάμαυρο κλάμα.

—Γιατί ανάφερες το Αλβανικό, Γιώργη; Σου χάθηκε κανείς τότε;

Του Γιώργη θάμπωσε μεμιάς η φωνή του.

—Ναι... Δε σου το 'πα; Είχα μιαν αδερφή. Αφροδίτη... Αφρούλα...

—Γιατί λες ε ί χ α; Δεν την έχεις πια;

Ο Γιώργης σκοτείνιασε πιο πολύ.

—Ακόμη... ναι... Για την ώρα όμως, σε παρακαλώ, μη με ρωτάς περισσότερα. Θα τα μάθεις όλα με τη σειρά. Είχα, λοιπόν, μιαν αδερφή... Κάποτε μας τη γύρεψε ένα παλληκάρι. Είχε έρθει ένα βράδυ και χτύπησε την πόρτα μας μετά το σκόλασμα της δουλειάς. Μόλις τον είδα, τον θυμήθηκα. Ήταν ο υδραυλικός της γειτονιάς μας, που 'χε το μαγαζάκι του δυο τετράγωνα πιο πέρα. Φαίνεται ότι και τα γραμματάκια του θα ήταν λιγοστά γιατί οι ταμπέλες που 'χε κολλήσει απέξω ήταν όλες μικρά μουσεία ανορθογραφίας. «Ε π ι σ κ ε β ά ζ ο ν τ ε λουκέττα, ροπινέδες και διάφορα άλλα τοιαύτα χριώδει. Παραγγελίε κατ' οικίαν. Παράδοσις σύντομος και ταχείαν. ΑΡΙΣΤΟΜΕΝΗΣ ΜΠΑΤΖΑΚΑΣ». Ήταν ντροπαλός και ένοχος σαν το παιδί που έκλεψε γλυκό απ' το βάζο.

«Καλώς το γείτονα» του κάνω αμέσως εγώ για να του δώσω θάρρος. «Χαιρόμαστε που είχες την καλή ιδέα νά 'ρθεις να γνωριστούμε. Οι γείτονες πρέπει να γνωρίζονται μεταξύ τους. Έτσι δεν είναι;»

Ο Αριστομένης ξεροκατάπιε κι έπιασε ένα δεματάκι που κρατούσε στα χέρια του.

«Σας έφερα το μπρικάκι του καφέ...» λέει καταπίνοντας τρεις φορές. «Είπα... μπορεί να είναι απησχολημένοι... ας τους ευκολύνω... απάνω στο δρόμο μου κάθονται... Χαίρω πολύ διά την γνωριμίαν».

Εγώ αμέσως φυλλιάστηκα.

«Ρε μάνα» της λέω... «Έδωσες εσύ κανένα μπρίκι;»

Ο Μπατζάκας με πρόλαβε.

«Όχι απ' την κυρία μάνα σας...» λέει ξεροκοκκινίζοντας «...απ' τη δεσποινίς Αφροδίτη το πήρα».

Τα πράματα δυσκόλευαν ολοένα και περισσότερο για τον καημένο τον Μπατζάκα. Τον λυπήθηκα.

«Ακόμη καλύτερα...» του λέω «...που το έφερες μόνος σου. Θα δοκιμάσεις και τον καφέ μας. Έτσι, Αφρούλα;» φωνάζω κατά την κουζίνα.

Η κουζίνα σιωπά...

«Ε τότε ποιος θα μας ψήσει τον καφέ;» ξαναφωνάζω.

Τίποτε νεότερο απ' την κουζίνα. Τότε σηκώθηκε η μάνα μου.

«Άσε, μανούλα» της λέω. «Όμορφα τον ψήνεις κι εσύ, μα σαν της Αφροδίτης μας τον καφέ... Έτσι δεν είναι;»

Ωστόσο η μάνα σηκώθηκε, πήρε το μπρικάκι και τράβηξε κατά μέσα. Σε λίγο γύρισε μαζί με την ένοχη, κρατώντας κι οι δυο τούς καφέδες που άχνιζαν και σκότωναν.

«Έλα, λοιπόν, γείτονα...» λέω στον Μπατζάκα. «Δοκίμασε τον καφέ που ψήνει το μπρίκι σου».

Έτρεμαν τα χέρια του φουκαρά του Αριστομένη καθώς άπλωνε να πάρει το φλυτζάνι.

«Άντε, στη γεια σου» του λέω «και με μια καλή νύφη».

«Ευχαριστώ» λέει και γίνεται παπαρούνα.

Ανάψαμε και τσιγάρο. Μες στην καρδιά μου μπήκε η ντροπαλοσύνη του.

«Αριστομένη...» του λέω όταν ετοιμαζότανε να φύγει άπρακτος «σε παρακαλώ πολύ να μας ξανακαταδεχτείς». Και, ξαφνικά, γυρνώντας απρόσμενα κατά την ένοχη... «Βρε Αφρούλα» της λέω «δε μου λες —έτσι, για δοκιμή σε ρωτώ—, δε μου λες... τι θα 'λεγες αν πρότεινα σε τούτο το παλληκάρι να γίνει αδέρφι μου; Α... κάνεις πως δεν καταλαβαίνεις. Ε τότε κι εγώ να μιλήσω πιο ανοιχτά. Το θέλεις βρε τούτο το κορίτσι για άντρα σου;».

Ζεματίστηκε η καημενούλα.

«Ωχ, καημένε Γιώργο, ανυπόφορος γίνεσαι μερικές φορές...» λέει καταντροπιασμένη κι ετοιμάζεται να φύγει.

«Γείτονα...» λέω στον Μπατζάκα «δε γίνεται τίποτα. Καθώς βλέπεις, δε μας θέλουνε. Δεν αρέσουμε, φίλε μου, στα κορίτσια... Τι να γίνει... Ας πεθάνουμε κι εμείς οι άσκημοι. Καθώς βλέπεις, μας προσβάλλουνε κιόλα...».

«Εγώ δεν πρόσβαλα τον κύριο Αριστομένη...» κάνει κείνη με την κατσούφα της. «Σε σένα τα είπα».

«Α... έτσι; Τότε, κύριε Αριστομένη» λέω «μια και δεν πρόσβαλε εσάς, τότε δε μας μένει παρά να ορίσουμε και τη μέρα. Μόνο, ρε μάνα» λέω και στρέφομαι κατά τη γριά «εμένα, δηλαδή, για μισή μερίδα μ' έχετε μες σ' αυτό το σπίτι; Δεν έπρεπε, δηλαδή, να μου πείτε κι εμένα κάτι από πριν... Έτσι στα μουγγά τα μαγειρέψατε;».

«Καλύτερα έτσι, γιε μου...» μου λέει η καημενούλα η γριά. «Καλύτερα να τα μιλήσετε μαζί οι δυο σας, σαν άντρες».

«Τότε, Αριστομένη» του λέω... «Δε μας μένει παρά να φιληθούμε».

Ανεχτίμητο παιδί. Μοσκοβόλαε τίμιον ιδρώτα. Δε θυμούμαι να 'δανε τα μάτια μου ποτέ πιο ευτυχισμένη γυναίκα απ' την αδερφή μου. Αλλά οι ευτυχίες των φτωχών κρατούνε όσο και τα κεράσια. Μια μέρα σπάζει ο πόλεμος. Κατεβαίνοντας να πάω να παρουσιαστώ στα έμπεδα για να με ντύσουν, πέρασα κι απ' το μαγαζάκι του Αριστομένη. Κείνος είχε φύγει πιο πρωί. Σταμάτησα για μια στιγμή σε μια ταμπελίτσα που είχε κολλήσει φρέσκια φρέσκια... Ήταν οι τελευταίες του ανορθογραφίες. «Επιστρατεύφθιν. Το Κατάστημα από τούδε και παραπέρα θα το διευθίνει εις το εξής η σύζυγός μου Αφροδίτη Μπατζάκα, το γένος Καρυστινού...» Καημένη Αφροδίτη Μπατζάκα... το γένος Καρυστινού!... Δεν πέρασε ούτε ένας μήνας και κάτω απ' την ταμπελίτσα πρόστεσε με τα δικά της χέρια: «Ο δεκανεύς Μπατζάκας Αριστομένης έπεσεν υπέρ πατρίδος». Ο καημένος ο Αριστομένης... πρόφτασε και πήρε και βαθμό! Ας είναι... Τι ήθελα τώρα και τα θυμήθηκα όλα τούτα; Ε... από τότε είχε να γελάσει η γριούλα μου. Και ξαφνικά δρόσισε το μουτράκι της, ξαναζωντάνεψε, όπως τον καιρό που ζούσαμε ήσυχα εκεί κάτω στη Γαργαρέττα.

—Και... δε μου λες..., τόλμησε να τον ρωτήσει ο Παναγής για να του κόψει τη μελαγχολία που τον βάραινε... τι έγινε τώρα κείνο το μαγαζί;

—Το κλείσανε. Δηλαδή, το 'κλεισε η Αστυνομία... Και στη θέση που ήταν οι ταμπελίτσες του Αριστομένη και της Αφρώς κολλήσανε τη δική τους. «Το Κατάστημα εκλείσθη παρά των Αρχών καθότι εχρησιμοποιείτο ως γιάφκα».

—Κι η Αφροδίτη;

—Παραπέμφθηκε στο Έκτακτο Στρατοδικείο «επί εσχάτη προδοσία». Από μέρα σε μέρα περιμένει τη δίκη της...

ΚΕΦΑΛΑΙΟ ΟΓΔΟΟ

ΔΕΝ ΕΙΧΕ ΑΚΟΜΗ ΦΕΞΕΙ. Κάτι μουντά κομμάτια νύχτα παράδερναν πάνω απ' την Πεντέλη. Ίσως να μην ήταν νύχτα, να ήταν σύννεφα και να τα μαύρισε έτσι η καρβουνίλα που 'βγαινε απ' τους σωρούς που κοίτουνταν μπρος στα τρύπια βουνά.

Άχνιζαν οι βράχοι απ' τη θάλασσα που τους έδειρε όλη τη νύχτα. Τότε, μέσα στη νεκρή ώρα, έσπασε τη γαλήνη του πρωινού μια παράτονη φωνή που ακούστηκε απ' το μεγάφωνο. «Προσοχή. Προσοχή. Οι κρατούμενοι Καρυστινός Γεώργιος και Ζαγκλίφας Παναγιώτης... τα ρούχα τους και στο λιμάνι».

Ο Γιώργης κοίταξε κατάματα τον Παναγή.

—Καταλαβαίνεις τίποτα; τον ρώτησε κείνος. Τι 'ναι πάλι τούτο;

—Κάτι βρώμικο πάνε να μας μαγειρέψουν. Παναή, ψυχραιμία. Και το νου σου στημένο παντού... Δεν ξέρεις από πού θα μας έρθει.

—Και... δε μου λες, Γιώργη... τι θα κάνουμε αν... αν μας απολύσουν στ' αλήθεια; Το σκέφτηκες;

—Για στάσου..., έχεις τη γνώμη ότι κάναμε κανέναν συμβιβασμό; Καμιά —έστω και την παραμικρή— υποχώρηση;

—Αυτό να λέγεται, όχι.

—Ε τότε ησύχασε. Δε μας απολύουν, ακόμη κι αν τους έστριψε.

—Ναι, μα δεν άκουσες τον Γκουντά; «Με το μπαρδόν, ρε παιδιά, λαθέψαμε. Και σας κάναμε μεγάλη αδικία. Το οποίον παραξήγησις. Δεν είσαστε προδότες».

—Ε, είμαστε;

—Γι' αυτούς ναι. Σύμφωνα με τα δικά τους λεξικά, αν δεν είμαστε προδότες, και το παραδεχτούμε κι εμείς, τότε δεν είναι σα να συμβιβαστήκαμε; Όχι, για ξανασκέφου το λιγάκι απ' την αρχή, Γιώργη...

—Έννοια σου, Παναή, και δεν κάνουνε τέτοια επικίνδυνα πειράματα... Αν δεν πάρουν την υπογραφή, δε μας κάνουνε τη χάρη και μη χολοσκάς.

—Ας δούμε..., λέει ο Παναής ξύνοντας το τσουλούφι του. Στο μεταξύ όμως νομίζω πως πρέπει να ετοιμαζόμαστε.

—Αυτό να το κάνουμε. Ας καμωθούμε πως δεν καταλαβαίνουμε μέχρις ότου αποκαλυφθούν οι πραγματικοί σκοποί τους. Μπρος!

Άρχισαν να μαζεύουν και να τσουβαλιάζουν τα πράματά τους.

—Και τώρα: Απάνω η τσουβάλα! λέει ο Γιώργης... Κι η ευχή της μανούλας βοηθός. Στάσου μια στιγμή... Έχεις από κανένα ν' ανάψουμε;

—Ένα και μοναχό.

—Άναψε να τραβήξουμε από μια γερή και κατόπι όπου το βγάλει η άκρη. Ψυχή βαθειά.

Τραβήξανε με δίψα από μια ρουφηξιά. Κατόπι από άλλη μια. Κατόπι —ριγώντας και με μια βαθειά χλωμάδα στο πρόσωπο— πήραν το δρόμο για το γιαλό, έναν μικρό κόρφο σα σπηλιά που τον βαφτίσανε λιμάνι. Ένα καΐκάκι μ' αναμμένη μηχανή τους περίμενε με το μαδέρι ακουμπισμένο στο μουράγιο. Δε θέλεις να 'ναι αλήθεια; Μα καμιά χαρά δεν ένοιωσαν στη σκέψη αυτή. Ίσα ίσα... κάτι σκοτεινό έπεσε μέσα τους. Όλες οι πλάκες ένα γύρο ήταν βαμμένες από φρέσκα αίματα. Κάποιους υποδέχτηκαν πάλι απόψε, σκέφτηκαν κι οι δυο. Ένας μακρυλέλεκας με άσπρο σιρίτι τους πλησίασε και τους λέει τάχα συναδελφικά.

—Εσείς δεν είσαστε που περιμένουμε; Αποδώ, παιδιά... Εε, απ' το καΐκι! Ελάτε να βάλετε ένα χεράκι να περάσουμε μέσα τα τσαμασφύρια. Λοιπόν... Καρυστινός και Ζαγκλίφας, ε; Ορίστε τ' απολυτήριά σας, παιδιά... Περάστε.

...Και δε φαινότανε και κανένας πουθενά. Ούτε Γκουντάς, ούτε ροπαλοφόροι... ούτε τα σύρτα φέρτα, ούτε οι βρισιές και τα βογγήματα. Παγωνιά. Κι αυτός εκεί με το σιρίτι να τους απλώνει τ' απολυτήρια. Τι απαίσιο όνειρο... Μη, λοιπόν, ήταν αλήθεια; Πραγματικά, τους θεωρούσαν ακίνδυνους, άχρηστους, ανίκανους, και τους απέλυαν; Τι ήταν αυτό που έτρεχε, λοιπόν;... Όλα ως τώρα τα άντεξαν. Και το απόσπασμα το περίμεναν σαν τραίνο που θα σφυρίξει στην ώρα του. Τούτο τώρα τι ήταν; Και πώς το παλεύουν; Και γιατί το δέχτηκαν; Τι θα γίνει τώρα; Θ' αρχίσουν, δηλαδή, ν' ασπάζονται και τις μέθοδες του Γκουντά; Σκοτεινό και απαίσιο δίλημμα... Και να μην υπάρχει και μια τρίτη λύση...

Ο Παναγής έσκυψε κοντά στ' αυτί του Γιώργη.

—Γιώργη, του λέει λαχανιαστά, άκουσε... Εδώ δεν είναι παιχνίδι για να τραβήξουμε τον κόμπο.

Ο Καρυστινός του 'μπηξε το νύχι στο μπράτσο.

—Η απόφασή μου είναι ναι, του λέει. Λέγε. Εσύ;

—Ναι... κι η δική μου.

Μπήκαν.

—Αν δε μας φουντάρουν εδώ μεσοπέλαγα, κάτι άλλο μας σκαρώνουν στην Αθήνα, λέει ο Γιώργης καθώς στρώνανε να καθίσουν...

—Ό,τι και να 'ναι, τώρα πια τ' αποφασίσαμε.

Το μαδέρι τραβήχτηκε.

—Ώρα σας καλή, παιδιά, φώναξε ο μακρυλέλεκας. Και καλήν κοινωνία...

Δεν του αποκρίθηκαν τίποτα.

—Πέστε ένα «ευχαριστώ», ρε συνάδελφοι... Η μύτη σας, δηλαδής, θα πέσει; Αμάν η ακαταδεξιά σας!...

Το καϊκάκι έβαλε μπρος. Οι βράχοι άρχισαν να ξεκολλάνε... να ξεμακραίνουν..., ο καπετάνιος άνοιξε ταχύτητα. Έριξαν μια ματιά στο κατάστρωμα. Στ' αληθινά... Ήσαν ολομόναχοι. Μόνο για μια στιγμή πήρε το μάτι τους κείνο το ναύτη απ' το περασμένο τους ταξίδι, μα κείνος μόλις τους είδε κρύφτηκε. Τότε ο Γιώργης κατάλαβε... Αυτό που περιμένανε θα τους έβρισκε τώρα, εδώ, στη θάλασσα. Αλλοιώς δεν είχε λόγους να κρυφτεί κείνος ο ναύτης. Ήξερε την αλήθεια, και τους απόφευγε. Η ψυχή του είχε ψηθεί απ' την αρμύρα της θάλασσας κι απ' την καθημερινή απονιά που 'βλεπαν τα μάτια του... μα κάποιο μέρος είχε μείνει μέσα του στεγνό και το σκέπαζε με φόβο, μην προδοθεί και τον πιάσουν.

Στην αρχή είπαν να τον αφήσουν στην κρυψώνα του, μόνον, με τα μυστικά του, μα αργότερα άλλαξαν γνώμη. Πάει, λοιπόν, ο Γιώργης, τον ξετρυπώνει και του ζητά τσιγάρο.

—Μπορώ να 'χω τα καπνά σου;... του λέει. Μας ρήμαξε η ατσιγαρία.

Ο ναύτης τού άπλωσε κρύα το πακέττο του.

—Και δεν παίρνεις;... Πάρε όσα θέλεις... Τι με μέλλει εμένα;

—Εσύ δεν είσαι κείνος που μας έφερε την άλλη φορά;... Ή κάνω λάθος;

—Μπορεί... Μπαρκάρει τόσος κόσμος σ' αυτό το σκαφάκι... Ποιον να πρωτοθυμηθείς;... Μπορεί...

Ο Γιώργης τώρα πήγε να τον φέρει στο φιλότιμο.

—Εσύ μια φορά, του λέει, όπως και να το κάνεις, το αίμα νερό δε γίνεται..., εργατόπαιδο είσαι, λοιπόν...

—Ψτ, φίλε... Κάπου αλλού τα φωνίσματα... Εγώ..., σ' το λέω απ' την αρχή..., δεν αναμιγνύομαι.

—Ξέρω γιατί δε μας έχεις εμπιστοσύνη, του λέει συναδελφικά ο Γιώργης. Γιατί μας βλέπεις λυτούς, ε; Ε, λοιπόν, παλληκάρι, σφάλλεις.

—Είπα εγώ τίποτις;

—Άκουσες τι σου λέω; Σφάλλεις. Δεν είμαστε σπασμένοι... Δεν ήθελα να σου κοκορευτώ... και τα σιχαίνομαι τα κάτι τέτοια, αλλά με πρόσβαλες, γι' αυτό.

—...Εσύ παίρνεις την πλεροφορία σου... κάνεις τη δουλίτσα σου, που λέει ο λόγος, κι ύστερα πλέρωσέ τα εσύ, Πετράκη. Γι' αυτό κι εγώ —σ' το ξανάπα— δεν αναμιγνύομαι, και σύρε βρόντα πουθενά αλλού. Εσείς έχετε όλο το δίχτυον, που λένε... Δε σας ξεφεύγει ούτε κλωστίτσα... Από μένα περιμένεις να πάρεις κάβο;

—Ήμασταν στην «απομόνωση», λέει ο Γιώργης. Ξαφνικά μας δώσανε τούτα τα χαρτάκια. Μπορείς να μου πεις τι βρωμοϊστορία υπάρχει στη μέση;

—Ψτ, φίλε, δε χτυπάς καμιάν άλλη πόρτα;... Εγώ το είπα και το επαναλαμβάνω. Δεν αναμιγνύομαι...

—Τώρα... η αλήθεια είναι... πως, και να μην το περιμένεις, το παλεύεις το πράμα... αλλά, άμα το ξέρεις, είναι καλύτερα. Κερδίζεις την πρωτιά, την κρυάδα, που λένε...

—Κοίτα ρε ένας άνθρωπος που πάει να φωνίσει εμένα... Και —καλά, ρε φίλε— δε σκέφτεσαι ότι μπορώ όλα αυτά που με ρωτάς τώρα να πάω να τα κάνω χαρτί και καλαμάρι στην Αλφαμή*;

—Όχι.

—Όχι λέει... Και τι έχω να χάσω, ρε φίλε; Μπορείς να μου πεις; Ε;

—Τίποτα... Να κερδίσεις έχεις, αλλά δε θα πας.

—Για άκου τονε ρε πώς τα λέει!... Ψτ, φίλε, δε μου λες... Τον ξέρεις τον Πετράκη το Μανούρα ή Πετράν;

—Όχι.

—Ε, είμαι γω. Σ' το λέω και τ' όνομα για να ξέρεις... αν κάποιος σε καρφώσει, να μην πας και κάψεις άλλους. Θα 'μαι εγώ. Καταλαβωθήκαμε; Και τώρα γεια σου.

—Όχι..., του λέει ο Γιώργης. Δεν έχω κανένα φόβο από σένα.

Ο Πετράν φύσηξε... άπλωσε το πακέττο του... κι ύστερα έριξε πρώτα μια ματιά γύρω και κατόπι την κάρφωσε στο Γιώργη.

—Σκύψε, του λέει. Δεν είναι θετικό. Κάτι άκουσα. Μα δεν είναι και για να τους πολυδίνεις βάση. Κάθε μέρα αλλάζουνε σκέδια. Μια βολά όμως σας ετοιμάζουνε καψόνι. Τώρα πού και τι... δεν ξέρω. Τσιμουδιά τώρα και κάνε το κορόιδο. Α... καλά που το θυμήθηκα. Τη θυμά-

* Άλφα-Μη (Α. Μ.): Αστυνομία Μονάδος. Λόχος δημίων στρατολογημένων από τα κατακάθια της κοινωνίας (βαρυποινίτες φονιάδες, ληστές, τοξικομανείς, που τους χάριζαν την ποινή).

σαι κείνη την μπασκίνα που σας έφερνε; Τον κωροφυλακάκο ντε..., που του πήγαινε το ξερατό γόνα...

—Ε, λοιπόν;

—Μεγάλο ριμάλι, αδερφέ μου... Εσείς τις μαζώνατε κι εκείνος έσπαγε πλάκα. Τσακίρι κέφι, που λένε, έσπαγε ο ρουφιάνος με τα βάσανα τ' αλλουνού. Αλλά του τα ξεπλέρωσε ο Θεός. Φτισικός, αδερφέ μου, με ανοιχτές «σπηλιές», που λένε. Πήγα και τον είδα προχτές στα «Μελίσσια».

—Αν τύχει και ξαναπάς, λέει ο Γιώργης, κάν' του τα δέοντα κι από μας.

—Είσαι φίνος.

—Δυστυχώς... στην κατάσταση που είμαστε, δεν έχουμε τίποτα να του στείλουμε.

—Είσαι φίνος... Το ξαναλέω. Σ' αυτά κανένας δε σας φτάνει. Αν δεν είχατε κείνα... τ' άλλα..., τα τέτοια...

—Ποια;

—Έλα ντε τώρα... Μη μου κάνεις το αγγελάκι και δε σου πάει. Ξέρεις πολύ καλά για ποιο πράμα σού λέω.

—Λόγον τιμής, όχι...

—Την Ελλάδα, ρε φίλε, για πού τη φορτώσατε και την πάτε; Πεσκέσι στους Ρούσσους και τα τοιαύτα, ε;... Να, αυτά είναι που δε χωνεύω σε σας.

—Πετράκη, ψτ, πού 'σαι... Κι εσύ καλό παιδί είσαι, αλλά αν δεν είχες αυτά τα κουτομόγικα...

—Δηλαδή... τι;... Δεν την έχετε για ξεπούλημα;

—Ευχαριστώ για το τσιγάρο σου. Γεια σου.

—Προσβάλθηκες;

Ο Πετράκης χτύπησε τη σκούφια του κάτω κι έφτυσε.

—Τα μούσκεψα, λέει μόνος του. Πετράν, τα 'κανες πάλι ρόιδο. Πού 'σαι, φίλε... Καλά... ούτε και για κείνον τον κωροφύλακα δε θέλεις να σου πω;

—Καλά..., λέει ο Γιώργης υποχωρώντας... Για κείνον πες μου. Δεν ήταν κακό παιδί ο καημένος.

—Σ' αυτό έπεσες μέσα. Όχι, δεν ήταν, κωροφυλακάκι άψητο ήταν. Άμα τον ξεφλούδιζες απ' τα μπασκίνικά του, ήταν αντράκι φίνο. Ξέρεις μωρέ τι έκανε κείνη τη μέρα που σας τις ρίχνανε; Αν δεν έβαλε τα κλάματα, ήταν γιατί ντρεπότανε τα μουστάκια του.

—Ε τότε γιατί μου είπες ότι έσπαζε κέφι;

—Για να σε φωνίσω πήγαινα. Αυτός ρε όλη την ημέρα ήταν φτώμα... Αλλά το πράμα δε σταμάτησε εκεί. Είχε και συνέχεια. Στην αρχή είπε να βροντήξει τα μπασκίνικα χάμου και να πάει στο χωριουδάκι του. Μα ύστερα φοβήθηκε τα «τραβήγματα». Αλλά και να τα φοράει πάλι δεν άντεχε. Ε τότε τι νομίζεις πως πήγε κι έκανε ο ρουφιάνος; Το 'ριξε στο ξίδι... όχι για αλκολίκι, που λένε. Κάποιο καθοίκι τού είπε ότι, άμα το ρίξεις στο ξίδι, την παθαίνεις τη δουλειά..., δηλαδή γίνεσαι φτισικός. Κι έτσι, για να μη σας πολεμάει κι έχει στίψη στη συνείθισή του, που λένε... Σωστά δεν τα λέω;

—Περίφημα!

—Ε, βρήκε το ξίδι και πάει χαράμι ο φουκαράς. Τρύπησε, που λες, τη «σπηλιά» του φλεμονιού του και τώρα κλάφ' τον. Αλλά το πράμα είχε κι άλλη συνέχεια. Απ' το νοσοκομείο πιάνει και γράφει ο μάπας στ' Ατρίκερι.

—Τι πράμα;

—Στ' Ατρίκερι ντε. Εκεί δεν τις έχουνε τις γυναίκες τις εξοριστίνες;

—Τρίκερι... Τέλος πάντων.

—Μικρό το κακό. Γράφει, που λες, στη δεσποινίς Δημητρίου. Ούτε κι αυτήνε δεν την ξέρεις; Αλλά τι λέω ο μάπας; Πώς να την ξέρεις;... Πιάνει, που λες, ο μάγκας και της γεμίζει δυο κόλλες δάκρυα και της το στέλνει. Την είχε, βλέπεις, από τα πριν κατουρημένη τη φωλίτσα του γιατί την είχε συλλήψει ο ίδιος επειδής του 'δωσε το πανί του λόγον τα μπασκίνικα..., σ' τα λέω λίγο μπερδεμένα... δεν πειράζει... Αλλά η Λογοκρισία, που λες, δεν είναι χάπατο. Πιάνει το γραμματάκι και «τραβάει» το κορίτσι γι' ανάκριση. Εκεί η δική σου τους το 'κοψε με το ξουράφι. «Ουδεμίαν» λέει «σχέσιν έχω μετά του κωροφύλακος Σταυρουλάκη Εμμανουήλ... Εγώ είμαι μέσα για τις ιδέες μου...». Ε, τι του λες τώρα του τσουλιού;... Μια σταλιά πράμα και «έχω —λέει— τις ιδέες μου»... Τι να σου κάνω!... Έπρεπε να σ' είχα εγώ και σου 'λεγα τι ιδέαν έχω εγώ περί τις ιδέες σου... Στη μόδα το 'χουνε ρίξει κι αυτές οι χαμούρες!...

Αλλά ο Γιώργης πια δεν τον άκουε. Είχε γλιστρήσει κι έφτασε κοντά στον Παναγή.

—Πετράν, τα μούσκεψες πάλι..., λέει μόνος του ο καϊξής και πάει και χώνεται ξανά στο καβούκι του.

Το καϊκάκι θα 'χε φτάσει στη μέση της απόστασης. Τότε φάνηκε απ' τη στεριά το σήμα. Ένα σημαιάκι ανεβοκατέβηκε τρεις φορές. Η μηχανή πέταξε καναδυό τουφεκιές και σταμάτησε.

—Καπτάνιο, φωνάζει ο ναύτης απ' το καβούκι του... Γιατί κάνεις «κράτει»; Τρέχει τίποτις;

Η φωνή του έτρεμε.

—Στραβωμάρα έχεις;... λέει ο καπετάνιος χολιασμένος κι αυτός. Δε βλέπεις; Καλεί η στεριά!

—Α, ναι..., έκανε η φωνή του ναύτη στάζοντας πίκρα.

Ένα γρήγορο μοτόρι έλυσε απ' τη στεριά κάβο κι έβαλε πλώρη κατά πάνω τους. Ο ναύτης έριξε μια τελευταία ματιά στο Γιώργη και δάγκασε τα χείλη του.

Το βλέμμα του είχε μιαν ανημποριά, μια έκφραση τρόμου και μοιρολατρικής υποταγής.

Το μοτόρι τώρα είχε φτάσει πολύ κοντά. Άρχισαν να ξεχωρίζουν κι οι στολές με τις άσπρες ζώνες. Στη μύτη της πλώρης ξεχώριζε προκλητικά το άγαρμπο μπόι του Γκουντά, που παρίστανε τη γοργόνα του καϊκιού.

Το μοτόρι τώρα πλεύρισε.

—Μπαρντόν, ρε παιδιά, λέει φιλικά η φωνή του αρχιβασανιστή. Κάτι ξεχάσαμε... Δεν είναι τίποτις... μα, για να μην έχουμε τίποτα μπλεξίματα με την επερεσία, καταλάβατε;

Τίποτα δεν κατάλαβαν. Κι ούτε σάλεψαν.

—Στο δεφτέρι μου..., συνεχίζει ο Γκουντάς, και βγάζει ένα βυσσινί κατάστιχο με χοντρά ξώφυλλα... Στο δεφτέρι μου σας έχω ακόμη χρεωμένους... Κατάλαβες; Θά 'ρθει καμιά μέρα η Πιθεώρηση και θα μου γυρεύει Καρυστινό και Ζαγκλίφα... και θα νομίζει πως σας έφαγα... Εννόησες; Όχι, δηλαδή, πως θα μου κάνει τίποτις..., αλλά εγώ μια βολά θέλω να 'μαι εντάξει... Κατάλαβες; Γι' αυτό, λοιπόν, ήρθα να σας ξεχρεώσω. Άιντε, παιδιά, σαλτάρετε μια στιγμή να ταχτοποιήσουμε κι αυτή τη μικρή υπόθεση και μετά πα στο καλό.

Ύστερα γυρίζει στο μπουλούκι του που —άγρια και περιπαιχτικά—περίμενε το σύνθημα:

—Δεν είναι τίποτις ρε..., τους λέει. Καθίστε φρόνιμα. Τα παιδιά εκεί πέρα είναι φίλοι μου. Δε σας το 'πα; Όλο θα σας το ξαναλέω; Έλα, Καρυστινέ.

Σηκώθηκαν κι οι δυο μαζί και περάσανε το παραπέτο.

—Δεν είναι τίποτις, όπως σας είπα και πριν... Μα, συνεχίζει, ο καθένας που απελύεται πρέπει να ξεχρεώνεται αποδώ μέσα. Θέλω να 'χω καθαρά χαρτιά... Κατάλαβες;

Να το... Καρυστινός. Διάβασ' το, αν θέλεις, και μόνος σου. Καρυστινός Γεώργιος δε λέει; Ωραία. Εδώ τι λέει; Υπογραφή απολυομένου δε λέει; Για να μη λες ότι σε γελάω. Δεν είναι καθαρό; Ξέρεις... εγώ κάνω τίμια και παστρικά τις δουλειές μου. Τραβηχτείτε ρε σεις από πάνω μου, λέει στο μπουλούκι. Είπα. Αραιώνετε!

—Καθαρό είναι, λέει ο Γιώργης, μα... για παραμέρισε λίγο το νύχι σου. Κάτι μου σκεπάζεις.

—Τι σου κάνει το νύχι μου;

—Σου είπα... Κάτι μου σκεπάζεις.

Ο Γκουντάς το τράβηξε με φούρκα. Ολόκληρη η φράση ήταν: «Απελύθη δηλώσας μετάνοιαν – Υπογραφή απολυομένου».

—Πάρ' το..., λέει ήσυχα ο Γιώργης. Δεν την πατάμε τη φλούδα.

Ο Γκουντάς έκανε πως σαστίζει.

—Δε σε καταλαβαίνω, ρε Καρυστινέ. Για στάσου... Μ' έπιασες, δηλαδή, ποτές σκάρτο και μου μιλάς έτσι; Στη φιλία μας... δε σε καταλαβαίνω.

—Άσ' τη φιλία μας και δεν υπάρχει τέτοιο πράμα ανάμεσά μας. Οι φίλοι δε βάζουν ο ένας στον άλλο τρικλοποδιές. Λοιπόν, αν κατάλαβα καλά, θέλεις υπογραφή, ε;

—Ε, ναι, καλά κατάλαβες! λέει τώρα άγρια ο Γκουντάς. Αυτό θέλω!

—Ε, δεν την έχεις.

—Για στάσου όμως μια στιγμούλα. Για να δούμε τι λέει κι ο άλλος. Γιατί δεν πιστεύω να έχει τα δικά σου μυαλά. Ε, Ζαγκλίφα;

—Το βρήκες, λέει ο Παναγής. Ακριβώς τα ίδια έχω κι εγώ.

Ο Γκουντάς ακούμπησε τάχα αποκαρδιωμένος πάνω στο κατάρτι.

—Κρίμα..., λέει. Δε λυπάμαι τίποτις άλλο. Λυπάμαι κείνες τις μανούλες που θα περιμένουνε στο λιμάνι. Γιατί έπιασα ο μάπας και τους τελεγράφησα. Νόμισα ότι είχατε μια στάλα αντρίκειο φιλότιμο μέσα σας. Να, τέτοιες μποσικάδες πιάνω και κάνω καμιά φορά. Τώρα κατούρα τα. Πίσω ρε!... Ορίστε... έχω και τούτους τώρα που μουκανίζουνε και θέλουνε αίμα. Πώς να τους κάνω ζάφτι;... Αυτοί είναι οχτώ κι εγώ ένας. Και δεν τους βλέπω να 'χουν και καθόλου —όχι, καθόλου— καλό σκοπό. Τι θα τους κάνετε, ρε παιδιά;

—Θα τους δέσουμε καλούμα στο μοτόρι..., λέει βραχνά βραχνά ένας αλλοσούσουμος που του λείπανε τα δυο μπροστινά του δόντια. Οποίον, δηλαδή, ρεμούρκα... χα χα! Φίνο πραματάκι.

—Καλά... και δεν μπορεί, δηλαδή, να πάρει λιγάκι αναβολή το πράμα; Να το σκεφτούνε ακόμα μια φορά τα παιδιά; Γιατί είναι φίλοι μου... Σας το ξαναλέω... Μπορεί να μου πάνε κάπου και κάπου λιγάκι κόντρα..., μα είναι φίλοι μου, το ξαναλέω.

—Το ξέρουμε αυτό, λέει ο αλλοσούσουμος... Μα ξέρουμε και το «όμοιο», το οποίον, να πούμε, η πατρίς, να πούμε, δεν τα συχωράει τα κάτι τέτοια. Μπήκες; Μίλα και συ, ρε χοντρέ, λέει του Γιώργη. Καλά δεν τα λέω;

Ο Γιώργης δεν εσάλεψε ούτε το βλέφαρό του. Ο Γκουντάς φύσηξε τάχα στενοχωρημένος κι έβγαλε τσιγάρο. Τ' άναψε κι άρχισε να το καπνίζει ξεφυσώντας από βαρειά στενοχώρια. Στο τέλος το πέταξε κι έφτυσε.

—Δεν μπορώ να κάνω τίποτις..., λέει και σταυρώνει τα χέρια. Δεν τους βλέπετε; Είναι οχτώ κι είμαι ένας.

Και θα λείπω κιόλας... κατάλαβες; Μπαρκάρω σ' αυτό το σκυλοπνίχτη για τον Περαία. Λοιπόν, παιδιά, λέει στο μπουλούκι του, δε γίνεται τίποτις;

—Τίποτις..., ξεφωνίζουνε όλοι σαν αγρίμια. Η προδοσία θα πλερωθεί! Πάει, θα πλερωθεί! Και τώρα δα!

—Λυπάμαι, παιδιά, λέει ο Γκουντάς και πηδάει στο άλλο καΐκι. Δεν περνάει απ' το χέρι μου τίποτα. Ό,τι ήταν να κάνω, το 'κανα. Παίζεις μ' αυτά τα ρεμάλια; Αυτοί τώρα αφρίσανε. Να, κοίτα, και βάζει μπρος και το καΐκι. Είδες ατυχία!... Αφού το πήρατε απόφαση, ρε παιδιά, λέει στο μπουλούκι, τότες, σας περικαλώ, μαλακά, ρε παιδιά. Σας περικαλώ, μ α λ α κ ά...

Με το σύνθημα «μαλακά» όρμησαν όλοι απάνω τους, τους δέσανε με χοντρά σκοινιά και τους φουντάρανε στη θάλασσα...

Πριν το μοτόρι προφτάσει να βάλει μπρος —και καθώς οι πρώτες τουφεκιές του καπνού του σκεπάζανε τη φωνή—, λέει ο Γιώργης πνιχτά στον Παναγή.

—Κάνε όπως στο κ ρ ό ο υ λ... Βούλιαξε το κεφάλι σου στο νερό και βγάζε το μόνο γι' αναπνοή. Άμα το κρατήσεις όρθιο, χάθηκες. Μόνο γι' αναπνοή, και πλαγιαστά. Πρόσεχε!

Το μοτόρι έβαλε μπρος.

* * *

Τους ανασύρανε μισολιπόθυμους, αλλά ζωντανούς. Πρώτα τους κρατήσανε ανάποδα για να τους αδειάσουνε το νερό και κατόπι με κουβέρτες τους πετάξανε στη σκηνή τους.

Πρώτος άρχισε να παίρνει συνείδηση του κόσμου ο Γιώργης. Θα ήταν σχεδόν μεσημεράκι. Η πρώτη του δουλειά ήταν να νοιαστεί το φίλο του. Του ξεκούμπωσε το στήθος... Κατόπι έβαλε το κεφάλι του στο ίσωμα κι άρχισε να του κάνει τεχνητές αναπνοές. Δεν ήταν απαραίτητες. Ο Παναγής πιο πολύ ήταν ζαλισμένος παρά λιπόθυμος. Κάτι σα μια υποψία διάσεισης. Άνοιξε τα μάτια του κι έμεινε να κοιτά αμίλητος το φίλο του. Ο Γιώργης τού γέλασε. Κάτι έπαιξε διστακτικά μες στο μάτι του Παναγή.

—Το παλέψαμε, του λέει ο Γιώργης. Είδες; Το παλέψαμε κι αυτό. Σώπα.

Μα ο Παναγής ήθελε να μιλήσει.

—Ως πού θα το τραβήξουνε;... λέει. Αυτό μονάχα θέλω να μου πεις. Ως πού; Μπορείς να μου το πεις;

—Αγάντα... ως εκεί που θέλουν... Έχουμε άλλο δρόμο;

—Όχι.

—Άσ' τους, λοιπόν. Ας το πάνε όπου θέλουν. Εμείς μια φορά το ξέρουμε ως πού μπορούμε να φτάσουμε. Έτσι;

—Ναι.

—Ε τότε αγάντα... Κι άσ' τους να το πάνε όπου θέλουν.

—Δε λυπάμαι τίποτα... Όχι. Δε λυπάμαι εμένα. Λυπάμαι κείνη τη γριά που θα κατεβεί να καρτερεί στο μουράγιο. Σίγουρα... Θα κατέβηκαν κι οι δυο.

—Όπως θέλουν τις παίζουνε. Χαζοπούλια τις έχουν κάνει... «Κατέβα, μανιά, στο μουράγιο...» Και κατεβαίνουν. Δεν είχα χέρια εγώ να τους τηλεγραφήσω; Μα κείνη πίστεψε τον Γκουντά... Ουου... χωρίς άλλο, θα τον πίστεψε. Θα το δεις.

—Για το καλό είναι έτοιμες να τους πιστέψουν όλους. Σα μωρά έχουν γίνει. Δε μου κακοφαίνεται για μένα, ρε Γιώργη... Σ' τ' ορκίζομαι. Όχι...

—Έλα, σώπα.

—Δεν κλαίω.

—Γιατί να μην κλάψεις;... Κλάψε. Δεν είναι ντροπή.

—Όχι, δε μου κακοφαίνεται για μένα... Το ξαναλέω. Εμένα ας μου κάνουν κι άλλα... ας μου κάνουνε ό,τι θέλουν... Μα τη μάνα μου... δεν ήθελα να παίξουν έτσι με τη μάνα μου. Όχι..., δεν το ήθελα... Άτιμοι! Κτήνη!... Κτήνη!!!

—Σσσς..., σώπα...

Ο Γιώργης τού σκέπασε το στόμα. Ύστερα τον καλόπιασε. Του έσιαξε τα μαλλιά... Κατόπι γύρισε στο πλάι... και τον άφησε ήσυχα να κλάψει... Να καταλαγιάσει η φουσκωμένη του καρδιά. Να του λυθούν όλοι οι κόμποι... Να του φύγει η αρμύρα που τον πότισαν... τα δάκρυα κι η θάλασσα...

Δε βαριέσαι! Όσοι έχουν πολλά δάκρυα μέσα τους, κλαίνε πάντα λίγο. Ο Παναής σε λίγο σκουπίστηκε και ζήτησε τσιγάρο.

—Αυτό ήταν..., είπε. Τώρα μπορούν να ξανάρθουν.

—Ας ξανάρθουν. Εδώ είμαστε.

—Ας είμαστε ξαρμάτωτοι!

—Κάνεις λάθος, του λέει ο Γιώργης. Δεν είμαστε καθόλου ξαρμάτωτοι. Ξεχνάς; Έχουμε τις πληγές μας...

Ο Παναγής τον κοίταξε μ' ολάνοιχτα μάτια, που γέμισαν σιγά σιγά μ' αγάπη.

—Έχεις δίκιο..., είπε μοναχά.

ΜΕΡΟΣ ΔΕΥΤΕΡΟ

ΚΕΦΑΛΑΙΟ ΠΡΟΛΟΓΙΚΟ

ΑΝΤΙΚΡΥ Η ΠΛΑΓΙΑ ΤΟΥ ΛΑΥΡΙΟΥ φάνταζε σα λεκιασμένη ποδιά του βουνού. Κάπνιζαν οι καμινάδες του βαριά και νυσταγμένα. Οι άνθρωποι χώνουνταν τώρα πιο βιαστικά στα έγκατα της γης για να μην ακούνε και να μη βλέπουνε. Όλα αυτά που έτρεχαν αντίκρυ κόβανε την ψυχή του ανθρώπου στα δύο. Κι η ψυχή όλου αυτού του κόσμου —που όλη τη μέρα γίνουνταν σκουλήκι και ροκάνιζε τα σπλάχνα της γης— ήταν πολύ τσακισμένη απ' τα δικά της βάσανα και δεν άντεχε άλλα. Δεν άντεχε τα ξένα. Έτσι νόμιζε. Έκανε λάθος.

Τα μαντάτα όμως ένα ένα περνούσαν τη θάλασσα, έπιαναν τη στεριά και κατόπι τρέχανε σα μαύροι βιαστικοί οιωνοί. Η Μακρόνησο είχε γίνει ο αιώνιος μύλος που πάνω του αλέθανε αλάτι οι τωρινοί άγιοι. Απ' αντίκρυ φαίνουνταν... να τρέχουν ολημερίς σαν τα μερμήγκια πέρα δώθε... κάτω απ' τον καυτερό ήλιο κάτι τελειωμένοι άνθρωποι, και κάτι ραβδιά να τους κυνηγούν: Άμα είχες κυάλια, μπορούσες να το δεις καθαρότερα... Μα τα χέρια δεν άντεχαν να τα κρατήσουν πολύ... Άρχιζαν να τρέμουν... Και σε λίγο άφηναν τα κυάλια κι έπιαναν τα μάτια. Ψηλά τα πέτρινα δόντια του βουνού, και κάτω κούρνιαζαν τα τσαντίρια με τις πάνινες καμπούρες τους...

και στις πλαγιές οι παραζαλισμένες κείνες μερμηγκιές που κουβαλούσαν χωρίς να χτίζουν και που γκρεμίζονταν, μαζί με τις πέτρες, χωρίς να θαφτούν.

Κάποτε δοκίμασαν μερικοί να φωνάξουν, αλλά χάθηκαν μαζί με τη φωνή τους. Στον κόσμο αυτό, αν ήρθες μόνο για να μετρήσεις τα χρόνια σου και να φύγεις, δεν έχεις να φοβηθείς από τίποτα. Ποτέ τον φρόνιμο άνθρωπο δεν τον πειράζουν... Μα αν είναι να χαθεί κάποτε ο κόσμος, θα χαθεί απ' τους φρόνιμούς του. Γιατί οι φρόνιμοι, με τη φρονιμάδα τους, βοήθησαν τους σκληρούς να γίνουν σκληρότεροι.

Οι λιπόψυχοι —πολλές φορές— βλάψαν πιο πολύ κι απ' τους καταδότες, και θαρρώ πως αυτοί είναι κι οι μεγαλύτεροι καταδότες. Ο καταδότης μπορεί να βλάψει μόνο έναν. Μα, όταν η ψυχή του δειλού διαλυθεί, η αναθυμίασή της θα δηλητηριάσει όλον τον κόσμο.

Η φρίκη της Μακρόνησος έσπασε τη ζώνη της σιωπής, βγήκε έξω απ' το νησί... περπάτησε στους δρόμους, τρύπωσε μες στα σπίτια, μπήκε στις αυλές κι έφτασε ως και στις κούνιες όπου κοιμούνταν τα μωρά τον ανέμελο ύπνο τους. Μια βουή άρχισε να σέρνεται σαν υπόκωφη κατάρα παντού. Μα τα τουφέκια βούιζαν περισσότερο. Και τη σκέπαζαν.

Σ' ε στιγμές τέτοιες ολοκληρωτικού τρόμου, οι άνθρωποι πολλές φορές σπάζουνε μόνοι τους με τους άλλους τις γέφυρες. Τρέμουν μην κάποιος πέσει και τους πάρει στην πτώση του. Έπειτα πώς να ξέρεις;... Οι σπιούνοι κυλούν ανάμεσά σου σα φίδια. Οι τοίχοι των σπιτιών κάποτε ζωντανεύουν. Φυλάξου, λοιπόν. Η σπιουνιά είναι ένα αόρατο φίδι που τρυπώνει ως κι απ' τις χαραμάδες του σπιτιού. Κι είναι πολλών λογιών. Η ερασιτεχνική, η επαγγελματική... κι η αναγκαστική – αυτή που, άμα κάνει την αρχή, κλάψτε, μανούλες... ξεπερνά όλες τις άλλες. Είναι η συνείδηση του πιστού, μα αδύναμου ανθρώπου που, άμα ραγίσει, μόνο για μια στιγμή, γίνεται όλη συντρίμμια. Η μοιραία στιγμή της εκτέλεσης —αυτή η στιγμή της ύστατης κρίσης— πλούτισε τον πίνακα των προδοτών της τελευταίας κατηγορίας με πολλά ονόματα. Γιατί πάντα, μετά τη λέξη «επί σκοπόν» και λίγα δευτερόλεπτα πριν απ' τη λέξη «πυρ», ο γλυκός πειρασμός της ζωής σού χτυπά την πόρτα με το στόμα του βασιλικού επιτρόπου – που, αφού ζήτησε στη δίκη το κεφάλι σου, ήρθε τώρα κι εδώ για να το δει πώς πέφτει.

—Εάν κάποιος έχει να καταθέσει τίποτε εις βάρος οιουδήποτε... να βγει απ' τη γραμμή. Θα του χαρισθεί η ζωή. Εμπρός!

Οι χαλασμένοι αυτοί καιροί γέννησαν και τέτοιου είδους εγκλήματα. Δεν άρκεσε που άντεξες τους επτά κύκλους της Κόλασης... Δεν άρκεσε που —λίγο πριν απ' την καταδίκη σου— σου την πρόσφεραν άλλη μια φορά τη ζωή, με μόνο αντάλλαγμα την απαρνησιά... και δεν τη δέχτηκες... Δεν άρκεσαν οι όλων των ειδών σωματικές και ψυχικές βίες... Καθιερώσανε τώρα κι αυτή την τελευταία φωνή του πεπρωμένου. Μπροστά σου είναι ανοιχτή η πόρτα της ζωής ή η πόρτα του τάφου. Διάλεξε.

Ναι, είναι αλήθεια ότι τότε, στη δίκη, ο καθένας είχε διαλέξει το θάνατο. Μα βρισκόταν ακόμη τότε μακριά απ' αυτές τις προτεταμένες κάννες. Ο θάνατος ήταν ακόμη τότε σα μια θεωρητική απειλή. Τώρα τον έβλεπε μπροστά του, με ολάνοιχτα μάτια, σε απόσταση έξη βημάτων...

Εκεί, μπροστά σ' αυτό το αποφασιστικό κατώφλι, κάποιες συνειδήσεις ξέφτιζαν, κατέρρεαν απότομα... Και τότε αλλοίμονο σ' αυτούς που διάλεξαν για λύτρα. Η ζωή που κερδήθηκε με τέτοιο τρόπο είναι μια λάμια αχόρταγη. Την κάθε μέρα πρέπει να την κερδίζει με καινούριους θανάτους. Άμα σταματήσει να θανατώνει, πέφτει. Τον άνθρωπο που τρόμαξε μια φορά το θάνατο αποκεί κι ύστερα μόνο με το θάνατο μπορείς να τον τρομάξεις. Κι όταν τελειώσουν τα «θύματά του», φκιάχνει καινούρια με τη φαντασία του. Είναι μια τρελλή, επικίνδυνη μηχανή που κυκλοφορεί στους δρόμους και σκοτώνει. Να γιατί όλοι κρύβονται στα σπίτια τους, κυλούν στους δρόμους έντρομοι, σαν τους ειρηνικούς κατοίκους μιας πόλης που τους τρόμαξε κάποιο θεριό που 'φυγε απ' το κλουβί του.

* * *

Μόνο οι μάνες δεν κρύβουνταν. Μόνο αυτές κυκλοφορούσαν άφοβα, ανεβοκατέβαιναν στους δρόμους, γυρεύανε τα παιδιά τους.

Κάποτε, τρομαγμένες ακόμη από κάποιο κακό όνειρο που είδαν στον ύπνο τους, παίρνουν τους δρόμους απ' τα μαύρα μεσάνυχτα. Κυλούν, τρέχουν, λαχανιάζουν, γονατίζουν, παρακαλούν. Ζητιανεύουν τη ζωούλα του παιδιού τους.

Κάποτε τραβούσαν τις πορείες τους κι ως μακριά, έξω απ' την πόλη... Φτάναν στους γκρεμούς του αρχαίου ναού, καρφώνουνταν πάνω στις κολόνες του και κολλούσαν τα μάτια τους αντίκρυ... απάνω στο πέτρινο τέρας.

Περπατούν ολόκληρη νύχτα ανάμεσα απ' τα μονοπάτια, ξεσκίζονται απ' τα βάτα, τους βάζουν στο κυνηγητό τα τσοπανόσκυλα..., έτσι που, σα φτάσουν, η ψυχή τους είναι πια τελειωμένη. Μα τους φτάνει να βρεθούν, κι ας μη διακρίνουν τίποτα. Φτάνει να ξέρουν πως είναι πιο κοντά. Πως τις τσούζει η ίδια αρμύρα... Πως αντικρίζουν, έστω και θολά, το νεκροταφείο κείνο του απάνω κόσμου όπου γυρίζουν άθαφτα τα παιδιά τους. Ναι, άθαφτα... Και να μην μπορούν να τους πάνε ούτε ένα λουλούδι...

Τούτο τον παραζαλισμένο καιρό, που τα παλληκάρια κρύψανε την ψυχή τους στο πιο βαθύ μέρος για να μην τους την πάρουν, που παλέψανε μυθικά για να προστατέψουν αυτή την εσωτερική τους πόλη... χωρίς κάστρα, χωρίς τόξα... χωρίς τίποτα, οι μάνες δώσανε τις πιο μεγάλες εξετάσεις. Η μάνα αυτής της εποχής ξεπέρασε όλες τις μάνες της ιστορίας. Τα είπε μόνη της όλα τα έπη, κι όλα τα τραγούδια, και τώρα περιμένει τον ποιητή της.

Την ορισμένη κείνη μέρα είχαν κατεβεί στο μουράγιο οι δυο μανάδες. Ζητιάνες των καϊκιών είχαν γίνει. «Μην τύχει κι έρχεσαι απ' το Λαύριο;»

—Ποιο Λαύριο, μανιά; Δεν ξέρεις τ' είναι το Λαύριο;

Αν ήξερε!... Καμιά δεν ήξερε πιο πολύ. Ήταν τα καινούρια Ιεροσόλυμα, μ' έναν απέραντο Γολγοθά κοντά... Κι απέναντι ένα τρελλονήσι, όπου καρφώνουν χιλιάδες παιδιά. Αυτή δεν ήξερε τι ήταν το Λαύριο;... Ένα χωνί που μάζευε τα βογγητά που έρχουνταν απ' αντίκρυ. Ένα θέατρο με τη σκηνή στημένη στην αντίπερα μεριά της θάλασσας, που τα έργα που παίζουνταν ήταν μόνο τραγωδίες. Φριχτά εγκλήματα σε πολλές πράξεις. Ένα θέατρο που δεν κατέβαινε ποτέ η Αυλαία, ως τη συντέλεια, ώσπου να τρελλαθούν ή να πεθάνουν όλοι, ηθοποιοί και θεατές.

Σε μια στιγμή ένα καϊκάκι φάνηκε ν' αράζει κοντά

στη Ζέα. Ένας ψηλός με στρατιωτικά και δυο σιρίτια πάει ολόισια κατά πάνω τους. Είναι σωματώδης, με τριχωτά χέρια και χοντρά σμιχτά φρύδια.

—Εσείς είσαστε οι γριούλες που περιμένατε τα παιδιά, ε;

—Ναι, γιε μου... Τι τους στάθηκε; είπε ανήσυχη πρώτη η μάνα του Γιώργη.

—Του Καρυστινού η μάνα δεν είσαι;

—Ναι.

—Μείνε ήσυχη, τίποτις... Μοναχά κάτι ξεχάσαμε την τελευταία στιγμή, και το καΐκι βιαζόταν... Καταλάβατε; Αύριο θα 'ναι εδώ κι οι δυο οι λεβέντες. Στο σταυρό που προσκυνάω.

—Και τι τους στάθηκε, γιόκα μου;

—Έχετε μαζί σας πέννα; Σταθείτε..., έχω γω. Να, τα βλέπετε τούτα τα χαρτιά; Είναι τ' απολυτήρια.

—Δεν ξέρουμε γράμματα.

—Το ξέρω. Δε σας γυρεύω να τα διαβάσετε. Μια υπογραφούλα θέλω.

—Τι να την κάνεις, γιε μου; Τι περνάει απ' το δικό μας χέρι;

—Πρέπει εδώ να 'χω ένα χαρτί υπογραμμένο απ' τα δικά σας χέρια ότι γυρεύετε τα παιδιά σας. Υπογράφει η κάθε μια το χαρτάκι της και παίρνει πίσω το παιδί της. Πάω πίσω και τους μπαρκάρω ώσπου να πεις κύμινο.

Οι γριές κοιταχτήκανε... Δε φαινότανε να υπάρχει καμιά πονηράδα. Μια υπογραφή ότι θέλουν τα παιδιά τους... Ποια μάνα δε θέλει το παιδί της; Γύρεψαν κι οι δυο τα χαρτιά. Ήταν σε διαφορετικό σχήμα, χειρόγραφα, αθώα. Με πολύ κόπο, ζωγραφίζοντας ψηφί το ψηφί, υπογράψανε: Άρτεμις Καρυστινού — Ευαγγελία Ζαγκλίφα.

Ο Γκουντάς τούς έσφιξε γερά γερά το χέρι.

—Έτσι μπράβο που σας θέλω! Να μανάδες μια φορά! Το λοιπόν, αφήνομεν υγείαν και με το καλό ν' ανταμώσετε με τα παιδιά σας. Εγώ πάω στο ταχυδρομείο να ποστάρω αυτά τα χαρτάκια.

Οι δυο γριές κοιταχτήκανε σαν τρομαγμένα κοτόπουλα που πέρασε από πάνου τους γεράκι. Η όμοια τύχη τις είχε δέσει μαζί σαν τα παιδιά τους. Ό,τι κι αν έτρεχε στη μια, καλό ή κακό, θα 'παιρνε σβάρνα τη στράτα να πάει ν' ανταμώσει την άλλη. Είχαν γνωριστεί έξω απ' τα ίδια κάγκελα, τα κοκαλιάρικα χέρια τους ζεστάνανε τα ίδια σίδερα, ρούφηξαν τα ίδια δάκρυα έξω απ' τη μικρή τρυπούλα του κελλιού.

Καθίσανε πάλι σ' ένα πεζουλάκι — όπως τότε που γύριζαν απ' τη φυλακή. Και πόσα δεν είχαν να πούνε! Μα σ' όλα, σ' όλα τα λόγια και τα σχέδια, σ' όλα μέσα ήταν η αυριανή ευτυχία των παιδιών τους. Δεν ήθελαν ν' αφήσουν την ψυχή τους να την πάρει και να τη δείρει η απελπισιά. Τους έφτανε που έπασχαν σαν ήσαν μόνες. Τώρα δίνανε λίγο δρόμο στη χαρά. Μα πού νά 'ρθει αυτή η χαρά που την τρομάζουν τόσο πολύ τα μαύρα ρούχα; Τούτα τα χρόνια φράξανε όλους τους δρόμους της χαράς. Τους κλείσανε με συρματοπλέγματα. Βάλανε μπροστά πολυβόλα, σκάψανε βαθιά χαντάκια.

—Εδώ είσαστε ακόμα, μητέρες;

Γυρίσανε κι οι δυο τρομαγμένες.

—Κοίτα πώς κάτσανε κι οι δυο σαν τις πουλάδες και τα λένε... χα χα χα... Τρομάξατε; Τώρα που στείλαμε κείνα τα χαρτάκια, μη σας νοιάζει δράμι. Δε με ρωτάτε πού ήμουνα; Εγώ ο φουκαράς τρέχω για σας. Πήγα κι αγόρασα γραμματόσημα για κείνα τα γράμματα.

—Μα... θα φτάσουνε; Γιατί τόσον καιρό στέλναμε... στέλναμε... κι απάντηση δε λαβαίναμε, αγόρι μου... Κατάλαβες;

—Αν θα φτάσουνε; Ε, καλά, τι κάνουμε τώρα!... Τα κότσια παίζουμε; Ο Γκουντάς ό,τι πει το κάνει. Ο λόγος του είναι νόμος. Μην έχετε και τίποτις κανένα θυμητάρι... κατιτίς να τους πάω για να με πιστέψουνε κιόλα ότι σας είδα; Οτιδήποτες.

Οι γριές άρχισαν να ψάχνονται. Η μια βρήκε μια ξεθωριασμένη απ' τα δάκρυα φωτογραφία. Η άλλη πάλι, η μάνα του Παναγή, μια φωτογραφία της αρραβωνιαστικιάς του. Τις δώσανε, μα ακόμη ψάχνουνταν. Ώσπου ανάμεσα σε κόμπους και ραφές ξετρυπώσανε κάτι δραχμούλες που τις είχανε για τα ναύλα τους.

—Πάρε, γιε μου, κι αυτές τις δραχμίτσες για να 'χουνε να φουμέρνουνε από κανένα τσιγαράκι.

Ο Γκουντάς χτύπησε τη γλώσσα του.

—Ε, ρε μάνα... Μάνα και πάλε μάνα!... Να, αυτό θα πει μάνα! Το λοιπόν, κυρούλες, γεια σας. Αφήνομε υγείαν και να 'σαστε ήσυχες. Και φωτογραφίες, και γράμματα, και χαρτζιλικάκι θα πάνε όλα ολόισα μες στα χέρια τους.

Έφυγε κουνώντας ξιπασιάρικα τα χοντρά χέρια του κι άφησε ξοπίσω του τις μάνες να του βλογάνε το δρόμο του.

Τ' αεράκι του Σαρωνικού τούς δυνάμωσε τις ελπίδες τους. Ένα βραχνό βαπόρι που σφύριξε τους φάνηκε πως γλυκοτραγουδούσε. Θά 'ρθει, ω, δεν μπορεί να γίνει αλλοιώς. Θά 'ρθει η χρυσή μέρα που θα γυρίσουν τ' αγόρια τους... Και τότε ολάκερη μια πασχαλιά θα 'ναι η ζωή.

Θα συγυρίσουν τα σπίτια τους. Θα τα κάνουν να λάμπουν και να μοσκοβολούν, έτσι που ο κάθε περαστικός που θα διαβαίνει απέξω να στέκεται για να πάρει μιαν ανάσα.

Πήραν ξανά το δρόμο του γυρισμού. Μα τώρα πια δεν είχαν τα ναύλα για να πάνε με τον Ηλεκτρικό. Τα δώσανε στον Γκουντά για τα παιδιά τους. Πήραν το δρόμο με τα πόδια. Έβραζ' η δημοσιά απ' τη σκόνη. Πού να πάνε; Τις έπιασε η λιποθυμιά στη μέση του δρόμου. Πρώτη έπεσε η μάνα του Γιώργη.

—Καρδιά..., της είπε η μάνα του Παναή. Αγάντα... Κι έπεσε και κείνη.

Κάτι φρένα ουρλιάξανε μπροστά τους. Ένας σταρόχρωμος κουρασμένος άντρας πήδηξε απ' το καμιόνι.

—Τι 'ναι, μητέρες; τους λέει. Τι σας στάθηκε;

—Νερό..., μπόρεσαν να πουν. Νερό. Πεθαίνουμε!

Έτρεξ' ο άνθρωπος και κατέβασε νερό, και τις πότισε, και τις δρόσισε. Σε λίγο συνέφεραν.

—Για πού το βάλατε, βρε μανούλες μου, χωρίς πόδια;

—Δεν έχουμε..., είπαν. Δεν έχουμε... Ούτε πόδια ούτε λεφτά.

—Και τότε για πού το βάλατε;

Κοιτάχτηκαν, δαγκάθηκαν... Μα του το 'παν. Είχε ήμερα μάτια, δεν μπορούσε να τους βλάψει.

—Ελάτε, τους λέει. Καβαλικέψτε στ' αυτοκίνητο.

Τρόμαξαν κείνες.

—Για πού; του είπαν. Θα μας παραδώσεις στην Αστυνομία;

Τις λυπήθηκε ο άνθρωπος. Λυπήθηκε και κείνες και τον εαυτό του και τη ζωή.

—Μάνες..., είπε με πόνο. Κοιτάξατε το πρόσωπό μου; Σας παρακαλώ... Κοιτάχτε το... Τι βλέπετε;

Το κοίταξαν. Ήταν αδύνατο, φαγωμένο, γεμάτο τίμιο, εργατικό ιδρώ.

—Σήκω..., λέει η μάνα του Γιώργη στη φιλινάδα της. Ο άνθρωπος έχει καλό σκοπό. Θέλει να μας πάει στα σπίτια μας. Έτσι δεν είναι, γιε μου;

—Ευχαριστώ, μάνες... Πάμε...

Ανέβηκαν στο καμιόνι και βάλανε μπρος.

ΚΕΦΑΛΑΙΟ ΔΕΥΤΕΡΟ

ΑΝΤΙΚΡΥ ΣΤΗ ΓΛΑΡΟΦΩΛΙΑ δυο πουλιά τσιμπολογήθηκαν κάμποση ώρα και τώρα κάθονται ήσυχα και κοιτάζονται. Ο έρωτας πολλές φορές είναι ένα μικρό φονικό. Μπορεί να νοιώθουν λίγο άβολα που δεν είναι άνθρωποι να χτίσουν στέρεη φωλιά που να μην τη δέρνουν οι βοριάδες, μα αν ήξεραν τι τραβούν οι άνθρωποι, όχι πουλιά, μα σκουλήκια θα προτιμούσαν να είναι, σκουλήκια παρά άνθρωποι!

Είχε ξημερώσει και σήμερα χωρίς ήλιο. Παράξενο... Η Αττική άλλοτε δεν μπορούσε να ζήσει ούτε μια στιγμή χωρίς ήλιο. Κι ούτε και την απαρνήθηκε ποτέ ο ήλιος. Μα τούτες τις χρονιές όλα άλλαξαν, σκυθρωπάσανε όλα. Θόλωσαν. Γιόμισε κακία ως κι ο ουρανός. Κι είχε τριφτεί, είχε λειώσει σιγά σιγά ο χειμώνας κι έμπαινε τώρα η άνοιξη. Άνοιξη... Άλλοτε έμπαινε γλυκειά και ξαναμμένη, σαν κορίτσι που γυρίζει απ' την εξοχή, όλο ρίγη και μικρά ξαφνιάσματα. Η πρώτη προσκαλεσμένη στη γιορτή της αγάπης. Τώρα ερχόταν σα να γύριζε από νοσοκομείο ή από φυλακή... Σαν ένοχη... Τρέμοντας μην της σκοτώσουν τα πουλιά της. Τρέμοντας να σκορπίσει τις μυρωδιές της μην τις αισθανθούν κι έρθουν και της τσαλαπατήσουν τα λουλούδια της.

Ο Γιώργης ξυπνώντας βρήκε τον Παναή ν' ακουμπάει στον αγκώνα του και να κοιτάζει έξω μ' ένα μελωμένο βλέμμα. Τον άφησε εκεί κάμποσο έτσι, χωρίς να τον αγγίξει. Ήξερε πως βρισκόταν πολύ ψηλά και δεν του βαστούσε η καρδιά να τον γκρεμίσει τόσο χαμηλά, και μάλιστα απότομα.

Μα σε λίγο κείνος ξεκόλλησε απ' τ' ονειροπόλημά του μόνος.

—Ξέρεις τι κατάλαβα; λέει σιγά στο Γιώργη... Ότι έχουμε πέσει έξω όλοι. Ο άνθρωπος δεν τρελλαίνεται. Γεννιέται τρελλός. Όλη τη νύχτα πονούσα κι ανακατευόμουνα... Μου 'ρχότανε να ξεράσω — όχι το φασόλι που μαγείρεψαν με θαλασσόνερο και μας τάισαν, αλλά και τα ίδια τ' άντερά μου. Και όμως... Ο νους μου ξέρεις πού σεργιανούσε όλες αυτές τις ώρες; Στο δρομάκι της. Αχ... Πολύ το λαχτάρησα το γέλιο της!... Το κοίταγμά της — έτσι λίγο στα λοξά—, όπως κοιτάζουν τα θηλυκά πουλιά. Καμιά φορά λέω ότι όλα αυτά είναι θεατρινίστικα καμώματα που της τα μαθαίνουν στη Δραματική Σχολή... Μα ύστερα μετανοιώνω γι' αυτή την προσβολή που κάνω μόνος μου για λογαριασμό της. Μια μέρα... «Αλκμήνη» της λέω «κοίταξέ με λιγότερο γλυκά... πιο απαλά... Χάνω τα λόγια μου, δε βλέπεις τι μπούφος κατάντησα;».

—Ε, τι έκανε;

—Την έχασα για δεκαπέντε μέρες. Τηλεφωνούσα στο σπίτι και μου λέγανε πως λείπει ταξίδι. Στο τέλος πιάνω και της στήνω καρτέρι στο γωνιακό ζαχαροπλαστείο. Ήταν μικρό, με δυο τρία όλο κι όλο τραπεζάκια. Είχε μπει στη μικρή μας ιστορία. Ήξερα... Δεν μπορούσε. Περνώντας απέξω θα κοίταζε. Αν κάποτε μ' αγάπησε, θα κοίταζε...

—Ε, τι έκανε;

—Στην αρχή είδα το δεξιό σκαρπίνι της. Ύστερα το τσαντάκι... Το κρατούσε σαν κρεμασμένο πουλί... Ύστερα πέρασε η ίδια... Κάτι της είχε ολότελα ρουφηγμένο το νου της...

—Κοίταξε;

—Όχι. Προχώρησε. Ετοιμαζόμουν να φύγω... Και σκεφτόμουν: Πώς θα καταφέρω να βρω την πόρτα; Μα τότε είδα ξανά το σκαρπίνι... να 'ρχεται απ' την αντίθετη μεριά... Και το κορμί της όλο να μπουκάρει στην πόρτα. Αν αργούσε λιγάκι ακόμη στο κατώφλι, θα πάθαινα ασφυξία. Σηκώθηκα και προχώρησα κατά την πόρτα. Μόλις αγγίζοντας τα δάχτυλά της την πήρα, την τράβηξα προς τα έξω. Προχωρήσαμε σωπαίνοντας προς το τραμ. Σωπαίνοντας κυλήσαμε έξω κατά τα Πατήσια. Μέσα σε κάτι φύλλα ήταν χωμένη μια παραγκίτσα που πουλούσε μόνο ούζο. Παράγγειλα χωρίς να ρωτήσω δυο. Σήκωσα το ποτηράκι. Έκανε να το σηκώσει και κείνη... Ξαφνικά τ' αφήνει και πέφτει στον ώμο μου μ' ένα κλάμα... μ' ένα κλάμα, σαν ένα παιδάκι φουσκωμένο απ' το παράπονο. «Δεν μπορώ» μου λέει. «Δεν μπορώ χωρίς εσένα. Προσπάθησα όλες αυτές τις μέρες να σιάξω το βλέμμα μου... Δεν μπορώ, Παναή. Κανένας δε μου το 'μαθε. Είναι το δικό μου. Αν θέλεις, μπορώ να περάσω τη ζωή μου με κλειστά μάτια... Θέλεις; Θα προσπαθήσω να το κάνω. Μόνο μακριά από σένα μη μου πεις να ζήσω. Δεν μπορώ, Παναή... Απ' όλα στον κόσμο μόνο αυτό δεν μπορώ να κάνω. Το κατάλαβα όλες αυτές τις μέρες που ήμουνα μακριά σου». Της πήρα τα μαλλιά και δεν ξέρω κι εγώ τι έκανα μαζί τους. Έτσι κλείσαμε ξανά ειρήνη, και αγάπη. Και τώρα... θα την αγαπώ, θα την αγαπώ... δεν ξέρω πόσο, ως πότε... ώσπου να γίνει ο ήλιος κάρβουνο... Κι ακόμη θα την αγαπώ!

—Μεγάλα λόγια...

—Δε με πιστεύεις;

—Όσο είναι ερωτευμένος κανείς, ό,τι κι αν λέει, πρέπει να τον πιστεύουμε. Γιατί ό,τι λέει το πιστεύει και κείνος.

Ο Παναγής πειράχτηκε. Τον κοίταξε για λίγο κατσουφιασμένος.

—Δε συμφωνείς; συνεχίζει ο Γιώργης.

—Αν δεν παρίστανες κάπου κάπου το ψυγείο, θα ήσουνα άγγελος. Μα μερικές φορές σου αρέσει να παριστάνεις τη μηχανή που βγάζει κρύες φιλοσοφίες. Ξέρεις τι θα με κάνεις να πιστέψω σε λίγο; Ότι ποτέ σου δεν ένοιωσες ούτε τον παραμικρό έρωτα. Κι ότι κείνη την ιστορία σου την έφκιαξες για να περιγελάσεις τη δική μου. Μπορεί... δεν ξέρω πάλι... Μπορεί και να κάνω λάθος. Μα αυτή η ιδέα μού περνάει απ' το μυαλό φορές φορές.

—Κράτα την για τον εαυτό σου.

—...Κι άμα σ' τα λένε, καπριτσώνεσαι κιόλα.

—Σου είπα. Κράτα τα όλα αυτά για τον εαυτό σου. Και σ' ευχαριστώ που μ' έφερες τόσο άπονα στη θέση μου. Μου χρειαζότανε. Έχεις δίκιο. Έτσι..., πες από ζήλεια —για να μη με λυπάσαι που ήμουνα έτσι πεντάρφανος απ' αυτά τα πράματα—, έφκιαξα κι εγώ μια μισερή ιστορία... για να μην ντρέπομαι. Σ' ευχαριστώ που με βοήθησες να διορθώσω την καλπιά. Ήθελα να το κάνω από καιρό ο ίδιος, μα ντρεπόμουν. Πάντως, όπως σου είπα και πιο πάνου, σ' ευχαριστώ που μ' έβγαλες απ' τη δύσκολη θέση. Κι η γνώμη μου —για να τα λέμε έτσι παστρικά— είναι ότι ένας σωστός άντρας δεν πρέπει να μπερδεύεται μ' αυτά τα σάλια.

—Μου 'κανες την καρδιά μου τριαντάφυλλο.

—Μη βλέπεις τότε... Είχαμε βρεθεί μέσα σε τόση ερημιά... ήταν παντού χυμένη τόση ανατριχίλα... Ήθελε να φκυαρίσω το φόβο μακριά, να μην αγγίξει την καρδιά μας... και κέντησα κείνο το παραμύθι. Ο κλέφτης, λέει, στη φυλακή, για να μην ξεχάσει τη δουλειά του, κλέβει το καπέλλο του. Έτσι κι εγώ, για να μην ξεχάσουμε ότι είμαστε ζωντανοί —τόσο ζωντανοί, που ως και ερωτοκαμώματα να κάνουμε—, σκάρωσα κείνο το ρομάντζο. Μα η γνώμη μου είναι —το ξαναλέω— δεν πάνε σ' έναν ίσιο άντρα αυτά τα φιγουρατζίδικα πράματα. Έτσι;

—Είπα: Κράτα τη γνώμη σου για τον εαυτό σου.

—Οι ευθύνες που φορτωθήκαμε είναι πιο βαρειές απ' τις ράχες μας. Κάθε μέρα τους βάζουμε αντιστύλια για να μη λυγίσουν. Αύριο θα πάρουνε σαν κι εμάς κι άλλοι την ίδια βάρκα. Χρειάζεται να μάθουνε λίγο να πλέουνε στα ρηχά πριν βρεθούνε στα βαθιά. Δε θέλω να κάνω τώρα μάθημα. Με ξέρεις. Μα είναι μερικά πράματα που θέλω να τα επαναλάβω δυνατά για να τ' ακούσει κι ο εαυτός μου.

—Και τότε γιατί τα λες σε μένα; Πες τα ολόισα σε κείνον.

—Δεν ήθελα να την ακούσω από σένα αυτή την κουβέντα... Μας έχουν εδώ δεμένους όπως οι αρκουδιάρηδες τ' αρκουδάκια. Είμαστε τόσο κοντά, που ακούς όχι μονάχα αυτά που λέω, μα κι αυτά που σκέφτομαι. Λοιπόν, δεν ξαναμιλώ. Κι αν σ' έθιξα πουθενά, συμπάθα με. Δε θα τους κάνουμε τώρα το χατίρι και να τσακωθούμε!

—Σσσς!...

—Τέτοιο δώρο..., να χτυπηθούνε κάτω, δε θα το 'χουνε από μας. Τρέχει τίποτα;

—Δεν ακούς; Αρβύλες.

Ο Γιώργης έδωσε αυτί.

—Έχεις δίκιο. Για να δούμε τι δόκανα μας έχουν πάλι στημένα.

Οι αρβύλες ζύγωσαν ως το πανί. Και τότε η φωνή κεινού του βλογιάρη με τη μελιτζανιά μύτη γκάριξε δυνατά.

—Καρυστινός!...

Ο Γιώργης δεν του έκανε την τιμή να του αποκριθεί.

—Καρυστινός!... ούρλιαξε πιο δυνατά ο Μελιτζάνας. Δεν είσαι μέσα ρε;

—Ε, λέγε...

—Κοίτα ρε κάτι πράματα! Είναι μέσα και παριστάνει το άγαλμα. Έχεις επιστολήν! Ο άλλος μέσα είναι;

Τσιμουδιά ο Παναής.

—Ο άλλος ρε, λέω. Είναι παρών;

—Ε, λέγε.

—Γιατί δε μιλάς;

—Ρε αφού μας έχεις δεμένους και τους δυο σαν τα κουτάβια, τι «προσκλητήρια» και λούσα μας κάνεις;

—Δεμένους; κάνει με αγανάκτηση ο Μελιτζάνας και χώνει μέσα τη μύτη του. Ναι, έχεις δίκιο, συνεχίζει. Για κοίτα, ρε κόσμε, βαρβαρότης!...

—Ψτ, φίλε..., του λέει κοφτά ο Γιώργης. Άφησε τα φιλάνθρωπα αισθήματα γιατί δε σου πάνε. Έχεις τίποτα άλλο να μας πεις; Λέγε. Και τις φιλανθρωπίες άσ' τες για τις καλόγριες. Για κάτι γράμματα είπες... Τι γράμματα εννοούσες;

—Γράμματα... Επιστολές... Τι άλλο θέλεις να εννοώ; Έχετε λαμβάνειν από ένα ο καθείς. Τώρα όμως έχουμε μιαν άλλη δουλίτσα μαζί. Τα μπογαλάκια με τα τσαμασφύρια σας τα 'χετε έτοιμα;

—Γιατί;

—Θα σας το πω πιο ύστερα. Το τσαντιράκι είναι εντάξει;

—Γιατί;

—Γιατί λέει... Δε βλέπεις τον ουρανό που είναι πιο βρώμικος κι από πατσά;... Θα φέρει πολλή βροχή.

—Η καλοσύνη σου...

—Η καλοσύνη μου; Δεν την είδατε ακόμη την καλοσύνη μου. Κάντε υπομονίτσα ως το βράδυ και θα τη δείτε. Λοιπόν, θα φέρει, όπως είπαμε, βροχή...

—Αυτό το είπες. Άλλο.

—Άλλο; Α, θέλεις κι άλλο; Ε, το άλλο είναι ότι, μιας και θα φέρει βροχή, τι τη θέλετε τη σκηνή όρθια; Μαζέψτε την. Μαζέψτε και τα τσαμασφύρια σας και τσουβαλιάστε τα.

—Φεύγουμε;

—Αμέ... Και αεροπορικώς μάλιστα.

Άρχισαν να τα μαζεύουν. Ο Μελιτζάνας σε μια στιγμή τούς σταματάει.

—Ψτ..., για να μην το ξεχάσω, πάρτε τας επιστολάς σας. Τσεπώστε τες γιατί τώρα δε μας παίρνει η ώρα για διαβάσματα. Αργότερα, μετά το ταξίδι...

Άρχισαν να μυρίζονται κι οι δυο κάτι άσκημο, αλλά δεν μπορούσαν να μαντέψουν τι. Βάλανε τα ρούχα τους στους σάκκους κι άφησαν απέξω τα σκοινιά για το ζαλίκωμα. Κατόπι κατεβάσανε τη σκηνή, τη δέσανε και την ακούμπησαν σε μια πέτρα.

—Έτοιμα; λέει ο Μελιτζάνας.

Του κάνανε κι οι δυο «ναι» με το κεφάλι.

—Εντάξει. Και τώρα ζαλικωθείτε τα!

Τα ζαλικώθηκαν.

—Έτσι. Φίνα και ωραία. Και τώρα να καταλάβετε τις θέσεις σας. Ο ένας εδώ, να, σ' αυτό το αλωνάκι που ζωγράφισα. Κι ο άλλος πλάι σε τούτο το αλωνάκι. Για κοίτα, ρε Χριστούλη μου! Τι βολικά αντράκια είναι τούτα! Λοιπόν, τώρα, παιδιά, αρχινάει το ταξίδι μας με αεροπλανάκι. Μόνο που..., να πάρει ο διάολος, μας λείπουνε τ' αεροπλάνα! Αμ αφήσατε και κανένα να κάνουμε και καμιά συγκοινωνία; Όλα τραβηχτήκανε εκεί πάνου στα βουνά για να κυνηγήσουνε τους συναδέλφους σας τους προδότες. Κι έτσι, για να σας γίνει μάθημα, θα κάνετε εσείς τ' αεροπλανάκια.

Τότε κι οι δυο καταλάβανε. Την είχαν ακουστά αυτή την ποινή. Στην αρχή φαίνεται αθώα σαν παιχνίδι. Σκέφτεσαι ότι ίσως να είναι το επινόημα κάποιας φιλάνθρωπης φαντασίας για να κάνει λίγο απαλότερο το μαρτύριο. Φορτωμένος τα ρούχα σου, στέκεσαι στο 'να πόδι και κρατάς ισορροπία έχοντας τα χέρια ανοιχτά. Αυτό είναι το πρώτο μέρος, το παιχνίδι. Το μαρτύριο αρχινά αργότερα, όταν αποκάμεις και δοκιμάσεις ν' ακουμπήσεις στη γη. Τότε ο σκοπός που στέκεται αντίκρυ σου με το τουφέκι έτοιμο πυροβολεί.

Ο Μελιτζάνας τούς επιθεώρησε λίγο κι ύστερα λέει με ξιπασιά.

—Και τώρα, παιδιά, αρχίζουν τα μεγάλα γυμνάσια. Τραβήξου λίγο δεξότερα, ρε χοντρέ... Έτσι. Είστε όλοι στις θέσεις σας; Προσοχή! Έχτασις των χεριών! Πρίμα. Και τώρα; Στάσις επί ενός πόδι! Μπράβο! Κοίτα τι μεγαλείο αντράκια!... Μπράβο κι άλλη μια!

Τους έστησε εκεί μπροστά του σα λελέκια, γέμισε το τουφέκι του και στρώθηκε ευγενικά να φάει τα σπόρια του φτύνοντας τα φλούδια κατά πάνω τους. Από καιρό σε καιρό σήκωνε το παγούρι του και ποτιζόταν γλυκά και με γλουγλουκίσματα. Στην αρχή αυτό δεν τους πείραζε. Μα σαν άρχισε να τους θερίζει η δίψα, έγινε σωστό μαρτύριο. Δε δοκίμασαν να πατήσουν. Μόνο σε μια στιγμή που έχασε ο Παναής την ισορροπία του μια σφαίρα πέρασε σφυρίζοντας μέσα απ' τα σκέλια του.

Είσαι ένα θύμα της δίψας... Καταπίνεις το σάλιο σου και λες: θα το αντέξω. Σε λύνει λίγον λίγον η κούραση. Σφίγγεις τα δόντια σου και λες: θα το παλέψω κι αυτό. Κείνο που δεν αντέχεται και δεν παλεύεται είναι αυτό το λειώσιμο, το σιγαλό κουρέλιασμα του εαυτού σου μπρος στα μάτια του. Η φριχτή παντομίμα που σε βάζουν να παίξεις... Αυτό το αργό κατρακύλισμα της αντρικής σου περηφάνειας. Όλα όσα σε κάνουν μόνο να πονάς τ' αντέχεις. Ο πόνος εντοπίζεται στο μέρος που τρέχει το αίμα. Τα γνώριζαν αυτά τα μαρτύρια. Τα δοκίμασαν και τα άντεξαν. Τις πέτρες, τους υποκόπανους, τα ρόπαλα. Το κορμί τους έπασχε ολάκερο. Μα η ψυχή τους έμεινε άτρωτη. Τούτο τώρα είναι απ' τ' αβάσταχτα.

Αυτά τα κουτσά πουλιά που στήριζαν στο 'να πόδι τον πιο βαρύ εαυτό τους... αυτά τα μαδημένα πουλιά που τους φόρτωσαν τα φτερά τους στην πλάτη... σκέφτηκαν... σκέφτηκαν... και αποφάσισαν. Άλλος τρόπος απ' την επιμονή —για να νικήσουν τον εξευτελισμό— δεν υπήρχε. Πρέπει να νικήσουν κι αυτό τον εχθρό... Τον εχθρό αυτό που δε σε σκοτώνει, δε σε ματώνει, δε σε τρομάζει... Μα που προσπαθεί να σε κάνει μικρότερο...

Γιατί —απ' την αρχή κιόλας— δεν είπαν «όχι»; Γιατί δέχτηκαν να παίξουν αυτόν το ρόλο του ντροπιασμένου πουλιού; Κι αν έλεγαν «όχι», τι θα γινόταν; Κι αν ξαφνικά άφηναν την παντομίμα και πατούσαν και στα δυο τα πόδια, τι θα συνέβαινε; Το ήξεραν. Η εκτέλεση. Μα... μήπως όμως η εκτέλεση αυτή δεν έμοιαζε λιγάκι με αυτοκτονία; Ναι, έτσι ήταν.

Ήρθε το μεσημέρι. Ο Μελιτζάνας τέλειωσε τα σπόρια του κι άρχισε να σφυρίζει. Ύστερα βαρέθηκε και το σφύριγμα κι έπαιζε με το κορδόνι της αρβύλας του κομπολόι... Θεέ μου, τι ρηχό πράμα που είναι η ζωή για έναν μικρό δήμιο!...

Τα «πουλιά» στο μεταξύ είχαν πήξει στο πόδι τους. Μούδιασαν.

Ένα μπουλούκι «τζίνια», περνώντας για να πάνε προς νερού τους, τους είδαν και τους πήραν με τις πέτρες.

—Για κοιτάτε ρε..., λέει ένας. Έχετε ξαναδεί άλλη φορά λελέκι με μουστάκια;

—Μουστάκια είναι; Φα τα του του κερατά!

Έκαναν να χυμήξουν με αλαλητά κατά πάνω τους. Τότε ο Μελιτζάνας πετάχτηκε ορθός και πασπατεύοντας το κινητό ουραίο μπήκε μπροστά τους.

—Πίσω ρε! ξεφωνίζει άγρια. Πίσω όλοι γιατί τραβώ! Όποιος σαλέψει και ένα βήμα, θα του την ανάψω. Να μου απαυτωθεί η μάνα αν δεν το κάνω!

Σάστισαν τα «τζίνια». Τους ήρθε συμφόρηση. Τι έλεγε αυτός εκεί; Ήταν με τα σωστά του ή την πάτησε και κόλλησε προδοσία; Να τραβήξει, λέει, γιατί πήγαν να παίξουν με τους προδότες; Και τι αξία έχει ρε ένα προδοτικό μουστάκι;

—Δηλαδή, για στάσου... γιατί δεν κατάλαβα καλά, λέει ένας τσιμπλιάρης. Δηλαδή, στα σοβαρά, ρε Στελάρα, πας να τους πάρεις απ' τα χέρια μας;

Τότε ο Μελιτζάνας σήκωσε ψηλά τη φωνή του.

—Και τι έχουν τα χέρια μου εμένα, ρε Τσίμπλη, κουλαμάρα; Ε;... Δεν έχω, δηλαδής, ψυχή εγώ που θέλει να γουστάρει; Να τους αφήσω λέει. Έχει η μάνα σας κι άλλους εξυπνάκηδες ρε σαν και σας; Γιατί τα ετοίμασα και τα 'στησα έτσι τούτα τα ψιμάρνια; Για νά 'ρθεις εσύ ο εξυπνάκιας και νά βρεις έτοιμο φαΐ; Αμ δε σφάξανε, αγόρι μου!... Ρε σεις! Ολόκληρο πρώτο ξαδέρφι μου μου φάγανε τούτοι δω κι ακόμα δεν πήρα το αίμα του πίσω, και θα τους δώκω τώρα σε σας; Γιατί δεν κάνετε δική σας δουλειά ρε μόνο τρέχετε στα ετοιματζίδικα; Ε;... Σας έρχεται πιο βολικά, ε; Εμ δε σφάξανε!... Πρώτα θα γουστάρω εγώ, κι αν περισσέψει και τίποτα... αλλάζει. Λοιπόν, και τώρα στρι! Κι αν καμιά μέρα έρθω και σου ζητήσω ψιμάρνι εσένα, ρε Τσίμπλη, ε, αδερφέ μου, μη μου δίνεις... Τι να γίνει, δε θα πεθάνουμε. Λοιπόν, παιδιά, τραβάτε ν' αδειάσετε τις φλάσκες σας εκεί που πηγαίνατε κι αφήστε τον καθένα να κουμαντάρει τη «δουλειά» του κατά πώς του κάνει κέφι. Έτσι; Λοιπόν, καλοβράδυ...

Δεν είχαν κάνει ούτε δέκα βήματα κι ο Μελιτζάνας άρχισε να πυροβολάει μες στα σκέλια και των δυονών βρίζοντάς τους μαζί με τα βρωμερότερα επίθετα.

—Κοίτα τον... ο πούστης... μονάχος του χαίρεται, έκανε με ζήλεια ο Τσίμπλης κι έφτυσε μακριά.

—Υπομονή, ρε Τσιμπλόπουλε, θά 'ρθει κι η σειρά μας, τον παρηγόρησε ένας της παρέας και τραβήξανε όλοι μαζί κατά το γιαλό.

Ο Μελιτζάνας, σαν ξεθύμανε, κάθισε λίγο να ξεκουραστεί και κατόπι πήρε ένα ερωτικό λιανοτράγουδο:

Η μάνα σου κι η μάνα μου στ' αλώνια κουβεντιάζαν.
Ωωωωχχ, στ' αλώνια κουβεντιάζαν.
Πουλί μου, λέω, στ' αλώνια κουβεντιάζαν.

Απ' την παραλία ένας ξέκοψε απ' την παρέα κι ερχότανε κατά κει. Ερχότανε καπνίζοντας κι έχοντας άλλο ένα τσιγάρο περασμένο στ' αυτί. Ο Μελιτζάνας χόλιασε που του κόψανε το τραγούδι του στη μέση.

—Ψτ..., φωνάζει από μακριά σε κείνον που 'ρχότανε. Αν έρχεσαι για γουστάρισμα, στρίβε από τώρα για να μην κάνεις και τον κόπο.

—Ουουφφ, πολύ τσαντίλας έγινες, μωρέ Κουτρούμπα. Βάστα ντε να δεις πρώτα τι θέλω.

—Όχι, σ' το λέω για να 'μαστε εξηγημένοι απ' την αρχή... Για να μη μου λες κατόπι ότι σ' άφησα να κάνεις τόσο κόπο ν' ανεβείς τον ανήφορο... Εξηγηθήκαμε; Φίνα. Τώρα έλα. Τι θέλεις;

—Στάσου ντε πρώτα να ξανασάνω. Πάρε τσιγαράκι.

Έβγαλε απ' τ' αυτί του κείνο που κρατούσε για ρεζέρβα και του το 'δωσε. Ύστερα πλησίασε το δικό του ως το στόμα του, στηρίζοντάς το με το μικρό του δαχτυλάκι, και του τ' άναψε.

—Λέγε.

—Άκου, Κουτρούμπα, στη συναδερφική μας τιμή σου μιλώ. Είμαι χαρμανιασμένος τόσο πολύ, που μου 'ρχεται να πέσω στη θάλασσα. Μπορείς να μου ξηγηθείς μια σταλίτσα; Να... ως την άκρη του νυχιού. Ένα πρεζάκι μικρό για πουλί. Θα κάνω καμιά τρέλλα και δε θέλω. Έχω και το κορίτσι που με περιμένει το φουκαριάρικο. Μ' εννοείς; Κι είναι κρίμα, δεν κάνει. Με εννοείς;

—Σ' εμένα ρε πας να πουλήσεις φύκια για μεταξωτές κορδέλλες; Σιγά να μην έχεις και κορίτσι...

—Άιντεεε!... Ε, τι; Τον παπά τώρα θα παίξουμε συναμεταξύ μας; Δε σου 'κανα ποτές κουβέντα για τη Νίτσα; Δουλεύει σε φίνο «σπίτι» της μαντάμ Φεβρωνίας, πρώτης τάξεως σπίτι, αριστοκρατικό, εκατό δραχμούλες η βίζιτα. Εμ... τι διάολο, σε παρακατιανές θα πηγαίναμε να πέσουμε! Να, κοίτα δω. Πήρα και γράμμα της. Με ρωτάει πότε θα πάρω άδεια, λέει, να πάω να τα σπάσουμε. Λαχτάρησε, λέει, να τα σπάσει μαζί μου.

—Τρίχες...

—Δε με πιστεύεις;

—Με τέτοια παστρικιά ρε πήγες και τα 'μπλεξες; Αυτή έχει δέκα στην καθισιά της.

—Γιατί εσύ, δηλαδή, τα 'μπλεξες με καλύτερη;

—Εγώ θα ντρεπόμουνα ρε και να το πω. Μια χαμούρα κει... ας είναι και του κατοστάρικου.

—Γιατί εσύ έχεις του πεντακοσάρικου;

—Δεν καταδέχομαι να 'χω ούτε του χιλιάρικου. Εγώ έχω κορίτσι... ρε, κορίτσι αληθινό. Όχι από «σπίτι». Έχω κορίτσι από οικογένεια. Φίνο και ωραίο, και πρώτο στη μόρφωση.

—Και πήγε και διάλεξε εσένα; Δε μου λες... μήπως είναι κορίτσι του Φρενοκομείου; Κάτι τέτοιες την παθαίνουνε πιο εύκολα την πετριά. Ή από Φρενοκομείο είναι ή από Στραβοκομείο. Αλλοιώτικα θα 'παιρνε δρόμο.

—Μη με κάνεις τώρα να σου δείξω και το γράμμα της.

—Να μου το δείξεις. Εγώ είδες; Σ' το 'δειξα. Όποιος έχει γράμμα, το δείχνει.

—Δεν είναι για τα μούτρα σου.

—Τότε λες μπαρούφες. Αν έχεις στα σωστά σου τέτοιο κορίτσι, δείξε μου το γράμμα να σε πιστέψω. Αλλοιώς είσαι κοτσάνας και μας γιομίζεις αλογόμυγες.

—Θα με κάνει ο πούστης να το μαγαρίσω και να του το δείξω! Κι είναι κι άπλυτος ο πούστης... Βρωμάνε τα χέρια του σκατίλας απ' τ' αποχωρητήριο.

—Όλα αυτά τα λούσα τα κάνεις γιατί δεν έχεις ούτε ψηφί γράμμα, από καμιά.

—Έτσι; Ε να, φτ, για κοίτα. Τ' είν' αυτό; Ε; Θέλεις να σου διαβάσω κιόλα; Άκου. Μα αλάργα τα βρωμόχερά σου. Μόνο βλέπε και άκου. Χέρι μην απλώνεις γιατί θα μου το μαγαρίσεις και το 'χω για κόνισμα. Αλάργα!

—Θ' αφήσεις τις πάρλες καμιά φορά να διαβάσεις;

—Τις άφησα. Και τώρα άκου.

Ο Μελιτζάνας έσκυψε πάνω στο χαρτί τη μελιτζανιά του μύτη κι άρχισε να διαβάζει συρτά και ξιπασμένα:

—«Αγαπημένε μου... Μετρώ τις μέρες μου με αϋπνίες. Απ' τη μέρα που λείπεις, σκοτείνιασε το σπίτι μας. Όλοι με ρωτούν: Τι έγινε ο ήλιος της γειτονιάς μας;...».

Μέσα απ' τα βρώμικα δόντια του πρεζάκια χύμηξαν σε μια στιγμή τέτοιες αγριοφωνάρες, που βγήκαν όλοι απ' τις σκηνές τους.

—Εεεεε! Ρε σεις!! Παιδιά!! Αμοληθείτε γλήγορα για τρελλογιατρό! Γλήγορα! Ο Κουτρούμπας την φώνισε κι έγινε ή λ ι ο ς τ η ς γ ε ι τ ο ν ι ά ς της... Γλήγορα γιατί τονε χάνουμε! Ρε τώρα το κατάλαβα γιατί τον λένε «τρελλάρα». Αμοληθείτε ρε!... Πάει, χάθηκε.

Ο Μελιτζάνας άσπρισε. Αφήνει το γράμμα και πιάνει τον άλλο απ' το σβέρκο.

—Παληοπούστη!... του λέει με κατακόκκινα απ' τη λύσσα μάτια. Ίσαμε τώρα έδερνα άλλους που δε μου 'φταιξαν. Τώρα ήρθε η ώρα να κοπανήσω κι ένα ρεμάλι. Ποιονε πας να δουλέψεις φιλό γαζί, ρε ρεμάλι; Ε;... Εμένα; Και το μέτρησες καλά; Ε;... Τώρα θα σε καθαρίσω, ρε πούστη, για να λέω ότι έκανα και μια καλή πράξη στη ζωή μου.

Και όρμησε κατά πάνω του, μα ο άλλος είχε κάνει φτερά.

Η φούρκα όμως του Μελιτζάνα ήταν τέτοια, που του 'ρχότανε να φάει τις πέτρες. Κάποια στιγμή τα μάτια του παίρνουν τους δυο τιμωρημένους.

—Πούστηδες!... Εσείς τα φταίτε όλα!... λέει γεμάτος λύσσα και άρχισε να πυροβολεί ξανά μες στα σκέλια τους.

Έριξε, έριξε, κι ύστερα ξάπλωσε κάτω κι άρχισε να μασάει κάτι τσιγάρα. Κατόπι αποκοιμήθηκε, βογγώντας και φτύνοντας. Ύστερα άρχισε να ροχαλίζει.

Ροχάλισε... ροχάλισε ως καμιά ώρα. Ο ύπνος του ήταν βροντερός, μα δυστυχισμένος. Κοιμόταν σα να παραπονιόταν κρυφά, σα να 'βριζε, ένας διάβολος ξέρει τι. Μπορεί ούτε και κείνος. Κάποια στιγμή ξύπνησε, σφουγγίστηκε απ' τα σάλια του, τους κοίταξε κατσούφικα.

—Τι κάνετε εκεί ρε; τους λέει πρόστυχα. Τ' «αεροπλανάκι» παριστάνετε, ρε πούστηδες; Βρε σεις! Γίνεται μωρέ ποτέ ο άνθρωπος αεροπλάνο; Το λοιπόν, τι κάνετε; Για να με τσαντίσετε; Ε, να κι εγώ!...

Έριξε ξανά καναδυό ανάμεσα στα σκέλια τους.

—Ο άνθρωπος που θα τσαντίσει τον Κουτρούμπα δε γεννήθηκε ακόμη. Μπήκατε; Το λοιπόν, μόκο γιατί θέλω να ξανακοιμηθώ.

Ξάπλωσε κι άρχισε να ροχαλίζει πιο βαριά, πιο παραπονιάρικα... σχεδόν υβριστικά. Κακόμοιρε Κουτρούμπα! Ποιος ξέρει τι πρωτογέννητα, τι άγνωστα συναισθήματα παλεύανε για πρώτη φορά μέσα του.

ΚΕΦΑΛΑΙΟ ΤΡΙΤΟ

ΟΤΑΝ Ο ΑΝΘΡΩΠΟΣ υποχρεωθεί να γίνει αεροπλάνο, είναι πολύ δυστυχισμένο αεροπλάνο. Το μόνο δυστυχισμένο αεροπλάνο του κόσμου. Γιατί είναι ένα αεροπλάνο που δεν πετά, μα μαζί και που σκέφτεται. Κι ο πόνος είναι μια ιδιότητα που την έχουν τα πλάσματα που σκέφτονται. Κι οι δυο είχαν τα μάτια τους κλειστά. Σίγουρα στο σταυρό θα υποφέρουν πιο λίγο γιατί ζουν λιγότερο. Να τι δεν είχαν υπολογίσει. Το μάκρος. Στην αρχή η σκέψη είναι ολοκάθαρη. Ύστερα αρχίζει ένα βασανιστικό, πικρό μεθύσι. Οι αρχαίες κολόνες του ναού του Σουνίου, που στην αρχή διακρίνουνταν κάτασπρες, σιγά σιγά μαύριζαν, ώσπου χάθηκαν. Μόνη πια παρηγοριά μένουν τα σύννεφα που κουλουριάζονται, μαυρίζουν και κατρακυλούν... Σα μια ελπίδα καταστροφής, όπου όλα τελειώνουν, όλα... ακόμα και τα μαρτύρια.

Μα ως και τα σύννεφα είναι τούτη τη μέρα προδοτικά. Μια αραιώνουν και μια πυκνώνουν. Εκεί που ξεκινούν για την Αττική, αλλάζουν ξάφνου πορεία και πάνε για το Αιγαίο. Να, τώρα πέρασαν πάνω από μια ολόασπρη έπαυλη της αντικρινής πλαγιάς. Είναι κάτασπρη, ζωσμένη από ένα μικρό ολοπράσινο κήπο. Είναι το μόνο θαλερό τοπίο της περιοχής, γιατί όλα τ' άλλα είναι πνιγμένα απ' τη σκόνη των μεταλλείων. Λένε πως δεν είναι σπίτι, πως είναι το μοναχικό καταφύγιο κάποιας απελπισμένης. Μιας κόρης που τη ρήμαξε ο έρωτας κάποιου άπιστου. Ποιος ξέρει... Μπορεί όλα αυτά να είναι καμώματα της φαντασίας. Το μυαλό, άμα δεν έχει με τι ν' ασχοληθεί, φκιάνει παραμύθια...

Ο Μελιτζάνας ξαναξύπνησε. Τανύστηκε, πλύθηκε, ήπιε απ' το παγούρι του νερό, άναψε τσιγάρο και ξανάγινε ευτυχισμένος. Ύστερα άρχισε να πειράζει τα θύματά του.

—Χμ... ξέρω τώρα τι θα λέτε κι οι δυο από μέσα σας. «Ο Κουτρούμπας δεν αξίζει δυάρα. Τρεις φορές τράβηξε κατά πάνω μας και βάρεσε μυρωμένο αεράκι». Έτσι δε λέτε; Ρε σεις! Θέλετε να μάθετε το μυστικό; Στη σκοποβολία πήρα άριστα. Άμα θέλω να σας πετύχω, μπορώ να σας κάνω κόσκινο με κλειστά μάτια. Αλλά δεν το κάνω ένεκα που δε συμφέρει... Ο κύριος Γκουντάς έχει τη γνώμη ότι μπορεί να σας σ π ά σ ε ι. Κουταμάρα του... Να ο λόγος που δε σας καθαρίζει. Σας φυλάει για να πάρει βραβείο. Με τον καπετάνιο τα βρήκε, βλέπεις, μπαστούνια. Δε λυγάει ο πούστης, μ' όσα κι αν του κάνανε. Ένα ξάμηνο τον παλεύει ο Γκουντάς. Ε, λοιπόν, είδανε κι είδανε τα μάτια μου σ τ ε ί ρ ο ν π ε ί σ μ α, που λένε, αλλά σαν του κερατόπιστου του καπετάνιου ποτές. Τις προάλλες τον ράψανε μέσα σ' ένα τσουβάλι με γατιά και τον πετάξανε στη θάλασσα. Τι θα κάνει; Θα πετσοκοπεί απ' τα γατιά, θα μισερευτεί και θα σπάσει. Καλωσορίσατε. Τα γατιά τα βγάλανε τουμπανιασμένα. Κείνος βγήκε σώον και αβλαβές. Έμαθε, ως φαίνεται, ο ρουφιάνος και μιλάει και γατίσια! Αλλά πού θα πάει; Τον ψένει τώρα κι ο πυρετός. Θα κρατήσει... θα κρατήσει..., θα σπάσει. Έτσι δεν είναι; Εγώ λέω ναι. Είναι έτσι. Ψτ, εμένα ακούτε, παιδιά... Άδικα τα σφίγγετε τα λουριά. Δε βγαίνει τίποτις. Άμα τελειώσει το αεροπλανάκι, θα βρεθεί κάτι άλλο. Όρεξη μονάχα να 'χετε. Μα ένα πράμα πρέπει να σας βγει απ' το νου. Δεν τη σκαπουλάρετε. Σβήστε το, παιδιά, αυτό. Ξέρω τι λέτε με το νου σας: «Πόσο θα βαστάξει η υποδικία; Πέντε μήνες; Έξη μήνες; Θα μας πάνε κάποτες στο δικαστήριο και θα μας τουφεκίσουνε καθαρούς». Αμ δε! Αν δε σπάσετε, παιδιά, δεν έχει δίκη. Γι' αυτό σας κρατάνε και δε σας δικάζουνε. Γιατί σας θέλουνε μπροστά τους σπασμένους. Αλλά εγώ σας λέω ότι κρατήσατε... και τη βγάλατε ως το τέλος στεγνή. Ποιο το όφελος; Θα σας φάνε στο Στρατοδικείο. Γιατί όσους κρατάνε το στείρον πείσμα τους και δε λυγάνε τους ρίχνουνε αράδα. Γιόμισε το σκοπευτήριο φτώματα. Βρε παιδιά, θα σας φάνε που θα σας φάνε... τι σημασία έχει αν είσαστε σπασμένοι ή άσπαστοι; Μια άχρηστη ιδέα είναι κι αυτή. Σάματις αν πάτε άσπαστοι, θα πει ο χάρος «βρε, τα παιδιά ήρταν άσπαστα, στείλτε τα πίσω»; Κουραφέξαλα. Ή μήπως θα πάτε με καμιά ταμπελίτσα που να λέει: «Σκουληκάκια, μη μας τρώτε, είμαστε άσπαστοι». Μπούρδες. Βάλτε, βρε παιδιά, από μια υπογραφούλα να γλυτώσετε το πεπόνι σας. Μπορεί να 'χετε και κορίτσια όξω —να, όπως καλή ώρα εγώ—, θέλετε να σας σουρμαλάνε ο ένας κι ο άλλος; Εδώ για μια τιμή και για μια υπόληψις ζει ο άλλος. Άμα μου τσαλακώσουνε το κορίτσι μου, να την κατουρήσω εγώ την Ιδέα, και το «στείρον το πείσμα» της. Φάε στείρον πείσμα να χορτάσεις... Ο άλλος τρώει αγκαλίτσα με το κορίτσι σου. Να, σε τέτοια άτιμη βρωμοκοινωνία ζούμε. Εγώ έχω καλή ψυχή. Να μου ανασκελωθεί η μάνα αν σας λέω ψέματα. Απ' τα ψες το βράδυ ο Γκουντάς με διάταξε να σας διαβάσω ένα άσκημο μαντάτο απ' την εφημερίδα που σας αναφορά, αλλά δεν το κάνω. Η βρωμοφυλλάδα το λέει καθαρά. Πικρό σαν κινίνο είναι το μαντάτο. Αλλά δε μου πάει η καρδιά. Αλλά πού θα πάει; Θέλετε —όχι, βρε παιδιά, να μου πείτε—, θέλετε, δηλαδής, να χαλάσω το «μητρώον» μου, που λένε; Γι' αυτό κι εγώ θα σας το διαβάσω κι ό,τι βρέξει ας κατεβάσει. Και να μη σας το πω εγώ, θα στείλει αύριο άλλονε. Δε μου λες, ρε Καρυστινέ... Αφροδίτη Μπατζάκα δεν τη λένε την αδερφή σου; Ρε θα σ' αντεροκόψω! Δε χάνω τη θέση μου για πονοψυχιές και άλλα τέτοια λούσα! Ας υπόγραφες, παληορουφιάνε, να μην τα τραβούσες όλα αυτά. Το λοιπόν, Καρυστινέ, ζωή σε λόγου σου και μη χειρότερα. Την αδερφή σου τη ρίξανε χτες. (Ο Γιώργης έχασε για μια στιγμή την ισορροπία του...) Στάσου ίσια! Σε ξαπλώνω, παληορουφιάνε, κάτω ώσπου να πεις φασούλι!

Άρπαξε το τουφέκι του και άρχισε ξανά να πυροβολεί.

Απ' την παρακάτω σκηνή ένας λοχίας έβγαλε το κεφάλι του.

—Ρε Κουτρούμπα, του λέει στρυφνά, θα σταματήσεις καμιά φορά τις «άσκοπες βολές» για να τον πάρουμε και λίγο;

—Μου σωθήκανε τα τσιγάρα, κυρ λοχία. Τι θες να κάνω κι εγώ ο φουκαράς;

—Μίλα να σου δώσουνε. Τι βαράς έτσι στο γάμο του Καραγκιόζη;

—Είναι, γλέπεις, που δεν μπόραγα να τους παρατήσω. Κατάλαβες;

—Στάσου να βάλω τη σκελέα μου να σου φέρω εγώ.

—Έλα ντε που μπάφιασα...

Ο Μελιτζάνας γύρισε κατά τα θύματά του.

—Καλό παιδί ο λοχίας. Μόνο που έχασε τον προβιβασμό του. Τον κατηγοράνε για μαλακοσύνες και τα τέτοια. Βρέθηκαν κάτι ρεμάλια και του βάλανε τέτοιες φυτιλιές και τώρα κοντεύει να χάσει το παιδί το μέλλον του. Γι' αυτό κι αυτός αποδώ και πέρα αποφάσισε ν' αλλάξει φύλο. Και βέβαια... Δεν είναι βιολί αυτό, αδερφέ μου. Δεν είναι ότι χάνεις μοναχά το μέλλον σου. Μπορεί να 'χεις και σοβαρότερα τραβήγματα, «συνεργάτης» που λένε και τα λοιπά. Βρε κράτα χαραχτήρα. Δούλευε το «σκληρό» σου για να τη βγάλεις και καθαρή. Να τος, έρχεται...

Ο λοχίας ήταν ένας λιγόσωμος, μετρημένος άνθρωπος που ήταν ν' απορείς πώς βρέθηκε στον Ουλαμό των Δημίων. Γιατί κι ο τελευταίος εδώ στη ΣΦΑ είχε κάποιο ματοβαμμένο παρελθόν. Άλλος πολιτικό και άλλος ποινικό. Αλλά είχε κι αυτός ο λοχίας κάποιο πιστοποιητικό. Πρώτα πρώτα είχε πολιτικό φανατισμό. Κι έπειτα είχε αδερφό «βιαίως απαχθέντα». Αυτό το «απαχθέντα» το 'λεγε μονάχα στον εαυτό του, γιατί στους άλλους έλεγε «αγρίως κατακρεουργηθέντα». Μα ωστόσο δεν αποφάσιζε να... πάρει πίσω το αίμα του αδερφού του, γι' αυτό τον είχαν για ξύσιμο, όπως έλεγαν όλοι.

Πλησίασε κοντά με κάποια χλωμάδα κι ένα είδος ταραχής, μα καμωνότανε τον ξένοιαστο.

—Τα λελέκια παριστάνουνε; ρωτά τον Κουτρούμπα.

—Αεροπλανάκι... Αλλά δε θα πιάσει. Ξέρω γω κόλπα ένα κι ένα, αλλά δεν τα φανερώνω γιατί θα μου τα κλέψουνε. Μου 'φερες τσιγάρο;

—Τσιγάρο; Τσιγάρα... Να, πάρ' το όλο το πακέττο. Και... τι λένε του λόγου τους γι' αυτά που τους κάνεις;

—Τίποτις. Δεν τους βλέπεις; Παρασταίνουνε τα αγάλματα. Αχ ρε και να μπορούσα να 'βαζα μπρος τα συστήματά μου!

—Βάλ' τα. Τι κάθεσαι;

—Θα μου τα κλέψουνε.

Διάλεξε ένα τσιγάρο σφιχτό, το χτύπησε στην μπαλάσκα και τ' άναψε.

Ο λοχίας άναψε κι αυτός και κατόπι τον φώναξε παράμερα.

—Έλα κάτι που σε θέλω..., του είπε και του 'κανε νόημα να τον ακολουθήσει πιο πέρα.

—Διαταγάς, λέει ο Κουτρούμπας, που άρχισαν να τον τσιμπούνε κάτι ψύλλοι.

—Ξέρεις..., του λέει ο λοχίας. Σε βγάζουνε στην αναφορά. Κάτι πήγες να του κάνεις, λέει, κεινού του πρεζάκια.

—Μ' έθιξε στην τιμή μου.

—Καλά αυτό... Μα αυτός επιμένει πως είπες και κάτι άλλο. Αν, φουκαρά μου, στ' αλήθεια το είπες αυτό... δεν ξέρω, μα μου φαίνεται πως την έχεις πολύ άσκημα. Είπες, λέει, μια φράση...

—Μπαρντόν, κυρ λοχία... Τι φράσις; Μπορώ να μάθω;

—Λέει πως είπες πως ίσαμε τώρα έδερνες άδικα ή κάτι τέτοιο... Το 'πες ή όχι;

—Μάρτυρες έχει;

—Όχι.

—Άσ' τον να κουρεύεται...

—Ναι, αλλά αυτός προτείνει εμένα. Επιμένει δε ότι κανονικά έπρεπε να σ' ακούσω γιατί η σκηνή μου είναι πολύ κοντά, πλάι. Κατάλαβες;

—Ε... μ' άκουσες;

—Όχι. Αλλά κανονικά έπρεπε να σ' ακούσω... Κατάλαβες;

—Θα πας, λοιπόν, για ψευτομάρτυρας;

—Θα το σκεφτώ.

—Δραμάκι δε με νοιάζει, κυρ λοχία. Τα 'χω στοίβα τα πιστοποιητικά. Μόνο εσένα λυπάμαι που θα πεις ψέματα.

—Δε θα πω ψέματα, Κουτρούμπα... Σ' άκουσα... Κατάλαβες;

—Ωχ...

—Αν μου ζητήσουν να ορκιστώ στο λόγο της στρατιωτικής μου τιμής, είμαι υποχρεωμένος... Κατάλαβες, Κουτρούμπα;

Ο Μελιτζάνας πέταξε κάτω το τσιγάρο του και το πάτησε σβουριχτά.

—Εντάξει..., είπε. Θα περάσω απ' την αναφορά... Θα φάω όσες είναι να φάω. Και κατόπι θα βγω κανονικά έξω και θα τον καθαρίσω.

Ήταν ήσυχος... Με ήρεμη τη συνείδηση.

—Της φυλακής τα σίδερα, κυρ λοχία, είναι για τους λεβέντες. Να σου πω, μούχλιασα εδώ. Γουστάρισα λίγη μπουζού. Σ' ευχαριστώ για τα τσιγάρα, κυρ λοχία. Φίνος καπνός.

Είχε πάρει την απόφαση και ξαναβρήκε ολάκερο το κέφι του. Η ιδέα ότι θα ξαναγύριζε στη φυλακή —αποκεί που τον πήραν με χίλιες υποσχέσεις για να τον κάνουν στρατιώτη «περιορισμένης και ειδικής κατηγορίας» (δήμιο, δηλαδή)— τον γέμισε μεράκι. Θα ξανάβρισκε πάλι τα παιδιά... να τη βγάζουν άλλος ισόβια και άλλος πρόσκαιρα..., θ' άρχιζε η παληά ζωή, με τραγούδια και φουμαρίσματα (ρουφ και πουφ).

—Φίνα! λέει δυνατά. Ακούσατε, παιδιά; Φίνα και εξαιρετικά!

Κατόπι ξαπλώνει ανάσκελα και ετοιμάζεται να πάρει ένα τραγούδι του σεβντά, αλλά τα βήματα του λοχία τού χαλάσανε ξανά το χουζούρι.

—Τι 'ναι, κυρ λοχία;

—Έλα πάλι λιγάκι κατά δω, του κάνει.

—Ουουουφ... ούτε και να ξαπλάρει κανείς δεν μπορεί σ' αυτό τον ντουνιά. Ήρθα. Σ' ακούω... Λέγε.

—Άκου, του λέει ο λοχίας κρύα και κοφτά. Τότε με τον πρεζάκια τ' άκουσα όλα. Άκουσες; Δεν πήγαινα με σκοπό. Μα δυστυχώς τ' άκουσα όλα.

—Ουουουφ! Τα ίδια θα λέμε όλο; Αυτό τ' άκουσα. Μου το ξανάπες.

—Δε σου ξανάπα όμως το άλλο. Ότι σου 'χω μαζωμένα τόσα, που μόνο με το τουφέκι ξεπλένονται. Είσαι ύποπτος, Κουτρούμπα. Σοβαρά ύποπτος.

—Εντάξει. Τράβα, λοιπόν, να με κάψεις να γλυτώσω. Τι κάθεσαι; Μου πέρασε πια το μεράκι εδώ, κατάλαβες; Οι άλλοι γουστάρουνε ακόμη. Εγώ μπεζέρντισα. Μπήκες;

Ο λοχίας ούτε τον άκουε.

—Αυτά ήθελα να σου πω, του κάνει ξανά συνεχίζοντας το δικό του. Κι ακόμα και τούτο δω: Ότι δε θα πω τίποτα. Αν σε βγάλουνε στην αναφορά, θα τον πατήσω τον πρεζάκια σα σκουλήκι. Στη ζωή μου, σου λέω. Στην ψυχή της μάνας μου! Θα τον πατήσω τον κερατά σα σκουλήκι!

Ο Μελιτζάνας έξυνε συνέχεια το τσουλούφι του.

—Καλά όλα αυτά, κυρ λοχία, μα ήθελα να ξέρω ένα πράμα. Δε φοβάσαι μην πάω και τα ξεράσω όλα;

—Όχι.

—Με περνάς, δηλαδή, για τόσο τίμιο καθοίκι;

—Καθόλου.

—Έτσι μπράβο! Τώρα συνεννοηθήκαμε. Και τότε γιατί; Δε με φοβάσαι;

—Σε κρατώ γερά, Κουτρούμπα. Σε κρατώ σαν το μουλάρι απ' το καπίστρι. Ένα τόσο δα «κιχ» να κάνω, σ' έφαγε το σκοτάδι.

—Τότε είμαστε πάτσι.

—Γεια σου.

—Γεια χαρά...

Ξαναγύρισε στην κοτρώνα του. Μα κάτι δεν τον βόλευε. Έψαξε στο χαλασμένο του μυαλό κάμποσο. Δεν μπορούσε να το βρει. Νόμιζε πως τον πείραζε η πέτρα και μετατοπίστηκε. Ξαπλάρισε λίγο... Μα ξανασηκώθηκε. Άρχισε να κοιτάζει επίμονα τους δυο τιμωρημένους. «Κάτι τους λείπει...» είπε μέσα του. Μα τι στο διάλο είν' αυτό που τους λείπει; Για βάστα... Μάλιστα. Αυτό θα είναι.

—Για σταθείτε ρε..., τους λέει. Για να σας δω καλύτερα... Αυτό είναι. Τα βρίσκετε πολύ ελαφριά τα τσαμασφύρια σας, ε; Να σας τα βαρύνω, ξεφτέρια μου. Γι' αυτό χολοσκάτε; Γι' αυτό είμαι γω εδώ.

Πήρε από μια κοτρώνα και τους φόρτωσε από μια στη ράχη του καθενός. Ύστερα ξαναξάπλωσε ξαλαφρωμένος και πήρε το παληό του τραγούδι.

Ωωωωχ..., η μάνα σου κι η μάνα μου
στ' αλώνια κουβεντιάζαν.
Εσένα λέω — στ' αλώνια κουβεντιάζαν.
Ναι, κουκλί μου — στ' αλώνια κουβεντιάζαν.

—Στο μαγερείο ετοιμάζουνε φασόλια με κρέας. Όποιος υπογράψει, τρώει δυο μεριδούλες στην καθισιά του και πίνει κι ένα κατοσταράκι.

Θε μου, να λέγαν για τα μας να μας αρραβωνιάζαν.
Ωωωωχχ, να μας αρρεβωνιάζαν.
Πουλί μου, λέω — να μας αρρεβωνιάζαν.

—Την πατικώνεις καλά καλά. Πίνεις και το κρασάκι σου —α, έχει και μπακλαβά— και αύριο ιλίαν πρωίν αφήνομεν υγείαν. Το καϊκάκι γι' αυτό περιμένει.

Ωωωωωχ, πουλί μου, λέω — να μας αρρεβωνιάζαν.
Ναι, καλό μου — να μας αρρεβωνιάζαν.

—Όποιος πατάει πόδι και επιμένει στο στείρον του πείσμα, σκάβει μονάχος το μνήμα του. Αποδώ χωρίς ήμαρτον δε φεύγεις ούτε πεθαμένος. Θα σε παραχώσουνε εδώ. Εμένα ρωτάτε που τα ξεκόλλησα.

Ναι, μωρό μου... Να μας αρρεβωνιάζαν.

Οι γλάροι του βράχου είδαν από μακριά τα παράξενα κείνα ομοιώματά τους και πέσανε σε φρίκη. «Θεέ μου, σ' ευχαριστούμε που δε μας έκανες ανθρώπους... που μας έκανες αυτά τα κοκαλιάρικα, τα άσκημα κι ελεύθερα πουλιά». Κάτι καινούρια μπουμπουνητά ξεκίνησαν απ' τον Όλυμπο και τραβούσαν κατά την Αττική. Συρτά, βαριά, σα να γκρεμίζουνταν ο κόσμος. Χοντρή βροχή άρχισε να πέφτει σε λίγο πάνω στο καταραμένο νησί σα για να το ξεπλύνει απ' την ντροπή και το αίμα του. Ο Μελιτζάνας έφκιαξε ένα χαλασμένο βλέμμα, το πήγε κατά τον ουρανό και κατόπι το περπάτησε πάνω στα θύματά του.

—Επειδής η μάνα μου μ' έκανε ζαχαρένιο, τους λέει, σπατσάρω για να μη λειώσω. Όσο για λόγου σας, κάντε ό,τι καταλαβαίνετε. Κατά το τραπέζι που στρώσατε φάτε. Δε θα σκάσω.

Όλα τα τσαντίρια έκλεισαν μεμιάς βιαστικά. Ο Μελιτζάνας πήρε φόρα και τρύπωσε σ' ένα. Οι δυο άνθρωποι λύγισαν και πέσανε σα να ήσαν από νερό. Σα να μην είχανε ούτε νεύρα ούτε κόκαλα. Δίπλα τους ήταν η σκηνή. Μπορούσε να τους προστατέψει απ' τον κατακλυσμό. Μα δεν είχαν τη δύναμη να σαλέψουν το βλέφαρό τους... Κι έτσι, την άφηκαν.

ΚΕΦΑΛΑΙΟ ΤΕΤΑΡΤΟ

Σ' ΕΝΑ ΑΛΑΛΗΤΟ από φωνές και ποδοβολητά μια σάλπιγγα ξαφνικά φώναξε μες στα μεσάνυχτα. Η θύελλα έσκιζε τις φωνές στη μέση, τις έκανε πιο εφιαλτικές. Κάτι βάρκες κόψανε τα σκοινιά τους και παράδερναν μόνες στο πέλαγος. Και κάποιος κρατούμενος —λέει— τους έφυγε.

Ο Γιώργης ξύπνησε απ' το βαθύ του λήθαργο και προσπαθούσε να μαντέψει τι έτρεχε. Το αίμα του ήταν μουδιασμένο και του βελόνιαζε τα μπράτσα. Μα είδε ότι δεν μπορούσε να σαλέψει. Κατόπι δοκίμασε να σηκωθεί. Και μπόρεσε. Έριξε μια ματιά κατά τη θάλασσα, εκεί που ακούονταν οι φωνές. Κάτι προβολείς ερευνούσαν με τις κεραίες τους τα βράχια. Μια σφυρίχτρα σφύριζε απανωτά σα να ζητούσε βοήθεια.

Σκούντησε τον Παναή. Κείνος του είπε κάτι μπερδεμένες συλλαβές και ξανακοιμήθηκε. Ο Γιώργης νευρίασε και τον τράβηξε άγρια.

—Μη!... έκανε ο άλλος παρακαλεστικά. Δεν μπορώ... Είμαι λειώμα... Άφησέ με λίγο ακόμη.

—Σ' αφήνω... Αλλά, άμα σ' αφήσω κι άλλο, θα μείνεις για πάντα εδώ. Σήκω.

—Πού να πάω... όπου και να πάμε, το ίδιο είναι. Μας τελείωσαν. Ας μείνουμε να τελειώνουμε εδώ.

—Σήκω να βρούμε τη σκηνή μας. Αλλοιώς θα ψοφήσουμε κι οι δυο... Και δεν εννοώ να τους κάνω αυτό το χατίρι.

—Δεν είδες που μας αφήσανε; Είδαν ότι δεν έχουμε ζωή και μας αφήσανε.

—Εννοώ να βρω τη σκηνή μας και θα τη βρω!

—Τράβα βρες τηνε και γλύτωσε. Εγώ δεν μπορώ.

—Και ποιος θα με ξεκλειδώσει για να πάω; Μπρος, δώσ' μου το χέρι σου να πάω. Ή κράτα το δικό μου εδώ να τριγυρίσω μονόχερος να τη βρω. Μπορείς να τα κάνεις όλα αυτά;

Ο Παναής έτριψε τα μάτια του.

—Συχώρα με..., του λέει. Μόλις τώρα αρχίζω να ξυπνώ. Βοήθα με να σηκωθώ. Πού την είχαμε ακουμπήσει τη σκηνή;... Θυμάσαι;

—Εδώ στην κοτρώνα ήταν. Με τον αέρα θα κατρακύλησε λίγο παρακάτω. Πάμε κατά κείνο το χαντάκι...

Πραγματικά. Η σκηνούλα είχε γλιστρήσει κατά το χαντάκι και σκάλωσε εκεί σε κάτι πέτρες. Τη σύρανε ως το μικρό πλάτωμα που την είχαν πριν στημένη. Τη στήσανε πολύ πρόχειρα. Δεν είχαν δύναμη. Η γη, ευτυχώς, δεν ήταν πολύ μουσκεμένη. Φαίνεται ότι η βροχή θα μετάνοιωσε που ήρθε στην Αττική και την άφησε για να πάει να βρέξει αλλού. Ξεδιπλώσανε τις μπατανίες. Ο καραβοπανένιος σάκκος τις είχε φυλάξει στεγνές. Είχε μια γλύκα και μια στοργή κείνη η στέγνα κι η ζεστασιά. Πέσανε και κουκουλώθηκαν ως το κεφάλι. Έξω ο βοριάς έτρωγε ακόμη τα λυσσακά του. Μα οι ανθρώπινες φωνές, οι σφυριγματιές κι οι σάλπιγγες είχαν λουφάξει...

Το πρωί τα χέρια τους πήγαν ολόισα, μονάχα τους,

στις από μέσα τσέπες. Τα γράμματα! Έτρεμαν τα δάχτυλά τους σαν πάσκιζαν. Ήταν σχεδόν σίγουροι κι οι δυο ότι η απροσδόκητη αυτή αλληλογραφία ήταν μια καθαρή παγίδα. Ίσαμε τότε κανένα γράμμα, κανένα μήνυμα δεν είχε σκίσει τη στενή θάλασσα για να φτάσει ως τα χέρια τους. Τα 'σκιζαν οι λογοκριτές ή τα περιτριγύριζαν οι Αλφαμήτες στις παρέες τους για να τα διαβάζουν και να τα περιγελούν. Μα γελάστηκαν. Γιατί, ναι, τα γράμματα ήταν μεν γραμμένα από άγνωστο χέρι, μα οι υπογραφές ήσαν γνήσιες.

—Η υπογραφή μια φορά είναι της μάνας μου, λέει ο Γιώργης.

—Το ίδιο κι η δική μου, λέει κι ο Παναγής.

—Έχει ως και την ουρίτσα που έβαζε πάντα στο τέλος η καημενούλα μου η γριά. Να, για κοίτα...

Κατόπι ρίχτηκαν κι οι δυο με τα μούτρα στο διάβασμα. Τα διαβάσανε από δυο και τρεις φορές. Το βλέμμα τους όλο και σκοτείνιαζε.

Στο τέλος τ' άφησαν πάνω στα γόνατά τους κι άρχισαν να συλλογιούνται. Τα μάτια τους ίσκιωσαν και δέθηκε η ψυχή τους. Στο τέλος κοιτάχτηκαν.

—Τι συμπέρασμα βγάζεις; λέει χαμηλόφωνα ο Παναής.

—Τα 'χω χαμένα. Δεν ξέρω τι να πω. Άκουσε να σ' το διαβάσω.

Ο Παναής δίπλωσε το δικό του και το 'χωσε πρόχειρα στην τσέπη του. Ο Γιώργης πλησίασε περισσότερο στη χαραμάδα του τσαντιριού.

—Άκου: «Αγαπημένο μου παιδί. Δεν ξέρω αν θα φτάσει στα χέρια σου καλά το γράμμα μου αυτό. Σ' όλα τ' άλλα απάντηση δεν έλαβα. Γιατί, παιδί μου, μ' απαρνήθηκες; Πώς το 'κανες αυτό; Εσύ ήσουν σ' όλα σου προσεχτικός. Γιώργη μου: είμαι, παιδί μου, άρρωστη βαριά. Με βογγητά σύρτηκα ως τη γειτονιά για να βρω κάποιον να μου γράψει αυτό το τελευταίο μου γράμμα. Ναι, παιδί μου, είναι το τελευταίο γιατί οι γιατροί με αποφάσισαν. Μου δίνουν και δε μου δίνουν ενός μηνός ζωή. Τι ατυχία να πεθάνω μακριά σου! Και δεν έχω στο σπίτι κανέναν ούτε και για να μου κλείσει τα μάτια. Όλοι αποφεύγουν και να περάσουν έξω απ' την πόρτα μας σα να μ' έπιασε λέπρα. Δεν ξέρω, γιε μου, τι να κάνω και τι να σου πω. Να σου πω νά 'ρτεις, ξέρω πως χωρίς υπογραφή δε σ' αφήνουν. Να σου πω πάλι να υπογράψεις, ξέρω δεν το θέλεις. Αλλά έλα στη θέση μιας μάνας που πεθαίνει χωρίς ν' αντικρίσει το μονάκριβο παιδί της. Μονάκριβο, γιατί πρέπει να σ' το πω κι αυτό το πικρό νέο, γιε μου. Της Αφροδίτης μας το δικαστήριο της έδωσε θάνατο κι από μέρα τη μέρα περιμένει το τουφέκι. Να γιατί έπεσα κάτου και δεν μπορώ πια να ξανασηκωθώ. Κι η σκέψη πως θα πεθάνω, χωρίς να σ' αντικρίσουνε για τελευταία φορά τα μάτια μου, θα με κατεβάσει στο χώμα μιαν ώρα αρχύτερα.

Σε φιλώ, αγαπημένο μου παιδί. Και σε αποχαιρετώ για πάντα. Σκέψου και πράξε. Κι ο πολυεύσπλαχνος Θεός βοηθός σου. Η δυστυχισμένη μητέρα σου

Άρτεμις Καρυστινού».

Στο τέλος, σε υστερόγραφο και με άλλο γραφικό χαρακτήρα, είχαν γραμμένες πρόχειρα αυτές τις δυο φράσεις: «Για τελευταίο ενθύμιο σου στέλνω κι αυτή τη φωτογραφία για να με θυμάσαι και να προσεύχεσαι καμιά φορά για μένα. Η ιδία».

—Για ένα πράμα απορώ, λέει ο Γιώργης. Γιατί να μη

βάλει το Δεσποινάκι να της γράψει; Εδώ δυο πράγματα συμβαίνουν. Ή το Δεσποινάκι έφυγε απ' το σπίτι και την άφησε μονάχη, πράμα λιγάκι δύσκολο, ή το γράμμα είναι όλο σκαρωμένο απ' την αρχή ως το τέλος και κατάφεραν να της κλέψουν, δεν ξέρω πώς, την υπογραφή. Θα μου πεις: Πώς τις μάθανε όλες αυτές τις λεπτομέρειες; Έπειτα τα λόγια... Κείνο που δε χωράει ο νους μου είναι πώς την άφησε κι έφυγε το Δεσποινάκι. Για την άλλη δε λέω τίποτα. Όμορφη ήταν... και σαν πολύ όμορφη..., λιγάκι άμυαλη. Μπορεί —ποιος ξέρει;— να ξελογιάστηκε με κανέναν άλλο.

—Για ποιαν λες, Γιώργη;

—Τίποτα... τίποτα..., για καμιά. Παραμιλάω. Δε μου διαβάζεις, αν θέλεις, το δικό σου; Είμαι πολύ περίεργος. Μπορεί αυτό να μας βοηθήσει να βρούμε μιαν άκρη. Γιατί αυτό με πελάγωσε... Διάβασε, σε παρακαλώ.

Ο Παναής το 'βγαλε απ' την τσέπη και το ξεδίπλωσε. Ύστερα σύρτηκε κι αυτός με τη σειρά του κοντά στη χαραμάδα κι άρχισε να διαβάζει.

«Παναή μου... σπλάχνο μου... πώς ξέχασες έτσι την άμοιρη τη μάνα σου και δεν της στέλνεις ούτε μια λέξη; Ξέρεις ότι άλλον στον κόσμο από σένα δεν έχω. Μαράζωσα να περιμένω τον ταχυδρόμο να φωνάξει τ' όνομά μου. Ξημερώνει και βραδιάζει και μόνο μ' αυτή τη λαχτάρα πέφτω και σηκώνομαι. Έφυγαν όλοι απ' το πλάι μου και δεν έχω κανέναν για να μου πει έναν καλό λόγο, να με παρηγορήσει. Θα με ρωτήσεις τι έγινε η αρραβωνιαστικιά σου; Θα προτιμούσα να μου κοπεί η γλώσσα παρά να σ' την ονοματίσω. Πού είχες όλον αυτόν τον καιρό τα μάτια σου, παιδί μου; Πώς δεν κατάλαβες τι βρωμοθήλυκο ήθελες να μπάσεις στο σπίτι μας; Ο Θεός σε φύλαξε, παιδί μου, και δεν την παντρέφτηκες όσο ήσουν ακόμη εδώ. Γιατί κατάντησε μια σωστή "δημόσια" που μια πιάνει τον ένα και μια τον άλλον. Μας λυπήθηκε, γιε μου, και τους δυο ο Θεός κι έδειξε η προκομμένη τις χάρες της μια ώρα αρχύτερα. Αχ, παιδί μου!... Ξέρω πόσο πολύ την αγαπούσες και πόσο ματώνεται η καρδιά σου απ' το κατάντημά της, μα σα μάνα ήμουν υποχρεωμένη να σ' τα γράψω για να μη με κατηγορείς μια μέρα ότι σου 'κρυψα την αλήθεια. Μα μη λυπάσαι. Βγες με το καλό έξω και θα βρεις ένα καλό και τίμιο κορίτσι που να τιμήσει και το στεφάνι της και το σπίτι μας. Αυτήν ξέχασέ την, όπως σε ξέχασε και σένα και μένα. Φτάνει μόνο να σε φυλάει ο Θεός γερό.

Σε φιλώ γλυκά
Η μάνα σου
Ευαγγελία Ζαγκλίφα

Υ.Γ. Σου στέλνω και την τελευταία φωτογραφία της για να την ξεσκίσεις, μια και δεν μπορείς να ξεσκίσεις την ίδια».

—Οι τελευταίες γραμμές είναι γραμμένες με άλλο χέρι, λέει ο Παναγής, όπως και στο δικό σου.

—Τώρα, φαντάζομαι, θα καταλαβαίνεις γιατί τ' αφήσανε να περάσουν αυτά τα γράμματα.

Σωπάσανε. Αυτά όλα σκίζανε πολύ βαθιά. Ένα μαχαίρι βούλιαξε μέσα τους κι έμεινε εκεί. Ήξεραν ότι, αν δοκίμαζαν να το βγάλουν, θα πονούσαν πιο πολύ.

Είχαν τραβηχθεί στο βάθος της σκηνούλας και δεν έβγαζαν μιλιά. Κάποια μόνο στιγμή ο Γιώργης σηκώθηκε, έφτασε κοντά στη χαραμάδα, τράβηξε απ' τον κόρφο του τη φωτογραφία, την κοίταξε... την κοίταξε... κι ύστερα βραχνά, σπαραχτικά... άρχισε να της μιλάει σα να την είχε μπροστά του.

—Μάνα..., λέει στα βουλιαγμένα μάτια που τον κοιτάζουν απεγνωσμένα σα να πνίγονται... Μάνα, που δε σε φτάνει κανένα κόνισμα. Μάνα μου... μονάκριβή μου... Πες μου τώρα, τι να κάνω που δεν μπορώ να κάνω τίποτα; Τι να κάνω;... Πες μου εσύ γιατί εγώ τα 'χασα... Μόνο από σένα περιμένω. Πες μου, μάνα... Να σ' αφήσω να πεθάνεις μόνη ή νά 'ρθω να πεθάνουμε μαζί; Γιατί μετά απ' αυτό, μάνα, άλλο απ' το θάνατο δεν έχω. Μάνα μου, πώς να κάνω να σε κλέψω απ' τα χέρια του χάρου; Πες μου εσύ, Παναγή... Πώς να κάνω; Εγώ τα σάστισα... Πώς να κάνω, λοιπόν; Βρες μου, λοιπόν, κάτι... Τώρα τα μπέρδεψα... Και δεν μπορώ πια να σκεφτώ... Τι κάνουν; Ξέρω... είναι και το δικό σου... Μα εδώ είναι μάνα, Παναγή... Κι είναι θάνατος... Τι να κάνω;... Τώρα πάει. Τόση ήταν η παλληκαριά μου. Ναι... μ' αυτούς ακόμη θα παλέψω... και πιο άγρια τώρα... Μα πώς θα καταφέρω να τα βάλω με το χάρο; Γιατί δε μου μιλάς, Παναγή; Αχ, μάνα μου... μάνα μου... μάνα μου!

Τότε ακούστηκε σοβαρή σα γερασμένη η φωνή του Παναγή.

—Γιώργη, είχα ένα σωρό να σου πω, μα δε μας παίρνει η ώρα ούτε και για μια λέξη. Άκου!... Έρχεται η Έφοδος. Κάποιος ζυγώνει.

Η πορτούλα της σκηνής άνοιξε χωρίς διαδικασίες. Στο άνοιγμά της φάνηκε η αποπληκτική μύτη του Μελιτζάνα.

—Ρε σεις μάγκες!... λέει πρόστυχα. Γιατί φύγατε απ' τη θέση που σας έστησα; Μη μου πείτε όχι! Έτσι και σταμάτησε η βροχή, ήρτα και δε βρήκα κανέναν. Θέλετε, δηλαδής, να τα πληρώσω εγώ; Ε, μπράβο... σπουδαίοι αγωνιστές είσαστε! Αλλά αυτό δεν είναι τίποτα. Ποιος ρε από σας μου 'κλεψε την ερωτική μου επιστολή; Δηλαδή, το γράμμα της γκόμινάς μου; Έλα... έλα..., μην κάνετε τα περιστεράκια. Κατέβαινέ το, ρε χοντρέ. Ξέρω τι θα μου πεις, «δεν έχω ιδέαν». Έχω όμως εγώ. Λοιπόν, αν ως το μεσημεράκι δεν έχω την ερωτικήν μου επιστολήν, θα είμαι άτιμος από κούνια αν δε σας στείλω στο χειρουργείο. Εξηγηθήκαμε; Λοιπόν, τα δέοντα στη μαμά σας. Ένα μόνο σας λέω. Ψαχτείτε. Κι άμα το βρείτε, φάτε το. Το καλό που σας θέλω φάτε το! Φάτε το γιατί θα μας φάει η μαρμάγκα όλους!

Ασυναίσθητα βάλανε κι οι δυο τα χέρια τους στην τσέπη. Του Παναγή... το χέρι κάτι έπιασε... μα ο Μελιτζάνας ήταν πια μακριά.

—Ξέρεις... κάτι πιάνω, λέει στο Γιώργη.

—Γούστο τώρα θα 'ναι να 'κλεψες πραγματικά το ερωτικό γράμμα του Μελιτζάνα!

—Και όμως το 'κλεψα..., λέει τραβώντας το έξω. Μα ευθύς έμεινε. Το πανώγραμμα ήταν γνωστό. Άνοιξε τρέμοντας το γράμμα. Ήταν δικό της! Κεινής, της μοναδικής του, της αγαπημένης του... Κι ήταν γεμάτο πίστη, λαχτάρα... και έρωτα...

«...Πολυαγαπημένε μου» έλεγε. «Μετρώ τις μέρες μου με αϋπνίες. Απ' τη μέρα που λείπεις, σκοτείνιασε το σπίτι μας. Όλοι ρωτούν τι έγινε ο ήλιος της γειτονιάς μας. Δεν αφήνω ποτέ τη μητέρα μόνη... γιατί δεν ξέρω τι μπορεί να κάνει πάνω στην απελπισία της. Σα μωρό έγινε και την ξεγελούν ο ένας κι ο άλλος. Αλλά έτσι είναι. Η καρδιά της μάνας πάντα είναι ευκολόπιστη. Πάνο μου, σου γράφω και κάτι ευχάριστο δικό μου να χαρείς. Προχτές έδωσα πτυχιακές στη σχολή και μπροστά σε ακροατήριο... Σκέψου..., μου δώσανε το πτυχίο μου με άριστα. Ακόμη δεν κατάφερα να το πιστέψω... μα ήμουν πραγματικά άξια; Πάνο μου, μόνο εσύ το ξέρεις... Πάντως δούλεψα πολύ σκληρά και το 'κανα για σένα. Το καλοκαίρι που αρχίζει η περίοδος της Αρχαίας Τραγωδίας σκοπεύουν να μου αναθέσουν και τον πρώτο σοβαρό μου ρόλο. Την Αντιγόνη του Σοφοκλέους. Ίσως μάλιστα τον Αύγουστο να γυριστεί και ταινία σε ύπαιθρο. Στο ναό της Αφαίας στην Αίγινα ή —με πλαίσιο το ναό του Ποσειδώνα— στο Σούνιο. Σκέψου — Θεέ μου, τόσο κοντά σου! Ανατριχιάζω και μόνο που το σκέπτομαι. Τι κάνει ο Γιώργος; Χτες είχαμε πάλι στο σπίτι τη μαμά του. Ψήσαμε καφέ που τον αλέσαμε κείνη την ώρα... κι όλο μιλούσαμε για σας. Είναι καλά. Μόνο για κείνον στενοχωρείται. Η δίκη της Αφροδίτης αναβλήθηκε. Πες του πάντως να μη στενοχωριέται γιατί τώρα πια δεν είναι μόνη. Βέβαια πάντα είχε εμάς, αλλά τώρα, από προχτές, πήρε κοντά της το Δεσποινάκι. Ξέρεις, είχε πεθάνει η μάνα του και είχε μείνει πια ολομόναχο. Έτσι απόκτησε κι ο Γιώργος άλλη μια αδελφή που την κοιτάζει τη μανούλα του στα μάτια. Παναγή μου, πότε πια θα τελειώσουν τα βάσανα ν' ανταμώσουμε όλοι μαζί; Αχ και να 'ξερες πόσο σε λαχταρώ!... Σου γράφω τρεις φορές τη βδομάδα. Άραγε τα παίρνεις τα γράμματά μου; Τον πρώτο καιρό έγραφε στο Γιώργο κι η Δαφνούλα — δεν ξέρω αν πήρε κανένα γράμμα της... Φαντάζομαι όμως ότι, και να του γράφει, θα του γράφει πολύ αραιά γιατί έπαψε πια να περνά κι απ' το σπίτι τους! Δεν ξέρω αν πρέπει, Παναγή μου, να του τα πεις όλα αυτά... αλλά...

—Προχώρα... προχώρα, λέει ο Γιώργης με ψεύτικο κουράγιο. Γιατί κόμπιασες; Στον κόσμο υπάρχουν και χειρότερα.

—Με συμπαθάς...

—Καλά, συνέχισε τώρα...

Ο Παναγής βρήκε τη γραμμή και συνέχισε:

—«...αλλά είμαι υποχρεωμένη να μην του κρύψω την αλήθεια, γιατί για μένα ο Γιώργος είναι πιο πολύ κι απ' αδελφός».

—Χρυσή καρδιά...

—«...πάντως, αν είναι να του το πεις, κάν' το, σε παρακαλώ, με πολλή προσοχή, γιατί ξέρω πόσο είναι ευαίσθητος και πολύ θα πικραθεί. Προχτές βγήκαμε για ψώνια μαζί με τις γριές. Σας αγοράσαμε κι από ένα πουκάμισο, Παναγή μου... πότε θα σε χαρώ να το φοράς; Ίσως βρούμε κάποιον τρόπο να σας τα στείλουμε. Η μαμά λέει ότι μπορεί κείνη να τα στείλει, αλλά εγώ δεν την αφήνω να βγει μόνη έξω γιατί ξέρω πως την γελούν. Θα φροντίσω μόνη μου. Από προχτές άρχισα να σου πλέκω κι ένα πουλόβερ. Το είδε η μαμά του Γιώργου κι αγόρασε μαλλί για να δώσει στο Δεσποινάκι να του πλέξει και κεινού ένα. Θεέ μου, ας τελείωναν πια τα βάσανά μας ν' ανταμώναμε... Είμαι δική σου, Παναγή μου, κόσμε μου... Δε θα κουραστώ ποτέ να το λέω... και να το πιστεύω. Εγώ μόνο γι' αυτή την αγάπη ζω... και δε θα την απαρνηθώ ποτέ... ποτέ... ούτε στον άλλο κόσμο... Μεγάλε μου... ιδανικέ μου έρωτα... Τι λόγια να βρω να σε κάνω να το πιστέψεις;... Πως πολύ σ' αγαπώ... πως τόσο δυνατά, τόσο άφθαστα —πιο πολύ κι απ' τη ζωή κι απ' όλα, ουράνιέ μου, αγαπημένε μου—, τόσο πολύ όσο καμιά δεν αγάπησε. Απ' όλα τα μεγάλα πράματα της ζωής μόνο εσένα εγώ ξέρω, εσένα αγαπώ... και θα σ' αγαπώ ως την άκρη της μικρής μου ζωής. Για πάντα. Η πάντα δική σου. Η γυναίκα σου.

Υ.Γ. Εδώ το φίλησε πολύ η μαμά. Κι όλο τ' αγκάλιασα κι έκλαψα μαζί της απάνω του, εγώ, η παντοτεινή σου αγαπημένη».

* * *

—Αχ, μανούλες... μανούλες, λέει ο Γιώργης, πώς σας καταφέρανε και σας κλέψανε τις υπογραφές;

—Πώς σας καταφέρανε, μανούλες;

Ήταν και των δυονών τα πρόσωπα μουσκεμένα... Δάκρυα θερμά είχαν κατακλύσει τα μάτια τους.

—Ώστε είναι καλά η μάνα μου!... λέει σχεδόν με ξεφωνητά ο Γιώργης. Καλά!... Και πάει και βρίσκει και τη φιλενάδα της και ψήνουνε καφέδες... Και τούτο το παλιόχαρτο με την υπογραφή της μου την κατέβασε στον τάφο και παρά λίγο να με κατεβάσει και μένα μαζί της.

—Δεν ακούς, πλέκουνε τώρα και πουλόβερ!

—Και βοηθάει και το Δεσποινάκι. Φτωχούλικο, άτυχο Δεσποινάκι... Του τελείωσαν, λοιπόν, όλοι στον κόσμο; Καλά που βρέθηκε η μάνα... αλλοιώς ποιος ξέρει τι δρόμοι θα το παίρνανε. Βρε Παναγή..., πώς το είπε αυτό για κείνην... Αραίωσε... Κι ούτε περνά πια απ' το σπίτι. Εμ βέβαια. Το κορίτσι πήγαινε για στεφάνι. Μόλις είδε ότι χάνει τον υπουργό... λάκισε. Τι να κάνει...

—Σβήσ' την, μωρέ Γιώργη... Έτσι γεια σου... Σβήσ' την και να μην την ονοματίζεις. Έτσι γίνεται πάντα. Άμα ένα βαπόρι αρχίσει να κινδυνεύει, οι πρώτοι που φεύγουν είναι πάντα τα ποντίκια. Η καπετάνισσα μια φορά έμεινε ορθή... Κι έχει κι ένα μούτσο μέσα τώρα το καράβι σου... ένα ναυτοκόριτσο που σου πλέκει και πουλόβερ... Έλα, κάν' την μπλουμ! Τι σκέφτεσαι;

Ο Γιώργης άργησε λιγάκι ν' απαντήσει...

—Τίποτα..., λέει στο τέλος... Την αγαπούσα. Και —φτύσε με— την αγαπώ, θαρρώ, ακόμη. Πες μου, τι στραβός και ανάποδος νόμος είν' αυτός ν' αγαπούμε και τις άπιστες;

Ο Παναγής τού χάιδεψε το κουρεμένο του κεφάλι.

—Είναι γυναίκες..., άρχισε να του λέει. Γυναίκες που δε γεννήθηκαν για να αγαπηθούν κανονικά και που αρχίζουμε να τις αγαπούμε απ' τη στιγμή που γίνονται άπιστες. Και ίσως μόνο γι' αυτό. Τώρα... αγάπη είναι αυτό; Νομίζω πως πιο πολύ στραπατσαρισμένο φιλότιμο, πληγωμένος εγωισμός παρά έρωτας. Αλλά ό,τι και να 'ναι, η αλήθεια είναι πως είναι δυνατό σαν τον έρωτα — πολλές φορές και πιο δυνατό. Από τότε που μου διηγήθηκες την ιστορία αυτή, κατάλαβα, απ' την πρώτη κιόλας στιγμή, ότι κάτι δεν πήγαινε καλά σ' αυτόν τον έρωτα. Προσπάθησα να το ξεχάσω, αλλά σήμερα αναγκάστηκα να το ξαναθυμηθώ. Δεν είχε πιάσει ρίζες. Ήταν κάτι φυτεμένο στον άμμο. Στην πρώτη μπόρα κάηκε.

Ο Παναής σταμάτησε γιατί ο φίλος του δεν τον άκουγε πια. Ήταν παραδομένος σε σκέψεις βασανιστικές. Οι ρυτίδες του βάθυναν σα να του μαχαίρωναν όλο το πρόσωπο.

Μα κάποια στιγμή λύθηκε... ημέρεψε ξανά... Κάτι ίχνη μοναχά πάλευαν ακόμη απ' τις τελευταίες ρυτίδες, σαν τα σύννεφα που άργησαν λίγο ν' ακολουθήσουν την μπόρα που 'φυγε...

—Δώσ' μου ένα τσιγάρο..., λέει ο Γιώργης σα να 'χε μόλις ανεβεί από κάποιο υπόγειο. Αυτό ήταν. Ας μην ξαναμιλήσουμε πια γι' αυτήν. Είναι μια μακαρίτισσα. Τέλειωσε... Και για πάντα. Ζωή σε λόγου της... πού 'ναι το σπίρτο σου;... Ευχαριστώ.

Σκεπάστηκε όλος από καπνό. Σαν έφυγαν κι οι τελευταίες τουλίπες, το πρόσωπό του φάνηκε από κάτω τους γαληνεμένο και καθαρό. Είχαν φύγει και τα τελευταία σύννεφα.

ΚΕΦΑΛΑΙΟ ΠΕΜΠΤΟ

Ο ΔΗΜΙΟΣ ΑΝΑΠΝΕΕΙ μόνο όταν κόβει την ανάσα τ' αλλουνού. Όσο το θύμα του ανασαίνει, κείνος υποφέρει από ασφυξία.

Ο Γκουντάς έχυσε το δηλητήριο κι έπεσε ν' αποκοιμηθεί. Γιατί να μην κοιμηθεί; Είχε δουλέψει γερά, αποτελεσματικά. Ήξερε ότι κείνα τα γράμματα θα τους ρήμαζαν. Κι ένας άνθρωπος με ρημαγμένο ηθικό προχωρεί γρηγορότερα στη διάλυση. Κι ένας διαλυμένος άνθρωπος κατρακυλά εύκολα, ακόμη και στο ίσιωμα. Ούτε μπορούσε φυσικά να του περάσει απ' το μυαλό ότι ο Μελιτζάνας θα του χαλούσε τόσο ύπουλα τα σχέδια. Όλα ως τότε τα γράμματα τα 'σκιζε ο ίδιος με τα χέρια του. Μόνο ένα έκανε δώρο στο Μελιτζάνα για να το διαβάζει, λέει, στους άλλους και να κάνει το κομμάτι του. Πού να ήξερε ότι τόσο προδοτικά και τόσο άτιμα και επιδέξια θα το παρέδιδε ίσα ίσα σε κείνους που δεν έπρεπε ούτε να το μυριστούν;

Ο Γιώργης πάλεψε το μεσημεράκι να κλέψει λίγο ύπνο, το ίδιο συνέστησε και στον Παναγή. Μα στάθηκε αδύνατο. Οι μάνες περπατούσαν μες στο νου τους με τα θαμπά τους μάτια και τ' άσπρα τους μαλλιά, κοιτώντας τους στοργικά στα μάτια.

Είχαν έτσι πέσει σε γλυκειά ονειροπόληση κι άφησαν σιγά σιγά να τους αγκαλιάζει ένας χλιαρός ύπνος, ώσπου ένας θόρυβος αποκρουστικός και παράτονος τους έκανε να συνέλθουν. Ο Παναγής σύρτηκε κατά την πορτούλα. Κάτι βαρυστέναχτες αρβύλες προχωρούσαν κατά κει σκοντάφτοντας και τρίζοντας.

—Μην κοιτάζεις, λέει ο Γιώργης. Τραβήξου μέσα.

—Ο Γκουντάς είναι.

—Χμ... κτήνος..., έστειλε τα λαγωνικά του και τώρα έρχεται να βγάλει λαγό.

Ο αρχιβασανιστής δεν έκανε τον κόπο να μπει μέσα. Άρπαξε με τις διχάλες του τη σκηνή και τους ξεσκέπασε. Ύστερα κάθισε στη διπλανή πέτρα κι έχωσε βαθιά το μούτρο μες στις παλάμες. Μια χοντρή φλέβα έπαιζε σπασμωδικά εκεί παρακάτω απ' τ' αυτί του.

Μισή ώρα έμεινε έτσι. Χωρίς να πει ή να κάνει τίποτα. Χωρίς καν να σαλέψει. Κατόπι ξεσκεπάζει σε μια στιγμή το μούτρο του και κοιτάζει στα μάτια το Γιώργη. Το ασπράδι του ματιού ήταν γεμάτο σκοτωμένο αίμα.

—Καρυστινέ..., λέει θαμπά. Πεθαίνει, λοιπόν, η γριά... ε;

—Δε βαριέσαι! κάνει ξένοιαστα ο Γιώργης. Καιρός της ήτανε. Τα 'χε φάει πια τα ψωμάκια της.

—Ώστε δε θα πας να τη γλυτώσεις;

—Αστειεύεσαι; Τι δουλειά έχει η αλεπού στο παζάρι; Μήπως θα με φοβηθεί ο χάρος και θα κάνει πίσω; Κείνος πια ξεκίνησε και πάει. Μόνο που θα δώσω άδικα την υπογραφή.

—Ώστε δεν αξίζει ρε μια μάνα μια σκατοϋπογραφή;

—Άκου λόγια! Αλλά μια κι έβαλε πλώρη για τον άλλο κόσμο, τι θα ωφελήσει; Εδώ ο χάρος δε φοβάται τα γιατρικά και τους γιατρούς, τις υπογραφές θα φοβηθεί; Ο γιατρός μια φορά την αποφάσισε. Αφού τα 'χουμε κοινά τα... οικογενειακά, θα το διάβασες κι αυτό.

—Εγώ σε συμβουλεύω να πας.

—Ευχαριστώ.

—Δε θα πας;

—Ευχαριστώ, όχι.

—Χμ... Κι ύστερα ξεφωνίζετε ρε ότι άδικα σας κατηγορούν πως πάτε να χαλάσετε την οικογένεια. Κι αυτό τι είναι, ρε κύριε; Ε; Φκιάξιμο της οικογένειας;... Τα 'μαθα και τα δικά σου, Ζαγκλίφα.

—Μπα... πώς έγινε αυτό; κάνει τάχα σαστίζοντας ο Παναγής.

Ο Γκουντάς καμώθηκε πως δεν άκουσε την ειρωνεία.

—Καλντιριμιτζού, λοιπόν, ε; Είδες πού τα σπρώχνετε τα κορίτσια; Αν ήσουνα τώρα εκεί, θα τη βάσταγες και δε θα 'βγαινε στο κλαρί. Βρε μπιτ χαμούρα κατάντησε η σκρόφα!...

—Δεν τη βράζεις, καημένε!... λέει ο Παναγής. Αφού το είχε μες στο αίμα της, τι μπορούσα να της κάνω εγώ;

—Ώστε τη δικαιολογείς κιόλα; Μπράβο αρραβωνιαστικός!... Πάρ' τον στο γάμο σου, λέει, να σου πει και του χρόνου. Αμ κορίτσι που πέρασε απ' τα χέρια σου ρε μπορούσε να σταθεί τίμιο;

—Ο καθένας διαλέγει το δρόμο του, Γκουντά, διάλεξε κι αυτή το δικό της... Γι' αυτήν θα σκοτιζόμαστε τώρα; Εδώ δε με μέλλει εμένα... Εσύ το πήρες επί πόνου;

—Δίκιο έχεις...

Ο Γκουντάς ξανάπεσε στη σιωπή. Ξανασκέπασε με τις παλάμες το πρόσωπό του κι έμεινε ακίνητος. Όταν σε λίγο ξανατράβηξε τις παλάμες του, το ασπράδι του ματιού του ήταν μπλάβο. Φύσηξε σα να πάθαινε έκρηξη. Ύστερα άπλωσε τα τριχωτά χέρια του κι άρχισε να ψάχνει για την ταμπακιέρα του, μα δεν την έβρισκε. Στο τέλος άρχισε να δίνει με τη σειρά μπουνιές στις τσέπες του, ώσπου μια έβγαλε κάποιο μεταλλικό θόρυβο.

—Α... εδώ ήσουνα χωμένη κι εσύ, πουτάνα;

Ξεκούμπωσε την τσέπη του με δυσκολία κι έβγαλε από μέσα την ταμπακιέρα.

—Πάρε τσιγάρο..., λέει ραγισμένα στο Γιώργη.

—Ευχαριστώ, το 'κοψα.

—Εσύ ο άλλος; Κατάλαβα. Ευχαριστείς, το 'κοψες κι εσύ. Αλλά εγώ επιμένω να πάρετε, ρε παιδιά. Πάρτε και τα φτύνετε. Είμαι πολύ στεναχωρημένος σήμερα, γι' αυτό... Πολύ στεναχωρημένος, σας λέω. Δεν μπορείτε να με καταλάβετε... Μου 'ρχεται να γυρίσω το κεφάλι μου ανάποδα πάνω σ' αυτή την κοτρώνα και να το κάνω σύκο. Κι όποιος άλλος να πάθαινε τη δική μου συμφορά, το ίδιο θα 'κανε.

Πραγματικά. Δεν υποκρινόταν. Κείνο το άγριο βουνό είχε καμπουριάσει. Είχε σκεβρώσει, λες και χτίκιασε σε μια νύχτα μέσα.

—Ναι, ρε παιδιά..., συνεχίζει με σκοτωμένη φωνή. Θέλω να καταλάβετε τον πόνο μου. Κανείς δεν το 'χει ματαπάθει το δικό μου το κακό... Γι' αυτό θα το πάρετε το τσιγάρο. Δε σας ζητώ υπογραφή, παιδιά. Τσιγάρο ο άτιμος σας προσφέρω!... Τόσο βαρύ πράμα είναι; Ο νους του ανθρώπου, που λέτε, δεν μπορεί να τη βάλει τη συφορά που 'χω παθημένη. Όχι, κανένας δεν μπορεί να με καταλάβει... Γι' αυτό νοιώστε με εσείς, ρε παιδιά, σας παρακαλώ.

Απόμεινε για μια στιγμή ακίνητος. Κατόπι έκλεισε

απότομα τα μάτια και τα κράτησε έτσι κλειστά. Κατόπι πέρασε από πάνω τους την παλάμη του και τ' άνοιξε.

—Απόψε..., λέει τραγικά. Απόψε έχασα τον καπετάνιο. Μου 'μεινε στα χέρια μου.

Οι άλλοι τον κοίταζαν κάπως σαστισμένοι. Ώστε υπήρχε ένα μυριοστό πόνου μες στην καρδιά αυτού του σάπιου και διεστραμμένου ανθρώπου;

—Ναι..., συνεχίζει σκασμένος ο Γκουντάς... Από δικό μου... από καθαρό φάλτσο δικό μου. Τα παιδιά συνηθίζανε να του κάνουν τελευταία... να, να του κάνουνε ένα προκαταρχτικό ρ α χ β ά ν ι..., για να ιδρώσει και να τον πετάξουν ιδρωμένο στη θάλασσα για να καταλάβει καλύτερα την παγωνιά. Βλακεία μας... Αλλά, που να πάρει ο διάλος, ολάκερο το χειμώνα μωρέ και δεν κρυολόγησε... τώρα πήγε να κρυολογήσει; Χτες βράδυ είχε σαράντα πυρετό... Τι τα 'θελα ο πούστης, μετά απ' αυτό, τα γυμνάσια; Τον αμόλησα με σκοινί βαθιά. Κάποια στιγμή νοιώθω το σκοινί λάσκα. Νόμισα πως μου την έσκασε και βάρεσα συναγερμό. Το πρωί τον ξέρασε η θάλασσα...

Ξαναναστέναξε... Μα τόσο δυνατά, που έσπασε τα κουμπιά του.

—Γι' αυτό θα το πάρετε, ρε παιδιά, το τσιγαράκι. Θέλω να το πάρετε, κατάλαβες; Καταλάβατε ρε τι σας λέω; Να το πάρετε... και μην τ' ανάβετε. Αφήστε το ν' ασπρίζει έτσι στο δάχτυλό σας.

Φούσκωσε το στόμα του με αέρα κι έμεινε έτσι κάμποσο με φουσκωμένα μάγουλα. Ύστερα το φύσηξε ορμητικά προς τα έξω.

—Όχι!... φωνάζει τώρα αλλαγμένος. Δεν έπρεπε να μου το κάνει αυτό ο καπετάνιος! Δεν έπρεπε ο πούστης να με ξεφτιλίσει έτσι! Όχι, ο άτιμος! Δεν έπρεπε να μου στραπατσάρει έτσι την υπόληψη. Δεν έπρεπε να μου φερτεί έτσι! Γιατί μου το 'σβησε ο άτιμος τ' όνομα! Κι εδώ για μια τιμή ζει ο άνθρωπος! Καταλάβατε ρε τι σας λέω; Πες μου εσύ, ρε Καρυστινέ. Γιατί μου το 'κανε; Όχι, θα μου πεις. Θα μου πείτε κι οι δυο, ρε άτιμοι, γιατί θα πεθάνετε! Μπρος! Πέστε μου!

Οι φωνάρες του ανησύχησαν το Μελιτζάνα, που άρπαξε αμέσως το κουρμπάτσι του κι έτρεξε σαν αφρισμένο άλογο.

—Τι του κάνατε, ρε παληορουφιάνοι, του αρχηγού μου; ξεφωνίζει κι αρχίζει να χτυπά, να κλοτσά και να βρίζει.

Ο Γκουντάς, καθισμένος στο κοτρώνι, προσπαθούσε να παρηγορηθεί με το ξυλοκόπημα, αλλά αδύνατο. Στο τέλος ο Μελιτζάνας ήρθε και τον πήρε σα μωρό απ' τις μασκάλες.

—Έλα, του λέει, τώρα. Πάμε... Τελείωσα.

Ο Γκουντάς δεν εσάλεψε. Του 'στειλε μοναχά τα ματωμένα μάτια του.

—Δεν έπρεπε να μου το κάνει αυτό... Κατάλαβες, Κουτρούμπα;

—Και βέβαια που δεν έπρεπε. Είπε κανείς πως έπρεπε; Είπατε σεις ρε πως έπρεπε; Ε; Όχι, θέλω να τ' ακούσω!

Ο Γκουντάς ούτε τον πρόσεχε.

—Όχι σε μένα! ξεφώνιζε τα δικά του κείνος. Όχι σε μένα ο ρουφιάνος!

Ο Μελιτζάνας τον ξανάπιασε απ' τις μασχάλες.

—Άντε... έλα, σήκω.

—Κατάλαβες, Κουτρούμπα;

—Ωπαλάκια... Έλα τώρα, πάμε.

—Όχι, να μου πεις. Έπρεπε; Έπρεπε μωρέ σε μένα... σε μένα;

—Ε, τι να τα ξαναλέμε τώρα; Και βέβαια που δεν έπρεπε. Αλλά τι περιμένεις από έναν που θέλει να χαλάσει τη θρησκεία; Μα όλα αυτά θα τα βρούμε αύριο. Ίσα.

Ξεκίνησαν περπατώντας κι οι δυο άγαρμπα.

—Κατάλαβες, Κουτρούμπα;

—Σσς, έλα, βάδιζε.

—Ο ρουφιάνος! Ο παληομπινές!

—Ναι, ναι... Σύμφωνοι.

Σ' όλο το δρόμο δάγκανε τα χέρια του, φασκέλωνε τον ουρανό, έβριζε, ούρλιαζε, έκλαιε... Ώσπου φτάσανε στη σκηνή του. Εκεί ο Γκουντάς, που είχε για μια στιγμή ηρεμήσει, ξανάρχισε πάλι τις λυσσασμένες του φωνές.

—Όχι μωρέ σου λέω! Να μου πεις εσύ ανοιχτά, ρε Κουτρούμπα... Ήταν τίμιο; Ήταν αντρίκειο φέρσιμο ρε αυτό που μου 'κανε ο καπετάνιος; Γιατί μωρέ... να μου το κάνει αυτό εμένα; Εμένα; Ε; Γιατί; Γιατί;

Έπιασε σαν τρελλός τον ορθοστάτη και του 'ρθε να σπάσει το κεφάλι του απάνω.

—Έλα..., του λέει καλοπιαστικά ο Μελιτζάνας. Πέσε τώρα εδώ δα να πάρεις έναν υπναράκο κι αύριο τα βρίσκουμε.

—Τα βρίσκουμε, αλλά καπετάνιο πια δε θα ξαναβρώ... Τον έχασα... Τον έχασα... Κατάλαβέ με λιγουλάκι... τουλάχιστο εσύ, ρε Κουτρούμπα...

—Εμ κάνω και τίποτ' άλλο ο ρουφιάνος και δε σε καταλαβαίνω;

—Όχι, να μου πεις, στο Θεό που προσκυνάς, έπρεπε ρε να ξεφτιλίσει έτσι έναν άντρα;

—Όχι.

—Οχιά... Τι να μου κάνει ρε εμένα ένα «όχι»;

—Ε, πόσα θέλεις να σου πω, χίλια; Καλά, σου λέω χίλια. Γείρε τώρα.

—Μ' ακούς;

—Καλά. Πέσε τώρα κι αύριο τα βρίσκουμε.

Ο Γκουντάς άρχισε τώρα μηχανικά να ψάχνει να βρει κάτι. Μα τα μάτια του ήταν πρησμένα κι όλα τα 'βλεπε θολά.

—Τι ψάχνεις; του λέει ο Κουτρούμπας. Δε μιλάς να σ' το βρω;

—Βρες το...

Άρχισε να ψάχνει κι ο Κουτρούμπας χωρίς να ξέρει τι.

—Το βρήκες;

—Όχι.

—Ε, τι ψάχνεις;

—Ξέρω γω!...

—Ξεραμάρα! Κοίτα να μου βρεις το μπουκάλι με το κονιάκι.

—Α... κονιάκι θέλεις; Τώρα δα να σ' το βρω.

Ο Μελιτζάνας αρκούδισε κάτω στα τέσσερα, ώσπου το βρήκε και του το 'δωσε. Το πήρε ο Γκουντάς, το σήκωσε τον ανήφορο και άφησε να χυθεί όλο μες στο στόμα του. Ύστερα άφησε το μπουκάλι να πέσει κάτω και το κλότσησε μακριά. Ύστερα άρχισε πάλι τα ίδια. Απλώνει το χέρι του πασπατευτά, ώσπου βρίσκει το γιακά του Μελιτζάνα και τον τραβά κοντά του.

—Ρε Κουτρούμπα..., του λέει. Όχι, να μου πεις καθαρά..., στη θρησκεία που προσκυνάς, υπάρχει άντρας που μπορεί να το βαστάξει αυτό; Να μου πεις εσύ... Υπάρχει; Πώς θα τη βγάλω, ρε Κουτρούμπα, τώρα εγώ ντροπιασμένος;... Δε μου μιλάς; Ρε ούτε δεκαράκι ρε δε με λογάριασε εμένα ο καπετάνιος!

—Ε, μην κάνεις κι έτσι τώρα, μωρ' αρχηγέ... Θα βρεθούνε άλλοι.

—Όχι... Σαν κι αυτόνε, Κουτρούμπα, δε θα βρεθεί άλλος. Χίλιους να 'σπαγα, δε θα φχαριστιόμουν αν δεν έσπαγα αυτόνε· Κι είχε αρχίσει να λυγάει λίγο λίγο ο πούστης... Κι απάνου που ετοιμάζαμε το πανηγύρι, να σου τον και μου τη σκάει... Και πώς;

—Μπαμπέσικα... Το ξέρω...

—Μ' είχανε τρελλάνει στο τελέφωνο. Έσπασε; «Σήμερα λύγισα εφτά» τους έλεγα. «Δε μας ικανοποίησες...» μου λέγανε. «Τον καπετάνιο θέλουμε για ν' αρχίσουμε καμιά φορά τη δίκη του». «Θα τον έχετε» τους έλεγα... «Απ' τα χέρια του Γκουντά κανένας ως τώρα δεν ξέφυγε. Κάντε λιγουλάκι ακόμη υπομονή... αρχίζει και τρίζει». «Μας τον αργείς, Γκουντά» μου λέγανε... «Έννοια σας..., θα σας τον στείλω σα νιαουριστό γατάκι. Το νέον έτος θα τον έχετε πεσκέσι» τους έλεγα. Όσο κείνος βάσταγε, τόσο και περισσότερο μου τονε ζητάγανε. Κι εκεί που ήμουνα σίγουρος... πάει ο πούστης και... Ααααχ... και να 'ξερα πού 'ναι η αδερφή του... να την τράβαγα πάνω στο μνήμα του και να...

Άρπαξε ξανά απ' το γιακά τον Κουτρούμπα και τον κόλλησε κοντά στο μεθυσμένο του μούτρο.

—Άκου δω... Ψάξε να μου βρεις πιοτό. Αλλοιώς θα πεθάνεις. Μπήκες;

—Εντάξει, λέει βολικά ο Μελιτζάνας. Καρτέρα. Είπα γω όχι;

—Όχι. Το θέλω τώρα!

—Έγινε, τώρα.

—Σκορπίσου.

Του 'δωσε μια κλοτσιά και τον πέταξε όξω.

Πήρε ο Μελιτζάνας σβάρνα τις σκηνές και μάζευε ό,τι έβρισκε στο δρόμο του. Ρακί, κονιάκ, τσικουδιές. Στο δρόμο έλεγε μες στα δόντια του με άχτι και κάτι δικά του. «Ααχ, ας μην ήμουνα λιγάκι ύποφτος και σου 'λεγα γω, ρε κύριε Γκουντά, ποιονε κλοτσάς!»

Μα μπαίνοντας στη σκηνή, βρήκε τον Γκουντά μπρούμυτα.

—Αρχηγέ..., του φωνάζει.

—Μου 'φερες;

—Απ' όλα. Έλα, σήκω τώρα να τραβήξεις.

Χωρίς να ξεμπρουμυτίσει, άπλωσε το χέρι του στο πλάι. Ο Μελιτζάνας τού πέρασε μέσα μια μπουκάλα. Την ξετάπωσε κείνος με τα δόντια χωρίς ν' ανοίξει τα μάτια του, έφτυσε το φελλό κι άρχισε να ρουφάει σα διψασμένος σκύλος.

—Τσιγαρλίκι μου 'φερες; ρωτά λίγο πιο ύστερα.

—Αμέ... απ' όλα, λέει ξανά πρόθυμος ο Κουτρούμπας.

—Άναψέ μου.

Σε δέκα λεπτά τελείωσε τη «δόση» του... ξάπλωσε με τα χέρια διάπλατα κι έκανε τον ψόφιο. Σε λίγο όμως ζωντάνεψε κι άρχισε να ψάχνεται.

—Το μπιστόλι μου, Κουτρούμπα. Βρες μου γρήγορα το μπιστόλι μου αν δε θέλεις να σε καθαρίσω.

—Να το βρούμε, μωρέ αρχηγέ, γιατί να μην το βρούμε;... Αλλά άσε με λίγο το ρουφιάνο να περιμαζέψω τα μυαλά μου.

—Άκουσες τι σου λέω;

—Άκουσα..., το μπιστόλι σου. Θα βρεθεί.

—Τώρα το θέλω!

—Εντάξει... Τώρα να βρεθεί.

—Πού 'ν' το;

—Να το..., το βαστάς.

—Καλά... Είδες; Με στράβωσε κιόλα ο άτιμος.

Το πέταξε μες στην τσέπη του και τράβηξε παραπατώντας και μποτζάροντας κατά το γιαλό. Στην αρχή δεν ακουόταν τίποτα. Κάποια όμως στιγμή άρχισαν αποκεί κάτω βρισιές, φτυσιές κι απελπισμένα ξεφωνητά.

—Εμένα μωρέ;... Εμένα; Όχι... Πού 'σαι, ρε Κουτρούμπα;... Κουτρούμπας... Αχ, κιότεψες κι εσύ, ρουφιάνε, και λάκισες!... Γιατί, μωρέ μάνα μου..., ξαναρχίζει τώρα παραπονιάρικα. Μα γιατί μωρέ ο άτιμος σε μένα; Του 'κανα τίποτις του άτιμου; Γιατί να με ξευτελίσει έτσι; Ε; Γιατί; Γιατί; Ε, να! Να! Να!

Απανωτές πιστολιές ακούστηκαν μες στη νύχτα.

Για μια στιγμή έγινε πάλι σιωπή. Μα σε λίγο ξανάρχισαν πάλι οι βρισιές και τα παράπονα... ώσπου τον πήρε ο ύπνος.

Ο Μελιτζάνας μάζεψε τα υπόλοιπα μπουκάλια και τα τσιγάρα, τα 'χωσε βιαστικά στην τσέπη του και, κυλώντας μες στο σκοτάδι ύπουλα, πήγε και τρύπωσε στη σκηνή του. Εκεί τα παράχωσε όλα προσεχτικά στο χώμα, κατόπι τράβηξε τη χλαίνη του, σκεπάστηκε κι αποκοιμήθηκε χωρίς να βγάλει τις αρβύλες του.

Όξω η Μακρόνησο μούγκριζε μόνη της. Την βαρυστομάχιασε το αίμα και τα δάκρυα που ήπιε. Σκεπάστηκε απ' τη νύχτα και μούγκριζε. Κανείς δήμιός της δεν έκανε ήσυχο ύπνο. Όχι απ' τις τύψεις γιατί το 'χυσε, αλλά γιατί έχυσε τόσο λίγο. Καμιά παρηγοριά δε θα βρουν οι δήμιοι σ' αυτόν τον απάνω κόσμο. Σιγά σιγά κινδύνευαν να γίνουν άθεοι... Ήταν —σου λέει— ο Θεός μεγαλοδύναμος. Ήταν... Μα τότε σ' αυτούς γιατί έδωσε τόση μικρή δύναμη; Κουράζονταν... Και βλαστημούσαν τα χέρια τους που είχαν τόση λίγη αντοχή. Ποιος θεός να τους παρηγορήσει για την κακοτυχία τους;

Η Μακρόνησο μούγκριζε, παραπονιόταν. Ήταν γιατί οι μάρτυρες γιόμισαν κατά μυριάδες τις πλαγιές της... Κι οι δήμιοί της είχαν μόνο δυο χέρια. Μόνο δυο... Αδικία. Αλλά πότε σ' αυτόν τον κόσμο νίκησε το Δίκιο;

ΚΕΦΑΛΑΙΟ ΕΚΤΟ

ΞΗΜΕΡΩΣΕ... Όλα ήταν εκεί πάνω άφωνα. Σα ν' άδειασε το νησί. Η σιωπή της ΣΦΑ... πάντα προμηνάει κάτι τρομερό. Γιατί πάντα έτσι, βουβά, κοιλοπονούσε. Οι σκηνές μείνανε κλειστές ολόκληρη την ημέρα σα να 'φραξαν οι πόρτες τους. Μόνο εκεί κατά το μεσημέρι ξεκίνησε κακόκεφα ο Μελιτζάνας να τους φέρει συσσίτιο —μακαρονάκι κοφτό με σάλτσα από θάλασσα— κι ένα καινούριο κανάτι με νερό, γιατί το παληό το 'σπασε χτες βράδυ με τις κλοτσιές του. Ήρθε, έφερε το συσσίτιο και δεν ήξερε τι να κάνει. Φυσούσε κι έφερνε σβούρες πάνω στις αρβύλες του.

—Ουφ..., έκανε σε μια στιγμή και κάθισε.

Έβγαλε τσιγάρο, το κοίταξε καλά καλά, κατόπι άρχισε να το χτυπάει πάνω στο νύχι του... να το χτυπάει... να το χτυπάει..., ώσπου το άδειασε απ' τον καπνό. Κατόπι το πέταξε και τράβηξε απ' το πακέττο του ένα άλλο.

—Έχετε δει μάγκα να ντρέπεται τον εαυτό του; αρχίζει ξαναχτυπώντας και τούτο το τσιγάρο. Δεν έχετε δει; Ε τότε καμαρώστε έναν. Να με. Εγώ είμαι. Ξανακαμαρώστε με, λοιπόν, τον άτιμο... Τι με κοιτάτε; Ναι, ντρέπομαι. Ντρέπομαι σα να 'μαι χεσμένος. Αλλά πρέπει να ξέρετε ότι δεν μπορούσα να κάνω κι αλλοιώς. Αν δεν πρόφταινα να σας χτυπήσω εγώ, θα σας καθάριζε. Να..., σας το λέω γιατί χάλασα. Και τώρα... φεύγω για να ξεβρωμίσει ο τόπος. Ήθελα να σας δώσω τσιγαράκι και... κάτι άλλα που έχω φυλαγμένα... αλλά ξέρω πως δε θα τα πάρετε. Βλέπετε, πήρα την κάτω βόλτα. Ξεφτιλίστηκα. Τώρα πια θα με «ξύσουνε», πάει... Δεν είμαι για ΣΦΑ πια. Μόνο ο Γκουντάς δε με μυρίστηκε ακόμη... αλλά σιγά σιγά θα με μάθει κι αυτός. Πού 'ναι —είπατε— τώρα; Έδεσε τα μάτια του με μια πετσέτα και σκυλοβαριέται. Κάθεται πεσμένος μπρούμυτα και δεν αφήνει να μπει μέσα ούτε σκαθάρι. Παράγγειλε σ' όλους, αν το θέλουνε ακόμη για λίγον καιρό το τομάρι τους, να μην πάνε να του κάνουνε βίζιτα γιατί θα τους καθαρίσει. Τώρα γιατί σας τα μαρτυράω και τούτα; Σας το ξαναλέω... Γιατί χάλασα ο ρουφιάνος και δεν παίρνει μερεμέτι το χάλι μου... Λοιπόν... Δε θα πείτε τίποτα;... Καλά μου κάνετε. Έτσι μου πρέπει. Μου χρειαζότανε... Γεια χαρά.

Έφυγε. Ήταν βαλαντωμένος... άρρωστος..., βαλαντωμένη ακόμη κι η περπατησιά του. Μα —για να λέμε την αλήθεια— δεν είχε και τόσο σοβαρό λόγο... Γιατί τα τραύματα που τους έκανε ήταν γελοία. Κάτι τσουγκρανισματάκια. Μόλο που ήταν σκοτάδι, ο Μελιτζάνας ήταν πολύ προσεχτικός στο «στειλιάρι» του. Ούτε χέρι ούτε κεφάλι άγγιξε. Πιο πολύς ήταν ο θόρυβος και τα φυσομανητά του παρά το ξύλο του. Τότε γιατί δεν του μίλησαν του ανθρώπου; Ήταν κι αυτοί κακοκεφιασμένοι... μουδιασμένοι απ' τη γενική σιωπή.

Μ' όλη την πείνα τους, έφαγαν χωρίς όρεξη. Ύστερα ανάψανε από ένα τσιγάρο και κάθισαν ν' αφουγκραστούν.

Μα αποδώ κι ύστερα η σιωπή άρχισε λίγο λίγο να ραγίζει. Κάθε δέκα δεκαπέντε λεπτά ένα αεροπλάνο έσκιζε τον αέρα ξυστά και πάλι ξεμάκραινε. Τι ήθελε αεροπλάνο στον ουρανό τους;... Πρώτη φορά ακουότανε. Πλησίασαν στη χαραμάδα. Ήταν ένα μικρό μονοθέσιο καταδιωκτικό. Έφευγε πίσω απ' την Πεντέλη, χανότανε, και σε λίγο ξαναφαινότανε απ' το Σούνιο, έφτανε στη μέση της στενής θάλασσας, έκανε ένα επικίνδυνο «λούπιγκ» πάνω από ένα μικρό κόρφο και ξαναχανότανε πίσω απ' την Πεντέλη. Το πράμα έδειχνε καθαρά. Στόχος του ήταν το σπιτάκι κείνο της ερωτοκαλόγριας, που λέγανε... Αλλά γιατί; Τι σχέση έχουν τ' αεροπλάνα με τις τσακισμένες αγάπες;

Δυο ώρες συνέχεια κείνο τ' αδράχτι με τα σιδερένια φτερά ερχότανε κι έφευγε, και πάλι ξανάφευγε και ξαναρχότανε. Σαν περνούσε από κείνο το σπιτάκι, χαμήλωνε τόσο πολύ, που έλεγες πως θ' άγγιζε τα κεραμίδια του.

Ένα απ' τα δυο έτρεχε: Ή τ' αεροπλάνο κείνο είχε επισημάνει σε κείνο το σημείο κάποιο μηχάνημα ασυρμάτου ή ο αεροπόρος είχε επισημάνει κάποια μαύρα μάτια. Άλλη εξήγηση δε χωρούσε. Στις τρεις τ' απομεσήμερο έκανε την τελευταία και πιο τολμηρή «κάθετη εφόρμηση» και χάθηκε οριστικά πίσω απ' τον Υμηττό.

Βράδιαζε πια χωρίς να συμβεί τίποτε άλλο. Έτσι —καθώς έδειχναν τα πράματα— θα περνούσε κείνη η μέρα. Στις επτά ξανάρθε πάλι ο Μελιτζάνας με το βραδυνό συσσίτιο —πατάτες αξεφλούδιστες βρασμένες με θαλασσόνερο, κι από τρεις ελιές— και στρώθηκε για καλά κάτω. Τούτη τη φορά δεν το 'χε σκοπό να φύγει.

—Απόψε δούλεψε ανάπαυσις..., άρχισε να τους λέει.

Δεν πειράξανε κανένανε δικόνε σας. Γιατί; Πού να ξέρω κι εγώ ο φουκαράς! Εμένα με βάλανε να σπάσω εσάς. Με τους άλλους δεν έχω ουδεμίαν ανάμιξις. Χτίσανε τα σκηνάκια τους πίσω απ' τα βράχια και δουλεύει ο καθένας το σύστημά του. Ό,τι θέλει κάνει. Σπασμένους μοναχά να τους πάει κι όπως θέλει ας τους πάει. Κουβάρια... έπιπλα... Έχε το νου σου μοναχά να μη σου μείνει στα χέρια... Το οποίον απόφευγε να βαρέσεις κεφάλι και καρδιά. Τ' άλλα κάν' τα λειώμα, κιμαδάκι. Θα σου πούνε και μπράβο σου. Τώρα γιατί σας τα μαρτυράω πάλι όλα αυτά; Δε σας το είπα; Γιατί χάλασα κι είναι για να με πάρει το ποτάμι. Γιατί βάρεσα διάλυση ο κόπανος. Παιδιά... Κοιτάτε να βολευτείτε... δεν ξέρω πώς... δικός σας λογαριασμός. Κοιτάτε, λέω, να βολευτείτε όσο είμαι ακόμη εγώ. Γιατί έτσι και με ξύσουνε εμένα... αιωνία σας η μνήμη. Θα σας παραλάβει κανένας Τσίμπλης ή κανένας πρεζάκιας... Γι' αυτό βάλτε τίποτα φωτογραφίες σας στην άκρη για να βλέπετε, μια φορά κι έναν καιρό, πώς ήσασταν. Είδα τα προχτές κάτι δικούς σας που τους πηγαίνανε προς νερού τους. Παιδιά..., καλύτερα να μην τον καταντήσει ποτές ο Θεός τον άνθρωπο έτσι. Άλλος πάγαινε με τα τέσσερα, άλλος σερνότανε σα φιδάκι με το πλάι. Κάτι σκόρπια έπιπλα τους είχανε κάνει, που σιχαινόσουνα να καθίσεις απάνου. Κι εγώ σας έχω ακόμη κυπαρίσσια. Ψέματα; Άμα με ρωτάνε γιατί δε σας φκιάχνω κι εσάς έτσι, τους λέω ότι έχω τα συστήματά μου... κι ότι σας σπάω λίγο λίγο δουλεύοντας το ψυχολογικό. Τον κακό μου το φλάρο! Αντίς να σπάσω εσάς, έσπασα εγώ. Γι' αυτό σας λέω ότι λίγα ακόμη είναι τα ψωμιά μου. Σας το λέω κι αυτό γιατί είμαι ντιπ για ντιπ ξοφλημένος... Για πέταμα. Ρε παιδιά, τι να σας πω... Τα ξέρω τα μούτρα της σκρόφας της κοινωνίας που θέλετε ν' αλλάξετε. Αμέ... Την έχω την άτιμη ξεσκολισμένη, κι ας είναι τα γράμματά μου λίγα. Απ' την ψειρού με τράβηξαν κάμποσες φορές για κάτι ψιλούτσικες δίκες, κάτι φταισματάκια, που λένε, χρήσις ναρκωτικών και τα τοιαύτα. Ε, ακούτε τώρα τι τα 'κανε τα μούτρα της κοινωνίας το παιδάκι που 'χετε τώρα εδώ μπροστά σας. Λοιπόν, σ' ένα τέτοιο φταισματάκι, που λέτε, μου 'ρθανε για μάρτυρες —ποιοι νομίζετε;— τα ία και τα ρόδα. Όλα τα καπλάνια, αξιωματικοί και παξιωματικοί της Διώξεως, κι αρχίσανε να με στολίζουνε... πρεζάκιας και τα τοιαύτα, και άτομον με βαρυμένον το παρελθόν του και διάφορες άλλες τέτοιες τρίχες. Έτσι είσαστε; Τώρα τα βρίσκουμε. Μια στιμής, λέω, κύριε πρόεδρα, παρακαλώ να κρατηθεί ο μάρτυς. Τσαντίστηκε ο μάγκας, αλλά τι μπορούσε να κάνει; Είναι ποχρεωμένος, βλέπεις, απ' το νόμο. Τον έβαλε στην άκρη και κάλεσε τον έτερον. Με ξομπλιάζει και του λόγου του πολύ περιποιημένα κι ετοιμάζεται να φύγει. Παρακαλώ, κύριε πρόεδρα, λέω, να κρατηθεί και ο έτερος άλλος μάρτυς. Τσαντίλα, που λες, ο πρόεδρας... αλλά τι μπορούσε να κάνει; Έτσι με τη σειρά μου τους κράτησα όλους, έντεκα τον αριθμόν. Τα είχα τα πουλάκια μου εκεί αραδιασμένα φρόνιμα φρόνιμα και τα γουστάριζα. Εκεί δα αρχίζω την απολογία μου. Κύριε πρόεδρα, λέω, χαίρομεν που έχω μπροστά μου όλη τη Δίωξις κι έτσι θα βοηθήσω με τη μικρά μου δύναμις να καθαρίσει η κοινωνία. Ξέρω ότι η γνώμη σας είναι ότι η Υπερεσία Διώξεως τσακίζεται η φουκαριάρα να καθαρίσει την κοινωνία, αλλά δεν μπορεί λόγον του ότι τα κακοποιά στοιχεία έχουνε συναμετάξυ τους μπέσσα και φυλάει ο ένας τον άλλονε, κι έτσι οι κόποι της φουκαριάρας της Υπερεσίας Διώξεως πάνε αμόντο. Ε, λοιπόν, εγώ σήμερον, ένα κακοποιόν στοιχείον, κόβω την μπέσσα και σας τους μαρτυράω όλους. Κι έτσι από αύριο η κοινωνία θα είναι ολοκάθαρη. Κύριε πρόεδρα, είμαι ένας δυστυχισμένος πρεζάκης... Ένεκα αδυνάτου του χαραχτήρος, ο οργανισμός μου δεν μπορεί να το κόψει. Φουμάριζέ το το άτιμο δέκα χρονάκια αράδα, κύριε πρόεδρα, και θα σε δω εγώ αν μπορείς να το κόψεις. Είναι δύσκολο πράμα, κύριε πρόεδρα, σας το λέω εγώ, ένας δυστυχισμένος πρεζάκης. Γιατί, να, τόσο δα να καταστερήσεις τη δόση σου, κύριε πρόεδρα, αρχίζουνε στο αντερικόν σου σύστημα τα πονααλάκια, λες και κατάπιες ένα κιλό πρόκες. Αλλά, ερωτηθέον, κύριε πρόεδρα, γιατί να φουμέρνω; Γιατί τη βρίσκω. Αν δεν την έβρισκα, θα κοπανιόμουνα... θα κοπανιόμουνα... θα το 'κοβα και θα ησύχαζα κι εγώ και σεις. Αλλά γιατί το βρίσκω, κύριε πρόεδρα; Γιατί το πουλάνε, κύριε πρόεδρα, που το πουλάνε αβέρτα. Υπάρχουνε κάτι παιδάκια που μου το κονομάνε. Ποιος φταίει, λοιπόν; Ο ε μ π ο ρ α ς. Δηλαδή, κύριε πρόεδρα, αν συλλήβανε τον έμπορα, αμέτι μουχαμέτι θα το 'κοβα κι εγώ κι εσύ..., που λέει ο λόγος, και θα καθάριζε η κοινωνία. Αλλά εδώ δα θα μου επιτρέψετε να σας πω ένα μυστικό. Κύριε πρόεδρα, η κοινωνία δε θέλει να καθαριστεί. Τον γουστάρει τον πρεζάκη. Αν το κράτος ήθελε, κύριε πρόεδρα, σε μια μέρα μέσα σπατσάριζε. Θα σας φέρω ένα παραδειγματάκι. Η Κίνα είναι ένα κράτος που 'χει κάτι κατοσταριές κατομμύρια κίτρινα ανθρωπάκια. Όλα αυτά τα ανθρωπάκια τη φουμέρνανε απ' τα γεννοφάσκια τους. Ο κάθε ταχτικός οικογενειάρχης που πήγαινε στην αγορά για τα ψώνια του έπαιρνε μαζί με τα ζαρζαβατικά και το χασισάκι της οικογενείας. Τι γίνεται όμως, κύριε πρόεδρα, σήμερα; Το κράτος αποφάσισε να καθαρίσει, και καθάρισε εντός εικοσιτετράωρον. Πώς; Μάζεψε όλα τα εμποράκια και τα στρίμωξε στην μπουζού και ταυτοχρόνως έβγαλε ένα φετφαδάκι που τα 'λεγε όξω απ' τα δόντια. Όποιος πουλήσει «πράμα», θα στήνεται προ έξη βήματα. Κι έτσι απ' τα ξακόσια εκατομμύρια δεν τη φουμέρνει σήμερα ούτε μισός. Το οποίον όταν η κοινωνία θέλει να καθαριστεί, κύριε πρόεδρα, μπορεί. Γιατί, κύριε πρόεδρα, η Υπηρεσία Διώξεως πιάνει εμάς τα φτωχαδάκια, τους πρεζάκηδες, και δεν πιάνει τους εμπόρους; Όχι, να μου πεις, κύριε πρόεδρα. «Σιωπή!» μου κάνει. «Έχεις την εντύπωση ότι, εάν η υπηρεσία τούς ανακάλυπτε, θα τους άφηνε;» «Δηλαδή, θα τους σύλληβε;» του λέω. «Βεβαιότατα...» μου κάνει. «Ευχαριστώ, κύριε πρόεδρα, ήρθε η ώρα να βρει η κοινωνία τη γεια της από έναν πρεζάκη. Χαίρομαι που είναι μαζεμένη όλη η Δίωξη εδώ κι έτσι θα τη βοηθήσω μονομιάς. Έχω εδώ, κύριε πρόεδρα, τον κατάλογο του κάθε έμπορα με τη διεύθυνσή του. Βγαίνοντας αποδώ μπορούνε να πάνε κατευθείαν να τους συλλήψουνε και να καθαρίσει η κοινωνία από σήμερα τ' απόγεμα κιόλας. Λοιπόν, αρχινάω. Πρώτον: Κατσανέβας Ευριπίδης ή Σκάπουλος, Κισσάβου 127α, ημιυπογειάκι. Δεύτερον: Παινέσης Αρίσταρχος ή Σκυλοδόντης ή Στραβογέρασες, οδός Ευρυστένους 113, Πειραιεύς. Τρίτον: Κουκούνας Τέλης ή Στασουμάνας ή Κρίκος, οδός Σπηλαίου 79, Καστέλλα, Πειραιεύς. Τέταρτον: Στιβάζος Ευάγγελος ή Στραβαρίδας ή Κούτσαβλος, ο επονομαζόμενος και "Σκασίλας", οδός Βαρυμπόμπης 63, αδιέξοδος, Αθήνα. Πέμφτον: Καραμπάτσος Δημήτριος ή Μητσάρας ή Σερέτης ή Εξαδάχτυλος, οδός Κυνίσκας 23, Πειραιεύς».

«Αρκεί, καθίστε...» μου λέγει ο πρόεδρας. «“Αρκεί, καθίστε”, κύριε πρόεδρα, αλλά αν δεν τονε δώσω ολόκληρόνε τον κατάλογο, θά 'ρτει πάλι καμιά μέρα εδώ μπροστά σας κανένα φτωχαδάκι σαν και μένα και δε θα ξέρετε ποιος του το 'δωσε το “πράμα”. Λοιπόν, σας τον δίνω όλον πλήρης τον κατάλογο για να μη μείνει το καθάρισμα της κοινωνίας μισό. Λοιπόν, συνεχίζω. Έχτον: Ξεροβάσιλας Αναστάσιος ή Κλαπάτσας ή Εύμορφος, οδός Τσικλητήρα 27, δεύτερος όροφος, Αθήνα. Έβδομον: Χτυπισούρας Σπύρος ή “Μας τα μούσκεψες”, ο επονομαζόμενος και Σπανομαρίας, ένεκα που το μούτρο του γουλί, κύριε πρόεδρα, οδός Κατακώλου 96, Πειραιεύς. Όγδοον: Παντελάρας Αρίστος ή Κουφωδόνης ή Ψωμοσάκκουλος, οδός Τσακανίκα 8, ημιδιωροφάκι. Ένατον: Κατσιμπέρδας Αναστάσιος ή Βουλοκέρης ή Ευρύχωρος, οδός Κρήνης 111, Πειραιεύς. Δέκατον: Ταραμπούμπας Σωτήριος ή Σαλιάρας, οδός Ηφαίστου 4, Πειραιεύς. Και τελευταίος και τυχερός: Ψαθακούλιας Σεβαστός ή Ψωρόμαγκας ή Σύρμας, σύνδεσμος και πράχτορας ολουνών ή ρουφιάνος. Τον τέλεψα τον κατάλογο, κύριε πρόεδρα. Αύριο καθαρίζει η κοινωνία και όλοι πάμε στα σπίτια μας. Έτσι, κύριε πρόεδρα; Αμ δε, κύριε πρόεδρα! Γιατί τα παιδάκια αποδώ, μόλις βγούνε αποδώ, θα τα χάσουνε τα ονόματα και δε θα πιάσουνε κανένανε. Εννόησες, κύριε πρόεδρα; Και ξέρεις γιατί, κύριε πρόεδρα; Γιατί τα 'χουνε όλοι τάτσι μίτσι κότσι... Κοινωνία, έμπορας, Δίωξις κ.λπ. Εννόησες, κύριε πρόεδρα; Αλλά δεν εννόησες καλά, κύριε πρόεδρα, γιατί δε θέλεις να εννοήσεις καλά, γι' αυτό και θα με κοπανήσεις στο σταυρό. Περιμένω, λοιπόν, την καταδίκη μου ευγενώς και αθρόως και έχω ήσυχην την συνείδησή μου, καθόσον έπραξα το κατά δύναμιν για το καθάρισμα της κοινωνίας». Αρχινάνε, λοιπόν, οι γυαλάκηδες το ψου ψου ψου πίσω απ' τις κόλλες και στο τέλος μού κοπανάνε μια στο δόξα πατρί, που δεν εμπόραγα να πάρω τα πόδια μου... Δυόμισι χρονάκια ειρχτή. Ε, το λοιπόν, είπατε τίποτις; Την ξέρω ή δεν την ξέρω τη μπουτάνα την κοινωνία; Αλλά δεν είμαι και κορόιδο για να τα ξαναβάλω μαζί της. Μόνο εσείς βαράτε μπουνιές στο μαχαίρι. Πού πάτε —για βάστα—, πού πάτε, ρε παιδιά; Ελάτε να το κουβεντιάσουμε το πράμα τώρα που είμαστε ήσυχοι. Τι σας έπιασε και το κάνετε τόσο γούστο το στειλιάρι; Ρε σεις... μην έχει καμιά κρυφή γλύκα το άτιμο και δεν το ξέρω;... Αλλά και να 'χει, σάματις η ιστορία τελειώνει με το στειλιάρι; Αύριο σας τραβάνε για δίκη και σας ξαπλάρουνε στο γρασίδι! Δεν το χωνέψατε ρε ακόμη ότι μόνο αυτό σας περιμένει; Σαστίζω και χάνω το καφάσι μου, ρε παιδιά, με τα μυαλά σας. Τι διάλο..., μήπως σας έπιασε καμιά τρέλλα και πάτε φυρί φυρί γυρεύοντας το βόλι; Γιατί, για να ξέρετε, είναι κάτι τέτοια ζουντανά που τα τραβάει το μαχαίρι σα μαγνήτης. Στην τιμή μου!... Έχετε δει εσείς βόιδι να το τραβά το μαχαίρι; Έχω δει βόιδι, ρε παιδιά, ν' αφήνει τη βοσκή του στο χωράφι και να κατεβαίνει στο χωριό νά βρει χασάπη. Έρχεται μια στιγμής που το φαγουρίζει τόσο πολύ ο λαιμός του, που, άμα δε βρει μαχαίρι, θα τρελλαθεί. Θα μου πεις... τρελλαίνονται, ρε μάπα, ποτές τα βόδια; Άκου λόγια! Τρελλαίνονται, αδερφέ μου, τόσο γερά, που απορώ πώς δε φκιάξανε ακόμη τρελλοκομείο για βόδια. Το όμοιον κι εσείς. Βρήκατε ένα βιολάκι και το βαράτε στα ντουγρού. Η κοινωνία και η κοινωνία... Βρε σιάζει η κοινωνία με τρεις ανθρώπους; Ύστερα τι σας πειράζει και θέλετε να την ισιώσετε; Αφήστε την έτσι στραβή για να μπορούμε να την καβαλικεύουμε πιο εύκολα. Δεν ξελυγάει, ρε φιλαράκια, εύκολα η κοινωνία, πάρτε το απόφαση. Στραβογέρασε η σκρόφα, ξεράθηκε, παρατάτε την. Αν ήταν χλωρή και λύγαε, θα την ισιώνανε από καιρό, έτσι θα την αφήνανε; Ή νομίζεις πως θα περιμένανε εσάς; Τώρα τι κερδίσατε; Χαραμίσατε τα νιάτα σας και τέλεψε. Γιατί έτσι κι αλλοιώς θα σας ρίξουνε. Ουδεμίαν ανθυβολή υπέρ τούτου. Αλλά παίρνω το άλλο. Άιντε, που λέει ο λόγος, δε σας ρίχνουνε. Τι θα γίνει; Θα σας κόψουνε ισόβια και θα ρέψετε στο φρέσκο. Τι θα πει ισόβια; Ρωτάτε αποδώ το παιδί να σας πει. Σκέβρωμα, μούχλα, φύκια και σάπισμα. Αμ αν ήτανε καλά, θα τ' άφηνα να 'ρθω εδώ και να γίνω στρατιώτης του στειλιαριού; Είχανε μουδιάσει του φουκαρά οι αρίδες μου. Χασεδένιος είχα γίνει. Ώσπου μια μέρα έρχονται κάτι μούτρα και μου λένε: «Κουτρούμπα, εδώ θα σαπίσεις». «Ευχαριστώ για την πληροφορία...» τους λέω. «Για καινούριο μας το λέτε;» «Ναι, αλλά, άμα θέλεις, μπορείς να βγεις. Φτάνει μόνο να το θέλεις. Θέλεις;» Τους κοίταξα προσεχτικώς... «Ρε παιδιά» τους λέω... «δε μου φαίνεται να φοράτε σωστά μυαλά. Είναι κανείς ρε που να μη θέλει τη λευτεριά του;» «Ναι, αλλά...» μου λένε «μη θαρρείς πως θα το ρίξεις στο χουζούρι. Θα κάνεις και κάποια δουλειά». Τους κοίταξα έτσι λοξοειδώς, που λένε. «Μπορώ να μάθω, ρε παιδιά, σαν τι δουλειά;» «Πολύ εύκολη...» μου λένε. «Θα ρίχνεις ξύλο σε κάτι ρεμάλια». «Στοπ!» τους λέω. «Με το χέρι θα βαράω ή με στειλιάρι;» «Με στειλιάρι» μου λένε. Κουτρουμπάκο, λέω, σου 'φεξε, αδερφέ μου. Εμ, κορόιδο ήμουνα να μη δεχτώ; Συσσίτιο, μιστό, μιστοθροβοδοσίαν, που λένε, κι από πάνω στειλιάρι σε ξένη πλάτη. Γιατί όχι;... Σάματις θα τις μαζεύω εγώ; Δέχτηκα κι έκανα κι έναν τεμενά. Καλά δεν έκανα; Πρώτον, που γλύτωσα απ' τη φυλάκα. Δεύτερον, υπηρετώ την πατρίδα, που λένε. Τρίτον, χαρτζιλικώνομαι. Θα μου πείτε τώρα... Για στάσου λιγάκι, ρε Κουτρούμπα, το βαστάει η ψυχή σου να βαρείς άνθρωπο που δε σου 'φταιξε; Δεν είναι τίποτις, ρε παιδιά – ναι, μα το Θεό. Στην αρχή είναι λιγάκι δύσκολο, αλλά κατόπι το συνηθίζεις κι αρχίζει και να το γυρεύει κι ο οργανισμός σου. Τις πρώτες μέρες —παρ' όλα ταύτα— είπα να το ρίξω στην καλπιά. Να κάνω πως βαράω και να τις ρίχνω κούφιες. Μα με μαρτυρήσανε κάτι ρουφιάνοι και παρά πέντε να χάσω τη θέση μου. Ναι, να μη χαρώ την πεθερά μου, σας λέω. Ύστερις συνήρτα. Ρε Κουτρουμπάκο, λέω, για έλα δω... Γιατί, μωρή κοροϊδάρα, να κλοτσήσεις τα μεγαλεία και να πας να χωθείς ξανά στην ψειρού; Μοναχά εσένα, δηλαδή, γέννησε η μάνα σου έξυπνο;... Ύστερις, και να μη βαράς εσύ, θα βαράνε οι άλλοι που είναι πιο σκιτζήδες και θα τις ρίχνουνε πιο άγαρμπες. Λοιπόν, μείνε, βάρα το κατά δύναμιν, κι ο Θεός βοηθός. Στο κάτου κάτου της γραφής, να σου πω, δε σακάτεψα και κανένανε. Άμα μπορώ να τις ρίχνω μαλακές, το κάνω και με το περιπλέον. Για στάσου, ρε Στελάρα, θα μου πείτε, αφού ήσουνα τόσο παστρικιά ψυχή —κατά πώς πας να μας παραστήσεις—, γιατί τότε σε κλείσανε στην μπουζού; Αυτό είναι άλλο τροπάρι. Με είχανε σακατέψει οι αφιλίες, ρε φίλοι. Γύρναγα ξελιγωμένος, αλητεία, και βρώμαγα σα σκύλος απ' την πείνα. Κάτι «παιδιά» μού είχανε προτείνει καναδυό φορές δουλειά και δε δέχτηκα. Στο τέλος, άμα είδα ότι κόλλησε τ' άντερό μου... Κουτρούμπα, λέω, παράτα, αδερφέ μου, την αγιαστούρα γιατί θα τα τινάξεις. Τράβα που σε γυρεύουνε τα παιδιά. Πήγα. Ότι ετοιμάζανε και μια καλή δουλίτσα. Είχανε βρει μια χήνα με πολύ πούπουλο. Έναν τραπεζίτη εκατομμυριούχο που θα 'βγαινε με το τσαντί απ' τη φάμπρικά του. Ρίξανε τον κόμπο... Τώρα με τι κόλπο τα καταφέρανε, έπεσε ο κόμπος σε μένα. Αλλά ένας άντρας δεν κάνει πίσω. Δέχτηκα. Τώρα, εδώ που τα λέμε, δεν είχα και σκοπό να τον φάω κιόλα τον άνθρωπο. Το παραδάκι του μόνο πήγα να βουτήξω. Αλλά έβαλε, αδερφέ μου, τέτοιες φωνάρες, που... αναγκάστηκα, εννοείς, να τον περιποιηθώ λίγο άγαρμπα τον άνθρωπο. Τον άφησα σακάτη εις όλον του τον βίον. Στο δικαστήριο τα 'πα ξάστερα. «Ένεκα οι αφιλίες, κύριε πρόεδρα». Δε βαριέσαι... πού να σε καταλάβουνε! Με βαρέσανε στο σταυρό. Ισόβιαν ενκάθειρξιν και τα λοιπά. Μου 'χανε μαζεμένα κι άλλα παληά και μου τα φορτώσανε όλα στην καμπούρα. Τώρα, για να λέμε και την αλήθεια, έχει βέβαια κι η ψειρού τη γλύκα της, μα να ξέρεις να τα κονομάς. Έχει το μπαρμπουτάκι της... το μπαγλαμαδάκι της... το τραγούδι της το βαρύ, τα σέρτικα παιδιά της. Μα έχει, αδερφέ μου, και τα σακατιλίκια της, τα μαράζια της... που, αν δε μάθεις να τα σκορπάς, πας, αδερφέ μου, βούλιαξες. Έπειτα το σπουδαιότερο είναι να πετύχεις καλό αρχιφύλακα. Οι περισσότεροι από δαύτους είναι κακοί μπελάδες και θέλουνε προσεχτικό δούλεμα. Αλλοιώς χαράμισες τη ζωή σου, πας. Αλλά απ' την άλλη πάλι μεριά είναι και το επισκεφτήριο. Κάποιο απ' τα παιδιά τυχαίνει να 'χει καλοπαντρεμένη αδερφή που θ' αριβάρει την Κυριακή με την τσαντίτσα της..., με το σαλαμάκι, το πορτοκάλι, την πακεττιά το τσιγάρο... Θα μου πεις τώρα... και από γυναίκα ρε πώς τη βολεύετε; Δε βαριέστε, ρε παιδιά, μια ιδέα είναι κι αυτό. Ακούτε που σας το λέω εγώ, ο Στελάρας. Έπειτα, εδώ που τα λέμε, ξέπεφτε κάπου κάπου και κανένα βουτυρόπαιδο της αριστοκρατίας. Κι η τιμή; θα μου πεις... Ρε δεν την κατουράς! Όπου την αντάμωσα, δεν είχε βρακί στον κώλο της. Δώσ' μου λεφτά να ζήσω τίμια. Όσο δε μου δίνεις, θα γίνω άτιμος για να τα κονομήσω. Πάρτε παράδειγμα του λόγου σας. Αν το 'χατε το παραδάκι μπόλικο, θα την βρίσκατε φίνα και ωραίαν την κοινωνία και δε θα παλεύατε να την ισιώσετε. Ψέματα; Αλλά ο άλλος πάλι που είναι καβάλα δε θα ξεκαβαλικέψει για να βάλει εσένα. Τη βρίσκει φίνα και πολύ συφερτική την κοινωνία· κι άμα πας να του την ισιώσεις, θα σε φέρει στη ΣΦΑ και θα σου κάνει τα κόκαλα κρέας ώσπου να πεις: «Ήμαρτον, δεν το ξανακάνω». Καλή είναι έτσι η κοινωνία. Τότες ούτε «προδότη» θα σε πει ούτε στειλιάρι θα σου ρίξει. Τα ξέρω τα γράμματα, ρε παιδιά, κι ας μην πήγα στο σκολείο. Ξέρω ότι έχετε δίκιο. Αλλά ξέρω πάλι ότι έχει δίκιο κι ο λεφτάς. Εγώ στη θέση σας, παιδιά, θα κοίταγα να την βολέψω αλλοιώτικα. Θα κοιτούσα να πιάσω καμιά δουλίτσα... υδραυλικός, που λένε, ή λεχτρολόγος... ή τίποτις ντουκουμάνης σε κάνα πλεούμενο, να την κύλαγα την ψεύτρα τη ζωή ώσπου να κλείσω τα μάτια μου. Σας πονάω, ρε παιδιά, γι' αυτό σας κουβεντιάζω έτσι. Αλλοιώτικα τι μ' ένοιαζε; Τώρα θα μου πεις: Ρε Στελάρα, γιατί όλα αυτά που λες δεν τα 'κανες συ παρά τα συμβουλεύεις σε μας; Γιατί δε γίνεται τίποτα, ρε παιδιά, με μένα. Το πήρα πια το κάτω βολτάκι. Έμπλεξα από μικρός με κάτι παληάσκερα, με κάτι λέρες... Χάλασα. Αν είχα την τύχη να μπλέξω με τίποτις νοικοκυρόπαιδα, μπορεί ν' άλλαζε η τύχη μου. Είχα κάνει κι εγώ ο μαγκούφης τα σχέδιά μου. Ν' άνοιγα ένα μαγαζάκι στο Λαρισαϊκό που να 'χε μέσα και το ιδιαιτεράκι του... να 'ριχνα και καναδυό «παστρικιές» μέσα... να περνούσα τίμια τη ζωή μου. Αλλά δε σ' αφήνουνε οι σκατοπαρέες. Πήγα να μαδήσω κείνο τον τραπεζίτη. Όλα μού τα χαλάσανε οι φωνάρες του. Αν δεν ξεφώναγε, θα 'παιρνα όμορφα όμορφα το παραδάκι και θα 'μουνα σήμερα, που λέει ο λόγος, ένας τίμιος καταστηματάρχης με το ιδιαιτεράκι του, με τις χαμουρίτσες του. Αλλά... Αχ, πουτάνα τύχη!

Ο Μελιτζάνας έβγαλε τα τσιγάρα του κι άναψε, για ν' αραιώσει λίγο το φαρμάκι που του 'καιγε τα σωθικά. Όλος αυτός ο λόγος του ήταν ένα μικρό αριστούργημα ειλικρίνειας. Ήταν η σπαραχτική εξομολόγηση ενός εξοφλημένου ανθρώπου, που όμως το κεφάλι του ήταν ακόμη έξω απ' το βούρκο. Άναψε, κόλλησε το τσιγάρο του στα χείλη, ρούφηξε..., κράτησε έτσι κάμποσο τον καπνό μέσα του να πιπερίσει και κατόπι τον φύσηξε. Ύστερα έβγαλε το πηλήκιό του, το φόρεσε στο γόνατο κι αράδιασε και τις τελευταίες περικοπές του λόγου του.

—Σας εχτιμάω... Και το σύστημά σας, ρε παιδιά, πολύ το εχτιμάω κι αυτό, αλλά —για να είμαι ειλικρινής— εμένα δε μου κάνει. Για τους άλλους είναι φίνο. Όχι άλλοι να 'χουνε βαπόρες κι άλλοι μόνο ψείρες. Πώς; Ίσια πράματα, ντρέτα. Λίγα σου, λίγα μου. Πολλά σου, πολλά μου. Αλλά! Φίνο σύστημα, το ξαναλέω. Αλλά εμένα —το ξαναλέω κι αυτό— δε μου πάει. Δε μου συφέρει, πώς το λένε; Γιατί;... Γιατί, αδερφάκια, εσείς θα με στρώσετε στη δουλειά, κι εγώ δεν τη γουστάρω. Όχι, δεν την κάνω καθόλου γούστο. Τώρα πια εγώ συνήθισα στο κουρμπέτι και στις ξεκούραστες κονομησές. Θα μου πείτε: είναι τίμιο πράμα, ρε Στελάρα, αυτό; Όχι. Κι εγώ το βρίσκω άτιμο. Να μη χαρώ την πεθερά μου αν σας λέω ψέματα... Αλλά... για βάστα! Τι το περάσατε δω πέρα, ρε παλητοτόμαρα! Εδώ δεν είναι τεμπελχανείο ρε για να χουζουρεύει ο πάσα προδότης. Εδώ είναι σκολείον εθνικής αγωγής... κι όποιος δεν την πατήσει, να ετοιμαστεί να πεθάνει! Εξηγηθήκαμε; Και πρέπει να το καταλάβετε εφάπαξ και διαπαντός ότι, όποιος πέσει στα χέρια του Στελάρα, ή θα αφήσει το στείρον το πείσμα και θα γίνει Έλληνας ή θα πεθάνει. Τελείωσα. Και τώρα σπατσάρω.

Έφτυσε, φόρεσε το καπέλλο του κι έφυγε βαρυπατώντας και βλαστημώντας ακόμη κι έξω, όπου μια βραχνή φωνή έλυσε όλο το μυστήριο της απότομης αλλαγής του.

—Γεια σου, ρε Στελάρα, του λέει η βραχνή φωνή, όμορφα τους δουλεύεις.

—Όμορφα..., λέει ο Μελιτζάνας, αλλά τα μούτρα σου δεν είναι διόλου όμορφα. Αφού ξέρεις ρε πως είμαι μέσα εγώ, ο Στελάρας, γιατί έρχεσαι μουλουχτά; Πας να με κάνεις τσιμπητό, ε, για να με καρφώσεις; Ψτ, άκου δω... για τελευταία φορά. Ή θα δουλέψουμε μαζί τίμια και συναδερφικά ή άμα αρχίσεις και στήνεις μηχανές και λακκούβες...

—Ε, τι θα μου κάνεις;

—Θέλεις να το μάθεις;

—Πολύ περίεργος είμαι.

—Ε, άμα θέλεις να το μάθεις, στήσε τη μηχανή να το δεις.

Ο Κουτρούμπας έφυγε βλαστημώντας ακόμη τη μάνα του, κι ο άλλος έσκυψε τ' αυτιά κι έφυγε. Ήξερε ότι ο Κουτρούμπας δεν αστειεύεται.

—Κρίμα να μην πέσει σε καλά χέρια όσο ακόμη ήταν καιρός! λέει ο Γιώργης.

—Πραγματικά... Κρίμα και ξανά κρίμα! κάνει κι ο Παναγής και κοίταξε κατά τη μεριά που καθότανε πιο πριν ο Στελάρας.

Εκεί, κάτω απ' το παραπέτο, είχε ξεχάσει πάλι το πακέττο του κι ένα μπουκάλι κονιάκ.

—Κρίμα άλλη μια φορά!... ξανάκανε ο Γιώργης.

Πήρανε τα «δώρα» του και τα κρύψανε. Η «αγόρευση» είχε κρατήσει τόσο πολύ, που στ' αληθινά τους είχε ξεκάνει. Έτσι, χρειαζότανε ένα τσιγαράκι. Ανάψανε και ξαπλώσανε.

—Πάντως, διακόπτει ο Γιώργης τη σιωπή, ένα είναι το γεγονός. Όλος αυτός ο σπαραχτικός λόγος του Στελάρα απεκάλυψε τη βαθύτερη δίψα του πεσμένου ανθρώπου να σηκωθεί. Και, μαζί, την αδυναμία του να το κάνει. Ωστόσο κερδίσαμε σήμερα έναν αληθινό φίλο.

ΚΕΦΑΛΑΙΟ ΕΒΔΟΜΟ

ΟΛΟΚΛΗΡΗ ΒΔΟΜΑΔΑ δεν ακούστηκε ούτε άχνα απ' τη σκηνή του Γκουντά. Μόνο ο Κουτρούμπας κυλούσε μέσα, μάζευε κάτι βρισιές και ξανάφευγε. Προσωπικά ο ίδιος ούτε πείραξε κρατούμενο ούτε διαταγές έδωσε. Πίσω απ' τα βράχια τα π α ι δ ι ά δουλεύανε τα συστήματά τους. Μόνο ο Στελάρας σταδιοδρομούσε σαν τον κάβουρα. Αλλά προσπαθούσε να καλυφθεί πίσω από παχιά λόγια. «Κάνω το περιστεράκι» έλεγε. «Αφήστε. Έχω το σκοπό μου. Στην μπουζού με λέγανε "το δ α σ κ α λ ά κ ι". Παρασταίνω το περιστέρι ώσπου να γίνει η μύτη μου γερακίσια... Και μόλις γίνει... βαστάτε με!» Τα 'λεγε αυτά ξιπασιάρικα και κατόπι φασκέλωνε κρυφά τα μούτρα του. Ώσπου χάθηκε απ' τη ΣΦΑ, έγινε άφαντος, και κανενός ο νους δεν έβαζε τι έγινε. Το φαΐ τους τώρα τους το 'φερνε ένας λιγόσωμος κιτρινιάρης που φορούσε πάντα άτσαλα το πηλήκιό του κι είχε τις βρισιές για πασατέμπο. Ήταν όμως πολύ κρύος και μονότονος. Έμπαινε, άφηνε κάτω το συσσίτιο, στεκότανε για μια στιγμή και τους κοιτούσε σοβαρά σοβαρά κι ύστερα άρχιζε τα γέλια και τις κοροϊδίες.

—Για κοίτα ρε κάτι φάτσες που θα διορθώσουνε την κοινωνία! Νάα..., πούστηδες! Και τους έδινε από δυο φάσκελα. Στο τέλος έδινε με την αρβύλα του μια κλοτσιά στο χώμα, για να σηκώσει σκόνη και να πασπαλίσει το φαΐ τους, και ξανάφευγε. Δούλευε κι αυτός, καθώς κοκορευότανε, σε μια απομόνωση. Κάποιον παίδευε μερόνυχτα. Η ΣΦΑ είχε μια περίεργη εδαφολογική διάταξη. Όλο κόρφους, κοιλιές και χαράδρες ήταν. Σε κάθε μικρή χαραδρίτσα και πίσω από κάθε βράχο είχαν κι από μια απομόνωση. Κατόπιν ήταν οι κλωβοί, ένα είδος θεωρείου με τρίτης τάξεως κρατουμένους που άκουαν ή παρακολουθούσαν τα βασανιστήρια που κάνανε στους άλλους και σπάζανε μόνοι τους. Κάπου κάπου μόνο, σαν τύχαινε να τους φανεί η συγκομιδή μικρή, κάνανε κάποιο ομαδικό «ντου» και ξεσκαρτένανε καναδυό ντουζίνες... Τα... σωφρονιστικά όργανα ήταν διαλεγμένοι ένας κι ένας, αφρός· χασικλήδες, κακοποιοί, φονιάδες, κλέφτες, και κάθε τρόφιμος χαμαιτυπείου ή φυλακής που θα προθυμοποιούνταν να εγκαταλείψει τις «σπουδές» του στο Σωφρονιστήριο και να διοριστεί... καθηγητής της Ηθικής Αγωγής στη ΣΦΑ, με εθελουσία κατάταξη, με άπειρα δικαιώματα κι ένα μόνο καθήκον: ν' αποφεύγουν συστηματικά τον οίκτο. Ο όρος αυτός ήταν τόσο απόλυτος, που έκανε να διστάζουν και οι πιο αδίστακτοι και ν' αρνηθούν. Ένα μικρό μόνο ποσοστό στάθηκε πρόθυμο —μ' όλο το σκοτεινό του παρελθόν— να υπηρετήσει την... πατρίδα κάτω από τόσο βρώμικες συνθήκες.

Το καϊκάκι κάθε μέρα έφερνε και καινούριες σοδειές κι έπαιρνε τους «ανανήφοντας». Κερήθρες είχαν γίνει οι κλωβοί, που κάθε μέρα άδειαζαν και γέμιζαν. Σ' ένα τέτοιο δρομολόγιο ήρθε ξανά κι ο Μελιτζάνας, κι ανέλαβε τα παληά του καθήκοντα. Με τις καραβάνες στα δυο χέρια και το παγούρι στο στόμα, μπήκε μια μέρα μέσα φρεσκοξυρισμένος και κουρδισμένος στην πέννα.

—Να μαστε πάλι... Τι μου γλυκοπικρογίνεσαι, λοιπόν, συνάφι; Δε σας έσπασε κείνο το κουτάβι που βάλανε στο ποδάρι μου; Τον είχα καλοναρχίσει εγώ να μην απλώνει το ξερό του γιατί σας έχω για σπάσιμο εγώ, και ότι όπου να 'ναι το παίρνω το βραβείο. Τρίχες κανταΐφι. Πέστε μου αν έκανε καμιά μπαμπεσιά να τον περιποιηθώ αναλόγως. Όχι; Εντάξει. Ε, τι θα γίνει, δε θα με ρωτήσετε πού ήμουνα; Εξηγήθηκα Αθήνα. Χάλια... Κάθε μέρα τρώνε δικούς σας. Τους ρίχνουνε αβέρτα στο Γουδί σα να θερίζουνε καλαμπόκι. Δεν ξαναπάω... Λοιπόν, τι θα γίνει, δε θα με ρωτήσετε τι κάνει ο Γκουντάς; Να σας το πω. Παρασταίνει τη λεχώνα. Στείλανε και γιατρό. Το οποίον περίμενέ με! Άμα γεννάνε αυτές οι λεχώνες, γεννάνε λυκάκια. Ακούσατε πριν λίγο την πιστολιά; Ήτανε δική του. Κάποια λινάτσα πήγε να του βάλει σφήνες για μένα και του πρόσφερε κουφέτα. Καλύτερα να μην τη δω τη μέρα που θα ξυπνήσει. Βγήκα στην αναφορά για το Λαύριο. Θέλω να λείπω... Κατάλαβες. Διαλύθηκα ο ρουφιάνος και δεν αντέχω άλλο... Έχει σκοπό τούτη τη φορά, λέει, να σας σπάσει. Στο τέλος, αν δεν τα καταφέρει με τα «καφόνια», θα σας στείλει στο λ ι θ ά ρ ι. Τ' είν' αυτό; Ε, θαρρώ πως δεν είσαστε πρωτάρες. Λοιπόν, λιθάρι, μάγκες μου, είναι το πετροκουβάλημα. Εκεί δε γλυτώνει ούτε ένας στους χίλιους. Τώρα γιατί δε σας έστειλε μιας κι αρχής εκεί; Γιατί αργεί το άτιμο το σύστημα. Είναι της υπεμονής. Αλλ' όμως βαράς διάνα. Μα ο Γκουντάς προτιμάει τα γοργά και τα κοφτά. Τα σιχαίνεται τα κοιμισμένα. Κι έχει δίκιο, μωρ' αδερφέ μου. Είναι σα να κυνηγάς λαγό με τη βοϊδάμαξα. Αλλά άμα δει κι αποδεί, τι θα κάνει;... Θα σας στείλει στο λιθάρι. Μόνο τον καπετάνιο δεν ήθελε ν' αποχωριστεί. Τον είχε πάρει από μεράκι. Ήθελε να τον σπάσει ο ίδιος ένεκα που ο καπετάνιος ήτανε σκληρός. Να γιατί φοβάμαι για σας. Έχετε κάτι γλώσσες πάρα πολύ κρυόμπλαστρες, μωρ' αδερφέ μου, πολύ κοροϊδιάρες, πώς το λένε! Καμιά φορά τσαντιζόμουνα κι εγώ ο ίδιος. Κάντε και λιγάκι κράτει καμιά φορά, ρε παιδιά, δε θα πέσει η μύτη σας. Το ξέρουμε, είσαστε σκληρά αντράκια. Λοιπόν... Ναι, αλλά τα 'πα πολλά και πρέπει να σπατσάρω γιατί κάτι μάτια στήσανε πολυβόλο κατά δω.

Έφυγε τραγουδώντας με απαίσια φωνή ένα τραγούδι της φυλακής:

Ε, ρε και στον Ωρωπό τι φίνα
αμάν... αμάν...
πιο καλά και απ' την Αθήνα. Ζου!
Κάθε Κυριακή έχει κρέας
αμάν... αμάν...
τζάμπα είναι κι ο κουρέας. Ζου!
Ζουγκλερί και γκλέρι γκλέρι
ζουγκλερί και γκλέρι γκλέρι ζου!
Ζουγκλερί και γκλέρι γκλέρι
ζουγκλερί και ζου!

Ο καημένος ο Μελιτζάνας... πραγματικά είχε αρχίσει να χαλάει. Η διάλυσή του είχε προχωρήσει σε βάθος. Γι' αυτό κι είχε δίκιο όταν έλεγε ότι περιμένει από μέρα σε μέρα το ξύσιμό του. Κάθε δουλειά θέλει τον άνθρωπό της, κι ο Κουτρούμπας ή Στελάρας ή Μελιτζάνας δεν ήταν προικισμένος με πολύ μεγάλο τάλαντο. Το 'λεγε κι ο ίδιος... Ψιλικατζής. Μόνο τα χοντρά «στελέχη» ήταν κείνα που κρατούσαν ακόμα ψηλά την τιμή του Αναμορφωτηρίου. Μόνο που ο αρχηγός πολύ επί πόνου το πήρε το ζήτημα του καπετάνιου. Δε λέω... όλοι για ένα φιλότιμο ζούμε στην κοινωνία, αλλά όχι πάλι κι έτσι, βρε αδερφέ. Καλά, σου 'φυγε ο καπετάνιος, το μοναστήρι να 'ναι καλά. Γιομάτη σκληρούς είναι η ΣΦΑ.

Το απογεματάκι ο έλικας άρχισε πάλι να τους ζουζουνίζει τ' αυτιά. Το μονοθέσιο έκανε τώρα αληθινές βουτιές πάνω απ' τα κεραμίδια της ερωτοκαλόγριας. Πού όμως θα έφτανε αυτό το αεροπορικό κόρτε; Ή επιτέλους πρέπει να βγει η άκαρδη απ' το λιακωτό της και να του κάνει σινιάλο με κανένα μαντηλάκι ή αλλοιώς ένας άνθρωπος χάνεται. Καμιά μέρα θα λειώσει έτσι σα σύννεφο στον αέρα. Τώρα έπαιρνε τις βόλτες απ' ανάποδα. Ξεκινούσε πρώτα απ' το Σούνιο, κατόπι τραβούσε πέρα κατά τη Φαλκουνέρα και την Τζια κι έπειτα έπεφτε στο μοναστηράκι απ' τ' αριστερά. Τρεις ώρες κράτησε η ερωτική αυτή εξομολόγηση. Φαίνεται πως κάπως έτσι ερωτεύονται και τα πουλιά.

Αλλά ποιος ήταν αυτός ο άνθρωπος; Γιατί δεν πήγαινε όπως κάθε άλλος αεροπόρος να πολυβολήσει τα χωριά, να πυρπολήσει τα δάση; Τι «πολεμιστής» ήταν αυτός; Τι παράξενο φυτό ήταν αυτό που φύτρωσε μέσα στη μαύρη αποκτήνωση;

Όποιος κι αν ήταν, ό,τι κι αν έκανε, το φτεροκόπημά του αυτό ήταν σα μια αγγελική επίσκεψη. Ήταν ένας ταχυδρόμος απ' τη ζωή. Εκεί, πίσω απ' την Πεντέλη και κάτω απ' τα πόδια του Υμηττού, υπάρχουν ακόμη άνθρωποι που ερωτεύονται. Υπάρχουν όντα που έχουν κι άλλη δουλειά εκτός απ' την καταστροφή. Που δε βασανίζουν ή δε βασανίζονται μόνο... Αλλά που αγαπούν ή αγαπιούνται. Όνειρο!... Τέτοια, λοιπόν, είναι η ζωή; Εδώ ακούς μόνο τ' αγρίμια που βάλανε κάτω τον άνθρωπο, του πήραν τη μορφή, χώθηκαν μέσα και ουρλιάζουν και βασανίζουν εν ονόματί του. Μέρα χωρίς αίμα εδώ είναι μέρα χωρίς ήλιο. Μέρα χωρίς βογγήματα είναι μέρα άχρηστη που δεν πρέπει να επαναληφθεί. Εδώ ζωή είναι ν' αφουγκράζεσαι διαρκώς το δήμιο που έρχεται... μέρα και νύχτα... μέρα και νύχτα... ώσπου να μπερδευτεί η μέρα με τη νύχτα και να γίνει μόνο νύχτα.

Ο κόσμος εδώ είναι μόνο οι βράχοι και μόνο το πέλαγο που χυμάει και τους δέρνει. Κάπου κάπου μόνο δοκιμάζει να γελάσει κάποιο μάρμαρο απ' το ναό αντίκρυ, στο Σούνιο, μα αμέσως σκοτεινιάζει πιο πολύ. Η ζωή είναι βουλιαγμένη κάτω στο βυθό... Και τα μάρμαρα ανέβηκαν στον γκρεμό για να διαμαρτυρηθούν, να φωνάξουν ότι δεν έχουν καμιά σχέση μ' αυτούς που γέμισαν τη ζωή αίματα... ότι ανήκουν σ' έναν άλλο κόσμο που η τέχνη του ήταν ν' ανοίγει θεμέλια και όχι μνήματα.

Μακριά που είσαι, γλυκειά ζωή!... Κι ήσουν αλήθεια καμιά φορά τέτοια; Μα τότε αυτοί που μας τσαλαπατούν με τα σιδερένια χοντροπάπουτσα από πού έρχονται; Από ποιον αέρα παίρνουν την ανάσα τους; Και πώς δε βρώμισε ακόμα αυτός ο αέρας; Πώς δεν πάθανε ασφυξία όλοι οι ζωντανοί;

Ο Στελάρας είπε ότι στείλανε για γιατρό. Εδώ θα 'πρεπε να τους εξετάσει ρολογάς... ή κάποιος ειδικός χημικός και εγκεφαλολόγος, ή τοξικολόγος... Η αλήθεια είναι ότι μαζί με το συσσίτιο παίρνουν όλοι την π ρ έ ζ α τους, μα καμιά στατιστική ποτέ δεν ισχυρίστηκε ότι όλοι οι τοξικομανείς είναι και κακούργοι. Καθόλου. Αλλά και το αντίθετο ακόμη να συνέβαινε, και εγκληματίες να ήσαν όλοι, κάποτε θα 'νοιωθαν κάποιον κορεσμό. Εδώ το έγκλημα έγινε μέσον ψυχαγωγίας. Θέλω να γουστάρω, είπε ο σοφός Μελιτζάνας εκφράζοντας με χοντρές λέξεις όλη τη φιλοσοφία της ΣΦΑ. Λοιπόν. Κάποιο ανεκμετάλλευτο έδαφος ανακαλύφθηκε για τους ανθρωπολόγους και τους ψυχολόγους, ένας καινούριος κλάδος για την ιατρική επιστήμη. Εδώ υπήρχαν αυτιά που έπασχαν αν δεν άκουαν βογγητά και ψυχορραγήματα. Εδώ υπήρχαν μάτια που αρρώσταιναν αν δεν έβλεπαν αίμα. Υπήρχαν χέρια που πάθαιναν παράλυση αν δε χτυπούσαν. Όλα αυτά βέβαια κάποιος θεωρητικός νους τα ρύθμιζε. Κάποιος καθηγητής «ντρεσάριζε» όπως στο ιπποδρόμιο τα προωθημένα αυτά κτήνη. Ολόκληρο σύστημα ψυχικής στρέβλωσης είχε μπει σε ενέργεια, που δεν το ανακάλυψαν βέβαια μόνοι τους οι «μαθητές».

Μια μέρα έφτασε στη ΣΦΑ ένα καμιόνι. Ήταν φορτωμένο με τα μέλη ενός νέου «εκπαιδευτικού» ομίλου. Όλοι ήσαν νέοι άνθρωποι, σταλμένοι απ' τα Τάγματα. Ένας φοιτητής, ένας γιατρός, ένας δικηγόρος, ένας ποιητής κι ένας θεατρίνος, μ' έναν υπολοχαγό επικεφαλής.

Την είδηση την έφερε ο Μελιτζάνας, στολίζοντάς την και με κάτι δικά του σχόλια.

—Ρε τι θα βγάλουμε μ' αυτούς τους ψαλιδόκωλους; Αυτοί όλοι είναι «μη με πειράζεις γιατί θα το πω στη μαμά μου». Τα παιδιά, που λέτε, μόλις τους μπανίσανε, βάλανε τα γέλια... Μα τους είπανε άλλοι στ' αυτί κάτι κουβεντίτσες και κάνανε μόκο. Αυτοί οι χαλβάδες, λέει, σπάσανε ολόκληρο τάγμα... και όχι μοναχά το σπάσανε, αλλά και το στείλανε και στο βουνό να πολεμήσει, λέει, τους «μυδραλίες».

—Μητραλοίες...

—Μικρό το κακό. Εγώ έσπαγα κέφι. Ρε με τα ψυχολογικά, λέω, μπορεί να σπάσανε τα φουκαριάρικα τα φανταράκια του τάγματος. Εδώ τούτοι δω δε σπάνε ούτε με τις μαγκούρες. «Θα τους σπάσουνε μ' άλλο τρόπο» μου λένε. Με τι, με τη Σολομωνική; Άιντε να σας δω πώς τους σπάτε. Περιπεράστε. Να σου πω, εγώ είμαι ευχαριστημένος. Θα μου πάρουνε βέβαια το φαΐ μέσα απ' τα χέρια μου... δε μπειράζει. Μια φορά εγώ — σας ξέρω καλά. Δε σπάτε με τα ψυχολογικά. Ρε καλύτερα ψυχολογικά απ' τας επιστολάς και την εχτέλεση της Αφροδίτης Μπατζάκα γίνεται;

—Ποια εκτέλεση; λέει τάχα ανίδεος ο Γιώργης.

—Ουουχχ... τη μουρλή τώρα κάνουμε; Δεν το 'γραφε κείνη η κωλοεφημερίδα;

—Μα... το έγραφε;

—Να μου ανασκελωθεί η μάνα αν σας λέω ψέματα. Αλλά αυτές τις εφημερίδες τις σκαρώνει με το ψαλιδάκι και τις κόλλες ο ανθυπολοχαγός της Ηθικής Αγωγής.

—Άλλη αγωγή πάλι αυτή;

—Άλλη. Τώρα τη φκιάξανε. Η έδρα της είναι πίσω απ' τη ραχούλα... για να μην ακούνε ένεκα που δουλεύουνε το ψυχολογικό... κατάλαβες; Εκεί δα στο μπατζανέμι, κοντά στο Κέντρον... «Γάμα Κέντρον Παρησιάσεως» όπως το λένε. Λοιπόν... αυτά. Εφόσον ο Στελιανός Καμιζόπουλος...

—Ποιος είναι πάλι αυτός;

—Παρών. Αυτοπροσώπως ο Στελάρας ή Μελιτζάνας... όπως με βαφτίσατε εσείς οι δυο... δε μπειράζει, όλα τα μαθαίνω, παιδιά... Λοιπόν, αυτό είναι τ' όνομά μου το πραγματικόν... όπως με κατάγραφε στο Ληξιαρχείο κείνος ο ρουφιάνος ο πατέρας μου, και κατόπι παράτησε τη μάνα μου και πήγε να μαζέψει δολλάρια στην Αμέρικα... Τέλος πάντων... Λοιπόν, εφόσον, επαναλαμβάνω, ο Στελιανός Καμιζόπουλος ή Στελάρας δε σας στραπατσάρισε ούτε με τα ψυχολογικά του ούτε με τα «βαριά» του, δε γεννήθηκε ακόμη ο άνθρωπος που θα σας σπάσει. Εξηγημένα πράματα... Αλλά στάσου να ρίξουμε και μια ματιά έξω γιατί σέρνονται κάτι γουστέρες που έτσι κάνουνε για ν' αρπάξουνε κανένα μυστικό για να το πάνε σα λουλουδάκι στην έδρα.

Ο Στελάρας έβγαλε έξω τη μελιτζάνα του, την τριγύρισε παντού σαν περισκόπιο και την έμπασε ξανά μέσα.

—Τα πέριξ είναι καθαρά, λέει και πασκίζει να ξαναδέσει την κομμένη συνέχεια της κουβέντας του... Αλλά... καλού κακού ας έχουμε και το κοροϊδόχορτο, κι άμα έρτει κανένα καρφί, του το ταΐζουμε.

Έβγαλε τη μια αρβύλα του, την έβαλε στο πλάι· κατόπι βάζει δίπλα και το βούρδουλα και συνεχίζει.

—...Και τώρα το βιολάκι μας... Πού είχαμε μείνει; Για βάστα... Δε μπειράζει, λίγο το κακό. Δε μου λες, κύριε Καρυστινέ, ξέρεις ποιος τα 'γραφε τα γράμματα; Δεν το πάει ο νους σου, ε;

—Μια φορά ούτε εσύ ούτε ο Γκουντάς.

—Σ' αυτό έκανες διάνα. Κανονικά δεν πρέπει να σας το μαρτυρήσω, αλλά εμένα τώρα πια με πήρε που με πήρε ο κατήφορος. Ήταν να μην τ' αρχίσω τα εμετά... τώρα που τ' άρχισα, θα τα ξεράσω όλα ως το τέλος κι ο διάολος ας βάλει το χεράκι του. Λοιπόν, τα γράμματα, μάγκες, τα 'γραφε ο κύριος Τουμπακάρης.

—Τουμπακάρης; λέει ο Γιώργης... Κάπου το 'χω ακούσει αυτό τ' όνομα.

—Δεν πιστεύω.

—Και ποιος είναι;

—Ο ανθυπολοχαγάκος ντε... που σας έλεγα... της Ηθικής Αγωγής και κατούρα ψηλά... Δεν πιστεύεις; Να... να μη χαρώ την πεθερά μου...

—Για στάσου... Μήπως είναι ένας τζιτζιφιόγκος με μουστακάκι, πίπα, αλυσιδίτσα μπρασελέ στο χέρι και λοιπά... και λοιπά;

—Έκανες άλλη μια διάνα, κύριε Καρυστινέ.

—Τώρα εξηγώ πώς ήξερε τόσο καλά τα οικογενειακά μου.

—Ώστε τον ήξερες; Για κοίτα ρε μια σύμφτωση, που λένε. Και ξέρεις τι σιγουριά είχε ο φίλος ότι θα σ' έσπαζε!... «Αυτό το γράμμα» έλεγε «είναι...», στάσου γιατί δεν το θυμάμαι καλά... Α! Το θυμήθηκα: «Φάκελλος εντός κεραυνού».

—Κεραυνός εντός φακέλλου.

—Μα όλα τα μαθαίνετε; Τίποτις δε σας ξεφεύγει; Φαίνεται, μάγκες, ότι και κάποιος άλλος έρχεται δω και σας τα ξερνάει, δε γίνεται αλλοιώς. Εξόν πια κι έχετε συμπεθεριό με το διάολο, όπως έχουνε να λένε.

—Α... και τι είπε ο κ. Τουμπακάρης σαν έμαθε ότι δεν έσπασα;

—Τα ίδια που λένε όλοι. Ότι διαλάτε την οικογένεια και τα ρέστα. Δυαράκι δε δίνω. Να κι αν τη διαλάτε, να κι αν δεν τη διαλάτε... Σάματι έχω οικογένεια για να με πάρει η σκάση; Όσο για υπογραφές απ' τις γριές σας, τις πήρε αυτοπροσώπως ο Γκουντάς. Το 'ξερες κι αυτό; Φαίνεται όμως, αδερφέ μου, ότι είναι πολύ κόττες οι γριές σας και να με συμπαθάτε. Ρε δίνουνε τόσο εύκολα υπογραφή στο πρώτο μούτρο που θά 'ρτει να τη γυρέψει;... Έχετε κι ένα μικρό στο σπίτι, ε κύριε Καρυστινέ;

Τώρα σπουδάζει μοδιστρόνι... Σε λιγάκι, λέει, παίρνει ψαλίδι. Λουλούδι κορίτσι.

Ο Γιώργης κατσούφιασε. Τούτο το τελευταίο δεν το 'ξερε ούτε κι ο ίδιος. Άρχισε να νευριάζει με την ταχτική του Μελιτζάνα. Τις μέρες της άδειάς του φαίνεται ότι πήγε και τα ξεψάχνισε όλα — όχι βέβαια για καλό. Άρχισε να τον υποπτεύεται άσκημα. Κοίταξε —σε μια στιγμή που ο Μελιτζάνας είχε ξαναβγάλει τη μύτη του έξω για κατόπτευση— τον Παναγή και συνεννοηθήκανε. Έπρεπε να τον ξεμακρύνουν. Έπαιζε ένα ύπουλο διπλό παιχνίδι. Ευτυχώς δεν τους είχε ξεφύγει τίποτα. «Να φυλάγεσαι κι απ' το σακάκι σου» τους έλεγε ένας στο Μεταγωγών που αργότερα μάθανε ότι εκτελέσθηκε.

Ξαφνικά ο Μελιτζάνας μπάζει βιαστικά μέσα τη μύτη του κι αρπάζει το βούρδουλα.

—Ρε τομάρια!... ξεφωνίζει. Τι σας χρωστάω γω, ρε ρουφιάνοι, να χάσω την υπόληψή μου επειδής εσείς την έχετε ακριβή την υπογραφή; Θα σε στείλω στη μάνα σου για γράμμα εσένα, ρε χοντρέ, με φάκελλο το κιβούρι σου! Ως πότε... Ως πότε... Ως πότε ρε!...

Οι βουρδουλιές πέφτανε βροχή πάνω στη βγαλμένη αρβύλα του Μελιτζάνα. Οι δυο φίλοι είχαν καταλάβει, αλλά δεν ένοιωθαν κανένα ενθουσιασμό πια για τα κόλπα του. Ένοιωθαν μάλλον αηδία.

Κάτι χοντρά γέλια ακούστηκαν απόξω.

—Άκου... Ο Στελάρας βγάζει το τελευταίο του άχτι. Δούλευέ τους, Κουτρουμπάκο, γιατί από αύριο τους παίρνουνε για ανωτέραν μόρφωσιν.

—Δεν πάτε να κατουρηθείτε με τα βρακιά δεμένα ρε! Έλεγχο στη δική μου δουλειά θα κάνετε; τους φωνάζει από μέσα ο Στελάρας.

—Καλά, ρε Κουτρούμπα... δε σε προσβάλαμε κιόλα. Ουουφφ!... Άιντε πάμε, ρε Τζιβελέκα.

Οι δύο συνάδελφοι ξεμάκρυναν. Τότε ο Μελιτζάνας αρπάζει στο χέρι την αρβύλα και λέει με αγωνία στον Παναγή:

—Κράτα τσίλια... Κράτα γερά τσίλια γιατί, αν περάσει απόξω κάνα ρεμάλι, χάθηκα!

Έτσι όπως κρατούσε την αρβύλα, της ξηλώνει τη σόλα και τραβά τρέμοντας από μέσα ένα διπλωμένο χαρτάκι.

—Καρυστινέ, λέει αναπνέοντας βαριά, διάβασ' το γλήγορα και φα το!

Στο μεταξύ προσπαθούσε να φέρει σε λογαριασμό τον πάτο της αρβύλας του. Ο Γιώργης διάβασε τις τρεις φράσεις που ήταν γραμμένες στο χαρτάκι. «Για να γλυτώσουμε το κεφάλι της Αφροδίτης μας, μας ζητούν εκατό χρυσές. Να πουλήσουμε το περβολάκι στο Χολαργό; Απάντησε αμέσως με το πρόσωπο που σου φέρνει το χαρτί. Είναι έμπιστο. Για τη μητέρα: η Δέσποινα».

—Ακόμη, μωρέ Καρυστινέ;... φωνάζει ο Στελάρας με αγωνία. Φα το γιατί μ' έφαγες εμένα το ρουφιάνο. Ρε σε τι βραστό καζάνι πήγα και χώθηκα!...

Ο Γιώργης το 'κανε ένα βωλάκι και το 'φαγε. Ο Μελιτζάνας ανάσανε και φόρεσε την αρβύλα του.

—Δόξα σοι ο διάολος! είπε και σκούπισε τον ιδρώτα που είχε πλημμυρίσει το κούτελό του. Και τώρα, Καρυστινέ, απάντα κοφτά και σβέλτα. Ναι ή ου; Να μου χυθούνε τα μάτια χυλό αν ξέρω τι γράφει εκεί μέσα. Μου είπανε μόνο να σου πάρω ένα ναι ή ένα όχι... ούτε και ξέρω για ποιο πράμα.

Ο Γιώργης δεν ήξερε τι ν' αποφασίσει. Βρισκόταν σε

σκοτεινό δίλημμα. Όσο για το γράμμα, δε χωρούσε αμφιβολία, ήταν γνήσιο, γραμμένο απ' το Δεσποινάκι.

—Θα το πας ο ίδιος στο σπίτι; ρωτά δαγκαμένος.

—Δε μου 'στριψε ακόμα. Αστειεύεσαι; Όχι... Με άλλο πρόσωπο δούλεψα.

—Τι πρόσωπο είναι αυτό;

—Το... πρόσωπό μου. Δηλαδή... ο άνθρωπός μου... πώς το λένε;

—Δεν καταλαβαίνω.

—Ουουφφ... του Δημοτικού γίνεσαι μερικές φορές, μωρέ Καρυστινέ!... Δηλαδής, να μην έχουμε κι εμείς ένα πρόσωπο; Στην κοπριά, δηλαδής, φυτρώσαμε;

—Μίλα καθαρά, μωρέ Στελάρα.

—Πιο καθαρά γίνεται; Να μωρέ... το πρόσωπό μου... η μνηστήρ μου... δηλαδή, ο άνθρωπός μου... πώς αλλοιώς να σ' το δώκω να το καταλάβεις; Ουφ! Ρε κάτι κεφάλια! Μη σκας, δεν είναι απ' τις δικές σας τις «συμπαθώντες», που λένε. Είναι πρόσωπο καθαρό. Το πράμα το δουλεύω από καιρό, μα έκανα μόκο... Σε πόναγα, μωρέ Καρυστινέ... να μου ανασκελωθεί η μάνα αν σου κάνω τώρα λούσα. Δεν είμαι και πέρα πέρα για πέταμα... Μου περσσεύει ένα αχεράκι καρδιά ακόμη... Στα κόλλυβα που θα μου κάνουνε... να... να δρασκελήσω το μνήμα της μάνας μου αν είναι βρωμιά στη μέση. Και δε θέλω τίποτις... καμιά πλερωμή... Το 'κανα έτσι, από τρέλλα πες... Είμαι παλιόσκυλο. Μ' έβαλαν να σε δαγκάσω κι εγώ σε γλείφω... Να, τέτοια σκάρτη μάρκα είμαι. Πες μου τώρα, Καρυστινέ, στο φως σου: Ναι ή Όχι;

Ο Γιώργης άργησε να απαντήσει, όχι γιατί δεν ήθελε ή δίσταζε, αλλά γιατί πνιγόταν.

—Λέγε, μωρέ Καρυστινέ... Θέλω να το βγάλω σε άκρη

αυτό που ανάλαβα. Λέγε γιατί τρέμει το καρδάκι μου σα μουσταλευριά. Να, τέτοιος χέστης είμαι και με βάλανε να παλέψω με λιοντάρια. Ου στο διάολο! Ψοφίμι! Λέγε, ρε Καρυστινέ. Με γκάστρωσες, μωρ' αδερφέ μου! Ναι ή όχι;

—Ναι..., λέει μ' αλλαγμένη φωνή ο Γιώργης.

Ο Μελιτζάνας έκανε να βγει, μα δεν έβρισκε την πόρτα. Έψαχνε βλαστημώντας σαν το τυφλό βόδι, ώσπου τον λυπήθηκαν, τον πιάσανε απ' τις μασκάλες και τον σπρώξανε κι οι δυο έξω.

Έξω ήταν αστροφεγγιά. Εκεί δα στη χαραμάδα της σκηνής του Μελιτζάνα τα χέρια γάντζωσαν πάνω στο μπράτσο του Γιώργη.

—Δε μου λέτε ρε σεις..., τους λέει καθώς κάτι υγρό γυάλιζε μες στα μάτια του. Δε μου λέτε... μ' αγκαλιάσατε ή μου φάνηκε;

Οι άλλοι τον ξανασπρώξανε. Ο Μελιτζάνας τότε φασκέλωσε τα μούτρα του.

—Να, ρουφιάνε... Αγκαλιάσματα σου 'λειψαν!

ΚΕΦΑΛΑΙΟ ΟΓΔΟΟ

ΤΑ ΜΑΞΙΛΑΡΙΑ ΕΧΟΥΝ ΑΓΚΑΘΙΑ για τις μεγαλοφυΐες αυτού του κόσμου. Κι όπως τα σοφά μυαλά γεννάνε τη νύχτα, έτσι και τα τέρατα της ΣΦΑ γεννάνε τα μεσάνυχτα. Τη μέρα τα μεγάλα έργα φαίνονται πολύ μικρά, μα τα μικρά φαντάζουν μεγαλύτερα αν τα μυαλά που τα γεννούν είναι χαλασμένα. Για τα μυαλά αυτά δεν ξημερώνει ποτέ. Η μέρα τους είναι σκοτεινότερη απ' τη νύχτα.

Ο κακούργος είναι ένας σοφός που δεν πρόφτασε να ωριμάσει. Τα έργα του είναι άγουρα, πικρά, δε θα γλυκάνουν ποτέ. Ο εγκληματίας είναι το άγριο δέντρο μες στον ήμερο κήπο που η μοναξιά του το κάνει πιο άγριο. Έτσι και οι άγριοι των κατωκημένων περιοχών είναι αγριώτεροι απ' τους άγριους της ζούγκλας. Η πεποίθηση ότι το έγκλημά τους μπαίνει κάτω απ' τον κοινωνικό έλεγχο τους σπρώχνει να το κάνουν αγριώτερο. Το σαρκοβόρο της ζούγκλας κατασπαράζει ό,τι είναι να φάει και σταματά μόλις χορτάσει. Ο άνθρωπος —δυστυχώς— δεν τρώει τα θύματά του... Έτσι, δε χορταίνει για να σταματήσει.

Στην έδρα της ΣΦΑ απόψε ξενύχτησαν. Επιτελικά σχέδια βιασμού καταστρώθηκαν. Η ανοχύρωτη πόλη έπρεπε να παραβιαστεί. Η ακρόπολη της «συνείδησης» έπρεπε να αλωθεί. Τη σύσκεψη την οργάνωσαν οι καινούριοι, αυτοί που ήρθαν απ' τα Τάγματα. Η περίπτωση αυτών των δημίων είναι ένα σπάνιο φαινόμενο στην ιστορία των εγκλημάτων. Οι άνθρωποι αυτοί δε γεννήθηκαν σκληροί, κάθε άλλο. Το πρωτεϊκό κύτταρο που γέννησε το έγκλημα ήταν η δειλία. Αν τους εξέταζες έναν έναν προσεχτικά, θα 'βλεπες ότι ήταν άνθρωποι με λεπτή ιδιοσυγκρασία, λιγόφωτα μάτια, αδύνατο σκελετό. Άνθρωποι πλασμένοι για κάποιο γραφείο, για μιαν αθόρυβη κλειστή ζωή, χωρίς εξάρσεις και δυνατά τραντάγματα. Σε μια ορισμένη στιγμή της ζωής τους κάνανε τη φοβερή αφροσύνη να πιστέψουν σε κάτι. Απ' την ισκιερή τους γωνιά πίστεψαν θεωρητικά σε μιαν ιδέα, χωρίς βέβαια να 'χουν και το σθένος να την υπηρετήσουν. Αρκούνταν σε μιαν αθόρυβη πίστη, σαν τους ανθρώπους των περασμένων εποχών που ασπάζουνταν όπως όπως μια θρησκεία απ' το φόβο μην τους κατηγορήσουν για αθέους. Ξαφνικά ο τόμος της ζωής τους παθαίνει ένα απότομο ξεφύλλισμα. Μια πόρτα βρέθηκε μπροστά τους, που, πριν προφτάσουν να το σκεφτούν, την είχαν δρασκελίσει. Τι είχε συμβεί; Μια καλοκαιριάτικη νύχτα γίνεται μια τρομερή απαγωγή χιλιάδων ανθρώπων που μέσα τους είναι κι αυτοί. Η ατυχία, για τις χιλιάδες των κατοπινών θυμάτων τους, ήταν ότι δεν πέρασε, δυστυχώς, από κανενός χωροφύλακα το μυαλό να τους ζητήσει τότε, επί τόπου, Δήλωση. Θα την έδιναν πρόθυμα και θα γλύτωναν κι αυτοί και τα κατοπινά θύματά τους. Αλλά η απαγωγή, καθώς είπαμε, ήταν πολύ γενική, πολύ βιαστική, και δεν έμεινε καιρός για την εξακρίβωση της αντοχής του καθενός. Όλη η υπόθεση ήταν να συμπληρωθεί ένας αριθμός από είκοσι χιλιάδες ανθρώπους. Και συμπληρώθηκε.

Η ιστορία μετά ακολουθεί τον φυσικό της ρυθμό. Οι τύποι μας χωνεύτηκαν μες στο σύνολο. Βρέθηκαν μες στο ανθρώπινο ποτάμι και κύλησαν μαζί του. Έπειτα, από πρώτη όψη, η ηρωοποίηση δε φαινόταν και τόσο δύσκολη. Μια απλή εκτόπιση... Το νησί είναι όμορφο. Το λένε Ικαριά. Οι μέρες κυλούν χωρίς τρόμο. Γιατί όχι και ήρωας; Δεν κοστίζει πολλά. Μπροστά τους δε φαινόντουσαν ούτε αλυσίδες, ούτε πυρές, ούτε αίματα. Τίποτα. Μια απλή αλλαγή συνθηκών της ζωής.

Ξαφνικά μια δεύτερη απαγωγή γίνεται, και σε μια νύχτα μέσα βρίσκονται απ' την Ικαριά πεταγμένοι στα βράχια αυτού του νησιού, που, και χωρίς τη συνδρομή των δημίων, είναι αρκετά εγκληματικό. Την επόμενη νύχτα σαν κοπάδι πρόβατα τους σπρώχνουν όλους μισόγυμνους στη θάλασσα. Μπροστά είναι άγριος γκρεμός. Πίσω οι νηστικές κάννες των τουφεκιών. Εκατό πτώματα κιόλα πεσμένα κάτω δείχνουν τι περιμένει κείνους που είναι αποφασισμένοι να επιμείνουν. Οι τύποι μας τρέχουν βιαστικά να υπογράψουν μην τύχει και ανακληθεί η διαταγή, και δεν προφτάσουν. Μα γλύτωσαν από έναν γκρεμό και πέσανε σ' άλλον βαθύτερο. Κλάψε κείνον που πέφτει ζωντανός...

Την άλλη μέρα τούς ζήτησαν —με την κάννη πάντα στον κρόταφο— να π ρ ο χ ω ρ ή σ ο υ ν. Έπρεπε ν' ανεβούν σε μιαν εξέδρα και να βρίσουν κείνους που άντεξαν. Έτσι βάθυναν οι ίδιοι το χάος που άνοιξαν μοναχοί τους. Μα οι κάννες πάντα τους κυνηγούν. Π ρ ο χ ω ρ ή σ τ ε! Και προχωρούν. Καταγγέλλουν ενυπόγραφα κείνους που τους εμύησαν. Το χάσμα βαθαίνει περισσότερο. Μα οι κάννες ακόμη τους κυνηγούν. Σκοτώστε... αλλοιώς θα σκοτωθείτε. Και προχωρούν. Τώρα βρίσκονται καβάλα σ' ένα τρελλό άλογο που πάντα χορεύει... χορεύει μες στο αίμα και κατρακυλά... Άμα ξεκαβαλικέψουν, θα σκοτωθούν. Μα κι όσο μένουν, βουλιάζουνε. Την κάθε μέρα της ζωής τους πρέπει να την κερδίσουν με μια ζωή ή με μια συνείδηση που θα πάρουν. Αν δεν καταθέσουν το βράδυ μια υπογραφή ή μια ζωή, το μητρώο τους μαυρίζει. Κινδυνεύουν. Γι' αυτό πρέπει να δουλέψουν. Πρέπει να σώσουν αυτό το κρεμασμένο, από μια σάπια κλωστή, σκουλήκι που είναι η ζωή τους.

Αυτή ήταν η φουρνιά που ήρθε να «δουλέψει» στη ΣΦΑ. Διόλου για γέλια και για πολλά πολλά κλάματα.

Ξημέρωσε η επόμενη μέρα χωρίς να συμβεί τίποτα το ασυνήθιστο. Μόνο κατά τις δέκα άρχισαν κάτι βιαστικά σούρτα φέρτα. Ακούστηκε μια έκρηξη... Ύστερα κάτι λοστάρια. Σε μια πλαγιά άρχισαν να σπάνε πέτρες. (Μήπως αυτό ήταν το λιθάρι που 'λεγε ο Μελιτζάνας;)

—Τι μαστορεύουν αυτοί εκεί πέρα; ρώτησε μια φωνή στο δρόμο.

—Ξέρω γω!... Συνεργείο λένε.

—Τι σόι συνεργείο;

—Ξέρω γω!... Κάποιο τσαντίρι θέλουνε να στήσουνε για βραδυνά, λέει, μαθήματα. Ξέρω γω! Έτσι λένε!

—Μαθήματα μες στο τσαντίρι; Πιάστε με γιατί θα πέσω...

Το μεσημέρι το πλάτωμα είχε τελειώσει και πήγανε να φάνε. Μετά το συσσίτιο ξαναγύρισαν. Τώρα φέρνανε μαζί τους και μια μεγάλη κωνική σκηνή με τους πλαγιοστάτες. Πριν πέσει το σούρουπο, όλα ήταν έτοιμα. Έτσι άρχιζε στην πρώτη της φάση η Επιστήμη που φέρνανε απ' τα Τάγματα οι καινούριοι. Στην πόρτα μάλιστα της σκηνής κρεμάσανε και μια ταμπέλα με γαλάζια γράμματα για να μη μένει αμφιβολία σε κανέναν: ΣΥΝΕΡΓΕΙΟΝ ΕΘΝΙΚΗΣ ΑΝΑΜΟΡΦΩΣΕΩΣ. Οι μάγκες το διαβάζανε και πέφτανε ανάσκελα.

—Με το βου-α-βα πάνε να τους γυρίσουνε τα μυαλά. Αμ αυτοί τα γράμματα τα ξέρουνε καλύτερα από σας, ρε κοροϊδάρεεες!...

Στις έξη ήρθε ο Μελιτζάνας με το συσσίτιο. Μα ήταν μπερδεμένος, συγχυσμένος, και δεν έδειξε καμιά διάθεση να μείνει και να μιλήσει.

—Σκαντζάρω επιτηδείως και υπογειακώς, τους λέει. Χαμοκυλάνε ένα σωρό φιδάρες σήμερα ένα γύρο. Δεν έχω καμιά διάθεση να με φάνε λάχανο. Γι' αυτό σ π ά ω. Όσο για το ΝΑΙ σου, έφυγε, κύριε Καρυστινέ. Μη σκας. Έφυγε μασκαρεμένο. «Πες στην γκόμινα εντάξει. Για το στεφάνι που λέγαμε, δ ε χ τ ό ς. Έτσι κι αμοληθώ, θα της το περάσω να ησυχάσουμε...» Κείνη είναι ψημένη και θα μπει στο νόημα. Όσον περί «συνεργείον», δε σκαμπάζω γρι. Για διαφώτιση άκουσα να λέει ο ανθυπολοχαγός, που ετοιμάζει και το πρώτο μάθημα... κάτι, μου φαίνεται, περί «κολυμπήθρα» και κατσαρίδες αυγολέμονο. Το λοιπόν, σπάω. Μου φαίνεται πως ακούω τις γουστέρες να σέρνονται. Την έκατσα πολύ άσκημα τη βάρκα... γι' αυτό σπάω. Α, μετά κάποιος με μπόλικο μαλλί θα πει ποιηματάκια, και στο τέλος θα βγάλουνε γλυκό σαρδέλλα και έτσι θα λήξει «η ωραία αυτή ερτή», όπως έλεγε ο διευθυντής μας στην ψειρού. Αλλά τι κάθομαι ακόμη ο ρουφιάνος και παρλάρω; Οι γουστέρες σφυρίζουνε κιόλας έξω απ' τα παραπέτα. Λοιπόν, έσπασα.

Έφυγε με άτσαλο βήμα, αφήνοντας επίτηδες τις καραβάνες του να χτυπούν με ξεγνοιασιά. Πάντως το ηθικό του ήταν για κλάματα. Είχε μπει κι αυτός στον κύκλο του τρόμου.

Η λειτουργία του Συνεργείου άρχισε το βράδυ. Οι σκηνές της απομόνωσης άδειασαν. Τους τραβήξανε όλους δεμένους κάτω απ' το πλάτωμα του Συνεργείου. Στο τέλος φέρανε και κείνους απ' τους κλωβούς. Τρέμανε οι άνθρωποι σα χειμωνιάτικα φύλλα. Τους διατάξανε να καθίσουν όλοι χάμω και γύρω γύρω ακροβολίστηκαν με τα πολυβόλα οι φρουροί.

Στην αρχή ήταν όλα φρόνιμα, ήσυχα, προσεχτικά.

Σε μια στιγμή άνοιξε η πόρτα της σκηνής και βγήκε ένας υπολοχαγός με γυαλάκια πιο κίτρινος κι απ' τον ίκτερο και πλησίασε στο μικρόφωνο. Έβηξε και το τράβηξε κοντά του. Περίεργο... Η φωνή κεινής της ελονοσίας ήταν πιο βαρειά κι από τρομπόνι.

—Αρχίζει το πρόγραμμά μας, λέει χοντρά. Πρώτον: Ο εθνικός ποιητής της Μακρονήσου Νότης Ψιχάλας θα σας απαγγείλει πατριωτικούς του στίχους. Ο κύριος Ψιχάλας στο μικρόφωνο.

Ο ίκτερος αποσύρθηκε και βγήκε ο ποιητής. Μύτη, μαλλιά, γυαλιά, και μια φωνή μακρουλή και λιανή σαν καλαμιά. Έβηξε. Πήρε τα γυαλιά τού, τα 'κανε λίγο αριστερά, ύστερα λίγο δεξιά, και στο τέλος τα ξανάφερε στη θέση τους.

Η ΕΘΝΙΚΗ ΑΝΑΣΤΑΣΗ

Ήλιε, σταμάτα μια στιγμή πάνω από το νησί μας
και σκόρπισε τη συννεφιά, και φέρε μας τη ζέστη.
Να τραγουδήσουμε μαζί το νέο Χριστός Ανέστη
που γίναν φίλοι κι αδελφοί οι χτεσινοί εχθροί μας.

Φέξε τη γη τη διαλεχτή, την παινεμένη γη σου.
Οι βράχοι αυτοί απόχτησαν λαμπύρισμα δικό τους
γιατί οι τυφλοί ξανάβρανε όλοι εδώ το φως τους.
Κι υμνολογούν τη δόξα σου και τη μαρμαρυγή σου.

Σημαία γαλανόλευκη, σκύψε να δεις μπροστά σου,
αυτοί που σε κοιτάζουνε με μάτια δακρυσμένα
είν' τα παιδιά σου, τα πουλιά τα παραπλανημένα
που τώρα ξαναγύρισαν κάτου από τα φτερά σου.

Μελτέμια του Μακρονησιού, αύρες της τραμουντάνας,
στείλτε παντού μηνύματα, σαλπίσματα και ρίγη,
τα χελιδόνια γύρισαν που 'χανε πρώτα φύγει
και κελαηδούν στην αγκαλιά της στοργικής τους μάνας.

Χαρείτε, κάμποι... ακρογιαλιές, ψηλώματα και δάση,
εδώ τα φώτα λάμπουνε μαζί, ως λάμπαν πρώτα
γιατί ξαναγυρίσανε σ' εμάς τ' απολωλότα
που 'χαν, στην παραζάλη τους, το δρόμο τους ξεχάσει.

Μαρία Μεγαλόχαρη και του Χριστού Μητέρα,
των ουρανών βασίλισσα, της γης η πλατυτέρα,
σ' ευγνωμονούν οι άπιστοι που σ' είχαν λησμονήσει
μες στον καινούριο σου Ναό, το άγιο Μακρονήσι.

Παρακαλούν γονατιστοί, συχώρεση ζητούνε,
τις προσευχές που ξέχασαν γυρεύουν να σου πούνε.
Από τα βάθη της ψυχής, από τα τρίσβαθά τους,
γιατί είδαν τον κατήφορο που ανοίγονταν μπροστά τους.

Φωνές, τρουμπέτες, σάλπιγγες... δοξάστε την πατρίδα,
την καταλύτρα δύναμη, την κοσμοπλάστρα ελπίδα.
Το Μακρονήσι εκίνησε, χιλιάρμενη φρεγάδα,
και στο λιμάνι φούνταρε που το καλούν Ε λ λ ά δ α.

—Μπράβο, Ψιχάλα! του λέει ο υπολοχαγός.

—Μπράβο, Συχάλα! του φωνάζουν κι οι μάγκες.

—Μπράβο, ρε Ροχάλα, εσένα θέλουμε, λέει κι ο Τσίμπλης, κοπάνα τους τους πούστηδες!... Όμορφα τους τα 'πες.

Ο υπολοχαγός συνέστησε να γίνει ησυχία και ανάγγειλε τον καινούριο ομιλητή.

—Και τώρα ο ανθυπολοχαγός της Ηθικής Αγωγής Τουμπακάρης Ευτύχιος θα σας ομιλήσει με θέμα: Η Εθνική Κολυμβήθρα. Παρακαλούμεν όπως ακούσετε τον ομιλητήν επισταμένως και μετά μεγάλης προσοχής. Ο ανθυπολοχαγός εξ απονομής κ. Τουμπακάρης Ευτύχιος εις το μικρόφωνον.

Στην πόρτα εμφανίσθηκε ο ομιλητής. Ήταν όλος ένα στίλβωμα και μια ξιπασιά. Πρώτα έβηξε. Ύστερα πέρασε το ψιλό του δάχτυλο απ' το γιακά — όπως είχε δει να κάνουν όλοι οι μεγάλοι αξιωματικοί. Κατόπι άρχισε το λόγο του. Ο Γιώργης τον γνώρισε. Ήταν ο κορτάκιας της γειτονιάς του, άνεργος και σουλατσαδόρος, παληός απόφοιτος της Εμπορικής Σχολής που ζούσε απ' τη σύνταξη της μητέρας του. Άρχισε επικολυρικά... Τον είχε πάρει πολύ στα σοβαρά το ρόλο του, του «Καθηγητή της Ηθικής Αγωγής».

—Έλληνες..., άρχισε. Ναι, σας αποκαλώ Έλληνας... και νομίζω ότι δεν σφάλλω. Γιατί είμαι βέβαιος ότι ο εθνικός άνεμος όστις πνέει εις την ανωτάτην αυτήν σχολήν του πατριωτισμού θα διαπεράσει τα στήθη σας και θα επιστρέψετε εις τους κόλπους της Ελλάδος. Τι γενναιότερον από την ομολογίαν μιας πλάνης; Είμαι απολύτως βέβαιος ότι όλοι ανακαλύψατε την πλάνην σας και μόνον το στείρον και ανωφελές πείσμα σάς κρατά ακόμη μακράν και από την τυπικήν ομολογίαν. Εις την γην, αγαπητοί ακροαταί, υπάρχουσιν ολισθήματα. Ο κάθε πολίτης, ακόμα και ο πλέον άμεμπτος, δύναται να υποπέσει εις ένα. Δεν είναι έγκλημα να το ομολογείς, ούτε ακόμη και να το πράττεις... έγκλημα είναι να το αποσιωπάς. Έγκλημα είναι το να επιμένεις εις την ψυχοφθόραν αυτήν μοιρολατρίαν ήτις υπονομεύει ως σκώρος την ψυχήν, και την καθιστά έρμαιον εις τας υπόπτους ανιχνεύσεις των πρακτόρων. Πολίται της ΣΦΑ... Σας καλώ να εξαρθώμεν μαζί εις εθνικόν ύψος. Σας καλώ να εξετάσωμεν μαζί συναδελφικώς εις τι αποβλέπουν οι καθοδηγηταί σας... οι οποίοι βεβαίως απουσιάζουσιν πάντα από τους τόπους των δοκιμασιών, και παχύνονται εις το ασφαλές των κρησφύγετον... Ας εξετάσωμεν, λέγω, μαζί εις τι αποβλέπουν. Μα εις τι άλλο ειμή εις την εκμετάλλευσιν, δι' ίδιον όφελος, των ιδικών σας θυσιών; Αξιώματα και ισχύν που την προετοιμάζουν οι γενναίοι διά να την απολαύσουν οι δειλοί... Μάλιστα, είναι δειλοί οι κύριοι αυτοί!... Διότι, αν δεν ήσαν, θα ευρίσκοντο σήμερον μεταξύ των θυμάτων των και δεν θα διέτασσαν εκ του αφανούς και του ασφαλούς. Αλλά αυτοί, οι οποίοι προετοιμάζουν την αγοραπωλησίαν της πατρίδος των προς τους προαιώνιους εχθρούς μας... αυτοί, οι οποίοι πωλούν τα άγια των αγίων δι' εν αξίωμα... αυτοί, οι οποίοι θέλουσιν να εκκενώσουν τον χώρον αυτόν από τους από τριών χιλιάδων ετών κατοίκους του... αυτοί δεν έχουσιν κανέν δικαίωμα επί της πατρίδος μας διότι είναι απάτριδες. Κανέν δικαίωμα επί της τιμής σας διότι είναι άτιμοι. Κανέν δικαίωμα επί της γενναιότητός σας διότι είναι άνανδροι. Λέγω γ ε ν ν α ι ό τ η τ ό ς σ α ς και το πιστεύω, πολίται της ΣΦΑ. Ναι. Πιστεύω εις την γενναιότητά σας. Και λυπούμαι βαθύτατα διότι η γενναιότης αυτή κατασπαταλάται διά τόσον αναξίους σκοπούς. Πώς επιτρέπετε σεις, αγαπητοί Έλληνες, να διαχειρίζονται την γενναιότητά σας οι ψοφοδεείς; Πώς επιτρέπετε εις τους εαυτούς σας να βασανίζονται εις τους τόπους των μαρτυρίων χάριν δειλών και ανάνδρων οι οποίοι εναβρύνονται από τα ληστρικά των άντρα; Η Ελλάς, η πατρίς σας, η μάνα σας, έχει ανάγκην από την ανδρείαν σας, έχει ανάγκην από την ζωήν σας, και σεις την κατασπαταλάτε εναντίον της; Η Ελλάς έχει ανάγκην από όλα τα τέκνα της. Και προπάντων έχει ανάγκην από τα τιμημένα αυτά παιδιά της, τους φρουρούς σας, οι οποίοι άφησαν τα πολεμικά των μέτωπα διά να εκτελέσωσιν ένα τόσο ταπεινωτικόν και άχαρι έργον — να φρουρούσιν αμάχους... Νοιώθομεν βαθύτατα τον πόνον των γενναίων αυτών παιδιών (έδειχνε κατά τους φρουρούς κάνοντας τρέμολο στη φωνή του, έτσι που ο Τσίμπλης άρχισε να μυξοκλαίει)... Νοιώθομεν, λέγω, έως τα μοιχιότατα της ψυχής μας τον πόνον των γενναίων αυτών μαχητών, και δεν έχομεν το δικαίωμα ούτε την δύναμιν να αποδοκιμάσωμεν την αγανάκτησίν των εναντίον σας, ούτε και τας μεθόδους των να κολάσωμεν. Όχι, δεν το έχομεν αυτό το δικαίωμα, διότι ο πόνος ενός γενναίου τον οποίον κατεδίκασαν εις απραξίαν παντού ημπορεί να οδηγήσει, ενίοτε ίσως και εις κάποιας υπερβασίας. Έλληνες πολίται της ΣΦΑ... Η ώρα της Ελλάδος εσήμανεν. Εκλέξατε με ποίους εις το εξής θα είσθε. Με την Ελλάδα ή εναντίον της; Με ποιους συντάσσεσθε; Με τους πατριώτες ή με τους προδότες; Αλλά εγώ είμαι βέβαιος ότι πλέον εκλέξατε. Στείλτε, λοιπόν, εις τον διάβολο τους υποβολείς που σας δηλητηριάζουν με τα κηρύγματα περί ισότητος και δικαιοσύνης και ελάτε να συνεργασθήτε μαζί μας. Οι ωραίες αυτές φράσεις είναι το φανταχτερόν δόλωμα έως ότου αγκιστρωθήτε. Βοηθήστε μας να συντρίψωμεν το προδοτικόν τέρας που απλώνει κατά της πατρίδος τούς πλοκάμους του και σας υποσχόμεθα ημείς αληθινήν δικαιοσύνην και αληθινήν ισότητα... Όχι εις τα χαρτιά και εις τους λόγους. Εάν δεν υπάρχει ακόμη δικαιοσύνη... εάν δεν υπάρχει ακόμη ισότης, εάν δεν υπάρχουσιν ακόμη εις τον τόπον μας τα αγαθά που συνθέτουν μίαν ελευθέραν ζωήν... αυτοί είναι οι αίτιοι. Εάν δεν υπάρχει εισέτι καθολική συμμετοχή εις τα αγαθά της ζωής... εάν δεν υπάρχει γαλήνη... αυτοί είναι οι αίτιοι. Διότι όλα αυτά τα κηρύγματά των αποτελούν αισχράν φενάκην. Πίσω από το παραπέτασμα των ιδεών καλύπτονται ιδιοτελείς και αρπακτικοί σκοποί. Δεν είναι ιδεολόγοι. Είναι καθαροί λησταί. Ιδεολόγοι αληθινοί είσθε σεις. Μάλιστα. Και έχει ανάγκην από τοιούτους γνησίους ιδεολόγους η πατρίς. Γι' αυτό: ζητούμεν την συνεργασίαν σας διά να οικοδομήσωμεν μαζί μίαν πατρίδα δικαίαν προς όλους. Στοργικήν προς όλους. Πτύσατε κατά πρόσωπον τους αγύρτας που σας κανοναρχούν. Παραδώστε τους εις την γενικήν περιφρόνησιν και ελάτε να συνεργασθώμεν. Ως Έλληνες ελάτε με την Ελλάδα. Σας περιμένει με ανοιχτή αγκαλιά. Ζήτω η πατρίς! Ζήτω το έθνος! Ζήτω η εθνική κολυμβήθρα της Μακρονήσου εις της οποίας τα νάματα ανεβλέψατε! Ζήτωσαν οι Έλληνες πολίται της ΣΦΑ! Και τώρα σας καλώ να ψάλωμεν όλοι μαζί τον εθνικόν μας ύμνον.

Άπλωσε το χέρι του με την αλυσιδίτσα κι άρχισε αρκετά φάλτσα να τραγουδά... μα κανείς δεν τον ακολούθησε. Ποιοι να τον βοηθήσουν στον ύμνο; Οι Τσίμπληδες δεν τον ήξεραν (γούστο τώρα θα 'χε ν' αρχίσουνε να τραγουδάνε και... σχολικά τραγούδια). Έτσι, τράβηξε μόνος του το φάλτσο του ως τις έσχατες συνέπειες· κι άμα το τελείωσε, έβηξε και πήγε και τρύπωσε στη σκηνή.

Ετοιμαζότανε να βγει ο γυαλάκιας για ν' αναγγείλει το δεύτερο μέρος του προγράμματος, αλλά δεν πρόφτασε. Απ' όλα μαζί τα στόματα άρχισε να τραγουδιέται μελωδικά και κατανυκτικά ο ίδιος ύμνος, αλλά για δικό τους λογαριασμό και από δική τους πρωτοβουλία. Ο γυαλάκιας υποχρεώθηκε να σταυρώσει τα χέρια του και να τους ακούσει ως το τέλος. Έκανε μάλιστα την ανάγκη φιλοτιμία κι αναγκάστηκε και να τους χειροκροτήσει. Και κατόπι —βάζοντας και λίγη βραχνάδα στη φωνή του— τους είπε... συγκινημένα:

—Σας συγχαίρω όλους. Με βαθυτάτην συγκίνησιν και εθνικήν υπερηφάνειαν είδον ότι οι εθνικοί λόγοι του κ. ανθυπολοχαγού έσχον βαθυτάτην απήχησιν εις την ελληνικήν σας ψυχήν. Δεν απομένει παρά να επικυρώσετε και διά της υπογραφής σας το έμπρακτον της μεταστροφής σας. Να προσέρχεσθε, λοιπόν, ησύχως ένας ένας. Ας αρχίσωμεν πρώτον από εκεί. Περάστε εσείς, παρακαλώ, αφού εις σας έλαχεν η τιμή να δώσετε πρώτοι το υψηλόν παράδειγμα. Ορίστε...

Δεν εκούνησε ούτε ματόφυλλο.

—Ακούσατε τι είπα; Προφανώς δεν εννοήσατε καλώς. Περιμένω να προσέλθετε διά να υπογράψετε το συμβόλαιον της επανόδου σας εις τους κόλπους της πατρίδος.

Μα ούτε και τώρα μετακινήθηκε κανείς απ' τη θέση του. Τότε το κίτρινό του πρόσωπο γέμισε αίμα.

—Φαίνεται ότι δεν θέλετε να εννοήσετε... Φαίνεται ότι τα υπέροχα παραινετικά λόγια του κ. ανθυπολοχαγού πήγαν επί ματαίω. Ε λοιπόν, όχι! Τίποτε δεν πηγαίνει επί ματαίω εδώ. Και αν το εφαντάσθητε, σφάλλετε δεινώς. Το συμβόλαιον θα υπογραφεί τώρα και απόψε. Γνωρίζομεν και άλλας μεθόδους πολύ αποδοτικάς και αλανθάστους. Δεν επιθυμούσα να τας εφαρμόσω, αλλά η πατρίς και το καθήκον επιτάσσει να τελειώνωμεν μια ώρα γρηγορότερα με σας. Δεν είμεθα διατεθειμένοι να διαιωνίσωμεν την σαπρίαν. Το ιοβόλον καρκίνωμα θα κοπεί άπαξ διά παντός και απόψε. Σας δίδω την τελευταίαν ειρηνικήν ευκαιρίαν. Είμαι αρκετά λακωνικός... Αλλά λακωνικότερα από εμέ είναι τα όπλα. Σας κάνω μίαν υστάτην πρότασιν. Είναι κανείς από σας Έλλην εκεί κάτω; Ας έρθει αμέσως να υπογράφει... Άλλως θα αποθάνει ως προδότης. Κανείς;... Ωραία... Θα διαλέξω έναν εγώ. Οι φύλακες!... Εδώ! Φέρτε μου εκείνον με το κόκκινον πουλόβερ... ο οποίος ηθέλησεν και να μας προκαλέσει με το ερυθρόν του χρώμα. Σύρτε τον μέσα... ναι, αυτόν. Σύρτε τον και εργασθήτε...

Τον σήκωσαν τέσσερις σαν πούπουλο και τον πήραν μέσα. Ήσαν κάτι χειροδύναμοι, ξεμπρατσωμένοι, με μπότες και συρματόσκοινα.

Στη σκηνή έπεσε ξαφνικά ησυχία. Δεν ακουόταν τίποτα. Ούτε μιλιές, ούτε βόγγοι, ούτε φωνές και πατήματα. Πέρασαν δέκα λεπτά έτσι... Και ξάφνου η σιωπή έσπασε με τον πιο άγριο τρόπο. Ουρλιαχτά λύκων ακούστηκαν από μέσα έτσι όπως χυμούν στο κοπάδι. Κατόπι απανωτά φοβερά χτυπήματα και γοερές κραυγές «αχ... μάνα μου!». Και ξαφνικά πάλι ησυχία.

—Λύστε τον, λέει σε μια στιγμή η φωνή του κιτρινιάρη, και ρίξτε του νερό να ξελιποθυμήσει.

Ακούστηκε ένας κουβάς νερό να χύνεται πάνω σ' ένα σώμα. Και σε λίγο πάλι η φωνή του κιτρινιάρη:

—Ωραία... ακουμπήστε τον εκεί και φέρτε του την πέννα... Θα υπογράψει!

—Όχιιιιι!... ακούστηκε από μέσα.

—Ξαναρχίστε, λέει η φωνή του κιτρινιάρη.

Τα ίδια ουρλιαχτά, καμουτσικιές, βρισιές και βογγητά ξανακούστηκαν από μέσα για άλλα πέντε λεπτά. Και κατόπι πάλι παύση και πάλι η φωνή του κιτρινιάρη.

—Θα υπογράψεις;

Όλοι έξω βαστούσαν τις αναπνοές τους.

—Όχιιιι! ακούστηκε πιο σπαραχτικά, και κατόπι: «Δολοφόνοι... Κακούργοι!... Σκοτώστε με... Όχι».

Πέρασαν δυο δευτερόλεπτα... και η φωνή του κιτρινιάρη, στριγγή, αποφασιστική, έδωσε το τελευταίο παράγγελμα:

—Αποτελειώστε τον!!...

Μετά δέκα λεπτά άνοιξε η πόρτα και πέταξαν έξω ένα αιμόφυρτο σώμα γεμάτο κουρέλια και αίματα... Μόνο κάτι ράκη είχαν μείνει απ' το κόκκινο πουλόβερ, ίσα ίσα για να αναγνωρίζεται.

—Το βλέπετε αυτό το πράμα; λέει ο κιτρινιάρης... Αυτή η μεταχείριση σας περιμένει όλους. Όλους!

Στρέφει τα γυαλιά του κατά τους φρουρούς του και διατάζει:

—Πάρτε τον στο νεκροτομείο! Εσείς οι άλλοι να μου πιάσετε από κάτω άλλον!

Οι ξεμπρατσωμένοι πιάσανε έναν στην τύχη. Στη σκηνή έγινε πάλι ησυχία, μα δεν κράτησε πολύ. Ένα «μπράβο» ακούστηκε απ' τα χείλη του κιτρινιάρη κι ένα χτύπημα στον ώμο. «Φώναξέ το τώρα να σ' ακούσουν όλοι».

Άνοιξε η πόρτα... Στο άνοιγμά της φάνηκε το θύμα, πιο κίτρινο κι απ' τον κιτρινιάρη.

—Ζήτω η Ελλάς!... φώναξε τρέμοντας κι έτοιμος να πέσει.

Οι δήμιοι χύμηξαν μεμιάς όλοι απάνω του... τον αγκάλιασαν, τον φίλησαν και τον πήραν κοντά τους.

—Τώρα να 'ρχονται δυο δυο, χλιμίντρισε γεμάτη θρίαμβο η φωνή του κιτρινιάρη. Μπράβο, παιδιά!... Ωραία πάμε. Σε καμιά ώρα τελειώνουμε. Πιάστε μου δυο, όποιους να 'ναι. Ούτως ή άλλως όλοι θα γίνουν Έλληνες απόψε.

Οι δήμιοι ανέβασαν δυο. Επαναλήφθηκε μονότονα η ίδια σκηνή με τα «μπράβο» και τα «ζήτω»... μόνο που τούτοι πρόσθεσαν και μια καινούρια φράση που την φώναξαν στο μικρόφωνο:

—Στη Μακρόνησο είδαμε το φως μας!

Είχε αρχίσει η διάλυση...

Αλλά την τέταρτη φορά μες στη φούρια τους οι δήμιοι ανέβασαν δυο που κατόπι φασκέλωσαν τα μάτια τους απ' την γκάφα που κάνανε. Πλησίασαν πάνω απ' το πλάτωμα και λένε στο Γιώργη και τον Παναγή:

—Ελάτε σεις ρε, που παρασταίνετε τα στεγνά παλληκαράκια. Τώρα θα δείτε τον μπάρμπα σας. Ίσα!... Ίσα!... Σας κόπηκαν τα πόδια, ε; Τι να γίνει, μανάρια μου, αυτά έχει η προδοσία! Κυρ υπολοχαγέ, διαλέξαμε δυο που κάνανε τους «σκληρούς» για να γουστάρουμε λίγο και μεις οι φουκαράδες πώς θα σπάνε.

—Πάρτε τους μέσα! διέταξε ο κιτρινιάρης.

Όλοι κάτω περίμεναν τα ίδια. Τα «μπράβο», τα «ζήτω η Ελλάς», τις αγκαλιές, τα φιλιά. Τίποτα. Μια βαρειά και αναπάντεχη σιωπή σκέπασε την ατμόσφαιρα. Κάτι σκεπασμένα λόγια μόνο μαντεύτηκαν, κάτι λύσσες που στραγγαλίστηκαν... και ξανάνοιξε η σκηνή. Δε βγήκαν τα θύματα. Βγήκε ο κιτρινιάρης, αλλά όχι πια κίτρινος, μπλάβος.

—Να διαλυθείτε ησύχως!... είπε πανιασμένος. Οι υπόλοιποι θα υπογράψουν αύριο. Ως αύριο να μην τους πειράξει κανείς... Ακούσατε σεις; λέει στους ροπαλοφόρους του. Καληνύχτα.

Ο χώρος σε πέντε λεπτά άδειασε. Τότε, όταν όλα ησύχασαν, ο κιτρινιάρης ξαναγύρισε μέσα και τους λέει με παράξενα μαλακωμένη φωνή:

—Σας καταλαβαίνω... Ο κλονισμός από το θέαμα εκείνου του ανθρώπου... φυσικό ήταν να 'χει κάποιον αντίκτυπο στο νευρικό σας σύστημα. Γιατί δεν είναι δυνατόν να πιστέψω ότι το ψυχικόν σθένος, που λένε, σας ώθησε εις την κατηγορηματική σας αυτήν άρνησιν. Μετά απ' αυτό μόνον οι τρελλοί και οι πεθαμένοι δεν πρόκειται να υποκύψουν. Εάν δεν είσθε τρελλοί...

—Όχι, δεν είμαστε, λένε ήρεμα κι οι δυο.

—...τότε είσθε πεθαμένοι. Δηλαδή, θα πεθάνετε αύριο. Κρατήστε τα ονόματά τους και ειδοποιήσετε τον ιερέα. Πάρτε τους!...

Μάζεψε τα χαρτιά του και βγήκε. Μια παγωνιά βγήκε μαζί του. Οι γραφιάδες στρώθηκαν υπηρεσιακά στο τραπέζι και πήραν τα στοιχεία τους. Ούτε θυμοί, ούτε ειρωνείες, ούτε λύπηση. Ήταν τα σάρκινα γρανάζια μιας μηχανής που έλειωνε κόκαλα και θρυμμάτιζε ψυχές, και κείνοι την νόμιζαν για μηχανή που αλέθει καφέ. Γράφανε ήσυχα και καλλιγραφικά τα ονόματά τους, διπλώσανε με τάξη τα τεφτέρια τους και καλέσανε τη φρουρά να τους πάρει.

—Νετάρατε;

—Νετάραμε.

Οι φρουροί γύρισαν κατά τους κρατούμενους.

—Πάμε.

Ξεκίνησαν χωρίς να μιλούν. Τους πήγαν ως τη σκηνή, ειδοποίησαν τη σκοπιά ότι τους φέρανε και ξεκίνησαν ξανά αμίλητοι να φύγουν. Πολύ πλήθυναν οι αμίλητοι άνθρωποι απόψε.

* * *

Σα μείνανε μόνοι στη σκηνή τους, προσπάθησαν να καταλάβουν τα μυστήρια όλης αυτής της βραδιάς. Την απότομη αναστάτωση στο προσωπικό του Συνεργείου, την ξαφνική αναστολή της λειτουργίας του, αλλά πιο πολύ τη στάση των δημίων απέναντί τους.

—Μπορείς να μου βρεις γιατί δε μας πελέκησαν; λέει ο Παναγής. Σπάω το μυαλό μου... άκρη δεν μπορώ να βρω. Και γιατί —μπορείς να μου πεις;— τα 'χασαν και πέτρωσαν σα να 'πεσαν απ' τον ουρανό σαν τους είπαμε «όχι»; Τόσο παράξενο τάχα ήταν; Πρώτη φορά, δηλαδή, το ακούνε; Και γιατί μείνανε έτσι αγάλματα και δε βγάλανε τα συρματόσχοινα να μας λιανίσουν;

—Να με πάρει ο διάλος, λέει ο Γιώργης, αν μπορώ να σου δώσω και την παραμικρή απάντηση. Ας είναι, άσε... άκρη μια φορά απόψε δεν είναι για να βρούμε. Κι έβαλε να ειδοποιήσουνε και τον παπά...

—Αμ αυτό πάλι...

—Πέσε να κοιμηθείς. Δεν πιάνουμε άκρη απόψε. Καληνύχτα. Κοιμήσου.

—Καληνύχτα. Δε θα κοιμηθώ...

ΚΕΦΑΛΑΙΟ ΕΝΑΤΟ

ΞΗΜΕΡΩΣΕ ΜΕ ΚΑΠΟΙΑ ΤΡΕΛΛΗ ΒΡΟΧΗ που οι αέρηδες την τραβολογούσαν αποδώ κι αποκεί... ώσπου σταμάτησε και η βροχή κι οι αέρηδες. Ένας σκοτωμένος ήλιος βγήκε στον ουρανό κυλώντας ανάμεσα από κάτι σκοτεινά νησιά. Ήταν κάτι πηχτά σύννεφα που είχαν ξεκινήσει, καθώς φαίνεται, αποβραδίς απ' το Νοτιά, μα ο βοριάς δεν τ' άφηνε να προχωρήσουν.

Το ζευγάρι των γλάρων λούστηκε απ' τη βροχή και τώρα στέγνωσε παραδομένο σε κάτι δικές του σκέψεις. Φώναξε η σάλπιγγα και σήμερα το «φαντάρε, πού πας;», μα το 'πε λίγο βραχνά το τραγούδι της. Την είχαν, φαίνεται, ξεχάσει έξω με τη βροχή και κείνη ήπιε νερό και βράχνιασε.

Ο Μελιτζάνας γέμισε ένα παγούρι καυτό πηχτό τσάι, το 'κρυψε κάτω απ' τη χλαίνη του κι ήρθε να τους εύρει. Ήταν λίγο ξεθαρρεμένος σήμερα.

—Σας έφερα λίγο χορτόζουμο, τους λέει.

—Και δε φοβήθηκες μη σε υπονοιαστούν που τους ζήτησες τόσο πολύ τσάι; του λέει ο Παναγής.

—Τους είπα ότι πρήστηκαν τα αμύγδαλα του λαιμού μου και τους κάνω γαργάρες μ' αυτό το κάτουρο.

—Και σε πίστεψαν;

—Όχι. Αλλά τα παιδιά του καζανιού είναι φίνα. Ούτε σαγονιές, ούτε καρφώματα, ούτε βρωμιές και τα τοιαύτα. Το καζάνι τους και τη δουλίτσα τους. Φίνος κοσμάκης, μαλακός σαν το χαμομήλι... Μόνο απ' αυτά που βλέπουνε κι ακούνε τους λασκάρισε λιγάκι το παξιμάδι και καμιά μέρα θα 'χουμε τίποτις παρατράγουδα. Αντίς να μας μαγειρέψουνε φασόλια, καμιά μέρα θα μας μαγειρέψουνε πετραδάκια του γιαλού... να μου το θυμάστε. Είναι ένας μέσα σ' αυτούς —Μπιζέλης εις το επώνυμον— που το καβάλησε κιόλας το καλαμάκι. Προχτές, αντίς να τηγανίσει τα ψάρια —κάτι λυθρινάκια— με αλεύρι, τα τηγάνισε με ψειρόσκονη. Σα δεν τα τίναξε ο ανθυπολοχαγάκος, πάλι καλά. Τι τα θέλεις, μωρ' αδερφέ μου... Εδώ ή πρέπει να το 'χεις κανωμένο με γερό τέλι το νευρικόν σου σύστημα, που λένε, ή θα σακατευτείς και θα σκορπίσεις όπως κάποιος Καμιτζόπουλος ή Κουτρούμπας, παραδείγματος χάρις. Γι' αυτό, αδερφάκια, για να μην το καβαλικέψω κι εγώ το καλαμάκι, όπως ο φουκαράς ο Μπιζέλης, σπατσάρω. Έκανα αίτεσην και μόλις γίνει δεχτή, γράφτε μου τα δέοντα. Τι τα 'θελα μωρέ εγώ τα ηρωιλίκια χασικλής άνθρωπος; Δε μου πάνε, μου 'ρχονται ολίγον στενά, αδερφάκια, και τα πετάω. Εδώ ή πρέπει να γίνεις σαν τον Γκουντά, ή τον Τσίμπλη πι χι, ή κάτσε στη φυλάκα σου και ζήσε σαν ένας τίμιος κρατούμενος, που λέει ο λόγος. Τώρα εδώ τι παρισταίνω μωρέ, μπορείτε να μου πείτε; Φανταρίστικα φοράω — φαντάρος δεν είμαι. Ψυχικά κάνω — καλόγερας δεν είμαι. Κουρμπάτσι βαστάω — τζίνι δεν είμαι. Μπορείτε να μου πείτε τι σκατά είμαι; Να σας πω εγώ: Τίποτις. Ε, να τι δε γουστάρω. Γι' αυτό σε λίγες μέρες χαιρετάτε μου θερμώς τον πλάτανο. Αν δε με ξύσουνε κείνοι, θα ξυστώ μόνος μου. Δεν είναι ζωή αυτή, μωρ' αδερφέ μου... Στην αίτεση μέσα τους είπα: Ακούτε δω, μάγκες, λαμβάνω την τιμή ότι επειδής πονάει το φλεμόνι μου, ο φλέγμων μου, δηλαδή... έτσι δεν το λένε; Δι' αυτό περικαλώ και λόγον του ότι θέλω να εκτελέσω τους γάμους μου μετά της δίδος Μπαφούρου Εφροσύνης, το γένος Κάψουλα... διά ταύτα περικαλώ θερμώς να μου την κάνετε δεχτή την αίτεσή μου, κι εγώ, μόλις η πατρίς το καλέσει, εδώ είμαι πάλι... Μόλις εχτελέσω με το καλό τους γάμους μου... και κόψουνε και τα ποναλάκια που έχω στο φλεμόνι μου... είμαι παρών. Διατελώ μετά στενής υπολήψεως Καμιτζόπουλος Στελιανός ή Κουτρούμπας, ο επονομαζόμενος και Στελάρας. Εν ΣΦΑ και εν τω Εθνικώ Αναμορφωτήριον Μακρονήσου κ.λπ. κ.λπ. Φίνα δεν έκανα; Εγώ νομίζω πως έκανα φίνα.

—Αν το εξετάσεις από καθαρώς ατομικής σκοπιάς, άρχισε ψευτοεπίσημα ο Γιώργης, και βέβαια έκανες πάρα πολύ καλά.

—Ε, να το.

—Αν όμως το εξετάσεις από αλτρουιστικής πλευράς...

—Ωχ...

—...έκανες άσκημα.

—Πώς, μωρέ αδερφέ μου; Κάν' το μου λιανά να το καταλάβω. Με τι τρώγεται αυτό;

—Βρίσκεσαι σ' ένα σπίτι, ρε Στελάρα, που έπιασε φωτιά και συ κοιτάζεις πώς να γλυτώσεις μόνο τον εαυτό σου. Είναι αντρίκειο αυτό;

Ο Στελάρας κατέβασε τη μελιτζάνα του.

—Όχι... Είδες που είμαι καθοίκι;... Σας το 'λεγα και δε με πιστεύατε.

—Άκουσε, Στελάρα...

—Και γιατί δε με λες Μελιτζάνα, ρε Καρυστινέ; Μεράκι το 'χω να τ' ακούσω απ' το στόμα σας, μιας και με βαφτίσατε.

—Καλά, ας είναι. Λοιπόν, που λες... αυτό που σου λέμε δεν το λέμε τώρα για μας. Εμάς —καθώς θα κατάλαβες κι εσύ— μας έχουν αποφασίσει. Θα μας στείλουνε να βρούμε τον καπετάνιο... έτσι;

—Δεν ξέρω τίποτες...

—...Αλλά θά 'ρθουν άλλοι... κι άλλοι... Κι όπως και να το κάνεις... είναι άλλο πράμα, ρε Στελάρα, να βρουν εδώ πέρα... μια μύτη... σαν τη δική σου... να σκύβει λιγάκι πονετικά πάνω στις πληγές τους. Έτσι;...

—Τα σάστισα. Φαίνεται ότι ο ρουφιάνος πήγα να γλυτώσω μόνο το τομάρι μου και δεκαράκι δε μ' ένοιαξε για τον άλλο τον κοσμάκη. Το βλέπετε και μόνοι σας τι σκάρτο νούμερο είμαι. Τώρα θα καταλαβαίνετε, αδερφάκια, ότι κάνατε πολύ άσκημα να με λογαριάσετε γι' άντρα. Είμαι μια πουτάνα με μουστάκια! Γιατί, αν ήμουνα άντρας, θα 'λεγα: «Για στάσου δω, ρε Στελάρα· καλά, ρε ρουφιάνε, πας, καθαρίζεις για πάρτη σου και πας... και τα παιδιά, ρε άτιμε, διόλου μα διόλου δεν τα λογάριασες πώς θα τη βολέψουνε εδώ;...». Αλλά πάλι, εδώ δα που τα λέμε, τι να σας λογαριάσω, ρε παιδιά; Σάματις μποράω να σας γλυτώσω; Αν μπόραγα, να μου ανασκελωθεί η μάνα αν δεν το 'κανα. Αλλά δεν μπορώ ο ρουφιάνος, ξέπεσα, δεν έχει πέραση ο λόγος μου. Μοναχά που θα με πάρουνε για ύποφτο, και κατόπι γράφτε μου τα δέοντα. Όφελος μηδέν. Ύστερα... πώς να σας το πω, ρε παιδιά;... Την αγαπάω τη ζωή... Δεν τη χάρηκα τη σκρόφα διόλου... κατάλαβες; Πρώτα αλητεία... ύστερα φυλάκα... παραΰστερα... λοιπόν, να την κόψω έτσι σαν αγγούρι και να την πετάξω; Αλλά πάλι θα μου πεις: «Για στάσου, ρε Στελάρα, κι αυτά τα παιδιά, δηλαδής, τη χαρήκανε;». Όχι. Αλλά αυτοί είναι ένα πραματάκι που το λένε ή ρ ω ε ς... ένα πραματάκι, δηλαδής, που δεν της δίνουνε δυάρα της πουτάνας της ζωής... Ενώ εγώ είμαι ένας χέστης —με το μπαρδόν— κι άλλο τίποτις.

—Εσύ Μελιτζάνα...

—Βουρ!... Έλα να μου ζήσεις, μωρέ Καρυστινέ... πες με άλλη μια φορά να μ' ευχαριστήσεις λιγάκι! Μόνο τώρα το κατάλαβα ότι μ' εχτιμάς λιγάκι, να, ότι δηλαδής... πώς το λένε το ρουφιάνικο...

—Είσαι καλός, Στελάρα...

—Τώρα πάλι —με το μπαρδόν— τα λάσπωσες.

—...Είσαι καλός, και πιο πολύ απ' ό,τι νομίζεις. Ίσως πιο καλός κι απ' ό,τι νομίζουμε κι εμείς.

—Μη μου το λες! κάνει σκεφτικός ο Στελάρας.

—Κι όσο για ήρωες που λες... αυτό δε θα πει τίποτε. Πονάμε όσο κι εσύ. Και την αγαπούμε τη ζωή όσο κι εσύ — μπορεί και πιο πολύ.

—Ε πάει, την ψώνισα. Μιλάς με τα σωστά σου;

—Ναι, Μελιτζάνα.

—Βουρ! Τώρα, αν θέλεις, βρίσε με. Μ' έχεις του χεριού σου. Πες μου ό,τι θέλεις και το 'κανα. Θέλεις να κάνω κωλοτούμπες; Με... με συγκίνησες τον πούστη, με ρήμαξες, πάει... Είχαμε στην ψειρού ένανε... Σπυράγγελο τ' όνομα... Σπυράγγελος Καναβούρης ή Μπάθρακας... Κάθε φορά που ήθελε να κλάψει, έλεγε: «Συνώμης μια στιγμή, ρε παιδιά... Πάω να βγάλω τη μύξα μου»... Ώστε λοιπόν, την αγαπάτε κι εσείς την παλησκρόφα, ε; Για κοίτα, ρε Θεούλη μου, τι κόσμος πορπατάει εδώ κάτου! Και για βαστάτε λιγουλάκι, ρε παιδιά... Για βαστάτε λίγο... Τι σόι την αγαπάτε αφού τη δίνετε να σας τη φάνε έτσι λάχανο; Το ίδιο σκέφτουνται κι οι άλλοι. Ξέρεις τι λένε; Σας μπανίζουνε έτσι κρύους κρύους... α, σ' αυτό μη μου πείτε όχι... είσαστε εσείς οι αγωνιστές, που λένε, κομματάκι κρύοι... Το λοιπόν, σας μπανίζουνε έτσι κρυόμπλαστρους και λένε: «Κοίτα τους οι ρουφιάνοι, δεκαράκι δεν της δίνουνε της ζωής!». Έλεγα κι εγώ μέσα μου: Για βάστα, ρε Στελάρα, πώς γίνεται τόσο καλά παιδιά να μην τη γουστάρουνε διόλου τη ρουφιάνα;

—Ναι... όπως σου έλεγα, Στελάρα. Την αγαπάμε πιο πολύ.

—Ε τότε γιατί τη χαραμίζετε έτσι στα πουφ;

—Είναι όμορφη —τι λες εσύ, Στελάρα;—, είναι όμορφη η ζωή; Τι λες;

—Όμορφη... Όχι. Σαν την πανούκλα είναι... αλλά την αγαπάω.

—Ε, Στελάρα... για να πάψει να είναι σαν την πανούκλα, κάποιοι πρέπει να πεθάνουνε... Κατάλαβες, Στελάρα;

—Ωχ, κάηκα!... Με τι τρώγεται και τούτο και δεν το καταλαβαίνω;

—Έχεις δίκιο, μωρέ Μελιτζάνα... Δικό μου φάλτσο ήταν.

—Τι ψιλά γράμματα είναι τούτα και δεν τα βγάζω;

—Έχεις δίκιο... Σ' το ξαναλέω.

—Γιατί δε μου τα κάνεις ρόγες να τα καταλάβω;

—Ας πιάσουμε καλύτερα άλλη κουβέντα. Έτσι όπως είσαι, είσαι καλύτερος. Μπορεί αυτά που εσύ λες «ψιλά γράμματα» να σε χαλάσουν.

—Με παραπονάς...

—Ναι, ας αλλάξουμε κουβέντα. Είναι και κάτι που

θέλουμε να σε ρωτήσουμε. Θα σ' το λέγαμε απ' την αρχή, αλλά πέσαμε σ' άλλες κουβέντες. Λοιπόν, Στελάρα, θέλουμε να μας πεις τι έγινε χτες βράδυ.

—Χτες βράδυ... χα... Ναι, αλλά για βάστα μια στιγμής γιατί ξεχάσαμε τις τσίλιες. Βάστα να πετάξω το μάτι μου κατά έξω λίγο και συνεχίζουμε.

Κόλλησε κοντά στην πόρτα, αγκάλιασε το παραπέτο, το 'φερε κοντά του, κατόπι έχωσε στη χαραμάδα το μάτι του... Κατόπι σύρτηκε στην πίσω μεριά, μύρισε και κει κάμποσο τον αέρα και ξαναγύρισε στη θέση του.

—Τα πέριξ είναι καθαρά, λέει ευχαριστημένος και βγάζει και μοιράζει τσιγάρα.

—Καλά, μωρέ Στελάρα... Το «πουλί», που λέτε και σεις, ο σκοπός δηλαδή που 'ναι σκαρφαλωμένος στη σκοπιά... δε σε υπονοιάστηκε ακόμη;

—Χμ... όχι. Όλα αυτά τα δαμάλια, για να ξέρεις, με νομίζουνε για το σκληρότερο τζίνι εδώ μέσα. Νομίζουνε πως σας ψήνω ή πως σας κάνω καψόνι. Ύστερις... ξέχασα να σας πω. Πήραμε διαταγή να σας κάνουμε κλειστή διαφώτισις... ψηστήρι, δηλαδής, που λένε. Άμα με ρωτήσουνε, θα τους πω ότι πάτε πολύ καλά... κι ότι άρχισε να ραΐζει λιγάκι το κανάτι. Και τώρα... τι με ρωτήσατε; Α... για ψες. Χμ... εψές, ε; Χα-χαα... Τους τα κάνατε μαντάρα τα σχέδια χτες βράδυ. Κείνη η κιτρινιάρα, ο αρχηγός τους, παρά πέντε να πάθει αποσυμφόρησις, που λένε. Τους κάνατε μεγάλη χαλάστρα, αδερφέ μου... θάλασσα τα ψυχολογικά τους. Τι στραβωμάρα μωρέ τους έπιασε να τραβήξουνε εσάς τους δυο; Καλά, μια χαρούλα τα πηγαίνανε με τους άλλους. Με τη φόρα που είχανε πάρει, θα τους σπάγανε όλους τους κλωβούς. Ψάθα. Δε λέω για τις απομονώσεις... Μπορεί κι αυτουνούς, μα για τους κλωβούς ήσανε σίγουροι. Εχ και να ξέρατε, αδερφάκια, τι πίκα σας έχουνε!... Τρώνε τα κορδόνια τους. Κάτι ετοιμάζουνε, παιδιά, γι' αύριο... δεν ξέρω τι. Ο Γκουντάς τούς φοβήθηκε. Θα σας τις πάρουνε, λέει, τις υπογραφές και το Χριστούλι πρώτο ξάδερφο να 'χετε. Το 'μαθε ο Γκουντάς και ζεματίστηκε. Τι συστήματα έχουν δεν ξέρω. Μα το 'χουνε για σίγουρο. Όσο περί εμέ, δεν το πιστεύω. Όχι γιατί τίποτις άλλο... μα επειδή σας ξέρω καλά, κατάλαβες... Ναι, αλλά δε μου είπατε πώς σας φάνηκε ο λόγος του ανθυπολοχαγάκου... Μέρες τον προβάριζε, που λες, ο μάγκας στο τσαντίρι του... Ε ρε... τρελλάρες που 'χει ο κόσμος!... Ακούτε τίποτις; Σαν καρφί μού φαίνεται ότι πηγαινοέρχεται όξω. Βάστα να ρίξω ένα μάτι.

Έχωσε πάλι τη μύτη του στη χαραμάδα.

—Δεν είναι τίποτις, λέει. Αλλάζει το πουλί. Αλλά... για βάστα. Να τονε!... Να τονε! λέει και τους κάνει πίσω απ' τη ράχη του νόημα με το χέρι να πλησιάσουνε. Τον βλέπετε αυτόνε με το κουνιστό περπατηματάκι; Δεν τον γνωρίζετε, ε; Χμ... πού να τον γνωρίζετε!... Μεγάλος θεατρίνος ο πούστης. Είναι αυτός που πετάξανε χτες βράδυ έξω απ' τη σκηνή ένα μάτσο κρέας.

—Με τα σωστά σου μιλάς; Θέατρο ήταν κείνο χτες βράδυ; ρωτά ο Παναγής. Μίλα καλά... Και τα κουρέλια, και τα αίματα;

—Είπα... μεγάλος θεατρίνος. Τα κουρελιασμένα ρούχα τα 'χανε από πριν μέσα και τον αλλάξανε. Όσον περί τα αίματα, χάθηκαν δηλαδή οι μπογιές;

—Ε δεν μπορώ να το πιστέψω!

—Τι να σου κάνω κι εγώ... Εγώ την αλήθεια λέω ο φουκαράς. Δε σας το 'πα απ' την αρχή ότι δούλεψε χτες βράδυ μεγάλο ψυχολογικό; Ξέρετε τι κάνω τώρα που σας το μαρτυράω; Σκάβω το μνήμα μου με τούτα δω τα χέρια. Αλλά εγώ πια τώρα κύλησα.

—Και δε μου λες, Μελιτζάνα, τον ρωτά ξανά ο Παναγής, μόνο με τα ψυχολογικά δουλεύουνε αυτοί;

—Στην αρχή ναι. Νετάρουνε μ' όσους είναι να νετάρουνε και κατόπι δουλεύει ματσούκι, στειλιάρι, μπιστόλι, φωτιά... κι ό,τι άλλο έπλασε ο Θεός. Η αλήθεια όμως είναι ότι το δουλεύουνε πολύ δυνατά το ψυχολογικό, πάει, τέλειωσε. Και ξέρετε... όλα τούτα τα παιδάκια ήτανε πρώτα δικά σας. Αμέ... Ακούστε με που σας λέω. Αλλά το καλό είναι να μην την πάρει μια φορά την κάτω βόλτα ο άνθρωπος... κι αν την πάρει, βλαστήμα τα... Παραδείγματος εμένα. Να μη χαρώ την πεθερά μου αν σας λέω ψέματα. Όλα τούτα τα φρούτα ήτανε δικά σας και σπάσανε. Αλλά θα μου πεις: Μιας και σπας, ρε κύριε, γιατί δεν κάθεσαι στα σπασμένα σου αυγά; Τι καις και τον άλλο; Τι σου 'φταιξε, παληορουφιάνε; Αμ δεν είναι έτσι! Γιατί, που λέτε, ο πάσα ένας από δαύτους λέει από μέσα του: «Για βάστα ρε... Εγώ, δηλαδή, κορόιδο είμαι που έσπασα; Κι αυτός γιατί δε σπάει; Δηλαδή, αυτός είναι άντρας κι εγώ είμαι πίτουρο; Θα σε σπάσω και σένα, πούστη... για να 'μαστε όλοι σπασμένοι και να μη μου παρασταίνεις μεθαύριο τον ήρωα και μένα με πατάς σα γόπα. Ή όλοι άσπαστοι ή όλοι σπασμένοι. Ισότης δεν είπαμε; Αν εσύ είσαι γερός κι εγώ σπασμένος, πού την πάμε την ισότης; Εσύ ήρωας, δηλαδή, κι εγώ φτυελοδοχείον, που λένε;... Ε όχι, αδερφάκι, δε σφάξανε! Ή θα σπάσεις κι εσύ για να μη σε ντρέπομαι ή θα σε κάνω που να σε σιχαίνομαι. Θα σε κάνω τον όμοιό μου και κατόπι θ' αγκαλιαστούμε... γιατί τώρα θα 'μαστε αδερφάκια... που μοιραστήκαμε μαζί πρώτας τα μεγαλεία και τώρα τις ντροπές... αμ τι; Θα σ' αφήσω ρε να μου κορδώνεσαι... κι εγώ να περπατάω σκυφτός σα να μου χέσανε τη μύτη μου οι μύγες; Ε όχι. Βγάλ' το απ' το νου σου!».

Ο Στελάρας σταμάτησε για να δει την εντύπωση που είχε κάνει ο λόγος του.

—Δε μου λέτε... μήπως τα λέω άσκημα, ρε παιδιά; Όχι, να μου πείτε... Γιατί εγώ ο φουκαράς είμαι αγράμματος άνθρωπος, κι ό,τι λέω το γεννάει τούτη δω η κούτρα μου.

Άναψε τσιγάρο, τράβηξε καναδυό ρουφηξιές. Ύστερα πήγε ν' ανοίξει το στόμα του και το 'κλεισε. Κάτι ήθελε να πει που δεν τον βόλευε και προσπαθούσε να πάρει θάρρος. Τέλος... κάποια στιγμή πνίγει το τσιγάρο μες στα νύχια του και τους λέει ορθά κοφτά:

—Ακούστε, παιδιά!... Από μέρες ήθελα να το πω, μα κόμπιαζα ο ρουφιάνος γιατί δεν ήξερα και πώς θα το πάρετε. Γιατί είναι λιγάκι ζόρικο αυτό που θα σας πω... Καταλάβατε;

—Λέγε, μωρέ Στελάρα... Άσε, καημένε, τώρα τις ντροπές και μίλα ανοιχτά... Τι διάλο τώρα, μεταξύ μας!

—Αυτό λέω κι εγώ. Λοιπόν, ρε παιδιά, ακούτε δω... αν... αν... το 'χετε, δηλαδή, σκοπό να σπάσετε... κοιτάτε να μην το χαραμίσετε το σπάσιμο... Έτσι;

—Δηλαδή, Στελάρα;

—Δηλαδή... θέλω να πω... Ο νεκροθάφτης, αδερφάκια, περιμένει να τα κονομήσει απ' το τεζάρισμα τ' αλλουνού. Άτιμο συνάφι... Έχω λάθος;... Λοιπόν... είναι και κάτι λέρες εδώ πάνου που περιμένουνε να κάνουνε μπάζα απ' το σ π ά σ ι μ ο τ' αλλουνού... Εννόησες; Παίρνει ο μάγκας τις υπογραφάδες και τις πάει ρεγάλο... και βουτάει το παραδάκι και την «εύθυμον μνείαν», που λένε... και του κολλάνε και καμιά σαρδέλλα στο μυξομάνικο και βολτάρει για δεκανέας... Λοιπόν... για να ξαναγυρίσω στην κουβέντα μου, κοιτάτε να μην την χαραμίσετε την υπογραφή... Σύμφωνοι;

—Και τι να κάνουμε, ρε Στελάρα; Ξέρεις εσύ καμιά τέτοια λέρα που είπες για να τη δώσουμε;

—Παρών. Στελιανός Καμιτζόπουλος ή Στελάρας, ο επονομαζόμενος ενίοτες και Κουτρούμπας... Γουστάρισε, ρε παιδιά, λιγάκι η ψυχή μου βαθιμό... Εμ έτσι είναι... Άλλο πράμα να γυρίζεις σκέτος Στελάρας... κι άλλο δεκανέφς Καμιτζόπουλος... Κι ύστερα το παραδάκι πού το πας;... Αλλά είπαμε... όλα αυτά αν το πήρατε απόφαση να σπάσετε... αλλοιώς κρατάτε το στεγνό σας ώσπου να βγάλει ο ήλιος κέρατα... και μη λογαριάζετε τα χαμένα μεγαλεία του Στελάρα. Λοιπόν;...

—Άσ' το λιγάκι, ρε Μελιτζάνα, να το σκεφτούμε... Υπογραφή είναι αυτή, δεν είναι πουκάμισο που λέρωσε και το βγάζεις και το στέλνεις στην πλύστρα για καθάρισμα. Έτσι δεν είναι;

—Φίνα κουβέντα.

—Αν είναι να τη δώσουμε, όπως λες, την υπογραφή... γιατί να τη χαραμίσουμε; Γιατί να μην τη δώσουμε σ' έναν άνθρωπο που τόσα πολλά καλά μας έκανε;

—Πες τα, χρυσόστομε!

—Αλλά πάλι η απόφαση, ρε Στελάρα, δεν παίρνεται και τόσο εύκολα. Εδώ πέρα, το είδες και μόνος σου, πόσα μας κάνανε κι ωστόσο αντέξαμε... να την πατήσουμε τώρα με το τίποτις; Αλλά, θα μου πεις, «τίποτα» είναι αυτό; Αυτοί, καθώς καταλαβαίνω, πήρανε οριστικά την απόφαση να μας ξεκάνουνε.

—Αυτό είναι σωστό.

—Κι όπως και να το κάνεις, η ζωή η άτιμη —όπως το είπες κι εσύ— είναι γλυκειά.

—Σωστό κι αυτό.

—Ξέρουμε ότι η αυριανή μέρα θα είναι αβάσταχτη. Κι η ζωή —το ξαναλέω άλλη μια φορά— είναι γλυκειά.

—Είναι... τι, να το κρύβουμε τώρα;

—Λοιπόν, Στελάρα, την υπογραφή έτσι κι αλλοιώς θα μας την πάρουνε που θα μας την πάρουνε...

—Και σ' αυτό έχεις δίκιο.

—Γιατί, λοιπόν, να τη χαραμίσουμε;

—Πες το ντε!

—Λοιπόν, Στελάρα... Φέρε τα χαρτιά σου.

Ο Μελιτζάνας έχωσε το χέρι του στον κόρφο. «Στελάρα» λέει γιομάτος χαρά «σώπα και μην το πεις ούτε του παπά. Σου 'φεξ', αδερφάκι». Φιλαράκια... ο δεκανέφς Καμιτζόπουλος είναι στας διαταγάς σας.

—Πού 'ναι, λοιπόν, τα χαρτιά σου; του λέει νευριασμένος ο Γιώργης.

—Εδώ τα 'χω. Μας παραγεμίζουνε κάθε πρωί τις τσέπες. Ορίστε. Ολόκληρο ματσάκι το 'χω, με ανοιχτό το όνομα.

Σάλιωσε το δάχτυλό του και τράβηξε απ' το μάτσο δυο.

—Να και τι λέει: «Εγώ ο υπογεγραμμένος... τάδε... τάδε... τάδε... του... τάδε, τάδε τάδε... κατόπιν ωρίμου σκέψεως δηλώ ότι αποκηρύσσω μετά βδελυγμίας κ.λπ. κ.λπ. Καθαρό δεν είναι;

—Καθαρό. Φέρ' τες...

Ο Στελάρας δεν άκουσε. Ήταν βαθιά απορροφημένος απ' το περιεχόμενο του χαρτιού που είχε μπροστά του.

Ύστερα τ' άφησε κι άρχισε να ξύνει πολύ άτσαλα το σβέρκο του. Μια βαθειά χλωμάδα είχε χυθεί πάνω στη μύτη του.

—Λοιπόν, τι γίνεται;... Θα τη δώσεις καμιά φορά; του λέει ο Γιώργης.

—Μια στιγμής, ρε παιδιά... Να το συζητήσουμε όμως λιγουλάκι το πράμα... ε;

—Τι να συζητήσουμε, καημένε Στελάρα, που την απόφαση την πήραμε από ψες!

—Πώς;

—Ναι... σου το λέμε για να μην έχεις τύψεις.

—Σαν κρύο, ρε παιδιά, δεν είναι λιγάκι;... Καλά, την πατάτε... Κι ύστερις εγώ ο ρουφιάνος πού θά βρω άλλα τέτοια παλληκαράκια... για να λέω τον πόνο μου; Δεν ακούς που το λέει και το τραγούδι...

Δεν είσαι συ ο Γιώργος μου
που σου 'λεγα τον πόνο μου...

—Άσε τις συγκινήσεις, καημένε Στελάρα, κι έλα να τελειώνουμε. Εκτός αν πήρες την απόφαση να μην τις δεχθείς... οπότε βρίσκουμε άλλον.

Ο Στελάρας δίπλωσε τα χαρτιά και τα 'βαλε ξανά στην τσέπη του.

—Ναι... αυτή την απόφαση πήρα, λέει σοβαρά. Δώστε τες σ' άλλονε. Εγώ μια φορά δεν τις παίρνω και σουβλιστό να με κάνουνε.

—Το σκέφτηκες καλά;

—Ναι ρε! φωνάζει θυμωμένος. Είμαι ένα ρεμάλι, ένας χασίκλας της πεντάρας. Μα δε θα γίνω τώρα και νεκροθάφτης!

Ύστερα άρχισε να τους παρακαλάει κλαουριστά:

—Μη, ρε παιδιά... Δεν το βαστάει η καρδιά μου να σας δω σπασμένους... να μου βγουν τα μάτια. Δε σας πάει... Δεν μπορώ να το χωνέψω... Να... να μου ανασκελωθεί η μάνα αν σας λέω ψέματα... Άμα το κάνετε, να το ξέρετε, θα πάω κάπου σε καμιά χαράδρα να βάλω τα κλάματα...

Οι δυο φίλοι ήταν πνιγμένοι απ' τη συγκίνηση.

—Στελάρα..., του λέει ο Γιώργης με μπερδεμένη φωνή. Στελάρα, είσαι από φίνα πάστα... είσαι ωραία καρδιά.

—Σκατά είμαι!... Να, αφού θέλεις να τ' ακούσεις.

—Είσαι μεγάλη καρδιά, Στελάρα, αυτό πηγαίναμε να εξακριβώσουμε. Είσαι μια σωστή, τίμια καρδιά.

Ο Μελιτζάνας τινάχτηκε δυο μέτρα.

—Ώστε δεν το 'χατε σκοπό να την πατήσετε; ρωτά σαν τρελλός.

—Όχι, Μελιτζάνα... Και τώρα σε καλούμε αδέρφι μας. Πού πας;

Ο Στελάρας έψαχνε να βρει την πόρτα.

—Πού πας, μωρέ Στελάρα;

—Συνώμης μια στιγμή, ρε παιδιά...

—Ε πού στο διάολο πας; Δε θα μας πεις;

—Συνώμης μια στιγμής, ρε παιδιά... Πάω να βγάλω τη μύξα μου ο ρουφιάνος!...

ΚΕΦΑΛΑΙΟ ΔΕΚΑΤΟ

ΤΑ ΒΗΜΑΤΑ ΤΟΥ ΜΕΛΙΤΖΑΝΑ έσβηναν σκοντάφτοντας πάνω στις κοτρώνες. Βάδιζε παραπατώντας σα να τον στράβωσαν ή να τον πότισαν.

Η ΣΦΑ είχε χάσει οριστικά ένα δήμιο. Η ζωή είχε κερδίσει σίγουρα έναν άνθρωπο. Ο Στελάρας είχε αχρηστευθεί για τη ΣΦΑ, ανεπανόρθωτα.

Ζύγωνε μεσημέρι. Ένα βαπόρι σφύριξε βαθιά, σαν καταποντισμένο. Ο Παναγής κοίταξε κατά το Λαύριο.

—Φεύγει..., λέει κοιτώντας με πικρά μάτια κατά το λιμάνι.

Ένα κακομούτσουνο βαπόρι ανέβαζε ατμό. Ήταν μαύρο... πιο μαύρο κι απ' το κάρβουνο που το φόρτωσαν.

—Να μπορούσα να ήμουν ένα παλησόσκοινο αυτουνού του καραβιού..., ψιθύρισε ο Παναγής.

—Εγώ ήθελα να περνούσα μόνο για μια στιγμή σα γλάρος, να τους έλεγα κάτι και να 'φευγα, να 'ρχόμουν πάλι εδώ.

—Τι θα τους έλεγες; λέει ο Παναγής.

—Θα τους πληροφορούσα ότι είναι ελεύθεροι... να το μάθουν. Και θα 'φευγα.

—Και δεν το ξέρουν;

—Ό χ ι...

Σώπασαν. Ένας άλλος θόρυβος, ένα βαθύ βουητό, γέμισε τώρα τον αέρα.

—Να τον ο γλάρος σου, λέει ο Παναγής. Μόνο που πετά με μηχανή, κι έχει και άνθρωπο μέσα.

Το ερωτοπλανταγμένο αεροπλάνο γυάλισε σα ρομφαία πάνω απ' το ναό του Σουνίου. Κατόπι πέταξε κατά το σπιτάκι της καλόγριας· και μόλις έφτασε εκεί, έκανε πως χάνει την ισορροπία του... και πετάριζε σαν πουλί που το λάβωσαν... Και μήπως, αλήθεια, δεν το λάβωσαν; Ποτέ ακόμη ως τώρα δεν ειπώθηκε με πιο πολύ σπαραγμό, με πιο πολλή αλήθεια, ο ερωτικός πόνος ενός ανθρώπου. Κανόνι να το πλήγωνε, δε θα σπάραζε έτσι.

Ο αεροπόρος αυτός είχε μια μικρή, σύντομη φιλοσοφία. Η ζωή είναι ένα ταξίδι που ερχόμαστε να πούμε «σ' αγαπώ». Αν μας ακούσουν, μένουμε. Αν δε μας πιστέψουν, φεύγουμε. Χωρίς άλλο έτσι θα τελείωνε μια απ' αυτές τις μέρες. Τι άπονη καλόγρια!... Σίγουρα θα ήταν ένα θηλυκό μάρμαρο που πολύ άσκημα έκανε ν' αναπνέει.

Ο Παναγής αναστέναξε. Το χέρι του έψαξε μόνο του και βρήκε την καρδιά του. Τώρα το αεροπλάνο έπαιρνε τη μεγάλη του βουτιά κατά τα κύματα. Η ουρά του μαστίγωσε τη θάλασσα σαν τη γοργόνα του παραμυθιού. Ύστερα πάλι ανέβηκε κι άρχισε να ζητιανεύει... Να φέρνει απελπισμένο κύκλους πάνω απ' το σπίτι της άπονης. Κλωθογύρισε... κλωθογύρισε... ζητιάνεψε... και στο τέλος χάθηκε στο γαλάζιο νερό του Αιγαίου, πέρα κατά το νησάκι της Τζιας. Μα δεν πέρασαν ούτε δέκα λεπτά και ξανάρθε... Ξανάρθε κι άρχισε να παίρνει πάλι βουτιές πάνω σ' ένα ψηλό δέντρο του σπιτιού της, και να του μαδάει τα ψηλά ψηλά κλαδιά. Αν έβγαινε... αν ξεπρόβαλλε από κάπου, από κάποιο μπαλκόνι ή από κάποιο παράθυρο, ένα μαντηλάκι άσπρο και σάλευε λίγο... σίγουρα το αεροπλάνο θα 'φευγε κατά τα ουράνια γεμάτο ίλιγγο... γεμάτο ερωτική τρέλλα... κι ευτυχία, ως το θάνατο. Μα το μαντηλάκι δε βγήκε. Η καλόγρια ήταν μια σύγχρονη Αντινέα... από μαύρο μάρμαρο.

Ο Παναγής στράφηκε με τρόπο να δει το Γιώργη. Παράξενο... Κείνη η ρυτίδα η βαθειά σαν αυλακιά —που νόμιζε πως είχε φύγει για πάντα— είχε ξαναρθεί.

—Γιώργη, τη θυμάσαι ακόμη; του λέει με μαλακιά φωνή.

Ο Γιώργης έκανε πως ξυπνούσε κείνη τη στιγμή.

—Τι; κάνει... Τι πράμα εννοείς αν θυμούμαι ακόμη;

—Τη... Εκείνηνε ντε...

—Μα την αλήθεια, δε σε καταλαβαίνω.

—Καλά... καλά... Δε σου ξαναμιλώ. Συμπάθα με.

—Καλά κάνεις. Εδώ έχουμε ανοίξει μάχη με τα στοιχειά της Κόλασης... τις κατουρλούδες τώρα θα σκεφτόμαστε;

—Καλά... Συμπάθα με. Σου αστειεύτηκα.

Πέρα στους βράχους μια ψηλή χοντρή σιλουέττα περπατούσε με αργά, βαριά βήματα. Κάποτε στεκότανε κι έπεφτε σε βαθειά σκέψη... Ύστερα πάλι ξανάρχιζε τις βόλτες, ώσπου σταμάτησε με τη γροθιά στο πηγούνι και κοιτούσε επίμονα τη θάλασσα.

—Κάποιος εκεί κάτω, λέει ο Παναγής, κάτι παριστάνει. Το Ναπολέοντα... ή τον Μπετόβεν που εμπνέεται απ' τη θύελλα... Αν αυτός δεν είναι ο Γκουντάς... τότε εμένα κάτι έχουν πάθει τα μάτια μου.

Ο Γιώργης ζύγωσε και κοίταξε.

—Όχι, δεν έχουν πάθει τίποτα τα μάτια σου. Είναι ο Γκουντάς. Ποιος ξέρει τι σχέδια ζυμώνει μες στο αναποδογυρισμένο μυαλό του. Μπορεί να ζητάει και ρέστα απ' τον καπετάνιο.

—Τώρα έρχεται κατά πάνω.

Το αεροπλάνο πέρασε για μια τελευταία φορά ίσα ίσα πάνω απ' τη ΣΦΑ και χάθηκε οριστικά πίσω απ' τη ράχη. Ο Γκουντάς γύρισε το κεφάλι του, το κοίταξε, κατόπι το 'βρισε στη γλώσσα του και πήγε και χώθηκε στο τσαντίρι του.

Οι δυο φίλοι τραβήχτηκαν μέσα. Δεν είχε πια κανένα ενδιαφέρον ο ορίζοντας. Το βαπόρι αργά... αργά και σκοτεινά, κύλησε πέρα κατά τους ίσκιους της Αφρικής. Το αεροπλάνο μετά από κείνη την τελευταία σαϊτιά δεν ξαναφάνηκε πια. Μπήκαν μέσα κι ετοιμάζονταν να πέσουν στα τσόλια τους. Μα ξαφνικά η σάλπιγγα φώναξε π ρ ο σ ο χ ή.

—Περίεργο..., λέει ο Παναγής. Δεν είναι ούτε ώρα συσσιτίου ούτε αναφοράς... τι διάολο σφυρίζει;

Η σάλπιγγα φώναξε άλλη μια φορά και ησύχασε. Πέρασε ένα λεπτό. Και, ξάφνου, κάποιος άρχισε να φυσά στο μεγάφωνο για να το δοκιμάσει αν δουλεύει.

—Κάτι ετοιμάζεται να πει αυτός ο χωνάκιας, λέει ο Γιώργης.

—Και φαίνεται ότι είναι πολύ σπουδαίο για να το προετοιμάζει πρώτα η σάλπιγγα. Ας δούμε.

Τώρα ακούστηκαν στο μεγάφωνο τρία χτυπήματα με το νύχι. Ύστερα άσπρη, κρύα η φωνή του εκφωνητή:

—Προσοχή. Προσοχή. Ανακοίνωσις. Προκειμένου να διεξαχθώσιν ασκήσεις βολής... Ξαφνικά σταμάτησε. Χωρίς κανένα λόγο, καμιά αίτια. Η φωνή κόπηκε σα με μαχαίρι. Ησυχία νεκρική απλώθηκε παντού.

Ο Γιώργης έφτασε ως τη χαραμάδα κι έριξε μια ματιά έξω. Αποπνιχτική ησυχία βασίλευε παντού. Μόνο ένας παπάς με μακρύ μαύρο ράσο φάνηκε ν' ανεβαίνει απ' την αποβάθρα και να τρυπώνει μες στη σκηνή του Γκουντά. Ύστερα ξανά η ησυχία.

—Δε μου φαίνεται να μυρίζει καθόλου καλά αυτή η ησυχία...

—Καλά... μπες μέσα, λέει ο Παναγής κι είχε ανατριχιάσει.

Ξάφνου η φωνή απ' το μεγάφωνο ξανακούστηκε πιο καθαρή.

—Προσοχή. Η διακοπή οφείλεται εις μικράν τεχνικήν βλάβην. Επαναλαμβάνομεν την ανακοίνωσιν. Προσοχή. Προκειμένου να διεξαχθώσιν ασκήσεις βολής, διατάσσονται άπαντες —φρουροί και κρατούμενοι— όπως παραμείνωσιν πρηνείς και ακίνητοι εντός των σκηνών των. Επαναλαμβάνομεν την ανακοίνωσιν. Προκειμένου να διεξαχθώσιν ασκήσεις βολής, διατάσσονται άπαντες —φρουροί και κρατούμενοι— όπως παραμείνωσιν πρηνείς και ακίνητοι εντός των σκηνών των. Δεύτερον: Προσοχή. Δεύτερον: Οι κρατούμενοι Καρυστινός Γεώργιος και Ζαγκλίφας Παναγιώτης να εξέλθωσιν των σκηνών των και να προχωρήσωσιν εις το πρανές. Επαναλαμβάνομεν το δεύτερον μέρος. Οι κρατούμενοι Καρυστινός Γεώργιος και Ζαγκλίφας Παναγιώτης να εξέλθωσιν των σκηνών των και να προχωρήσωσιν εις το πρανές.

Ησυχία μολυβένια ξανάπεσε. Οι δυο φίλοι κοιτάχτηκαν αμίλητοι... κατάλαβαν. Στις ασκήσεις βολής είχαν διαλεχτεί για να αποτελέσουν τον κινητό στόχο.

—Να μην πάμε μόνοι μας..., λέει ο Γιώργης. Έτσι κι αλλοιώς θα πεθάνουμε. Άσ' τους να 'ρθουν να μας πάρουνε οι ίδιοι.

Δέσανε σφιχτά τα κορδόνια τους, σφίξανε τη ζώνη τους, κουμπώθηκαν γερά κι ανάψανε το τελευταίο τους τσιγάρο.

—Φαίνεται, λέει ο Παναγής, ότι οι καινούριοι ήρθαν με άλλα μυαλά. Το τροπάρι του Γκουντά «προτιμώ σπασμένους, δε θέλω σκοτωμένους» εγκαταλείφθηκε. Αυτοί είναι αποφασισμένοι να τραβήξουν στο ψαχνό.

Χοντρές αρβύλες άρχισαν ν' ανεβαίνουν τρέχοντας τον ανήφορο.

Κοιτάχτηκαν κι οι δυο στα μάτια. Ήσαν χλωμοί. Μα τα δόντια τους ήσαν κατάσφιχτα· τόσο γερά, που κάνανε λακκούβες δεξιά κι αριστερά στα χείλη.

Από μακριά ακόμη άρχισαν να ρίχνουν τις πέτρες βροχή πάνω στη σκηνή τους.

—Όξω ρεεεεε!... Όξω, παλημόυτρα!... Σας καλάρεσε η ξάπλα, ε;

Τα μούτρα του πρεζάκια και του Τσίμπλη φάνηκαν πρώτα απ' το άνοιγμα της σκηνής.

—Απάνω ρε!

—Δεν άκουσες τι είπε το μεγάφωνο; του λέει ο Γιώργης. Έχει βολή.

—Και με τι στόχο θα την κάνουμε τη βολή, μωρή χαμούρα; Ε; Με το βρακί της Φατμές; Ίσα!...

Σε λίγο μπουκάρανε κι άλλοι. Τους σύρανε έξω σα σφαχτάρια. Περίεργο όμως... Κανένας απ' τους καινούριους δεν ήταν μαζί τους. Όλοι ήταν της ε τ α ι ρ ί α ς του Γκουντά, με τον αρχηγό να 'ρχεται βαρύς ξοπίσω, παρέα μ' έναν παπά που φορούσε το πετραχήλι του και κρατούσε ένα θυμιατό, και στο δεξί του χέρι ένα δισκοπότηρο. Το πρόγραμμα άρχισε την ίδια στιγμή. Πρώτα τους κυνήγησαν πετροβολώντας κατά τον ανήφορο. Λίγο πριν αρχίσουν, του Γιώργη τ' αυτιά είχαν πάρει ένα σύντομο διάλογο του Γκουντά.

—Γιατί εσύ δεν πετάς, ρε Στελάρα; Νηστεία έχεις;

Η απάντηση δόθηκε απ' τη λυπημένη φωνή του Μελιτζάνα, που —το 'βλεπες— έβαλε όλα τα δυνατά της να γίνει πρόστυχη.

—Ναι, αρχηγέ... κι αμ πώς... αλλά, να πάρει ο διάλος τη μάνα μου, έχει μια στραμπούλα το χέρι μου, που δεν μπορώ να κρατήσω κουτάλι και τρώω με τη φούχτα. Είναι ένεκα το στειλιάρι που έριξα αποβραδίς... Τι το ήθελα ο ρουφιάνος; Και τώρα ορίστε... χάνω το πιο μεγάλο πανηγύρι. Αλλά πού θα μου πάνε; Αύριο τα ξαναβρίσκουμε.

—Αν περισσέψει τίποτις... Αλλά στραβωμάρα είχες να πας να στραμπουλιχτείς ίσα ίσα σήμερα;

—Έλα ντε... Να η ατυχία!

—Ε τότε τράβα στ' αντίσκηνό σου να ραχατέψεις... Τι κωλοσέρνεσαι μαζί μας; Σήμερα έχει πολλή δουλειά.

—Ναι, μωρ' αρχηγέ... αλλά να μη γουστάρω λιγάκι κι εγώ ο φουκαράς;

—Με χωρίς χέρι τι γουστάρισμα θα κάνεις ρε; Θα βλέπεις τους άλλους και θα καίγεται η ψυχή σου.

—Σ' αυτό έχεις δίκιο.

—Άιντε, τράβα πέσε.

—Αυτό θα κάνω. Καλές δουλειές, λοιπόν...

Την τελευταία φράση την έλεγε σα να 'κλαιε.

—Μάλαμα..., λέει ο Γκουντάς στον παπά. Είναι ο καλύτερός μου «άντρας». Αλλά, βλέπεις, ο φουκαράς στάθηκε άτυχος.

Το πετροβόλημα είχε φτάσει τώρα στη μεγαλύτερη αγριότητα. Πυκνές, μπλάβες πληγές είχαν γεμίσει τα πρόσωπά τους. Το αίμα τούς είχε βάψει τα πουκάμισα.

Κάποια στιγμή ο Γκουντάς έβγαλε διαταγή να σταματήσουν, κι αμέσως έδωσε ένα καινούριο παράγγελμα:

—Πυρ κατά βούλησιν!...

Κινητά ουραία ακούστηκαν να γεμίζουν όλα μαζί. Σε λίγο οι σφαίρες τούς κυνηγούσαν σφυρίζοντας πλάι στ' αυτιά τους κι ανάμεσα στα πόδια τους. Σφύριζαν παντού σα μέλισσες που τις κυνηγούν με το κάπνισμα. Σήκωναν τα χαλίκια, χώνονταν βογγώντας μες στο χώμα, πηδούσαν σα φίδια. Ένα ολόκληρο τέταρτο κράτησε αυτή η βροχή. Και πάλι ξανακούστηκε η φωνή του Γκουντά:

—Παύσατε πυρρ!...

Είχαν πια φτάσει στη ρίζα ενός μεγάλου βράχου. Τέσσερις κρίκοι τούς περίμεναν μπηγμένοι στο βράχο σε ύψος δυο μέτρων.

Ο Τσίμπλης μαζί μ' έναν άλλο τούς ξεκλειδώσανε τις χειροπέδες. Κατόπιν τους σύρανε κοντά στο βράχο και τους κρεμάσανε με τα χέρια απ' τους κρίκους.

—Όλα έτοιμα, αρχηγέ, λέει ο Τσίμπλης.

—Καλά..., λέει βαριά ο Γκουντάς. Τραβηχτείτε.

Οι άλλοι παραμέρισαν. Τότε ξεκίνησε αργά, βαρυπατώντας και βήχοντας, κι έφτασε κοντά τους. Η φωνή του ήταν ακόμη βραχνή και το μούτρο του παραμορφωμένο απ' την απελπισία και τις αγρυπνίες.

—Λοιπόν, τους λέει. Λίγα λόγια. Τα Τάγματα στείλανε εδώ τα ξεφτέρια τους κι απ' αύριο πιάνουνε δουλειά μαζί σας. Είναι, λέει, σίγουροι, και το βόδι αυγά να γεννήσει, θα σας την πάρουνε την υπογραφή. Παιδιά... Καθαρά λόγια... Δε σας δίνω. Το 'χω καλύτερα να φορέσω φουστάνια παρά να δω υπογραφές δικές σας στα χέρια τους. Για ένα φιλότιμο ζούμε εδώ. Γι' αυτό: Ή θα σας πάρω την υπογραφή εγώ ή θα σας καθαρίσω. Έχω εδώ τα χαρτιά και τον κοντυλοφόρο γιομάτο. Το 'χω αποφασισμένο και δε θα κάνω πίσω: ή τις υπογραφές σας ή τις προβιές σας. Αυτός που θα βγει ανώτερος απ' τον Γκουντά δε γεννήθηκε ακόμη. Λάβετε τα μέτρα σας. Ένα μόνο να σας φύγει απ' το μυαλό. Ότι θα σας παραδώσω στα χέρια τους άσπαστους. Αυτό σβήστε το. Κοφίδια σας κάνω, νιανιά... να με ντροπιάσουνε τα δασκαλάκια απ' τα Τάγματα δεν αφήνω. Κομμένη κουβέντα. Αν δεν ερχόντουσαν αυτοί, θα δούλευα αράδα με τα συστήματά μου: να μην καθαρίσω άνθρωπο. Να τον κάνω καροτσάκι, γομαρομούλαρο να περπατά με τα τέσσερα, ναι, και με το παραπάνου. Αλλά για καθάρισμα... Μα τώρα ήρτανε αυτοί. Και λοιπόν, ο Γκουντάς αλλάζει συστήματα. Ή ταχτοποιημένος ή καθαρισμένος. Απ' τα χέρια μου ζωντανός και άσπαστος δεν ξαναβγαίνει πια κανείς. Λοιπόν, Καρυστινέ... κι εσύ Ζαγκλίφα... σας αποφάσισα. Σε λιγάκι σας περιμένει το γρασίδι. Για ζωή, κόφτε κάθε ελπίδα. Μιλάτε. Τη δίνετε;

—Όχι, είπαν κι οι δυο μαζί.

—Εντάξει. Τότε στράφηκε στους δικούς του. Ψτ! ακροβολιστείτε. Επί σκοπόν και περιμένετε το παράγγελμα. Ρε Ζαγκλίφα... Κρίμα! Λυπάμαι. Είσαι νέος. Κι ομορφόπαιδο. Θα σου το χαμουρέψουνε το κορίτσι σου... Θα σ' το φάνε για λιχουδιά. Λυπάμαι... Αλλά δεν μπορώ να σου κάνω τίποτα. Όσο για σένα, Καρυστινέ, ένα πράμα μόνο σου λέω: Τη μάνα σου ρε να συλλογιστείς... τίποτε άλλο, μονάχα τη μάνα σου... που, μόλις της πάνε τα χαμπέρια, θα πεθάνει. Τελείωσα και με σένα. Κοινώνα τους, παπά!

Ο παπάς θυμιάτισε δυο φορές, έκανε τρεις σταυρούς και κατόπι γέμισε το κουταλάκι και σηκώθηκε στις μύτες των ποδιών του για να τους φτάσει. Ύστερα τραβήχτηκε παραπέρα ψέλνοντας κάτι μες στα δόντια του που ούτε κι ο ίδιος δεν το ξεκαθάριζε. Κατόπι έκανε άλλους τρεις σταυρούς, δίπλωσε το πετραχήλι του, τραβήχτηκε λίγο παράμερα και σταύρωσε με ευλάβεια τα χέρια του.

—Τέλειωσες, παπά; λέει στο σμπίρο του με τα ράσα. Εντάξει. Καρυστινέ! Ζαγκλίφα! Μια τρίχα σάς χωρίζει απ' τη ζωή. Λέτε!

—Κάνε τη δουλειά σου..., λέει ήσυχα ο Γιώργης.

Άφρισε ο Γκουντάς.

—Τη δουλειά μου θα κάνω! Ναι, τη δουλειά μου θα κάνω, ρε παληοπούστη! Τη δουλειά μου θα κάνω και κανένας πουτανασγιός δεν είναι σε θέση να μου τη δείξει! Άκουσες; Κανένας! Ακροβολιστήκατε; Εντάξει. Και τώρα: Τρυπήστε τα τομάρια τους! Πυυυυρρρ!!

Μετά τις ντουφεκιές τούς ρίξανε τις τελευταίες πέτρες.

* * *

Η ώρα επτά το βράδυ τους ξεκρεμάσανε. Τους τύλιξαν σε δυο κουβέρτες και τους ρίξανε σε δυο φορεία. Κάτι γεράκια —που είχαν έρθει αμέσως μετά τις ντουφεκιές— πήραν να διαμαρτύρονται που τους παίρνανε το φαΐ τους. Ύστερα άρχισαν το πετσόκομμα μεταξύ τους.

Κάτω στην απανεμιά, εκεί που έδιναν τα μπράτσα δυο βράχοι και κάνανε κείνη την τρύπα που τη λέγανε «λιμάνι», ήταν μια τριγωνική σκηνή με άσπρο πανί και κόκκινο σταυρό.

Ένας γιατρός με μισά γυαλιά —σα μισοφέγγαρα— και αναιμική επιδερμίδα είχε ανοίξει για μια στιγμή την πόρτα της σκηνής και το μάτι του πήρε τις κουβέρτες που κατηφόριζαν. Δεν μπορούσε να εξηγήσει γιατί τους ξεσηκώσανε μεσημεριάτικα απ' το παράπηγμά τους και τον βάλανε να στήσει τη σκηνή εδώ, ανάμεσα στους βράχους.

—Κάτι μας φέρνουν, λέει ο νοσοκόμος. Πελατεία.

—Τούτη τη φορά φαίνεται πως πρόφτασε και την άρπαξε απ' τα χέρια μας ο παπάς, ψιθύρισε ο γιατρός κι έτρεμαν τα χείλη του.

Οι κουβέρτες ωστόσο κατεβαίνανε.

—Δεν μπορώ όμως εν τοιαύτη περιπτώσει να εξηγήσω ποιος ο λόγος να τους κουβαλήσουν εδώ.

—Δεν τους φέρνουν σε μας, κύριε υπίατρε, στο λιμανάκι τούς πάνε. Φαίνεται ότι θα τους πάνε να τους θάψουνε στο Λαύριο. Εμ καιρός ήταν... Σαν το κατάλαβαν... Εδώ δεν υπάρχει χώμα ούτε για να σκεπάσεις ένα ποντίκι. Γιόμισε το νησί πτωμαΐνη απ' το μισερό θάψιμο. Ευτυχώς που εγώ σκαντζάρω, γιατρέ... Ήρθε η διαταγή της μετάθεσης. Θα σας φέρουνε στη θέση μου ένα Σαμιωτάκι. Καλό παιδί, αλλά τα λόγια του είναι αραιά σαν του σπανού τα γένια...

—Σσσς. Σιωπή γιατί μας τους φέρνουν εδώ.

—Δεν τους πάτε κατευθείαν στο καΐκι;... λέει ο νοσοκόμος.

—Παράτα μας μωρέ και συ και μας έκοψαν τα χέρια!

Ο νοσοκόμος έσκυψε πάνω απ' τις κουβέρτες και τις ξεσκέπασε με τη σειρά.

—Κουρέλια μάς τους φέρατε; τους λέει τραγικά. Τι να δέσουμε και τι να μπαλώσουμε από δαύτους; Ευτυχώς όμως εγώ που αύριο σκαντζάρω... Απορώ μωρέ με σας... Τι διάολο, στο γάμο του Καραγκιόζη βαρούσατε;... Τζάμπα πήγανε, δηλαδή, τόσες σφαίρες... Σκοπευτές να σου πετύχει!

—Παράτα μας ρε και συ να μη σου πω βράδυ βράδυ καμιά κουβέντα! Δεν άκουσες τη διαταγή; Να πηγαίνει, λέει, η σφαίρα να γαργαλάει το ρουθούνι τους, αλλά μέσα να μην μπαίνει.

—Ε καλά, και τότε τον παπά τι τον θέλατε;

—Λούσα. Θεατράκι.

—Τι θεατράκι, λέει ο γιατρός, που θα χρειαστεί να τους φκιάξω απ' την αρχή... Και φοβούμαι να μην μπερδέψω τα κομμάτια τους. Είναι πολλή ώρα που χάσανε τις αισθήσεις τους;

—Ξέρω γω!... Τις χάνανε, τις ξαναβρίσκανε... Την κολοκυθιά παίζανε και του λόγου τους. Και μας έχουνε μια φούρκα τα γεράκια... Εγώ μια φορά δεν ξαναπερνάω αποκεί... Θαρρούνε πως τους κλέψαμε το φαΐ τους εμείς, κατάλαβες;

—Καλά... Πηγαίνετε τώρα γιατί θέλουμε να καταπιαστούμε μαζί τους. Να, ορίστε, ο ένας συνέρχεται.

Ένα σπαραχτικό «μ ά ν α μου... μ ά ν α μου» βγήκε απ' τα στήθια του Παναγή.

—Μάνα σου... μάνα σου, πούστη! ουρλιάζει ο Τσίμπλης. Αν την αγαπούσες τη μάνα σου, γιατί δεν υπόγραφες, παληορουφιάνε;... Θα γλυτώναμε κι εμείς απ' τα γεράκια, συμπλήρωσε και τράβηξε τους συντρόφους του να φύγουνε.

—Γιαλό... γιαλό ελάτε ρε, τους λέει. Τα βλέπετε; Ακόμα κει κάθονται.

—Ααααχχχ, ξανακούστηκε απ' τα στήθια του Παναγή.

—Ούξω, έκανε τώρα κι ο πρεζάκιας. Πάμε, ρε Τσίμπλη. Τίποτις και σήμερις. Τ ζ ί φ ο ς... Υπογραφή μηδέν. Φουκαρά Γκουντά!...

Οι επίδεσμοι τυλίγονταν... τυλίγονταν... σα να τους σαβάνωναν. Πόνοι αβάσταχτοι έτρεχαν μες στα οργωμένα τους κορμιά. Τα χέρια του γιατρού —που τόσα είδαν και τόσα γιάτρεψαν— άρχισαν να τρέμουν.

—Θα ζήσουν;... σκύβει και ρωτά με αλλαγμένη φωνή ο νοσοκόμος.

—Αν ζούνε τα χώρια κομμάτια... μπορεί να ζήσουν.

Τους σκέπασε και βγήκε έξω απ' τη σκηνή αφανισμένος.

—Να σβήσω το φως; του λέει ο νοσοκόμος.

—Όχι, χαμήλωσέ το.

—Το χαμήλωσα.

Τα μάτια του γιατρού γυάλιζαν σαν τρελλά.

—Χαμήλωσέ το κι άλλο!

—Μα να μείνουμε ολωσδιόλου δίχως φως!

—Εκεί που την κατάντησαν τη ζωή... το φως τής έλειπε.

—Γιατρέ μου... Για το Θεό... θα σ' ακούσουν! Εγώ ευτυχώς αύριο φεύγω.

—Είπα τίποτε;... έκανε τρομαγμένος ο γιατρός κι άσπρισε ολόκληρος. Πες μου... Τι είπα; Μην είπα τίποτε κακό;

—Όχι. Εγώ μια φορά τίποτε δεν άκουσα.

Του 'πιασε με αγωνία το χέρι.

—Ευχαριστώ, του είπε.

Βγήκαν και κάθισαν κι οι δυο στα βραχάκια. Βογγητά, κομμένα, σπαραχτικά, έρχονταν από καιρό σε καιρό... σα να βογγούσαν μόνες τους οι ματοκυλισμένες τους σάρκες.

ΜΕΡΟΣ ΤΡΙΤΟ

ΚΕΦΑΛΑΙΟ ΠΡΟΛΟΓΙΚΟ

ΟΤΑΝ ΘΑ ΤΕΛΕΙΩΣΟΥΝ ΓΙΑ ΠΑΝΤΑ τη σταδιοδρομία τους εδώ κάτω οι θεοί κι αρχίσουν να θεοποιούνται οι άνθρωποι, οι πρώτοι που θα θεοποιηθούν πρέπει να είναι οι μάρτυρες. Και τότε θα χρειαστεί να στηθεί σ' αυτό το νησί ένα πελώριο άγαλμα του Σίσυφου, που ήταν ο πρώτος μάρτυρας κι ο πρώτος άσκοπος πετροκουβαλητής αυτού του κόσμου. Την ποινή αυτή —για να την βάλουν στη Μυθολογία— σημαίνει ότι δεν τολμούσαν να την κάνουν οι άνθρωποι του απάνω κόσμου και τη μετέθεσαν στον Άδη, όπου όλα επιτρέπονται — ποιος γύρισε αποκεί για να τους διαψεύσει; Τι ρηχοί και πεζοί, αλήθεια, ήταν κείνοι οι αιώνες, και τι κακορίζικοι και άτολμοι ήταν οι μυθοποιοί τους... Να μην τολμούν να εκτελέσουν ένα δυνατό έγκλημα και να μεταθέτουν την ευθύνη του σε άλλους κόσμους!... Σε τι αντιποιητική, αλήθεια, εποχή έζησε ο Όμηρος!

Σήμερα τέτοια πετάγματα τα κάνει κι η φαντασία ενός σκύλου. Όσο για τον Αισχύλο, καλύτερα να σωπαίνουμε... Φαντασθείτε... Αφού τρόμαξε —να μην τον κατηγορήσουν ότι βρίζει τα ελληνικά βουνά— και πήγε και κάρφωσε τον Προμηθέα του σε ξένες κορφές. Τι «μη μου άπτου» κοινωνίες!... Σήμερα τέτοια δικαιώματα τα έχει κι ένας χασάπης – και προπάντων ένας χασάπης. Στις γυμνές από μεγαλείο εποχές που ζούμε —και που η Ποίηση κατάντησε ασχολία χειρωνακτική—ένα καλά εκτελεσμένο έγκλημα είναι μια ολόκληρη δόξα. Να σκοτώσεις έναν ανυπεράσπιστο άνθρωπο είναι μια γενναιότητα που κανείς ως τώρα δεν την είχε. Όλοι ντρέπουνταν και το κρύβανε. Σήμερα σκοτώνεις τριάντα και σε πιάνει αγανάκτηση αν δε σ' το αναγνωρίσουν. Ο σκέτος θάνατος... κατάπτωση, κοινοτυπία.

Σήμερα που γέμισε η γη τραγωδίες, χάθηκαν οι τραγικοί. Μια Δεύτερη Παρουσία ξημέρωσε κι ο Θεός απουσιάζει. Φοβερά τέρατα κυκλοφορούν μες στους πολυσύχναστους δρόμους, που χάσανε τα μπροστινά τους πόδια και περπατούν όρθια. Χιλιάδες εγκέφαλοι λειτουργούν με αντίθετη φορά. Ξένα δόντια κόλλησαν σε ανθρώπινα σαγόνια. Ύαινες κλαίνε ολομόναχες μες στα δάση γιατί τους κλέψανε τα νύχια τους.

Το νησί αυτό όπου κυλάει σήμερα η ιστορία μας είναι το τοπίο όπου το έγκλημα δοξάστηκε σαν ύψιστη αρετή. Όπου μέσα απ' το λαρύγγι του ανθρώπου πέρασαν —για πρώτη φορά στην ιστορία της Ανθρωπότητας— φθόγγοι άγνωστοι.

Ήρθε μια νύχτα που το νησί παράδερνε σαν ακυβέρνητο σκάφος. Αυτή τη νύχτα, οι φθόγγοι αυτοί οι άγνωστοι ακούστηκαν τόσο δυνατά, που οι μεταλλωρύχοι της αντικρινής πλαγιάς τρόμαξαν και κρύφτηκαν μες στις στοές τους. Ήταν οκτώ του Δεκέμβρη, χίλια εννιακόσια σαράντα εννέα χρόνια ύστερα απ' τη γέννηση του γιου μιας χωρικής που τον σταύρωσαν —μια φορά— πάνω σ' ένα σταυρωτό ξύλο σ' ένα λόφο της Σιών, επειδή κουβάλησε μαζί του λίγες καινούριες ιδέες. Βλέπετε, οι ιδέες κάθε φορά έχουν δικούς τους ιδιοκτήτες που άμα δεν έρχονται στα μέτρα που θέλουν αυτοί παίρνουν το κεφάλι που τις έχει.

Έτσι τώρα κι εδώ φκιάξανε κάτι ιδέες και τους καλέσανε όλους —τους γίνονται δεν τους γίνονται— να τις φορέσουν. «Ή θα τις βάλετε με το καλό μες στο κεφάλι σας ή θα σας το ανοίξουμε να τις βάλουμε εμείς μέσα!» Έτσι και κείνη τη νύχτα δεν κάνανε τίποτε άλλο. Σκάβανε τα κρανία και φυτεύανε μέσα τις ιδέες τους...

Σαν ξημέρωσε η οκτώ του Δεκέμβρη, σύρτηκε απ' τη μια άκρη του νησιού ως την άλλη η πελώρια σκιά του τρόμου. Δήμιοι, νεκροί, τρελλοί, πληγωμένοι... κοίτουνταν χάμω μέσα σ' αυτόν τον πέτρινο αγρό που τον φυτέψανε με ανθρώπινα κορμιά. Κείνο το πρωί τα κοκόρια του Λαυρίου —για πρώτη φορά— δε λάλησαν. Μόνο τα σκυλιά της πόλης ανέβηκαν πάνω στους σωρούς με το καρβουνόχωμα και κλαίανε όλη τη νύχτα. Όσο για τους ανθρώπους, όλες αυτές τις νύχτες παρακολουθούσαν τη ζωή απ' τις χαραμάδες... Σάστιζαν πώς αυτό που γινόταν αντίκρυ δεν το είχε γράψει ακόμη η Αποκάλυψη.

Οι περισσότεροι το είχαν μαντέψει από μέρες. Χωρίς λόγο, ένα πρωί κλείσανε ξαφνικά τα σύνορα. Όλα τα καϊκάκια που πηγαινόρχουνταν κουβαλώντας χόρτα, ψωμί και φασόλια κόψανε τα ταξίδια τους και δέσανε στο μώλο. Η «φοντάνα», το παληό, σκουριασμένο δεξαμενόπλοιο που τους κουβαλούσε το νερό, έδεσε κι αυτό σ' ένα ντοκ, κι ο καπετάνιος του —ο καπτα-Μπουνάτσας, όπως τον έλεγαν για την αποστροφή που 'δειχνε και στην παραμικρή θαλασσοταραχή— ξεκουβάλησε απ' το πλοίο του κι έπαιζε ολημερίς «κοντσίνα» με τους Λαυριώτες.

—Μα τι πίνουν όλοι αυτοί οι άνθρωποι αντίκρυ;... ρώτησαν κάποτε οι συμπαίκτες του τον καπετάν Μπουνάτσα. Καπετάνιο, γιατί δεν τους πας νερό πια;

—Τι να το κάνουν; είπε αυτός χλευαστικά.

—Πώς τι να το κάνουν! Άνθρωποι είναι...

—Άνθρωποι; Αμ αν ήταν άνθρωποι, δε θα πουλούσανε την πατρίδα τους!

—Και δε θα τους ξαναπάς;

—Πώς δε θα τους ξαναπάω!... Ας μου το παραγγείλουν και θα τους πάω.

—Και πώς θα σ' το παραγγείλουν;

—Με τις υπογραφούλες τους. Ας υπογράψουνε ότι στη Μακρόνησο είδανε το φως κι εγώ σαλπάρω με το πρώτο. Τι διάλο, δηλαδή, ούτε μια παληοϋπογραφή δεν αξίζει το νερό μου;

Όλοι σιγά σιγά τραβήχτηκαν από κοντά του παγωμένοι, και τις υπόλοιπες μέρες έπαιζε κοντσίνα μ' ένα θερμαστή του βαποριού του.

Στα παληά τα χρόνια άμα ένα φρούριο δεν παραδινότανε, του κόβανε το νερό. Αυτή την παληά αγαθοεργία εφαρμόσανε κι εδώ. Κι έτσι η δίψα, που πάλι δεν μπόρεσε να σκοτώσει την αντοχή, σάλεψε τα φρένα, κι έβλεπες ολόκληρα κοπάδια να τρέχουν κατά τη θάλασσα για να ξεδιψάσουνε...

Η φρίκη της Μακρόνησος δε χωράει σε βιβλία. Διαβάζεται μόνο μες στα μάτια των τρελλών της. Μόνο τ' αυτιά του Λαυρίου πρόφτασαν στην αρχή ν' αρπάξουν κάτι ξεφτίδια απ' τις φωνές... Στην αρχή, γιατί αργότερα ράγισαν κι αυτά και δεν άκουαν πια τίποτα. Κι έτσι, απόμειναν μόνο οι σκύλοι —με το προφητικό τους ένστικτο— να σκορπούν απ' τους καρβουνοσωρούς τις οιμωγές τους, σα μαύρους χρησμούς που έβγαιναν απ' τα σπλάχνα του προαιώνιου ζώου.

Απ' το Λαύριο οι δήμιοι φαίνουνταν μικροί... Κι ήταν για να σαστίζεις πώς τόσο μικροί δήμιοι κάνανε τόσο μεγάλα εγκλήματα. Μα το έγκλημα ποτέ δε μετριέται με τον πήχυ. Γιατί ποτέ το έγκλημα δεν έχει το ανάστημα του κακούργου. Πάντα είναι μεγαλύτερό του. Γιατί ένας πραγματικός κακούργος ποτέ δεν κάνει μόνο ένα έγκλημα. Πόσο μάλλον στη Μακρόνησο, όπου είχε καταργηθεί η τιμωρία. Γιατί και αυτό έγινε στη Μακρόνησο. Χωρίσανε το έγκλημα απ' τον κολασμό και αντιστρέψανε τους όρους. Ρίξανε τον κολασμό στα θύματα και τον έπαινο στους κακούργους. Έτσι τους βοήθησαν να κάνουν το έγκλημα ψυχαγωγία και πρωινή γυμναστική. Όταν όμως ένας άνθρωπος συνηθίσει να διασκεδάζει με το αίμα που τρέχει, με τίποτα πια στο εξής δεν μπορεί να διασκεδάσει.

Η Τραγωδία τούτη είχε αυτή την καινοτομία: ότι δεν υπήρχε χορός. Όλοι ήσαν δρώντα ή πάσχοντα πρόσωπα. Μόνο οι αντικρινοί σκύλοι βάζανε μια μικρή υπόκρουση. Η τραγωδία παιζότανε ολόκληρες νύχτες, ώσπου οι άνθρωποι πέσανε στο τέλος όλοι —νεκροί, τρελλοί— αποκαμωμένοι. Και τότε σύρτηκε από πάνω σαν πελώρια σκιά η αυλαία της τελευταίας νύχτας.

Υπάρχουν κάτι παληές καμπάνες της Αναγέννησης που χτυπούν τις ώρες μόνες τους. Κάτι μπρούντζινοι άνθρωποι με σφυριά στα χέρια στέκονται ο ένας αντίκρυ στον άλλο και, στην ορισμένη ώρα, κάποιο ελατήριο τους προστάζει να σηκώσουν τα σφυριά τους και να χτυπήσουν. Να, με τέτοιο μηχανικό τρόπο σφυροκοπούσαν κι εδώ τους ανθρώπους. Ποιος απονεύρωσε και ποιος ρύθμιζε τις κινήσεις όλων αυτών των πλασμάτων; Ποιος κούρντιζε και ξεκούρντιζε τα ελατήρια;

Αλλά εδώ αγγίζουμε άλλες περιοχές. Το έργο του συγγραφέα τελειώνει εδώ. Κι είναι δύσκολο. Γιατί ο μύθος ακόμη πλάθεται, κι η λάσπη καίει. Οι αναθυμιάσεις της μυρίζουνε ακόμη πολύ αίμα. Αριστούργημα Λόγου, φυσικά, η Μακρόνησος δε θα δώσει ποτέ. Με ανθρώπινους σκελετούς ναοί δε χτίζονται. Μια μέρα θα κληθεί η Ιστορία. Αλλά πρέπει κι αυτή να την περιμένουμε λίγο. Γιατί τώρα, το χέρι της ακόμη τρέμει...

ΚΕΦΑΛΑΙΟ ΔΕΥΤΕΡΟ

Σ' ΕΝΑ ΠΑΡΑΠΗΓΜΑ πίσω απ' την πλαγιά —που το είχαν χτίσει για μυστικό αναρρωτήριο— αρχίζουν να ξαναβρίσκουν το σχήμα τους οι δυο κομματιασμένοι άνθρωποι. Οι μέρες είναι μεγάλες, κι οι πόνοι τις κάνουν ατελείωτες.

Στην αρχή ήταν σαν τους πρωτόπλαστους. Έβλεπαν χωρίς να συλλαμβάνουν τι έτρεχε γύρω τους. Πρώτα άρχισαν να τους τροφοδοτούν με ορούς. Πιο ύστερα με σωλήνες... Τα στόματα ήταν ανοιχτές πληγές, δε σάλευαν. Ώσπου να γίνουν ξανά στόματα, χρειάστηκε να περάσουν μήνες. Τις πρώτες μέρες, στις αλλαγές λιποθυμούσε ο νοσοκόμος —ένα παιδί απ' τη Σάμο—, που απορούσε κι αυτός πώς βρέθηκε μέσα σ' αυτή την άσπρη μπλούζα.

Ο γιατρός συνήθιζε κάθε τόσο να λέει — χαμηλώνοντας μια μύτη γυριστή σαν τούρκικο γιαταγάνι:

—Θα τους θεραπεύσω και αυτούς και κατόπιν θα πάρω την μπλούζα μου, θα την κάνω ένα μπογαλάκι και θα την πετάξω οριστικά στη θάλασσα.

—Και κατόπι... τι δουλειά θα κάνετε —με το μπαρδόν—, κυρ γιατρέ;

—Θα πάω εις την οδόν Αθηνάς, θα αγοράσω ένα κασελάκι και θα κάνω τον λούστρο. Μάλιστα. Θα μου ειπείς τώρα: Μήπως πρόκειται να σταματήσουν οι σφαγές μόλις παύσεις εσύ να τις βλέπεις; Δεν ξεύρω. Μα για μένα το παν είναι να μην τις βλέπω. Τέρας λένε πως είναι ο ιατρός. Μουσείον αναισθησίας. Και σύμβολον αναλγησίας, και παχυδερμισμού. Κρατήστε τις γνώμες σας, παρακαλώ.

Ο νοσοκόμος του ήταν ένας τύπος που σώπαινε. Βαριόταν τα λόγια και απορούσε κι αυτός τι χρειάζονται. Ποτέ δεν άρχιζε ο ίδιος κάτι. Μόνο απαντούσε, και μόνο όσο μπορούσε συντομότερα. Μα μια μέρα —ο νοσοκόμος αυτός— έκανε το γιατρό να σαστίσει. Πήρε το λόγο πρώτος.

—Άκουσα καλά; πήδηξε απ' την καρέκλα του ο γιατρός.

—Ναι... Το ξαναλέω. Η γνώμη μου είναι ότι πρέπει να τους αργήσουμε. Άκουσες τι σου είπα, γιατρέ;

—Σπαθόπουλε, με απελπίζεις, με σαστίζεις θέλω να πω...

—Τι να κάνω κι εγώ ο φουκαράς, γιατρέ!... Τη γνώμη μου λέω ο καημένος.

—Και ποια είναι η γνώμη σου — διά να έχομεν καλό ερώτημα;

—Η γνώμη μου είναι, γιατρέ... με το μπαρδόν, δηλαδή... Δηλαδή, συγνώμην... Η γνώμη μου, δηλαδή...

—Ε, ποια είναι τέλος πάντων η γνώμη σου; Με έπρηξες, Σπαθόπουλε!

—Η γνώμη μου είναι, γιατρέ, να... να... ν' αφήνουμε και καμιά μολυνσούλα να προχωρεί.

—Τι; Τρελλάθηκες, Σπαθόπουλε;

—Γιατί αν τους κάνουμε καλά, κυρ γιατρέ, θα μας

τους πάρουν να μας τους ξαναδιαλύσουνε. Κι είναι κρίμα...

—Πώς το ξεύρεις;

—Είχα κάτι κρούσεις... Είναι ένας με μια άσκημη μύτη που όλο με ρωτά «αν ψήθηκαν τα ψωμιά του». Όλο τον καιρό, λέει, τους «δούλευε» αυτός.

Ο γιατρός χάιδεψε τη λυπημένη του μύτη.

—Σου εξεδήλωσε έτσι απεριφράστως τους σκοπούς του;

—Δυστυχώς ναι, γιατρέ. «Τι τους θέλεις;» του λέω. «Χμ...» μου κάνει. «Τι τους θέλω με ρωτάει το χάπι...»

—Σε είπε χάπι;

—Τα λόγια του... «Χμ... Τι τους θέλω με ρωτάει το χάπι. Για να ξεχαρμανιάσω, ρε φίλε. Λυθήκανε τα χέρια μου απ' την αναδουλειά». Στο τέλος «Κοίτα» μου λέει, «ράφ' τους όπως όπως και πάσαρέ τους μου γιατί δεν αντέχω άλλο... Θα κάνω καμιά τρέλλα».

—Έτσι σου είπε; «Θα κάμω καμιά τρέλλα»;

—Τα λόγια του.

—Τς... τς... τς. Τοξικομανείς του εγκλήματος έχουν γίνει...

—Λοιπόν, κυρ γιατρέ;

—Λοιπόν... καλά... τους κρατούμε. Αλλά έως πότε; Κινδυνεύουμε να καταστώμεν ύποπτοι επί... τέλος πάντων — Σπαθόπουλε, αμαρτία εξομολογημένη, παιδί μου, δεν αντέχω διά περισσότερα.

Ο γιατρός αυτός είχε μια παράξενη εμπιστοσύνη στο χωριατόπουλο αυτό της Σάμου. Γιατί σ' όλους τους άλλους μπροστά έκανε το σκληρό. Ξινή και κακιωμένη ήταν πάντα η μύτη του σαν έσκυβε πάνω απ' τους δυο αρρώστους.

—Χμ... Πονάς. Το ξέρω. Έπρεπε να πονέσεις τότε που παρέδιδες την πατρίδα σου εις τους Σλάβους. Γιατί δεν στέργεις να αποκηρύξεις το προδοτικόν σου παρελθόν; Η πατρίς θα σε συγχωρήσει. Ενώ τώρα ιδού τα αποτελέσματα! Δεν ομιλείς; Χμμ, τι να πεις; Η σιωπή μαρτυρεί την ενοχή σου. Δεν ομιλείς, λοιπόν;

—Όχι, γιατρέ, του λέει ο Γιώργης. Έχεις δίκιο.

—Εις τι έχω δίκιο;

—Έχεις δίκιο να τους φοβάσαι. Γιατί δε νομίζω —επιστήμονας άνθρωπος— να τα πιστεύεις αυτά τα σάλια που λες. Στη θέση σου, γιατρέ, θα ντρεπόμουν τουλάχιστον την μπλούζα μου. Με συγχωρείς όμως γιατί πονάω. Μπούκωσέ με με τις γάζες σου. Είσαι καλός γιατρός κι αυτό το εκτιμάω.

Ο γιατρός ντρεπόταν ως την άκρη της μύτης του. Παραδέχτηκε και μόνος του ότι δεν έπρεπε να τον προκαλέσει με τόσο χοντρό τρόπο έναν πληγωμένον άνθρωπο. Τελείωσε προσεχτικά την αλλαγή και κατόπι του χάιδεψε τρυφερά τον επίδεσμο.

—Περαστικά σας, είπε ταπεινά κι έφυγε μαζί με τη λυπημένη του μύτη κατά το γραφείο. «Όποιος παίζει με τα σπίρτα καίει τα δάχτυλά του...» είπε μόνος του προσπαθώντας να παρηγορηθεί. Τα τραύματά τους όμως —ευτυχώς— πάνε πολύ καλά. Ε υ τ υ χ ώ ς; Θεέ μου, τι είπα! Καταραμένο ιατρικόν επάγγελμα... και προπάντων όταν το εξασκείς στην Κόλαση... Σπαθόπουλε!...

Ο νοσοκόμος έχωσε προφυλακτικά μες στο γραφείο το κεφάλι του.

—Διατάχτε, γιατρέ.

—Ήρθε πάλι σήμερα εκείνος;

—Ποιος; Κείνος ο άγαρμπος με τη μελιτζανιά μύτη;

Όχι. Τον αντάμωσα όμως κάτω στο λιμανάκι. Την αλήθεια, γιατρέ, ήταν πολύ στεναχωρημένος. «Εσύ» μου λέει «κάτι τους κάνεις και αργούνε. Μήπως ρε τους πασπατεύεις τίποτις τις πληγές τους για να μην κλείσουνε; Για κοίταξέ με καλά... Θα 'χεις να κάνεις μαζί μου. Αλλά τι χάνω τα λόγια μου! Όλα κανείς μπορεί να τα περιμένει από ζαχαροπλάστη σαν και σένα...». Τι σκέφτεσαι, γιατρέ;

Ο γιατρός προσπαθούσε να κόψει τα χείλια του... αλλά ήταν τόσο φτενά, που δεν έβρισκε καθόλου κρέας.

—Λοιπόν, γιατρέ; ρωτά με αγωνία ο νοσοκόμος.

—Να προχωρήσωμεν κανονικώς την θεραπείαν. Δεν είμαι διατεθειμένος να δώσω λαβήν εις υπονοίας... Δυστυχώς δεν επλάσθηκα από στόφαν ήρωος. Τα καημένα τα παιδιά!... Θα ήτον —πράγματι— φρικιαστικόν να περάσουν από νέαν δοκιμασίαν. Απορώ πώς αντέχουν — όχι αυτοί... Απορώ πώς αντέχουσιν οι δήμιοι... Τους έβαλες καθαρή γάζα;... Αν δεν τους έβαλες, άφησέ τους την παληά.

—Μα...

—Ευρίσκομαι εις φοβερό δίλημμα. Αφ' ενός τους λυπούμαι. Αφ' ετέρου αναλογίζομαι τας ευθύνας. Σε παρακαλώ, μη με ρωτάς τι κάνεις και τι δεν κάνεις επιτέλους! Υποθέτω ότι ένας νοσοκόμος μπορεί να αναλάβει υπ' ευθύνην του ένα τραύμα!

Πήγε στο νιπτήρα και άρχισε να πλένει ξεχασμένα τα χέρια του. Ύστερα πήρε να τα σκουπίζει... Μα αποξεχάστηκε εκεί να τα σκουπίζει τόσην ώρα, που σχεδόν τα μάτωσε.

Σε μια στιγμή στο κατώφλι απέξω ακούστηκαν κάτι χοντρές αρβύλες.

—Αυτός είναι..., λέει πνιχτά ο νοσοκόμος. Άρχισε τώρα να κάνει και κατ' οίκον επισκέψεις.

—Πήγαινε αμέσως ν' αλλάξεις τις γάζες, λέει τρέμοντας ο γιατρός.

Ο μουσαφίρης προχώρησε άτσαλα μέσα.

—Πού είν' αυτή η κορδελλιάστρα;... λέει γυρεύοντας το νοσοκόμο. Α... εδώ μου είσαι; Δε μου λες... ως πότε θα μου τους κανακεύεις και θα τους φασκιώνεις; Μεγαλώσανε πια τα μωρά... Βγάλανε δοντάκια... Ή όχι;

—Η κατάστασίς τους είναι ακόμη σοβαρά, παρεμβαίνει απρόοπτα ο γιατρός, και τρόμαξε κι ο ίδιος για το θάρρος του.

—Κι εμένα η κατάστασή μου τι είναι, γιατρέ; Αλαφριά; Αν δεν τους δω με τα μάτια μου, γιατρέ, τίποτας δεν πιστεύω. Με συγχωρείς, που 'σαι και γιατρός, αλλά... είδα πολλά. Κατάλαβες; Γιατί εσύ, γιατρέ, την έχεις καλά. Τα γιατρικούλια σου, τα καρφούλια σου... τα μαχαιράκια σου, τα τσιμπιδάκια σου... ξεχαρμανιάζεις. Για ρώτα όμως και μένα που φλόμωσα. Δεν έχεις μάτια να δεις το χάλι μου;...

—Πράγματι, λέει ο γιατρός, η όψις σου παρουσιάζει μίαν περίεργην πελιδνότητα. Μήπως πάσχεις από πεπτικάς διαταραχάς, παιδί μου... ή έχεις αϋπνίας;

—Το βρήκες, γιατρέ. Γι' αυτό γλύτωσέ με. Φκιάχ' τους μου, γιατρέ, φκιάχ' τους μου μια ώρα αρχύτερα γιατί χάνουμαι.

Μες στο θάλαμο οι δυο φίλοι κοιτάχτηκαν πίσω απ' τα σεντόνια τους.

—Κάποιο νέο μας φέρνει..., είπε σιγά ο Παναγής.

—Ο καημένος ο Μελιτζάνας...

Ο νοσοκόμος τού είπε να πάει, αν θέλει, να τους δει με τα μάτια του.

—Θα πάω... αμ τι θα κάνω και δε θα πάω! Αλλά δε

μου χρειάζεται η μούρη σου. Κράτα την απόξω. Εδώ τους έχεις;

Έβηξε και προχώρησε. Το μπόι του σε μια στιγμή σκέπασε το κατώφλι.

—Τομάρια!!! άρχισε να ξεφωνίζει κι έκλεισε την πόρτα πίσω του. Ακαθάρματα!! Φτάνει... και πήγε και γονάτισε με τα μάτια γεμάτα χοντρά, απαρηγόρητα δάκρυα.

Έβαλε το χέρι του στην τσέπη και συνεχίζοντας να βρίζει τους πέρασε κάτω απ' τα σεντόνια κάτι χαρτάκια.

—Για να δω... Ωχ... καλά σας κάνανε! λέει λουσμένος στα δάκρυα... και το κακοχυμένο του πρόσωπο ήταν αυλακωμένο από βαθύ ανθρώπινο πόνο. Σηκώθηκε απάνω να φύγει.

—Ρε μόνο τόσο; ξεφωνίζει άγρια, και μέσα στα λόγια του ξεχώριζες τόνους αληθινής φρίκης. Ρε πρεσσάρισμα, παλούκωμα! Που να ξερνάτε κάτουρο και να κατουράτε ξερατό!

Σκούπισε τα μάτια του με το χοντρομάνικό του... Φίλησε τις κουβέρτες, τους επιδέσμους, τα χέρια τους... και βγήκε.

—Ωχ... ξεχαρμάνιασα λίγο, λέει έξω στο γιατρό. Αλλά πού θα μου πάνε;... Η αλήθεια είναι όμως, γιατρέ, ότι η κατάστασή τους, καθώς το είπες, είναι ιλίαν σοβαρά. Ναι, που να πάρει ο διάλος τη μάνα μου!... Πολύ ιλίαν σοβαρά. Κοίτα να μου τα δουλεύεις προσεχτικά... γιατί τα χρειάζομαι, γιατρέ, τα παιδιά. Με τι θα ξεχαρμανιάσω; Σκέψου με ντε λιγάκι και μένα... Είδες τι είπες; Η όψις σου και τα λοιπά... Λοιπόν, σκέψου και την όψη μου του φουκαρά. Πάντως η κατάστασίς τους είναι για κλάματα. Λοιπόν... γεια χαρά, γιατρέ μου, και με το «ορεβουάρ», που λένε.

Έφυγε βαρώντας ακόμη πιο άτσαλα τις αρβύλες του.

—Κείνες τις γάζες, λέει στο νοσοκόμο ο γιατρός, που μην ξέροντας τι να κάνει ξαναπλενότανε.

Ο νοσοκόμος πλησίασε στο νεροχύτη φέρνοντάς του πετσέτα.

—Τι 'ν' αυτό; έκανε κείνος... Δε σου είπα προσόφι, γάζες σού είπα. Τι θέσιν έχει το προσόψι;

—Να σκουπιστείς, γιατρέ.

—Πώς να σκουπιστώ; Τι κάνω και να σκουπιστώ; Α, ναι. Τις γάζες, λοιπόν, όπως σου έλεγα...

—Ε τι, γιατρέ;

Ο γιατρός πήρε την πετσέτα, την άφησε κάπου και άρχισε να σκουπίζεται με την μπλούζα του.

—Σε παρακαλώ να μην τις αλλάζεις. Άφησέ τους τις παληές. Δεν κάμνω τον ψυχολόγο... αλλά νομίζω ότι του «θηρίου» αυτού που βγήκε τώρα αποδώ πιο μεγάλες είναι οι φωνές του παρά τα δόντια του.

—Τι λέτε, γιατρέ μου! Να μην το ξαναπείτε... Τον έχουνε για τον πιο άγριο. Ο Κουτρούμπας με τ' όνομα.

—Α... έτσι, λέει ο γιατρός, και κατέβασε την πετσέτα του κι άρχισε να ξανασκουπίζεται. Α έτσι, λοιπόν... Τι μου λες, παιδί μου!

—Τι θα κάνω με τις γάζες;

—Βρε αδερφέ! Ένας νοσοκόμος τόσης πείρας περιμένεις οδηγίες απ' το γιατρό; Σπαθόπουλε! Με απελπίζεις... Πήγαινε τώρα!

—Να τις αλλάξω;

—Είναι άγριος είπες;

—Θεριό μοναχό.

—Μμμ...

—Ν' αφήσω τις παληές;

—Προχώρησε κανονικά εις την αλλαγήν... Ή μάλλον... Θα πάρεις επιτέλους και μιαν πρωτοβουλίαν; Ορίστε!...

Στο θάλαμο άρχισαν να πασπατεύουν πρώτα τα χαρτιά με τα χέρια. Περίμεναν να καταλαγιάσουν πρώτα οι καρδιές τους. Τα χαρτάκια ήταν μικρά. Λες και ταξίδεψαν στα νύχια των πουλιών. Και άραγε να μην ταξίδεψαν;... Πρώτα έσυρε το χαρτάκι του ο Γιώργης. Κοντά στον κόρφο του είχε ζεσταθεί. Ήταν απ' τη μάνα του... Λίγο μικρό, απελπισμένο...

«Γιε μου, πόνε πικρέ της ψυχής μου... Γι' αυτό, γιόκα μου, σε ξαγρύπναγα και σε μεγάλωνα; Για νά 'ρτουν να σε κομματιάσουνε τ' ανήμερα θεριά; Να σε τυραγνήσουν έτσι οι άσπλαχνοι κακούργοι; Πέτρα —Θε μου— να τους εγέννησε... της Κόλασης της μαύρης τα καζάνια να τους ανέβαζαν στον απάνου κόσμο, πάλι λίγη σπλαχνιά θα είχαν για το ξένο παιδί. Θέλω, φως γλυκό των ματιών μου, θέλω να πάρω τους δρόμους, νά βρω καμιά μάνα απ' αυτουνούς που σε παιδέψανε και να της πω το βαρύ και τ' άδικο... και να της μολοήσω τα έργα των παιδιών τους. Γιε μου, κοιμάμαι γονατιστή. Ώσπου να μάθω ότι έγιανες, μαξιλάρι δε θα δει το κεφάλι μου. Το συλλογιέμαι και ραΐζει ο νους μου. Ποιανών κρίματα γεννηθήκαμε για να ξεπληρώσουμε; Γιόκα μου... Θέλω να πιω νερό, μα φοβάμαι μην είσαι διψασμένο κι αποδιώχνω το ποτήρι. Γιε μου... τι άλλο να σου πω; Γιόκα μου, φυλάξου... Και βρες μου κανέναν άλλο θεό να γονατίσω γιατί αυτός δε μ' ακούει... Πού 'σαι, Παρθένα Μαρία... εσύ, που του κάνανε τα ίδια του γιου σου, γιατί δε μας συντρέχεις; Γιε μου... πόνε της καρδιάς μου... Ας μπορούσα να 'κλαια πάνω στις πληγές σου, γιε μου...

για να πέσω στο κρεβάτι να ξεκουραστώ! Σου φιλώ τα ματόκλαδά σου... και παρακαλώ τον ύπνο να σ' τα κλείσει. Η πικραμένη μάνα σου».

Πιο κάτω είχε δυο λογάκια δικά της η Δέσπω. «Κύριε Γιώργο... Αν μπορείτε, γράψτε μια λέξη μόνο, να την δει, να πιστέψει, γιατί όλο κλαίει και λέει πως πεθάνατε. Σας παρακαλώ πολύ κι εγώ. Η Δέσποινα. Και σας εύχομαι περαστικά σας».

Την ίδια στιγμή ο Παναγής διάβαζε το δικό του.

«Η είδηση ότι χαροπαλεύεις εκεί κάτω, Παναγή μου, γέμισε το σπίτι μας πένθος. Ας ήξερα, μπορείς να γνωρίσεις τα γράμματά μου;... Μπορείς ν' αγγίξεις, αγαπημένε μου, αυτό που άγγιξα; Ας ήξερα... Σ' άφησαν χέρια... σ' άφησαν μάτια για να μας ξαναγνωρίσεις μια μέρα;... Τι φριχτό όνειρο είναι αυτό, Θεέ μου!... Παναγή, τι έγιναν οι άνθρωποι και μας άφησαν ολομόναχους; Πώς να παλέψουμε με τόση κακία; Πότε άφησαν τα στήθια των ανθρώπων κι έφυγαν τόσο άσπλαχνα οι καρδιές; Πού να φωνάξω, Θεέ μου; Σε τι σταυροδρόμια να βγω να το πω;... Θέλω να προκαλέσω! Να τους αναγκάσω να με σκοτώσουν... Δεν έχω άλλον τρόπο να 'ρθω κοντά σου. Να περιμένω κλεισμένη μέσα στο σπίτι με μια μητέρα στο πλάι μου που όλο λιποθυμά... είναι αβάσταχτο... Κι είναι πολύ λίγο για μια που χάνει τον αγαπημένο της. Γλυκέ μου, ζήσε!... Θα σε καρτερώ ολόκληρη ζωή... Μόνο ζήσε... Ζήσε κι ας είσαι και μισός. Θα 'μαι ολόκληρη εγώ κοντά σου. Φτάνει να σ' έχω δίπλα μου. Κλαίμε κι οι δυο και τα μάτια μας σ' έχουν μπροστά τους, αγαπημένε μας!...»

Τα γράμματα τέλειωσαν. Μα τα χαρτάκια έμεναν ακόμη ξεχασμένα στα χέρια τους... σα να περίμεναν να ξαναδιαβαστούν... να ξαναδιαβαστούν... κι άλλες φορές. Μα τα μάτια ήταν βουρκωμένα. Δεν έβλεπαν. Μείναν βυθισμένα σε βαθειά σιωπή, ως μια ώρα. Στο τέλος μίλησε πρώτος ο Παναγής ρίχνοντας στο φίλο του ένα πικρό, αδελφικό βλέμμα.

—Κατάλαβα..., του λέει ο Γιώργης. Με το ίδιο μαχαίρι είμαστε χτυπημένοι κι οι δυο. Ας τα μαζέψουμε τώρα να τα καταπιούμε... Μπορεί να φανεί άξαφνα κανένας γιατρός. Καλός είναι, αλλά για τις μεγάλες φουρτούνες δεν κάνει. Λιγάκι να δει τα σκούρα, χύνεται, αδειάζει... Αλλά ο Στελάρας εδώ μας έχει κι άλλο χαρτάκι.

Ήταν καμωμένο ψιλό ψιλό μασουράκι. Ο Γιώργης το ξετύλιξε.

—Χμμ, αυτό είναι ραβασάκι δικό του. Διάβασέ το όμως, σε παρακαλώ, εσύ γιατί το στυλ του είναι περίπλοκο και αρκετά στρυφνό. Πάντως είναι γραμμένο με όλες τις περικοκλάδες. Να, πάρ' το.

Ο Παναγής το πήρε, το 'τρεξε λίγο στην αρχή με τα μάτια και κατόπι άρχισε να το διαβάζει.

«Σεβαστί μου φίλοι Γεώργη Καρυστινέ και Παναγή Ζαγκλίφα, πρότον έρχομεν να εροτίσω περί το έσιον της ηγίας σας και δεύτερον εάν εροτάτε και δι' εμέ τον φίλον σας Καμιτζόπουλον Στυλιανόν ή Στελάραν καλώς υγιένομεν... Δηλαδή, τι ηγιένομεν που κλάφ' τα και πρέπει να ξέρετε σεβαστί μου φίλοι ότι τον κερό που εσείς δεν πέρνατε κάβο, το οποίον που παλέβατε δηλαδή αναμεταξύ ζοής και θάνατο, μάθετε ότι έγινε εδό μεγάλη νίλα, και ότι περάσανε από χοντρό καψόνι, ογδόιν του μηνός Δεκέμβρη, και βόγγιξε η γης που λένε. Χίλιοι πάει, τους έστριψε, και βάλε πόσα ακόμα φτοχαδάκια βαρεμένοι, και νεκροί έτεροι άλλοι πολοί στον τόπο.

Το ιππόλοιπον σπασμένοι... και ένεκα περί τούτου το πράμα μαθεύτηκε και παραόξω και για να ρίξουνε πέπελη, δηλαδή στάχτη στα μάτια... δεν ξέρω πάλι μπορεί και στ' αλήθεια... στείλανε στρατηγό γι' ανάκριση. Δεν έχω τίποτις άλλον έτερον να σας γράψω και συνώμης που δεν είναι τόσο καλή η ανορθογραφία μου, αλλά βλέπεις η ρουφιάνα η μάνα μου ήτανε πλύστρα και δεν είχε διλαδί τα πετούμενα για τη μόρφωσή μου και δεν έχο έτερον η ψιχή μου σας πονάει, και είμαι σκάρτος που δεν μπόρεσα διλαδή να σας γλιτόσω, αλά δε μπόραγα ρε παιδιά ο φουκαράς. Μάθετε φίλι ότι άβριο έχουν σκοπό να σας μιράσουνε κάτι κάρτες επιστολικά δερτάρια που τα λένε, αλλά βάρδα αδερφάκια μη σας ξεφίγει καμιά κουβέντα και γράψετε περί καψόνι και τα τιάφτα. Γράφτε ίμαι καλά. Πάει. Ρίχτε το διλαδή στη μουρλή «ίμαι καλά» και στοπ. Δεν έχω άλλο έτερον και σας ασπάζομεν την δεξιάν σας ο σεβαστός σας φίλος Στελάρας, φάτε το».

—Ο καημένος ο Στελάρας..., λέει ο Γιώργης. Ενώ στα προφορικά είναι Δημοσθένης, μόλις πάρει πέννα στο χέρι του βουλιάζει σαν το μουλάρι στη λάσπη.

—Άσε το ύφος. Την ουσία να κοιτάξεις.

—Δίκιο έχεις. Η ουσία είναι φοβερή. Αλλά ας εκτελέσουμε την τελευταία του θέληση. Ποια ήτανε η τελευταία του λέξη;

—Φάτε το...

—Καλή όρεξη, λοιπόν.

—Αυτή η χαρτοφαγία θα μου σακατέψει το πεπτικό μου σύστημα. Θα μ' αγκυλώνουν κι οι ανορθογραφίες του.

—Έχω φάει ένα σωρό τέτοια. Μη φοβάσαι.

—Τότε δεν το τρως καλύτερα εσύ, που είναι και το στομάχι σου εξοικειωμένο;

—Αμάν, σαν παιδί κάνεις! Φέρ' το!...

—Πρόσεχε! Απ' το κεφάλι να το φας. Απ' την ουρά θα σ' αγκυλώσει.

—Ευχαριστώ. Οι συμβουλές είναι χωνευτικές. Φα το ντε αν μπορείς!

—Ουφ!... Φέρ' το.

ΚΕΦΑΛΑΙΟ ΤΡΙΤΟ

Ο ΓΙΑΤΡΟΣ ΚΕΙΝΗ ΤΗΝ ΩΡΑ έγραφε κάτι ρετσέτες. Ο νοσοκόμος κορδέλλιαζε τους επιδέσμους που του φέρανε απ' την πλύση. Δεν είχανε δουλειά. Όλη τη δουλειά τους την τραβούσαν τώρα τα Τάγματα, όπου είχαν ιδρύσει ολόκληρα χειρουργικά συγκροτήματα.

Απ' το στενό παραθυράκι του θαλάμου είδαν να κινούνται στο φως κάτι σκιές. Κάτι χρυσά σιρίτια γυάλισαν στο πηλήκιο κάποιου. Τι να θέλουνε τόσο μεγάλοι αξιωματικοί σ' ένα τόσο μικρό νοσοκομείο; Γύρισε να το πει στο νοσοκόμο του, μα είδε ότι η γλώσσα του έμεινε καρφωμένη στον ουρανίσκο σα να την κόλλησαν εκεί με ψαρόκολλα. Κάτι φα... φα... μόνο έλεγε και βάλτηκε να συγυρίσει σηκώνοντας τις καρέκλες και ξαναβάζοντάς τες πάλι στην ίδια θέση. Μόνο την πέννα του ξέχασε στο χέρι του όρθια, σαν το μαθητή που ζητάει την άδεια να πάει κάπου.

Βήματα πυκνά κρότησαν απέξω, κι ένα μπουλούκι αξιωματικοί μπουκάρισαν μέσα ακολουθώντας ένα στρατηγό με κόκκινη τριγυριά και χρυσό γείσο. Ήταν όλο το εκλεκτό σώμα, αρχίζοντας από ταγματάρχη και τελειώνοντας στον εκλεκτό κύριο Γκουντά.

Ο στρατηγός βαστούσε ένα μικρό ραβδί, και μ' αυτό έδειξε κατευθείαν το γιατρό στο κούτελο:

—Εσημειώθησαν εδώ τίποτε κρούσματα υπερβασιών, γιατρέ; ρώτησε σκληρά. Μήπως προτίθεσθε να καταγγείλετε τίποτε;

Αυτό το «προτίθεσθε» τον σκόρπισε.

—Προς Θεού, στρατηγέ μου! ξεφώνισε με ψιλή φωνούλα. Ουδέ το ελάχιστον!

—Λαμπρά! Σημειώνετε, λέει σ' έναν που τον ακολουθούσε μ' ένα δεφτέρι ανοιχτό.

—Μάλιστα, λέει κείνος πίσω απ' τα γυαλιά του και κολλάει τα τακούνια του.

—Ιατρός..., συνεχίζει ο στρατηγός και ξανακοιτάζει το γιατρό στο κούτελο.

—Ιατρός Μπασίμης... στας διαταγάς σας, στρατηγέ μου!

—Γράφε... Ιατρός Μπαξίμης.

—Μπασίμης, στρατηγέ μου... Σι... σι!

—Ιατρός Μπασίμης. Ο υ δ έ ν. Εσύ; ρωτάει τώρα μ' έναν τρόπο απόλυτα τρομοκρατικό το νοσοκόμο.

—Διαταγάς!... λέει κείνος και σμίγει τα τακούνια του, μα πήγαν στα ψόφια γιατί φορούσε παπούτσια πάνινα.

—Λέγε... έχεις; Υπερβασίας εννοώ.

—Ό... Όχι... δεν έχω τέτοιο πράμα.

Ο στρατηγός ξαναστράφηκε στο γραφιά του.

—Γράφε: Νοσοκόμος... Λέγε το ονοματεπώνυμόν σου, παιδί μου.

—Νοσοκόμος Σπαθόπουλος Αβροτέλης του...

—Γράφε: Βοηθός νοσοκόμος Σπαθόπουλος. Ο μ ο ί ω ς. Προχώρει!

Έφυγε, σέρνοντας μαζί του όλο κείνο το μπουλούκι, κι αφήνοντας τους θεράποντες του Ασκληπιού δυο λευκοντυμένα λείψανα.

Κείνη την ώρα ο Παναγής ονειροπολούσε, κι ο Γιώργης κοιμόταν. Πρόφτασαν ν' ακούσουν το τελευταίο μόνο μέρος του διαλόγου και μπήκαν αμέσως στην έννοια, αλλά ήταν πια αργά. Φώναξαν. Ξαναφώναξαν. Τίποτα. Η ανακριτική επιτροπή... είχε απομακρυνθεί ή και —σκόπιμα— κουφαθεί.

Ο γιατρός βαστούσε ακόμη την πέννα του με το 'να χέρι και με τ' άλλο έψαχνε να τη βρει. Όταν ο νοσοκόμος, μετά δέκα λεπτά, κατάφερε να καταπιεί, λέει ζεματισμένος στο γιατρό:

—Μπορείς να μου πεις, γιατρέ μου, τι αρρώστια ήταν αυτή που με ρώτησε αν έχω; Πριβασία... Πρώτη φορά την ακούω. Μήπως έκανα καμιά γκάφα, γιατρέ μου;

—Μεγάλη, παιδί μου... Δυστυχώς, ναι.

—Δεν κατάλαβα, γιατρέ, τι με ρώτησε και, για να μην κάνω καμιά γκάφα, είπα ότι δεν έχω τίποτις.

—Και την έκανες, παιδί μου Σπαθόπουλε... Ναι, την έκαμες.

—Και τι σόι γκάφα έκανα, γιατρέ μου; Ωχ, μάνα μου!...

—Σπαθόπουλε, ξέρεις τι σε ρώτησε, παιδί μου, κείνος ο στρατηγός; Σε ερώτησε αν αυτά τα «χερουβείμ» που τον ακολουθούσαν επείραξαν κανέναν, άγγιξαν ποτέ άνθρωπον. Κι εσύ ξεύρεις τι τους απήντησες, Σπαθόπουλε; Ότι τους εχάιδευαν.

—Έκανα τέτοιο πράμα; Ε, πάει... θέλω κλάδεμα... Και... με το συγνώμην, γιατρέ, κι εσένα, αν επιτρέπεται, γιατρέ μου, τι σε ρώτησαν;

—Τα ίδια, παιδί μου Σπαθόπουλε, τα ίδια και μένα.

—Και τι τους απάντησες, γιατρέ;

—Τα ίδια, παιδί μου Σπαθόπουλε, τα ίδια κι εγώ.

—Τα κάναμε, δηλαδή, κι οι δυο θαρρώ σούπα, γιατρέ...

—Έχω ασθενικούς ώμους, παιδί μου. Δεν ημπορούν να σηκώσουν σταυρόν. Λυπούμαι.

—Οι δικοί μου όμως βαστάνε κομματάκι. Κι αν καταλάβαινα τι μ' αρώταε, θα 'λεγα. Τώρα... φασκελοκουκούλωστα.

—Τύλιξε τους επιδέσμους σου και κάνε κανονικά τις αλλαγές σου. Εξάλλου δεν θα τους προλάβεις και αν ακόμη ήθελες να επανορθώσεις. Πάνε στα Τάγματα. Αλλά να είσαι βέβαιος, Σπαθόπουλε... Κι εκεί τα ίδια θα τους απαντήσουν. Είναι πολύ ακριβός ο ηρωισμός σήμερον, Σπαθόπουλε παιδί μου. Θα το ιδείς. Άλλος από λιποψυχίαν, άλλος από μίσος, άλλος —όπως εσύ— από άγνοιαν θα βοηθήσουν τους δήμιους να λάβουν λευκόν πιστοποιητικόν. Αλλά και αυτοί που ήρθαν εδώ δι' αυτόν ακριβώς τον λόγον ήρθαν. Έσω βέβαιος. Για να τους δώσουν αυτό το λευκόν πιστοποιητικόν. Τον ήκουσες πόσον επιτηδείως με ερώτησε; Δεν με ερώτησε αν *έχω* να καταγγείλω τίποτε, αλλά εάν *προτίθεμαι*. Δηλαδή, το ξεύρω ότι έγιναν, αλλά αν τολμάς κατάγγειλέ τους. Κι εγώ δεν τολμώ, παιδί μου Σπαθόπουλε, δεν τολμώ. Και εσιώπησα. Ή, μάλλον, αρνήθηκα.

—Εγώ όμως θα τα 'λεγα... Στραβά κουλά, θα τα μισόλεγα. Τι είχα να φοβηθώ; Μηδά θα 'λεγα κανένα ψέμα; Την αλήθεια θα 'λεγα. Όποιος λέει την αλήθεια δεν έχει να πάθει τίποτα. Έτσι, γιατρέ;

—Αχ, Σπαθόπουλε... μόνον κείνος έχει να πάθει, παιδί μου! Απόφευγε την αλήθεια. Είναι η μόνη σου σωτηρία. Έκανες μέσα την αλλαγή;

—Όχι ακόμα... Έλεγα... Έλεγα...

—Τι έλεγες;

—Έλεγα μη και θα 'πρεπε να τους αφήσουμε τις γάζες και σήμερα...

Ο γιατρός έμεινε συλλογισμένος. Η κυρτή μυτούλα του έσταζε πίκρα. Έκλεισε σφιχτά τα μάτια πίσω απ' τα μισά του γυαλιά. Ήταν τραγικός, δυστυχισμένος.

—Δεν ξεύρω τίποτε, είπε γεμάτος πανικό. Τίποτε... απολύτως τίποτε... Ούτε με ρώτησες σήμερα... και εγώ ουδεμίαν απάντησιν σου έδωσα. Άκουσες, Σπαθόπουλε; Το επαναλαμβάνω: ουδεμίαν.

Κι έφυγε σα να τον κυνηγούσαν με τα καμουτσίκια.

Ο στρατηγός, μαζί με την εξεταστική του επιτροπή και τους κατηγορουμένους, ανέβηκε τη στενή πλαγιά κι ετοιμαζόταν να πάρει το δρόμο κατά τα Τάγματα. Δυο αμερικανικά «τζιπ» περίμεναν λίγο πιο κάτω στον πετρόδρομο. Μα σ' ένα βραχάκι σκοντάψανε πάνω σ' ένα στρατιώτη πολύ στεναχωρημένο που όλο γκρίνιαζε δυνατά με τον εαυτό του, όλο έλεγε ωφ... ωφ... κι έφτυνε, και πετούσε μακριά πέτρες. Ο στρατηγός σκανδαλίστηκε. Τον έδειξε με το ραβδί του και κάλεσε τους άλλους να τον ακολουθήσουν κατά την πέτρα όπου έπασχε ο παράξενος κείνος στρατιώτης.

Μόλις το μπουλούκι πλησίασε, τινάχτηκε κείνος απάνω σαν ελατήριο, και χωρίς να τον ρωτήσουν άρχισε ν' αραδιάζει βιαστικά βιαστικά τα στοιχεία του.

—Παρών!... Στρατιώτης Καμιτζόπουλος Στελιανός... Ή...

—Καλά καλά...

—...ή Κουτρούμπας.

—Τι κάνεις εσύ εδώ, παιδί μου; τον ρωτά ο στρατηγός.

—Τι να κάνω, κύριε ανώτερε! Κλαίω το χάλι μου...

—Δυσάρεστον. Και τι σου έκαναν, παιδί μου; Λέγε αφόβως.

—Ανεργίες, κύριε ανώτερε... Κάλμες. Μηδέν εργασία. Είχα δυο ψιμάρνια και γουστάριζα κομματάκι... αλλά τους λύσανε όλα τα μηχανήματα και τώρα καταντήσανε λεχώνες. Εδώ άμα δε δουλέψεις το καθημερινό σου, κύριε ανώτερε αξιωματικέ... άμα δε ρίξεις το ταχτικό σου στειλιαράκι, κουλαίνονται τα χέρια σου. Αλλά τώρα έχουμε κεσάτια, γιατί μας τους τραβήξανε όλους τα Τάγματα. Διαμαρτύρομαι, κύριε ανώτερε αξιωματικέ... Γιατί;... Εμείς, δηλαδής, δεν είχαμε χεράκια; Δεν ξελουριάζαμε, δεν ξεπατώναμε καλά; Λίγους, δηλαδή, έφαγε το σκοτάδι; Όχι... θα τα πω όλα τα παράπονά μου! Γιατί μας αδικάνε; Λίγους, δηλαδή, κάναμε ένα μάτσο κρέας, λίγους κρεμάσαμε σα μορταντέλες; Λίγους ξεροκαπνίσαμε σα ρέγγους;... Λίγους εγώ ο ίδιος —κατά διαταγή του κυρ λοχαγού— ξεσκόνισα με το ραβδί ώσπου να ξεράσουνε την προδότρα, την άτιμη την ψυχή τους; Όχι, να μου πεις, κυρ λοχαγέ... Ψέματα λέω; Γιατί, το λοιπόν, μας αδικάνε; Εγώ τίποτις άλλο δε θέλω. Μονάχα το δίκιο μου να μου αναγνωρίσουνε και φτάνει. Δε θέλω άλλη πλερωμή.

Οι άλλοι όλοι κάθονταν σ' αναμμένα καρφιά. Ο λοχαγός για μια στιγμή δοκίμασε να επέμβει για να σώσει την κατάσταση:

—Προσχέεεε!... φωνάζει. Πώς μιλάς έτσι στο στρατηγό; Προσχέεε!!

—Στρατηγός είναι; Τότε ακόμη καλύτερα. Εγώ, κύριε στρατηγέ μου... προσπάθησα και με το περιπλέον να βγάλω τη στολή μου ασπρομούτσουνη, να την τιμήσω, που λένε. Να ρωτήσετε και τον ανθυπολοχαγάκο αποκεί και τον αρχηγό μου, τον κύριο Γκουντά... τι θραύσις έκανα σ' αυτά τα παληοτόμαρα που πήγανε να πουλήσουνε τη γλυκειά μας την Πατρίδα.

—Τι στάσις είναι αυτή; ξαναφωνάζει πάνινος ο λοχαγός. Προσχέεε!... Οι πόδες να σχηματίσουν ορθήν γωνίαν, ο παράμεσος επί της ραφής τού...

—Άφησέ τον, λέει ο στρατηγός. Ποιας κλάσεως είσαι, παιδί μου;

—Η κλάση μου, το λοιπόν, κύριε στρατηγέ, είναι παλαιάς κλάσεως, αλλά επειδής στας ποινικάς φυλακάς όπου έχτια την ποινήν μου, ισοβίως δηλαδή, μου είπανε ότι μου χαρίζουνε το επίλοιπον αν δεχτώ να ρίχνω στειλιάρι...

—Καλά..., τον σταματά ο στρατηγός. Τα υπόλοιπα δε με ενδιαφέρουν. Το γεγονός είναι ότι δεν είσαι ευχαριστημένος.

—Ήμουνα, κύριε στρατηγέ... Πώς δεν ήμουνα! Δούλεψε εδώ καρσιλαμάς που ξερνούσανε —με το μπαρδόν— το κάτουρο απ' το στόμα και κατουρούσανε —πάλι με το μπαρδόν— ξερατό. Να, κείνα τα ρεμάλια που είδατε τώρα δα στο παραγκάκι τούς κάναμε κιμά και τους ξανακόλλησε απ' την αρχή ο γιατράκος. Κακώς. Τους γνωρίσατε, κύριε στρατηγέ; Θαρρώ πως τους ράψανε παράταιρα... το οποίον του ενούς το κεφάλι σ' αλλουνού το λαιμό.

—Αρκεί.

—Όχι. Δεν αρκεί ακόμη, κύριε στρατηγέ. Θέλω να τα πω όλα για να μην τύχει και με περάσετε τίποτις κάνα χάπατο που λιγοθυμάει μπροστά στα αίματα. Έκανα το καθήκον μου κατά πώς με διατάξανε οι ανώτεροί μου. Τη βλέπετε κείνη τη χαραδρίτσα; Για κάνετε πως ζυγώνετε...

Θα σας πάρει η αποφορά απ' το αίμα σα να βρισκόσαστε στα σφαγεία του Πειραιώς, κύριε στρατηγέ. Κι αμέ πώς!...

Ο στρατηγός ήταν κι αυτός ζεματισμένος. Στράφηκε τώρα κατά το λοχαγό.

—Εφ' όσον εκτελεί εθελοντικήν υπηρεσίαν...

—Αμέ..., διακόπτει ο Στελάρας. Εθελοντάκι είμαι.

—...να του επιτραπεί η άφεσις. Άκουσε, στρατιώτη.

—Διαταγάς περιμένω, κύριε στρατηγέ.

—Όχι κ ύ ρ ι ε, διορθώνει ο λοχαγός.

—Όχι κ ύ ρ ι ε; λέει ο Στελάρας. Αμ εδώ λέμε κύριο το δεκανέα που 'χει όλο κι όλο στο μυξομάνικο μια σαρδελλίτσα και δε θα πούμε το στρατηγό!

—Καλά, καλά... Σιωπή τώρα. Ομιλεί ο στρατηγός.

—...Προτείνω, λοιπόν, συνεχίζει ο στρατηγός, να αφεθεί. Λοιπόν, στρατιώτα, κατόπιν διαταγής μου απολύεσαι... των τάξεων του στρατού. Να πας με το καλό, παιδί μου, στο σπιτάκι σου και κοίταξε —όπως είπαμε— να τα ξεχάσεις.

—Πώς να τα ξεχάσω, κύριε στρατηγέ; Ξεχνιούνται ποτές τέτοια μεγαλεία;

—Εντούτοις, παιδί μου, οφείλεις να τα ξεχάσεις... Ανάπαυσις!

Ο Στελάρας ξάπλωσε άγαρμπα άγαρμπα την αρίδα του. Ο στρατηγός προχώρησε κατά το δρόμο όπου τα δυο αμερικάνικα τζιπάκια με αναμμένη τη μηχανή περίμεναν να τους μεταφέρουν στα Τάγματα.

—Κουτρουμπάκο, λέει ο Στελάρας στον εαυτό του σαν έμεινε μόνος, δούλεψες, αδερφούλη μου, φίνα. Στάθηκες καλό αντράκι... κι ας μη σου φαίνεται. Την αλήθειαν και μόνον την αλήθειαν δίχως φόβον και δίχως πάθον... όπως έλεγε ο κύριος πρόεδρος. Αλλά ο στρατηγός την έγραφε την αλήθειαν στο γκώλο του μετά συχωρήσεως. Δεν την γουστάρουνε, Κουτρουμπάκο, την αλήθεια. Χάφ' το. Κοίταξε μόνο τώρα που θα γίνεις έντιμος οικογενειάρχης — όπως έλεγε ο στρατηγός—, κοίταξε, αδερφέ μου, να... μην τα ξεχάσεις όλα τούτα. Έτσι γεια σου! Ρε λαχτάρες όμως που του 'κανα του λοχαγού!... Ας είναι, τώρα πρέπει να πάμε να ετοιμάσουμε τα μπογαλάκια μας, και να περάσουμε απ' τα παιδιά να τους δώσουμε α ν α φ ο ρ ά. Αλλά πώς να πάμε που 'ναι κείνος ο κόπανος η κορδελλιάστρα στη μέση; Κι έχεις και κείνονε τον τρεμάλα το γιατρό που τονε φυσάς κι αδειάζει σα σαμπρέλα. Μα έλα πάλι που το πράμα βιάζει! Αύριο σπάω. Τέλος, βλέπουμε... κατά το απογευματάκι. Λοιπόν, Στελάρα... Δούλεψες φίνα, αδερφέ μου. Μπράβο σου κι άλλη μια φορά! Δούλεψες σαν άντρας... σαν άντρας τίμιος — κι ας... μην είσαι.

Ξεκούμπωσε τ' αμπέχονό του, χτύπησε το πηλήκιό του κατά πάνω, έχωσε και τα δυο τα χέρια του στις τσέπες και με ξιπασμένη μυτάρα πήρε να κατηφορίζει κατά τον καταυλισμό, τραγουδώντας με σιχαμερή φωνή ένα απ' τα πιο σαχλά και τα πιο αγαπημένα του τραγούδια.

Από κα —μωρέ— από κα
από κάτω απ' το ραδίκι.
Από κάτω απ' το ραδίκι
κάθεται ένα πιτσιρίκι.
Ε ρε, και φουμά —μωρέ και φουμά—
και φουμάρει το τσιγάρο
το 'να πο — μωρέ! Το 'να πο
το 'να πόδι πάνω στ' άλλο
ντραμ!

Απ' το παράπηγμα τον άκουσαν κι ανησυχήσανε.

—Ο Στελάρας δεν είναι; λέει ο Παναγής... Ή κάνω λάθος;

—Ο ίδιος, αυτοπροσώπως.

—Τι άραγε να τρέχει;

—Ένα απ' τα δυο: Ή ξανάγινε ο παληός ή καβαλίκεψε το καλαμάκι... όπως έλεγε κι ο ίδιος. Άλλη εξήγηση δε χωράει.

—Φοβούμαι μην έχεις δίκιο. Και τώρα πες μου... Πώς τη βρήκες τη στάση του γιατρού;

—Αντάξια της δειλίας του. Αυτοί είναι οι καρμανιόλες, που σου έλεγα. Για να γλυτώσουν λίγο άντερο και ζουμί, που αποτελεί όλη τους την ύπαρξη, είναι ικανοί να δώσουνε εισιτήριο για τον άλλο κόσμο σε χίλιους ανθρώπους. Το ξαναλέω: οι δειλοί είναι οι πιο επικίνδυνοι κακοποιοί σ' όλον τον κόσμο. Γι' αυτό φυλάξου.

—Δε μου λες, μωρέ Γιώργη —είναι περίεργο και λίγο... κρύο, αλλά θα σ' το πω—, δε σου φαίνεται όταν σε πλησιάζει ότι μυρίζει λιγάκι... δοχείο της νυχτός;

—Είναι η μυρουδιά της κοιλιάς του που επικοινωνεί με τον έξω κόσμο. Τραγική περίπτωση ανθρωπάκου. Ωστόσο περισσότερο τον λυπάμαι παρά τον σιχαίνομαι.

—Σώπα όμως... γιατί μου φαίνεται πως ακούω το βηχαλάκι του. Είναι η ώρα του «Καλημέρα, παιδιά, από τι παραπονείσθε;».

Ο Παναγής δεν έπεσε έξω. Ο γιατρός τσουγκράνισε σιγά την πόρτα —ποτέ δεν είχε το σθένος να την χτυπήσει δυνατά— και μπήκε χώνοντας απ' τη χαραμάδα τη σουβλερή του μύτη.

Μπήκε.

—Καλημέρα σας, παιδιά, λέει στυφόγλυκα. Από τι παραπονείσθε;

—Ατσιγαρίες, γιατρέ..., του λέει ο Γιώργης.

—Δεν διαλαμβάνεται εις το διαιτολόγιον... Εντούτοις, είπε και τρέμανε τα χεράκια του, θα κάμωμεν μίαν μικράν αφαίμαξιν από το δικό μου πακέττον. Και ξαφνικά, σκύβοντας κοντά τους, τους λέει λαθραία: Δύναμαι να υπολογίζω εις την εχεμύθειάν σας; Χμ... Ήτον πλέον καιρός!... Προμηνύονται γεγονότα!

—Αφήστε τα «προμηνύονται», γιατρέ, του λέει ο Γιώργης, και κέρασέ μας κανένα τσιγάρο. Τα «προμηνύονται» τα συνηθίσαμε πια όπως το ιώδιο.

—Σταλιά δε μας νοιάζει, συμπληρώνει κι ο Παναγής.

—Ναι, μα δεν ξέρετε τι είδους γεγονότα, λέει μ' ένα θριαμβευτικό γελάκι ο γιατρός.

—Ξέρουμε. Μακρονησιώτικα, λέει ο Γιώργης. Σαν κι αυτά —λόγου χάριν— που έγιναν στις οχτώ του Δεκέμβρη με τις δώδεκα χιλιάδες ανθρώπους.

Ο γιατρός ένοιωσε τα μάτια του να προσπαθούν να φύγουν απ' τις θήκες τους.

—Δεν σας είπα τίποτε εγώ... ε; είπε ψελλίζοντας. Μα... μα εσείς —τελείωσε— είσθε απόγονοι του σατανά! Πώς το ηξεύρετε αυτό; Εσείς —αν ενθυμούμαι καλώς— επνέατε τότε τα λοίσθια. Εξάλλου ουδείς άλλος πλην... του τρομερού εκείνου δημίου δεν εδρασκέλισε αυτό το κατώφλι.

Ο γιατρός μ' ένα πηδηματάκι κοίταξε πίσω απ' τη ράχη του, μ' άλλα δυο δεξιά κι αριστερά του.

—Παρντόν..., λέει και τρέμει περισσότερο. Παρντόν..., και τους ζυγώνει κι άλλο.

Ο Παναγής κοίταξε το Γιώργη. Η μυρουδιά κείνη που λέγανε τους χτύπησε και των δυονών τη μύτη.

—Τι τρέχει, γιατρέ μου; του λέει φιλικά ο Γιώργης.

—Καθησυχάστε με, τους παρακαλεί. Δεν είμαι εγώ, ε; Διαβεβαιώστε με πως δεν είμαι εγώ που σας το είπα. Δεν το επληροφορηθήκατε από τίποτα ακριτομυθίας ιδικάς μου. Έτσι δεν είναι;

—Ησύχασε, γιατρέ. Όχι.

Ο γιατρός ανάσανε. Ένα αεράκι ζεστό, αλλά όχι και τόσο καθαρό, βγήκε από μέσα του.

—Ευχαριστώ..., λέει ξανά μ' ευγνωμοσύνη.

—Κάποιο κρυφό σημειωματάκι μάς πετάξανε —δεν ξέρουμε ποιος— απ' το παράθυρο, του λέει ο Γιώργης, και το μάθαμε. Αυτό είναι όλο.

—Ευχαριστώ, λέει ξανά και βγάζει κι άλλον αέρα. Ε λοιπόν, συνεχίζει λίγο πιο ύστερα ξεθαρρεμένος τώρα, τα γεγονότα τα οποία σας έλεγα δεν είναι αυτά, αλλά... κάτι άλλα εξ αφορμής αυτών...

—Λοιπόν;

—Γίνονται ανακρίσεις, λέει ο γιατρός σκύβοντας τώρα τόσο πολύ, που η μύτη του άγγιζε το μαξιλάρι τους. Θα παταχθεί παραδειγματικώς το έγκλημα. Οι υπαίτιοι θα τιμωρηθώσιν παραδειγματικώς.

—Και ποιος θα τους υποδείξει τους υπαιτίους, γιατρέ;

—Ε μααααα...

—Θα το δείτε που όλους στο τέλος θα τους βγάλουν αγγελάκια. Γιατί κανένας δε θα 'χει το σθένος να τους καταγγείλει... Ή έχετε αντίθετη γνώμη, γιατρέ;

—Όλοι αισθάνονται αποτροπιασμόν από τα εγκλήματά τους...

—Ναι, αλλά... τι κάνουν στη δεδομένη στιγμή, γιατρέ; (Ο Γιώργης ανεβάζει όλο και περισσότερο τη φωνή του.) Καταχωνιάζονται... Ή σκεπάζουν τον αποτροπιασμόν τους και λένε ότι εδώ φτερουγίζουν αγγελάκια...

Κύριε!... Ένας γιατρός είναι καλός όταν θεραπεύει τα τραύματα, αλλά είναι καλύτερος όταν τα προλαμβάνει. Κι εσάς σας δόθηκε αυτή η ευκαιρία σήμερα το πρωί. Και τι κάνατε, γιατρέ; Να σας το πω εγώ: Δώσατε με τα χέρια σας πιστοποιητικά αγγέλου στο στυγερότερο δήμιο που είδε ποτέ ο ελληνικός ήλιος. Λοιπόν, γιατρέ... Όταν δεν είσθε ικανός να βοηθήσετε, τουλάχιστον φροντίστε να μη βλάπτετε. Και σας το λέω απεριφράστως: είσθε ένοχος όσο και οι δήμιοι. Πηγαίνετε τώρα να με καταγγείλετε. Δε φοβάμαι κανενός είδους κακούργους! Ούτε και τους δειλούς!

Είπε και γύρισε να δει το γιατρό. Ο Λάζαρος μετά την τριήμερον έγερση θα ήταν πιο κόκκινος απ' το κάτασπρο αυτό σουδάριο που άλλοτε λεγόταν Μπασίμης και ήταν, στο επάγγελμα, γιατρός. Γαντζώνοντας με τα νύχια του τον τοίχο, για να μην πέσει, σύρτηκε κατά την πόρτα και βγήκε. Κείνη την ώρα ήταν, απλώς, ένα κάθετο πτώμα.

ΚΕΦΑΛΑΙΟ ΤΕΤΑΡΤΟ

ΠΡΩΙ ΠΡΩΙ ΚΙΟΛΑ ήρθανε οι καρτούλες, τα επιστολικά δερτάρια, όπως τα 'λεγε κι ο Μελιτζάνας. Ένας στριμμένος με μια μαχαιριά στο μάγουλο μπήκε και τους ρώτησε αν θέλανε ν' αλληλογραφήσουνε. «Αλλά... οικονομία, ε; Τα πολλά λόγια βλάφτουνε και κείνονε που τα στέλνει και κείνονε που τα λαβαίνει. Έτσι; Υποθέτω ότι έγινα αντιληπτός».

—Και τι να γράφουμε; του λέει ο Παναγής.

—Γράφτε: «Είμαι καλά».

—Κι άμα δεν είμαι;

—Γράφε... δεν είμαι καλά.

—Και θα πάει;

—Γράφε κι άμα πάει να με χέσεις.

—Ε τότε γιατί μας τα δίνετε;

—Για να γράφετε το «είμαι καλά».

—Και γιατί, ρε φίλε, δεν τα γράφετε εσείς; Μετράτε κεφάλια και γράφτε ισάριθμα «είμαι καλά». Τι τα θέλετε τα αυτόγραφα;

—Για να το πιστέψουνε οι δικοί σας, κορόιδο!

—Και να τα πάρετε κατόπι όλα αυτά τα δελτάρια και να τα γυρίζετε παντού και να λέτε «...Να το, ψέματα ήτανε ότι τα βασανίζανε τα παιδιά. Να το, εδώ το παιδί το γράφει με το χεράκι του: Είναι καλά». Ε, φίλε... άκουσε: Δε σφάξανε.

Τώρα πήρε το λόγο κι ο Παναγής:

—Δε μου λες..., του λέει. Κι άμα δε γράψουμε, τι θα γίνει;

—Πρέπει.

—Δε μας το δίνεις να το καταλάβουμε αυτό; Γιατί εσύ για να επιμένεις...

—Ναι ρε... Επιμένω!

—Για να επιμένεις, λοιπόν, εσύ, πα να πει ότι κάτι τρέχει.

—Είσαι έξυπνο αντράκι.

—Ευχαριστώ. Και... τι τρέχει;

—Μύξα παχειά... Εμένα ρε πας να μάθεις γράμματα, ε; Δε θέλω ούτε να τα ξέρω. Όσοι μάθανε γράμματα γίνανε μούτρα σαν και σας.

—Δηλαδή, σαν τι μούτρα;... Μπορούμε να μάθουμε;

—Μπορείτε... Για φτύσιμο... Να, αυτό. Προδοτόμουτρα. Θέλεις κι άλλο;

—Όχι, ευχαριστώ.

—Περικαλώ.

Η συζήτηση τέλειωσε εδώ. Αλλά ο μάγκας δεν έφευγε. Στάθηκε εκεί και τους μετρούσε χτυπώντας το χρόνο με την αρβύλα του.

—Ε τι θα γίνει τώρα;... Θα τις πάρετε καμιά φορά τις κάρτες;

Ο Γιώργης περιεργάστηκε με εμβρίθεια τη μαχαιριά του.

—Όχι..., του λέει.

«Όχι»; Το σκεφτήκανε καλά αυτό το «Όχι»;

—Ρε σεις..., τους λέει. Το σκεφτήκατε καλά αυτό που είπατε;

—Το σκεφτήκαμε. Δεν τις παίρνουμε τις κάρτες σου. Την κόψαμε την αλληλογραφία... Δικαίωμά μας δεν είναι; Λοιπόν, την κόψαμε.

Ο άνθρωπος αλληθώρισε απ' το θυμό του. Του ήρθε ν' αρπάξει τα μαξιλάρια και ν' αρχίσει να τα ξεπουπουλιάζει σαν κόττες!

—Γιατρέ!... φωνάζει. Κυρ γιατρέ... Έλα να τους γλυτώσεις!

—Τι τρέχει, παιδί μου; λέει τρέμοντας η χλωμή μυτίτσα του γιατρού.

—Μπορώ να τα περιποιηθώ όπως τους αξίζει τούτα δω τα ρεμάλια;

—Μπορείς, παιδί μου... Πώς δεν μπορείς!... Φέρε μου ένα χαρτί από τους ανωτέρους σου — γιατί είσαι απλός στρατιώτης, νομίζω, ε; Φέρε μου, λοιπόν, ένα μικρό σημείωμα... και εγώ —ευχαρίστως— στη διάθεσή σου τους έχω...

—Α έτσι; Καλά. Θα πάω να φέρω αυτό το κωλόχαρτο. Τώρα κιόλας!

Ο στρατιώτης έδωσε μια κλοτσιά στο κρεβάτι, μια κλοτσιά στην πόρτα και ξεκίνησε — ξεχνώντας να πάρει και το πηλήκιό του.

—Καλά δεν έκανα που του είπα για το σημείωμα; λέει μ' έναν σκοτωμένο τρόπο ο γιατρός. Όλοι αυτοί είναι αδίσταχτοι εγκληματίαι. Χρειάζεται κάποιο σθένος.

—Κι αν σου το φέρει, γιατρέ, το σημείωμα, τι θα κάνεις; τον ρωτά ο Γιώργης.

—Δε θα του το δώσουν.

—Ναι... μα αν του το δώσουν;

—Προς το παρόν δεν ξεύρω. Έχω εδώ το δελτίον

της υγείας σας. Θα τους το παρουσιάσω ως υστάτην άμυναν.

—Γιατρέ, του λέει ο Γιώργης, θα σε ρωτήσω κάτι: Τι συμπεραίνεις με το νου σου;... Γιατί δε μας βασανίζουν όσο είμαστε ακόμη σοβαρά; Πες μου, τι βάζεις με το νου σου; Για λόγους ανθρωπισμού;

—Ε, μα υποθέτω.

—Τι αφελής άνθρωπος που είσαι, γιατρέ!... Ε λοιπόν, πέφτεις έξω. Όχι. Η πραγματική, και αρκετά αποκρουστική, αλήθεια είναι ότι έτσι όπως είμαστε φοβούνται μήπως τους μείνουμε στα χέρια. Και δε θέλουν. Όχι γιατί μας λυπούνται ούτε γιατί φοβούνται τις ευθύνες. Φοβούνται μήπως πεθάνουμε και... γλυτώσουμε.

—Φρικτά ένστικτα!...

—Πολύ αργά το ανακάλυψες, γιατρέ.

—Ω... το έχω ανακαλύψει προ πολλού. Είμαι ένας ασθενούς χαρακτήρος άνθρωπος. Δεν μπορώ να αντιδράσω. Ανά πάσαν στιγμήν κινδυνεύω να χαρακτηρισθώ ως ύποπτος.

—Ύποπτος σε τι, γιατρέ;

—Ύποπτος διά τα πάντα... Ύποπτος συμπαθείας... Ύποπτος ως μη επιδείξας την ανάλογον σκληρότητα... Ύποπτος διά την επίδειξιν οίκτου. Ύποπτος —τέλος— επί ανθρωπισμώ.

—Και νομίζετε πως θα 'χουν δίκιο, γιατρέ; Είσθε πραγματικά ύποπτος;

—Μα... δι' αυτό τρέμω... Διότι... ενσυνειδήτως πως...

—Πάψε να τρέμεις, γιατρέ, του λέει σκληρά ο Γιώργης. Είσαι εντάξει όσο κανένας άλλος απ' αυτούς. Με τις τρομάρες σου αυτές τους υπηρετείς όσο κανένας δήμιος δεν τους υπηρέτησε.

—Είναι αλήθεια..., λέει ο γιατρός με πλεγμένα τα χέρια. Δεν επλάσθηκα ήρωας.

—Δικαίωμα συμμετοχής στο καλό έχουν όλοι. Δεν είναι απαραίτητο να είσαι ήρωας.

—Λυπούμαι. Τόσα ημπορώ να προσφέρω.

—Είναι υπεραρκετά. Μ' αυτά μπορείς να ξεπατώσεις ολόκληρη πόλη.

Ο γιατρός τον κοίταξε μ' απόγνωση.

—Ευρίσκομαι μεταξύ σφύρας και άκμονος, είπε με αξιολύπητη φωνή. Όταν θα έρθει η σειρά σας, ποίος θα με σώσει; Είμαι ένα δυστυχισμένο έρμαιον που παλαίει αναμέσον εις δύο αλληλομισούμενα στρατόπεδα. Έπρεπε να γινόμουν κάτι άλλο. Λογιστής εις το Δημαρχείον ή ανθοκηπουρός. Ναι, αυτό το διαπιστώνω διά μυριοστήν φοράν.

—Μακάρι να το έκανες, γιατρέ... Θα γλύτωναν απ' τα χέρια σου αρκετοί αθώοι. Γιατί δεν το κάνεις τώρα, γιατρέ; Παράτα τα όλα και φύγε.

—Αδύνατον...

—Φοβάσαι να μη χάσεις το μισθό;

—Πόσον ολίγον με καταλαβαίνετε!... Θα ημπορούσα να δώσω και έναν μισθόν από πάνω. Έχω ένα προικώον κτήμα από την γυναίκα μου που θα μας ήρκει να ζήσωμεν χωρίς τον ιατρικόν μου μισθόν.

—Και τότε γιατί δεν το κάνεις, γιατρέ; Απορώ...

—Πόσον εύκολον είναι να το λέγει κανείς... Μόλις παραιτηθώ, εχάθηκα.

—Και γιατί;

—Θα νομίσουν πως το έκανα εξ οίκτου προς εσάς.

—Γιατρέ... θα σου μιλήσω έξω απ' τα δόντια. Και είναι η τελευταία φορά που σου μιλώ. Αν στη θέση σου ήταν κάποιος που μας μισεί... ακόμα κάποιος που ήρθε να βγάλει το άχτι του... πάλι θα ήταν λιγότερο επικίνδυνος από σένα. Είσαι ένα φονικό μαχαίρι που κρέμεται από μια σάπια κλωστή. Τίποτε δεν μπορεί να σώσει τα θύματά σου απ' τα χέρια σου. Είσαι πιο επικίνδυνος κι από 'ναν λυσσασμένο ή από 'ναν τρελλό. Πέταξέ τα και φύγε.

—Αδύνατον... Χάθηκα!... Αλλά και να μείνω, πάλι εχάθηκα. Θεέ μου, τι απαίσιο πράγμα είναι η ζωή... και δεν υπάρχει και καμιά λύση!

—Υπάρχει μια λύση, γιατρέ...

—Υπάρχει;... Ω, να το πιστέψω ότι υπάρχει;

—Μάλιστα. Υπάρχει.

—Να την ακούσω, λέει, και τα ματάκια του γυάλισαν από μια δειλή ελπίδα.

—Μάλιστα. Και θα 'ναι για όλους καλά. Θα σωθείς κι εσύ κι όλοι όσοι κινδυνεύουν από σένα.

—Ποια;

—Ν' αυτοκτονήσεις, γιατρέ, του λέει άξαφνα και τον κοιτάζει επίμονα στα μάτια.

—Θεέ μου! λέει κι ανατριχιάζει. Κι αν... νομίσουν ότι το έκανα εκ λύπης προς εσάς; Εχάθηκα!

Ο Γιώργης τον λυπήθηκε.

—Καλά, γιατρέ..., του λέει. Παίρνω πίσω την πρότασή μου.

—Ναι... αλλά πέστε μου. Έως πότε θα κρατήσει αυτό;

—Ποιο;

—Αυτά... Αυτή η κόλασις...

—Όσο θ' αντέχουν και θ' αντέχουμε.

—Και... δεν βλέπετε το τέρμα;

—Ποιο; Το δικό μας, το ατομικό, ή το γενικό; Γιατί το δικό μας το ξέρουμε. Μόλις θα μας δώσεις εσύ το εξιτήριο, θα μας δώσουνε εισιτήριο για τον άλλο κόσμο.

—Φοβερόν... Δεν πρέπει να το λέτε...

—Πρέπει δεν πρέπει... αυτή είναι η αλήθεια.

—Και... το άλλο; Το... γενικόν που είπατε;

—Α, αυτό; Αυτό αργά ή γρήγορα θά 'ρθει.

—Α... Και ποιοι —αν επιτρέπεται—, ποιοι θα είναι οι νικηταί;

—Σ' αυτό, γιατρέ, να μη σας μένει ούτε η παραμικρή αμφιβολία. Εμείς.

Οι αριδίτσες του γιατρού ξαφνικά άρχισαν ένα περίεργο τρέμολο... Και τα χέρια του άρχισαν —πελιδνά, κοκαλιάρικα— κάτι να γυρεύουν... κι ο λαιμός του μάκρυνε να φύγει... να γλυτώσει απ' τον αιώνιο φόβο που 'δερνε το αδύνατο κείνο σκαρί.

—Ώστε είναι βέβαιον... Δεν υπάρχει καμία...

—...ελπίδα να χάσουμε; Όχι. Καμιά, γιατρέ... Απελπίσου. Δε θέλω να βαυκαλίζεσαι με μάταιες ελπίδες. Όχι. Καμιά.

Πήγε στον τοίχο κι ακούμπησε... γιατί τα πόδια του τον άφησαν και φύγανε και μάταια έψαχνε να τα βρει.

—Θέλω να σας ρωτήσω κάτι τελευταίον... Γνωρίζετε μήπως το... όνομά μου;

—Δυστυχώς ναι, κύριε Μπασίμη. Το γνωρίζω καταλεπτώς.

—Τετέλεσται..., είπε και πήγε να ξεψυχήσει έξω.

Ο Παναγής γύρισε κατά το Γιώργη.

—Το παράκανες, του είπε.

—Δεν έπαιζα, Παναγή... Έχω το σκοπό μου. Γιατί μου καρφώθηκε κάποια ιδέα. Ότι ο τύπος μας δεν είναι και τόσο δειλός όσο φαίνεται. Πάσχει από έμμονη ιδέα δειλίας. Ήθελα από μέρες να τον σπρώξω ως τα έσχατα... οπότε ελπίζω να εκδηλωθεί. Είμαι βέβαιος ότι η αληθινή του προσωπικότητα δεν είναι αυτή.

—Χαμένος κόπος. Όλοι ένα ποσοστό απ' αυτό που τρώμε το κάνουμε αίμα. Αυτός το κάνει όλο κοπριά.

—Και το σκουλήκι, από πρώτη άποψη, φαίνεται ότι έχει το άντερό του γεμάτο χώμα... αλλά άμα το ζουλήξεις, θα βγάλεις αίμα. Ε να, αυτό το λίγο αιματάκι πάω να του βγάλω στην επιφάνεια.

—Είμαι βέβαιος ότι κι αυτό θα 'χει τη μυρουδιά του... δοχείου που λέγαμε.

Είχαν σκοπό να συνεχίσουν ακόμη, αλλά κόπηκαν. Αρβύλες θυμωμένες βροντοκόπησαν έξω. Ο μάγκας με τη μαχαιριά στο μάγουλο ξαναγύρισε.

—Πού 'ναι αυτός ο γιατρός; γκάριξε. Γιατρός...

Μια πόρτα έτριξε.

—Άκου δω, γιατρέ. Χαρτί δε μου γύρεψες; Ε να, χώσ' το μες στη μούρη σου!

Ο γιατρός το πήρε. Ακούστηκε λίγη ησυχία. Το χαρτί έτριξε για λίγο πάνω στα χέρια του.

—Καλά, παιδί μου, του λέει. Ευχαρίστως... Αλλά δεν μπορώ να σου τους παραδώσω.

—Τι έκανε λέει; Για να τ' ακούσω άλλη μια φορά. Εσύ ήσουνα που το είπες αυτό;

—Μάλιστα.

—Και δεν την λυπάσαι τη ζωή σου;

—Εδώ το χαρτί λέγει «εφόσον δύνανται να υποστώσιν δοκιμασίαν».

—Και λοιπόν;

—Ε, δεν δύνανται.

—Λοιπόν... ξέρεις τι κατάλαβα, γιατρέ; Ότι κοροϊδευόμαστε όλοι εδώ μέσα. Να τι έχω καταλάβει.

Ακούστηκαν πάλι πιο άγρια οι αρβύλες του.

—Θα πάω να τους το πετάξω στα μούτρα.

—Όπως καταλαβαίνεις...

Οι αρβύλες ξεμάκρυναν με φοβερό σαματά. Ο γιατρουδάκος έβηξε.

Ο Γιώργης σκούντηξε τον Παναγή.

—Άκουσες;

—Τι;

—Δεν άκουσες; Ο βήχας του!

—Τι ο βήχας του;

—Ήταν αντρίκειος! Το αίμα... Το αιματάκι που σου ’λεγα. Βγήκε, επιτέλους, στην επιφάνεια!

ΚΕΦΑΛΑΙΟ ΠΕΜΠΤΟ

ΤΟΝ ΕΙΧΑΝ ΛΙΓΟ ΚΛΕΦΤΟΠΑΡΕΙ. Είναι γλυκός ο ύπνος για κείνον που βρίσκεται σε ανάρρωση. Τα πράματα έδειχναν πως θα τον έπαιρναν για καλά. Αλλά πού σ' αφήνουν σ' αυτόν τον τόπο να χαρείς λίγο ξένοιαστο ύπνο! Θόρυβοι και φωνοκοπήματα στο διάδρομο τους ξύπνησαν. Ένας φωνακλάς απέξω περιέχυνε το γιατρό με ξεγυρισμένες βρισιές γιατί δεν τον άφηνε να μπει.

Ο Παναγής τανύστηκε.

—Τον ακούς το γιατρουδάκο σου; Λιονταράκι έγινε. Να, άκου τον.

—Το απαγορεύω ρητώς και κατηγορηματικώς, έλεγε η φωνούλα του.

—Ναι, αλλά αυτό το απαγορεύω δε μας συμφέρει τούτη τη φορά διόλου, λέει ο Γιώργης. Δεν ακούς; Η φωνή που καβγαδίζει έξω είναι του Μελιτζάνα.

—Μη μου το λες!...

Ο Παναγής έβαλε αυτί.

—Έχεις δίκιο, του λέει. Αυτός είναι.

Ο Μελιτζάνας τώρα απέξω άλλαξε ψαλτική.

—Άκου, γιατρουδάκο... Φιλική επίσκεψις λόγον αναχωρήσεως. Να... αν θέλεις, μου κάνεις και έρευναν κατ' οίκον... Ούτε μπιστόλι ούτε κουρμπάτσι κρατάω. Κουραμπιεδάκια έχω για ρεγάλο ένεκα αναχώρησις· εννόησες, γιατράκο;

—Τέλος, πέρασε, είπε ο γιατρός.

Σε λίγο άνοιξε η πόρτα και μπουκάρισε ο Στελάρας. Κατάπτωση. Ο μέγας Στελάρας, ο παληός που ξέρανε ως τώρα, ήταν στην αποθήκη ιματισμού. Ο τωρινός ήταν για να τον κλαίνε οι ρέγγες, όπως συνήθιζε να λέει ο ίδιος. Φορούσε ένα γκρι ριγέ κοστούμι που θα του πήγαινε βέβαια θαυμάσια, αλλά πριν από είκοσι χρόνια. Καλαμοπόδαρα και καλαμόχερα κρέμουνταν απέξω. Ο γιακάς επέμενε από ώρα να τον πνίξει, και κανείς δεν μπορούσε να βάλει στοίχημα ότι στο τέλος δε θα το κατάφερνε.

—Έχετε καιρό να δείτε θέατρο, λέει ο Στελάρας. Καμαρώστε γαμπρό. Είναι για να με κλαίνε τα ρεγγάκια. Αλλά μην πάει ο νους σας ότι είναι πεθαμενατζίδικα. Ο μακαρίτης ζει ακόμη.

—Ποιος τα κλαίει, Στελάρα; του λέει ο Παναγής.

—Ο ανθυπολοχαγάκος. Καλή κουστουμιά... Αλλά περισσεύουνε πολλά πράματα απέξω... Θα σας πω όμως ένα πράμα, ρε παιδιά!

—Τι;

—Ο ανθυπολοχαγάκος άρχισε να χαλάει.. Να μη χαρώ την πεθερά μου. «Άκου, Κουτρούμπα» μου λέει... «Εκεί στο αναρρωτηριάκι έχω ένα παιδί απ' τη γειτονιά μου... Μου κάνεις τη χάρη να του πας αυτά τα πακέττα τα τσιγάρα;» Και μου γκάστρωσε και τις δυο τις τσέπες. Δεν είναι μυστήριο;

—Καλά αυτό, αλλά εσύ γιατί μεταμορφώθηκες έτσι σε τζιτζιφιόγκο;

—Ε, δεν τα μάθατε; Σπάω.

—Ώστε έγινε δεκτή η αίτησή σου;

—Βρε ποια αίτησή μου; Δε σας το είπα ότι κείνη την ξέσκισα. Όχι, αδερφέ μου... Τούτη τη φορά με σκολάνε μόνοι τους. Φαίνεται ότι κόντυνε το χέρι μου, κι απ' την άλλη μεριά μάκρυνε η γλώσσα μου.

—Και πώς έγινε αυτό;

—Έβγαλα βρώμα μπροστά στο στρατηγό. Δεν άντεχα, ρε παιδιά. Έβλεπα ότι όλη η ανάκριση πήγαινε στα πουφ. Περιστεράκια πιο άσπρα κι απ' το χιόνι τούς βγάλανε όλους τους Γκουντάδες και Συντροφία. Έτσι είσαστε; λέω. Βαστάτε... Πιάνω και στήνω καρτέρι στο βουναλάκι. Σε λιγάκι να τους κι έρχονται λυγιστοί και κουνιστοί, κι ο στρατηγός στη μέση σα δεσπότης. Στελάρα, χύσου, λέω. Αν δε βγεις τώρα δα να ξεράσεις, να πας να φορέσεις φουστάνια.

—Λοιπόν;

—Ξέρασα... και φόρεσα παντελόνια... πολιτικά. Αλλά δε μετανοιώνω. Θα του δώσω να καταλάβει, λέω, κείνου του στρατηγού τι μοβόρικα μούτρα ήταν όλοι εκείνοι που 'σερνε μαζί του, να τους ξύσει όλους να ξεβρωμίσει ο τόπος.

—Λοιπόν;

—Ε, δε βλέπετε; Έξυσε εμένα.

—Κι οι άλλοι;

—Όλοι βγήκανε λάδι... Αγγελάκια του ουρανού. Αλλά εγώ δε μετανοιώνω. Είναι η μόνη φορά, ρε παιδιά, στη ζωή μου που φέρνομαι αντρίκεια... Δηλαδή —για να λέμε την αλήθεια—, ίσαμε τα τώρα όλα τα φερσίματά μου νόμιζα πως ήταν αντρίκεια, αλλά φαλτσάριζα. Κι όλα εμείς τα παιδιά που κάναμε στην μπουζού έτσι νομίζαμε. Εγώ, ρε παιδιά, στη ζωή μου —εξόν από σας τους δυο— μόνο έναν άντρα γνώρισα. Έναν τσίφτη, ρε παιδιά, που δε θα ξαναδεί άλλονε η πλάση. Τακαζίκας με τ' όνομα ή Χάθηκας. Το φάγανε λάχανο το παιδί κι ορφάνεψε η φυλακή μας. Κάποια ψείρα —Ζούφιος ονόματι— ήρτε μαζί του στα λόγια. Απ' τα λόγια ήρτανε στα χέρια· κι όπως τον είχε κείνη η ψείρα αγκαλιά, βγάζει μια μαυρομάνικη και τη χώνει ολόκληρη κάτω απ' το βυζί του. Αλλά... δε θα ξεχάσω, ρε παιδιά, τις τελευταίες του στιγμές. Όχι μονάχα εγώ, ολόκληρη η φυλακή. Δεν ξέρω άνθρωπο να πέθανε τόσο ασίκικα.

—Ε, πώς πέθανε, μωρέ Στελάρα, και μπήκε έτσι στην καρδιά σου;

—Να... Όπως τον είχαμε ξαπλωμένον κάτου κι ήμαν εγώ μαζί με τ' άλλα τα παιδιά —σκυμμένος από πάνω του—, με τραβά σε μια στιγμής απ' το πέτο... «Στελάρα» μου λέει... «Ένα πράμα θέλω να μου πεις. Σκύψε». «Έσκυψα» του λέω «αδερφέ μου... Λέγε». «Δε μου λες, Στελάρα» μου λέει «έχει ωραία κουνήματα η αδελφή σου;». (Πού την ήβρα εγώ το ρεμάλι την αδερφή;) «Αμέ» του λέω «Κλειστένη μου, φίνα». «Εντάξει» μου λέει «για να είμαι ήσυχος»... Και ξεψύχησε. «Ρε συ» του λέω «γύρνα πίσω! Μη μας κάνεις τώρα καμιά κρυάδα...». Τζίφος, αδερφέ μου. Κείνος είχε τελέψει. Ε, όχι... να μου πείτε, ρε παιδιά... Έχετε δει πιο ασίκικο θάνατο;

Οι δυο φίλοι γελάσανε.

—Καλά, Στελάρα, του λένε. Δε σου χαλάμε το χατίρι. Αλλά... ελπίζουμε τώρα που θα βγεις ν' αλλάξεις ζωή. Ή δε θ' αλλάξεις;

—Την κακή μου την τύφλα θα κάνω. Ρε μαθαίνει ποτές το κατσίκι να περπατά στο ίσιωμα;

—Κρίμα, ρε Στελάρα, του λέει λυπημένος ο Γιώργης. Κι εμείς λέγαμε ότι θ' άλλαζες.

—Άλλαξα, δε με βλέπετε; Ξεγύρισα στο χειρότερο.

—Και με τι δουλειά θα καταπιαστείς, αν επιτρέπεται;

—Την παληά μου την τέχνη... Ρεμάλι. Ακούστε, ρε παιδιά... Θα πω μια σκατοφιλοσοφία κι άμα θέλετε, γελάστε. Σε μια σκρόφα κοινωνία ο τίμιος μπορεί να γίνει άτιμος, ο άτιμος ποτές δε γίνεται τίμιος. Έχει γλύκα η ατιμία, ρε παιδιά... Ακούστε με και μένα που τη δοκίμασα.

—Κρίμα, Στελάρα! του λέει πικαρισμένος κι ο Παναγής.

—Κρίμα! συμπληρώνει κι ο Γιώργης. Κι εμείς που νομίσαμε ότι πήρες να στρώνεις.

Ο Μελιτζάνας έχωσε τώρα τη μούρη του πολύ κοντά τους.

—Σας πέρασε ποτές, ρε παιδιά, μια τέτοια ιδέα; Θέλω να μου πείτε.

—Τι μας πέρασε, λέει ο Γιώργης, αφού το είδαμε με τα μάτια μας!

—Μιλάτε παστρικά; Αντρίκεια;

—Ε τι; Παίζουμε τώρα;

—Ε λοιπόν, αυτό πάγαινα να μάθω. Τώρα ζήτω!... Όχι, ρε παιδιά. Δεν ξαναγυρνώ στην παληά μου τέχνη. Ζητιάνος μπορεί να γίνω. Ρεμάλι δεν ξαναγίνομαι. Μη δίνετε βάση σ' αυτά που σας έλεγα προ ολίγου. Για ψαρεματάκι πήγαινα. Δεν το μυριστήκατε; Εγώ το ξέρω ο μπάσταρδος ότι πήρα λιγάκι να στρώνω..., αλλά ήθελα και τη δική σας τη γνώμη. Ρε συ, την αλήθεια να πείτε: Αν δεν έστρωνα, θα με σκολνάγανε αποδώ; Όχι, να μου πείτε.

Ο Γιώργης τού χάιδεψε την κακοσουλούπωτή του ράχη.

—Έτσι είναι, Στελάρα, συμφωνούμε. Έχεις δίκιο. Αλλά, ρε Στελάρα, τώρα πού θα πας έξω;

Ο Στελάρας έπεσε σε βαθειά σκέψη.

—Μες στην καρδιά μου το 'χω κείνο το μαγαζάκι του Λαρισαϊκού... Ξέρεις τι θα πει, αδερφέ μου, από χασίκλας και ρεμάλι που ήσουνα να βρεθείς μιαν ωραίαν πρωίαν...

—...σωματέμπορος.

—Για βάστα... τι ψαλτική είν' αυτή;

—Και τι δουλειές θα κάνεις μέσα σε κείνο το μαγαζάκι, ρε Στελάρα;

—Τι δουλειές κάνουνε τα μαγαζάκια;... Καφεδάκι, τσιπουράκι, μεζελίκια... Θα πάρω κι ένα γραμμοφωνάκι...

—...και δυο χαμουρίτσες...

—Στοπ. Είπα ποτές τέτοιο πράμα; Ε; Ε να, τέτοιος ρουφιάνος είμαι, το ξέχασα! Όχι, ρε παιδιά. Ο παληός Στελάρας πέθανε. Τόσος κόσμος πώς αντέχει και ζει τίμια; Θ' αντέξω κι εγώ. Ξέρω πως στην αρχή θα μου φανεί λίγο ζόρι... αλλά θα το παλέψω. Είναι και τίμιοι που δεν ψοφήσανε ακόμη απ' την πείνα... έτσι; Ε, δε θα ψοφήσω κι εγώ.

—Κι ως πότε, ρε Στελάρα; του λέει ο Παναγής. Ως πότε θα ζεις αστεφάνωτος με τη...

—Με τη δεσποινίς Δημητρίου, το γένος Κάψουλα; Τι εννοείς ζω, ρε Παναγάκο; Σάματις έζησα ως τώρα μαζί της και μια στάλα; Θα σας πω κατιτίς, ρε παιδιά, κι είμαι ρουφιάνος από κούνια αν σας λέω ψέματα.

—Α, για λέγε...

—Το κρεβάτι της ακόμα δεν το γνώρισα. Χρόνια τώρα με κάνει πέρα, κι ούτε ένα σπυρί σημασία δε μου έδινε. Μόνο τώρα τελευταία... σ' ένα ταξιδάκι... που της είπα ότι έμπλεξα... δηλαδή, ότι έπιασα φιλίες με κάτι κρατουμενάκια, κάτι φίνα παιδιά, πολιτικά δηλαδή κρατουμενάκια —εννοώ εσάς—, μ' άφησε και ζύγωσα. Μήπως έκανα λάθος, ρε παιδιά, και είπα ότι έπιασα φιλίες; Συμπαθάτε με... κάπου κάπου χρειάζεται και κανένα ψεματάκι.

—Τι ψεματάκι, ρε Στελάρα; Δεν ντρέπεσαι;

—Δηλαδή, από πάρτη μου, να μου ανασκελωθεί η μάνα αν αγάπησα άλλον άνθρωπο από σας... Αλλά από πάρτη σας... Πολύ δεν πέφτει;

—Άκου, Στελάρα, του λέει ο Γιώργης σοβαρά. Με πολλά παίξαμε ως τώρα στη ζωή μας. Με τον κίνδυνο, με τη θάλασσα, με το θάνατο. Με την καρδιά του ανθρώπου δεν παίξαμε. Θυμάσαι τη μέρα που σ' αγκαλιάσαμε;

—Αμ θυμάμαι και τίποτα άλλο ο ρουφιάνος;

—Ε... θα μείνεις αδελφός μας, Στελάρα, και φίλος μας αληθινός ως το θάνατο.

—Θα... θα με κάνετε να πάω να ξαναβγάλω πάλι τη μύξα μου ο ρουφιάνος.

—Κράτα την. Και κάτι άλλο ακόμα θέλουμε να σου πούμε, Στελάρα. Ότι σου 'χουμε τόση εμπιστοσύνη όση και στη μάνα μας... όσην και στον εαυτό μας, και πιο πάνω.

—Πού 'σαι, ρε π ρ ό σ ω π ο ν, ν' ακούσεις τι του ψέλνουνε του ρεμαλιού σου! Αααχχ... Ε ρε και να 'ταν από καμιά μεριά να σας άκουε!... Αχ, χρονάκια, ρε παιδιά, το λαχταρούσα... να 'χω κι εγώ ένα φίλο της καρδιάς να του λέω τα βάσανά μου, τα σακατιλίκια μου... να μου λέει τα φάλτσα μου... και κοίτα η ρουφιάνα η τύχη τι πήγε και μου 'κανε! Πήγε και μου 'ριξε δυο μαζί. Αλλά πού; Απάνω στον γκρεμό... Και δεν μπορώ να κάνω τίποτις να τους γλυτώσω. Παιδιά... ό,τι περνούσε απ' το χέρι μου το 'κανα. Και σήμερα θα κάνω και το τελευταίο.

Σηκώθηκε απάνω κι άρχισε να ξεθηλυκώνει το παντελόνι του.

—Τι κάνεις εκεί; του λένε κι οι δυο.

—Μια στιγμής να ξεβρακωθώ.

Ξεκούμπωσε το ζωστήρα του, έχωσε το χέρι του στο σώβρακο, μακρύ μπαμπακερό με γαλάζια ρίγα, κι έβγαλε αποκεί κάτι τυλιγμένο σε πανί.

—Τι 'ν' αυτό;

—Σαμπρελάκια. Ακούτε, παιδιά... Είναι θετικό. Τ' άκουσα. Μετά αποδώ σας τραβάνε στην πέτρα. Κάθε μέρα ξύλο, δίψα και πετροκουβάλημα. Σπάνε κι οι σιδηρένιοι... Έτσι λένε. Πολλοί τρελλαίνονται. Τότε τους γκρεμνάνε από τα βράχια και λένε ότι «αυτοχτονήσανε». Ότι, δηλαδή, ένεκα η μεγάλη ζέστη ξέσφιξε το μαξιμαδάκι του μυαλού τους κι έπεσε στον γκρεμό και ετελείωσε τον βίον του. Γι' αυτό, παιδιά, κούφια η ώρα, αν τύχει —πού ξέρεις, μυαλά είν' αυτά, κρατάνε, κρατάνε... κι έρχεται μια στιγμής και σπάνε—, αν τύχει, λοιπόν, και το φέρει η κατάρα... και κάποιος απ' τους δυο σας την πάθει... άλλος τρόπος δεν υπάρχει. Χυθείτε στο νερό —κολύμπι ξέρετε— κι όπου το βγάλει η άκρη. Μονάχα να κανονίσετε να είναι νύχτα. Και βάλτε για σημάδι το φανάρι του Σούνιου. Πάρτε τώρα τα σαμπρελάκια και ζώστε τα ζουνάρι. Έχω δω στην κωλότσεπη κι ένα μπουκαλάκι πλακέ κονιάκ. Βουτάτε κι αυτό και το τραβάτε πριν μπείτε στη θάλασσα. Είναι για καρδάμωμα και για το κρύο. Άλλο έτερον, παιδιά, δεν έχω. Οι μανούλες θα τα μάθουν όλα τα καθέκαστα καταλεπτώς απ' το... απ' το πρόσωπο ντε, που λέγαμε. Τι άλλο; Τίποτις. Α ναι... ρε παιδιά, μην τους πολυτσαντίζετε... Κείνο το κρύο κοιταγματάκι που τους κάνετε τους λυσσάει. Δεν μπορείτε, δηλαδή, χωρίς αυτό; Ε, καλά, το ξέρουμε ότι είσαστε σέρτικα παιδιά, αντράκια πρώτης. Αλλά δεν είναι ντε και ανάγκη να το τραβάτε κι ως το τσάντισμα. Καταλαβωθήκαμε όλοι καλά; Φίνα.

Στάθηκε λίγο, ξερόβηξε, το κύλησε πρώτα καναδυό φορές μες στο μυαλό του κι ύστερα —λίγο έτσι, ντροπιάρικα— λέει στο Γιώργη:

—Κι όσο περί αστεφάνωτη, που λες, Καρυστινέ, αν δε μου 'ρθετε όξω και τα δυο λεύτερα, να μου βαστάτε το στεφάνι ένας αποδώ κι άλλος αποκεί, στέψις δεν υπάρχει.

—Κι αν, του λέει ο Παναγής, κι αν, ρε Στελάρα, ως τότε σε τυλίξει καμιά άλλη;

—Στοπ... Δείχνω για τέτοιο παιδάκι, ρε Πανάγο;... Ε τότε γιατί με στεναχωράς; Σαν τον ανθυπολοχαγάκο, δηλαδή, θα το κάνουμε που... για φανταστείτε, ρε παιδιά!... Ως και στην κουστουμιά που μου χάρισε... ε, ρε κόσμε άτιμε!

—Ε, τι;

—Στις τσέπες της βρήκα ραβασάκια από την γκόμινα, δηλαδή από τις γκόμινες, γιατί φαίνεται ότι τις έχει μάτσο. Αλλά θα σας πω τώρα ένα πράμα που μυρίστηκα. Μυρίστηκα, το λοιπόν, ότι εξεπιτούτου τ' άφησε τα γράμματα εκεί μέσα μαζί με τα τσιγάρα για να τα δείτε εσείς και να θαυμάσετε το γοητιλίκι του... Ε ρε βίδες που 'χει ο κόσμος! Πάρτε τα και διαβάστε τα αργότερα για να σπάσετε κέφι. Αν μου τα ζητήσει, θα του πω ότι δεν είδα τίποτις, μόνο άσπρες φοδρίτσες... Λοιπόν, παιδιά... τα τελέψαμε όλα. Και τώρα αφήνωμεν υγείαν, και σας φιλώ σταυρωτά και τα λοιπά.

Το ’χε ρίξει στο σορολόπ για να μη δώσει πικρό τόνο στον αποχωρισμό.

Ο Παναγής θύμωσε.

—Ρε Στελάρα, του λέει, στο ελαφρό θέατρο το ’ριξες τώρα; Δεν ντρέπεσαι; Χαιρέτα μας σαν άντρας, καημένε!

—Εμ σαν άντρας πάω να σας αποχαιρετήσω ο ρουφιάνος, γι’ αυτό κάνω τον κρυόμπλαστρο. Αλλά δε μου πάει, ρε παιδιά. Είπα για μια στιγμής να τ’ αφήσω λάσκα, αλλά φοβάμαι μην αρχινήσει πάλι να τρέχει η μύτη μου... Γιατί είχαμε, που λέτε, στην μπουζού ένανε — Σπυράγγελος Καναβούρης στ’ όνομα— που, άμα του ’ρχότανε κατεβασιά στα μάτια —αυτό ντε που οι γυναίκες λένε κ λ ά μ α—, μας έλεγε...

—«...Μια στιγμής, ρε παιδιά, να πάω να βγάλω τη μύξα μου...».

—Κι αυτό το ξέρετε; Μα όλα τα μαθαίνετε εσείς;

—Δεν τ’ αφήνεις αυτά τώρα, Στελάρα. Εσύ ο ίδιος δε μας το ’πες; Δεν το θυμάσαι;

—Τέτοια σούπα αυγολέμονο που ’χω γίνει τώρα δε θυμάμαι τίποτα.

—Αμ εκείνο πάλι το «η κατεβασιά που οι γυναίκες το λένε κλάμα»... Δηλαδή, μόνο οι γυναίκες κλαίνε;

—Ξέρω γω!... Έτσι δεν πρέπει;

—Αμ αν είναι έτσι, καημένε Στελάρα, τώρα εμείς και οι τρεις είμαστε γυναίκες.

—Έτσι φαίνεται, οι ρουφιάνοι, γιατί τα μάτια μας γεμίσανε μύξες. Άντε, αδέρφια... Μια απόφαση χρειάζεται. Αφήνω γεια... και καλή αντάμωση με τη λευτεριά...

Αγάντα, Στελάρα... Κράτα λίγο την καταρροή σου, ρουφιάνε, να βρεις την πόρτα! Λοιπόν... καλή... καλή αντάμωση... Προχώρα ντε, παληάλογο!

Έφυγε γελοίος, σκουντουφλώντας στον τοίχο... Μια όμορφη, κακοτυχημένη καρδιά... μέσα σ' ένα κουστούμι άγαρμπα ρούχα.

Ώρα καλή σου, Στελάρα... Ήσουν το μόνο —μισερό, τσιμπλιάρικο, μα το μ ό ν ο— φως μέσα σ' αυτό το υπόγειο του απάνου κόσμου.

ΚΕΦΑΛΑΙΟ ΕΚΤΟ

ΤΟ ΓΡΑΜΜΑ ΤΟΥ ΜΟΡΦΟΝΙΟΥ ήταν όλο φωτιά, γραμμένο με λεπτά προσεχτικά γράμματα σε λιλά χαρτί: «Κύριον Ευτύχιον Τουμπακάρην, Ανθυπολοχαγόν εξ Απονομής — Εθνικόν Αναμορφωτήριον Μακρονήσου». Ο Παναγής πήρε να το διαβάζει: «Φ ε λ ί τ σ ε μου... Σου στέλνω τα γλυκά μου φιλιά μαζί με τα πρώτα λουλούδια της Αττικής. Καμιά φορά κάθομαι και σκέπτομαι... Μ' αγάπησες, αλήθεια, ποτέ ή παίζεις με την καρδιά μιας γυναίκας; Κάθε μέρα χρειάζεται να βάλω πολλή δύναμη για να πιστέψω ότι μ' αγαπάς. Ότι μ ό ν ο εμένα αγαπάς. Γιατί δε θέλω να σε μοιραστώ με καμιάν άλλη, όχι, Φελίτσε... Δεν είμαι απ' τις γυναίκες που μπορούν να πάρουν έναν αριθμό στο καρνέ ενός ανδρός. Δεν είμαι η γυναίκα η εφήμερη... Θα το κατάλαβες, υποθέτω, απ' την πρώτη στιγμή. Εγώ, άμα αγαπήσω, δίνομαι όλη. Αλλά και τον άντρα τον θέλω όλον δικό μου. Εγωίστρια; Πες με. Μα έχω τη γνώμη ότι κάθε γυναίκα που αγαπά αληθινά πρέπει να είναι εγωίστρια. Κρατάς ακόμη το δωράκι που σου 'στειλα; Και τι σκέπτεσαι όταν το κοιτάζεις; Με σκέπτεσαι; Αχ... ας ήξερα ότι με σκέπτεσαι λιγάκι... Πώς περνάς τις μέρες σου, γλυκέ μου; Όσο σκέπτομαι τις ταλαιπωρίες σου σ' αυτό τον έρημο τόπο, με πιάνει απελπισία. Είσαι ένας μάρτυρας, αγάπη μου... το καταλαβαίνω... Και τι ωραία που σου πάει η στολή!... Να, έναν τέτοιον ονειρευόμουν σ' όλη μου τη ζωή... κομψό, ωραίον, ήρωα, υπερασπιστή της Πατρίδος. Κι η τύχη μου 'δωσε αυτόν ακριβώς που ήθελα. Τώρα καταλαβαίνω πως ποτέ άλλοτε δεν αγάπησα. Πως είσαι η μόνη, η αληθινή, η παντοτεινή μου αγάπη. Σε φιλώ γλυκά και σε περιμένω δοξασμένο και νικητή.

Η...».

—Γιατί σταμάτησες στ' όνομα; του λέει ο Γιώργης.

Ο Παναγής κόμπιασε.

—Έλα, λοιπόν... Πες τ' όνομα της μορφονιάς που αγάπησε τον «ήρωα»!

Ο Πανάής μάσησε το σάλιο του.

—Τι το θέλεις;

—Δεν το θέλω τίποτα... αλλά μου φάνηκε ότι σταμάτησες λιγάκι απότομα και με παραξένεψε.

—Με συγχωρείς, Γιώργη. Το όνομα αυτό θα σου άνοιγε παληές πληγές... γιατί μοιάζει με... κεινής... κεινής ντε, της μακαρίτισσάς σου.

—Μοιάζει μόνο το όνομα ή είναι και το γράμμα δικό της; Για φέρ' το δω.

Άπλωσε απότομα και τ' άρπαξε πριν προφτάσει ο Παναγής να το τραβήξει.

—Τι θα βγάλεις; του λέει. Μήπως ξέρεις το γραφικό της χαρακτήρα;

—Ναι, τον ξέρω...

Το ξεδίπλωσε, τ' άνοιξε έτσι μπρος στα μάτια του και τ' άφησε ανοιχτό. Ύστερα τ' άφησε λίγο λίγο να κυλήσει απάνω στο πρόσωπό του και να το σκεπάσει σα μάσκα.

Ο Παναγής δεν του μίλησε. Τον άφησε έτσι να σωπάσει μόνος. Ίσαμε τώρα όλος ήταν γεμάτος πληγές. Παντού. Μόνο η καρδιά έμενε άθικτη. Και σήμερα της μπήξανε κι αυτηνής το λεπίδι.

Η σιωπή όμως κρατούσε πολύ.

—Ακόμη, μωρέ Γιώργη; Στείλ' την στ' ανάθεμα. Εξάλλου είναι αξιολύπητη. Δε βλέπεις πού κατάντησε; Από υπουργίνα ξέπεσε σε ανθυπολοχαγίνα και μάλιστα προσωρινού βαθμού. Μόλις τελειώσει αυτός ο δοξασμένος πόλεμός τους απάνω μας, ο ήρωάς της θα ξαναγίνει σουλατσαδόρος της Γαργαρέττας. Κατάλαβες τώρα τι βρώμικο παιχνίδι έπαιξε κείνος ο ανθυπολοχαγάκος; Έβαλε πλώρη για να την κατακτήσει μόνο και μόνο για ν' αποκτήσει κάποιο γράμμα της και να σου το μπήξει στην καρδιά. Να τι έννοια είχαν τα τσιγάρα κι οι πονοψυχιές του. Καημένε Στελάρα!... Κι εσύ τώρα, Γιώργη, τι κάνεις, ε; Τρως τη φόλα που σου πέταξε αυτό το παληόσκυλο. Στείλ' το στο διάβολο μαζί με την πολυαγαπημένη του...

Ο Γιώργης τράβηξε απ' το πρόσωπό του το χαρτί, το 'κανε ένα βωλαράκι και τ' άφησε πάνω στην κουβέρτα του. Κείνο άρχισε σιγά σιγά να ξεζαρώνει μονάχο του σα ζωάκι που συνέρχεται. Ο Παναγής το πήρε, άναψε ένα σπίρτο, το 'καψε κι ανακάτεψε τη στάχτη με το χώμα. Ο Γιώργης τ' άφησε ανυπεράσπιστο. Έτσι, να το κάψουν και να το τσαλαπατήσουν χωρίς λύπη.

Σε λίγο κιόλα ακούστηκε στην πόρτα το τσουγκράνισμα του γιατρού.

—Καλημέρα, παιδιά, από τι παραπονείσθε σήμερον;

—Από τίποτε, γιατρέ. Ευχαριστούμε... Σήμερον από τίποτε. Το ξέρουμε, συνεχίζει ο Παναγής, ότι αυτό είναι η καταστροφή μας, αλλά τώρα τι, θ' αρχίσουμε να λέμε ψέματα και στον εαυτό μας;

—Εντούτοις το ιατρικόν μου δελτίον επιμένει ότι... δεν συνεπληρώθη η ανάρρωσίς σας... ήτις όμως —δυστυχώς— συνεπληρώθη. Ευρίσκομαι εις φοβεράν αμηχανίαν. Σχεδόν όλοι ήρχισαν να αντιλαμβάνονται ότι σας καλύπτω. Αλλά έως πότε; Εάν μετά πάροδον δέκα ημερών, παραδείγματος χάριν, κάποιος επιχειρήσει να πεισθεί ιδίοις όμμασι και λύσει τους επιδέσμους, θα με αποκαλύψει ψευδόμενον.

—Άκουσε, γιατρέ, του λέει ο Γιώργης. Δε θέλουμε συμπόνιες. Να κάνεις το καθήκον σου.

—Το καθήκον μου... αλλά ποιο είναι το καθήκον μου;

—Εννοούμε το καθήκον σου σα γιατρός, όχι σαν άνθρωπος.

—Και ο γιατρός τάχα δεν έχει το δικαίωμα να είναι άνθρωπος;

—Τι να γίνει, γιατρέ... Έτσι κι αλλοιώς θα μας πάρουν... Τι σήμερα, τι αύριο.

—Θα ήθελα να μην είμαι παρών εκείνη τη στιγμή.

—Τι να γίνει, γιατρέ... Εδώ πάνου όλα είναι γεμάτα σκληρότητα. Προσπάθησε να το αντέξεις.

—Και σήμερον —δυστυχώς— μου ανηγγέλθη διά το απόγευμα η επίσκεψις ενός αξιωματικού. Ευτυχώς δύναμαι ακόμη να σας καλύπτω. Η επούλωσις των πληγών σας δεν έχει συμπληρωθεί κατά εκατόν τοις εκατόν. Λοιπόν, καλημέρα σας.

Βγήκε διακριτικός και συλλογισμένος. Πραγματικά ήταν τώρα πιο ανθρώπινος. Αλλά ποιος ήταν ο αξιωματικός που θα τους επισκεπτόταν;

—Κατάλαβες ποιος είναι αυτός που θα μας κάνει τις βίζιτες; ρωτάει ο Παναγής.

—Ε, απ' την πρώτη στιγμή. Θέλει να δει αν δούλεψε

βαθιά το μαχαίρι του. Έλα... Έλα, τζιτζιφιόγκο, να σπάσεις τα μούτρα σου να ησυχάσεις.

—Να μου ζήσεις, Γιώργη μου! Έτσι σε θέλω, το τσαλαπάτησες κι αυτό το φιδάκι. Δεν τ' άφηκες να σε φαρμακώσει.

Μετά το μεσημεριανό συσσίτιο γύρεψαν λίγο να τον ψευτοπάρουν. Μα κανέναν απ' τους δυο δεν τον κόλλαγε ύπνος. Ο Γιώργης περίμενε ν' αποκοιμηθεί ο Παναγής για να παραδοθεί στα δικά του. Ο Παναγής πάλι τον παραμόνευε. Στο τέλος όμως δεν άντεξε. Τον πήρε για λίγο κλεφτά. Λες και τον άρπαξε ο ύπνος περαστικός όπως ήταν. Μα μόνο για λίγο. Σε λίγο ξύπνησε και βρήκε τον Γιώργη φευγάτον απ' αυτόν τον τόπο, να σεριανίζει ποιος ξέρει πού... Σφύριζε κι ένα τραγουδάκι που μόνο αυτό δεν είχε τη θέση του ούτε στον τόπο, ούτε στην κατάσταση που βρισκόντουσαν. Κι όμως κείνος το σφύριζε και το ξανασφύριζε, και μόνο το ίδιο, το ίδιο και το ίδιο, αποξεχασμένος, χωρίς να μπορεί να σταματήσει.

Φίλησέ με στο στόμα χίλιες φορές ακόμα.
Φίλησέ με στο στόμα χίλιες φορές ακόμα.
Φίλησέ με στο στόμα χίλιες φορές ακόμα.
Φίλησέ με στο στόμα χίλιες φορές ακόμα...

—Αμάν, μωρέ Γιώργη, δε χόρτασες πια φιλιά;

Ο Γιώργης γύρισε και τον κοίταξε ξινισμένος.

—Με παραφύλαγες; του λέει. Ε... να κι εγώ, γι' αυτό το 'κανα. Σπάσε κι εσύ τα μούτρα σου σαν τον ανθυπολοχαγό!

Ύστερα μαλάκωσε.

—Δεν είναι τίποτα, είπε. Σκεφτόμουν άλλο πράμα,

και για να μη μου φύγει του κρατούσα το ίσο μ' αυτό το σαχλοτράγουδο.

—Και τι σκεφτόσουνα;

—Τα... σαμπρελάκια του Στελάρα.

—Φούσκες μάς λες.

—Σκεφτόμουνα πως αν – ο μη γένοιτο...

—Άκουσες τι σου είπα;... Φούσκες μού λες. Εμένα, ρε Γιώργη, πας να ξεγελάσεις; Μου κακοφαίνεται – στην αγάπη της μανούλας μου, σου λέω, μου κακοφαίνεται. Μαζί μου σε ήθελα πιο καθάριο, πιο ίσιο. Όπως είμαι μαζί σου κι εγώ. Γιατί μου κρύβεσαι;

—Ντρέπομαι, του λέει... Σε ντρέπομαι και σένα κι εμένα... Σε κάνουνε λειώμα, πονάς... πάσχεις... μα η καρδιά σου δεν έχει καμιά λύπη. Κι έρχεται ένα τόσο δα παληόχαρτο και σου σταλάζει τόση πίκρα! Δε μου πάει, το ξέρω... Να γιατί σε ντρέπομαι. Αλλά σου το 'πα, νομίζω, κι άλλη φορά: Ποτέ άλλοτε δεν είχα αγαπήσει. Ήταν η πρώτη, κι η τελευταία —πια— φορά... Άξια ανάξια, αυτή ήταν. Θυμάσαι το τραγουδάκι που λέγανε οι γέροι μας;

Η πρώτη αγάπη δε λησμονιέται
δεν ξεριζώνεται απ' την καρδιά.

—Όχι όμως και τέτοια αγάπη... Την είδες; Άφησε τον αητό και πάει στο σκουλήκι.

—Παναγή, παρατήρησες ένα πράμα; Τα πουλιά που έχουν την πιο λαμπρή φορεσιά είναι κείνα που τρώνε τις περισσότερες βρωμισιές. Θα ήθελα να μη με είχε αγαπήσει. Να την είχα αγαπήσει μόνο εγώ.

—Ε, αυτό έγινε και μη χολοσκάς. Σώπα όμως τώρα γιατί νομίζω πως έχουμε βίζιτες. Πλακώσανε οι μεγάλοι γόητες.

Χτύπησε η πόρτα πολύ μαλακά, λες και τη χτύπησε η μυτούλα του γιατρού. Και, ναι, αυτό είχε γίνει. Στο άνοιγμα φάνηκε χλωμή χλωμή, σα να είχε φυματίωση, η κερένια προβοσκιδούλα του γιατρού.

—Ο κ. ανθυπολοχαγός πρόκειται να σας κάνει μιαν ολιγόωρον επίσκεψιν. Του συνέστησα να είναι σύντομος.

Ο καημένος ο γιατρός αποξεχάστηκε και νόμιζε πως ήταν στην Αθήνα.

Ο μορφονιός φάνηκε καμαρωτός στην πόρτα. Προσπάθησε να πάρει το σοβαρό του, το αξιωματικίστικο.

—Λάβατε τα τσιγάρα;... λέει αερίζοντας ακόμα τη φωνή του για να κρυώσει περισσότερο. Εσύ, Καρυστινέ, λέει, δεν έπρεπε να την ντροπιάσεις έτσι τη γειτονιά μας, όχι, δεν έπρεπε.

Ο Γιώργης είχε αποφασίσει να μην του ριχθεί με το πρώτο, αλλά κείνος ο φασουλής τον προκάλεσε, και μάλιστα πολύ άσκημα.

—Της γειτονιάς είναι αυτή η γνώμη ή δική σου; του λέει. Γιατί αν την ντρόπιασα τη γειτονιά ή όχι αυτό είναι αρμόδια να το κρίνει η ίδια η γειτονιά. Την εποχή που πεινούσε η γειτονιά, εγώ ούτε μαύρη αγορά έκανα ούτε «αμιτσίτσιες» με γκεσταπίτες είχα. Κι αυτό είναι σε θέση να το βεβαιώσει ο καθένας. Τώρα το ότι εγώ βρίσκομαι σήμερα δεμένος και συ λυτός; Χμ... αυτά είναι απ' τα τραγελαφικά της εποχής... που έβαλε τ' άλογα να καβαλικέψουνε τους καβαλάρηδες. Γιατρέ μου... σας παρακαλώ να περάσετε έξω... γιατί είμαι αποφασισμένος να μην τρομάξω από κανέναν απ' αυτούς εδώ που 'χουν κάνει τον τρόμο επάγγελμα! Μπορεί αν είχα δυο ζωές να φύλαγα λίγη πισινή για να γλυτώσω τη δεύτερη, αλλά έχω όλο κι όλο μία και την έχω δώσει από καιρό. Το πότε θα την πάρουνε; Αυτό είναι μια λεπτομέρεια που εμένα δε μ' ενδιαφέρει. Πάρτε και τα τσιγάρα που μας στείλατε. Φιλοφρονήσεις δείχνουν οι φίλοι στους φίλους. Οι λύκοι στα πρόβατα δείχνουν μόνο τα δόντια τους. Βλέπετε, η τύχη σάς έδωσε το δικαίωμα να παίζετε ανίερα και τα ιερότερα αισθήματα.

—Σιωπή! ξεφωνίζει ο Τουμπακάρης και δίνει μια καμτσικιά στην μπότα του.

—Μην επιχειρείτε να με τρομάξετε γιατί ξέρετε πολύ καλά ότι με τίποτε δεν τρομάζω. Αν πάλι ήρθατε σα φίλος, να ξέρετε ότι ούτε και η φιλία σας μπορεί να μας ξεγελάσει.

—Διόλου. Ήρθα διότι κείνο το ζώον που σας έφερε τα τσιγάρα πήρε μαζί του κάτι γράμματά μου.

—Λέτε για τα γράμματά μας... αυτά που γράψατε στις μάνες μας; Ή τα γράμματα που βάλατε να σας γράφουν οι αρραβωνιαστικιές μας για να τα... διαβάσουμε;

—Α το κτήνος!... Έπιασε και σας παρέδωσε την προσωπική μου αλληλογραφία!

—Μη στεναχωρείστε... Εξάλλου γι' αυτό την... ξεχάσατε μες στην τσέπη του. Αλλά τι στεναχωρείστε;... Της παραγγέλνετε και σας γράφει άλλα.

—Αν δε λυπόμουν κείνη τη γριά τη μητέρα σου...

—Θα μ' εκδικιόσουν. Άδικα θα 'κανες τον κόπο. Εκδίκηση είναι κείνη που λογαριάζει το θύμα... Κι εγώ, Τουμπακάρη, σ' το λέω για να το ξέρεις: δε λογαριάζω ούτε εσένα ούτε την εκδίκησή σου. Κάποτε στην Κατοχή μού φέρανε έναν βρώμικο κατάλογο που είχε μέσα και τ' όνομά σου. Δεν καταδέχτηκα ούτε και να σε φτύσω... και το 'σβησα. Ξέρω ότι είσαι απαρηγόρητος που δεν υπολογίζω την τιμωρία σου. Η μόνη ελπίδα που σου μένει είναι η τυράγνια μου με την πέτρα. Αλλά απ' την πέτρα αυτή, Τουμπακάρη, ίσως κάποιος κάποτε να βρεθεί να με ξαλαφρώσει, μπορεί κι ο θάνατος. Απ' την πέτρα όμως της δικής σου συνείδησης δε θα βρεθεί να σε ξαλαφρώσει κανείς. Πήγαινε τώρα να πνιγείς ή να διατάξεις την τιμωρία μας.

Ο ανθυπολοχαγός έβγαλε γεμάτος αφρούς το πιστόλι του. Ο γιατρός έτρεξε αλαφιασμένος.

—Μείνετε ήσυχος, γιατρέ, του λέει ατάραχα ο Γιώργης. Δεν πρόκειται να τραβήξει. Όχι γιατί δεν είναι ικανός για φόνο — κάθε άλλο. Αλλά γιατί δεν είναι ικανός να υποστεί τη... μικρή επίπληξη που ίσως να του κάνουν.

Ο ανθυπολοχαγός έδωσε μια κλοτσιά στην πόρτα και —χώνοντας με... ορμή το πιστόλι του στη θήκη— φώναξε λυσσώντας:

—Τώρα, περίμενε... αλήτη, και θα σου δείξω! Κτήνη!... Προδότες!... Αποβράσματα!

Ο γιατρός κάθισε αποκαμωμένος, αξιολύπητος, στο κρεβάτι του Γιώργη. Κι όταν τα βήματα του ανθυπολοχαγού ξεμάκρυναν, σηκώθηκε κι έτρεξε έξαλλος κατά την πόρτα.

—Επιτέλους!... Απεκαλύφθητε!...

—Τι 'ναι, γιατρέ μου; Μήπως θέλετε λιγάκι νερό;

—Νερό;... Νερό; Είσθε εντελώς τρελλός!... Ακούσατε; Απολύτως τρελλός!... Απεκαλύφθητε. Κι εγώ παραδίδω... Παραδίδω! Από σήμερον, από αυτήν την στιγμήν... Και παραγγέλλω να έρθει να σας παραλάβει ψυχίατρος!

—Δε θα προλάβετε, γιατρέ. Αύριο πρωί πρωί θα έρθει να μας παραλάβει το συνεργείο της πέτρας. Με την ευκαιρία αυτή, γιατρέ, κι επειδή είναι η τελευταία φορά που κουβεντιάζουμε μαζί, σας βεβαιώνω πως δε θα ξεχάσουμε ποτέ το ανθρώπινο ενδιαφέρον που μας δείξατε. Δε θα ξεχάσουμε, προπάντων, την τελευταία σας περίοδο, και το πνεύμα αυτοθυσίας που δείξατε, που —αν και λίγο— ήταν γιγάντιο μέσα σ' αυτό το θηριοτροφείο. Σας ευχαριστούμε βαθιά και μ' ολόκληρη την καρδιά μας. Αν κάποτε βρεθείτε ανάμεσα στους ανθρώπους και βαλθείτε να ξαναμετρήσετε αυτούς που σας αγάπησαν και σας τίμησαν, σας παρακαλούμε να μην ξεχάσετε κι εμάς τους δυο... Αντίο, γιατρέ, για πάντα. Και συχώρεσέ μας αν κάπου, κάποτε, σας πληγώσαμε.

Ο γιατρός βγήκε... Κι ήθελε κάπου να πάει να κρύψει τη μυτούλα του που έτρεμε σαν πεταλάκι τριαντάφυλλο κάτω απ' τη βροχή...

ΚΕΦΑΛΑΙΟ ΕΒΔΟΜΟ

Σ' ΟΛΟΥΣ ΤΟΥΣ ΑΙΩΝΕΣ, και την εποχή ακόμη που οι άνθρωποι είχαν προβιά και κρεμόντουσαν απ' τα δέντρα, η πέτρα ήταν πάντα χρήσιμο πράμα. Ή για να την πετάξεις σε κάποιον, ή για να κτίσεις κάτι, ή για να σπάσεις κάτι — έστω και το κεφάλι σου. Την πέτρα την κατάντησαν άχρηστη μόνο σε μια χώρα, και μόνο σ' ένα μικρό εμβαδόν αυτής της χώρας, και μόνο τώρα που ήταν πιο χρήσιμη από κάθε άλλη φορά. Η πέτρα εδώ μόνο κουβαλιέται. Και κουβαλιέται μόνο για να μη χτίσει τίποτα, κι από ανθρώπους που δεν έφταιξαν σε τίποτα. Η πέτρα εδώ έγινε ένα περίεργο χαϊδεμένο μωρό που το πηγαινοφέρνουν αγκαλιά χωρίς ποτέ να το βάλουν να καθίσει κάτω.

Η πέτρα είναι γαντζωμένη ολημερίς στον ώμο σου σαν το τελώνιο του Σεβάχ του Θαλασσινού και δεν πέφτει παρά μόνο σαν πεις μια μαγική λέξη: Είδα το φως. Ευτύς η πέτρα πέφτει —όπως στα παραμύθια— κι εσύ λυτρώνεσαι και πας λυτός στο σπίτι σου. Αλλοιώς, όσο επιμένεις ότι το άσπρο είναι άσπρο, η πέτρα θα σ' ακολουθεί σαν άγκυρα που δε φουντέρνει, σαν κακός όγκος που φύτρωσε πάνω στο κορμί σου και δε θεραπεύεται.

Πίσω απ' τον πετροκουβαλητή περπατάει πάντα ένα

ραβδί σα συνέχεια με την πέτρα, και πίσω απ' το ραβδί ένας άνθρωπος που δεν έχει καμιά σχέση με τον άνθρωπο, ούτε και με το ραβδί. Και... ραβδί, ραβδιστής και πέτρα είναι ένα και το αυτό, κάτι τυφλό, χωρίς συνείδηση και ένστικτο, σαν τους ανόργανους νόμους της ζωής. Κι από πάνω ένας ήλιος που κάνει τον ιδρώτα αλάτι. Και πιο ψηλά ένας ουράνιος άρχοντας που κάνει το σύννεφο βροχή... και κάτω ένας επίγειος άρχοντας που κάνει τον άνθρωπο ζώο. Το σκηνικό που κινούνται οι περίεργοι αυτοί ηθοποιοί είναι αυτό: Κάτω σπάζει μερόνυχτα λυσσασμένη η θάλασσα. Οι βράχοι αρχίζουν αποκεί και τελειώνουν στην κορφή. Σ' όλο το μάκρος της ράχης — μιας ράχης μακρουλής και κακοτράχηλης— είναι αραδιασμένες σαν πρόκες κάτι κυλινδρικές σκοπιές. Οι πέτρες ανεβοκατεβαίνουν απ' την κορφή στη θάλασσα κι απ' τη θάλασσα στην κορφή. Ήλιος άγριος χύνεται σ' όλη την πλαγιά. Δεν υπάρχει ίσκιος ούτε για να κρυφτεί το παπούτσι σου. Ο άνθρωπος αναλειώνει λίγος λίγος σαν το κερί, μα ένα κερί που είναι υποχρεωμένο να λειώσει όρθιο. Μόλις πέσει, πέφτει από πάνω του κι η πέτρα, κι από πάνω της το ραβδί. Όποιος τρελλαθεί «αυτοκτονάει». Όποιος αποκάμει πεθαίνει από φυσικό θάνατο. Και μόνο όσοι αποφασίζουν να «δουν το φως» ζουν.

Είναι φορές που το χνώτο παίρνει φωνή... που η ανάσα γίνεται βογγητό και κλαίει μόνη της. Τότε βλέπουν ότι πλησιάζει η ώρα σου να δεις το φως και σου φορτώνουν βαρύτερη πέτρα για να βοηθήσουν τα μάτια σου ν' ανοίξουν γρηγορότερα... Ή τα μάτια σου θολώνουν απ' το βρώμικο ιδρώ που τα πότισε, απ' τον αλύπητο ήλιο που τα 'καψε... και τα βοηθούν με το ραβδί ν' ανοίξουν, να μπει το φως... Αν μπει το αιώνιο σκοτάδι, δε φταίνε αυτοί, αλλά ο... φυσικός θάνατος που σ' άρπαξε ίσα ίσα —κρίμα!— την ώρα που ήσουν έτοιμος να δεις το φως.

Αγνάντα, σκλάβε, όσο θέλεις... Η πέτρα δε θα τελειώσει. Θα τρως λίγο λίγο το βουνό — όπως η λίμα το σίδερο. Ύστερα θα μαζέψεις τα ροκανίδια του και θα το ξανακάνεις πάλι βουνό, θα χαμηλώνεις λίγο λίγο χαμηλώνοντας και το βουνό... ώσπου να πέσεις για πάντα σ' ένα λάκκο παίρνοντας τη θέση κάποιας πέτρας που 'φυγε απ' ώμο ενός συντρόφου σου. Μόνο ο αέρας θα σου πει τον επικήδειο σκορπώντας ξοπίσω σου κάτι φύκια που λύθηκαν καθώς έτρεχαν απ' τα μαλλιά της θάλασσας.

Αγνάντα όσο θέλεις, είλωτα... Το βουνό αντέχει πιο πολύ από σένα. Αγνάντα... εσύ θα τελειώσεις πιο γρήγορα. Εκτός αν αποφασίσεις να δεις. Τότε θα σου πάρουν την πέτρα απ' τον ώμο, θα σε στηρίξουν τρυφερά στα μπράτσα τους και θα σε πάνε να ξαπλώσεις σε πουπουλένιο στρώμα να κοιμηθείς. Κι εσύ θα κοιμηθείς... θα κοιμηθείς... ώσπου κάποια μέρα θ' αρχίσουν να πέφτουν πάνω στην καρδιά σου, μια μια, όλες οι πέτρες που δεν κουβάλησες.

Αγνάντα, μάρτυρα, όσο θέλεις... Αν δε χάσεις την πίστη σου, θα χάσεις τα φρένα σου... και τότε θα χυμήξεις κατά την πλαγιά να κυνηγάς τον ίσκιο σου και να τον βρίζεις... Να πετάς ακατανόητα λόγια στον αέρα, να αλυχτάς στα λαμπιόνια... και την άλλη μέρα θα σε γκρεμίσουν απ' το βράχο και θ' αναγγείλουν κανονικά την αυτοκτονία σου.

Κάνε όσο θέλεις, μόνος σου, Μυθολογία. Κάνε τραγωδία — οι τραγωδίες τελειώνουν πάντα με τρέλλα ή με θάνατο.

Εδώ ξεχνάς ότι ο ώμος σου ήταν κάποτε άδειος. Νομίζεις πως γεννήθηκες έτσι – φορτωμένος με την πέτρα... Πως θα πεθάνεις φορτωμένος με την πέτρα... και πως θα συνεχίζεις... και μετά το θάνατο... να κουβαλάς αυτή την πέτρα.

Η σάλπιγγα σφυρίζει, μετά τη δύση. Μα μια άδεια αβεβαιότητα αρχίζει μετά απ' αυτή την πάψη. Το νυχτερινό πρόγραμμα είναι πάντα άγνωστο. Μπορεί —έτσι όπως είσαι ιδρωμένος— να σε πάρουνε μαζί μ' ολόκληρο το κατατσακισμένο κοπάδι και να σε ρίξουνε στη θάλασσα. Μπορεί πάλι —έτσι όπως είσαι αποκαμωμένος, και πριν προφτάσεις να γείρεις— να σου κατεβάσουν απ' τη ράχη την πέτρα, να σου φορτώσουν τη σκηνή σου και να σε στείλουν να τη στήσεις μες στη θάλασσα... Κι ας είναι πολλές φορές φουρτούνα ή παγωνιά... κι ας περάσει όλη κείνη η νύχτα κι όλη κείνη η παγωνιά πάνω απ' τη ράχη σου.

Ή, πάλι, να μη σε ρίξουν στη θάλασσα παρά να σε βάλουν να στήσεις σε άγνωστη πλαγιά, μισή νύχτα δρόμο αποκεί, και σ' όλη την πορεία να σε γεμίζουν πληγές. Μα κι εκεί μπορεί... τη στιγμή που λες πια πως θ' ανασάνεις —μόλο που νηστικός, γιατί δεν είχες τη δύναμη να μασήσεις—, να ξεκινήσει μες στα κατάμαυρα μεσάνυχτα ένα λυσσασμένο μπουλούκι, να σε σύρει ολομόναχον ως τη χαράδρα ή κάτω στα γκρεμνά, και στην πρωινή σάλπιγγα ν' απουσιάζεις για πάντα...

Ποιος συγκρότησε, ποιος εφεύρε και ποιος ρύθμιζε όλο αυτό το πρόγραμμα; Σίγουρα κάποιοι... που δεν κουράστηκαν ποτέ, δεν ίδρωσαν, δεν ένοιωσαν ποτέ ούτε τον παραμικρό πόνο. Η ποινή αυτή δεν εφευρέθηκε απ' τους δημίους. Ο δήμιος σκοτώνει ή βασανίζει... Δεν εφευρίσκει, δε συγγράφει εγχειρίδια. Μέσα σε κάτι εγκέφαλους φώλιασε μια ουσία από άγνωστα συστατικά, που ζύμωσε και μορφοποίησε αυτές τις πρωτάκουστες ευρεσιτεχνίες. Αλλά αυτούς τους ανθρώπους ούτε οι εγκληματολόγοι, ούτε οι αστυνομίες, ούτε οι εισαγγελείς δεν πρόκειται να τους ανακαλύψουν ποτέ, γιατί ποτέ δεν εγκληματούν οι ίδιοι. Τα εξαιρετικά και σπάνια εγκλήματα ποτέ δεν είναι προϊόντα πρόσκαιρου βρασμού ή στιγμιαίας αγανάκτησης. Προέρχονται από βαθύ έρωτα στο αίμα... ή από στυγνό υπολογισμό... Από αδίσταχτη σκοπιμότητα ή από θηριώδη απόγνωση. Ή από απροσμέτρητο φόβο.

Τα εγκλήματα αυτής της εποχής καλύπτουν όλον τον κατάλογο. Δεν μπορούσαν, λοιπόν, ποτέ οι εγκληματίες αυτοί να ήσαν μικροί και ασήμαντοι άνθρωποι. Οι μικροί εγκληματίες πάντα βλάπτανε ίσαμε το ανάστημά τους. Τέτοια γιγάντια εγκλήματα μόνο καταχθόνιες και καταπιεσμένες μεγαλοφυΐες μπορούσαν να τα κάνουν, πρώην αφανείς που εκδικούνται σκληρά για την αφάνειά τους.

Ποτέ ως τώρα η ανθρώπινη μυϊκή δύναμη δε χρησιμοποιήθηκε τόσο εντατικά πάνω σε ζωντανό κρέας. Ποτέ δήμιοι δεν έχυσαν τόσο πολύ ιδρώτα από απάνθρωπο μόχθο. Ποτέ δεν κουράστηκαν τόσο πολύ τόσοι πολλοί δήμιοι... Και ποτέ δε μαρτύρησαν τόσο πολύ τόσοι πολλοί μάρτυρες. Κάθε βράδυ, οι δήμιοι αυτοί ήταν κατάκοποι όσο και τα θύματά τους. Κι αυτοί δεν ξεκουράζονταν όλη την ήμερα. Κι αυτοί ξαγρυπνούσαν όλη τη νύχτα... Μα γιατί; Και πού την έβρισκαν τόση αντοχή; Οι άλλοι μαρτυρούσαν για κάτι! Αυτοί γιατί παιδεύονταν; Αυτά τα ερωτηματικά μπορεί και να μη βρουν ποτέ απάντηση.

ΚΕΦΑΛΑΙΟ ΟΓΔΟΟ

ΤΕΣΣΕΡΙΣ ΤΥΠΟΙ ΠΟΛΥ ΚΑΚΙΩΜΕΝΟΙ —σα να τους είχες σκοτώσει πριν από δέκα λεπτά τη μάνα— μπήκαν μέσα με συρματόσχοινα, αφού φρόντισαν να ρίξουν πρώτα με τις κλοτσιές την πόρτα.

—Απάνω ρεεε!... Απάνω, τομάρια!... Ακόμα τις λεχώνες κάνετε; Τραβήξου απ' τη μέση, γιατρέ, γιατί θα τις αρπάξεις εσύ. Τίποτα δε λογαριάζουμε πια τώρα. Μπορεί να είσαι γιατρός, μα αυτουνούς τώρα δεν τους σώζει καμιά συνταγή σου. Νοσοκόμος σου είναι αυτός με τις κορδέλλες; Πες του να τραβηχτεί κι αυτός γιατί θα φάει πολλούς σήμερα ο Χάρος!

—Αφήστε τους τουλάχιστον να ντυθούν...

—Δεν ντρέπονται αυτοί και ντρέπεσαι εσύ τώρα; Αμ αν ντρεπόντουσαν τα τομάρια, δε θα πουλούσανε την πατρίδα τους!

—Σας καθιστώ υπευθύνους για τη ζωή τους.

—Αμάν η ζωή τους!... Ρε γιατρέ... για στάσου. Μήπως σου κολλήσανε την ψώρα τους; Δε σε βλέπω καλά... Για πρόσεχε...

—Αυτό έχω να σας συστήσω. Διότι η ανάρρωσίς των δεν έχει ακόμη συμπληρωθεί.

—Δεν πειράζει, την συμπληρώνουμε εμείς. Και την ευθύνη που είπες την αναλαμβάνουμε εμείς. Ας έρθουνε οι μανάδες τους να μας τους γυρέψουνε καινούριους. Και τώρα, μιας κι αναλάβαμε την ευθύνη, τραβήξου απ' τη μέση.

Με καμουτσικιές τούς αναγκάσανε να ντυθούνε και κατόπιν τους έσυραν έξω. Σ' όλο τον ανηφορικό δρόμο τα συρματόσχοινα πέφτανε ακατάπαυστα απάνω τους. Απ' του Παναγή το λαιμό άρχισε να τρέχει αίμα. Έτσι χτυπώντας, τους ανέβασαν σε μια μικρή ράχη και κατόπι τους ανηφόρισαν στην πλαγιά. Εκεί, τέσσερες μακριές σειρές άνθρωποι φάνηκαν ν' ανεβαίνουν φορτωμένοι το λόφο — γεμάτοι σκόνες, αίματα και πηχτό ιδρώ, και ξοπίσω τους να τους βρίζουν, να τους χτυπούν και να τους περιπαίζουν.

Σ' ένα στενό ισιωματάκι ήταν στημένη μια άσπρη κωνική σκηνή. Ένας λοχίας καθάριζε μ' ένα σουγιά τα νύχια του.

—Καινούρια κελεπούρια μάς φέρνετε; ρώτησε. Καλώς κοπιάσανε.

—Δεν τους γουστάριζε, λέει, το χοντρό καψόνι του Γκουντά. Θέλανε τα παιδιά πέτρα. Καλάααααα. Πέτρα - πέτρα... Χατίρι δε χαλάμε.

—Εδώ θα περάσετε πολύ καλά, τους λέει ο λοχίας. Δε θα σας λείψει τίποτα. Θα τα 'χετε όλα... Και το λιθαράκι σας, και το μπερταχάκι σας, κι όλα τα παρεπούμενα. Είσαστε, λέει, κι απ' το αναρρωτήριο, ε; Τόσο το καλύτερο! Εδώ η επιστήμη μας όλα τα θεραπεύει. Μια στιγμής... Γιατί έχω κάτι παιδιά που κουλάθηκαν τα χέρια τους απ' το καθισιό. Αυτοκτονήσανε τις προάλλες οι δικοί τους κι απομείνανε χωρίς δουλειά. Ρε Ζουμάρα! Και συ, ρε Κουτσούκο! Για ελάτε κατά δω γιατί...

Δυο κουτσαβάκηδες με χοντρά ραβδιά πήραν ν' ανεβαίνουν τη χαραδρίτσα.

—Τι 'ναι, τσαούση μου;

—Ελάτε γιατί σας έφεξε πάλι, σκατομπαγάσες!

—Τι πράμα, τσαούση μου; Δουλειά;

—Ναι, έλα..., λέει στον πιο σωματώδη. Τρέχουνε τα σάλια σου, μάγκα.

—Ψοφήσανε τα χέρια μου απ' το χουζούρι, τσαούση μου. Το ρωτάς;

Ανεβήκανε και στήθηκαν μπροστά τους.

—Αυτοί είναι; λέει ο Ζουμάρας. Ποιος έκανε ε υ λ ο γ η τ ό ς πρωί πρωί; λέει βλέποντας τα αίματα.

—Εμείς, κάνει ο ένας από τους συνοδούς. Πήραμε την π ρ ω τ ι ά. Ε μην τα θέλετε κι όλα δικά σας. Κι εμείς ψυχή έχουμε... Να μη γουστάρουμε, δηλαδή, κι εμείς λιγουλάκι;

—Δεν είπαμε τίποτις, αγόρια μου... Να γουστάρετε... γιατί να μη γουστάρετε;

—Αυτό λέω κι εγώ.

Οι δυο κουτσαβάκηδες στραφήκανε τώρα στο Γιώργη.

—Ρε συ, χοντρέ, λέει ο Ζουμάρας... Πόσες γέφυρες κάνει η αδελφή σου την ώρα; Α; Δε μιλάς; Καλάαααα... Θα τα βρούμε όλα σε λίγο. Εσύ ο άλλος ρε... Χμ... δε μιλάς κι εσύ; Ξέρω όμως εγώ έναν τρόπο να σας κάνω να κελαηδάτε. Μπρος!... Πάμετε.

—Εεεε, πού τους πάτε; φωνάζει ο λοχίας. Άγραφτους κι άψαλτους τους παίρνετε; Σταθείτε ρε να τους καταγράψω. Αμάν πρεμούρα!... Έτσι άγραφτοι θα πάνε οι άνθρωποι — αν τύχει και γεμίσουνε αύριο κάνα χαντάκι, να μην ξέρουμε ποιοι το γιόμισαν; Ρε κάτι βιαστικοί...

Έγραψε φοβερά ανορθόγραφα, μα με πολλή καλλιγραφία, τα ονόματά τους (επώνυμο, πατρώνυμο, ηλικία...), και κατόπιν γυρίζει και λέει στους κουτσαβάκηδες:

—Είμαι έτοιμος.

Οι άλλοι τους πήραν. Κι ήταν πλημμυρισμένοι από κέφι που βρήκαν δουλειά. Δεν ήταν πολύπλοκο το σύστημα. Κάθε άλλο. Είχε μια κλασικήν απλότητα. Ποικιλία του έδινε μονάχα η κεφάτη διάθεση των δημίων τους. Είχαν εφαρμόσει δικό τους παιχνίδι. Ο ένας τούς κυνηγούσε κατά πόδας κι ο άλλος τους περίμενε στην κορφή. Μόλις φτάνανε, τους έλεγε ν' αφήσουν κείνες τις πέτρες τις «ζυγές» και να πάρουνε τις άλλες, τις μονές. Ούτε μονές, φυσικά, υπήρχαν ούτε ζυγές. Έσκυβαν κείνοι να πάρουν μια πέτρα.

—Κοίτα τα κουτάβια — τις μονές παίρνουνε! Ρίχτε τες κάτου ρε και πάρτε τις ζυγές. Να τον... Τη μονή πάλι πήρε. Τη ζυγή ρε δε σου είπα; Βουρ! Ρίχ' την. Πάρε τη ζυγή. Να τονε... Πάλι τη μονή πήρε. Έτσι είσαι; Στάσου να δεις...

Τα ραβδιά πέφτανε στις πλάτες τους χωρίς τελειωμό. Ο ιδρώτας πότιζε τις πληγές τους —παληές και νέες— και τις έτσουζε πιο πολύ. Αυτό το παιχνίδι με τις μονές και τις ζυγές συνεχίστηκε ως το βράδυ. Μόνο εκεί το μεσημέρι τους αφήσανε λίγη ώρα για να φάνε λίγα ρεβίθια χωρίς λάδι, βρασμένα με το θαλασσόνερο, και μετά τους ξανάρχισαν.

Απ' την πρώτη κιόλα μέρα θυμήθηκαν τα λόγια του Μελιτζάνα: «Εδώ δεν αντέχουνε ούτε ένας στους χίλιους...».

Εκεί κατά το πέσιμο του ήλιου βγαίνει απ' τη σκηνή ο λοχίας και τους κατσαδιάζει:

—Ψτ... Ρε Ζουμάρα... Τι θα γίνει; Απότιστα θα τα 'χετε ως το βράδυ τ' άλογα; Δε θα τα ποτίσετε λιγάκι;

—Βρε καλά λες, μωρέ τσαούση... Αλλά πού;

—Στραβωμάρα έχεις; Μες στη μύτη σου είναι το νερό, και τους έδειξε τη θάλασσα.

—Βρε καλά λες... Είδες στραβωμάρα!... Άντε ρε. Μπρος! Πάμε για πότισμα.

Με ξυλιές, βρισιές και κλοτσιές τους κυνήγησαν κατά τη θάλασσα. Εκεί πιάνανε κι οι δυο μαζί ένα ένα τα κεφάλια τους και τα βουλιάζανε στο νερό. Έτσι τους ανάγκασαν να πιουν θάλασσα. Κι αμέσως μετά ξαναρχίσανε το ίδιο σύστημα με τις μονές και τις ζυγές, ώσπου ιδρώτας, σκόνη και αίμα έγιναν απάνω τους μια περίεργη βαρειά λάσπη. Κι η ηλιόβραση, κι οι κοφτεροί βράχοι, κι ο πυρωμένος νοτιάς τούς βοηθούσε στο έργο τους.

Το βράδυ, καθώς τους γύριζαν απ' την τελευταία διαδρομή, ο Ζουμάρας φωνάζει σε μια άλλη κομπανία που κατηφόριζε:

—Ρε Στραβαρίδα, κάνουμε τράμπα;

—Τι πράμα; λέει κείνος.

—Να σου δώκω δυο άλογα κουτσά, μου δίνεις ένα γερό;

—Και γιατί τα κούτσανες και τα δυο μονοκοπανιά, ρε Ζουμάρα; Με ρέγουλα δεν είπαμε;

—Σύμφωνοι... αλλά είναι ξεπετάλωτα τα φουκαριάρικα, γι' αυτό κουτσάθηκαν.

—Και σαν ξεγλωσσασμένα τα βλέπω. Μην τ' άφηκες απότιστα ρε;

—Τι λες, ρε Στραβαρίδα!... Μισή ώρα τα 'χαμε στη θάλασσα.

—Έλεγα κι εγώ... Ξέρεις τι να κάνεις για να τους περάσει η κουτσάβλα;

—Ν' ακούσω...

—Να τρίψεις γαλαζόπετρα και να τους τη φυσήξεις στη μύτη. Είναι ένα κι ένα.

—Εντάξει, έγινε. Εσύ πώς τα πας με τα δικά σου;

—Φίνα. Τους παράγγειλα καινούρια στειλιάρια γιατί τα παληά μού τα σπάσανε στις πλάτες τους... Τα κάνανε θρύψαλα οι πούστηδες! Όπως πάμε, θα τους κάνω σε λίγο να μου γυρεύουνε πέννα να υπογράψουνε και δε θα τους τη δίνω.

—Είσαι μέγας.

—Το παραδέχομαι. Α, παραλίγο να το ξεχάσω... Δε μου λες, λένε κανέναν απ' τους δικούς σου Καρυστινό;

—Ναι, τον πιο παχύ... Γιατί;

—Τον γύρευε ένας γυαλάκιας απ' τη διαχείριση. Έχει, λέει, κάποιο γράμμα. Γράμμα, εφημερίδα, κάτι τέτοιο.

—Γράμμα; Θα του 'γραφε, φαίνεται, η μουλάρα η μάνα του. Έχεις μάνα ρε; Εσένα λέω, ρε χοντρέ. Δε μιλάς, ε; Σώπα συ και θα σε κάνω γω κίσσα. Α δε σε κάνω, ρε μπινέ, να περπατάς στα τέσσερα και να μου γλείφεις το χέρι, δε θα με λένε Ζουμάρα! Ε, κράτα σημείωση και θα δεις. Έμαθα πως ήσουνε πολύ τσαγκός και με τα παιδιά της ΣΦΑ. Έναν Κουτρουμπάκο το φουκαρά τονε ξύσανε που τα βρήκε μαζί σου μπαστούνια. Αλλά εμένα δε με λένε Κουτρούμπα και να το ξέρεις. Με λένε Ζουμάρα ή Πατσαλίβα. Και κείνος που θα με βγάλει άχρηστο δε γεννήθηκε ακόμη. Να, αν δεν πιστεύεις, ρώτα παντού να σου πούνε. Μίλα κι εσύ, ρε Κουτσούκο.

Ο Κουτσούκος καθάρισε τη μύτη του, έφτιαξε το πηλήκιό του και τους λέει:

—Στον πολιτικόν του βίον καθάρισε τρεις. Το «καφόνι» του το φοβήθηκε κι ο Θεός. Εγώ ακόμη είμαι του Νηπιαγωγείου μπροστά του... Α, να τονε, ο τζάμιας που σας γύρευε. Γυρεύεις κανέναν Καρυστινό, ρε καλόπαιδο;

—Ναι, εσύ τον έχεις;

—Να τονε... Κείνος ο μέτριος βαρύς είναι, και ολίγον κρύος. Του 'χεις κάνα καλό χαμπέρι;

—Ναι. Φίνο. Ρίξανε την αδερφή του.

Ο Ζουμάρας έτριψε τα χέρια του.

—Έχεις τέτοια όμορφα χαμπαράκια ρε και μας τ' αργείς; Καλώς τα δεχτήκαμε, το λοιπόν... Ποιος θα βάλει τα ούζα το βράδυ; Το λέει η εφημερίδα;

—Ναι.

Αυτός που λέγανε τζάμια πλησίασε το Γιώργη και του την άπλωσε μες στα μάτια του.

—Πάρ' την ε ρε, του λέει. Και σ' ανώτερα. Έκανε την τσαγκή εκεί στο στρατοδικείο και τους τσάντισε. Τα γράφει όλα εδώ λεφτομερειακώς.

—Σόι πάει το βασίλειο, δηλαδή, συνεχίζει ο Ζουμάρας. Κοίτα τον ο πούστης, ούτε το τσίνορό του δε σάλεψε! Ολόκληρη αδερφή τού φάγανε κι αυτουνού δυαράκι δεν του κάηκε... Αλλά ποιος ξέρει τι τσούλα θα 'τανε κι αυτή... Έκανε καλές γέφυρες ρε η μακαρίτισσα;

Ο Γιώργης πήρε αμίλητος την εφημερίδα και την έριξε στην τσέπη του. Διατήρησε άσπαστη τη φυσιογνωμία του ως το τέλος, ως την ώρα που τους αφήσανε και γυρίσανε στο αντίσκηνό τους. Εκεί επιτέλους την ξεδίπλωσε... Ο Παναγής κατάλαβε τα χέρια του —καθώς την κρατούσανε— να τρέμουν.

—Καμιά κωμωδία σαν του ανθυπολοχαγού θα 'ναι πάλι...

—Όχι, λέει ο Γιώργης με παγωμένη φωνή. Τούτη τη φορά δυστυχώς είν' αλήθεια. Καημένη μάνα... άδικα την ξεγελάσανε πάλι και της πήρανε τα λεφτά της!... Έχει εδώ λίγες περικοπές απ' την απολογία της. Δε μένει αμφιβολία. Είναι αλήθεια. Να, άκουσε: «ΚΑΤΗΓΟΡΟΥΜΕΝΗ: Δεν έχω ανάγκη από τα δικά σας πιστοποιητικά πατριωτισμού... και δεν είναι σε θέση κανείς από σας να μου τα δώσει... Έχω δικά μου πιστοποιητικά. Έχω άντρα πεσμένο στον πόλεμο κι αδέλφια ήρωες της αντίστασης. Είμαι από παληά πατριωτική οικογένεια της Αθήνας με πατέρα θυσιασμένο στη Μικρασιατική Εκστρατεία και αδελφό εκτελεσμένο απ' τα Ες-Ες στην Κατοχή. Κι όλη μου η ζωή ήταν ελληνική. Πεθαίνω με καθαρή τη συνείδηση, και εύχομαι το δικό μου το αίμα να κορέσει επιτέλους τη δίψα σας και να μη μ' ακολουθήσουν στον τάφο κι άλλες Ελληνίδες. Δεν πιστεύετε ούτε κι εσείς ούτε μια απ' τις κατηγορίες που μου φορτώσατε. Και το ξέρετε ότι αυτή τη στιγμή ζητώντας το κεφάλι μου κάνετε μια καθαρή ανθρωποκτονία... Αλλά δεν το εύχομαι ποτέ γυναίκα σας ή αδελφή σας να έχει τη δική μου τύχη. Ζήτω η Ελλάδα! Κάτω ο Φασισμός, που ρήμαξε τον τόπο μας! ΠΡΟΕΔΡΟΣ: Το Δικαστήριον, εντούτοις, εάν διά της υπογραφής σου αποκηρύξεις, θα δεχθεί να σου χαρίσει την ζωήν. ΚΑΤΗΓΟΡΟΥΜΕΝΗ: Προδοσία που ξεπλένεται με μια υπογραφή, κύριε πρόεδρε, πώς μπορεί να είναι προδοσία; Να που συμφωνείτε μαζί μου. Όχι. Δε θα σας δώσω τη χαρά να σας χρωστώ τη ζωή μου. Θα την κρατήσω ορθή ώσπου να την ρίξουν τα βόλια σας. ΒΑΣΙΛΙΚΟΣ ΕΠΙΤΡΟΠΟΣ: Είναι αλήθεια ότι έχεις αδελφό προδότη; ΚΑΤΗΓΟΡΟΥΜΕΝΗ: Δεν έχω μόνο αδελφό. Είχα και πατέρα, και άντρα, και μικρότερο αδελφό που έπεσε στο Σκοπευτήριο της Καισαριανής. ΣΤΡΑΤΟΔΙΚΗΣ: Έχεις έναν αδελφό κατηγορούμενον επί εσχάτη προδοσία ο οποίος γρήγορα θα κληθεί ενώπιόν μας διά να δώσει λόγον. ΚΑΤΗΓΟΡΟΥΜΕΝΗ: Έχω έναν υπέροχο αδελφό που προσπαθώ να του μοιάσω. ΠΡΟΕΔΡΟΣ: Είναι αξία της προδοτικής κληρονομιάς της. ΚΑΤΗΓΟΡΟΥΜΕΝΗ: Ευχαριστώ. Για όλες αυτές τις εκφράσεις η οικογένειά μου έχει άλλο λεξικό. ΠΡΟΕΔΡΟΣ: Κάθισε. Μήπως και την υστάτην στιγμήν είσαι διατεθειμένη να αποδοκιμάσεις κάτι διά να σωθείς; ΚΑΤΗΓΟΡΟΥΜΕΝΗ: Αποδοκιμάζω. Αποδοκιμάζω μ' όλη τη δύναμη της ψυχής μου τ' αμέτρητά σας εγκλήματα. Και καταγγέλνω σ' όλο τον κόσμο τα φρικτά βασανιστήρια που υποβάλλετε στη Μακρόνησο τον αδελφό μου Γιώργο Καρυστινό. ΠΡΟΕΔΡΟΣ: Κάθισε κάτω. Είναι αξία της τύχης της.

Μετά την αγόρευσιν των συνηγόρων της υπερασπίσεως το Δικαστήριον αποσύρεται εις διάσκεψιν και εντός ολίγου επιστρέφει εις την αίθουσαν και απαγγέλλει την απόφασίν του, δι' ης η κατηγορουμένη Αφροδίτη, σύζυγος Αριστομένους Μπατζάκα, το γένος Καρυστινού, κηρύσσεται ένοχος, και καταδικάζεται εις την εσχάτην των ποινών τετράκις παμψηφεί, δημεύεται η κινητή τε και ακίνητός της περιουσία και της αφαιρούνται τα πολιτικά της δικαιώματα... Είναι γεγονός ότι η προκλητική αυτή στάσις της Αφροδίτης Καρυστινού επηρέασε την στάσιν πολλών άλλων εκ των συγκατηγορουμένων της, γενομένη ούτω πρόξενος της απωλείας της ζωής και άλλων ανθρώπων».

Οι δυο φίλοι σώπασαν.

—Καημένη Αφροδίτη! λέει ο Παναγής. Σε θυμήθηκε και στο χείλος του τάφου της.

—Ήταν το χρυσάφι του σπιτιού μας... Πώς να το αντέξεις τώρα κι αυτό, καημένη μάνα!...

Ο Παναγής τον αγκάλιασε. Του 'ρθε να ξεφωνίσει φονιάδες... Ύστερα σφίχτηκε κοντά στο Γιώργη και μείνανε κι οι δυο έτσι αγκαλιασμένοι ώρα πολλή... Ως την ώρα που η σάλπιγγα σφύριξε για συσσίτιο. Στην αρχή δεν εσάλεψε κανείς. Μα σε λίγο σηκώθηκε πρώτος ο ίδιος ο Γιώργης.

—Όλοι θα περιμένουνε να σημειώσουνε την απουσία μας, λέει. Όχι. Θα πάμε, Παναγή.

—Έτσι, Γιώργη μου. Πάμε.

Γύρισαν με γεμάτες τις καραβάνες και στρωθήκανε σ' ένα βουβό νεκρόδειπνο.

—Είναι παληά η εφημερίδα; ρώτησε ο Παναγής.

—Μιας βδομάδας...

—Θα 'χει πια τελειώσει.

Φύσηξε το κουτάλι του απ' τη σκόνη και το άπλωσε ευλαβικά κατά το φαΐ.

—Αιωνία της η μνήμη, είπε σιγά.

—Αιωνία της..., αξέχαστη αδελφούλα.

Γευτήκανε την πρώτη κατάπικρη κουταλιά. Έξω είχαν αρχίσει τα χοντρά τους πρόστυχα τραγούδια. Ήταν η ώρα που παίρνανε τη «δόση» τους...

ΚΕΦΑΛΑΙΟ ΕΝΑΤΟ

Ο ΖΟΥΜΑΡΑΣ ΜΙΑ ΜΕΡΑ στάθηκε στα στρατηγικά του πόδια κι επιθεώρησε όλο το πεδίο επιχειρήσεων. Μακρινά απόηχα από βρισιές και ξυλοκοπήματα φτάσανε ως εκεί. Ένα βαρύ, ασήκωτο σεκλέτι τού πίεζε το στήθος. Κάτι κρύες αμφιβολίες τού ρίγωναν την ψυχή. Ορίστε. Οι μέρες στοιβάζονται η μια πάνω στην άλλη σαν άχρηστα τραπουλόχαρτα. Άκαρπες. Ο Καρυστινός — το είδε— και μετά το χαμό της αδελφής του απόμεινε ίσιος, ατσαλάκωτος. Κατάπιε τη μαχαιριά σαν το φακίρη και ησύχασε. Δε γονάτισε. Πού θα πήγαινε —στο Θεό σας— αυτό το βιολί; Ως πού θα τραβούσε; Ορίστε... Δέκα μέρες τώρα και δεν έσπασε κανείς... Ούτε και τρελλάθηκε κανείς για να φάει τη σπρωξιά του στον γκρεμό και να ποικίλει λίγο την κατάσταση. Μα την αλήθεια... Πολύ χοντρά κόκαλα του δώσανε να λυγίσει! Στάθηκε λίγο συλλογισμένος και κατάπιε το σεκλέτι του. Ύστερα δίνει πάλι μια και το γκρεμάει. Τι; Αυτόνε να βάλουνε κάτου αυτά τα ρεμάλια; Αυτόνε; Το Ζουμάρα; Γεννήθηκε, λοιπόν, άνθρωπος που θα τον κάνει καλά; Ε, όχι. «Σας γελάσανε, αγαπητά μου λείψανα. Όπου να 'ναι... Όπου να 'ναι πέφτετε κι εγώ παίρνω τη ρέφα μου». Στράφηκε λίγο για να ονειροπολήσει κείνη τη στιγμή. Μουσικές, και άσματα πατριωτικά, και «μπράβο» του, και «ζήτω» του... και «άξιος»... και «να, Ζουμάρα, κι αυτό το γαλονάκι... Και πιάσε, Ζουμάρα, κι αυτά τα ολίγα να κάνεις την μπάζα σου». Αχ... άτιμη στιγμή! Γιατί όμως αργεί τόσο; Απ' την πλαγιά τού φώναξε κάποιος για να του δώσει φωτιά.

—Τέλος τα σπίρτα, λέει ο Ζουμάρας.

Ο άλλος δεν παρατήθηκε.

—Έχεις όμως ένα αναπτηράκι που κάνει τράκες.

—Και πού ξέρεις ρε εσύ για το αναπτηράκι;

—Έλα ντε τώρα... Το Γιάννη τον Πέντε-Πούντα πας να γελάσεις; Και σε μένα λο-λο-λο;... Το ξέχασες το αναπτηράκι που ξάφρισες από κείνο τον ξυλάρα που την έκανε φώνιο και, για να μην τυραγνιέται το παιδί, το αυτοκτόνησες; Μυστήριο πράμα όμως, μωρ' αδελφέ μου, όσοι την φωνίζουνε απ' τους δικούς μας ν' αυτοχτονάνε... Αλλού —όξω στην κοινωνία, παραδείγματος— κάνουνε λογιώ τω λογιώ μασκαραλίκια... Βασιλιάδες, Μεγαλέξανδροι. Σ' εμάς τζίφος. Σκέτη αυτοχτονία.

—Λέγε, τι θέλεις;

—Φωτιά.

—Μόνο αυτό;

—Εσύ τι λες, θέλω και τίποτις άλλο;

—Ναι. Αλλά δε θέλω να λερώσω τα χέρια μου. Παρατάς τ' άλογό σου ρε και γυρολογάς αποδώ κι αποκεί;

—Άφηκα στο ποδάρι μου το βοηθό μου. Σπουδαίος βοηθός όμως ο δικός σου. Μπράβο, Κουτσούκο! Αλλά κείνο το αναπτηράκι σου, αδερφέ μου, μαράζι μού γίνηκε. Τυχεράκια!...

Ο Ζουμάρας έβγαλε τον αναπτήρα. Τον καμάρωσε λίγο στον ήλιο και τσακμάκισε.

—Φίνο πραγματάκι, ξαναλέει με ζούλια ο Πέντε-Πούντας. Τι να το ξαναλέμε!... Με τέτοιο μηχανάκι έχει άλλη γλύκα το τσιγάρο.

Άναψε κι έπεσε σε σκέψεις.

—Πώς τα πας με τη δουλειά; ρωτά λίγο πιο ύστερα.

—Εσύ;

—Τζίφος...

—Τι τζίφος... Λούσα κάνεις τώρα; Κάθε μέρα αραιώνεις.

Ο Πέντε-Πούντας αναστέναξε.

—Τον βλέπεις κείνονε με το κουρεμένο μαλλί που είναι σα σπληνάντερο;

—Κείνον που έχει μείνει μόνο τάρα; Τον βλέπω. Ετούτος τώρα σε ζορίζει; Φύσα τον. Θα πέσει.

—Ε, δεν πέφτει. Μ' έχει αρρωστήσει ο πούστης. Έτσι μου 'ρχεται να τονε παρατήσω.

—Και δε λογαριάζεις την υπόληψή σου;

—Τη λογαριάζω, αλλά τι θες να κάνω; Δε σπάει· πάει, τέλειωσε. Του έχω κάνει όλα τα τερτίπια, του τα τέλειωσα. Δε σπάει.

—Τσαλάκωσέ τονε.

—Τον τσαλάκωσα, τον έκανα μια σιχασιά. Όλα τα δέχεται ο πούστης! Όλα τα τρώει σαν το μουσκάρι... Μα για να σπάσει, δε σπάει.

—Μυστήριο... Και δεν του φαίνεται καθόλου.

—Ξεγελάει ο πούστης. Κι εγώ στην αρχή που μου τον παραδίνανε, τσαντίστηκα. Αφού —σκέψου— δεν ήθελα να τον παραλάβω. Τι διάολο, για σκάρτο με περάσανε και μου δίνανε τ' αποτσίγαρα; «Δε μου δίνεις κανέναν άλλον;...» λέω στο λοχία. «Ετούτος θα σπάσει σα φουσκίτσα της σαπουνάδας». Ο τσαούσης έσπαγε κέφι μαζί μου. «Καλά» μου λέει «πάρε τώρα αυτή τη φουσκίτσα κι αν αργότερα μας φέρουνε γερότερο πράμα, πάλι εδώ είμαστε. Ίσα ντε». «Ντρέπομαι» του λέω «τσαούση, θα γίνω κουμουδί. Τι διάλο! Σ' όλους δίνεις τους σκληρούς και σε μένα το μπαχάμι;». Ο λοχίας το βιολί του. «Μωρέ πάρε τώρα αυτόνε που σου λέω κι άμα μου τον σπάσεις...» «Τι ά μ α μ ο υ τ ο ν σ π ά σ ε ι ς μου λες, μωρέ τσαούση;» του λέω. «Αυτός έσπασε κιόλας». Ο τσαούσης εδώ τσαντίστηκε στα γιομάτα. «Πάρ' τονε ρε» μου λέει «κι άμα μου τον σπάσεις, εγώ θα τα βγάλω αυτά μαζί με το αμπέχονο και θα σ' τα δώσω». «Καλά...» λέω. «Δεχτός, τον παίρνω». Τον πήρα και ορίστε...

—Μυστήριο..., ξαναλέει ο Ζουμάρας... και κάνει τσιτσι-τσι με τη γλώσσα του.

—Τον βλέπεις; λέει ο Πέντε-Πούντας. Άμα δεν τον φόρτωνα με τις πέτρες, θα μου τον έπαιρνε ο αέρας και θα τον έχανα. Αλλά για να σπάσει, δε σπάει.

—Έμαθες τι δουλειά είχε στον πολιτικόν του βίον;

—Έμαθα. Ήταν, λέει, καθηγητής.

—Τι καθηγητής;

—Της μουζικής. Αλλά δεν είμαι και τόσο σίγουρος γιατί ένας άλλος μου είπε ότι δεν είναι της μουζικής, αλλά της ωδικής. Τα πράματα είναι λίγο μπερδεμένα, καθώς βλέπεις. Αλλά εμένα η γνώμη μου είναι ότι σε τέτοια προσώπατα δεν έπρεπε να βάζουνε εμάς τα κωθώνια. Έπρεπε να βάζουνε άλλους, γραμματισμένους. Εμείς είμαστε ρεμαλάκια της πιάτσας... Άλλο από στειλιάρι δεν ξέρουμε. Και μόλις δε σπάσει με το στειλιάρι, τα βρίσκουμε μπαστούνια.

—Σου τάξανε φράγκα;

—Πολλά. Παραδάκι, αδερφέ μου, χοντρό, και μπόλικο. Το πιάνεις και πας και γίνεσαι κύριος. Αλλά δε σπάει. Μια μέρα τον έπιασα με το καλό. «Εγώ είμαι μουλάρι...» του λέω «αλλά θέλω λεφτά. Εδώ είναι ένα κι ένα το πράμα. Όξω μια μύτη, που λέει ο λόγος, να σπάσεις, έχει τραβήγματα. Αυτόφωρα κ.λπ. Εδώ καθαρίζεις είκοσι και σου λένε και εύγε. Ψέματα; Αλλά εγώ δε θέλω να σε φάω, θέλω να σε σπάσω... για να πιάσω την καλή... κατάλαβες; Βοήθα με, λοιπόν, να γίνω πλούσιος για να γλυτώσεις κι εσύ το κεφάλι σου. Αλλοιώς θ' αναγκαστώ να σ' αυτοχτονήσω και θα μείνω φτωχός... Εννόησες;».

—Λοιπόν, τι σου είπε;

—Με κοίταξε, αδερφέ μου, με μια μύτη τόσο κρύα, που μου 'ρθε να του τη φάω. «Ρε συ» του λέω. «Δε σκέφτεσαι πως, αν δε σε σπάσω, θα πεθάνω στην ψάθα;» Τι νομίζεις πως μου απάντησε ο άτιμος!

—Για ν' ακούσω...

—Πεθαίνουνε στην ψάθα, μου λέει, τόσοι καλοί, ας πεθάνει κι ένας σκάρτος.

—Αμάν! Μοιάζει, καθώς φαίνεται, κεινού του δικού μου, του χοντρού.

—Ποιανού χοντρού;

—Να, κεινού που του τις ρίχνει τώρα ο Κουτσούκος.

—Αυτός χοντρός; Ρε αυτός είναι πιο λιγνός κι από πλεξούδα.

—Στα χέρια μου γίνηκε έτσι. Τότες που τον πρωτοπήραμε, ήτανε χοντρός.

—Ε, τι καταλαβαίνεις; Θα σπάσει; Θα 'πογράψει;

—Με υποχρέωσες. Αυτός; Ρε ξέρεις τι μου είπε προχτές; «Δεν υπογράφω» μου λέει «ούτε επιταγή».

—Κι ο άλλος;

—Χμ... ο άλλος... μου φαίνεται πως δεν έχει καθόλου καλό σκοπό. Κατά πώς τραβάνε τα πράματα, μου φαίνεται πως γρήγορα θα 'χουμε καμιά αυτοχτονία. Το νευρικόν του το σύστημα έγινε πιο ψιλό κι από τέλι του μαντολίνου.

—Έτσι; Ε τότε ζωή σ' ελόγου σου.

—Ευχαριστώ.

Ο Πέντε-Πούντας άναψε δεύτερο τσιγάρο.

—Είναι μια μύξα πέρα κει στο Τριανέμι..., άρχισε να λέει με βραχνή φωνή.

—Λοιπόν;

—Είναι μια μύξα, που λες, εκεί στο Τριανέμι που ξέρει από ανώτερη ψαλτική — έχει βγάλει, βλέπεις, ο πούστης το Γυμνάσιο.

—Λοιπόν;

—«Δώσ' μου τα μισά φράγκα» μου λέει «να σ' τον σπάσω». Τι λες ρε, του λέω, πας να μου φας τον κόπο μου; «Ε τότε» μου λέει «αυτοχτόνα τον να πάρεις αέρα κοπανιστό».

—Εμένα η γνώμη μου είναι ότι πρέπει να δεχτείς, του λέει σοβαρά ο Ζουμάρας.

—Και να μου πάρει μωρέ τον κόπο μου απ' τα χέρια;

—Τι να γίνει; Μπρος στο καθόλου...

Ο Πέντε-Πούντας σώπασε.

—Καλά, λέει στο τέλος φυσώντας, θα το σκεφτώ. Γεια σου.

—Καλή τύχη.

—Ευχαριστώ.

Προχώρησε κατά την πλαγιά και στάθηκε σε μια κοτρώνα για να το σκεφτεί άλλη μια φορά. Κάθισε εκεί ως μισή ώρα. Ύστερα αργά αργά, με μισή καρδιά, τράβηξε κατά το Τριανέμι για να βρει αυτή τη μ ύ ξ α που ήξερε τα λεπτά συστήματα.

Ο Ζουμάρας τον παρακολούθησε, ώσπου χάθηκε πίσω απ' τους λόφους. Ύστερα φύσηξε, άναψε κι άλλο ένα τσιγάρο και με βαρειά καρδιά τράβηξε κατά την πλαγιά που ανεβοκατέβαιναν φορτωμένα τ' άλογά του. Γκίνια... Ορίστε... Ο Πέντε-Πούντας — ποιος; Ο Πέντε-Πούντας, το χάπι, πάει για πλούσιος. Κι αυτός, αυτός που τον τρέμανε όλες οι φυλακές (στον πολιτικόν του βίον καθάρισε τρεις), αυτός, περίμενε σαν το γερο-λύκο να πέσουνε τ' απαυτά του τράγου για να τα φάει. Ήθελε να 'χει κι αυτός γνωριμίες μ' αυτή τη μύξα με τα λεπτά συστήματα που καθότανε στο Τριανέμι... αλλά πάλι ποιο το όφελος; Στο σκληρόνε γραμματιζούμενο βάλε το λ ε π τ ό σου σύστημα και τον τουμπέρνεις... Αλλά το σκληρό εργάτη που 'ναι και γραμματιζούμενος τι τον κάνεις; Ε; Να, εδώ σε θέλω!

—Πώς πάνε, ρε Κουτσούκο;

Ο βοηθός ζύγωσε.

—Σαν τον κάβουρα, λέει κακιωμένος.

—Ο άλλος;

—Ο Ζαγκλίφας; Την φωνίζει λίγο λίγο. Αλλά, κατά πώς δείχνουνε τα πράματα, θ' αργήσει να ψηθεί το ψωμί.

—Ε τότε τι «την φωνίζει» και πράσινα άλογα μου λες;

—Σ' αυτό δεν πέφτω όξω.

—Ε, πώς το βγάζεις ότι την φωνίζει;

—Κάπου κάπου τσαντίζεται... Ενώ αυτωνώνε το σύστημά τους είναι να μην τσαντίζονται, να μη βλαστημάνε, να είναι πιο βολικοί κι από μουσκάρια.

—Μη βιάζεσαι. Κανείς δεν μπορεί να μπει μες στα συστήματά τους. Ο διάβολος, λέει, μια φορά ντύθηκε νύφη και πήγε να παντρευτεί μ' έναν καλόγερο... Κι ο καλόγερος δε δέχτηκε. Ξέρεις γιατί; Γιατί, λέει, ηύρε τη νύφη πολύ... αθώα και λυπήθηκε να της πάρει την παρθενιά της. Ρε γι' αυτούς μου λες;... Αχ... Αλλά αμόλα τους τώρα γιατί βλέπω ότι αυτό το χταπόδι, ο σαλπιχτής, πάει να βαρέσει απέλυση.

* * *

Ξημερώνει μια μέρα κατσουφιασμένη. Όλες κατσουφιασμένες ήταν οι τελευταίες τούτες μέρες. Λες και ντρέπουνταν να βγουν γελαστές. Αλλά τούτη η μέρα ήταν κάπως αλλοιώτικη. Κάτι ασυνήθιστο έτρεχε στον καταυλισμό. Τρεχάματα, πνικτά γέλια και κάποια κρυφά, σκεπασμένα δάκρυα. Στο πάτωμα έστησαν ένα τραπεζάκι και γύρω γύρω κάμποσες καρέκλες. Κάτι σοβαρό ήταν για ν' αρχίσει, αλλά δεν άρχιζε. Κάποια σπουδαία δουλειά, λέει, ήταν για να γίνει, αλλά αργούσε παράξενα. Η σάλπιγγα ξεκουραζόταν κρεμασμένη στο συρματόπλεγμα. Ο ήλιος ανέβηκε δυο μπόγια. Η τελετή δεν άρχιζε. Ξάφνου μια λέξη άρχισε να τρέχει μόνη της από σκηνή σε σκηνή. Ένας απ' τους πιο σκληρούς, λέει, ένας που αρρώστησε τρία παιδιά απ' το πείσμα του, ετοιμαζότανε να σπάσει. Καλά, αυτό δεν ήταν και πολύ παράξενο. Και σκληροί ως τώρα έχουν σπάσει. Αλλά τι θα πει «ετοιμαζότανε»; Εδώ δεν υπάρχει «ετοιμάζεσαι». Σπας. Αλλά γι' αυτό, λέει, ήταν βέβαιοι. Τόσο βέβαιοι, που καλέσανε και το επιτελείο. Νά 'ρθουν κι οι αξιωματικοί, λέει, να καμαρώσουνε τα έργα του Πέντε-Πούντα... γιατί αυτός ήταν, λέει, ο ήρωας που λύγισε το σκληρό.

Κάποτε επιτέλους η σάλπιγγα ξεκρεμάστηκε απ' το

σύρμα. Στην αρχή έβγαλε μια βραχνή νότα για να ξεπλύνει το λαρύγγι της απ' το πρωινό αγιάζι. Ύστερα φώναξε δυνατά και πανηγυρικά να συναχθούν όλοι στο πλάτωμα.

Ένας ένας έβγαιναν και κατηφόριζαν. Κοντά στο τραπεζάκι τούς σταμάτησαν και τους παρατάξανε σ' ένα μακρουλό στοίχο, κι αντίκρυ τους παρατάχθηκαν οι ίδιοι με τα ματσούκια τους και με καλογυαλισμένες τις άσπρες τους εξαρτύσεις. Ήταν στα κέφια τους όλοι.

—Ώστε έτσι, ε; Θα την πατήσει τη γατούλα τ' αλογάκι του Πέντε-Πούντα;

—Για την πατημένη λες;

—Στάσου. Την πάτησε ή θα την πατήσει;

—Δεν την πάτησε ακόμη, μα θα την πατήσει εδώ μπροστά μας. Ο Πέντε-Πούντας λέει πως, αν δεν την πατήσει, θα ξεβρακωθεί ο ίδιος και θα μας καλέσει να τονε φτύσουμε.

—Τς... τς... τς... σιγουριά ο πούστης! Κι αν είναι τόσο σίγουρο ρε, καθώς λέει, γιατί τον αργούνε;

—Σιγά σιγά, με τη ρέγουλα. Τώρα του κάνουνε τα επιστημονικά.

—Τι επιστημονικά;

—Μη χαλάς το καρδάκι σου. Τώρα θα δεις.

—Δούλεψε, δηλαδή, γερά ο Πέντε-Πούντας.

—Το σωστό, σωστό. Δε θέλω να του φάω το δίκιο.

—Κι από ψιλά, του 'φεξε γενναία, λέει.

—Με το δίκιο του. Ένα οχτάμηνο το παλεύει κείνο το σπληνάντερο.

—Και θα το χτίσει ρε κείνο το τσαρδί που λογάριαζε ή θα τα φάει όλα στον τζόγο και σε «ολονυχτίες» με τις παστρικιές;

—Δικός του λογαριασμός.

—Ναι, δε λέω, αλλά τα φράγκα, βλέπεις, δεν πέφτουνε κάθε μέρα. Μια που έπιασε την καλή, η γνώμη μου είναι ότι πρέπει να χτίσει κάνα σπιτάκι στον Ασύρματο, παραδείγματος, ή στην Κολοκυθού και να την αράξει με καμιά καθαρή.

—Μη χολοσκάς και της πιάτσας δεν τον ζυγώνει καμιά.

—Το ξέρω. Στον πολιτικόν του βίον ήτανε ρεμάλι. Βρώμαε η μπόχα του μέχρι Περαία. Αλλά, πού ξέρεις, τώρα που θα το φυσάει το παραδάκι μπορεί να στραβωθεί καμιά. Και, δε μου λες, στο βοηθό του δε θα δώσει μίζα;

—Μ' έκανες καινούριο. Ρε αυτός δε χαραμίζει γι' άλλονε ούτε τον αφρό του σάλιου του! Σσς... σώπα τώρα. Αρχινάει το πρόγραμμα.

Σφύριξε ξανά η σάλπιγγα. Κορδωμένοι, σα να πηγαίνανε στην παρέλαση της Εικοσιπέντε Μαρτίου, βγήκανε με την πόζα τους οι αξιωματικοί. Κορδωμένοι και γελαστοί πήγαν και πιάσανε τις αραδιασμένες καρέκλες. Ξανάγινε σιωπή. Η σάλπιγγα φεύγει για τρίτη φορά απ' το σύρμα της και παίζει σιωπή. Και τότε, από 'να παραγκάκι που ήταν στην άκρη του τοίχου ξεκίνησε ένα κακό, μια τρεχάλα, μια χλαγοή, κι ένα γέλιο. Τι έτρεχε; Ένας λιγνός άνθρωπος με κουρεμένο κεφάλι έτρεχε κατά το μέρος τους κρατώντας τα βρακιά τού και ξοπίσω του ένα αφρισμένο κοπάδι με τις μαγκούρες τον κυνηγούσε με βρισιές και περιπαίγματα. Επικεφαλής ήταν ο Πέντε-Πούντας μ' ένα τριαντάφυλλο στο στόμα.

—Φτου σου, ρεζίλη! ξεφωνίζανε όλοι και τον κυνηγούσαν.

—Κοίτα... Έχασε τη ζώνη του και θα του πέσουνε τα βρακιά, φώναξε ο Πέντε-Πούντας.

—Και τον έπιασε και το χεζουριό, συμπλήρωσε ο Ζουμάρας, που έτρεχε παραδίπλα.

Το θύμα, σε μια οικτρή κατάσταση, αποπατώντας σ' όλο το δρόμο, μπήκε τώρα στο κέντρο της παρέλασης.

—Βάρδα ρε να περάσει η μοτοσυκλέττα! ξεφώνιζε ο Πέντε-Πούντας.

Απερίγραπτο ήταν τώρα το φωνοκόπημα.

—Φτου!!

—Ρεζίλη!

—Ξεσκισμένε!

—Κοίτα ρε άνθρωποι που θέλουνε να διορθώσουνε την κοινωνία!... Νααααααα!

—Κι ύστερα μιλάνε για ντροπή... Ουουουου!

—Χέστη!!

—Τσίρλα!!

Η παρέλαση πάνω και κάτω συνεχιζότανε. Στο μεταξύ το άντερό του είχε αδειάσει. Το καθαρτικό ήταν τόσο δυνατό, που τον θέρισε. Στο τέλος —ένα πτώμα, χωρίς δύναμη, χωρίς θέληση, χωρίς συνείδηση— τον σύρανε στο τραπεζάκι που ήταν οι αξιωματικοί, του πήρανε το χέρι (που ήταν πια ελεύθερο — γιατί δεν είχε τη δύναμη να κρατήσει το παντελόνι του) και το βάλανε να υπογράψει.

Ευθύς ένα μεγαλόφωνο «Ζήτωωωωωω» ακούστηκε από παντού.

—Μπράβο!

—Ήρωα!

Δυο τρεις τον σηκώσανε στους ώμους και τον παρελάσανε ανάμεσα στον κόσμο που χειροκροτούσε και φώναζε:

—Μπράβο, ήρωα!... Κερδίσαμε!

—Ζήτω η Ελλάδα!!

Και κατόπι, γεμάτον σκατά και δάκρυα, τον τραβήξανε ως τη θάλασσα, όπου πέσανε —και κείνος μαζί— για να ξεπλυθούν.

Δε σημαίνει αν δε βγήκε ποτέ απ' τη θάλασσα κείνος ο άνθρωπος. Η ουσία είναι ότι έμεινε πάνω στο τραπεζάκι η νίκη τους γεμάτη ακαθαρσίες και δάκρυα... Μια υπογραφή κάτω από ένα κείμενο που η απλότητά του το 'κανε φρικτότερο: «Δηλώνω κατόπιν ηρέμου σκέψεως, και άνευ ασκήσεως ουδεμιάς ψυχικής ή σωματικής βίας, ότι εντελώς εθελοντικώς και αυθορμήτως αποκηρύσσω κ.λπ. κ.λπ...».

Στον καταυλισμό, μετά απ' τη νίκη, άρχισε το γλέντι των αξιωματικών. Έπρεπε να το πανηγυρίσουν. Έστειλαν σήμα και στην Αθήνα. Ξετάπωσαν μποτίλιες. Ύστερα όλος ο τόπος γέμισε πατριωτικά τραγούδια. Έτσι πανηγύρισαν τη νίκη τους πάνω σ' ένα πτώμα, σ' ένα απ' τα πιο δυστυχισμένα πτώματα που είδε ο ήλιος του Μακρονησιού. Σε λίγο το μεγάφωνο διαλάλησε περήφανα:

—Προσοχή... Προσοχή... Όλοι οι άνδρες να βγουν στο «πλατώ», όπου θα λάβουν χώραν εθνικοί χοροί. Επαναλαμβάνω: Όλοι οι άνδρες...

Όλοι οι «άνδρες» βγήκαν. Κανένας δεν ήταν άντρας να ντραπεί και να μη βγει.

Μόνο τα θύματα μείναν στις σκηνές τους και δέσανε την ψυχή τους γερά... Γερά και σφιχτά... πιο σφιχτά απ' ό,τι τους έσφιγγαν οι αλυσίδες τους...

ΚΕΦΑΛΑΙΟ ΔΕΚΑΤΟ

ΤΟΥΤΗ ΤΗΝ ΩΡΑ οι ωραίες κυρίες ανεβαίνουν στο Λυκαβηττό. Σφίγγουν στα χέρια τους κάποιο λουλούδι και χαμογελούν... χαμογελούν ευγενικά σε κάτι που έφυγε ή σε κάτι που θά 'ρθει. Είναι δύση. Στα μάτια τους λικνίζεται ο Σαρωνικός. Θά 'ρθει... Κουβαλούν στους ώμους ένα σύννεφο μαλλιά. Κι ανεβαίνουν. Την ίδια ώρα τα φορτωμένα ανθρώπινα άλογα ανεβαίνουν και κείνα την πλαγιά. Στους ώμους τους κουβαλάνε βαρειές πέτρες.

Μα απόψε, όπως ανηφόριζαν κατά την κορφή, μια κλεμμένη πνοή της Αττικής ήρθε να τους φέρει λίγο πεύκο. Ποιος ξέρει από τι περιπέτειες πέρασε τούτο το άρωμα για νά 'ρθει ως εκεί... Παράξενο ήταν τούτο τ' απόβραδο. Ως κι οι δήμιοι στάθηκαν μια στιγμή για ν' ανάψουνε τσιγάρο.

Τότε φάνηκε να 'ρχεται απ' τα δυτικά... Ο ξεχασμένος σιδερένιος άγγελος. Κείνο το ερωτευμένο αεροπλάνο. Τι είχε γίνει όλον αυτόν τον καιρό; Πώς τους ξέχασε; Ερχόταν βιαστικό απ' το Σούνιο, σα να 'χε πάρει κάποιαν άγρια απόφαση. Πέρασε ξυστά πάνω απ' το σπιτάκι, ξαναπέρασε... άφησε στον ουρανό μια γαλάζια κορδέλλα καπνό... κι ύστερα έφυγε σαν πληγωμένο πουλί κατά την Κέα. Όλοι σκέφτηκαν πως έφυγε. Μα δεν πέρασε ένα τέταρτο και ξανάρθε... Τούτη τη φορά όμως ήταν πιο ανήσυχο. Ανέβηκε πάλι ψηλά ψηλά και κάτι άρχισε να σχεδιάζει με τον καπνό του.

—Αυτό δεν έχει καθόλου καλό σκοπό σήμερα, λέει ο Γιώργης.

—Αυτό βλέπω.

Ξαφνικά, έτσι καθώς βρισκόταν στα μεσούρανα, παίρνει μια κάθετη στάση, και κατόπι χύνεται σα σπαθί κατά κάτω· και πριν προφτάσουνε να δούνε τι γίνεται, χάνεται μες στη θάλασσα. Λίγος αφρός σηκώθηκε εκεί που 'πεσε, και κατόπι έσβησε, κι όλα κατακάθισαν. Τίποτα πια δεν ξαναφάνηκε απ' τη θάλασσα. Ούτε και το ναυάγιό του. Φαίνεται ότι τα υπόγεια ρεύματα το τράβηξαν κάτω, κατά τα παράλια της Αφρικής.

Ένα μπερδεμένο κουβάρι είσαι, κακόμοιρε κόσμε. Αφού ως κι η τρέλλα έγινε «ιδανικό» έτσι που να μπορούν να δίνουνε τη ζωή τους οι άνθρωποι γι' αυτήν. Ω, σίγουρα κείνος που έπαιξε τον πρώτο ρόλο σ' αυτή τη βουβή θυσία δεν ήταν μόνο ο έρωτας. Ήταν —ίσως— κι η διαμαρτυρία ενός ανθρώπου που τον μεταμόρφωσαν σε φονιά... Και κείνος κρεμάστηκε απ' τον έρωτα —σαν ύστατο καταφύγιο— και πήρε τη βουτιά. Αντίκρυ οι τσιμινιέρες κάπνιζαν νωχελικά σα να μην έτρεξε τίποτα... Τίποτα...

—Ε, τι θα γίνει; Δε θα φανεί αυτό το κιρκινέζι; λέει κάποια στιγμή ο Κουτσούκος.

—Τώρα... ας ήταν κι άλλο! κάνει ο Ζουμάρας. Μεγάλος σοροπάκιας όμως ήτανε ο «αερέας».

Ξάφνου απόμειναν κι οι δυο άφωνοι. Μια μαύρη σιλουέττα πήρε ν' ανεβαίνει αργά στην ταράτσα του μικρού σπιτιού. Περπάτησε αργά, ήρθε ως τα κάγκελα και κατόπι έμεινε έτσι ακίνητη κι έβλεπε το πέλαγος. Έμεινε έτσι ώρα πολλή, σα να την φύτεψαν εκεί.

—Ρουφιάνα!... λέει ο Ζουμάρας. Κλάφ' τον τώρα. Τι κέρδισες, σκρόφα;

—Να... γιατί και μένα η γυνή δε με συγκινεί, λέει ο Κουτσούκος.

Ο Ζουμάρας θυμήθηκε ευτύς την τέχνη του.

—Ρε... τι κάνουμε; λέει στο δικό του. Αφήσαμε τ' αλόγατα χωρίς δουλειά; Ρε σεις, στο τεμπελίκι το ρίξατε; Μπρος... Πού 'ναι οι ζυγές σας πέτρες; Κοίτα οι πούστηδες!... Τις μονές πάλι παίρνουνε... Τις ζυγές ρε, λέω! Άρχισε ξανά η ίδια άχαρη κωμωδία. Μα σα να μην έφτανε αυτό, τους πετσοκόβανε τώρα και στο δρόμο. Ο Ζουμάρας χτυπούσε μ' όλο του το άχτι...

—Τομάρια!... φώναζε. Να και γι' αυτή τη μαυροφόρα που κάθεται αντίκρυ και μας φουμέρνει όλους τους άντρες.

—Ε, τι φταίνε αυτοί, ρε Ζουμάρα;... του λέει ο Κουτσούκος. Αν γουστάρεις να τους βαρέσεις, βάρα τους για πάρτη σου. Τι πάρε δώσε έχουνε μ' αυτήνε;

—«Δική» τους ήτανε η πουτάνα... Γι' αυτό έφαγε τ' αεροποράκι.

—Έτσι; Τότε βουρ! Δώσ' τους και για πάρτη μου.

—Κουλαμάρα έχεις εσύ;

—Όχι, μωρ' αδερφέ μου, αλλά...

—Τι;

—Βλέπω το σαλπιγκτάκι που πάει να βαρέσει απόλυση. Να, δεν τονε μπανίζεις; Πάει να βαρέσει...

Ο σαλπιγκτής έπαιξε το σύντομο σκοπό του. Ο Κουτσούκος τον συνόδεψε με το τραγούδι του.

—Άντε, άσ' τους, λοιπόν, λέει ο Ζουμάρας. Τραβάτε

ρε... Και να χρωστάτε χάρη στο σαλπιγκτάκι. Ειδ' αλλοιώς θα τον πλερώνατε πολύ άσκημα τον αεροπόρο. Αλλά πού θα μου πάτε! Και αύριο μέρα είναι.

Βάλανε τα ματσούκια παραμάσκαλα, τους περάσανε τις χειροπέδες και γυρίσανε στη σκηνή τους σαν τους καλούς σκαφτιάδες που τελειώσανε ένα κουραστικό μεροκάματο.

Ο Γιώργης με τον Παναγή μείνανε να κοιτάζουν ακόμη κατά την ταράτσα. Η μαύρη σκιά έμενε πάντα εκεί, ακίνητη, ώσπου κατέβηκε η νύχτα κι ανακατεύτηκε μαζί της. Ύστερα, με κάτι στυφό στην ψυχή τους, τράβηξαν κι αυτοί για τη σκηνή τους. Προσπάθησαν με κόπο κάτι να δαγκάσουν. Ύστερα έπεσε απότομα ο ύπνος και τους άρπαξε με το ψωμί στο χέρι.

Μα ούτε κι αυτή η μικρή χαρά δεν κράτησε πολύ. Δεν είχαν περάσει ούτε δυο ώρες κι ένας χαλασμός απλώθηκε πάνω σ' όλο το μικρό στρατόπεδο. Τρεχαλητά, φωνές, ξυλιές, βογγήματα.

—Απάνω ρε! Τομάρια!... Σας καλάρεσε το χουζούρι, ε; Απάνω!... Σε δυο λεφτά οι σκηνές να γίνουν μπογαλάκια. Φεύγουμε!

Οι σκηνούλες άρχισαν να σωριάζονται κάτω σαν πεσμένα δέντρα. Δεν είχαν περάσει ούτε πέντε λεπτά και τ' αντίσκηνα βρίσκονταν τώρα φορτωμένα στον ώμο. Πού θα πήγαιναν; Σε κανέναν δεν είχαν πει τίποτα. «Φεύγουμε»... Για πού; Όπου ήθελαν κείνοι. Δικοί τους δεν ήταν οι κρατούμενοι; Ό,τι θέλανε τους κάνανε. Αν θέλανε, τους λέγανε: «Στήστε ξανά τις σκηνές σας. Δε φεύγουμε». Λίγες φορές τους τα κάνανε, τέτοια και χειρότερα;

—Έτοιμοι προς πορείαν, ακούστηκε η φωνάρα του λοχία. Ν' ακολουθείτε όλοι τον οδηγό.

Άρχισε η νυχτερινή πορεία. Τα μονοπάτια ήταν στενά και κακοτράχαλα. Όλοι βάδιζαν εφ' ενός ζυγού πλάι στα αυτόματα που τους παρακολουθούσαν μην ξεστρατίσουν, μη λοξέψουνε μες στη νύχτα και χαθούν. Αλλά πού πήγαιναν; Πουθενά. Τα γνωστά τους καμώματα. Πορεία για την πορεία. Δεν είχαν μετρήσει πόση ώρα βάδιζαν. Κάποια στιγμή η άγρια φωνάρα του λοχία έσκισε ξανά τη νύχτα:

—Αλτ! Αποθέσατε! Προσοχή!... Να ετοιμαστούν οι σκηνές για διανυκτέρευση!

Ο Παναγής πέταξε κάτου αποκαμωμένος τους ορθοστάτες. Σ' όλο αυτόν το δρόμο γκρίνιαζε πνιχτά.

—Όχι εδώ..., λέει ο Γιώργης. Είναι πολύ άβολο. Αδύνατο να μπηχτούν οι ορθοστάτες. Να ψάξουμε λίγα βήματα πιο πέρα. Μπορεί να βρεθεί λιγάκι χώμα.

—Και σε μισή ώρα να σου πουν «ξαναμάζεψέ τες»... Δεν πάω πουθενά. Στήσ' την να ψοφήσουμε εδώ.

Μα κι όλοι οι άλλοι το ίδιο κάνανε. Δεν είχαν τη δύναμη να συρτούν λίγο παραπέρα και να ψάξουν.

Ο Γιώργης υποχώρησε. Σε λίγο, αφού σκουπίσανε τον ιδρώτα τους, μπήξανε όπως όπως τους ορθοστάτες και ρίξανε από πάνω το πανί. Κάτω τους άρχιζε ένας γκρεμός που δερνόταν μερόνυχτα απ' το κύμα. Τρύπωσαν κι οι δυο μέσα κι έκλεισαν τα μάτια τους. Μα κάτι δεν τους βόλευε. Καταμεσής στη σκηνή ήταν μια πέτρα που τους έπιανε το μισό χώρο. Ετοιμάστηκαν να σηκωθούν και να στήσουν τη σκηνή λίγο πιο πέρα, μα χτύπησε σιωπητήριο. Ήταν αργά.

—Ναι, αλλά τι θα γίνει;... λέει ο Παναγής, που τελευταία νευρίαζε με το παραμικρό. Είναι να χωρέσουμε κι οι τρεις μέσα σ' αυτό το φασούλι; Πρέπει να βρούμε κάποια λύση.

—Ναι... Μα ποια;

—Να την ξεριζώσουμε.

—Ωραία ιδέα. Αλλά με τι;

—Με τα κουτάλια. Θα της πάρουμε γύρω γύρω το χώμα ώσπου να λασκάρει και κατόπι θα βάλουμε κι οι δυο από ένα χέρι να την πετάξουμε.

—Χαμένο κόπο θα κάνουμε... αλλά δε θέλω να σ' έχω να μου γκρινιάζεις.

—Έλα, ας δοκιμάσουμε.

Τραβήξανε τα κουτάλια τους κι άρχισαν να γουβώνουν γύρω τρόυρα την πέτρα. Το χώμα το τραβούσαν κατά πάνω για να το κάνουν προσκεφάλι. Κάποτε —επιτέλους— η πέτρα άρχισε να σαλεύει. Αυτό τους έδωσε κάποιες ελπίδες και άρχισαν να δουλεύουν πιο αισιόδοξα.

—Να που δουλεύουμε και μια φορά για τον εαυτό μας, λέει ο Παναγής. Βάλε ένα χεράκι.

Την αγκαλιάσανε και οι δυο και αρχίσανε να την κουνάνε. Η πέτρα δεν αντιστάθηκε και πολύ. Σε λίγο, ξεριζωμένη, κοίτουνταν έξω απ' τη σκηνή.

—Έλα τώρα να ξαναγεμίσουμε το λάκκο, λέει ο Γιώργης.

—Τα χέρια μου είναι κομμένα. Αχ... να βρισκόταν κανένα τσιγάρο!...

Ο Γιώργης ψάχτηκε.

—Στάσου.

Σ' ένα χαρτί είχε τυλιγμένο κάποιο μη στάξει και μη βρέξει. Το 'δωσε στον Παναγή και κείνος γούβωσε το χέρι του και τ' ανάψανε. Τραβήξανε από μια ρουφηξιά και βγάλανε από ένα βαρύ ανασαμό. Ο Παναγής έχωσε το χέρι του στη γούβα, μα το τράβηξε ευθύς απότομα σα να του το 'καψαν.

—Τι τρέχει; κάνει ο Γιώργης.

—Περίεργο..., ψιθυρίζει μες στα δόντια του ο Παναγής. Η φωνή του ήταν αλλαγμένη.

Αγριεύτηκε κι ο Γιώργης.

—Τι τρέχει, Παναγή;... Δε μιλάς;

—Για φέξε.

—Ωραίος είσαι! Και με τι;

—Σκύψε και ρούφα το τσιγάρο σου.

—Ε... έφεξα. Βρήκες τίποτα;

—Φέξε, φέξε κι άλλο. Φέξε γιατί μου φαίνεται πως βρήκαμε κρυμμένους θησαυρούς.

Ο Γιώργης ξαναρούφηξε. Τώρα σκύψανε κι οι δυο στο λάκκο. Οι θησαυροί δεν ήταν άνθρακες. Ήταν κόκαλα. Δυο μπράτσα στημένα σταυρωτά κι ένα κρανίο. Κάθονταν και τα δυο φρόνιμα σαν τα ραβδιά του χόκεϋ πλάι στην μπάλα. Τα πόδια έλειπαν. Κάποιος χείμαρρος χωρίς άλλο θα τα πήρε και τα κουβάλησε κατά τη θάλασσα. Οι δυο φίλοι ανατρίχιασαν. Μες στο σκοτάδι ψάχτηκαν να βρουν τα χέρια τους. Μικρή διαφορά τα χώριζε απ' τα κόκαλα... Λίγο πετσί και λίγο σκισμένο ρούχο...

—Παναή..., ακούεται ανήσυχη η φωνή του Γιώργη μες στο σκοτάδι. Πες μου, είσαι καλά;

—Καλά σα γάιδαρος, λέει με ψεύτικο κέφι κείνος... Ουφ...

—Τι έπαθες;

—Κάηκα...

Το τσιγάρο τσιτσίρισε στο στόμα του.

—Βάλ' του λίγο σάλιο και σώπα. Θαρρώ πως ακούω πατημασιές. Πνίχ' το και πέσε.

Δυο αρβύλες πέρασαν νευρικά πλάι απ' το πανί τους... Κι ύστερα κι άλλες, κι άλλες... Πού πήγαιναν; Τι γύρευαν όλοι αυτοί οι άνθρωποι μέσα στα μαύρα μεσάνυχτα; Βαστούσαν κι οι δυο τους δυνατά την ανάσα τους. Τα βήματα έσβησαν κάτω βαθιά στη χαράδρα. Ξάπλωσαν. Ησυχία βαρειά βασίλευε παντού. Σα ν' αφουγκράζονταν η νύχτα τον εαυτό της. Και ξάφνου μέσα σε κείνο το σκοτάδι μια φωνή ανέβηκε. Μια φωνή πόνου. Σα μουκανητό βοδιού που το σφάζουν μες στη νύχτα... Σα βέλασμα ζώου που έπεσε στον γκρεμό.

—Αχ, λέει ο Παναγής. Κάποιον πάλι βασανίζουν. Ως πού θα φτάσει αυτό, μάνα;... Εσένα λέω, μάνα! Ως πού θα φτάσει αυτό;

—Σσσς...

Το βογγητό για λίγο είχε σταματήσει. Μα ξάφνου ανέβηκε πιο άγριο, πιο τρομερό... Ανέβηκε ψηλά, κι ύστερα έπεσε. Και τίποτα άλλο πια δεν ξανακούστηκε. Σ' όλο το νησί σύρτηκε κείνη η απόλυτη, μαύρη ησυχία.

—Φαίνεται πως τον αποτελείωσαν..., είπε με θαμπή φωνή ο Παναγής και σώπασε.

Δίπλα ο πρόγονος με τα σκόρπια κόκαλα κοιμόταν ανάσκελα τον αμέριμνο ύπνο της ανυπαρξίας του. Ξάφνου ένας αέρας πήρε ν' ανεβαίνει απ' τη θάλασσα κουβαλώντας μαζί και το τραγούδι των αφρών της. Η σκηνούλα άρχιζε να πεταρίζει σαν πουλί.

—Θα τον πετάξω έξω, λέει νευριασμένος ο Παναγής. Εδώ δε χωρούμε οι ζωντανοί.

—Άσ' τον να μείνει λίγο ακόμη στη συντροφιά μας. Να συνηθίσουμε κιόλας λίγο, Παναγή...

—Θα μας κολλήσει την κρυάδα του. Εγώ άρχισα κιόλα να παγώνω.

—Η φαντασία σου είναι. Εγώ άρχισα τώρα να σκέπτομαι κάτι άλλο. Ποιος είναι ο σύντροφός μας; Αρχαίος μια φορά αποκλείεται. Στην αρχαιότητα το νησί ήταν ακατοίκητο. Έπειτα, τους αρχαίους δεν τους έσπερναν έτσι μες στα χωράφια όπως κάνουν σήμερα οι πολιτισμένοι.

—Ε τότε τι είναι; Σημερινός;

—Ούτε. Τα κόκαλα είναι άσπρα, καθαρά... Αρχίζω τώρα να θυμάμαι μια ιστορία που μου 'λεγε η μάνα μου. Ότι εκεί κατά το τέλος της Μικρασιατικής Εκστρατείας φέρανε κι αδειάσανε σ' αυτό το ξερονήσι μια καραβιά αιχμαλώτους που, πίνοντας τη σκουριά του βαποριού αντί για νερό, είχαν χολεριάσει όλοι, και τους αδειάσανε εδώ για να πεθάνουν. Αυτό είναι... Τούρκος είναι ο καημένος.

—Και τι να τον κάνουμε;

—Να τον σκεπάσουμε με λίγο χώμα και να τον αφήσουμε να συνεχίσει τον ύπνο του.

Τον σκέπασαν και γείρανε να κοιμηθούν. Το συρτό, μονότονο βογγητό άρχισε ν' ανεβαίνει ξανά απ' το μέρος της χαράδρας. Σίγουρα ο άνθρωπος που βασάνιζαν θα πέθανε... κι έμεινε το βογγητό του να περπατά μόνο πάνω στο νησί και να γυρεύει στήθος ν' ακουμπήσει. Μα —το 'θελαν, δεν το 'θελαν— άρχισαν κι οι δυο να μουδιάζουν... Σε λίγο ο ύπνος κατέβηκε, τους τύλιξε μέσα σε μαύρα σάβανα και τους πήρε μαζί του. Τέτοιος είναι ο ύπνος εδώ. Σαν τον ταχυδρόμο του Χάρου. Η νύχτα βέβαια αυτή σε λίγο θα τέλειωνε. Μα η άλλη νύχτα, η δική τους, η άβυσσο... αυτή δεν είχε μέρα μπροστά της. Ήταν ριγμένοι σ' ένα βαθύ, άπατο πηγάδι που το 'χτισαν γύρω γύρω και το σκέπασαν από πάνω για να μην ακούς και να μη μαντεύεις τίποτα. Το απάνω χάθηκε. Μα και το κάτω είχε τελειώσει. Δεν υπήρχε άλλο κατέβασμα. Φτάσανε στο βυθό.

Μέσα στο μισοΰπνι του ο Γιώργης ξύπνησε ξαφνικά από κάτι μιλιές. Μια φωνή μες στη σκηνή τους κουβέντιαζε δυνατά και πολύ μπερδεμένα.

—Παναγή..., έκανε τρυφερά ο Γιώργης κατά το μέρος που ήταν ο φίλος του. Ξύπνα, καλέ μου... Ήσυχα...

—Ποιος είναι κει; ξεφώνισε άγρια ο Παναγής. Και ξύπνησε. Τα μάτια του ήταν πλημμυρισμένα από φρίκη.

—Εγώ είμαι, αδερφέ μου, ο Γιώργης.

—Ο Γ ι ώ ρ γ η ς...

—Ναι, ο Γιώργης, ο αδερφός σου.

Έχυσε στην απαλάμη του απ' το παγούρι λίγο νερό και του δρόσισε το πρόσωπο. Ήταν όλο ανατριχιασμένο και έκαιε.

—Εσύ είσαι, Γιώργη; λέει σαν το παιδί που ζητάει προστασία. Εσύ είσαι;... Καλά που είσαι συ.

—Ποιος άλλος ήθελες να είναι;

—Ποιος άλλος; Ξέρεις ποιος... ξέρεις ποιος ήταν τώρα δα μαζί μου εδώ μέσα; Ο Τούρκος... Καθόταν εδώ αντίκρυ μου με κομμένα τα πόδια και μου μιλούσε.

—Ο Τούρκος; Έλα, καημένε... Η φαντασία σου μονάχη της τον έφκιαξε.

—Η φαντασία μου... Πού θα μπορούσε να ξέρει τόσα πράματα η φαντασία μου; Και πώς μπορούσε να ξέρει ποιος ήταν και πού πέθανε; Τον λέγανε Χασάν. Καταγόταν απ' το Ζουγκουλντάκ... Και λαβώθηκε λέει στη μάχη του Τσανάκ-Καλέ, όπου και τον πιάσανε αιχμάλωτο. Πού την ξέρω εγώ αυτή τη μάχη; Ποτέ δεν άκουσα τέτοιο τόπο. Τους φέρθηκαν, μου είπε, πολύ άπονα. Μες στο μεσοκαλόκαιρο τους είχαν στοιβαγμένους μες σ' ένα αμπάρι ενός βαποριού χωρίς νερό. Οι μισοί σκάσανε απ' τη ζέστη. Τους άλλους, μισοπεθαμένους, τους φέρανε και τους πετάξανε εδώ για να πεθάνουν. Και πεθάνανε. Πού τα 'ξερα εγώ όλα αυτά; Πες μου... Πάντως στον άλλο κόσμο περνάει, λέει, καλά. Στην αρχή τον στεναχωρούσαν λίγο τα πόδια του που του έλειπαν. Ένα διάστημα σερνόταν μάλιστα και τα ζητούσε... Αλλά σιγά σιγά συνήθισε. Είχα, σου λέω, μαζί του μιαν αληθινή κουβέντα. Αφού —σκέψου— θυμήθηκα και τον ρώτησα και για τις πέτρες... Αν, δηλαδή, οι Μακρονησιώτες κουβαλούν πέτρα και στον άλλο κόσμο.

—Ε, και τι σου είπε; Ότι δεν κουβαλούν;

—Όχι, μου είπε. Δεν κουβαλούν. Πέτρες όχι, ούτε μια. Δεν έχει τέτοιο πράμα, μου είπε, εκεί κάτω. Βουνά με ρύζια, ναι. Ποταμούς με μέλια, ναι. Μα πέτρες, μου είπε, γιοκ. Δεν έχει. Μου το βεβαίωσε στην πίστη του Θεού τους. Κατάλαβες;

—Κατάλαβα, αλλά ξέρεις τι λέω; Να κοιτάξουμε λιγάκι να τον κλεφτοπάρουμε. Αύριο θα μας στρώσουν πάλι στην πέτρα και πρέπει να κερδίσουμε λίγη δύναμη. Βλέπεις, εδώ, ο απάνου κόσμος, έχει πέτρα. Πάσκισε λιγάκι να κοιμηθείς. Έλα... Ακούμπησε απάνω μου. Και πέσε απ' το δεξί πλευρό. Καληνύχτα.

—Έχεις ακόμη λίγο νερό;

—Θα σ' το δώσω όλο όσο έμεινε. Αλλά ύστερα προσπάθησε να κοιμηθείς.

Ξετάπωσε το παγούρι και τον πότισε. Ύστερα τον χάιδεψε λίγο σαν παιδί, ώσπου τον αποκοίμισε. Και κατόπιν αποκοιμήθηκε κι ο ίδιος. Το βογγητό συνέχιζε την απελπισμένη του πορεία ολομόναχο πάνω στο άγριο νησί, συντροφεύοντας τα κύματα που έλειωναν πάνω στους βράχους σαν άσπρη σκόνη.

Είχε πάρει πια να ξημερώνει όταν ξύπνησαν. Μα τούτη

τη φορά δεν τους ξύπνησαν ούτε η σάλπιγγα ούτε οι σφυριγματιές, παρά κάτι άγρια ποδοβολητά έξω απ' τη σκηνή τους. Ο Γιώργης έβγαλε τη μύτη του έξω απ' τη χαραμάδα. Ο Παναγής τον τράβηξε ανυπόμονα απ' το σακάκι.

—Τι τρέχει, Γιώργη; Πες μου... Τι τρέχει;

—Σσς... Κάποιοι πέρασαν μ' ένα άδειο φορείο. Τραβούν πέρα κατά τη χαράδρα.

—Θα τέλειωσε...

—Τώρα πια... Κείνος πρέπει να τέλειωσε αποβραδίς.

—Μα τότε το βογγητό τι ήθελε και σερνόταν ως το πρωί;

—Ποιο πρωί; Εσύ κοιμόσουν...

—Κοιμόμουν, αλλά το άκουα. Να, ως την ώρα που μας ξύπνησαν το άκουα.

Ο Γιώργης έσκυψε κοντά του ανήσυχος.

—Παναγή..., του λέει. Δεν ξέρω τι να κάνω... Τα νεύρα μας φαίνεται ότι δεν είναι καλά... Μην τρομάζεις. Δε θα σπάσουμε. Φοβούμαι όμως εκείνο το άλλο... μην τρομάζεις — σ' το ξαναλέω. Πρέπει όμως να το αντιμετωπίσουμε ψύχραιμα. Δε θα είμαστε οι πρώτοι... Μα εγώ δεν εννοώ να τους αφήσω να μας αυτοκτονήσουν... Κατάλαβες;

Ο Παναγής δε σάλεψε. Ήταν παγωμένος.

—Παναγή... Γιατί δε μιλάς;

—Γιώργη... Εμένα πια τίποτα δεν μπορεί να με σώσει. Δε σου είπα και τ' άλλο... σ' το 'κρυψα. Έχεις δει τα χέρια μου;

—Μια χαρά είναι τα χέρια σου... Τίποτε απολύτως δεν έχουν. Τι σ' έπιασε;

—Μα τα είδες;

—Τα είδα.

—Ε τότε δεν τα είδες. Είχα δει κάποτε τα χέρια ενός γέρου που πέθανε... Να, τέτοια ήταν.

—Ιδέες που σου περνάνε μερικές φορές! Τίποτε απολύτως δεν έχουν τα χέρια σου.

—Τότε γιατί άσπρισαν, με τέτοιο ήλιο; Και γιατί τρέμουν σα να 'ναι ενός γέρου εκατό χρονώ;

—Σσς... Ξαναπερνούν.

Ο Γιώργης σύρτηκε τώρα ως την πορτούλα κι έβγαλε έξω το κεφάλι του. Το τσαντιράκι τώρα έμοιαζε με χελώνα που έβγαλε έξω το κεφάλι της. Τέσσερις έσερναν το φορείο φορτωμένο, με το λοχία ξοπίσω. Το πετσί του πεθαμένου ήταν κατακίτρινο και γεμάτο μπλαβισμένα αίματα. Τα μάτια του έμειναν ορθάνοιχτα.

—Με τηράει! έκανε ανατριχιάζοντας ένας απ' τους τραυματιοφορείς. Δεν μπορώ να τον βλέπω. Με τηράει!... Να, κοίτα τον!

—Ορίστε μια «κυρία» που σιχαίνεται τα αίματα, λέει περιφρονητικά ο λοχίας.

—Δεν μπορώ, κυρ λοχία!...

—Κλείσ' τα μάτια σου να μην τον βλέπεις.

—Θα σκοντάψω.

—Ε τότε σκέπασέ τον!

—Με τι;

—Να, γύρεψε αποδώ μια κουβέρτα. Ρε σεις!

Ο Γιώργης έβγαλε απ' τη σκηνή το κεφάλι του. Ξοπίσω του σύρθηκε και ο Παναγής.

—Μια κουβέρτα ρε! Δανείστε στο μακαρίτη μια κουβέρτα γιατί ντρέπεται ολόκληρος άντρας ξεβράκωτος. Ίσα ντε... Και στον άλλο κόσμο που θ' ανταμώσετε σας τη δίνει πίσω. Δεν τη δίνετε; Καλά, την παίρνω μόνος μου.

Τους δίνει από μια κλοτσιά, μπαίνει μέσα, τραβά απ'

τη ράχη του Παναγή την κουβέρτα και σκεπάζει το νεκρό.

Κατόπι ξεκίνησαν. Μα ο αέρας ήταν δυνατός και τους πήρε την κουβέρτα. Ξαναδοκίμασαν άλλες δυο φορές. Το ίδιο. Τότε το θηλυκό μυαλό του λοχία γέννησε.

—Κάτω το φορείο ρε!... φωνάζει στους τραυματιοφορείς. Τώρα τσακώστε καναδυό κοτρώνες και σκεπάστε τον τον κερατά, αφού και ψόφιος εννοεί να κάνει τα σκέρτσα του. Έτσι, πατικώστε τον το ρουφιάνο! Και τώρα εμπρός μαρς!

Ο νεκρός έφυγε φορτωμένος πέτρες... Και τότε η φωνή του Παναγή γέμισε άγρια τη χαράδρα. Ο Γιώργης τον άρπαξε απ' το στόμα.

—Παναγή. Πάψε!

—Γιώργη! ξεφωνίζει ο Παναγής γεμάτος πόνο και δάκρυα. Γιώργη, μας γέλασε ο Τούρκος! Μας είπε ψέματα ο Τούρκος... Ψέματα... ψέματααααααα...

—Παναγή...

—Ψέματα! Στη Μακρόνησο κι οι π ε θ α μ έ ν ο ι κουβ α λ ά ν ε π έ τ ρ ε ς!!!

Ο Γιώργης άρπαξε να ξεριζώσει τα μαλλιά του. Κείνο που φοβόταν όλον αυτόν τον καιρό... ή ρ θ ε. Η τρέλλα... Τώρα δεν απόμενε παρά ή να τον σκοτώσει κείνος για να τον λυτρώσει από ένα θάνατο μαρτυρικό ή ν' αφήσει να του τον πάρουν για να τον σκοτώσουν κείνοι έτσι όπως ήξεραν. Ο Γιώργης βάλθηκε να σκεφτεί. Αλλά δεν πρόφτασε. Έξω άρχιζε να φέγγει. Ξημέρωνε μια άγρια μακρονησιώτικη μέρα.

ΚΕΦΑΛΑΙΟ ΕΝΔΕΚΑΤΟ

ΚΑΤΑΣΚΟΤΕΙΝΗ ΗΤΑΝ Η ΜΕΡΑ που ξημέρωσε για το Γιώργη. Τι θα 'κανε τώρα για το φίλο του; Θ' άφηνε να του τον πάρουν έτσι μέσα απ' τα χέρια του και να τον τσακίσουν εκεί κάτω στους γκρεμούς; Προτιμούσε να τον σκοτώσει ο ίδιος με τα χέρια του.

Ο Παναγής, μετά την πρωινή κείνη κρίση, ξάπλωσε ανάσκελα και κοιτούσε επίμονα κι ασάλευτα την κορφή της σκηνούλας. Ύστερα άρχισε —ήσυχα, γοερά— να κλαίει, σα να μοιρολογούσε τον ίδιο του τον εαυτό. Ο Γιώργης έσκυψε κοντά του, του έστρωσε τα μαλλιά και τον έκλεισε μες στα μπράτσα του.

Ο Παναγής τότε ξέσπασε. Το ήσυχο, παραπονεμένο κλάμα του δυνάμωσε.

—Παναγή..., του φωνάζει πνιχτά ο Γιώργης και του χώνει μες στον κόρφο του το κεφάλι. Τι πας να κάνεις; Θα σ' ακούσουν και χαθήκαμε.

—Μην τους αφήνεις να με σκοτώσουν! Γιώργη!...

—Παναγή!... του κάνει αυστηρά. Τι είν' αυτά που λες; Έχασες, λοιπόν, πια την εμπιστοσύνη σου σε μένα;

—Δε θέλω να πεθάνω στα δικά τους χέρια... Δε θέλω... δε θέλω... Μη μ' αφήνεις σ' αυτούς... Το καταλαβαίνω ότι χάθηκα...

—Τι βλακείες κάθεσαι και λες; Κρατήσου. Και βασίσου σε μένα. Πώς τ' άφησες έτσι και λύθηκαν όλα μέσα σου, Παναγή;

—Γκρέμισα... Το βλέπεις αυτό το χέρι; Δεν μπορώ ούτε να το σηκώσω. Τι είχε γίνει και χάθηκα έτσι; Όλοι οι άλλοι τρελλαίνονται αλλοιώτικα. Πώς το 'παθα εγώ και τρελλάθηκα έτσι;

—Παναγή! φωνάζει πιο αυστηρά τώρα ο Γιώργης. Τι ήταν αυτό που είπες; Νομίζεις πως υπάρχουν τρελλοί που καταλαβαίνουν την τρέλλα τους;

—Ε τότε τι έχω;

—Είναι ταραγμένα λιγάκι τα νεύρα σου... Τι να 'καναν και κείνα τα καημένα... λίγα υπόφεραν; Αλλά δεν είναι τίποτα, θα το παλέψουμε. Εμείς παλέψαμε τόσα και τόσα, και θα φοβηθούμε αυτό; Κρατήσου μόνο σήμερα... Μόνο σήμερα, Παναγή... Βάλε τα δυνατά σου στ' όνομα της μανούλας, που σε περιμένει... Βάλε τα δυνατά σου μόνο για σήμερα... Και τη νύχτα... Σ' τ' ορκίζομαι στην παντοτεινή μας φιλία... θα σε γλυτώσω... Μόλις νυχτώσει, θα κατεβούμε κι οι δυο στο νερό και... όπου το πάει η τύχη. Ή θα πνιγούμε μαζί ή θα σωθούμε μαζί.

—Ναι, μα... η νύχτα αργεί... κι εγώ δεν αντέχω... Γιώργη, βάζω όλα μου τα δυνατά... μα δεν μπορώ. Απ' το 'να λεπτό στ' άλλο νομίζω πως θα ξεφωνίσω.

—Βάλε... βάλε... την τελευταία σου δύναμη, ως το βράδυ.

—Βάζω πάντα την τελευταία μου δύναμη... μα πόσο θα με κρατήσει; Όλο την βλέπω να τελειώνει... την κάθε στιγμή που περνά... Με σακατέψανε, Γιώργη... Μου τη λειώσανε οι άτιμοι την ψυχή μου...

—Σσς... Σώπα. Όχι. Η ψυχή σου στέκεται πολύ γερά.

Μόνο... τα καημένα τα νεύρα λιγάκι στραπατσαριστήκανε. Μα αγάντα, Παναγή μου... Κουράγιο. Μην αφήνεσαι να λυγίσεις μπροστά τους. Λύγισε αν θέλεις σε μένα. Πες μου τα όλα, κλάψε αν θέλεις... να ξαλαφρώσεις. Μα σε μένα... μπροστά σε μένα, όχι σ' αυτούς. Είδες;... Αντέξαμε τόσα και τόσα, και να μπρουμυτίσουμε τώρα; Την τελευταία στιγμή; Όχι. Ορκιστήκαμε να σταθούμε όρθιοι και τα καταφέραμε. Θα τα καταφέρουμε και τώρα. Και θ' αντέξουμε. Μόνο τα νεύρα μας παραζαλίστηκαν λιγάκι. Άνθρωποι είμαστε, από νεύρα και ψυχή... Μόνο αυτοί να μην το μυριστούν.

—Τι να μη μυριστούν;

—Ότι... ότι ταράχτηκαν λίγο τα νεύρα μας.

—Γιατί λες «τα νεύρα μας»; Εσύ είσαι γερός. Μόνο εγώ σακατεύτηκα, κι έσπασα.

—Να μη σ' ακούσω να το ξαναπείς αυτό! Ακούς; Κανείς μας δεν έσπασε.

—Δεν αντέχει ούτε ένας στους χίλιους... Δεν άκουσες που το είπε ο Μελιτζάνας; Τους έβλεπες εκεί στην πέτρα. Κάθε μέρα αραίωναν... αραίωναν. Κάθε μέρα και κάποιος παραδίνεται... Όποιος δεν παραδοθεί τρελλαίνεται... όπως εγώ...

—Σκάσε!

—...και κατόπι αυτοκτονεί.

—Είπα, σκάσε!

—Μην τους αφήνεις να με πάρουν, Γιώργη.

—Πάλι τα ίδια άρχισες; Πνίξ' την, επιτέλους, αυτή τη φωνή! Θέλεις να μας μυριστούν;

—Τώρα πια... Μη βλέπεις που αργούν. Θά 'ρθουν.

—Όχι. Ίσαμε τώρα κανείς δεν κατάλαβε τίποτα! Μα ούτε και έχεις τίποτα. Άφησες λίγο μπόσικα τον εαυτό σου, αυτό ήταν όλο. Ο καθένας μπορεί να το πάθει αυτό... πόσο μάλλον εμείς... Ησύχασε. Ως το βράδυ θα είσαι όπως ήσουν και πριν.

—Δε θα φύγουμε, λοιπόν;

—Μα γι' αυτό σ' το λέω. Για να φύγουμε. Για να το κάνουμε όμως αυτό, πρέπει πρώτα να ηρεμήσουμε, για να μαζέψουμε και λίγη δύναμη. Πώς θα σκίσουμε ολόκληρο κανάλι; Γι' αυτό... σφίξου. Μπορεί να μη μας βγάλουν και καθόλου σήμερα για πέτρα. Αυτοί —καθώς καταλαβαίνω— μας έφεραν εδώ για να μας κρύψουν. Τίποτα «βίζιτες» θα 'χουν πάλι εκεί πίσω. Τίποτε επίσημους που ήρθαν για να φωνάξουν «ζήτω» και να πουν την κόλαση «Παρθενώνα»!

—Και γιατί μας φέρανε εδώ;

—Ακριβώς... Για να μας κρύψουν. Βλέπεις... είναι τόσο πολύ ένοχοι, που άρχισαν να φοβούνται και τον ίδιο τους τον εαυτό. Μπορεί να μη μας βγάλουν και καθόλου σήμερα, και τότε θα 'ναι καλύτερα.

Ο Παναγής μαλάκωσε λίγο. Σιγά σιγά... έφευγε κείνη η αγριάδα που τον έκανε αλλοιώτικο — τόσο, αλήθεια, αλλοιώτικο, που καμιά φορά ο Γιώργης δυσκολευόταν να τον γνωρίσει.

Αλήθεια... πολύ τους αργούσαν σήμερα. Αν τους είχαν φέρει για πέτρα, γιατί να τους αργούν; Και ποιος ο λόγος να τους φέρουν ίσα ίσα εδώ; Αν στ' αληθινά τούς είχαν φέρει για πέτρα, θα 'πρεπε να τους είχαν στρώσει στη δουλειά από νωρίς. Ο ήλιος είχε ξεμυτίσει από πολλή ώρα απ' τα βουνά της Κέας και τώρα έλουζε ολόκληρη την πλαγιά. Ο Γιώργης πήρε θάρρος και βγήκε λίγο παραέξω για να μελετήσει το μέρος. Έπρεπε να 'χει μια ιδέα για να ξέρει από πού θα κατηφορίσουν, και πώς θα φτάσουν στη θάλασσα χωρίς να τους μυριστεί κανείς. Όχι. Δεν ήταν διόλου μακριά η θάλασσα αποκεί. Ούτε διακόσια μέτρα. Μόνο που θα 'πρεπε να βαδίζουν αργά, απελπιστικά αργά, σχεδόν τρία βήματα στο κάθε λεπτό. Για καλή τους τύχη οι νύχτες ήταν σκοτεινές, το φεγγάρι μικρό σαν υποψία. Έπειτα η φρούρηση ήταν αδύναμη. Λείπανε και οι κινητοί σκοποί και τα ψηλά παρατηρητήρια με τα «πουλιά».

Ο Γιώργης, σαν τέλειωσε τις παρατηρήσεις, στάθηκε για λίγο να δει και το τοπίο. Η πλαγιά αυτή, που έπεφτε κατά το μέρος της ανατολής, ήταν πιο ανθρωπινή — να γιατί δεν την χρησιμοποίησαν. Είχε λίγο χόρτο και κάτι σκίνα... και κάτι φοβισμένα δεντράκια. Πέρα μακριά πρασίνιζε κι ένα δασάκι μ' ένα μικρό ασβεστωμένο σπίτι στη μέση. Απρόσμενη ανακάλυψη. Ο κόσμος ήταν πολύ πιο κοντά απ' ό,τι νόμιζαν. Δέντρα μες στην κόλαση. Και θάλασσα ήσυχη. Κι ένα ασβεστωμένο σπιτάκι... Μήπως όλο αυτό που πέρασαν ήταν ένα μεγάλο όνειρο; Μήπως στην πραγματικότητα δεν υπήρχαν ούτε δήμιοι, ούτε τυράγνιες, ούτε πέτρες κι όλο αυτό το στρατόπεδο ήταν μια απλή εκδρομική κατασκήνωση; Μήπως πάλι δεν ήταν κόλαση και μόνο ο κόσμος τούς λυπήθηκε κι έκανε μια δρασκελιά ως εδώ κι άφησε λίγα αχνάρια του... κι έσπειρε λίγο χόρτο, και σκόρπισε λίγο χώμα για να φυτρώσει αυτό το χόρτο; Γιατί —όλο αυτό το μικρό θέαμα— μύριζε λίγη ζωή, θύμιζε ανθρώπους. Κι έτσι ήταν.

Τούτη την πλαγιά την φιλούσε λίγο ο ήλιος, την ζέσταιναν οι άνθρωποι, είχε κάτι απ' τη γη, κάτι απ' τον απάνω κόσμο... Να γιατί δεν την χρησιμοποιούσαν. Και προτίμησαν την άλλη, που ήταν η αντιγραφή τους.

Άραγε ο κόσμος πίσω από κείνη τη στεριά να ήταν έτσι όπως τον άφησαν; Ύστερα από τόσους αιώνες, οι άνθρωποι να φορούσαν τα ίδια ρούχα; Να περπατούσαν με τα ίδια πόδια και να μιλούσαν την ίδια γλώσσα; Κι άραγε —αν κάποτε γινόταν απίστευτο θαύμα και ζούσαν, και γύριζαν ανάμεσά τους— θα μπορούσαν να συνεννοηθούν μαζί τους;

Μικρό που φαινόταν αποδώ το νησί!... Μα πώς —αλήθεια— μπόρεσε ένα τόσο μικρό νησί να χωρέσει τόσο μεγάλα εγκλήματα; Σίγουρα αν φύτρωναν δέντρα πίσω εκεί, στη δική τους πλαγιά, τα φύλλα τους θα ήταν κόκκινα...

Έκλεισε τα μάτια του και πάσκισε να συλλογιστεί πώς μπόρεσε κι έκανε μες στους αιώνες τόσο δρόμο χωρίς να γεράσει.

Κατόπι άπλωσε το βλέμμα του σ' όλη τη μικρή κατασκήνωση. Οι σκηνές ήταν όλες βουβές, ασάλευτες. Κανείς δεν κυκλοφορούσε. Καλά αυτοί, καλά, ήταν κλεισμένοι στις σκηνές τους. Μα οι δήμιοι πού χάθηκαν; Γιατί δεν έβγαιναν να παίξουν με τα θύματά τους; Πώς μπορούσαν και βαστούσαν τόσες ώρες χωρίς διασκέδαση; Πού είχαν καταχωνιαστεί ολόκληρο πρωί; Τώρα πίστεψε, στ' αλήθεια, ότι ονειρευόταν. Και θα είχε μείνει κι άλλο βουτηγμένος μέσα στο όνειρο, αν δε φώναζε από μέσα τρομαγμένος ο Παναγής.

—Σσς..., του έκανε χώνοντας το κεφάλι του μέσα. Εδώ είμαι. Έρχομαι.

Έριξε μια τελευταία ματιά στα δεντράκια, στο ασβεστωμένο χαμόσπιτο, στη θάλασσα που αρμένιζε μόνη... και μπήκε —αλλοιώτικος— μέσα. Αλλοιώτικος... σα να γύριζε από ταξίδι.

—Δεν έχει πέτρα σήμερα, λέει κατηγορηματικά στον Παναγή. Δεν έχει τίποτα σήμερα. Είναι μεσημέρι κι ακόμα δεν ξεμύτισε κανείς. Όλα είναι ψόφια.

Ο Παναγής ήταν ήρεμος, κι αυτό τον παρηγόρησε. Αλλά πόσο θα κρατούσε αυτή η ηρεμία;

Στις δώδεκα, ακριβώς, άρχισε έξω μια κίνηση. Ένας δεκανέας περνούσε, με άλλους δυο, από τις σκηνές και τους πετούσε από 'να κομμάτι ψωμί.

—Συσσίτιο!... ξεφώνιζε απέξω και το πετούσε σα να τους πετροβολούσε. Σήμερα έχει «ξηρήν θροφήν».

Εκεί, στις γειτονικές τους σκηνές, άρχισε να συνοδεύει το «ξηρήν τροφήν» και με μια άλλη φράση:

—Ποιος ρε σήμερα το πρωί την ψώνισε; Ε; Την ψώνισε κανένας; Γιατί το πρωινάκι κάτι ακούστηκε εδώ γύρω. Καποιανού του λασκάρισε το παξιμαδάκι. Δεν τον μαρτυράτε; Καλάαααα! Πού θα πάει, θα βρεθεί. Στάσου να περάσει αυτή η μέρα, που 'ναι λιγάκι ζόρικη, κι όλα θα βρεθούνε.

Στη δική τους σκηνή σταμάτησε πιο πολύ.

—Εδώ εσείς ρε τα 'χετε από τετρακόσια; τους ρωτά κι αμέσως μετανοιώνει. Ρε τι λέω ο πούστης! Μα αν τα 'χατε τετρακόσια, θα μπαίνατε με τα παπούτσια στην προδοσία; Έτσι δεν είναι, ρε συ χοντρέ; λέει στο Γιώργη. Μίλα ντε... Εσένα λέω, ρε κρύε, που με κοιτάς σα ρόχαλο... Τα 'χεις τετρακόσια;

—Όχι.

—Όχι;

—Ναι.

—Ναι ή όχι;

—Αφού το ξέρεις, γιατί ρωτάς;

—Ωχ, τούτος είναι που την ψώνισε!...

—Εντάξει. Τι κάθεσαι; Τρέχα να με μαρτυρήσεις να σου κρεμάσουνε λιλιά.

Ο δεκανέας γύρισε ανήμπορος στους άλλους δυο.

—Τι να κάνω τώρα γω;

Κείνοι ξύσανε το σβέρκο τους.

—Ξέρω κι εγώ!... λέει ο ένας.

—Να σου πω εγώ, λέει ο άλλος.

—Λέγε. Μα γρήγορα!

—Ωωωχχ. Είσαι και βιαστικός.

—Είμαι, λέγε!

—Πάρ' του τ' όνομα για να τον περιποιηθείς αύριο.

—Μα δε βαστώ. Με τσάντισε πολύ και θέλω τώρα.

—Εντάξει. Στάσου μια στιγμή να φύγουμε εμείς για να μην έχουμε μπλεξίματα και κατόπι κάν' τον ό,τι θέλεις.

Ο δεκανέας στράφηκε στο Γιώργη.

—Αχ, ρε τομάρι!... του κάνει με λύσσα. Τι να σου κάνω που σήμερα έχουμε σαρακοστή... αλλοιώς θα σ' έκανα γω που να σε δει η μάνα σου και να σε ρωτάει «ποιος είσαι;». Αλλά είναι, βλέπεις, αυτή η πουτάνα η νηστεία στη μέση — που να... Τέλος. Ζήσε. Εσύ ο άλλος ρε; Ζαγκλίφας το επώνυμον αν δεν σφάλλω, ε;

—Δεν σφάλλεις.

—Εσύ τα 'χεις τετρακόσια;

Ο Γιώργης κρατούσε την ανάσα του. Κρύος ιδρώτας τον παρέχυσε. Τι θα 'κανε τώρα ο Παναγής; Πώς θα του αποκρινόταν; Μα ο Παναγής τον κοίταξε αδελφικά και του 'κλεισε το μάτι. Και κατόπι λέει με την παληά του, ήρεμη φωνή:

—Κομμένη, φίλε...

—Τι;;; ξεφώνισε και τινάχτηκε ίσαμε κει πάνω ο δεκανέας. Τι είπες ρε; Ξέρεις καλά;... Το ξέρεις πολύ καλά;... Δηλαδή, το κατάλαβες πάρα πολύ καλά αυτό που είπες;

—Ναι.

—Ξαναπέσ' το. Ξαναπέσ' το για να τ' ακούσουν κι αυτοί πριν πεθάνεις!

—Είπα... κομμένη και ξαναρίχ' την. Θέλεις κι άλλα;

—Ωχ... τούτος είναι και τσαμπουκαλής! λέει ένας στρατιώτης.

—Τι να κάνω πάλι εγώ τώρα; κάνει με απόγνωση ο δεκανέας στους άλλους.

—Τα ίδια θα λέμε; Στάσου να φύγουμε και περιποιήσου τον αναλόγως. Τι μας μπερδεύεις εμάς; Είπα. Στάσου να το κόψουμε λάσπη και τους ξηγιέσαι. Ουουφφ!...

—Ναι, μα η νηστεία;

—Τότε, αδερφέ μου, μην τους τσαντίζεις... τι να σου πούμε; Δεν τους μπανίζεις; Είναι κι οι δυο τους αθηναίικες μάρκες. Δεν τους γέμισες το μάτι για μάγκας.

Ο δεκανέας έφτυσε με φόρα κι έδωσε μια στο μπούτι του.

—Πουτάνα σαρακοστή!... Τέλος... Δώστε μου τα ονόματά σας ρε κι αύριο τα λέμε. Γρήγορα! Ίσα ντε!

Ο Γιώργης τον κοίταξε στραβά.

—Τα ονόματα πήραν τέλος, του κάνει στην ίδια γλώσσα.

—Ωχ! το μάτι μου!... φώναξε πειραχτικά ο ένας στρατιώτης και πήρε με φόρα μια βόλτα σα να χόρευε.

—Τι να κάνω τώρα γω;... ξανάκανε με περισσότερη απόγνωση ο δεκανέας.

—Αφού τους ξέρεις ρε, τι τα θέλεις τα ονόματα; Για λούσο;

—Είναι κι οι δυο άλογα του Ζουμάρα, και δε θέλω να 'χω ιστορίες μαζί του.

—Τότε κόψε τις μάπες τους με το μάτι κι αύριο ζητάς την άδεια απ' το νοικοκύρη τους και τους «τραβάς».

—Ας είναι έτσι, λέει ο δεκανέας σκουπίζοντας τον ιδρώτα του. Πάρτε με τώρα γιατί θα κάνω καμιά κουτουράδα και θα 'χω μπλεξίματα με το Ζουμάρα. Και δε θέλω... Γιατί είναι ψείρας. Πάμε. Δε θα ξημερώσει, ρε ρουφιάνοι, η αυριανή μέρα; Καλά. Τα λέμε. Τραβάτε με τώρα.

Ο θείος Στελάρας είχε πει: «Μη, μωρ' αδερφέ μου, τους μπαίνετε έτσι άγαρμπα... Μην τους τσαντίζετε». Αλλά ποιος, σε τέτοιες ώρες, ακούει τα λόγια ενός σεμνού σοφού;

Αφρίζοντας και δαγκώνοντας τις γροθιές του, προχώρησε ο δεκανέας στη διανομή της «ξηρής θροφής».

Τώρα πια, ναι, ξεκαθαρίστηκε ολότελα. Κάτι γίνονταν σήμερα εκεί πίσω στην επίσημη πλαγιά. Για να μεταφέρουν αυτοί ολόκληρο σχολείο μες στα μεσάνυχτα και να το κρύβουν πίσω απ' τη ράχη σημαίνει ότι κάτι ξένοι έφτασαν, κάτι περίεργοι τύποι, που δεν έπρεπε —για όλον τον κόσμο— να δουν και να κλέψουν τα εκπαιδευτικά τους μυστικά.

Το απόγευμα ξανάριξε ο Γιώργης κι άλλη μια ματιά. Ο Παναγής είχε για λίγο κοιμηθεί. Το πρόχειρο στρατόπεδο ησύχαζε. Μάζευε τη λύσσα του. Ακόνιζε τα δόντια του γι' αύριο. Σε μια στιγμή κάτι νότες έφερε ο αέρας απ' την πίσω πλαγιά. Ο Γιώργης έστησε τ' αυτί του προσεχτικότερα. Ναι, ήταν μουσική. Μια φιλαρμονική που έπαιζε πατριωτικά εμβατήρια. Σα δεν έσπαζαν τα όργανα απ' την ντροπή!

Μέσα απ' το βάθος της σκηνούλας κάτι σάλεψε απότομα, και κατόπι ακούστηκε αλλαγμένη η φωνή του

Παναγή. Ο Γιώργης έτρεξε και του σκέπασε με τις παλάμες το στόμα.

—Για το Θεό!... Τι κάνεις; Χαθήκαμε!

—Γιώργη!!

—Παναγή... Εδώ είμαι... Σε κρατώ. Δε με καταλαβαίνεις;

Τα μάτια του Παναγή ήταν γεμάτα τρόμο.

—Γιώργη!... Πρέπει να φύγουμε... Τώρα... αμέσως... Νοιώθω πως θα ξεφωνίσω... Και δε θα μπορέσω να κρατηθώ.

—Κάνε, λοιπόν, λίγη υπομονή... Ακόμη λίγη... Να, βραδιάζει.

—Ήρθαν να με πάρουν... Δεν τους άκουσες; Γιώργη... Δε θέλω να με γκρεμίσουν... Γιώργη... Γιώργη... Πρέπει να με γλυτώσεις απ' τα χέρια τους... Μόλις δουν την κατάστασή μου, θα με πάρουν.

—Σώπα. Βασίσου σε μένα, του λέει σκουπίζοντας το παγωμένο μέτωπό του. Ησύχασε.

Τα μαλλιά του ήταν μούσκεμα.

—Ναι, Παναγή μου..., συνέχισε. Ησύχασε, θα σε γλυτώσω. Μα αν συνεχίσεις να κάνεις αυτά που κάνεις, θα μας μυριστούν και χάνονται όλα. Βάλε ακόμα λίγο τα δυνατά σου. Πού 'ναι το κουράγιο σου; Ξέχασες τι ωραία στάση κράτησες το μεσημέρι στο δεκανέα;

—Ναι, μα τώρα πια δεν μπορώ... Τώρα πια ήρθαν. Τους άκουσα πίσω απ' τη σκηνή.

—Πίσω απ' τη σκηνή; Μα πίσω απ' τη σκηνή ήμουν εγώ.

—Εσύ;

—Βέβαια.

—Ναι... Μπορεί να ήσουν εσύ. Μα εγώ δεν είμαι καλά... Τι έχω και δεν είμαι καλά;... Μάνα!... Τι μου 'χουν κάνει; Πώς μ' έκαναν έτσι κουρέλι; Πού 'σαι, μανούλα, να με γλυτώσεις; Πώς έγινες τόσο άπονη... κι εσύ, Αλκμήνη; Κι εσύ... που τόσο μ' αγαπούσες;

Έπεσε μπρούμυτα φουσκωμένος απ' το παράπονο κι άρχισε να κλαίει... να κλαίει... ως την ώρα που ήρθαν να τους ελέγξουν τις χειροπέδες για τη νύχτα...

Ο Γιώργης καθόταν και τον κοιτούσε με πόνο, με τυράγνια. Να χάνεται, να βουλιάζει μες σ' έναν ύπνο άρρωστο, πυρετικό, γεμάτον τρόμους και παραμιλητά. Πάει ο Παναγής... Ο Παναγής, ο άσκυφτος, ο σιδερένιος, χάνουνταν, έσβηνε...

Του 'ρθε να πέσει να τον μοιρολογήσει έτσι ζωντανό. Πού 'σαι, παλληκάρι ζηλεμένο... παλληκάρι πανέμορφο!... Τώρα μόνο η μορφή του ήταν εδώ. Η ψυχή του σκόρπισε, έφυγε.

Κοιμήσου, άυπνε... Κοιμήσου, νυσταγμένε... Κουρασμένε. Κοιμήσου... και αύριο ξύπνα γερός... να ξαναπάρεις απ' την αρχή το μαύρο μεροκάματο. Τη βαρειάν αβάσταχτη δουλειά που ο ιδρώς της είναι κόκκινος. Κοιμήσου ώσπου να κοιμηθείς τον αιώνιο τον ύπνο του τίμιου φρουρού της ζωής.

ΚΕΦΑΛΑΙΟ ΔΩΔΕΚΑΤΟ

Η ΝΥΧΤΑ ΑΥΤΗ, που μπήκε στη μικρή τους ζωή σαν η πιο μαύρη νύχτα ολόκληρης της Μακρόνησος, άρχισε βουβή. Ήταν σκοτεινή σα μαύρος καπνός. Στις εννιά ο Γιώργης έριξε μια τελευταία ματιά στο ρολόι του. Ύστερα έσκυψε κοντά στον Παναγή και του 'σφιξε το μπράτσο. Ήταν το σύνθημα. Βγήκαν. Έξω όλα ήταν βαριά... παραδομένα σε μιαν άγρια σιωπή. Μόνο ένα ψιλό αεράκι έπνεε θροΐζοντας πάνω στα σκίνα, ίσα ίσα για να βουβαίνει τα βήματα. Πατούσαν με τις κάλτσες — τα παπούτσια τα κρέμασαν στο λαιμό τους. Μόνο παντελόνι και σακάκι κράτησαν. Τ' άλλα τ' άφησαν όλα. Κι αυτά, φυσικά, ήταν αρκετά βαριά, μα ήταν απαραίτητα... γιατί πώς θα κυκλοφορούσαν απέναντι, στη στεριά αν τα κατάφερναν κι έβγαιναν;

Ο Παναγής δε μιλούσε. Μα η αναπνοή του ήταν βιαστική και γεμάτη αγωνία. Βάδιζαν... Τα βήματά τους ήταν τόσο αραιά, που 'λεγες πως δε θα φτάσουν ποτέ. Για καλή τους τύχη έτυχε νά βρουν μες στους σάκους τους κάτι σκούρα πουκάμισα και τα φόρεσαν για να μη δίνουν στόχο. Το πετσί πάλι που έμενε έξω απ' το ρούχο ήταν σκούρο απ' τα λιοπύρια. Έτσι, μόνο απ' το θόρυβο μπορούσαν να τους διακρίνουν. Και γι' αυτό φρόντιζαν να πνίγουν ακόμη και την αναπνοή τους.

Σε μια στιγμή μια πετρίτσα έφυγε απ' τη ρίζα της και πήρε να κυλάει. Μα σε λίγο έπεσε απάνω σ' ένα σκίνο, σκάλωσε και σώπασε.

Πρώτος κατέβαινε ο Γιώργης, κάνοντας τόπο για το πόδι του Παναγή. Βάδιζαν τυραννικά αργά. Ο Παναγής σε μια στιγμή απελπίστηκε και είπε να τ' αφήσουν όλα και να γυρίσουν πίσω, γιατί δεν ήταν για να φτάσουν ποτέ. Μα τότε τους έτσουξε η αρμύρα της θάλασσας. Πέντε βήματα πιο κάτω ανάσαινε φιλικά και τους καλούσε. Ήταν όμως λίγο κατσουφιασμένη. Δεν πείραζε. Καλύτερα. Θα σκέπαζε το θόρυβο απ' τα βήματά τους... Τώρα... η δυσκολία ήταν πώς να πέσουν στο νερό.

Ο Γιώργης έδωσε οδηγίες:

—Θα ρίξουμε μπόι... Θα κατεβαίνουμε λίγο λίγο με τα πόδια κρατώντας τους βράχους ώσπου να φτάσει το νερό στο λαιμό μας. Ύστερα θ' αρχίσουμε να πλέουμε σιγά σιγά όπως κάνουν τα βόδια μες στο νερό. Για το Θεό μόνο μη βγει κανένα χέρι ή πόδι έξω και κάνει αφρό. Έλα... Ρίξε μπόι. Καλά πας... Έτσι, σταμάτα τώρα.

—Τα σαμπρελάκια..., είπε ο Παναγής. Ήταν τώρα ήρεμος. Και τι θα γίνει με το κονιάκ;

—Τα σαμπρελάκια θα τα φουσκώσουμε πιο έξω, στ' ανοιχτά, όταν θα 'χουμε ξεσκαλώσει αποδώ. Μπορούμε όμως να τραβήξουμε το κονιάκ.

Ξετάπωσαν το μπουκαλάκι, ήπιαν από μισό ο καθένας και κατόπιν το βουλιάξανε μες στο νερό.

—Έλα τώρα... άφηνε σιγά στεριά... πολύ σιγά. Πήγαμε.

Άρχισαν να πλέουν υπόκωφα. Τα χέρια τους δούλευαν σα βουλιαγμένα κουπιά. Ξεμάκραιναν. Απάνω η ησυχία συνεχιζόταν επίμονη. Μόλις μαντεύονταν οι σκηνούλες στα σκοτεινά. Έπρεπε να κάνουν το γύρο του ακρωτηρίου... εκεί ήταν και η μεγαλύτερη δυσκολία. Πιο πέρα τα κύματα έσπαζαν δυνατότερα και τους επέτρεπαν να κολυμπούν πιο ελεύθερα.

Επιτέλους... φάνηκε αντίκρυ μακριά το φως του Σουνίου. Το καταραμένο νησί έμενε σιγά σιγά πίσω τους. Μα ο Παναγής άρχισε να λαχανιάζει.

—Γιώργη..., λέει σε μια στιγμή. Τα σαμπρελάκια... Άρχισα πάλι σιγά σιγά να λύνομαι.

—Από τώρα; Χαθήκαμε!

—Μήπως το θέλω; Μα νοιώθω να μη μ' ακούνε τα χέρια μου. Δεν έπρεπε να πιούμε κείνο το κονιάκ. Μου έφερε κομμάρες.

—Δεν είναι ώρα τώρα για κριτική.

—Θέλεις να βουλιάξω χωρίς να σε ειδοποιήσω;

—Καλά. Στάσου να σου ετοιμάσω τη σαμπρέλα. Και μίλα λιγότερο, σε παρακαλώ. Η κουβέντα μες στη θάλασσα κουράζει.

Ο Παναγής σώπαινε λιγανασαίνοντας.

—Υπάρχει μια λύση, λέει ο Γιώργης, αλλά φοβούμαι μην αργοπορήσουμε και μας πάρει η μέρα. Να γυρίσουμε ανάσκελα και να ξεκουραστούμε.

—Έλα... Βοήθα με τότε. Τώρα όμως... που ανασαίνω ακόμα.

Γύρισαν κι οι δυο ανάσκελα και κλείσανε τα μάτια. Πήρανε βαθειές εισπνοές για να στρώσουνε τις ανάσες τους. Η θάλασσα είχε μπει μες στα ρουθούνια τους και τους έτσουζε. Έμειναν έτσι ως μισή ακόμη ώρα. Το κύμα τούς νανούριζε ήσυχα...

—Έλα τώρα, λέει ο Γιώργης. Να κάνουμε ακόμη ένα

κουράγιο κι αν δούμε ότι μας παίρνει η ώρα ξαναξεκουραζόμαστε.

—Στάσου λίγο ακόμη... Νομίζω πως αρχίζω να 'χω ένα απ' τα χέρια μου. Άσε να αποκτήσω και τα δυο και φεύγουμε.

Τον άφησε. Τον καλόπιανε σα να ήταν παιδί. Το κύμα περιεργαζόταν πλάι στ' αυτί τους τη σαμπρέλα. Το φωσάκι αντίκρυ χοροπηδούσε μαζί με το λίκνισμα της θάλασσας. Μα... περίεργο, τώρα φάνταζε πιο ξεμακρυσμένο.

—Γιώργη..., λέει ξέπνοα ο Παναγής. Εκεί είναι... το Σούνιο;

—Ναι, απαντά ο Γιώργης και πασκίζει να πνίξει μια φοβερή ανησυχία που τον έζωσε. Εκεί... Πού αλλού θέλεις να είναι;

—Τότε δε θ' αντέξω. Σ' το λέω από τώρα. Αν μπορούσε να μ' έπνιγες για να γλυτώσεις τουλάχιστον εσύ. Αλλά ούτε κι αυτό μπορεί να γίνει. Δε θέλω, Γιώργη, να χαθείς μαζί μου... ούτε να πνιγείς θέλω κι ούτε και να πιαστείς. Βρες μια άλλη λύση...

—Δεν υπάρχει. Ή θα βάλουμε τα δυνατά μας να φτάσουμε ως το φως ή θα πνιγούμε. Και δε θέλω... Κι είναι, ξέρεις, πολύ δύσκολο να πνιγείς άμα δε θέλεις. Ένα πράμα μόνο πρέπει ν' αποκλείσουμε: να πέσουμε στα χέρια τους ζωντανοί.

—Όχι!... ξεφωνίζει ο Παναγής ασυλλόγιστα.

—Σσσς...

—Όχι σ' αυτούς... Γιώργηηηη!... Δε μου υποσχέθηκες ότι δε θα μ' αφήσεις σ' αυτούς; Πώς θα το κάνεις τώρα;

—Βοήθα με, λοιπόν, κι εσύ... Τι θέλεις να κάνω μοναχός μου; Έλα να μπατάρουμε.

—Ναι... μα με τι χέρια μετά θα κολυμπήσω;

—Μείνε ακίνητος και θα σε σέρνω λίγο λίγο εγώ.

Μπρουμύτισαν κι άρχισαν να πλέουν αργά. Μα —αλήθεια— πώς ξεμάκρυνε τόσο αυτό το Σούνιο; Θα τους ξεστράτισε φαίνεται —έτσι όπως ήσαν ανάσκελα— το ρέμα. Ο Γιώργης, τώρα που το είδε καθαρά, άρχισε πραγματικά ν' απελπίζεται, αλλά δεν άφηνε να μαντέψει την ανησυχία του ο Παναγής. Σε λίγο πάλι όμως αναθάρρησε. Ανακάλυψε ότι τον βοηθούσε το ρέμα. Τους κυλούσε αργά αργά κατά το φωσάκι. Ο Παναγής έπαψε πια να μιλά. Μόνο από καιρό σε καιρό αναστέναζε ξεπνοϊσμένα. Θα είχαν περάσει καναδυό ώρες... Το φως όλο σίμωνε, σίμωνε... Κι είχε αρχίσει να ροδίζει κι η ανατολή... Δεν τους χώριζαν πια παρά καμιά πεντακοσαριά μέτρα. Θα τα πάλευαν.

—Να, φτάσαμε, λέει ο Γιώργης. Βάλε λίγο ακόμη τα δυνατά σου. Να, κοίτα το Σού-

Και πάγωσε. Ο βράχος που υψωνόταν μπροστά τους με το φανάρι στην κορφή δεν ήταν το Σούνιο. Ήταν το φανάρι της ΣΦΑ. Ανάσκελα καθώς έπλεαν, τα θαλάσσια ρεύματα τους αντιστρέψανε την πορεία.. Και κείνοι είχαν ξεγελαστεί απ' τα δυο φώτα... Τραγωδία.

Τι έπρεπε να κάνουν τώρα; Βρισκόντουσαν, ναι, μπροστά στη ΣΦΑ, κάτω απ' τη γλαροφωλιά. Για μια στιγμή —μα μόνο για μια μικρούλα στιγμή— σκέφτηκε ο Γιώργης ν' αφήσουν τον εαυτό τους να βουλιάξουν. Μα σε λίγο σκέφτηκε ψυχραιμότερα. Οι βράχοι όλοι εκεί ήσαν κοφτοί, απότομοι. Απροσπέλαστοι απ' το μέρος της στεριάς. Έτσι, κανενός απ' το νου δεν ήταν δυνατό να περάσει ότι κρύφτηκαν εκεί. Μπορεί να 'βρισκαν και καμιά σπηλιά. Γέμισε με καινούριο θάρρος και γύρισε να το πει στον Παναγή. Μα πάγωσε... Ο Παναγής είχε ανακαλύψει πιο πριν απ' αυτόν την τραγωδία που τους βρήκε και πάσκιζε να το φωνάξει στο Γιώργη, μα τα μάτια του ήταν γεμάτα τρέλλα... κι αντί για φωνή βγήκε ένας ρόγχος... και αμέσως —έτσι όπως ήταν όρθιος— ο λαιμός του λύγισε κι έπεσε. Δεν μπορούσε πια να κρατήσει όρθιο ούτε το κεφάλι του. Είχαν κοπεί όλα μέσα του! Μάταια ο Γιώργης πάσκιζε να τον στηρίξει. Από κείνο το λεβέντικο παλληκάρι δεν είχε μείνει πια τίποτε. Τίποτα. Ούτε ειρμός, ούτε συναίσθηση, ούτε λογικό.

Τίποτα. Ο ψυχικός του κόσμος διαλύθηκε όλος παρασέρνοντας και το κορμί του μαζί. Τώρα τι άλλο του απόμεινε να κάνει; Έπρεπε να πασκίσει — να σώσει... Μα τι; Αλλά, στον κόσμο αυτό, κι όταν ακόμη δεν υπάρχει τίποτε για να σωθεί, τα μόρια παλεύουν μόνα τους. Κι αυτός —ο Γιώργης Καρυστινός— δεν ήταν μόνο μόρια. Λοιπόν, έπρεπε. Γι' αυτό δοκίμασε. Με δύναμη που ποτέ δεν περίμενε έσυρε τα δυο κορμιά ως την ξέρα και —ματώνοντας πα στους βράχους— βρήκε τη σπηλιά που λογάριαζε. Τώρα καταπιάστηκε να ξαναφέρει στη ζωή το φίλο του. Ο Παναγής δεν τον είχε κάνει ακόμη όλο το δρόμο. Είχε σταματήσει στη μέση. Ποιος ξέρει... Μπορεί στα χέρια ενός ανθρώπου με θέληση να σταματούσε εκεί, και να ξαναγύριζε πίσω. Άρχισε, λοιπόν, το έργο. Στην αρχή προσπάθησε να του αδειάσει το νερό που ήπιε. Κατόπιν άρχισε να του κάνει τεχνητές αναπνοές. Μα τίποτα. Η ζωή είχε αρχίσει λίγη λίγη να φεύγει. Η σπηλιά ήταν ως τη μέση γεμάτη θάλασσα και δεν του επέτρεπε να κινηθεί. Έπειτα... ήταν κι η κλεισούρα που έκανε την αναπνοή πιο δύσκολη. Μα —πάλι— πώς να τον αφήσει να πεθάνει έτσι, μες στα χέρια του; Αχ... αυτό το φως της Γλαροφωλιάς... τι μεγάλο κακό τους είχε κάνει! Ωστόσο έπρεπε να τον βγάλει αποκεί. Να τον ανεβάσει στον ανοιχτόν αέρα. Δεν ήθελε να του μείνει η παραμικρή τύψη αργότερα... ότι μπορούσε να τον σώσει και δεν το 'κανε. Γι' αυτό —με κίνδυνο να τα καταστρέψει όλα— αποφάσισε να βγει. Για καλή του τύχη έξω απ' την είσοδο της σπηλιάς ήταν ένας μεγάλος βράχος που την έκρυβε απ' το μέρος της θάλασσας. Απ' τη μεριά της στεριάς δεν μπορούσε να ζυγώσει ούτε ζαρκάδι. Σύρτηκε, λοιπόν, ξανά έξω ανασαίνοντας βαθιά και ξάπλωσε πάνω στα βράχια. Αμέσως μετά καταπιάστηκε με τον Παναγή. Του έλυσε τη ζώνη, του ξεκούμπωσε το πουκάμισο για να του ελευθερώσει το στήθος. Ήταν ακόμη ζεστός. Τότε άρχισε καινούρια λυσσασμένη μάχη με το Χάρο για να του αρπάξει μέσα απ' τα χέρια το φίλο του. Ό,τι είχε ακούσει να κάνουν στους μισοπνιγμένους, στους λιπόθυμους, στους ετοιμοθάνατους... τα 'κανε όλα. Του κουνούσε ακατάπαυστα τα χέρια, του ανεβοκατέβαζε το κορμί λυγώντας το και ξελυγώντας το απ' τη μέση κι απάνω. Του φύσηξε μες στο στόμα αέρα. Του φώναξε, στην αρχή τρυφερά, τ' όνομά του... κατόπιν τον μάλωσε... Τίποτα. Μόνο σε μια στιγμή, απ' την πεσμένη κείνη ύπαρξη, βγήκε ένας συρτός παραπονιάρικος αναστεναγμός —από πολύ βαθιά, σα να 'βγαινε από 'να πληγωμένο ζώο του βουνού—, κι ύστερα σταμάτησε. Ο Γιώργης για μια στιγμή ξεθάρρεψε, έκανε να ξεφωνίσει απ' τη χαρά του... και περίμενε το δεύτερο στεναγμό... Γι' αυτό και πάλευε πιο δυνατά. Μα ξάφνου ανακάλυψε με φρίκη ότι το κορμί που πάσκιζε να συνεφέρει είχε ολότελα κρυώσει... Τότε έπεσε κει από πάνω του κι άρχισε να τον καλεί... να τον μουσκεύει με τα δάκρυά του. Μα ο Παναγής πια τώρα ήταν πολύ μακριά. Βάδιζε πάνω σ' ένα δρόμο που μόνο μια φορά τον περπατά ο άνθρωπος... Ένα δρόμο που μόνο πηγαιμό έχει... που σβήνουν πίσω τ' αχνάρια... και κανείς ποτέ δεν τα ξαναβρήκε για να γυρίσει πίσω.

Ο Γιώργης τον τράβηξε μέσα στη σπηλιά, και γαντζώθηκε απάνω του. Ύστερα χτύπησε με τις γροθιές του την πέτρα και μάτωσε τα χέρια του. Για να μην ξεφωνίσει, έμπηξε τα νύχια μες στα χείλη του, κι εκεί άρχισε να κλαίει... θαμμένος σε μια σπηλιά μ' έναν πεθαμένον άνθρωπο... που έφυγε παίρνοντας μαζί του όλες μαζί τις χαρές μιας ζωής που μόνο χαρές δεν είχε... έξω από μια —ολομόναχη, μικρή και ματωμένη—, τη φιλία τους...

ΚΕΦΑΛΑΙΟ ΔΕΚΑΤΟ ΤΡΙΤΟ

ΚΑΙ ΤΩΡΑ ΜΕΝΕΙ ΕΔΩ, μισοπεθαμένος, αγκαλιά μ' έναν ολότελα πεθαμένον. Κι η νύχτα γκρεμίζεται απάνω του σα μαύρος χαμός. Και δεν υπάρχει τίποτα άλλο απ' αυτή τη νύχτα. Μονάχα απ' τις ντάπιες μια κραυγή σκίζει σα μαχαιριά ολόκληρο το νησί. «Φύλακες, γρηγορείτε». Τα μάτια του Παναγή είχαν απομείνει ανοιχτά. Μα δεν ήθελε να του τα κλείσει, όχι, δεν ήθελε, δεν μπορούσε να πιστέψει ότι πέθανε. Ήταν τόσο νέος... τόσο ολόκληρος... Μόνο η κρυάδα που κύλησε στο κορμί του θύμιζε το θάνατο. Μα μέσα σ' αυτόν το, χωρίς τέλος, χαλασμό... σ' αυτήν τη, χωρίς άκρη, κόλαση... ο θάνατος ήταν ένα γλυκό καταφύγιο. Τρομερός ήταν γι' αυτόν που τον έβλεπε, καθόλου γι' αυτόν που τον ήπιε. Αν όλον αυτόν τον καιρό τον απόφευγαν, αν δεν τον καλούσαν μόνοι τους, αν τον απόδιωχναν με τόσο πείσμα... ήταν γιατί κι αυτός είχε περάσει στην υπηρεσία τους, είχε συμμαχήσει με τα θηρία και τ' αποβράσματα. Να πεθάνεις... Ήταν μια πράξη απλή. Το θάνατο τον αποφεύγουμε γιατί είναι πικρός. Αν γινόταν γλυκός, θα τον αποζητούσαμε. Να γιατί όλον αυτόν τον καιρό τον απόδιωχναν. Γιατί είχε γίνει γλυκός, ήρεμος, λυτρωτικός. Παιχνίδι αστείο, σ' ένα τσίρκο που άλεθαν κρέατα κι έλειωναν ψυχές. Χίλιοι θάνατοι μαζί δεν κάνανε ούτε μια στιγμή απ' αυτό που —πάνω σ' αυτό το νησί— λεγότανε «ζωή».

Ο Γιώργης είχε τόσο πολύ συνηθίσει στην ιδέα του δικού του θανάτου, που του φαινόταν ασήμαντο επεισόδιο. Μα τώρα που βρέθηκε —στα βάθη αυτής της υγρής γης— δεμένος στις ίδιες χειροπέδες με τον ίδιο το θάνατο, μια παγωνιά χύθηκε στην ψυχή του, του πότισε τα κόκαλα, τρύπωσε μες στο αίμα του... Ο Παναγής τον τραβούσε στον άκριτο κόσμο του. «Μηηη!» ξεφώνισε άξαφνα με μιαν άγνωστη φωνή που ούτε κι αυτός την γνώρισε. Βούιξε απαίσια όλη η σπηλιά. Άσπρος μες στο σκοτάδι τον έσερνε πάντα ο Παναγής, πάντα όλο και πιο βαθιά...

Ο Γιώργης έσφιξε με το ελεύθερο χέρι τα μελίγγια του. Ψυχροί, παγωμένοι κόμποι τον περιέχυσαν σα να κολύμπησε σε χαλάζι.

—Παναγήηηη!! ξεφώνισε ξανά πιο άγρια, ξεχνώντας πού βρίσκεται και τι κάνει... ποιοι κίνδυνοι τον ζώνουν και πού μπορεί να φτάσει αυτή η φωνή... Τώρα ξανάρχισε πάλι να του μιλεί παρακαλεστικά:

—Παναγή, άφησέ μου το χέρι... Παναγή, άκουσε... εδώ απάνω είναι η μάνα σου... Πού πας; Πού με πας εκεί κάτω; ξεφώνισε τώρα πιο άγρια.

«Φύλακες, γρηγορείτε!» ακούστηκε ψηλά απ' τις ντάπιες. Η νύχτα προχωρούσε όλο και πιο βαθιά. Αχ, αν ήταν λυτός!... Απ' την τρύπα της σπηλιάς, που κοιτούσε στο πέλαγος, το φωσάκι απ' το Σούνιο τον καλούσε πάντα, δεν κουράστηκε να τον καλεί. Σα μετανοιωμένο άστρο, κυμάτιζε στην πιο ψηλή του κορφή, κι αμφέβαλλε κι αυτό για το ίδιο του το φως. Και πίσω αποκεί ήταν ο κόσμος. Γεμάτος άγνοια, ασέλγεια και ποίηση. Ωκεανοί φουρτουνιασμένοι τον χώριζαν αποκεί. Κι όμως ένα κοκόρι λάλησε σα σαρκασμός. Ψέμα. Ο κόσμος ήταν εκεί, αντίκρυ, και του έβγαζε —με τ' ακρωτήρι του— τη γλώσσα. Ο μικρός νυχτερινός σαλπιγκτής ξαναλάλησε. Τι ήθελε; Γιατί διαλαλούσε τον ερχομό της ημέρας; Αυτός τώρα πια είχε κάνει το μισό δρόμο για την αιώνια νύχτα. Και κανένα φως και κανένας ήλιος δεν μπορούσε να τον φέρει πίσω. Μα να κι άλλος, κι ύστερα κι άλλος σαλπιγκτής... φώναξε. Βιάζουνταν τα κοκόρια να φέρουν τον ήλιο μην τύχει και δεν προφτάσει να δει τις ωραίες κόκκινες λίμνες που ανοίξανε αντίκρυ. Μακάβρια ακροάτρια είχε γίνει αυτή η αντικρινή πόλη, το Λαύριο. Μόνο τα κοκόρια με τα μικρά τους μυαλά δεν κατάλαβαν τίποτα, και καλούσαν τη μέρα χωρίς να ξέρουν τι την περιμένει.

«Φύλακες, γρηγορείτε!» Οι σκοπιές συνέχιζαν ακόμη το νυχτερινό τους τραγούδι. Λάθος είχαν κάνει τα κοκόρια, δεν ξημέρωσε. Τα κοκόρια τρελλάθηκαν κι αυτά. Ήταν πια καιρός. Ο Γιώργης δεν ήθελε να βουλιάξει άλλο. Πίστευε πως —αποκεί που ήταν— μπορούσε κάποτε να βγει, να φωνάξει, να μάθουν... Να προφτάσει τους άλλους, που έρχονται. Και όμως... Τα μνήματα ήταν πιο ρηχά αποκεί που είχε φτάσει. Πώς μπορούσε πια ν' ανεβεί; Δεν είχε πια κανένα πόδι, και μόνο ένα χέρι, και καμιά ελπίδα.

Μα το φωσάκι απ' το Σούνιο τον ξαναφώναξε. Πώς είχε φτάσει ως εδώ κάτου; «Φύλακες, γρηγορείτε».

Φύλακες, γρηγορείτε μην τύχει και σας ξεφύγει κανένας αθώος... μη χαθεί δίκαια κανένας ένοχος. Φύλακες, γρηγορείτε... ώσπου να μείνετε στον κόσμο μόνο φύλακες.

Ο Γιώργης ξαναδοκίμασε να βγει. Μα ο Παναγής δεν τον άφησε. Τον ξανατράβηξε πίσω. Τότε βρήκε λίγο βράχο κι έπεσε ανάσκελα να περιμένει το τέλος. Πεινούσε κιόλα. Μα δεν το 'νοιωθε. Αυτή η ύπαρξη που πέτρωσε δίπλα του... αυτή η ζεστή καρδιά... πώς μπόρεσε έτσι να παγώσει; Αυτός που πάλευε να ομορφύνει τον κόσμο... Αυτός που ονειροπολούσε μαζί του, που λαχάνιαζε μαζί του, που έτριζε τα δόντια του μαζί του... πώς μπόρεσε να ξεκόψει έτσι απότομα απ' αυτόν; Πώς τον οχτρεύτηκε έτσι και τον πολεμά; Πώς —έτσι ακατανόητα— αυτό το κορμί άδειασε απ' όλη του την ψυχή και γέμισε μόνο με σκληρότητα; Εγωιστικά που είναι τα πτώματα... Ο Παναγής δεν ήταν εδώ. Δεν ήταν αυτός... Ένα κρύο και απάνθρωπο κορμί πάλευε να τον στραγγαλίσει.

Αποφάσισε να τον πάρει πάλι με το καλό. Άπλωσε το χέρι του και θέλησε να τον χαϊδέψει. Προσπάθησε και να τον κοιτάξει —όπως πρώτα— στα μάτια. Μα αντίκρυ του ήταν ένα απολιθωμένο θειάφι. Ένα πέτρινο ξόανο γεμάτο έχθρα... Πώς βρέθηκε δεμένος μ' αυτό το εχθρικό μάρμαρο; Στη μικρή του —όλο κακοτοπιές και φαρμάκια— ζωή ποτέ δεν του 'τυχε να παλέψει μ' έναν πεθαμένο. Με το θάνατο, ναι, πάλεψε πολλές φορές. Πολλές φορές τον έφτυσε, τον προκάλεσε, τον χλεύασε. Κι όλες τις φορές τον νίκησε. Κι ήτανε βέβαιος πως θα τον νικούσε ακόμη και πεθαμένος. Και τώρα νικήθηκε χωρίς να πεθάνει.

Πολλές φορές οι σύμμαχοι λιποτακτούν. Σ' εγκαταλείπουν και φεύγουν.

Ή —άλλες φορές— πέφτουν στη μάχη και σ' αφήνουν να συνεχίσεις μόνος. Μα τούτος ο σύμμαχος δεν τον εγκατέλειψε, ούτε έπεσε. Του άνοιξε έναν άπονο πόλεμο σ' ένα πεδίο άγνωστο γι' αυτόν, χωρίς όπλα και μόνο με τη νεκρική του σιωπή.

Γαντζωμένος στο βράχο του, περίμενε ο Γιώργης να τελειώσει αυτή η άγνωστη μάχη. Ναι, αλλά πώς; Μια τέτοια μάχη μόνο με καταποντισμό ή με μια τρέλλα μπορούσε να τελειώσει. Και το 'ξερε... Κείνος που θ' αποκάμει στο τέλος δε θα είναι ο πεθαμένος. Αυτός δεν είχε πια ψυχή για να την δώσει. Αυτός δεν πεινούσε, δεν πονούσε, δε νύσταζε. Μπορούσε ν' αντέξει ως το τέλος, ώσπου να λειώσει — και τότε θα ήταν πιο επικίνδυνος. Δεμένος μ' έναν άθαφτο νεκρό... ποιος θ' άντεχε;

Τώρα ο Παναγής είναι ακόμα βουλιαγμένος και δεν τον βλέπει. Μα πόσο θα 'μενε ακόμα έτσι; Οι νεκροί με τ' ανοιχτά μάτια είναι οι πιο φοβεροί νεκροί, κι ας έχουν τα πιο γλυκά και τα πιο αγαπημένα μάτια. Τα μάτια αυτά θα σ' ακολουθούν και πέρα απ' το δικό σου θάνατο, και μέσα στις θολές ατμόσφαιρες του κάτω κόσμου, σα μια ανεκτέλεστη ποινή για κάποιο έγκλημα που δεν έκανες.

Γιατί σ' αυτόν τον απαίσιο καιρό ο μόνος ένοχος που δε θα συχωρεθεί ποτέ είναι ο αθώος. Η Μακρόνησος δεν είναι το νησί όπου οι αθώοι μαρτύρησαν πάνω στη γη και γύρω στα νερά της. Μαρτυρούν κι όταν φεύγουν, κι όταν σαπίζουν μες στα σπλάχνα της. Πριν απ' το θάνατο και πέρα απ' το θάνατο.

Οι ώρες ωστόσο —γεμάτες τρόμους και αίματα— περπατούν. Χωμένες μες στη νύχτα, φεύγουν κατά την αυγή.

«Φύλακες, γρηγορείτε!»

Μιαν άξαφνη στιγμή νοιώθει το χέρι του ελεύθερο. Ο Παναγής έπαψε να τον τραβά. Τι έτρεχε; Στράφηκε να τον δει... Ο Παναγής είχε ανεβεί στον αφρό. Κι ήταν πιο μεγάλος. Εφιάλτης; Πώς μπόρεσε να μεγαλώσει τόσο ξαφνικά ένας πεθαμένος;

Ο Γιώργης ήξερε ότι ο άνθρωπος είναι σα λάστιχο. Ο θάνατος τον μικραίνει ή τον μεγαλώνει... αλλά ποτέ στο κορμί. Το κορμί χάνεται. Μόνο το όνομα... ή φεύγει μαζί με το νεκρό ή μένει έξω απ' το μνήμα και μεγαλώνει. Αλλά ο φτωχός του φίλος δεν είχε μερτικό σ' αυτό το παιχνίδι της αθανασίας. Κάτι άλλο έτρεχε... κάτι άλλο... Ο θολωμένος του νους είχε ξεχάσει ότι οι πνιγμένοι ανεβαίνουν κάποτε μόνοι τους στην επιφάνεια... Και νόμισε ότι ο φτωχός του φίλος ήρθε —κι απ' τον άλλο κόσμο— για να τον βοηθήσει... Έγινε σωσίβιο να τον βοηθήσει για να περάσει το κανάλι.

«Φύλακες, γρηγορείτε!»... Η νύχτα τελείωσε.

Κι έπεσε μια μέρα πνιγερή, με μοτόρια που πηγαινόρχονταν ουρλιάζοντας. Με βάρκες που πλέανε αντίκρυ στο Σούνιο και ανίχνευαν τα βράχια σα λαγωνικά. Το μεσημέρι οι θόρυβοι πέσανε. Θα σκέφτηκαν πως οι φυγάδες θα χάθηκαν μες στα ρεύματα και —όπως τους άξιζε— πνίγηκαν. Αλλά δεν ήταν ευχαριστημένοι. Όχι γιατί δυο άνθρωποι χάθηκαν, αλλά γιατί τη γλύτωσαν φτηνά, μ' έναν απλό πνιγμό. Αν μπορούσαν να 'βρισκαν κάπου τα λέσια τους, θα τα 'λειωναν κάτω απ' τις πέτρες, να 'βγαζαν το άχτι τους!!

Η μέρα τούτη λες και φορτώθηκε μολύβια και βάδιζε σα βαρυποινίτης. Κάθε βήμα της διαρκούσε μια ώρα. Πότε θα νύχτωνε;... Πότε... πότε πια θα νύχτωνε; Και τότε θυμήθηκε ότι δε θα νύχτωνε. Πώς μπορούσε να νυχτώσει αφού δεν ξημέρωσε, αφού βρισκόταν εκεί που δεν ξημερώνει; Αλλά... «Φύλακες, γρηγορείτε...» Τι ήταν αυτό που άκουσε; Αυτές ήταν φωνές της νύχτας. Έβγαλε το κεφάλι του. Το μικρό φωσάκι του Ναού του 'λεγε «ναι». Είχε νυχτώσει. Λοιπόν; Ναι, έπρεπε. Η ίδια άγνωστη, σκληρή πορεία έπρεπε να ξαναρχίσει. Η δύναμή του ήταν πιο λίγη, το κορμί του πιο αποκαμωμένο. Αλλά έπρεπε να ξαναρχίσει.

Και άρχισε. Για καλή του τύχη το κανάλι απόψε ήταν πιο βολικό. Τα υπόγεια ρεύματα έφευγαν ίσα ίσα κατά το Σούνιο. Έτσι, οι παράξενοι ταξιδευτές θα φτάνανε στην αντίπερα όχθη πριν τους προφτάσει το ξημέρωμα.

Τώρα που ξαναβρέθηκε στο νερό, μπόρεσε να ξεχωρίσει κι ένα άλλο πράμα. Ότι το φανάρι του Σουνίου ήταν πιο ψηλά και λίγο μεγαλύτερο. Έτσι, δεν ήταν φόβος να μπερδέψει κι απόψε τα δυο φώτα. Τα νερά τούς ταξίδευαν υπάκουα, μόνα τους. Γιατί να μη γίνουνταν αυτό και την περασμένη νύχτα; Ο Παναγής τώρα θα έπλεε στο πλάι του ζωντανός.

Ο Γιώργης έφτασε στη στεριά πολύ πριν ξημερώσει. Εκεί, κάτω απ' το Ναό, το κύμα αγριεύει περισσότερο. Κυκλώπειοι βράχοι τεντώνονται σαν ασπίδες για να προστατεύσουν απ' τις θύελλες την κατοικία του θεού του πόντου. Σπηλιές που ουρλιάζουν με βαθιά μουγκρητά βρίσκονται εδώ και εκεί. Τραβούν διψασμένα το νερό και κατόπι το ξερνούν γεμάτο αφρό. Βάρκες δε ζυγώνουν. Τις διώχνει το αντιμάμαλο. Μα υπάρχει κι ένας μικρός κόρφος αθέατος απ' τη θάλασσα κι απ' τη στεριά, όπου μπορεί να κουρνιάσει ένας ναυαγισμένος άνθρωπος και να περιμένει το πέσιμο της νύχτας. Να συρτεί στο απάγκιο και να συλλογιστεί τη μοίρα του ή να σχεδιάσει τη σωτηρία του.

Ο Γιώργης σύρθηκε σ' αυτόν το μικρό κόρφο και σωριάστηκε. Ήταν δαρμένος... ξεσκισμένος απ' τις αρμύρες κι απ' τα δόντια των βράχων. Μπροστά του τουμπανιασμένο κοίτουνταν το πτώμα του Παναγή. Τα χέρια του είχαν αρχίσει τώρα να ξεφλουδίζονται κι η επιδερμίδα του έμοιαζε σα γάντια. Τα μάτια του είχαν φύγει απ' τις κόχες κι οι χάντρες τους κρέμονταν έξω πιασμένες από άγνωστες κλωστές. Και το κορμί όλο είχε τόσο φουσκώσει, που έσπαζε τα ρούχα του.

Απ' τα βουνά της Κέας φάνηκε να ξεμυτίζει το φρύδι του ήλιου. Μαύρο προμάντεμα. Πώς θα άντεχε κείνο το μισολειωμένο κορμί; Αλλά —πιο πολύ— πώς θ' άντεχε το ζωντανό κορμί; Η αποσύνθεση θα 'ταν τόσο δυνατή, που θα μόλυνε ακόμη και τους βράχους. Ας λένε όσο θέλουνε ότι η αρμύρα της θάλασσας προστατεύει τα πτώματα. Δεν υπάρχει πιο βαρειά μυρουδιά απ' τη μυρουδιά που βγάζουν τα ψόφια ψάρια. Αχ, το ξεσκισμένο, το βασανισμένο κορμί του Παναγή... ήταν χίλιες φορές πιο ευτυχισμένο απ' το ζωντανό σώμα του φίλου του! Αν μπορούσε να κόψει το χέρι του, τα δεμένα μαζί του δάχτυλα... να του τα δώσει για λύτρα και να φύγει, να φύγει, να σωθεί... Μα πώς; Με τι; Έψαξε με τα μάτια ένα γύρο μήπως βρει καμιά κοφτερή πέτρα. Αδύνατο. Όσες σκόρπιες πέτρες ήσαν εκεί τις είχε πάρει το κύμα. Κι ο ήλιος ανέβαινε. Κι οι μικρές μοσκοβολημένες αύρες της Αττικής ήταν γεμάτες δηλητήριο. Αν μπορούσε να μην ανάσαινε... Να 'πνιγε την ανάσα του ώσπου να νυχτώσει... Τότε θα σκάλωνε στο Ναό... Και μπορεί κάποιος σπλαχνικός, ή κάποιος τρομαγμένος άνθρωπος, να του 'κοβε το χέρι και να τον γλύτωνε. Το δοκίμασε κι αυτό — να μην ανασάνει. Μα το δηλητήριο ερχόταν κατόπι δυνατότερο. Έσκισε με τα δόντια το μαντήλι του, το 'κανε μικρές μπαλλίτσες και τις έχωσε στη μύτη του... Αδύνατο... Μα, λοιπόν; Πού θα φτάσει αυτό;... Παναγήηη!

Ο ήλιος ανέβαινε... ανέβαινε... Πύρωνε τις πέτρες... Έψηνε και θρυμμάτιζε το πεθαμένο κορμί. Τα χείλη του Γιώργη άρχισαν να τρέχουν αίμα. Τα είχε ξεσκίσει η αρμύρα. Κι ήρθε κατόπι ο ήλιος και τ' άνοιξε. Διψώ...

Δυο περιπολικά ξετρύπωσαν άξαφνα απ' το Λαύριο. Το ένα τράβηξε κατά τις ακτές της Μακρόνησος και τ' άλλο έπιασε τη Λαυρεωτική. Ψάχνανε και τα δυο σαν κακά κυνηγάρικα σκυλιά. Μυρίζανε τις πέτρες και τις βραχοσυρμές. Χώνανε τις μύτες τους στους κόρφους. Η κρυψώνα του Γιώργη ήταν προστατευμένη από παντού. Μόνο απ' τη δίψα κι απ' τις απόπνοιες δεν μπορούσε να τον προστατεύσει κανείς. Ωχ, αν το 'ξερε πόσο κακός έγινε αυτός ο άγγελος μετά το θάνατό του!

Όσο ο μάρτυρας βασανίζεται ζωντανός, βασανίζεται μόνος του. Μα σα συνεχίσει να βασανίζεται και πεθαμένος, τότε βασανίζει τους άλλους. Και τους βασανίζει πιο πολύ απ' τον εαυτό του.

Δυο καβουράκια βγήκαν με χίλιες προφυλάξεις απ' το νερό. Στην αρχή σταμάτησαν, κάτι κουβέντιασαν μεταξύ τους, και κατόπι σκαρφάλωσαν στην κοιλιά του Παναγή. Ανέβηκαν θαρρετά κι έκαναν μια δυο βόλτες. Κατόπιν σταμάτησαν και κάτι φάνηκαν ξανά να σχεδιάζουν. Ήταν ολοφάνερο ότι το 'ξεραν κι αυτά ότι ο Παναγής είχε πεθάνει. Ο θάνατος είχε βάλει σάλπιγγα και το διαλάλησε παντού. Έκανε προσκλητήριο. Τώρα θ' αρχίσουν να μαζεύονται κι άλλα... Ο Γιώργης τρόμαξε. Θ' αρχίσουν και να τον τρώνε, εκεί μπροστά του! Θα ήταν φριχτό... Μη! ξεφώνισε και τους κλότσησε ένα μικρό βοτσαλάκι που βρέθηκε κοντά στο πόδι του. Η πετρίτσα βρόντηξε πάνω στην κοιλιά σα να χτύπησε πάνω σε τεντωμένο ταμπούρλο. Τα καβούρια έπεσαν ορμητικά μες στο νερό σαν τα χαλίκια.

Ο ήλιος σηκωνότανε... Κι ανέβαινε... Διψώ... Το θαλασσόνερο που είχε απομείνει στις λακκουβίτσες των βράχων άρχισε να βράζει. Γινόταν αλάτι... «Διψώ... Διψώ... Διψώ». Κάτι σα βέλασμα άρχισε να βγαίνει μόνο του απ' το λαρύγγι του Γιώργη... Αληθινά, τόσο μόνο του, που ο Γιώργης άθελα έψαχνε να βρει από πού έβγαινε. Ίσως ήταν η ψυχή του που βογγούσε μόνη της ζητιανεύοντας λίγο νερό. Και τότε πίστεψε πως είχε πεθάνει, κι η ψυχή του έφυγε και προσπαθούσε να ζήσει μόνη της...

Μόνο τα χείλη του αισθανόταν να ζουν... να ζουν επίμονα... κι ήταν μόνο ξερές ματωμένες φλούδες. Μόνο τα χείλη του... Γιατί όλα τ' άλλα είχαν παραλύσει. Τα μάτια του βυθίστηκαν σε βαθύ σκότος. Κείνη ακριβώς την ώρα ο ήλιος βρισκόταν κατακόρυφα. Μεσάνυχτα... Μα πιο πολύ σκοτάδι απ' αυτό, πιο πολύς πόνος απ' αυτόν, πιο μεγάλη δίψα... μπορούσαν σ' αυτόν τον κόσμο να γίνουν;

Κάποια στιγμή, έτσι όπως ήταν μπρουμυτισμένος, αποφάσισε να δοκιμάσει τ' αυτιά του. Ν' αφουγκραστεί. Ήθελε ν' ακούσει πώς είναι οι τελευταίες στιγμές του ανθρώπου... ποιες είναι οι πατημασιές του Χάρου. Πάσκισε να σταματήσει, λες, τις άλλες αισθήσεις —αν ακόμα υπήρχαν— και να ζήσει —έστω και λίγα δευτερόλεπτα— μόνο με τ' αυτιά. Τότε τις άκουσε να 'ρχονται... τις πατημασιές που περίμενε. Ήταν σα νυχάκια πουλιών που περπατούν στο τζάμι. Σαν κρεμασμένες σταγόνες νερού που φιλούν τα χαλίκια. Νερό!... Αχ, οι τελευταίες στιγμές του ανθρώπου είναι σταγόνες νερού. Να, λοιπόν, που δε φεύγεις με διψασμένα χείλη, δε φεύγεις με το «διψώ» στο στόμα. Ώστε τι;... Δυο χιλιάδες χρόνια μάς λένε ψέματα; Δεν είχε διψάσει για νερό ο Χριστός; Μα τότε για τι είχε διψάσει; Για ζωή; Όμως... μήπως, σε τέτοιες ώρες, η ζωή δεν είναι νερό; Ο Γιώργης έβαλε τα δυνατά του να συρτεί να πάει ν' ανταμώσει τις σταγόνες. Και βρέθηκε κάτω από έναν υγρό θόλο. Εκεί τον πρόφτασαν κι οι σταγόνες... Καναδυό έπεσαν πάνω στα μαλλιά του... ύστερα στα γένια... ύστερα έπεσε η πρώτη στο στόμα του. Ύστερα κι άλλη... κι άλλη... Ένα βογγητό έβγαινε απ' τα χείλη του σα να 'βγαινε απ' τη σπηλιά. Οι σταγόνες έπεφταν... έπεφταν... έραιναν τα φρυγμένα χείλη... μούσκευαν το πηγμένο στόμα. Νερό... αληθινό... κρύο νερό του απάνω κόσμου. Ο Γιώργης άνοιξε τα μάτια. Είχε ξανά ξημερώσει. Αχ... αν μπορούσε να ξαναγύριζε με λίγο νερό στη ζωή κι ο Παναγής!...

Μια ολόκληρη ώρα κάθισε κάτω από κείνη την κρεμαστή πηγή, και τον πότιζε, και τον έλουζε...

Ήπιε... ήπιε... Κι ύστερα σύρτηκε λίγο παράμερα, έχωσε το κεφάλι του μες στον αγκώνα κι, επιτέλους, ένοιωσε —μετά από τόση καθυστέρηση— να τον παίρνει ο θάνατος... Μα ήταν ο ύπνος.

ΜΕΡΟΣ ΤΕΤΑΡΤΟ

ΚΕΦΑΛΑΙΟ ΠΡΟΛΟΓΙΚΟ

ΣΤΟ ΜΕΤΑΞΥ η ζωή που άφησαν για να φύγουν για πάντα —ο ένας ως το τέλος του δρόμου, ο άλλος ως τα μισά— συνεχιζόταν αμέριμνη κι απληροφόρητη. Με μουσικές, βρισιές και τραγούδια. Απρόθυμη να λυπηθεί ή να σωπάσει. Απρόθυμη να σταματήσει το βήμα της... Τι; Να διακόψει το βήμα της επειδή τάχα σκόνταψε σε τάφους; Αδύνατο. Κείνη περπατά έστω και τσαλαπατώντας τους.

Κείνες τις ώρες, της φρίκης, πολλοί ετοιμάζανε πάνω στα σεντόνια τη σοδειά της νέας γενιάς. Πολλά μωρά κλαψουρίσανε πέφτοντας σα σύκα πάνω στη γη... Πολλά στόματα έκλεισαν, κι άλλα στέναξαν γλυκά από ηδονή. Κι ακόμα και στα σπίτια απ' όπου —τρυπώντας σαν το λύκο— άρπαξε ο Χάρος κάποιον... ακόμη κι εκεί απόμεινε κάτι σα γλύκα. Η αμφιβολία ότι δεν τελείωσαν όλα. Ότι αυτό που έγινε ήταν κάτι προσωρινό. Ότι κείνος που έφυγε... ενώ τα πήρε όλα μαζί του, όλα... όλα —βλέμμα, ανάσα, φωνή...—, άφησε πίσω κάτι. Μια παρηγορητική ελπίδα. Γιατί, αν ο αγαπημένος που έφυγε άφηνε πίσω του απόλυτη την πεποίθηση ότι πέθανε... ότι πέθανε οριστικά, για πάντα, τότε θα σταματούσε η ζωή.

Μια μονάχα ώρα, μια ώρα απέχει αποκεί η Αθήνα...

Στα παληά τα χρόνια, τον καιρό του Περικλή, αν ακουμπούσες σε μια κολόνα του Ναού, θα 'βλεπες το χρυσό κοντάρι της θεάς να προβάλλει πάνω απ' τον Υμηττό. Ναι, ο Υμηττός την έκρυβε και κείνη την εποχή την Αθήνα... μα η θεά εννοούσε να δείξει πού ήταν η πόλη της. Τώρα το δόρυ κείνο έσπασε μαζί με τη θεά και τη δόξα... Και μόνο η γυμνή βαρβαρότητα ανέβηκε κι έκανε κατοχή. Μόνο ένα φωτεινό σύννεφο που αιωρείται τις νύχτες πάνω απ' τον Υμηττό σ' αφήνει να μαντέψεις κατά πού πέφτει η γλυκειά πόλη, η αγαπημένη των ποιητών.

Οι κεντρικοί της δρόμοι είναι και τώρα γεμάτοι κόσμο. Ποταμοί πλημμυρισμένοι με φώτα... Αυτοκίνητα που αστράφτουν σα γυάλινα κυλούνε μονάχα τους. Χρωματιστά γράμματα κυνηγιούνται στις βιτρίνες. Οι κινηματογράφοι προβάλλουν εικόνες απ' τη μακρινή(!) ζούγκλα χωρίς να υποπτεύονται πόσο κοντά τους είναι. Μουσικές ξεφωνίζουν στα κέντρα ξεσκίζοντας το μετάξι της Αττικής. Η πόλη αυτή δεν εννοεί να τρομάξει ούτε και τώρα. Είναι πάντα ατίθαση κι ας τη ζώνουν οι σιδερένιες φρουρές. Τούτη η πόλη ποτέ δε βουβάθηκε. Τραγουδούσε πάντα και κάτω απ' τα φίμωτρα. Χόρευε και πάνω στ' αναμμένα καρφιά. Βίες τη σκέπασαν. Αιχμαλωσίες τη δέσανε πισθάγκωνα... Η Αθήνα δε σώπασε. Ήταν τώρα βέβαιη για το ξημέρωμα. Πάντα γεμάτη σιγουριά, νιότη κι αποκοτιά. Τα παραμύθια της Αθήνας ποτέ δε θα τελειώσουν. Κάθε μέρα ζυμώνει τ' αυριανά. Οι καινούριοι θρύλοι ίσως είναι ακόμη λάσπη. Μα τα χέρια που θα τους πλάσουν είναι έτοιμα.

Η Αθήνα έχει πολλά δοξασμένα κτίρια. Ξακουσμένα παλάτια και ναούς. Κίονες που ακούμπησε να ξαποστάσει η δόξα. Μέγαρα που τα κατοίκησε η σοφία. Ψηλοί θόλοι όπου αντήχησε η Ποίηση... Κερκίδες που δονήθηκαν απ' τα χορεία των τραγικών. Μα τα πιο δοξασμένα της κτίρια είναι οι σημερινές της φυλακές. Αποκεί πέρασε —τα τελευταία τούτα χρόνια— ό,τι πιο δυνατό είχε σε πίστη κι ό,τι πιο ατρόμητο σε δύναμη. Αυτά τα σκοτεινά υπόγεια, τα γεμάτα μούχλα, ποντικούς και ήρωες, μεταμορφώθηκαν σε παράξενα σχολειά... όπου αντί να διδαχτούν οι μαθητές διδάσκουνταν οι δάσκαλοι. Οι χωροφύλακες που πρωτόρχουνταν με μια άγρια φωνή σιγά σιγά τη χάνανε ολότελα. Και γι' αυτό τους σκολνάγαν. Τους έδιναν πτυχίο σπουδών (απολυτήριο) και τους έστελναν στο χωριό τους για να συνεχίσουν το όργωμα... Και κείνοι άρχιζαν μια παράξενη σ π ο ρ ά. Απ' τη στιγμή που ο στρατιώτης αρχίζει να πυροβολεί τον ουρανό, σημαίνει ότι βρήκε το στόχο. Απ' τη στιγμή που παύει να σημαδεύει την καρδιά που του δείχνουν, πάει να πει ότι ανακάλυψε τη δική του καρδιά... κι αρνείται ν' αυτοκτονήσει.

Οι θεοσκότεινες φυλακές της σημερινής Ελλάδας χύνουν έξω πολύ φως. Κι αν δεν προφτάσουν να τις γκρεμίσουν αυτοί που τις έχτισαν, θα τους τυφλώσουν. Γιατί οι φυλακές αυτές θα συνεχίσουν να διδάσκουν και στους επόμενους αιώνες. Οι σκοτεινοί άνθρωποι έδωσαν το χρώμα τους στις φυλακές, αλλά όχι και στους φυλακισμένους. Σα φυλακίσεις τον άνθρωπο που παλεύει για τη Λευτεριά, στη φυλακή μπαίνει μόνο ο άνθρωπος... η Λευτεριά μένει απέξω. Αυτό δεν το κατάλαβε ποτέ κανένας τύραννος. Και δε θα το καταλάβει ποτέ ως το τέλος της τυραννίας, κανένας.

Η πόλη αυτή, η γεμάτη έρωτα και παλληκαριά, τούτα τα χρόνια ήταν γεμάτη μόνο παλληκαριά, γιατί κι ο έρωτάς της έγινε παλληκαριά. Είναι κρίμα που τα σίδερα των φυλακών σκουριάζουν! Έτσι, απ' αυτά τα ιερά μνημεία κινδυνεύει να μη μείνει σε λίγο τίποτα. Η δόξα που πέρασε αποκεί μέσα ήταν μια δόξα ντροπαλή, που ντρέπονταν να πει και τ' όνομά της. Σεμνά παιδιά του λαού, απ' τις χαμηλές γειτονιές, γνωστά το καθένα μόνο με το μικρό του όνομα, στεγάστηκαν κάτω απ' το γενικό όνομα Λαός κι έφυγαν περήφανα για μιαν αιωνιότητα που κι αυτή έμεινε ανώνυμη.

Τούτα, λοιπόν, τα χρόνια η ζωή δεν εζήτησε καμιάν αναβολή. Έκλεισε τ' αυτιά της στις πρωινές ομοβροντίες —που έστελναν στον Άδη τα καλύτερά της παιδιά— και προχώρησε. Οι μαγαζάτορες μετρούσαν κάθε βράδυ τις εισπράξεις τους. Οι εισαγγελείς τα κεφάλια που ζήτησαν. Οι δάσκαλοι τις βαθμολογίες που έβαλαν... Οι αυλαίες ανεβοκατέβαιναν μπροστά στα χειροκροτήματα και τα γέλια των θεατών... Στους αιμοδοτικούς σταθμούς αγόραζαν με τα γραμμάρια το αίμα. Με τα γ ρ α μ μ ά ρ ι α..., ενώ στους τόπους των εκτελέσεων σπαταλούσαν με τους τόννους! Αλλά όλα αυτά δεν είχαν σημασία. Σημασία είχε να κερδηθεί η Ελευθερία. Και γι' αυτό έπρεπε να ξεπαστρευτούν όλοι οι ελεύθεροι άνθρωποι. Μόλις έβγαιναν απ' τη μέση αυτοί, καινούριος ήλιος θ' ανέτελλε για να φωτίσει μόνο σκυμμένες ράχες.

Τα τελευταία τούτα χρόνια στον τόπο αυτόν ειπώθηκαν τα χειρότερα ψέματα της ιστορίας του. Ειπώθηκαν ψέματα που ντράπηκαν και τα ίδια, μια και δεν ντρέπουνταν τα στόματα που τα 'λεγαν. Έγινε πολλή κατάχρηση στόμφου, πολλή κατάχρηση φτηνού λυρισμού, πολλή σπατάλη άχρηστης φιλοπατρίας... Τι φιλοπατρία είναι αυτή όταν οι πατριώτες πέθαιναν στο όνομα της Πατρίδας σαν προδότες; Και μόνο οι αρχαίες τραγωδίες μας —για πρώτη φορά στον τόπο που γεννήθηκαν— χλώμιαναν και μίκρυναν γιατί τις ξεπέρασε η ζωή. Τέλος.

ΚΕΦΑΛΑΙΟ ΔΕΥΤΕΡΟ

ΚΑΤΙ ΝΕΑΡΟΙ ΜΕ ΠΙΠΕΣ, κοντομάνικα πουκαμισάκια κι αχτένιστα μαλλιά έγιναν σκηνοθέτες. Το πράμα έγινε κάπως έτσι: Ένα πρωί, την ώρα που έβγαιναν απ' το σπίτι τους, αποφάσισαν ότι είναι σκηνοθέτες· κι επειδή δε βρέθηκε να τους εμποδίσει κανείς, έγιναν. Τα χρόνια αυτά, άμα δεν είχες λογαριασμούς με την Ασφάλεια, ό,τι ήθελες γινόσουν. Κανένας δε σ' εμπόδιζε. Απόλυτη ελευθερία. Μπαινόβγαινες όπου ήθελες, κυκλοφορούσες όπως ήθελες. Έτσι κι οι νεαροί μας έπαιρναν στον ώμο τους τη μηχανή, στο μπράτσο τη μαιτρεσσούλα τους —κάποιο ξαναμμένο θηλυκό που για ένα μέτρο ταινία με το μουτράκι της μέσα τα 'δινε όλα— και βγαίνανε στην Αττική να κάνουνε Τέχνη. Τ' ακρογιάλια μας, το φως τους, οι πευκώνες... και λίγο καλοκαμωμένο θηλυκό μέσα ήταν αρκετά ελκυστικό πλαίσιο. Για τ' άλλα... Κάποια καραμέλλα θα βρισκόταν για θέμα... κι η ταινία θα προβαλλόταν σε λίγες βδομάδες.

Μερικοί απ' αυτούς τους νεαρούς βγαίνανε και για κανένα μήνα έξω, στραπατσέρνανε τ' όνομά τους και ξαναγύριζαν με περισσότερες δάφνες.

Ανάμεσα σ' όλους ήταν κι ένας που δεν ήταν νεαρός, που δεν έμεινε μόνο ένα μήνα έξω και που δε στραπατσάρισε απλώς τ' όνομά του, αλλά το παραμόρφωσε ολότελα.

Τον τελευταίο καιρό, οι καλλιτεχνικές στήλες του καθημερινού τύπου είχαν πολύ ξελογιαστεί μαζί του. Η πίπα του, πότε προφίλ και πότε «αν φας», ποζάριζε κάθε τρεις και λίγο σ' όλες τις εφημερίδες.

Ήρθε να κάνει —λέει— αυστηρή Τέχνη, και το φώναξε ακόμη πιο αυστηρά. Γιατί —έλεγε— η σύγχρονη ζωή ν' απαλλοτριώσει ολόκληρη την περιοχή της Τέχνης; Κι οι μεγάλοι των αιώνων πού θα πάνε; Πού θα στεγάσουμε τα αναστήματα του Αισχύλου, του Ευριπίδη και του Σοφοκλή; Λοιπόν, Τραγωδία! Ήρθε ο καιρός που η Οθόνη θα δεχτεί την Αρχαία Τραγωδία. Που θα δικαιώσει την ύπαρξή της σαν τέχνη που ήρθε να καταθέσει το «νόημα» του καιρού της.

Μια μέρα έχωσε στο στόμα την πίπα του και πήρε σβάρνα όλες τις δραματικές σχολές — κρατικές και ιδιωτικές. Ήθελε να διαλέξει με το ίδιο του το μάτι το έμψυχο υλικό. Από την πρώτη στιγμή το μάτι του σταμάτησε σε μια λιγνή γλυκειά κοπέλλα μιας ιδιωτικής σχολής και δεν έφυγε από εκεί.

—Αυτό είναι το Αντιγκόνι μου! είπε με θαυμασμό.

Το θηλυκό γένος ήταν άγνωστο στη γλώσσα του (και στη ζωή του...).

Δεν ήταν κακός στη δουλειά του, δεν ήταν γενικά κακός σε τίποτα. Περπατούσε σε μια ματοκυλισμένη χώρα χωρίς να ρωτήσει γιατί και ποιοι τη γέμισαν αίματα. Σήκωνε απλώς το παντελόνι του για να μην το βρέξει... Και περνούσε.

—Πράγματι, του είπε κάποιος τη μέρα που έφτασε... Εδώ ναι, αληθινά, η Τραγωδία ζητά από καιρό τον εμψυχωτή της στην Οθόνη. Ο στενός τοπικός ορίζοντας την πνίγει... Απ' τ' άλλο μέρος, ο Έλληνας ερμηνευτής της Τραγωδίας είναι ο καλύτερος του κόσμου...

—Δατς-ωλ... Να κι εγκώ γκιατί ήρθα ετώ. Τέλω να γνωρίσει το Τέκνι μας όλο ο κόσμος.

—...μα τώρα υπάρχει μια άλλη Τραγωδία, πιο μεγάλη, που παίζεται εκ του φυσικού με αληθινούς θρήνους και πραγματικούς νεκρούς... Ο Λαός φκιάχνει τα θέματά του για τους Τραγικούς της επόμενης χιλιετηρίδας.

Κείνος τίναξε την πίπα του απ' τη στάχτη και απάντησε σηκώνοντας το δάχτυλο:

—Ώου... ντεν υπάρχει μεγαλύτερη τραγκωντία απ' το κλασικί.

Στο διάλειμμα ζήτησε να του παρουσιάσουν τη λιγνή κοπέλλα που διάλεξε το μάτι του.

Το κορίτσι στάθηκε μπροστά του κάπως σαστισμένο, αμήχανο. Κοκκίνισε. Έκανε να τον αποφύγει.

—Μις Αντιγκόνι..., της λέει.

—Με λένε Αλκμήνη, λέει το κορίτσι απλά.

—Ώου... αυτό το όνομα κρατήστε το γκια το σπίτι σας. Αλό... Ξέρετε... διευθυντής σας σας είναι ωλ-ράιτ σ' όλα μαζί μου. Δέχεστε και σεις; Θα έχετε το ρόλο στο *Αντιγκόνι* που γυρίζουμε αυτό το καλοκαίρι... Έκει πολλή ευκαιρία. Και έκει πολύ κρήμα.

Το κορίτσι σάστισε.

—...Εννοεί χρήμα, δεσποινίς Ζυμπούλη, εξήγησε ο διευθυντής.

—Αυτό λίγο με ενδιαφέρει.

Ο Ελληνοαμερικάνος τινάχθηκε ως το ταβάνι.

—Είστε, λοιπόν, τόσο πολύ πλούσια;

—Κάθε άλλο. Είμαι πάρα πολύ φτωχιά. Γι' αυτό...

—Μεγκαλείο! Η κώρα αυτό έκει ακόμη πολύ μεγκαλείο. Λοιπόν, τώρα που είμαστε όλοι ωλ-ράιτ, κάνουμε κι ένα κοντράτο και τελειώνει. Μόνο που το Αντιγκόνι είναι πολύ λυπημένο... Αλλά δεν πειράζει. Το Αντιγκόνι πρέπει να είναι πάντα λυπημένο.

Ο διευθυντής κοίταξε το κορίτσι με πόνο. Ήξερε...

—Τελευταία μας έρχεται πάντα λυπημένη, λέει.

—Τι έκει;

Ο διευθυντής έσκυψε κάτι να του πει. Μα όταν σήκωσε το κεφάλι, το κορίτσι δεν ήταν πια εκεί...

—Ο νέος που αγαπά..., αρχίζει με λυπημένη φωνή ο διευθυντής.

—Ώου... Θα βρει άλλον, πιο γερό.

—Τα πράγματα είναι πολύ πιο τραγικά, κύριε Τζων... Ίσως η γνώμη σας θα είναι ότι δεν θα έπρεπε να συνδεθεί μ' έναν νέον αυτής... τέλος πάντων αυτού... αυτού του φυράματος. Αλλά, βλέπετε, η καρδιά κάνει πάντα δική της εκλογή.

—Φίλε μου, οι έρωτες γενικώς δε με ενδιαφέρουν.

—Εδώ δεν πρόκειται ακριβώς για έρωτα... αλλά για τραγωδία...

—Ω... εσείς όλα τα λέτε «τραγκωντίες».

—Ο νέος αυτός που συνεδέθη είχε κάποιους δεσμούς με ένα ορισμένο είδος ιδεολογίας.

—Φίλε μου... Τι θέση έχουν οι ιδεολογίες στη δουλειά μας; Πολύ άσκημα κάνει αυτός ο νέος να έχει αυτό το ιδεολογία και πολύ άσκημα κάνουν και κείνοι που το κυνηγκούν να το κυνηγκούν. Ηλίθιοι καιροί!... Στη ζωή μόνο το Τέκνι έχει άξια. Όλα τα άλλα είναι κολοκύτια... Α... φίλε μου, πού έκει κολοκύτια; Έφαγα προκτές στο Σαλαμίνα. Έφερε κι ένας μπόυ κρασί μαύρο σαν τη χολέρα. Κολοκύτια τηγανισμένα με σκόρντο-λια και κρασί μαύρο σαν την κολέρα που έφερε αυτός ο μπόυ με τη βάρκα του. Θέλω να ξέρω, γιατί αυτό το κορίτσι έχει τόσο πολλή λύπη μες στα μάτια του;

—Μα, σας είπα...

—Α ναι. Είναι ο νέος που εκεί την ιντεολογκία. Έχει τόσα άλλα σπορ στον κόσμο... πού πήγε και χάθηκε αυτός!

—Δυστυχώς η χώρα μας σπαράσσεται από εμφύλιο σπαραγμό. Τρέχει το αίμα κατά κρουνούς... Και δυστυχώς τους χειρίζονται οι ξένοι.

—Μα... σταθείτε... Α, κάτι μου έλεγε ο άντμιραλ... ναύαρχος... που ερχότανε μαζί μου στο αεροπλάνο. Άι... Εδώ γίνεται κάτι κακό. Έπεσε πολύ ρούμπλι και αγοράζει τους ανθρώπους σαν κατσίκια. Εμείς οι Αμερικάνοι μπορούμε φυσικά να το επιτρέψουμε αυτό. Αλλά μαθαίνω ότι τώρα τελευταία το ρούβλι άρχισε να αγοράζει και κομμάτια απ' την Ελλάδα. Εμείς οι Αμερικάνοι δεν μπορούμε να το επιτρέψουμε αυτό. Αλλά πάλι... γιατί; Τι μας νοιάζει; Δική σας είναι η Ελλάδα, ό,τι θέλετε την κάνετε. Έχω τη γνώμη ότι η Αμερική δεν έχει λόγο να μπερδευτεί. Αυτό μου το είπε καθαρά και ο ναύαρχος που σας έλεγα. Η Αμερική δεν μπερδεύεται. Και κάνει πολύ καλά. Η Αμερική δίδει μόνο συμβουλές — αυτό δε βλάπτει. Και ότι πουλά σ' εσάς πολλά τανξ και αεροπλάνα. Μπράβο! Ντεν ήξερα ότι η Ελλάδα είναι τόσο πλούσια, που να αγκοράζει τόσα τανξ και αεροπλάνα. Τώρα ας τ' αφήσουμε αυτά. Εμάς μας ενδιαφέρουν άλλα, πιο σοβαρά. Πρέπει να δουλέψουμε καλά για να γίνει το *Αντιγκόνι*. Στούντιο δε θέλω. Εδώ για τέτοιες δουλειές όλα είναι έτοιμα. Τι το θέλω το στούντιο; Για να κάνω Αρχαία Ελλάδα με χαρτιά; Όλη η Ελλάδα είναι αρχαία. Οι κολόνες είναι πιο πολλές απ' τα δέντρα. Και φως έτοιμο. Όπου και να γυρίζει ο νους μου, πάντα σταματά σ' ένα μέρος: Καπ Σούνιον. Πουθενά δεν έχει τόσο πολύ έτοιμο φως. Κάνεις ταινία με δυο σεντς. Πήγατε; Α, πρέπει να πάτε...

—Άλλοτε πήγαινα κάθε Κυριακή... Τώρα πια δεν πηγαίνω. Κανείς πια δεν πηγαίνει εκεί. Όχι, κανείς. Διότι απέναντι ακριβώς...

—Ξέρω. Είναι ένα νησί που κάνουν απάνω του γυμνάσια. Μικρονήσι. Καλά το είπα;

—Μακρονήσι. Και —δυστυχώς— δεν κάνουν μόνο γυμνάσια. Δηλαδή, δεν κάνουν διόλου γυμνάσια. Αναβιώνουν μίαν σκοτεινήν περίοδον της ανθρώπινης Ιστορίας.

—Θα μου πείτε πάλι Τραγκωντία.

—Καλά. Δεν προχωρώ. Εξάλλου... είναι περιττόν.

—Να, λοιπόν, που γίνεστε ρεαλιστής. Αλλά μου είπατε και κάτι άλλο. Ότι δεν αφήνουν. Φίλε μου... η λέξη αυτή για έναν Αμερικάνο είναι πολύ κακιά λέξη... πολύ κακιά λέξη... Δηλαδή, κάνει πολύ κακό σ' αυτόν που την λέει. Είχα —και πάνω σ' αυτό— μια συζήτηση με το ναύαρχό μας που σας έλεγα. Λοιπόν... μου είπε πως δε θα την ξαναπούν. Είναι πολύ σίγουρος άνθρωπος. Χωρίς να τους ρωτήσει, μου είπε: «Πηγαίνετε να ετοιμάσετε το φιλμ σας. Δε θα σας εμποδίσει κανείς. Το βεβαιώνω εγώ».

—Ναι, έτσι είναι.

—Μα —απορώ— πώς το ήξερε ότι δε θα πουν «Όχι»; Του το είπα. «Άντμιραλ» του είπα. «Θέλω να σιγουρευτώ». Ναι, είναι αλήθεια ότι στον τόπο αυτό προσφέρουμε τις συμβουλές μας... αλλά οι συμβουλές είναι πάντα συμβουλές. Αν θέλουν, δεν τις δέχονται. Συμβουλές είναι, δεν είναι διαταγές. Τότε ο ναύαρχος έδωσε μια γερή μπουνιά σ' ένα έπιπλο που ήταν κοντά του και το χάλασε. «Δε γεννήθηκε —μου λέει— ακόμη ο μπάσταρδος που θα τολμήσει να περιφρονήσει τις αμερικάνικες συμβουλές!» Κι εγώ ησύχασα. Σπουδαίος άνθρωπος.

Ο διευθυντής είχε ένα πολύ πειραγμένο ύφος.

—Θα μου επιτρέψετε..., είπε. Κι είχε ένα χέρι πιο κρύο κι απ' το χιόνι.

—Φεύγετε; Κρίμα!

—Ναι. Είναι ανάγκη.

—Θα ήτελα να συνεχίζαμε.

Ο διευθυντής δεν απάντησε. Ξεκρεμούσε το καπέλλο του.

—Λοιπόν... Να βασιστώ σ' εσάς ότι... το... Αντιγκόνι... δε θα έχει αντίρρηση; Θα ήταν βλακεία. Ένα εκατομμύριο κορίτσια θα τρέχανε ξυπόλυτα για να πάρουν έναν τέτοιο ρόλο.

—Ίσως πιο πολύ από... ξυπόλυτα, αλλά... επειδή ξέρω τη φύση του κοριτσιού που διαλέξατε, γι' αυτό... δεν μπορώ να σας το προεξοφλήσω... Γι' αυτό χρησιμότερο θα ήταν να βρείτε κάποιαν άλλη. Μπορώ μάλιστα να σας βεβαιώσω από τώρα ότι μάλλον δε θα δεχθεί. Γι' αυτό, φροντίστε για άλλην.

—Γύρισα παντού. Όχι. Δεν υπάρχει. Τόσο Ελληνίδα, τόσο Αντιγκόνι... Όκι. Δεν υπάρχει. Πρέπει να την πείσετε. Συμβουλέψτε την.

—Δυστυχώς κείνη δεν υπακούει σε «συμβουλές». Αν δεν επιθυμεί κάτι η ίδια... τότε ούτε με τις απειλές ούτε με τη βία θα κάνουμε κάτι. Αλλά έχω τη γνώμη ότι η Ελλάδα είναι γεμάτη από ωραίες Ελληνίδες και πολύ... αρχαιοπρεπείς.

—Όχι..., κάνει απελπισμένος ο σκηνοθέτης. Καμιά δεν είναι σαν κι αυτή. Πρέπει. Πρέπει να την πείσετε.

—Θα δοκιμάσω... αλλά —προς το καλό όλης της υπόθεσης— σας συμβουλεύω... Ξαφνικά όμως κέρωσε γιατί είδε την πίπα στα χείλη του Αμερικάνου να τρέμει. Με... συγχωρείτε, διόρθωσε. Είπα τη λέξη με την... ελληνική της έννοια. Δηλαδή... ήθελα να σας συστήσω —παρντόν—, δηλαδή, επιθυμούσα να σας παρακαλέσω, αν πράγματι επιθυμείτε τη συνεργασία της δεσποινίδας, να μην αναμίξετε στη συνεργασία σας αυτή τις απόψεις που έχετε ως προς το ελληνικόν θέμα... ούτε και τον ρόλο της Αμερικής σ' αυτό το θέμα... Με εννοείτε; Και μάλλον... προτιμότερον θα ήταν να... δηλαδή... εν συντομία... η δεσποινίς σάς γνωρίζει, υποθέτω, για ξενιτεμένον Έλληνα. Ή μήπως κάνω λάθος;

—Πού ξέρω, που να την πάρει ο διάβολος, τι με νομίζει και τι δε με νομίζει; Ορίστε εκεί!

—Σας πληροφορώ εγώ... ότι έτσι σας νομίζει. Κι εκεί πρέπει να μείνει. Η αμερικανική σας ταυτότης ας μείνει μεταξύ μας. Δεν ξέρω αν έγινα απολύτως αντιληπτός.

—Όχι.

—Εν τοιαύτη περιπτώσει καλημέρα σας.

—Κύριε! Τι πάτε να κάνετε;

—Με συγχωρείτε. Βλέπω ότι δεν υπάρχει έδαφος για την παραμικρή συνομιλία.

—Μήπως είπα τίποτα που δε σας άρεσε;

—Κύριε, εδώ δεν πρόκειται για μένα. Γιατί —όσον αφορά εμένα— οι πολιτικές μας απόψεις με...

—Ποιος διάβολος μίλησε για πολιτικές απόψεις; Τις μισώ σαν τις πιο βρώμικες κάλτσες μου!

—Κατά κάποιον τρόπο έχετε ένα είδος πολιτικής. Δηλαδή... Μισείτε ένα είδος πολιτικής. Μοιάζει κι αυτό με κάτι σαν πολιτική. Ή όχι; Αυτό... δηλαδή αυτό – καλό θα ήταν να μην το ξέρει η δεσποινίς.

—Και τι πρέπει —που να την πάρει ο διάολος, άλλη μια φορά!— να ξέρει;

—Να ξέρει ότι αγαπάτε, ότι λατρεύετε την... τέχνη, μόνο την τέχνη... και ότι τίποτε άλλο δε σας απασχολεί σ' αυτό τον κόσμο...

—Και μήπως με απασκολεί και τίποτε άλλο;

—Δεν τέλειωσα. Και ότι... δηλαδή —αν θυμάστε—, είσθε ένας ξενιτεμένος Έλληνας... Δεν είσθε Αμερικανός.

—Πώς;;;

—Με συγχωρείτε... έκανα λάθος στη διατύπωση. Ότι είσθε αποκλειστικώς πολίτης της χώρας που λέγεται Τέχνη... και η χώρα αυτή —όπως ξέρετε— δεν έχει καμιά σχέση με τη γεωγραφία ή την πολιτική... Δηλαδή... μπορεί, και ίσως πρέπει να έχει... μπορεί πάλι και να μην έχει... αλλά τα έχω εντελώς μπερδέψει.

—Επιτέλους θα μου πείτε καθαρά τι πρέπει να κάνω;

—Καθαρά και σκληρά: Δεν έχετε πολιτικές ιδέες, ούτε αμερικάνικη ταυτότητα. Τέλειωσα.

Και πήγε να ξαναπάρει το καπέλλο του.

—Ω, αν μπορούσα να 'βρισκα άλλη κοπέλλα... Αλλά δεν μπορώ.

—Λοιπόν... Δέχεστε;

—Έστω. Δέχομαι. Αλλά... θα γυρίσω την ταινία και κατόπι θα την σκοτώσω.

—Κατόπι... επειδή σας πιστεύω για καλλιτέχνη... ξέρω ότι δε θα το κάνετε. Κατόπι... θα σκύψετε και θα της φιλήσετε το χέρι.

ΚΕΦΑΛΑΙΟ ΤΡΙΤΟ

ΤΟ ΣΠΙΤΙ ΤΟΥ ΠΑΝΑΓΗ πέφτει εκεί που ανηφορίζει η Αθήνα. Σε μια γειτονιά που λέγεται «Νέος Κόσμος»... μα που δεν έχει καμιά σχέση με κείνον που ανακάλυψε ο Κολόμβος για να γεμίσει με αίματα και δάκρυα τον παληό. Μικροκάμωτο ήταν το σπίτι. Με άσπρο σοβά κι ένα μπαλκόνι, άλλοτε γεμάτο λουλούδια, που τώρα μαράθηκαν και πέσανε. Ένα σπίτι που το ζώνει η αγωνία —πάντα έτσι γίνεται— αφήνει τα λουλούδια του να μαραθούν.

Κρυώνει η Αθήνα τούτες τις χρονιές... κρυώνει ακόμη και το καλοκαίρι. Κρυώνουν προπάντων τούτες οι απόμερες γειτονιές, που τα παλληκάρια τους βογγούνε μες στα σίδερα ή σωπαίνουν μες στα νεκροταφεία. Μόνο ο σιγανός θρήνος, το τρομαγμένο αφούγκρασμα κι η αϋπνία κατοικούν σ' αυτά τα λαϊκά σπιτάκια. Οι άνθρωποι κουρνιάζουν από νωρίς. Έρχονται τα μεσάνυχτα. Ο ύπνος δεν έρχεται. Άνθρωποι με σταχτιές καμπαρντίνες και χαμηλωμένο το γείσο τριγυρνούν στα σοκάκια, σκύβουν απ' τα τζάμια, κολλούν στις πόρτες τα σκυλίσια τους αυτιά... Αυτοί είναι οι μόνοι νέοι άνθρωποι που κυκλοφορούν σ' αυτές τις γειτονιές. Μιλούν όλοι άγρια... μα κάπου κάπου και μαλακά. Με μια γλύκα όμως που είναι πιο σιχαμερή κι απ' την αγριάδα τους. Κάνουν γύρω γύρω απ' το σπίτι την ταχτική τους ανίχνευση και κατόπι χτυπούν την πόρτα — δε σημαίνει αν νύχτα ή μέρα. Γι' αυτούς και οι νύχτες και οι μέρες είναι δικές τους. Ρωτούν αν δεν είχαν και σήμερα «κανένα νέο απ' τον προκομμένο τους ή απ' το χαμένο τους κορμί που ντροπιάζει όλη τη γειτονιά». Οι σπιτικοί σωπαίνουν.

—Είχατε, λέω, κανένα χαμπέρι; ξαναρωτούν.

—Όχι..., αποκρίνονται κείνοι με πανιασμένα χείλη, προσπαθώντας να μαντέψουν τι άλλο —χειρότερο— τους περιμένει.

—Καλά. Γρήγορα θα σας φέρουμε εμείς τα χαμπέρια του!

Και φεύγουν ευχαριστημένοι που κάνανε τόσο έξυπνα το χριστιανικό τους καθήκον.

Οι άλλοι κλειδώνουν και δεν ξανανάβουν φως. Κι όλο τον επόμενο καιρό περιμένουν με τρόμο τα χαμπέρια που τους υποσχέθηκαν.

Σ' άλλα πάλι σπίτια πηγαίνουν με άλλο ύφος. Αφού μυριστούν καλά καλά ένα γύρο, ζυγώνουν την πόρτα και την χτυπούν μαλακά μαλακά, σα να 'ναι τυλιγμένο το χέρι τους με μπαμπάκι.

—Καλησπέρα, μάνα... Τι νέα; Τίποτα ακόμα, ε; Να 'ξερες τη στενοχώρια μου, ρε μάνα, που βρήκε το σπίτι σας τέτοια συμφορά! Ύπνος δε με κολλάει ολάκερες νύχτες. Κάθομαι και λέω: Βρε πώς την έπαθε κι έμπλεξε μ' αυτά τα ρεμάλια — ποιος, ο Μήτσος... που όλοι λέγανε «μπράβο και μπράβο στη μάνα που γέννησε τέτοιο παιδί!». Ε τι τώρα να τα λέμε! Ήταν, πώς να το κάνεις, παιδί που το ζηλεύανε όλες οι μανάδες. Αλλά να, ο διάολος τον πονηρό θα πάει να μπλέξει; Όχι. Θα πάει στο φρόνιμο, το συσταζούμενο, το «κορίτσι». Ε να, τι να τα πολυλογούμε τώρα! Αυτά κάνουν οι κακές συναναστροφές. Σας πονάω, ρε μητέρα... Κοίτα ξαναγράφ' του. Θα κάνουμε κι εμείς ό,τι μπορέσουμε. Και για δουλίτσα... μου το 'ταξε με το λόγο της τιμής του ο κύριος υπαστυνόμος. Μόνο να ξεκολλήσει μια ώρα αρχύτερα απ' αυτούς τους πουλημένους. Πες του το ξανά. Μπουνιές στο μαχαίρι, πες του, βαράει! Και με τα μυαλά που έχει και φοράει γρήγορα θα σε κατεβάσει στο μνήμα και θα 'χει το κρίμα σου. Εγώ σας μιλάω έτσι γιατί σας πονάω. Αυτό πια το ξέρεις.

—Δε σε θυμάμαι, παιδάκι μου... Πρώτη φορά σε βλέπω.

—Είδες... είδες τι κάνουν τα βάσανα; Φυραίνουν το μυαλό του ανθρώπου... και ξεχνά τον καλύτερό του φίλο. Αλλά ας είναι, εγώ δε σε ξεσυνερίζουμαι. Γιατί σε πονάω. Λοιπόν... άιντε, καληνύχτα, και να βάλει το χέρι του ο Αϊδημήτρης που αύριο γιορτάζουμε τη χάρη του. Έχει και την ονομαστικήν του εορτή ο Μήτσος... Αααχ, βάσανα που 'χει ο άτιμος ο κόσμος! Άιντε... Καληνύχτα, μάνα.

Η γριά λιβανίζει το σπίτι για να φύγει η μυρουδιά απ' το βρώμικο χνώτο του. Και κατόπι κάθεται και τρώει λίγο ξερό ψωμί. Σκέτο ψωμί... γιατί δεν είχε χρήματα για ν' αγοράσει τίποτ' άλλο ή δεν είχε τη δύναμη να μαγειρέψει.

Ένα απόγευμα, μετά τη δύση του ήλιου, χτύπησε κι η πόρτα του Παναγή. Η Αλκμήνη ήταν στην κουζίνα. Η γριά άνοιξε την πόρτα με χέρια που έτρεμαν.

—Μην τρομάζετε, κυρούλα, λέει ένας ηλικιωμένος ευγενικός άνθρωπος. Είμαι ο διευθυντής της δεσποινίδος.

—Κόρη μου...; φωνάζει αδύνατα η γριά κατά μέσα, κι η φωνή της σώθηκε.

Το κορίτσι απ' τη φωνή κατάλαβε ότι κάτι πολύ ασυνήθιστο έτρεχε και βγήκε με βρεγμένα χέρια.

—Τι τρέχει, μανούλα;

—Εγώ είμαι, δεσποινίς Ζυμπούλη, είπε ο διευθυντής.

Η κοπέλλα κοκκίνισε και σκούπισε τα χέρια της.

—Σας παρακαλώ να συχωρήσετε τη μαμά, είπε... Περάστε.

—Καταλαβαίνω.

—Δεν έχουμε πια επισκέψεις. Οι επισκέψεις που είχαμε ως τώρα ήταν όλες ανεπιθύμητες. Είσθε η μόνη εξαίρεση. Γι' αυτό πρέπει να συχωρέσετε την τρομάρα της μαμάς.

—Μα... τι 'ν' αυτά που λέτε, δεσποινίς Ζυμπούλη... ω, να μην το 'ξερα. Θα 'κανα συχνότερα αυτές τις εξαιρέσεις. Μπαίνω αμέσως στο θέμα μου. Πρώτον... Να μου επιτρέψετε να... σας συγχαρώ.

Ο διευθυντής σηκώθηκε και της φίλησε το χέρι.

Το κορίτσι τον κοιτούσε αμήχανο.

—Άριστα μετ' επαίνων... παμψηφεί... Είσθε ο μεγαλύτερος θρίαμβος της σταδιοδρομίας μου. Σας φέρνω το δίπλωμά σας.

Η κοπέλλα το άνοιξε... —τα μάτια της ομόρφυναν περισσότερο— και κατόπι το άγγιξε, απλωμένο, στο στήθος της... Αμέσως μετά φίλησε το χέρι του διευθυντή, και κατόπι χάθηκε στην αγκαλιά της δακρυσμένης γριούλας.

—Αχ... αν μπορούσαμε να του το τηλεγραφήσουμε... αν μπορούσαμε να κάνουμε κάτι για να το μάθει!...

Ο διευθυντής συνέχισε για να τη βγάλει απ' τη δύσκολη στιγμή.

—Και τώρα... έρχομαι να επισημοποιήσω την προκαταρκτική πρόταση που σας έγινε για το ρόλο της Αντιγόνης. Υπήρχαν κάποιοι φόβοι... καταλαβαίνετε ποιοι... Μήπως μπορούσε να έχει συνέπειες για το ότι η μνηστή ενός...

—...προδότη... Γιατί δεν το λέτε; Πέστε το, λοιπόν, και σεις.

—Εγώ... Εγώ... Μα θα έπρεπε να είμαι τυφλός ή τρελλός για να υιοθετήσω έναν τέτοιον παραλογισμό. Αυτό φυσικά πρέπει να μείνει μεταξύ μας... Γιατί δεν σας αποκρύπτω ότι άρχισα δυστυχώς κι εγώ να καθίσταμαι ύποπτος. Δεν συγχωρούν την ουδετερότητά μου. Μου ζητούν πιεστικώς ενεργόν δράσιν εναντίον... εναντίον σας. Δεν θα το κάνω ποτέ. Δεν είμαι φυσικά —διόλου ίσως— γενναίος, αλλά άνανδρος μέχρι τοιούτου βαθμού δεν θα γίνω, όχι, ποτέ. Δεν ζητώ τίποτε άλλο παρά να με αφήσουν ανενόχλητον να συνεχίσω το λειτούργημά μου. Εσείς θα ξέρετε με πόσας στερήσεις ίδρυσα αυτή την σχολήν και με πόσους μόχθους κατόρθωσα να την σώσω από την πτώχευση... Εξάλλου τι το τρομερόν κάνω; Αγωνίζομαι να κρατήσω την τέχνη αμέτοχη τη στιγμή που όλα συνεμάχησαν μαζί τους. Αυτό ήδη είναι ένας μικρός ηρωισμός, που απορώ κι εγώ πώς τον έχω. Δεύτερος μικρός ηρωισμός μου ήταν η εμμονή μου να σας κρατήσω, παρά τις παραινέσεις και τις συμβουλές ειδών ειδών φίλων μου που έτρεμαν για την προσωπική μου τύχη και για το μέλλον της σχολής μου. Και ορίστε... ξημέρωσε η μέρα της δικαίωσής μου. Και τώρα έρχεται και η σειρά του πρώτου σας ρόλου. Φυσικά, ίσως να παραβιάστηκαν κάποιες παληές συνήθειες. Ως τώρα όλες οι τελειόφοιτες έμπαιναν πρώτα στον αρχαίο χορό και κατόπι τους ανετίθεντο ρόλοι. Αλλά το τάλαντό σας δεν είναι απλώς ένα τάλαντο... είναι ένα φαινόμενο. Έπειτα... εκείνος ο Ελληνοαμερικανός έχει προσκολληθεί στην ιδέα ότι δεν υπάρχει άλλη καταλληλότερη. Φυσικά εκινήθη πολύς βρώμικος συρφετός εναντίον αυτής της εκλογής. Επεκαλέσθησαν πολλά ιερά. Εζήτησαν εν ονόματι της μαχομένης πατρίδος και του Θεού... ν' αποκλεισθεί η εκλογή μιας νέας ο μνηστήρ της οποίας περιφρονεί την θρησκείαν. Ξέρεις τι τους απάντησε ο —από κάποια άποψη— αφελής εκείνος άνθρωπος; «Εμένα θρησκεία μου είναι η Τέχνη. Και γι' αυτήν τη θρησκεία η δεσποινίς είναι πολύ καλή ιέρεια».

Ο διευθυντής έχωσε το χέρι του στην τσέπη κι έπιασε ένα χαρτί.

—Θα 'ρχόταν μαζί μου κι ο ίδιος... αλλά δεν το έκρινε σκόπιμον... Δηλαδή, δεν το έκρινα σκόπιμον εγώ. Δεν ξέρω, αλλά... μένω με τη γνώμη ότι ο άνθρωπος αυτός, λόγω κάποιας ιδιορρυθμίας του, δεν σας έκανε καλήν εντύπωση. Φοβήθηκα, λοιπόν, ότι η προσωπική του παρουσία εδώ θα ήταν πολύ κακός συνήγορος. Διαβάστε το και, σας παρακαλώ, μην πείτε όχι. Θέλω να δείξω σ' όλους τι άστρο αγωνίστηκα να κρατήσω.

Η γριούλα σκούπισε τα μάτια της και χάιδεψε τον ωραίο λαιμό του κοριτσιού!

—Δέξου το, κόρη μου..., της λέει γλυκά. Συλλογίσου και κείνον... Τι χαρά θα έπαιρνε αν...

Η κοπέλλα το δίπλωσε.

—Δεν το διαβάζω, του λέει συγκινημένα. Κλείνω τα μάτια κι αφήνω το χέρι μου να το πάτε όπου θέλετε εσείς. Αυτά τα χρόνια κοντά σας έμαθα να εμπιστεύομαι αυτούς που είναι άξιοι εμπιστοσύνης. Ξέρω ότι κάνατε για μένα πιο πολλά απ' τις δυνάμεις σας. Κι όλες αυτές τις αγωνίες και την πάλη σας για χάρη μου μπορεί να μην τα ήξερα, αλλά τα μάντευα. Πατέρα η ζωή δε μου 'δωσε. Κείνος έφυγε την ώρα που εγώ ερχόμουν στη ζωή χωρίς ν' ανταμώσουμε στο δρόμο. Τον αντάμωσα όμως δεκαοκτώ χρόνια αργότερα, όταν, για πρώτη φορά, δρασκέλισα το κατώφλι της Σχολής σας. Αυτά τα πέντε χρόνια που η ζωή μού τα αρνήθηκε όλα, μου 'δωσε δυο μεγάλες χαρές: ένα γενναίο και υπέροχο αρραβωνιαστικό κι έναν εμπνευσμένο και στοργικό δάσκαλο. Εξετίμησα προπάντων το πόσο πασχίσατε να μη θίξετε το χαρακτήρα μου... Να μην τον π λ ά σ ε τ ε, όπως συνηθίζουν να κάνουν όλοι οι δάσκαλοι.

—Ήταν έτοιμος... Και προσπάθησα να τον συντηρήσω έτσι όπως τον παρέλαβα. Αυτό, μου φαίνεται, είναι το καλύτερο πλάσιμο.

—Δε θα ξεχάσω ποτέ την τυράγνια και το πάθος που βάζατε στη διδασκαλία σας... Αλλά δε θα ξεχάσω ποτέ —αγαπημένε μου δάσκαλε— τα συλλογισμένα βλέμματα που μου ρίχνατε κάποτε, γεμάτα ανημποριά και απόγνωση. Τώρα τα εξηγώ... Ήταν οι ώρες που ακολουθούσαν τις πιέσεις... Αυτή η αγωνία ήταν δική μου... Και την παίρνω τώρα, ύστερα από τόση καθυστέρηση... Αλλά θα σταματήσω γιατί τρομάζω μήπως πάρετε τη συγκίνησή μου για ρόλο. Τόσον καιρό παίξατε εσείς, βουβά, μόνο με τη σιωπή, και με το βλέμμα σας, τον καλύτερο ρόλο ενός καλλιτέχνη, το ρόλο του ανθρώπου. Είμαι πολύ μικρή μπροστά σας... γιατί δυστυχώς παίζω μόνο με λόγια.

Ο παληός ηθοποιός έψαχνε να βρει το καπέλλο του... Αλλά ήταν αδύνατο να το βρει... Στο τέλος έφυγε ξεσκούφωτος και σκυφτός σαν ένοχος.

Αυτός ήταν ο πιο μεγάλος ρόλος της κλειστής σταδιοδρομίας του.

Ο άνθρωπος αυτός σε λίγο πέθανε παίρνοντας μαζί του μια μικρή λύπη, αλλά αφήνοντας πίσω του μια λύπη μεγαλύτερη. Η κόρη... η κόρη που έπλασε, η κόρη της τυράγνιας και της αγωνίας του, κάηκε μες στην ίδια της τη φωτιά.

ΚΕΦΑΛΑΙΟ ΤΕΤΑΡΤΟ

ΤΟ ΣΟΥΝΙΟ είναι η πλώρη του κόσμου. Αποκεί τα κύματα φαίνονται σα μικρά φτερά που τα σκόρπισ' ο άνεμος.

Γύρω απ' το Σούνιο πνέει το πιο ανάλαφρο αγέρι αυτής της γης, και πέρα απ' το Σούνιο χάνει τα σύνορά του αυτός ο κόσμος κι αρχίζουν τα σύνορα μιας γαλάζιας πολιτείας που δεν έχει όνομα γιατί είναι όλη μαγεία.

Σ' αυτό τον τόπο φοβήθηκαν να κατοικήσουν οι θεοί για να μην τύχει και ξελογιαστούν και γίνουν άνθρωποι, κι έφυγαν και πήγαν πέρα, κατά τον Όλυμπο. Εδώ δεν μπορείς να κρύψεις τίποτα. Όλα τα ξεγυμνώνει το φως. Η ομορφιά φαίνεται πιο όμορφη. Κι η ασκήμια δε δοκιμάζει ούτε να ξεμυτίσει. Ως κι η ψυχή ενός αόμματου εδώ... ως κι αυτή μπορεί να γλυκαθεί. Εδώ κατοικεί μόνο το φως... Και λουλούδια που δεν έχουν κηπουρό κι όνομα.

Ένας αέρας που πέρασε απ' τα φύκια παίζει κυνηγητό με τις πεταλούδες. Τις κυνηγά ανάμεσα απ' τις κολόνες και τις σπασμένες μετόπες... και κείνες δε μοιάζουν πια με πεταλούδες παρά με λουλούδια που ξεκόλλησαν απ' το μίσκο τους.

Έρχεσαι απ' την πόλη για μια ώρα και ξεχνάς να φύγεις. Γιατί είναι όλος ο τόπος μια σκλαβιά, ένα θηλυκό τοπίο, γεμάτο απλότητα και μέθη, σαν ωραία Ατθίδα που μόλις τελείωσε τα παιχνίδια της με τα κύματα.

Κι όμως, αντίκρυ πέτρωσε γεμάτο δόντια και μίσος το Μακρονήσι. Χίλιους αιώνες ασκημίζει κι ακόμα δεν τέλειωσε. Γιατί τελευταία ήρθαν κι έραναν την ασκήμια του με αθώο αίμα. Ως και το Σούνιο —τα χρόνια τούτα— πήρε να χλωμιάζει και να θαμπώνει... Τρόμαξε, θαρρείς, το φως του και χαμήλωσε. Τη μέρα που στήσανε τα μηχανήματα προβολής ένα καΐκι ξεκίνησε γεμάτο πανικό απ' αντίπερα κι άραξε στ' ακρωτήρι. Σαν είδαν το συναγμένο κόσμο, ούρλιαξαν σα να τους σούβλισαν μ' αναμμένο δαδί. Ζώσανε με τ' αυτόματά τους το Ναό κι ο αξιωματικός τράβηξε ίσα κατά πάνω τους. Ο σκηνοθέτης έβαλε την πίπα του όσο μπορούσε πιο στραβά και τους άφησε να πλησιάσουν με χαλασμένο μάτι.

—Θα σας καθαρίσω όλους!... φώναξε σηκώνοντας το ραβδί του.

—Χώσε το ξύλο σου μες στη μύτη και στάσου ήσυχα. Έτσι. Και τώρα διάβασε αυτό το χαρτί.

Ο αξιωματικός το διάβασε, κι αμέσως πέταξε το ραβδί του και στάθηκε προσοχή.

—Με συγχωρείτε..., έκανε ταπεινά φέρνοντας τη βρώμικη παλάμη του στο κασκέτο... Ξέρετε... είναι κάτι ξένοι που θέλουνε το κακό του τόπου μας και γεμίζουν τον κόσμο μ' ένα σωρό συκοφαντίες... που τις συνοδεύουν και με ψεύτικες φωτογραφίες, διάφορα «φωτομοντάζ» κ.λπ. Θέλετε σεις, μίστερ, να συκοφαντούμε την πατρίδα σας, τη χώρα της Ελευθερίας;

—Μη μου γεμίζεις τ' αυτιά με τα σκυλίσια λόγια σου!... Και η Ελευθερία... είναι καλύτερα χωρίς εσένα.

—Οπωσδήποτε...

—Τότε μάζεψε τα λόγια σου και κάτσε να τα φας. Και μη με ζαλίζεις.

Ο αξιωματικός ξανανέβασε το βρώμικο χέρι στο κασκέτο του.

—Μίστερ..., λέει κλαουρίζοντας... Ο διοικητής μου... ο κύριος διοικητής μου, δηλαδή... διέταξ... παρντόν... παρεκάλεσε, δηλαδή... νύχτα...

—Νύχτα; Τι νύχτα;

—Δηλαδή, νύχτα... Ό,τι είναι για να γίνει εδώ απ' την εξοχότητά σας να γίνει τη νύχτα... διότι απέναντι είναι καταυλισμός... δηλαδή, πεδίον βολής... δηλαδή... σταθμεύουσιν... Και ένεκα, λοιπόν, τούτου η διαταγ... η θερμή παράκλησις του διοικητού, δηλαδή... του κυρίου διοικητού... είναι η εργασία σας... Δηλαδή, ό,τι πρόκειται να γίνει εδώ, δηλαδή, εννοείτε;... Να γίνει, δηλαδή, νύχτα...

—Είναι ρεζισέρ ο διοικητής και το ξεύρει ότι δεν κάνει μέρα... και κάνει νύχτα; Ρεζισέρ είναι ο διοικητής σου; Λέγε!

—Ευχαριστώ... Θα τηλεφωνήσω στον κύριο διοικητή... ότι η επιθυμία του... δηλαδή, ότι η επιθυμία σας είναι σύμφωνη με την επιθυμία του. Εδώ δεξιά εις το πρανές έχει μίαν υπήνεμον αμμουδιάν όπου ημπορείτε να πάρετε το μπάνιο σας. Έχει και εστιατόριον. Και φρέσκα θαλασσινά...

—Καλά. Ωλ-ράιτ... ας γίνει τη νύχτα... Ίσως... Καλά, τίποτε. Τώρα μπορείς να πηγαίνεις... Έχω μίαν παράκληση... μπορείς να πηγαίνεις γρηγορότερα; Θενξ.

Ο λοχαγός μάζεψε τις άντζες του και έφυγε βιαστικά για να μην τύχει —ο παράξενος αυτός και ζόρικος Αμερικάνος— και μετανοιώσει και ξαναστήσει τα μηχανήματά του μέρα.

Έτσι, μαζί με τόσους άλλους ανθρώπους, πέρασε κι η

Τέχνη στην παρανομία. Και της επιτρεπόταν να κυκλοφορεί μόνο νύχτα.

Ο σκηνοθέτης φύσηξε μακριά τον καπνό του κι έδωσε εντολή να ξεστήσουν τα μηχανήματα και να τραβηχθούν πίσω απ' τ' ακρωτήρι.

Όλοι ξεκίνησαν. Και μόνο το κορίτσι που ντύσανε Αντιγόνη δεν κουνήθηκε απ' την πέτρα του και με τα μάτια σκορπισμένα αντίκρυ πάσκιζε να μαντέψει, να δει... Πού; Σε ποια βραχοσυρμή τον είχαν;... Πού βογγούσε... και πού πέθαινε — αν δεν πέθανε;...

—Αντιγόνη, φώναξε ο σκηνοθέτης. Φεύγουμε... Έλα.

Ένας με χοντρά άγαρμπα πόδια ήρθε και στυλώθηκε άγρια από πάνω της.

—Εσένα λένε Αντιγόνη; της λέει πρόστυχα.

Το κορίτσι τον κοίταξε σα σκιάχτρο.

—Τι πάρε δώσε έχεις εσύ με κείνο κει; της λέει δείχνοντας το νησί.

Το κορίτσι τον κοίταξε μπερδεμένο.

—Ποιο κείνο κει; του λέει.

—Αυτό, κοπέλλα μου, να το κοιτάς και να κάνεις το σταυρό σου... Άκουσες; Έχεις ακούσει περί «εθνική κολυμβήθρα»; Χμ... πάλι δεν καταλαβαίνεις. Να σ' τα κάνω πιο ψιλά. Αυτό εκεί που βλέπεις και δε σου γεμίζει το μάτι είναι, για να ξέρεις, η ανώτερη εθνική σχολή. Εθνικόν Αναμορφωτήριον, ο «Νέος Παρθενώνας». Δε με πιστεύεις εμένα; Ε τότε τράβα στον υπουργό μας που το είπε με το ίδιο του το στόμα. Αλλά;... Τι σου πέρασε; Αλλά δίνε του γιατί το καΐκι φεύγει και δε με περιμένει.

Το κορίτσι όμως δε σάλεψε. Και κείνος αγρίεψε πιο πολύ.

—Δε μου λες... τραβάει η καρδιά σου αναμόρφωση; Ε;

Τι θαρρείς... επειδής είσαι αρχαία θα σ' το χαρίσω; Μαρς!

Απ' τις κολόνες ξεκίνησε ο σκηνοθέτης κρατώντας την πίπα του σα ρεβόλβερ.

—Ψτ! Ε, συ! Τι δουλειές έχει το σκυλόμουτρό σου μ' αυτό το κορίτσι;

Ο άλλος τινάχτηκε και στάθηκε σα στειλιάρι...

—Μίστερ, λέει, ήλιος καίει... πολύ... κάψει κεφάλι κορίτσι.

—Αλέ. Χάσου... Εσύ τώρα βρέθηκες να γλυτώσεις το κεφάλι της απ' τον ήλιο; Χάσου τώρα γιατί θα μετανοιώσω και θα στήσω τις μηχανές μου πριν βραδιάσει. Γκόου!...

—Σκούζμι, μίστερ...

—Πάρε το άγαρμπο μπόι σου και φύγε το γρηγορότερο γιατί δεν μπορώ να σε βλέπω... ούτε ν' ακούω τα ελληνικά σου. Γκόου!... Μαρς!...

Ύστερα γύρισε στο κορίτσι.

—Αντιγκόνη... Έλα, παιδί μου, της λέει στοργικά. Δεν κάνει... Πάμε τώρα. Άλλη φορά ερχόμαστε μαζί. Όλοι κατέβηκαν. Όχι, δεν κάνει. Μπορεί —αν πάμε πιο κόντρα— ν' αλλάξουμε τη διαταγή και να μη μας επιτρέψουνε να κάνουμε το φιλμ... καθόλου.

Η κοπέλλα παρατήρησε ότι και κείνος έτρεμε αδιόρατα... Κάποιος αδιόρατος φόβος τρύπωνε μέσα του... κι ας ήταν μακριά από κάθε υπόνοια. Τον ακολούθησε. Μόνο —καθώς κατηφόριζαν— έριξε πίσω της ένα τελευταίο βλέμμα. Το καταραμένο νησί άχνιζε κάτω απ' την πύρα του μεσημεριού... Ποιος ξέρει... μπορεί ο αχνός αυτός να 'βγαινε απ' τις διψασμένες τους ανάσες. Ποιος ξέρει;

* * *

Σαν ο ήλιος κύλησε πίσω απ' τη ράχη της Πεντέλης, κι οι ίσκιοι της νύχτας σύρθηκαν πάνω απ' το Ναό, ξεκίνησε και το συνεργείο να ξαναπάρει τη θέση του. Ένας κόρφος με αμμουδιά ήταν εκεί πίσω, με κάτι σκόρπιες ταβερνούλες με μαρίδες και ξανθό κρασί της Αττικής. Όλοι κολύμπησαν, ήπιαν... και φώναξαν τους ρόλους τους μπρος στα κύματα.

Μόνο η Αντιγόνη, ντυμένη πάντα με την εσθήτα της ηρωίδας, τραβήχθηκε απ' όλους και πήρε ένα βραχάκι όπου έμεινε μόνη με τον εαυτό της. Τον έρωτά τους κοντά στη θάλασσα. Τα πρώτα του λόγια. Την κοριτσίσια του ντροπή... Ύστερα τα ξεθαρρέματά του. Τα παιχνίδια με τα χαλίκια στην αμμουδιά... «Αν το χαλίκι μου κάνει είκοσι "ψωμάκια" στο νερό, θα τρέξουμε αμέσως να παντρευτούμε... γιατί θα 'μαστε πλούσιοι!» Αλλά το χαλίκι έκανε μόνο πεντέξη «ψ ω μ ά κ ι α» κι ύστερα βούλιαξε... «Μου τρώνε τα ψωμάκια μου τα ψάρια... Δεν πειράζει που θα είμαι φτωχός, ε; Με θέλεις ακόμη;» Κείνη ριχνόταν απάνω του σα ζεστός ορμητικός αέρας που τον έσπρωχναν τα θαλάσσια νερά... «Δε μέτρησα τα ψωμιά σου... Δε μέτρησα τίποτε... Σ' αγάπησα χωρίς να λογαριάσω. Πάρε με και χωρίς κανένα ψωμί». «Δεν πειράζει...» της έλεγε κείνος σηκώνοντάς την στα μπράτσα και μην ξέροντας τι να την κάνει. «Δεν πειράζει... Παντρευόμαστε και νηστικοί. Μόνο... να μας α φ ή σ ο υ ν».

Μα δεν τους άφησαν. Τώρα ήταν εδώ, μπροστά στην ίδια θάλασσα... μα τίποτε δεν ήταν ίδιο. Πίσω αποκεί ήταν ένας πελώριος βράχος που είχε απάνω του ό,τι πιο πολύ αγάπησε πάνω σ' αυτή τη φτωχή γη.

—Αντιγόνη, αρχίζουμε!... Αντιγόνη!... Έλα, ανεβαίνουμε.

Το κορίτσι που έπαιζε το ρόλο της Ισμήνης, και που κατάφεραν οι δυο τους μέσα στο ρόλο τους ν' αγαπηθούν κι αληθινά, την αγκάλιασε και την πήρε μαζί της. Άρχισαν ν' ανεβαίνουν την πλαγιά.

—Σαν παίζουμε, να μην κοιτάζεις κατακεί, της λέει. Άκουσες; Θα χάνεις τα λόγια σου.

Οι προβολείς είχαν αρχίσει κιόλας να ψάχνουν με τις κεραίες τους για να κλείσουν μες στον κύκλο τους ολόκληρο το Ναό. Όλα ήταν έτοιμα. Οι «οπερατέρ» στήσανε τα πολυβόλα τους και σημάδευαν. Ο βοηθός στάθηκε αυθάδικα αντίκρυ τους με σηκωμένο ψηλά το πινάκιο αρίθμησης.

—Δώσ' μου όλα τα άσπρα, φώναξε ο σκηνοθέτης.

—Όλα έτοιμα! Πήγαμε.

Έκλεισε το πινάκιο και τραβήχθηκε σβέλτα σα να επρόκειτο να τον καταβρέξουν.

Στο φωτεινό κύκλο σχεδιάστηκαν οι δυο λυγερές σιλουέττες των κοριτσιών.

—Ω της Ισμήνης μου λατρεμένο κεφαλάκι — αδελφικό.

Οι δροσερές κοριτσίσιες φωνές αντηχούν γλυκά μες στη νύχτα.

Η ηρωίδα αναδύεται σιγά σιγά μέσα απ' το διάλογο του ποιητή:

Πάω να ετοιμάσω την ταφή
για το γλυκό μου αδέρφι.

Η στοχαστική Ισμήνη πασκίζει να την συγκρατήσει. Δειλιάζει μπροστά στην απροσμέτρητη αποκοτιά:

—Αλλοί... Πώς τρέμω η δύστυχη για τη δική σου τύχη!...

ΑΝΤΙΓΟΝΗ — *Για με μην τρέμεις.*
Τρέμε —αν θες— για το δικό σου φόβο.

Η Ισμήνη τώρα παρακαλεί να μην το φανερώσει κανενός. Και της υπόσχεται να μην το μαρτυρήσει ούτε κείνη.

Εδώ αναπηδά και ξεδιπλώνεται η ατρόμητη φύση της ηρωίδας. Όχι απλώς να το πει! Μα να το διαλαλήσει, παντού! Και το ίδιο θα κάνει κι η ίδια!

Η Ισμήνη σαστίζει... μα και τη θαυμάζει. Και με πόση περηφάνεια τής το λέει!

ΙΣΜΗΝΗ — *Για τέτοιον κρύο —ένα— σκοπό*
ζεστή που 'ν' η καρδιά σου...

ΑΝΤΙΓΟΝΗ — *Μόνο σ' εκείνους που αγαπώ...*
σ' αυτούς θέλω ν' αρέσω!

Η Ισμήνη δε βρίσκει άλλη δύναμη για να την συγκρατήσει. Την αφήνει, λοιπόν, να πάει λέγοντας θαμπωμένη:

Μα στους δικούς σου φαίνεσαι
αληθινά δική τους!

Τα δυο κορίτσια φεύγουν. Στον κύκλο ξαναμπαίνει ο βοηθός και τσακάρει τη δεύτερη σκηνή.

—Έτοιμα! Πήγαμε.

Στη σκηνή μπαίνει αργά και τελετουργικά ο χορός των γερόντων.

—Αχτίνα του ήλιου ολόφωτη
που φως ωσάν κι εσένα...
στη Θήβα την εφτάπυλη
δε φάνηκε κανένα...
Χρυσό της μέρας βλέφαρο
από τη Δίρκη εφάνης...

Ο χορός σχεδιάζει στο φωτόκυκλο αργά αργά δαχτυλίδια...

....
Όπου τ' αδέρφια επέσανε
αλληλοσκοτωμένα.
Στο Χάρο αδελφωμένα
όπως και στη γενιά.

Μα ο βασιλιάς δεν ξέρει από ποίηση. Δεν τον αγγίζει. Προχωρά κατά πάνω της άπονα και ξεφωνίζει: «Την απόφαση την πήρα! Και τίποτα δε θα την μεταλλάξει! Ο Πολυνείκης θα μείνει άταφος... και θάνατος φριχτός περιμένει κείνον που θα κινηθεί να τον θάψει!».

Οι γνωστικοί γέροντες απορούν:

—Τόσο τρελλός ποιος βρέθηκε
να θέλει να πεθάνει;

Μα ο τρελλός βρέθηκε. Και δεν ήταν τρελλός. Ήταν τρελλή.

Ο βασιλιάς, μαθαίνοντας από το φύλακα το θάψιμο του «στιγματισμένου», τρέχει αφρίζοντας να βρει τον πουλημένο που για το χρήμα παράκουσε την εντολή του βασιλιά. Κι ο κορυφαίος —σα μείνει μόνος με τους γέροντες— υψώνει θαυμαστή φωνή:

Του Κόσμου από τα θάματα
δεν είναι τίποτα άλλο
που να 'ναι σαν τον άνθρωπο
περήφανο, μεγάλο.
Αυτός και με τα κύματα
σε θάλασσα αφρισμένη

ξέρει βαθιά να μπαίνει
και να την κυβερνά.
Αυτός [...] τ' ανήμερο άλογο
ξέρει να μεταπείσει
τη λευτεριά ν' αφήσει
και στο ζυγό να μπει.
....
Με χίλιους τρόπους έρχεται
και χίλιους τρόπους ξέρει.
Και μόνο ένα δεν ξέρει,
το Χάρο να νικά.

Μα η Αντιγόνη τον νίκησε! Αυτό το αναγνωρίζει και ο χορός και, μ' όλο το φόβο του, το εκδηλώνει μεγαλόφωνα:

Άγριο σαν τον πατέρα της
είναι το φυσικό της...
Κι αυτή δεν ξέρει να λυγά
μπροστά στη δυστυχία.

Το κορίτσι που είναι ντυμένο με τα ρούχα της Αντιγόνης παίζει τώρα και για δικό του λογαριασμό.

Στον κόσμο δεν γεννήθηκα
για να μισήσω με άλλους.
Μα μ' άλλους ν' αγαπώ!

Μπροστά στο μεγαλείο της αδελφής της, ανακαλύπτει μέσα της μια ηρωική πτυχή κι η Ισμήνη. Και χωρίς ούτε καν να το διανοηθεί να πάρει μέρος στην ταφή, ομολογεί παράφορα ότι είναι συνένοχη κι αυτή.

Η Αντιγόνη την μαλώνει:

Εκείνα που δεν άγγιξες
δικά σου μην τα κάνεις!

Μα η Ισμήνη επιμένει ότι πήρε κι αυτή μέρος στο «Έγκλημα». Ότι το 'κανε!

ΑΝΤΙΓΟΝΗ — *Εκείνονε που το 'κανε*
τον ξέρει ο κάτω κόσμος.
Συ μη φοβάσαι, ακόμα ζεις!
Μα εμένανε η ψυχή μου...
έχει πεθάνει από καιρό.

Οι γερόντοι με ραγισμένη φωνή προσπέφτουν στο βασιλιά. Αν δε λυπάται αυτήν... τουλάχιστον ας λυπηθεί το γιο του... που του σκοτώνει την αρραβωνιαστικιά.

Μα ο βασιλιάς στέκει αλύγιστος:

Τούτο το γάμο τον κακό
ο θάνατος θα κόψει!

Οι προβολείς σβήνουν: Διάλειμμα. Η Αντιγόνη ρίχνει τη ματιά της αντίκρυ... όπου κάτι φώτα, μικρά σαν ψυχές, τουρτουρίζουν σα να κρυώνουν. «...Τούτο το γάμο τον κακό ο θάνατος θα κόψει...»

Το κορίτσι που παίζει την Ισμήνη ανοίγει την αγκαλιά της και πέφτει η Αντιγόνη, κοιτώντας με τρόμο κατά το Μακρονήσι...

ΚΕΦΑΛΑΙΟ ΠΕΜΠΤΟ

ΠΩΣ ΞΥΠΝΑ ΕΝΑΣ ΑΝΘΡΩΠΟΣ απ' τον ύπνο... ο Γιώργης το 'ξερε. Είχε ξυπνήσει χιλιάδες φορές. Μα απ' το θάνατο πρώτη φορά ξυπνούσε... Κι άργησε πολύ να το πιστέψει ότι δεν ήταν —και τούτη τη φορά— ο θάνατος, αλλά ο ύπνος. Μα όχι... Τούτος ο ύπνος δεν ήταν συνηθισμένος. Ήταν αλλοιώτικος. Σου 'δινε την αίσθηση ότι ανεβαίνεις, ότι ξεκολλάς από κάτι βαρύ που σε τραβά πίσω... και γυρεύει να σε ξαναβουλιάξει. Κι εσύ έχεις πολύ λίγη δύναμη για να ξαναπαλέψεις. Και πολύ λίγη λαχτάρα να ξανακερδίσεις τη ζωή, γιατί είναι χειρότερη απ' το θάνατο. Η ζωή τούτη που ξαναβρήκε βρωμούσε ανυπόφορα. Το στομάχι του ζητούσε να βγάλει έξω ό,τι είχε φάει... μα δε βρήκε τίποτε κι έβγαλε τη θάλασσα και το λίγο νερό που είχε πιει πριν αποκοιμηθεί. Ξερνούσε βογγώντας και βγάζοντας άναρθρα ξεφωνητά, μα τίποτα δεν τον γλύτωνε. Στα κακά όνειρα οι άνθρωποι σα φωνάζουν ξυπνούν. Μα εδώ φώναζε χωρίς να ξυπνά... και το κακό όνειρο συνεχιζόταν... ένα όνειρο με ορθάνοιχτα μάτια. Είχαν πια μπλεχτεί παράξενα ο ύπνος με το θάνατο.

Εδώ εκείνο που ήταν ξεκάθαρο ήταν το κυνηγητό ενός νεκρού. Αδιάκοπο κυνηγητό παντού. Τον ακολουθούσε και λιπόθυμο, και κοιμισμένο, και ξύπνιο... Και θα τον ακολουθούσε ακόμη και πίσω απ' τη ζωή... κι ως μέσα στις βαθειές σπηλιές του Χάρου... δεμένος απάνω του, σκεπάζοντάς τον με το νεκρό του όγκο, πνίγοντάς τον μες στις βαρειές του απόπνοιες. Κάποια στιγμή...

Κάποια στιγμή η σιωπή —που μόνο οι σταγόνες του νερού τής έβαζαν κάποιες τελείες— έσπασε. Μια μουσική με αυλούς και τύμπανα ανέβηκε άξαφνα στην ατμόσφαιρα και τη σκέπασε. Πού βρέθηκε; Μα πώς έφτασε ως εκεί, σ' αυτούς τους γκρεμούς, κείνη η μουσική; Άρχισε τώρα ν' ακούει μέσα του και φωνές; Ως τώρα —ενώ γύρω του όλα έλειωναν και γκρεμούσαν— το νου του κατάφερνε και τον στήριζε όρθιο. Μα στον κόσμο αυτό —μπορεί και σε κάθε άλλο κόσμο— όλα κάποτε έχουν μια άκρη. Κάποτε όλα σκίζονται και σκορπούν. Σ' ένα τόσο δαρμένο κορμί τι μπορεί να κατοικήσει; Κι όσο κι αν το μυαλό είναι ολόκληρο, η ουσία του είναι μαλακιά και λυγάει.

Η μουσική ανέβηκε λίγο μόνη της και κατόπι έπεσε. Τρόμαξε, σαν κάποιος να τη φοβέρισε απ' τη μεριά της θάλασσας. Ως κι η μουσική αυτούς τους καιρούς τρόμαζε. Και ναι, δεν ήταν ψέμα, κάτι περιπολικά ξεκίνησαν θυμωμένα απ' αντίκρυ. Ο Γιώργης τα είδε να περνούν απ' την κρυψώνα του. Καβατζάρανε τις κολόνες και πήγαν ν' αράξουν στο λιμανάκι. Μα δεν αργοπόρησαν πολύ εκεί πίσω στον κόρφο. Σε λίγο πάλι ξαναπέρασαν. Μα ο θυμός τους τούτη τη φορά ήταν πεσμένος. Κάτι που έγινε εκεί πίσω τούς έκανε, φαίνεται, να ησυχάσουν. Γύριζαν νικητές. Κατατρόπωσαν τη Μουσική! Ήσαν με το δίκιο τους περήφανοι. Σε μια τρομαγμένη χώρα μόνο όταν νικηθεί και η τελευταία νότα, μόνο τότε ένας τύραννος μπορεί να καυχηθεί ότι νίκησε. Αλλά και τότε πάντα μένει έξω ένα είδος μουσικής. Το κλάμα. Αυτό όμως δεν τον ανησυχεί, τον ευφραίνει. Κι εδώ είναι το λάθος του. Γιατί μέσα σ' όλα τα κλάματα υπάρχει κι ένα κλάμα που δεν είναι κλάμα, αλλά αυριανή μουσική: το κλάμα του μικρού παιδιού.

Τα περιπολικά ξαναβάλανε πλώρη κατά τη ΣΦΑ. Ένα σκυλί ανέβηκε σ' έναν καρβουνοσωρό να βαδίσει, αλλά κατόπι θυμήθηκε ότι απαγορεύεται η μουσική και ξανακατέβηκε τρομαγμένο. Ο Γιώργης απόμεινε πάλι με το νεκρό, που σε κάθε στιγμή που περνούσε τον κυνηγούσε όλο και πιο άγρια. Τώρα που άρχισε να λειώνει, τον κυνηγούσε μ' όλα του τα κομμάτια... ώσπου τον περικύκλωσε κι άρχισε να του δέρνει τα φρένα... και τότε ρίχθηκε πάνω στο σαπισμένο μπράτσο του και του 'μπηξε τα δόντια... και μετά έμπηξε μια δαγκαματιά και στο δικό του... Αδύνατο. Δεν κόβουνταν. Και τα δυο είχαν κόκαλα.

Άρχισε να κλαίει με κοπετούς. Να τραβά, να ξεριζώνει τα μαλλιά του... Βραχνές φωνές έβγαιναν από μέσα του, φωνές που δεν ήταν πια ανθρώπινες... Ήταν ξεφωνητά ενός άγριου ζώου που το αιχμαλώτισαν μέσα σ' ένα έρημο δάσος οι παγίδες.

Τώρα πια δεν τον καλόπιανε κείνο το φίλο του, που —κάποτε ζωντανό— τον έδεσαν μαζί του. Τώρα τον φοβόταν, τον μισούσε, κι άρχισε να τον βρίζει.

—Παναγή!... Είσαι κακούργος! Είσαι —θα το πω— χειρότερος απ' αυτούς... Λύσε με! Λύσε με, λοιπόν, για να σε θάψω! Λύσε με να σκοτωθώ... γιατί έτσι δεν μπορώ... Άπονε! Αν το μάθαινε η μάνα σου, θα σε καταριόταν... Είσαι δυνατότερος, το ξέρω. Μα είσαι φονιάς!... Φονιάς!... Να το ξέρεις!

Ο Παναγής απαντούσε μόνο με τις απόπνοιές του, που ολοένα γίνονταν πιο ασφυχτικές.

—Παναγήηη!... ξαναφώναξε.

Τ' αυτιά του πεθαμένου ήταν σα μικρές άψυχες σπηλιές που μπαινόβγαινε μέσα τους η θάλασσα.

—Παναγήηη!!

«Φύλακες, γρηγορείτε!» Νύχτωσε. Μα νύχτωσε μόλις τώρα; Κείνος νόμιζε πως από καιρό είχαν φτάσει τα μεσάνυχτα και τώρα προχωρούσαν βαθύτερα.

—Παναγή!! Θα σε αφήσω και θα φύγω!!

Η φωνή μπήκε στα βάθη της σπηλιάς και ξαναγύρισε πίσω σαν πειραχτικό γέλιο... «Θα φύγω...»

Ο νεκρός ήταν σα να του απάντησε μες απ' το μισόφωτο:

—Χωρίς εμένα δεν έχεις να πας πουθενά.

—Βοήθειαααααα!!

—Χα-χα-χααα..., τον περιγέλασε η σπηλιά.

«Φύλακες, γρηγορείτε...»

Το πτώμα ράγισε... Το αίμα του —άσπρο— χυνόταν τώρα έξω σα νερό. Τότε ξαφνικά ξανακούστηκε η μουσική... Κοίταξε με βουρκωμένα μάτια κατά πάνω. Η μουσική δυνάμωνε. Την ίδια ώρα άρχισε να καίγεται κι ο ουρανός. Τι γινόταν κει πάνω;... Ή μην ήταν εκεί κάτω; Πού να ξεχωρίσει; Μπορεί ο Χάρος να ήταν στον ουρανό... Μπορεί ο κάτω κόσμος να βρισκόταν πιο πάνω απ' αυτόν.

Η μουσική έπεσε για λίγο — δε σταμάτησε, χαμήλωσε... Και μαζί άρχισαν να τη συνοδεύουν κάτι μουρμουρητά από αντρικές φωνές που έψελναν, έκλαιγαν ή τραγουδούσαν — όλες μαζί.

Ο Γιώργης άρχισε να σέρνεται. Θα τραβούσε κατά κει

κι ας ήταν όποιος από τους κόσμους ήθελε. Παντού αλλού θα ήταν καλύτερα. Κάποιοι μπορεί να τον έλυναν, ή μπορεί και να τον σκότωναν — όλα ήταν καλύτερα. Ναι, καλύτερα... γιατί χειρότερο αποκεί που ήταν δεν υπήρχε, δεν έγινε, κι ούτε θα ξαναγίνει ποτέ, για κανέναν.

Είτε σκοτωμοί γίνονται εκεί πάνω είτε πανηγύρια... Είτε τραγούδια ήταν αυτά που ακούονταν είτε μοιρολόγια... Είτε γάμοι γίνονταν είτε λείψανα... Όλα ήταν καλύτερα!... Καλύτερα!

Προχωρούσε με την κοιλιά... γαντζώνοντας με τα νύχια. Τα ρούχα του ήταν γεμάτα ματωμένο χώμα.

Η θάλασσα γυάλιζε κάτω απ' το φεγγάρι αμίλητη. Αυτός που έφυγε ήταν πιο δυνατός από τρελλό. Οι γνωστικοί δεν ανεβαίνουν, κι οι τρελλοί πέφτουν. Μα αυτός ανέβαινε... Και δεν άκουσε ακόμη το σώμα του να πέφτει... Όλα ήταν ήσυχα. Αφουγκραζόταν ν' ακούσει δυο κρότους —τον ένα ζωντανό, τον άλλο ψόφιο—, όχι. Δεν ακουόταν τίποτα. Μόνο το βαρύ λαχανητό του τάραζε την ησυχία του γκρεμού.

Αυτό το ανέβασμα ήταν το δυσκολότερο απ' όλα ως τώρα τ' ανεβάσματα... Απ' τ' ανέβασμα του Χριστού ή του Σίσυφου. Γιατί κείνοι δεν ήταν βρεγμένοι, δεν πήγαιναν με την κοιλιά... και κανέναν απ' αυτούς δεν τον τραβούσαν κάτω τα πτώματα.

Η νύχτα είχε πια προχωρήσει. Το αυτί του όμως δεν έπαιρνε κανέναν απ' τους ξένους κρότους, γιατί τους σκέπαζε το σφυροκόπημα της καρδιάς του, που από ώρες πάλευε να σπάσει τα στέρνα του. Σε κάθε σκαλοπάτι του γκρεμού στεκόταν να ξανασάνει. Ώσπου, κάποτε, ανέβηκε στο τελευταίο. Τότε ξεμπουκάρισαν με δύναμη όλοι οι κρότοι που έβγαιναν απ' το μέρος του Ναού. Τα φώτα...

Οι μουσικές... οι φωνές — κι ανάμεσά τους η ψιλή φωνή ενός κοριτσιού. Θε μου! Τι γύρευαν στον Άδη τόσο αγγελικές φωνές; Έκλεισε τα μάτια του και πάσκισε να μαζέψει όλα τα κουρέλια του, να ξαναφτιάξει τον εαυτό του και να προχωρήσει —ύστερα από τόσους καιρούς— μες στους ανθρώπους... Αλλά τότε ανακάλυψε ότι δεν είχε πια φρένες...

ΚΕΦΑΛΑΙΟ ΕΚΤΟ

ΤΟ ΓΥΡΙΣΜΑ ΠΡΟΧΩΡΟΥΣΕ εκεί πάνω, κανονικά.

Ο Ναός μπρος στο φως των προβολέων φάνταζε σαν αρχαίος σκελετός. Κάτι αγριωποί τσοπάνηδες ξελογιάστηκαν απ' όλα αυτά, άφησαν στην τύχη τα πρόβατά τους κι ήρθαν κι απόμειναν εκεί σαν ξόανα. Από ψηλά, απ' τις απότομες ράχες της Πεντέλης, ξεκίνησε βιαστικά να κατρακυλά κατά το Σούνιο ένα οπλισμένο απόσπασμα που κυνηγούσε μερόνυχτα τους εχθρούς της πατρίδας. Ήρθε κι έζωσε τον τόπο και παρακολουθούσε τι ήταν για να γίνει.

Ο ενωματάρχης τούς μυρίστηκε στην αρχή καλά καλά και κατόπι γυρίζει και λέει στον... υπασπιστή του.

—Ψτ, δεκανέα! Προσοχή. Κάνε τ' αυτιά σου κουτάλες και μάζευε. Σα να μη μοσκοβολάει καλά όλη τούτη η βραδυνή λειτουργία! Αν δεν είναι τρελλοί, είναι κάτι άλλο, ακόμη πιο άσκημο.

—Εξέταξα τα χαρτιά τους. Τα ψείρισα καλά καλά... Αυτός που καπνίζει κείνο το παλούκι είν' αφύς σαν αρσενική κλώσσα. Ήξερα και τον έκανα αρνάκι, μα... βλέπεις, έχει αμερικάνικο χαρτί.

Ο αποσπασματάρχης τον διέκοψε:

—Σώπα τώρα γιατί αρχινάνε. Σε λίγο το πράμα θα δείξει.

Κατεβάσανε κι οι δυο τα γείσα τους και βάλθηκαν να παρακολουθήσουν με τα μάτια, τις μύτες και τ' αυτιά.

Σε λίγο το πράμα έδειξε. Ήταν ντιπ τρελλοί. Είχαν όμως —οι άτιμοι— σπουδαία τρέλλα! Οι δικοί τους οι τρελλοί, εκεί στο Μακρονήσι, ήταν αλλοιώτικοι, φτωχοί, μονότονοι, για κλάματα. Μόνο αυτοκτονούσαν. Ενώ τούτοι δω!... Μεγαλείο! Αυτή ήταν τρέλλα μια φορά. Και τι όμορφα το πήγαιναν το μοιρολόι... Όλοι μαζί —ιιιιιιι—, σα να τραβούσαν άγκουρα! Να μου ζήσετε, τρελλάρες! Μπράβο! Ίσαμε σήμερα είχαν δει μόνο Καραγκιόζη. Μα τελευταία τον μπασταρδέψανε κι αυτόν. Δεν τον λέγανε πια Καραγκιόζη παρά «Θέατρο Σκιών». Κοροϊδίες. Στο μεταξύ οι τρελλοί εκεί στη σκηνή προχωρούσαν. Αλλά ο νωμοτάρχης σιγά σιγά άρχισε κάτι να μυρίζεται. Έχωνε στ' αυτιά του τα μαύρα του δάχτυλα... τον πείραζε η τραχηλιά του...

—Ρε συ..., γυρίζει και λέει στο δεκανέα του. Πήρες κάβο τι γίνεται;

—Μμμ... σάματι να μη μοσκοβολάει καλά. Αυτά τα αγγελάκια σάματι να μου φαίνονται πολύ πονηρά.

—Αμ κείνοι οι παπάδες με τα ραβδιά!... Αν δεν έχει σκαρωθεί κάτι εδώ πέρα απόψε, εμένα να μου τα ξηλώσεις. Το που ντύθηκαν αρχαίοι; Είναι για να μας ξεγελάσουν... Ρε ποιον πάτε να ταΐσετε πίτουρο; Εμένα;

—Να ειδοποιήσουμε τη διοίκηση;

—Στάσου λίγο ακόμη. Σσς!

Κείνη την ώρα μιλούσε η Αντιγόνη. Ο αποσπασματάρχης έκανε τ' αυτιά του χωνιά. Ύστερα γυρίζει κάποια στιγμή στον υπασπιστή του.

—Τη βλέπεις;

—Αυτήνε που σηκώνει το κεφάλι στο βασιλιά; Αμ τι κάνω και δεν την βλέπω!

—Αυτή αν δεν είναι απ' αυτές, εμένα να μου τρυπήσεις τη μύτη.

—Απ' τη στιγμή που την είδα, κι εμένα εκεί πήγε ο νους μου.

—Μόνο αυτοί δε χωνεύουνε την αυτού μεγαλειότης, το βασιλιά.

Ο δεκανέας έξυσε το σβέρκο του.

—Τι λες... να τη συλλήψουμε;

—Άσε. Ας περιμένουμε λίγο ακόμη να δούμε πού θα φτάσει.

—Κοίτα το πουτανάκι γλώσσα! Ακούς;

—Εμ τι κάνω και δεν ακούω! Κουμμουνίστρια καθαρή.

—Άνοιξε καλά τ' αυτιά σου και πάρε τα λόγια της για να τα πούμε καθαρά στο δικαστήριο. Αλλά... αχ! μας ξέφυγε η σκρόφα! Την πιάσανε οι άλλοι.

—Φτου!... Μας τη φάγανε οι αρχαίοι.

Στο μεταξύ μπήκε στη σκηνή ο χορός των γερόντων. Ο νωμοτάρχης λύσσαξε.

—Κι έχεις τώρα κι αυτούς τους σκατόγερους που, ενώ δεν μπορούν να πάρουν τα πόδια τους, το ρίξανε στις ψαλμουδίες. Για δώσε βάση να δούμε τι διάλο λένε. Αν την κλαίνε, σίγουρα είναι δικοί της... Δώσε βάση.

Ο δεκανέας τεντώνει τ' αυτιά του να τα σπάσει.

ΧΟΡΟΣ — *Έρωτα ακαταμάχητε,*
εσύ που ξενυχτίζεις
στου κοριτσιού τα μάγουλα,
εσύ που αιχμαλωτίζεις
ως και τον πλούσιον άνθρωπο

και στις καλύβες μπαίνεις,
και θάλασσες διαβαίνεις
και θάλασσες περνάς.
Και δεν υπάρχει αθάνατος
να γλύτωσε από σένα.
Εσύ και δίκαιον άνθρωπο
σπρώχνεις στην αδικία.
Και πόθος κόρης όμορφης
πια βασιλεύει ακόμη
παρά οι μεγάλοι νόμοι
που εδώσαν οι θεοί.

Ο δεκανέας σκούντησε τον αρχηγό του.

—Ψτ! Την ξαναφέρνουν!

—Πρόσεχε καλά. Αχ, σκύλα τύχη να μην ξέρουμε γράμματα! Θα τα γράφαμε ένα ένα και θα τα φέρναμε στην ανάκριση.

—Άκου το γλωσσάκι της πώς δουλεύει. Άλλαξε τώρα βιολί.

—Μμ... Κάνει την ψευτοκακόμοιρη για να τη λυπηθούνε... Χμ...

—Οχιά!...

ΑΝΤΙΓΟΝΗ — *Ποτέ μου δε θα ξαναδώ*
του ήλιου την αχτίδα...
Κι ο Άδης στον Αχέροντα
(στο ρέμα του θανάτου)
στον κόσμονε τον κάτου
με σέρνει ζωντανή.
Για μένα δεν ακούστηκαν
νυφιάτικα τραγούδια...

Και τώρα με το Χάρο εγώ
το γάμο μου θα κάμω
εκεί στον Άδη χάμω
μέσα στην κρύα γη.

Ο νωμοτάρχης γύρισε ανήσυχος.

—Αν τα καταφέρει και τους τουμπάρει...

—Ε, τι;

—Αν τα καταφέρει, λέω, και τους κάνει και τη λυπηθούνε... να τη συλλήψουμε εμείς.

—Λες να τα καταφέρει;

—Τα «κόλπα» τους τα φοβήθηκαν τα μάτια μου!

—Κοίτα τώρα κείνος ο πουστόγερος που μυξοκλαίει!

ΚΟΡΥΦΑΙΟΣ — *Πανώρια κι ολοζώντανη*
με τους θεούς πηγαίνεις.
Ορθόσωμη κι ελεύθερη
δίχως να σε σκλαβώσουν
οι αρρώστιες να σε λειώσουν
στον Άδη προχωρείς.

Ο νωμοτάρχης φτύνει.

—Κοίτα το σάψαλο τι της λέει!

—Τον τουμπάρισε η άτιμη! Είναι κάτι τέτοιοι γέροι που ψοφάνε για τρυφερούδια. Είχαμε έναν στη γειτονιά μου...

—Για κοίτα την ρε!... Τώρα πάει να τουμπάρει και τους άλλους.

ΑΝΤΙΓΟΝΗ — *Ανύπαντρη, άφιλη, άκλαυτη*
στον τάφο με τραβούνε...

Του ήλιου το φως τα μάτια
δε θα το ξαναδούνε.

Ο δεκανέας γιόμισε ανησυχίες.

—Κοίτα την!... Τώρα πάει να τουμπάρει και το βασιλιά.

—Αμ δε! Για άκου τονε!

ΚΡΕΩΝ *(άγρια)* — *Σύρτε την τώρα! Γρήγορα!*
Και κάνετε ως σας είπα.
Κλειδώστε τηνε ζωντανή
μες στον υπόγειο τάφο.
Κι αφήστε τηνε εκεί βαθιά
ώσπου να ξεψυχήσει!

Ο δεκανέας τρίβει τα χέρια του.

—Μπράβο, βασιλιά! Εσένα θέλουμε! Μπράβο, αυτοκράτορά μου! Να μου ζήσεις.

—Αυτοκράτορας είναι άλλο πράμα.

—Δηλαδή... δεν είναι καλό αυτό που είπα;

—Σαν καλό μου φαίνεται, αλλά τώρα δεν έχω καιρό να σ' το εξηγήσω... Δηλαδή, για να τα λέμε καθαρά, αυτοκράτορας είναι κείνος που έχει πολλές γυναίκες και κάνει παιδιά που πάνε στην Αφρική. Αλλά σώπα τώρα γιατί μιλάει πάλε αυτή η βρώμα.

—Για κοίτα! Ακόμη έχει το κουράγιο και μιλάει το σκροφάκι!

ΑΝΤΙΓΟΝΗ — *Τάφε... κρεβάτι νυφικό*
και κατοικία υπόγεια.
Που κατεβαίνω υστερνή

πιο πικραμένη απ' όλους...
Πριν σωριαστούν οι μέρες μου,
προτού να 'ρθει καιρός μου.

Ο δεκανέας γελάει.
—Ρε δεν τον τουμπέρνεις το βασιλιά και μην κοπιάζεις!

ΑΝΤΙΓΟΝΗ — *Κι όμως οι φρόνιμοι θα πουν*
πως φρόνιμα έχω κάνει.

—Κλαίει κιόλας το βρωμοθήλυκο!
—Εφτάψυχες είναι όλες τους οι πουλημένες!...

ΑΝΤΙΓΟΝΗ — *Χωρίς ούτε να παντρευτώ*
ούτε παιδιά να θρέψω.
Πηγαίνω —ακόμη ζωντανή—
κάτω στους πεθαμένους.

—Καλά... Αυτά μας τα ξανάπες.
—Πες μας και τίποτ' άλλο.

ΑΝΤΙΓΟΝΗ — *Αλλ' αν οι αθάνατοι θεοί*
κι αυτοί με κατακρίνουν,
τότε κι εγώ τη δέχομαι
αυτή την τιμωρία!!

—Μωρέ θράσος!
—Ξανασήκωσε πάλι κεφάλι!
—Ξεσκεπάστηκε το πουτανάκι!
—Καθαρή άθεη. Το λέει και μονάχη της.
—Την πέταξε τη μάσκα!

—Κείνος ο σκατόγερος όμως κάτι άρχισε πάλι να κλαψουρίζει.

ΚΟΡΥΦΑΙΟΣ — *Μες στην ψυχή της δέρνεται*
η ίδια η τρικυμία.

ΚΡΕΩΝ — *Για την αργοπορία τους*
ως κι οι θεοί θα κλάψουν!

—Γεια σου, λεβεντιά μου! Να μας ζήσεις!
—Έμπα της!

ΑΝΤΙΓΟΝΗ — *Αλλοίμονο... Τα λόγια αυτά*
στο θάνατο με φέρνουν.

—Εμ τι θάρρεψες, πως θα σ' το χάριζαν;

ΚΡΕΩΝ — *Μάλιστα! Μην ελπίζεις πια*
καμιάν αργοπορία!

—Γεια, λεβεντουριά μου. Απάνω της!
—Εσένα θέλουμε!

ΑΝΤΙΓΟΝΗ...

Ανοίγει τα χείλη της... Κάτι θέλει να πει... αλλά η φωνή της πνίγεται. Τα μάτια της μένουν ολάνοιχτα σα να πάγωσε. Τι τρέχει;

Στο φωτόκυκλο μέσα έχει μπει ουρλιάζοντας ένα αλλόκοτο σύμπλεγμα — ο Γιώργης, που δεν είναι πια ο ίδιος, χτυπημένος απ' την τρέλλα έχει χυμήξει ξεφωνώντας μες στους ανθρώπους.

—Το χέρι μου!... Πάρτε μου το χέρι μου!... Το χέρι μου!...

Οι προβολείς σπαρταρούν στα χέρια των χειριστών. Ο φωτόκυκλος σπάζει σα να σκίστηκε κάτω του η γη. Οι αχτίνες του τρέχουν παραζαλισμένες απ' το Ναό στο πέλαγος. Οι άνθρωποι κάτω απ' τα αρχαία τους ρούχα χάσανε το αίμα τους. Ήταν σα να σταμάτησε να πνέει ως κι ο αέρας. Μέσα σ' αυτή την πηχτή, την άγρια σιγή, ξανακούστηκε ξέφρενα η φωνή του Γιώργη:

—Ε σεις! Εδώ είναι;... Εδώ είναι ο κάτου κόσμος;

Κανείς δεν απάντησε.

—Ποιος είν' αυτός ο κόσμος;

Ο νωματάρχης έκανε να πιάσει τις χειροπέδες κι έπιασε το αναμμένο του τσιγάρο.

—Γιατί δε μιλάτε;... εξακολουθεί να φωνάζει ο Γιώργης.

Οι προβολείς ξεφύγανε οριστικά απ' τα χέρια των χειριστών και παραδέρνανε μες στη νύχτα, βυθίζοντας το τοπίο μια στο σκοτάδι και μια στο φως...

—Γιατί δε με θάβετε; ξανακούστηκε πιο άγρια η φωνή του! Εεε! Σεις... ζωντανοί! Γιατί δε με θάβετε;

Οι προβολείς κρεμάστηκαν κάτω στο πέλαγος.

—Φως!!! ξεφώνισε μια φωνή, και μια πίπα ακούστηκε να πέφτει.

Οι αυλητές, χωρίς να ξέρουν γιατί, άρχισαν να παίζουν.

—Να μη σταματήσει τίποτα!! ακούστηκε η φωνή του Γιώργη. Συνεχίστε το γάμο. Μόνο κόψτε μου το χέρι μου. Γιατί δε μου το κόβετε;

Τα φώτα ταλαντεύτηκαν λίγο... μαζεύτηκαν απ' τη θάλασσα... περπάτησαν πάνω στις κολόνες... κι ύστερα πέσανε πάνω στο σύμπλεγμα.

Απ' την άκρη του κύκλου φάνηκε να προχωρεί η Αντιγόνη. Έφτασε στη μέση. Εκεί άρχισε να κλονίζεται... Έμπηξε μια φωνή.

Η Ισμήνη ήθελε να τρέξει, μα δεν έβρισκε πόδια. Η φωνή της Αντιγόνης ξανακούστηκε πιο σπαραχτική:

—Γιώργηηηηηη! Γιώργ..., τι 'ν' αυτό;

Τα λυμένα μαλλιά της της σκέπασαν τα μάτια. Ο Γιώργης έπεσε κάτω λιπόθυμος.

—Να σβήσουν τα φώτα!!! ξεφώνισε ο σκηνοθέτης.

Ο χειριστής δεν έβρισκε το διακόπτη.

Η Αντιγόνη έπεσε πάνω στο κορμί του αγαπημένου της... Ήταν ζεστό.

—Ζεις; Ζεις, Παναγή;;

Μα το ζεστό κορμί ήταν του Γιώργη.

Ο αποσπασματάρχης πήρε επιτέλους το κουράγιο. Προχώρησε κρατώντας τις χειροπέδες, βρήκε τα χέρια κι έκανε να τα δέσει... μα τραβήχτηκε πίσω με φρίκη. Το ένα απ' τα χέρια ήταν λειωμένο.

Η Αντιγόνη μάζεψε όλη της τη δύναμη... προχώρησε... έφτασε κατά τον γκρεμό... Και κει, μπήγοντας τα νύχια της στα μάγουλα μαζί με τα μαλλιά της, φώναξε κατά τον αέρα που ερχόταν απ' το καταραμένο νησί:

—Κακούργοι!!!

Κι έπεσε στην άκρη του γκρεμού... αφήνοντας να κυλιστεί στα βάραθρα που ανοίγουνταν κάτω της και το αδύνατο, τυραγνισμένο της μυαλό.

Σ' ένα ξερό δέντρο του Λαυρίου ένα άμυαλο κοκόρι ανέβηκε ν' αναγγείλει το ξημέρωμα... μα η φωνή του κόπηκε.

Το απόσπασμα πήρε —άλλη μια φορά— το θάρρος να πλησιάσει κι έδεσε τους «δραπέτες».

ΜΕΡΟΣ ΠΕΜΠΤΟ

ΚΕΦΑΛΑΙΟ ΠΡΩΤΟ

ΣΤΟ ΣΚΟΤΕΙΝΟ ΔΙΑΔΡΟΜΟ του Στρατοδικείου προχωρεί αργά μια συνοδεία. Είναι βουβή σαν εκφορά. Το Στρατοδικείο αυτό βρίσκεται στο κέντρο της πόλης. Κτίριο παληό, σκοτεινό, με μια βαρειά ιστορία. Όσες φορές καταλύθηκε η Δημοκρατία, όσες φορές έχανε την ελευθερία του ο Λαός, τις μαύρες μέρες της δικτατορίας και τις πιο μαύρες μέρες της Κατοχής, αυτό πάντα έδινε τον πιο χαρακτηριστικό τόνο.

Η αίθουσα ήταν γεμάτη απ' το πρωί. Το σημερινό όμως ακροατήριο δεν πήγε τόσο για να παρακολουθήσει τη δίκη, όσο για να δει τον κατηγορούμενο. Η απίστευτη περιπέτειά του είχε δημιουργήσει γύρω του ένα θρύλο.

Στη σημερινή έδρα ήταν για να καθίσουν τα πιο ακόρεστα μέλη. Ο κατηγορούμενος προχωρούσε ανάμεσα σε δύο σειρές δεμένος σφιχτά — σα να 'ταν μπορετό ένας άοπλος, άρρωστος άνθρωπος να σπάσει τους τοίχους και να φύγει.

Ήταν ακόμη χλωμός. Η διαμονή του στη νευρολογική κλινική είχε κρατήσει πολύ. Και χρειάστηκε πολύς κόπος, και πολλή εμμονή της επιστήμης, για να περιμαζευτούν όλα κείνα τα κουρέλια και να ξαναγίνουν πάλι άνθρωπος. Τις πρώτες μέρες, άμα άγγιζες με το δάχτυλό σου στη σάρκα του, βούλιαζε μέσα της σα να 'ταν ρευστή. Χρειάστηκε, λοιπόν, να πήξει πρώτα η σάρκα, να επιστρέψουν αργά, βασανιστικά τα πεταγμένα μάτια στις κόχες τους, να ξαναδεθούν οι σκόρπιες ίνες του μυαλού.

Ο άρρωστος έπρεπε οπωσδήποτε να αναρρώσει. Η δίκη αυτή ήταν αποφασιστική, θα είχε πολύ κέρδος γι' αυτούς. Το δικαστήριο βιαζόταν να δείξει σ' όλο τον κόσμο «με τι τέρατα και τι γεννήματα του σατανά είχε ν' αντιπαλέψει η πατρίδα. Με πόσο επίφοβα όντα αγωνιζότανε το έθνος και πόσο ήταν απαραίτητο να φανεί σκληρό προκειμένου να εξουδετερώσει έναν τέτοιο εχθρό».

—Όλα είναι επιτρεπτά, δήλωνε ένας στρατοδίκης στους δημοσιογράφους λίγο πριν απ' τη δίκη... Μάλιστα, κύριοι, όλα είναι επιτρεπτά προκειμένου να απαλλαγεί η χώρα —άπαξ διά παντός— εκ του ληστρικού τούτου μιάσματος.

Τότε προχώρησε κατά πάνω του ένας ξένος δημοσιογράφος, ένα απ' αυτά τα «αντιπαθητικά τσιμπούρια» που στέλνουν απέξω τα διεθνή πρακτορεία για... να συκοφαντήσουν τη χώρα!

—Και μετά απ' όσα υπέστη μόνος του, κ. στρατοδίκα, είσθε διατεθειμένοι να τον στείλετε στο εκτελεστικό απόσπασμα;

—Προκειμένου ν' αναχαιτισθεί η εισβολή του σκότους, αγαπητέ μου, είναι αναγκαίον να λάμψει η κάννη.

—Ναι, αλλά... όπως ξέρετε, έξω σας κατηγορούν ως δολοφόνους εν ψυχρώ.

—Θα μας δικαιώσει η Ιστορία! Είμεθα ήρεμοι. Και έπρεπε —οι κύριοι αυτοί— αντί να προσφεύγουν εις αστόχους χαρακτηρισμούς, να αισθάνονται ευγνωμοσύνην εις την μικράν Ελλάδα ήτις μόνη παλαίει τόσον σκληρώς διά την διάσωσιν των αιωνίων αρχών του Ελληνοχριστιανικού Πολιτισμού.

—Η πρωτοφανής τραγωδία αυτού του ανθρώπου συνετάραξε ακόμη και τις νωθρότερες συνειδήσεις της Ευρώπης... δεν σας λέει τίποτε αυτό;

—Οι συνειδήσεις αυτές καλά θα κάναν, επιτέλους, κάποτε να αφυπνισθούν διά να ίδουν εις ποίον κρημνόν οδηγούμεθα.

—Με την αφαίρεσιν μιας λιγότερο ή μιας περισσότερο ζωής πρόκειται να απολεσθεί ή να χαθεί ένας ακόμη άνθρωπος... με την αφαίρεσιν όμως της ζωής αυτού ειδικά του ανθρώπου κινδυνεύει να καταστεί το όνομα της χώρας σας άκρως αποκρουστικόν.

Ο στρατοδίκης τον κοίταξε αποδοκιμαστικά.

—Αποκρουστικότερη και από την κακοφημίαν, αγαπητέ, είναι η ήττα.

—Με συγχωρείτε, κ. δικαστά... Δεν ήξερα ότι η σωτηρία της χώρας σας κρέμεται από τη ζωή ενός ανθρώπου. Χαίρετε, και να με συγχωρείτε που σας ενόχλησα.

—Δεν πιστεύω να τηλεγραφήσετε όλες αυτές τις βλακείες έξω!

—Βλακείες ήταν αυτά που είπατε;

—Βλακείες είναι αυτό που είπατε σεις!

—Εγώ τίποτα δεν είπα. Εγώ μόνο ακούω. Και γράφω.

—Μήπως ξέρετε έναν Τζωρτζ Πολκ;

—Τον ήξερα. Είναι ο Αμερικανός δημοσιογράφος που δολοφόνησαν οι αντίπαλοί σας διότι έγραφε... εναντίον σας. Μετά την μνεία όμως του ονόματός του εκ μέρους σας είμαι απολύτως ήσυχος ότι δεν κινδυνεύει ούτε η τρίχα μου.

—Αφήστε με! Αφήστε με αμέσως!

—Τον Πολκ τον σκοτώσατε σεις, αγαπητέ! Και αποδώσατε τον φόνο του στους αντιπάλους σας για να κινήσετε εναντίον των το μίσος του αμερικανικού λαού και να σας βοηθήσει στο εξοντωτικό σας έργο. Τα ξέρω όλα!

—Αφήστε με είπα αμέσως!! Εξάλλου... αρχίζει η δίκη.

Σταχτύς ανέβηκε στην έδρα. Σταχτιά ήταν και τα πρόσωπα των άλλων.

Ο κατηγορούμενος όμως δεν είχε καμιά αγωνία ή ταραχή. Κοιτούσε ήρεμα τους ανθρώπους που ετοιμάζονταν να παίξουν την κωμωδία της δίκης του, σα θεατής. Το σκηνικό ήταν φτωχό και περιττό.

Το δικαστήριο ήταν προκαταβολικά αποφασισμένο να δεχθεί την κατηγορία. Εντελώς περιττό ήταν και το κατηγορητήριο. Γι' αυτό και τ' άκουσαν όλοι νυστάζοντας. Επίσης πολύ καλά ήξεραν και το περιεχόμενό του. Τ' άκουσαν χιλιάδες φορές ως τώρα — όσες χιλιάδες ήταν και τα κεφάλια που έριξαν. «Ο κατηγορούμενος προέβη μεμονωμένως (ή μετ' άλλων) εις πράξεις κατατεινούσας, ή έκδηλον εχούσας τον σκοπόν της διά βίας αποσπάσεως μέρους ή του συνόλου της Επικρατείας προς όφελος ξένων...» κ.λπ. κ.λπ. Τώρα, ποιοι ήταν αυτοί οι ξένοι, ποιο ήταν το τμήμα, πώς θα το αποσπούσε και θα το χάριζε, αυτά όλα ήταν αλχημείες εκεινών που σκάρωναν τα κατηγορητήρια και κεινών που τα αποδέχονταν πριν τ' ακούσουν. Η μόνη παραχώρηση που κάνανε στον κατηγορούμενο ήταν να τον... δικάζουν πριν από την εκτέλεση για να μην γκρινιάζουν «εκεί έξω στην Ευρώπη» ότι τάχα εκτελούν ανθρώπους δίχως δίκη. Ορίστε, κύριοι. Και κατηγορητήριο υπάρχει —και πολυσέλιδο μάλιστα—, και δικαστές υπάρχουν, και δικηγόροι... Και ν' απολογηθεί επιτρέπουν στον κατηγορούμενο — άσχετο αν δεν τον ακούνε... Και την τελευταία του θέληση του ζητούν — άσχετο αν δεν την εκτελούνε... Παραπανίσιες σκοτούρες... εκτελούν αυτόν.

Η ανάγνωση του κατηγορητηρίου κράτησε τρεις μέρες. Τ' άκουε ο κατηγορούμενος και θαύμαζε την αντοχή του! Πώς μπόρεσε ένας μόνος άνθρωπος να κάνει τόσα πολλά πράματα!

Κάποιες περικοπές τον κάνανε να γελάσει. «Γέμοι ο βίος του κατηγορουμένου εγκληματικών πράξεων... Το υπό κατηγορίαν άτομον κατ' επανάληψιν επειράθη να προσηλυτίσει εις τας αθεϊστικάς του δοξασίας πάσης τάξεως άτομα... Εις μίαν δε των περιπτώσεων προσεπάθησε να προσηλυτίσει νεάνιδα ακούουσαν εις το όνομα Δάφνη Εξάρχου διά της μεθόδου των ερωτικών εκμυστηρεύσεων. Το τελευταίον εβεβαίωσεν ενόρκως και ο ακραιφνών εθνικών φρονημάτων Έλλην αξιωματικός Ευτύχιος Τουμπακάρης, καθηγητής της Ηθικής και Εθνικής Αγωγής εις το Εθνικόν Αναμορφωτήριον της Μακρονήσου. Αιμοσταγής είναι η πολιτεία του κατηγορουμένου και κατά την περίοδον της ούτω καλουμένης "ξενικής κατοχής". Διά των φθοροποιών κηρυγμάτων του εδηλητηρίαζεν την αθηναϊκήν νεολαίαν εκτρέπων αυτήν των ειρηνικών της ασχολιών και της εθνικής οδού και παρασύρων ταύτην εις τρομοκρατικάς πράξεις αίτινες ως μόνον αποτέλεσμα είχον εις το να εξοργίζουν τον κατακτητήν και να τον οδηγούν εις σφαγάς αθώων. Αλλά και μετά την απελευθέρωσιν δεν ανεστάλη η αιματηρά αυτού δραστηριότης. Τεθείς επικεφαλής ομάδος εκ των ομοϊδεατών του, επολέμησεν λυσσωδώς εναντίον των απελευθερωτικών βρετανικών δυνάμεων, αίτινες απεβιβάσθησαν διά να αποκαταστήσωσιν εις την χώραν μας τον Νόμον και την Τάξιν».

Μετά την ανάγνωση του κατηγορητηρίου το δικαστήριο έκανε μικρή διακοπή, και τότε έγινε μια άλλη μικρή παράσταση εκτός προγράμματος. Ένας ηλικιωμένος κύριος με σκληρό κολλάρο και σκούρο κουστούμι τον πλησίασε, έβγαλε τα γυαλιά του, τον περιεργάστηκε, ξεστόμισε ένα «μητραλοία», έφτυσε κι έφυγε. Αμέσως μετά ήρθε ένας αξιωματικός της Χωροφυλακής.

—Ξινά θα σου βγούνε ρε τα ρούβλια που τσέπωσες. Μουσκέτο!! Παλούκι στους προδότες!!

Το τρίτο της πρόχειρης αυτής παράστασης ήταν κάτι βρώμικα, ξυπόλυτα παιδιά που τον φτύσανε.

—Ξέρεις γιατί σου το κάνανε αυτό τα παιδιά; του λέει ο αξιωματικός. Γιατί τους σκότωσες τον πατέρα τους.

Ο Γιώργης εδώ πια δεν κρατήθηκε.

—Το χαρτζιλίκι προκαταβολικά τους το 'δωσες ή θα το πληρώσεις τώρα;

—Αν δεν ήμουνε βέβαιος ότι θα σε καθαρίσουνε, ξέρεις πώς θα σου τα 'κανα τα μούτρα! Αλλά έχω εμπιστοσύνη στο δικαστήριο.

Πραγματικά κείνη ακριβώς τη στιγμή το Δικαστήριο «Εμπιστοσύνης» του κυρίου αξιωματικού χτύπησε έναρξη.

Οι στρατοδίκες είχαν καπνίσει το τσιγάρο τους και ξαναγύριζαν στις θέσεις τους. Ο πρόεδρος χτύπησε για δεύτερη φορά το κουδούνι.

—Άρχεται η συνεδρίασις. Το δικαστήριον εισέρχεται εις την ακροαματικήν διαδικασίαν. Να προσέλθει ο πρώτος μάρτυς. Παραμέρισε τα γυαλιά του και διάβασε τ' όνομα.

Ένας βαρύς τύπος με παχιά φρύδια ξεκίνησε απ' το

βάθος και στάθηκε μπροστά στην έδρα. Στο αντίκρισμά του ο συνήγορος, που ήταν ένας συμπαθητικός κατά τα άλλα άνθρωπος, αλλά του έλειπε ολότελα το στοιχείο του ηρωισμού, άρχισε αδιόρατα να τρέμει.

ΠΡΟΕΔΡ. Τι έχετε να καταθέσετε, μάρτυς;

ΜΑΡΤΥΣ. Πολλά, κύριε πρόεδρε. Εν πρώτοις το άτομο αυτό μετά πολλών άλλων ομοίων του συνώμοσεν εις την διά βιαίων μέτρων ανατροπήν του ισχύοντος κοινωνικού συστήματος και, εν συνεχεία, την παράδοσιν της χώρας —ή τμήματος αυτής— εις τους ξένους.

ΠΡΟΕΔΡ. Είσθε βέβαιος περί του τελευταίου, κ. μάρτυς;

ΜΑΡΤΥΣ. Απολύτως.

ΠΡΟΕΔΡ. Πόθεν τον γνωρίζετε;

ΜΑΡΤΥΣ. Εκ πληροφοριών.

ΠΡΟΕΔΡ. Συγκεκριμένως εις τι απεσκόπει;

ΜΑΡΤΥΣ. Συγκεκριμένως απεφάσισεν την απόσπασιν και παράδοσιν πρώτον: της Ηπείρου εις τους Αλβανούς... Της Δυτικής Θράκης και της Μακεδονίας εις τους Βουλγάρους. Και ούτω καθεξής...

ΠΡΟΕΔΡ. Είναι εξηκριβωμένον αυτό;

ΜΑΡΤΥΣ. Απολύτως. Τας διαπραγματεύσεις διεξήγαγεν ερχόμενος εις απ' ευθείας επαφήν με εκπροσώπους εκ των ομόρων κρατών. Προς τούτοις εχρησιμοποίει και ασύρματον.

ΠΡΟΕΔΡ. Κατεσχέθη;

ΜΑΡΤΥΣ. Εφρόντισεν να τον εξαφανίσει.

ΠΡΟΕΔΡ. Τα εκπεμπόμενα σήματα διεσώθησαν;

ΣΥΝΗΓ. Παρακαλώ το σεβαστόν δικαστήριον να ζητήσει από τον μάρτυρα να τα προσκομίσει.

ΜΑΡΤΥΣ. Εφρόντισεν να τα κάψει.

ΠΡΟΕΔΡ. Περιττόν. Το δικαστήριον έχει απόλυτον εμπιστοσύνην εις την αξιοπιστίαν του μάρτυρος.

ΒΑΣ. ΕΠΙΤΡ. Εχρηματίζετο διά τας πράξεις του αυτάς;

ΜΑΡΤΥΣ. Παχυλώς. Ημείβετο εις ρούβλια, λέβα, λεκ και διάφορα άλλα νομίσματα και εις μυθώδη ποσά.

ΣΥΝΗΓ. Μήπως ευρέθησαν τινά εξ αυτών κατά την έρευναν;

ΜΑΡΤΥΣ. Εφρόντισεν εγκαίρως να τα εξαφανίσει.

ΣΥΝΗΓ. Κύριε πρόεδρε... Εδώ μας απαριθμούνται εγκλήματα χωρίς να προσκομίζονται τα σώματα.

ΠΡΟΕΔΡ. Μην απαντάτε, μάρτυς!

ΜΑΡΤΥΣ. Δεν έχω να προσκομίσω τίποτε. Είναι απόρρητα της υπηρεσίας μου.

ΣΥΝΗΓ. Εξ όλων αυτών που απαριθμήσατε μήπως έχετε προσωπικήν γνώσιν ο ίδιος;

ΜΑΡΤΥΣ. Τα γνωρίζω σαφώς εκ πληροφοριών.

ΣΥΝΗΓ. Μα με τα «εκ πληροφοριών», κύριε πρόεδρε, θα μας δικάσετε; Δεν θα μας καταθέσει ο μάρτυς ουδεμίαν πληροφορίαν εκ πρώτης χειρός;

ΠΡΟΕΔΡ. Απαγορεύω την ερώτησιν. Μην απαντάτε, μάρτυς!

ΣΥΝΗΓ. Κύριε πρόεδρε...

ΠΡΟΕΔΡ. Σας επαναφέρω εις την τάξιν. Αι αποδείξεις είναι συντριπτικαί!

ΣΥΝΗΓ. Συντριπτικαί είναι αι κατηγορίαι. Απόδειξις δεν υπάρχει ουδέ η παραμικρά.

ΠΡΟΕΔΡ. Εάν συνεχίσετε εις αυτόν τον ανευλαβή τόνον, θα σας αποπέμψω. Εξάλλου —διά να είμαι πλέον σαφής— τι χρείαν έχομεν μαρτύρων; Ο κατηγορούμενος ομολόγησεν.

ΚΑΤΗΓ. Είναι ψέμα. Αν ομολογούσα, θα με αθωώνατε. Θα με αθωώνατε παμψηφεί, έστω κι αν όλες αυτές οι απ' άκρη σ' άκρη πλαστές και ηλίθιες κατηγορίες ήταν αληθινές!

ΠΡΟΕΔΡ. Πιστεύεις ή ου εις τας μαρξιστικάς και... λενινιστικάς δοξασίας;

ΚΑΤΗΓ. Ναι.

ΒΑΣ. ΕΠΙΤΡ. Ευχαριστώ. Δεν έχομεν χρείαν μαρτύρων. Ο Λένιν ούτος ήτο ο αρχηγός των διεθνών προδοτών και δολοφόνων, καταλυτής θρησκειών και εμπρηστής ναών. Ο Λένιν ούτος είναι εκείνος όστις προτρέπει τους λαούς εις την διάλυσιν της Πατρίδος, Θρησκείας και Οικογενείας.

ΚΑΤΗΓ. Στην Πατρίδα αυτή που διαλύθηκε —στην πατρίδα, δηλαδή, του Λένιν— έγινε, ακόμη προχτές, ο μεγαλύτερος πατριωτικός πόλεμος.

ΠΡΟΕΔΡ. Μην επιβαρύνεις την θέσιν σου!

ΣΥΝΗΓ. Κύριε πρόεδρε, διαμαρτύρομαι! Υποθέτω ότι δικάζονται αι πράξεις του κατηγορουμένου και όχι αι φιλοσοφικαί του δοξασίαι...

ΠΡΟΕΔΡ. Θα σας αποκλείσω της υπερασπίσεως!

ΣΥΝΗΓ. Διότι άλλο η φιλοσοφία του Μαρξ και Λένιν και άλλο η συμπεριφορά των οπαδών του... Ουδέν συνεπώς δικαίωμα έχετε...

ΠΡΟΕΔΡ. Σας καταργώ.

ΚΑΤΗΓ. Περιττό. Τον καταργώ εγώ.

ΠΡΟΕΔΡ. Πώς;

ΚΑΤΗΓ. Δεν εγκρίνω τον τρόπο της υπεράσπισής μου. Εξάλλου τι χρειάζεται η υπεράσπιση; Και, ακόμη, τι χρειάζεται και η δίκη; Την απόφαση την έχετε εκδώσει. Αρνούμαι, λοιπόν, να συμμετάσχω στην κωμωδία. Παίξτε μόνοι σας. Εγώ θα παραμείνω θεατής.

ΠΡΟΕΔΡ. Σιωπή! Αποτελεί ανευλάβειαν απέναντι του δικαστηρίου.

ΚΑΤΗΓ. Αν θέλετε να σας σέβονται, σεβαστείτε πρώτοι εσείς τον εαυτό σας. Αν θέλετε να λέγεστε δικαστές, δικάστε! Μη βρίζετε και μην απειλείτε. Επαναλαμβάνετε με τρόπο ψυχρό και ανιαρό μια πράξη που αρχίσατε πριν δυο χρόνια. Πού είναι η δίκη σας; Εδώ υπάρχει μόνο κατηγορητήριο, ένα τερατώδες κατηγορητήριο μηχανικό και μονότονο για όλους μας, και μια μονότονη σειρά από μάρτυρες κατηγορίας. Πού είναι οι υπερασπιστές μου;

ΠΡΟΕΔΡ. Εσύ μόνος σου τον έδιωξες το δικηγόρο σου.

ΚΑΤΗΓ. Σας τον χαρίζω. Όταν λέω υπεράσπιση, εννοώ τους μάρτυρες.

ΠΡΟΕΔΡ. Ας τους προσεκόμιζες.

ΚΑΤΗΓ. Για να σας έλεγαν ότι δε με είδαν να κόβω και να μοιράζω την πατρίδα μου; Μα μήπως τα πιστεύετε κι εσείς οι ίδιοι αυτά; Φυσικά τα φκιάξατε για να τα πιστέψετε, αλλά ούτε και σεις καταφέρατε ακόμη να τα πιστέψετε. Δικάζετε, πείθετε, σκοτώνετε κατόπιν εντολής.

ΠΡΟΕΔΡ. Κατόπιν εντολής τίνος, μπορούμε να μάθουμε;

ΚΑΤΗΓ. Να σας τους πω. Είναι αυτοί που για να σώσουνε τη Δημοκρατία φέρανε τη Δικτατορία. Και που κατόπιν, για να την ξανασώσουν, συνεργάστηκαν με τους κατακτητές. Και λίγο αργότερα που η Ελλάδα κινδύνευε... από το λαό της, φέρανε τα βρεταννικά τανξ... Και που σήμερα που ξανακινδυνεύει πιο πολύ απ' το λαό της φέρανε τους Αμερικάνους. Είναι αυτοί οι ίδιοι που λένε «πατρίδα» τον εαυτό τους και που βάλθηκαν —με τη δύναμη του... Θεού και των Αμερικανών— να εξαφανίσουν από το πρόσωπο της γης και τον τελευταίο Έλληνα πατριώτη.

ΠΡΟΕΔΡ. Μην αναμιγνύετε τους Αμερικανούς. Οι Αμερικανοί δεν επεμβαίνουν, παρέχουν μόνο συμβουλάς.

ΚΑΤΗΓ. Απορώ... Αφού μόνον με τις συμβουλές κατάφεραν ν' ανοίξουν εκατό χιλιάδες τάφους, σκεφθείτε τι θα γινόταν αν «επενέβαιναν» κιόλα!

ΠΡΟΕΔΡ. Κατηγορούμενε, εύγε! Με αυτά που λέγεις ενίσχυσες και εδραίωσες το κατηγορητήριον εις τοιούτον βαθμόν, ώστε κατέστησες περιττήν την συνέχισιν της δίκης. Εντούτοις, στερρώς εχόμενοι των πατρίων, και από βαθείαν ευλάβειαν προς τους θεσμούς και το Σύνταγμα, θα συνεχίσωμεν. Γι' αυτό φρόντισε να διορίσεις δικηγόρον σου. (Στρέφεται κατά την πτέρυγα των δικηγόρων, όπου πολλοί παρακολουθούν τη δίκη σα θεατές.) Μήπως τις εξ υμών επιθυμεί;

Όλοι τον κοιτούν παγωμένοι και απρόθυμοι. Τότε απ' τα πίσω έδρανα προχωρεί, κι έρχεται ως την έδρα, ένας νέος ακόμη άντρας, φαλακρός, με θεληματική μορφή, με κανονικό ανάστημα και μ' έντονα ακόμη στη φυσιογνωμία του τα ίχνη των κακουχιών.

Οι συνάδελφοί του παραμέρισαν. Ήταν ένα απ' τα πρώτα αναστήματα του νομικού κόσμου, δικηγόρος π α ρ ' Α ρ ε ί ω Π ά γ ω που σε κανέναν δεν ήταν άγνωστη η τραγική του περιπέτεια.

—Εγώ, κύριε πρόεδρε.

Ο πρόεδρος τον κοίταξε με δυσφορία. Ωραία είχαν απαλλαγεί απ' αυτόν τόσα χρόνια, πώς του ξαναεπέτρεψαν να ξαναβγεί στην επιφάνεια;

—Καλά, είπε ο πρόεδρος με έκδηλη εχθρότητα. Είσθε εις θέσιν να καταθέσετε το παράβολον;

—Μάλιστα.

—Να νομιμοποιηθείτε. Άνευ νομιμοποιήσεως δεν μπορώ να σας δεχθώ.

Τότε ακούστηκε απ' τα εδώλια έντονη η φωνή του κατηγορουμένου:

—Τον νομιμοποιώ εγώ!

Ο πρόεδρος δάγκασε τα χείλια του.

—Καλώς. Λύεται η συνεδρίασις. Παρακαλώ το ακροατήριον να μην προβαίνει εις κανενός είδους εκδηλώσεις. Άλλως θα εκκενώσω την αίθουσα.

ΚΕΦΑΛΑΙΟ ΔΕΥΤΕΡΟ

ΣΤΟ ΔΙΑΛΕΙΜΜΑ Ο ΓΙΩΡΓΗΣ έψαξε άλλη μια φορά μη φάνηκε κάποιος απ' το σπίτι του, κάποιο πρόσωπο, κάποιο μήνυμα... Τίποτα. Μήπως δεν το είχαν μάθει; Μα πώς γινόταν... Οι εφημερίδες ήταν γεμάτες με φωτογραφίες του προδότη... Και μ' όλη την καλή θέληση των φωτογράφων να τον δρακοποιήσουν, και μ' όλα τα κουρέματα που του είχαν κάνει, ο Γιώργης —σ' όλες αυτές τις πόζες— είχε παραμείνει ανθρώπινος, με το βλέμμα ήμερο και ελκυστικό.

Άναψε ένα τσιγάρο κι εξακολουθούσε ακόμη να ψάχνει με το βλέμμα. Καλά η μάνα του... μπορεί να ήταν άρρωστη... Μα το Δεσποινάκι; Συνέχιζε πάντα να ψάχνει μήπως ανάμεσα στον κόσμο ανακαλύψει κάποιο μαύρο φουστάνι. Και να, κάποια στιγμή ένα μαύρο φουστάνι τον πλησιάζει.

—Αυτός είναι!... φώναξε στους χωροφύλακες η μαυροφόρα.

Ο Γιώργης πρόσεξε ότι το βλέμμα της ήταν γεμάτο μίσος, αλλά ένα μίσος κάπως προσπαθημένο, αμφίβολο.

—Τι 'ναι, ρε θειακούλα; ρωτούν οι χωροφύλακες.

—Αυτός είναι!... ξαναστρίγγλισε κείνη σα μαινάδα... Αφήστε με να τον ξεσκίσω, μωρέ παιδιά!

—Ναι, ρε μάνα, λέει ο επικεφαλής αξιωματικός, αλλά τι θα γίνει αν δεν τους τον πάμε μέσα ολόκληρο;

—Θα τον κάνω όπως έκανε αυτός το παιδί μου... Κομμάτια! Κομμάτια!... και, στ' αλήθεια, χύμηξε κατά πάνω του.

Κείνη τη στιγμή έτρεχε λαχανιασμένος ο δικηγόρος, που είχε πάει για να καταθέσει το παράβολο.

—Τι τρέχει εκεί! φωνάζει γεμάτος θυμό. Αυτά είναι τα καθήκοντά σας; λέει στον επικεφαλής.

—Τα καθήκοντά μου είναι να τον επιτηρώ. Δεν είναι και να τον προστατεύω από την οργή των θυμάτων του.

—Πώς το είπατε αυτό;

—Έτσι όπως το είπα. Της φουκαριάρας της γριάς τής έφαε το γιο της.

—Μπορώ να μάθω πώς έγινε αυτό; Συμμαζέψου, κυρά μου! Μπορείς να μου πεις εσύ πού σου έσφαξε το γιο ο κατηγορούμενος;

Ο αξιωματικός αγρίεψε.

—Ανάκριση θα της κάνεις; Μην απαντάς, ρε θειακούλα!

—Μα για στάσου... Εμείς γνωριζόμαστε. Βέβαια, βέβαια... Δε μου λες, γριά, δε συμπλήρωσες ακόμη τα συντάξιμα χρόνια στην υπηρεσία για ν' απολυθείς; Πόσα χρόνια θα τον παίζεις αυτό το ρόλο;

—Τι ρόλο;... κάνει ο αξιωματικός.

—Ξέρει κείνη, λέει ο δικηγόρος. Το ρόλο της χαροκαμένης μάνας. Ξέρει. Χρόνια μπερδευότανε μες στα πόδια μου... ακόμη απ' το 1946. Κι αυτά τα μαύρα που φοράει είναι η στολή της υπηρεσίας. Στο δρόμο κυκλοφορεί με ανοιχτόχρωμα. Ψτ, κυρά, βγες έξω με το καλό γιατί υπάρχουν κι άλλοι τρόποι να σε βγάλω.

Στο μεταξύ άρχισε να μαζεύεται κόσμος, κι ο αξιωματικός για να σώσει τη... χαροκαμένη μάνα τής είπε να φύγει και... να μείνει ήσυχη. Το δικαστήριο κάνει καλά τη δουλειά του και θα της το δώσει πίσω το αίμα του μοναχογιού της.

—Ορίστε τώρα! φωνάζει ο δικηγόρος. Προδικάζετε και την τύχη του δικαστηρίου.

Ο αξιωματικός ετοιμάστηκε ν' αγριέψει, αλλά χτύπησε το κουδούνι. Ο Γιώργης, κι όταν τον ξανάφεραν στην αίθουσα, πάλι έψαχνε με το βλέμμα να βρει κάποιον απ' το σπίτι του. Καλά η μάνα του... μπορεί... μπορεί να της το κρύψανε. Μα το Δεσποινάκι; Αυτό το ατρόμητο κορίτσι... πώς να μην έρθει; Να μην μπάσει —έστω και μια φορά— το μυτάκι του απ' την πόρτα;

Κάτι στυφό ένοιωσε μέσα του... μια πικρή ακατανόητη ζήλεια. Στην κλινική των φυλακών που τον κρατούσαν πριν από δυο μήνες, μ' όλη την απομόνωση, όλο και κάτι θα 'ρχόταν από κείνη... Ένα μπιλιετάκι με δυο δειλά ζεστά λόγια. Ένα ντροπαλό λουλούδι ακουμπισμένο σεμνά στο καλαθάκι με τα φρούτα... Πώς τώρα ξαφνικά χάθηκε; Ποιος ξέρει... Μπορεί κάποιος επιτήδειος να του σήκωσε τα μυαλά.

Στην αίθουσα η ατμόσφαιρα ήταν ακόμη πιο βαρειά τώρα. Ο πρόεδρος χτύπησε κοφτά και βλοσυρά το κουδούνι.

—Να προσέλθει ο επόμενος μάρτυς.

ΣΥΝΗΓ. Κύριε πρόεδρε... Παρακαλώ να μου επιτραπεί όπως υποβάλω εις το αξιότιμον δικαστήριόν σας μίαν ερώτησιν.

ΠΡΟΕΔΡ. Οι ερωτήσεις εις τον μάρτυρα.

ΣΥΝΗΓ. Θα ήθελα να εκφράσω μίαν άποψιν. Εφ' όσον

άπαντες σχεδόν οι μάρτυρες οίτινες παρελαύνουν, όλοι —άνευ ουδεμιάς εξαιρέσεως— καταθέτουν τα αυτά στοιχεία, και με την αυτήν φραστικήν διατύπωσιν, ερωτώ: προς τι καταπονούμεθα περαιτέρω;

ΠΡΟΕΔΡ. Ίσως αυτό να είναι κοπιαστικόν δι' υμάς. Το έθνος όμως ουδέποτε θα κουρασθεί ακούον τα ανδραγαθήματα του εθνοπροδότου πελάτου σας.

ΣΥΝΗΓ. Διαμαρτύρομαι διά τους χαρακτηρισμούς! Κατά τον νόμον, πας κατηγορούμενος είναι αθώος προ της εκδόσεως της αποφάσεως...

ΠΡΟΕΔΡ. Έστω. Αλλά θα ακούσωμεν μέχρι τέλους τας μαρτυρικάς καταθέσεις της κατηγορίας και μέχρι των ελαχίστων λεπτομερειών.

ΣΥΝΗΓ. Εφ' όσον σας αρέσει η... Μυθολογία, προχωρήστε.

ΠΡΟΕΔΡ. Προσέξτε. Εάν συνεχίσετε ασκούντες κατά τον τρόπον αυτόν την υπεράσπισιν, ζημιώνετε ανεπανορθώτως τον πελάτην σας.

ΚΑΤΗΓ. Δεν δέχομαι να με θέσετε υπό την προστασίαν σας. Έχω συνήγορο.

ΠΡΟΕΔΡ. Σε οδηγεί κατά κρημνού.

ΚΑΤΗΓ. Αυτό αφορά εμένα. Και εγκρίνω το χειρισμό του.

ΠΡΟΕΔΡ. Τότε είσαι άξιος της τύχης σου. Να προσέλθει ο μάρτυς.

Κάτι ξερά βήματα ακούστηκαν στο διάδρομο. Είχε ακούσει ο Γιώργης κι άλλες φορές τέτοια βήματα. Είναι κάτι βλοσυροί και κοφτοί κρότοι που τους κάνουν πάντα τα πόδια που θέλουν να δώσουν θάρρος στο κορμί. Αν παρακολουθούσες αυτά τα πόδια απ' τα πάνω προς τα κάτω, θα 'βρισκες ότι πάντα καταλήγουν σ' ένα κεφάλι ωχρό και κοκαλιάρικο που κρύβει τον πανικό του κάτω από μια επίμονη σκληρότητα. Κάπως έτσι ήταν και το κεφάλι που φέρανε κείνα τα ξερά βήματα. Το χρώμα του ήταν μια σύνθεση από έμπυο και χολή. Κρανίο σχεδόν γυμνό, κοφτό μουστάκι, κοντή μύτη, τιναγμένα ζυγωματικά, γνήσια ποντικίσια μάτια που κοιτούσαν βιαστικά δεξιά κι αριστερά σα να 'θελαν να προλάβουν κάτι που ήταν για νά 'ρθει χωρίς να ξέρει ακριβώς πότε κι από ποια κατεύθυνση. Ύψωσε ένα κόκαλο ντυμένο γκρίζα για να ορκισθεί «δίχως φόβο και δίχως πάθος», ενώ κατεχότανε κι από φόβο κι από πάθος, και μάλιστα υστερικό.

ΠΡΟΕΔΡ. Λέγετε, κ. μάρτυς. Τι έχετε να καταθέσετε;

ΜΑΡΤΥΣ. Εις την πολυετή μου σταδιοδρομίαν εις το Σώμα, κ. πρόεδρε, πλειστάκις εχρειάσθη ν' αντιμετωπίσω κακοποιούς οτέ μεν εκ του πανθέου του κοινωνικού βορβόρου, οτέ δε εκ του πανθέου του αναρχισμού και της εθνοπροδοσίας... Αλλά ομολογώ, κ. πρόεδρε, ότι ουδέποτε, ούτε εγώ προσωπικώς ούτε άλλος τις εξ ημών, αντεμετώπισεν πρόσωπον τοσούτον σατανικόν, και τόσον πλουσίας εγκληματικής και προδοτικής δράσεως. Οργανωτής δικτύων, εξυφαντής συνωμοσιών, κύριος μοχλός πλείστων ανατρεπτικών πράξεων, αυτουργός ανθρωποκτονιών, περιφρονητής ιερών και οσίων, τεμαχιστής της χώρας του... και παν ό,τι δύναται να συλλάβει η ανθρώπινη φαντασία.

ΠΡΟΕΔΡ. Έχετε προσωπικήν γνώσιν όλων αυτών, κ. μάρτυς;

ΜΑΡΤΥΣ. Μάλιστα. Και εκ πρώτης χειρός, κ. πρόεδρε.

ΣΥΝΗΓ. Συγγνώμην... Μήπως δύνασθε εξ όλων αυτών των φοβερών και εφιαλτικών πραγμάτων που καταθέτετε να μας επιδείξετε μίαν μικράν, έστω και σκιώδη έναρξιν πραγματοποιήσεως κάποιου εξ αυτού — έστω και του πλέον ανωδύνου;

ΠΡΟΕΔΡ. Περιττόν.

ΣΥΝΗΓ. ...Μίαν απόδειξιν, έστω και μίαν απόπειραν αποδείξεως;

ΠΡΟΕΔΡ. Ποίαν απόπειραν λέτε, κ. συνήγορε; Ο μάρτυς τα απέδειξεν όλα περιτράνως.

ΣΥΝΗΓ. Περιτράνως τα εφαντάσθη, αλλά δεν απέδειξε τίποτε.

ΒΑΣ. ΕΠΙΤΡ. Πώς εννοείτε, εν προκειμένω, την απόδειξιν, κ. συνήγορε; Μήπως θα είχατε την αξίωσιν να φέρει ενώπιόν σας την πατρίδα τεμαχισμένην;

ΣΥΝΗΓ. Εφόσον κατορθώνει τόσον εύκολα και την τεμαχίζει... ναι. Αλλά ας αφήσωμεν τας αστειότητας. Εδώ, καθώς κατέθεσεν ο μάρτυς, έγινεν αγοραπωλησία, κύριε πρόεδρε... Όλοι μας έχουμε κάποια ηλικία ή κάποια πείρα, μπορεί και ηλικία και πείρα μαζί. Όλοι ξέρουμε ότι, όταν εκποιείται κάτι τι —ακόμη και το παραμικρό, ακόμη κι ένας ορνιθώνας ή ένα ζώον—, συντάσσονται πράξεις, ανταλλάσσονται έγγραφα, υπογράφονται αποδείξεις... Εδώ συνέβη μια πελωρία αγοραπωλησία... ποία πειστήρια μας προσκομίζετε, κ. μάρτυς;

ΠΡΟΕΔΡ. (ερεθισμένος). Απαγορεύω την ερώτησιν!

ΣΥΝΗΓ. Η ερώτησις έγινε.

ΠΡΟΕΔΡ. Τότε απαγορεύω την απάντησιν. Μην απαντάτε, μάρτυς!

ΣΥΝΗΓ. (στο μάρτυρα). Ο κατηγορούμενος ήρθε εις επαφήν με... τους αγοραστάς;

ΜΑΡΤΥΣ (προκλητικά και φανερά πειραγμένος για την ειρωνεία). Μάλιστα!

ΣΥΝΗΓ. Πώς το γνωρίζετε;

ΜΑΡΤΥΣ. Εκ της γενομένης παρακολουθήσεως.

ΣΥΝΗΓ. Παρακολουθήσεως προσωπικής;

ΜΑΡΤΥΣ. Όχι. Διά των οργάνων μου.

ΣΥΝΗΓ. Και γιατί δεν φέρατε εδώ τα όργανα; Τι αποτελεσματικώτερον τούτου;

ΜΑΡΤΥΣ. Η υπηρεσία μου δεν δύναται να αποκαλύψει τα μετ' αυτής συνεργαζόμενα πρόσωπα. Είναι ζήτημα τακτικής.

ΣΥΝΗΓ. Χμ. Και... τι τέλος πάντων είδαν αυτά τα... συνεργαζόμενα πρόσωπα;

ΜΑΡΤΥΣ. Παρακολούθησαν εκ του σύνεγγυς την επαφήν μετά των ξένων πρακτόρων, καθώς και την παράδοσιν των χρημάτων.

ΣΥΝΗΓ. Και γιατί δεν τους συλλαμβάνατε τότε όλους μαζί — πράκτορες, έγγραφα, χρήματα, εξωμότες; Τι καλύτερη ευκαιρία περιμένατε; Θα είχατε τώρα στα χέρια σας απτές και συντριπτικές αποδείξεις... και δεν θα στεκόσαστε αντίκρυ μας με άδεια χέρια διά να λέτε παραμύθια της Χαλιμάς!

ΜΑΡΤΥΣ ...

ΣΥΝΗΓ. Δεν απαντάτε, κύριε;

ΜΑΡΤΥΣ (άγρια). Απαντώ, κύριε!

ΣΥΝΗΓ. Απαντάς, κύριε, αλλά δεν απαντάς.

ΜΑΡΤΥΣ. Κύριε πρόεδρε...

ΠΡΟΕΔΡ. Είναι απόρρητα της υπηρεσίας του! Ορίστε! Έτσι δεν είναι, μάρτυς;

ΜΑΡΤΥΣ. Ακριβώς, κ. πρόεδρε.

ΣΥΝΗΓ. Κύριε πρόεδρε, παρακαλώ να μου λύσετε μίαν απορίαν. Το δικαστήριον προσπαθεί να φωτισθεί από τον μάρτυρα ή να τον φωτίσει; Διότι εδώ παρακολουθώ το εξής: Κάθε φορά που ο μάρτυς —ο οποίος πλέει εις τον ωκεανόν της αοριστίας— κινδυνεύει να πνιγεί, εσείς σπεύδετε αμέσως να του ρίξετε το σωσίβιον. Ερωτώ: Είναι μέθοδος αυτή αναζητήσεως της αλήθειας;

ΠΡΟΕΔΡ. (αυστηρά). Δεν δεχόμεθα επικρίσεις!

ΣΥΝΗΓ. Τότε μην τις προκαλείτε. Αφήστε τον μάρτυρα ανεπηρέαστον. Μην του φορτώνετε και τις δικές σας προκαταλήψεις. Αρκετά είναι φορτωμένος με τις δικές του.

ΒΑΣ. ΕΠΙΤΡ. Κύριε πρόεδρε. Έχω κάμει την εξής διαπίστωσιν: Ότι ο κ. συνήγορος δεν συμπεριφέρεται ως συνήγορος του κατηγορουμένου, αλλ' ως σύμμαχός του.

ΣΥΝΗΓ. Αυτό είναι αμίμητον! Και πώς θέλατε να συμπεριφερθώ; Ως εχθρός του; Δεν σας αρκεί, λοιπόν, ότι όλη η ατμόσφαιρα είναι υπερφορτωμένη από εχθρότητα;... Θέλετε να τα ισοπεδώσετε όλα; Να τα ευθυγραμμίσετε όλα με το μίσος σας; Θέλετε ως και την υπεράσπιση ακόμη να την μεταβάλετε σε κατηγορούσαν αρχή; Σας πληροφορώ ότι δεν θα υποκύψω! Θα παραμείνω απτόητος εις αυτήν την εσχάτην έπαλξιν και θα αγωνισθώ παρ' όλους τους απειλητικούς ανέμους που πνέουν εκ της έδρας!

ΠΡΟΕΔΡ. Αυτό αποτελεί ύβριν προς το δικαστήριον. Ουδείς σας ηπείλησεν.

ΣΥΝΗΓ. Θα με αφήσετε, λοιπόν, να ασκήσω απροσκόπτως τα καθήκοντά μου;

ΠΡΟΕΔΡ. Βεβαίως.

ΣΥΝΗΓ. Ευχαριστώ. Δεν μου λέτε, κ. μάρτυς... άκουσα, μεταξύ των πολλών και ποικίλων ιδιοτήτων που απεδώσατε εις τον πελάτην μου, ότι τον απεκαλέσατε και α υ τ ο υ ρ γ ό ν α ν θ ρ ω π ο κ τ ο ν ι ώ ν. Μήπως μπορείτε να απαριθμήσετε πόσους ακριβώς εσκότωσε;

ΜΑΡΤΥΣ. Πολλούς.

ΣΥΝΗΓ. Σύμφωνοι, πολλούς. Αλλά πόσους;

ΠΡΟΕΔΡ. Σας είπε... Πολλούς. Υπήρξε σαφής.

ΣΥΝΗΓ. Αριθμό, κ. μάρτυς.

ΜΑΡΤΥΣ. Πολλούς. Πού να τους μετρώ;

ΣΥΝΗΓ. Θέλετε δέκα;

ΠΡΟΕΔΡ. Είπε πολλούς.

ΣΥΝΗΓ. Ωραία. Εγώ θα ικανοποιήσω κι εσάς. Κι εσάς, κ. πρόεδρε.

ΠΡΟΕΔΡ. Σας παρακαλώ!

ΣΥΝΗΓ. Μη με παρακαλείτε. Να μ' ευχαριστείτε. Μια, λοιπόν, και οι δέκα σάς φάνηκαν λίγοι, εγώ τους πολλαπλασιάζω επί δέκα. Τους κάνω εκατό.

ΠΡΟΕΔΡ. Ε... όχι και τόσο πολλούς.

ΣΥΝΗΓ. Ας μην κάνουμε τώρα τσιγκουνιές, κ. πρόεδρε. Τι δέκα, τι εκατό... Για ένα σφαγέα σαν τον πελάτη μου τι ρόλο παίζει ο αριθμός;

ΒΑΣ. ΕΠΙΤΡ. Κύριε πρόεδρε! Πώς ανέχεσθε τας ειρωνείας του;

ΣΥΝΗΓ. Καλά. Ας εγκαταλείψουμε τη διαφωνία μας ως προς τον αριθμό των θυμάτων. Είμαι έτοιμος να συμφωνήσω εις κάθε αριθμόν που θα προτείνετε. Τι να γίνει!... Χάριν της ανευρέσεως της αληθείας ας θυσιασθούν και μερικοί ακόμη άνθρωποι. Εκείνο που προέχει είναι να διαλάμψει η αλήθεια. Και γι' αυτό σας παρακαλώ να ερωτήσετε σεις προσωπικώς, κ. πρόεδρε, όχι πόσους εφόνευσε —ας εφόνευσε όσους θέλει—, αλλά ποίους;

ΠΡΟΕΔΡ. Ο άνθρωπος σου είπε. Πού να θυμάται τώρα;

ΣΥΝΗΓ. Οι ανθρώπινες ζωές, κ. πρόεδρε, δεν είναι ποτήρια για να μη θυμάται κανείς πόσα έσπασε πάνω στο μεθύσι του. Απαντήστε μου, λοιπόν, κ. μάρτυς, χωρίς τεθλασμένες και κρυφτούλια: Ποιους εσκότωσε ο κατηγορούμενος; Αφήστε την έδρα. Εγώ σας ρωτώ. Με ακούτε, κ. μάρτυς;

ΜΑΡΤΥΣ (εκνευρισμένος). Σας ακούω. Τι είπατε;

ΣΥΝΗΓ. Είπα: Ποιους... Κύριε πρόεδρε, με συγχωρείτε, ο μάρτυς περιμένει την απάντησίν σας.

ΠΡΟΕΔΡ. Τι είναι αυτά τα πράγματα; Τι καινοτομίες είν' αυτές που εφαρμόζετε;... Εξάλλου το δικαστήριον έχει πεισθεί.

ΣΥΝΗΓ. Έχει πεισθεί εις τι, κ. πρόεδρε; Εις το ότι ο μάρτυς ψεύδεται ή εις το ότι αναμένει την συνδρομήν σας;

ΜΑΡΤΥΣ. Κύριε πρόεδρε, σας παρακαλώ να με προστατεύσετε.

ΠΡΟΕΔΡ. (στο μάρτυρα εκνευρισμένος). Απαντήστε στις ερωτήσεις του.

ΣΥΝΗΓ. Ευχαριστώ, κ. πρόεδρε. Κύριε μάρτυς, κατόπιν εντολής του κ. προέδρου...

ΠΡΟΕΔΡ. Να τ' αφήσετε αυτά.

ΣΥΝΗΓ. Ωραία. Τ' αφήνω. Κύριε μάρτυς...

ΚΑΤΗΓ. (διακόπτοντας). Με συγχωρείτε, κ. πρόεδρε. Όχι από διάθεση να στριμώξω το μάρτυρα —που κι αυτό θα είχε την αξία του—, αλλά για να τακτοποιηθώ μια για πάντα με τη συνείδησή μου... ζητώ επιτακτικά να απαντήσει αμέσως και χωρίς υπεκφυγές: Ποιους εσκότωσα;

ΣΥΝΗΓ. Απαντήστε, μάρτυς. Εσάς ερώτησε. Μην κοιτάτε κατά την έδρα. Από σας ζητήσαμε απάντηση.

ΜΑΡΤΥΣ. Πλείστους.

ΣΥΝΗΓ. Πάλι απ' αυτούς τους αριθμούς γαντζώνεστε; Σ' αυτούς πλειοδοτήσαμε. Ο-νό-μα-τα. Ακούτε, κ. μάρτυς; Έχετε δίκιο... πραγματικώς κάνει ζέστη. Και πώς να μην κάνει ζέστη μες σε τόσες λίμνες αίματα!

ΜΑΡΤΥΣ (βρεγμένος). Κύριε... πρόεδρε... Δεν είχα υπ' όψιν μου ότι ήτο δυνατόν να μου υποβληθεί παρομοία ερώτησις...

ΣΥΝΗΓ. Και τι ερωτήσεις θα θέλατε... περί των καιρικών συνθηκών;

ΜΑΡΤΥΣ. ...Και ως εκ τούτου δεν έφερα μαζί μου τον κατάλογο των θυμάτων του.

ΣΥΝΗΓ. (διαλλακτικά). Δεν πειράζει. Διακόπτουμε για λίγο και πηγαίνετε να μας τον φέρετε.

ΜΑΡΤΥΣ. Μα... δεν ξέρω αυτή την στιγμή πού ακριβώς τον έχω.

ΣΥΝΗΓ. Έστω, δεν θα μαλώσουμε. Εκατό δεν είπαμε; Εμείς σας χαρίζουμε τους ενενήντα εννιά. Και σας παρακαλούμε να μας πείτε μόνο ένα, μόνο ένα όνομα.

ΠΡΟΕΔΡ. Πες επιτέλους ένα όνομα για να ησυχάσουμε, και να ησυχάσουν κι αυτοί.

ΜΑΡΤΥΣ. Έστω. Σας λέγω: Καστόρας Ευριπίδης του Αποστόλου. Οδός...

ΣΥΝΗΓ. (Τον διακόπτει.) Αρκεί. Ευχαριστώ.

ΠΡΟΕΔΡ. (χαιρέκακα). Ικανοποιηθήκατε, κ. συνήγορε;

ΣΥΝΗΓ. Απολύτως, κ. πρόεδρε. Είμαι απολύτως ικανοποιημένος και σας καλώ να συμμερισθείτε και σεις την ικανοποίησίν μου.

ΠΡΟΕΔΡ. Όνομα ζητήσατε, όνομα σας είπε. Τι άλλο θέλετε;

ΣΥΝΗΓ. Κύριε πρόεδρε... ο ενθουσιασμός σας δεν σας επέτρεψε να δείτε και λίγο τον μάρτυρα. Δεν σας κάνει εντύπωσιν που αυτός δεν είναι ενθουσιασμένος;

ΠΡΟΕΔΡ. Δεν είναι;

ΣΥΝΗΓ. Όχι, δεν είναι διόλου, κ. πρόεδρε, διότι το ψάρι δεν εδάγκασε το δόλωμα. Η υπεράσπισις αγρυπνεί, κ. πρόεδρε. Το όνομα αυτό ήταν ένα από τα ονόματα-πασπαρτού που τα χρησιμοποιούν ολόκληρον πενταετίαν διά να εξαποστέλλουν εις τον άλλον κόσμον μίαν σειράν από αθώους. Έχω να καταθέσω εις το αξιότιμον δικαστήριόν σας μίαν επιστολήν του θύματος. Αλλά προτιμότερον να σας την διαβάσω.

ΠΡΟΕΔΡ. Δεν εννοώ...

ΣΥΝΗΓ. Θα εννοήσετε αμέσως. Ο μάρτυς δεν είχε τύχη. Έπεσε σ' ένα από τα ονόματα των οποίων κατέχομεν ιδιοχείρους επιστολάς.

ΠΡΟΕΔΡ. Δεν σας καταλαβαίνω.

ΣΥΝΗΓ. Δεν μπορούμε, κ. πρόεδρε, επ' άπειρον ατιμωρητί να ψευδόμεθα και να δολοφονούμεν. Εξηγέρθη η συνείδησις και των πλέον πωρωμένων προσώπων... και των αμέσων συνεργατών των! Αλλά ας αναγνώσωμεν την επιστολήν. (Διαβάζει.)

«Προς τους Προέδρους όλων των Στρατοδικείων
οίτινες δικάζουσι πολιτικά αδικήματα

Κύριε Πρόεδρε,

Επειδή κουράστηκα πια να σκοτώνομαι τόσα χρόνια χωρίς να διαμαρτύρομαι, σας παρακαλώ να θέσετε τέρμα σ' αυτές τις νεκραναστάσεις μου. Σας πληροφορώ ότι από σήμερα παύω οριστικώς να σκοτώνομαι και αποφασίζω να ζήσω. Ήμουν εθνικόφρων, φανατικός, εμίσησα, αλλά όλα έχουν ένα τέλος. Από σήμερα παύω να ζητώ εκδίκησιν. Γι' αυτό σας παρακαλώ να αφήσετε τους μέλλοντες φονιάδες μου να ζήσουν για να μπορέσω επιτέλους ν' αναστηθώ και να ζήσω ήσυχος, τόσον εγώ όσο και εκείνοι που πρόκειται να με σκοτώσουν και να σκοτωθούν. Φτάνουν πια τα αίματα, κ. Πρόεδρε.

Μετά πάσης τιμής
Καστόρας Ευριπίδης»

ΠΡΟΕΔΡ. (στο μάρτυρα, πελαγωμένος). Τι σημαίνουν όλα αυτά;

ΜΑΡΤΥΣ. Κύριε πρόεδρε... Είναι φανερόν. Ο επιστολογράφος απήχθη υπό των συμμοριτών και εξηναγκάσθη να γράψη αυτήν την επιστολήν.

ΣΥΝΗΓ. Ευχαριστώ. Κύριε πρόεδρε, δεν έχω καμίαν άλλην ερώτησιν. Αυτό ήθελα να αποδείξω. Ότι ο... μακαρίτης Καστόρας ζει. Ευχαριστώ, κ. μάρτυς.

ΠΡΟΕΔΡ. (που προσπαθεί ν' ανακτήσει την ψυχραιμία του). Εν... πάση περιπτώσει, αυτή ήτο μία από τας κατηγορίας. Ο πελάτης σας βαρύνεται με πολλά. Και πρώτον, πού πάει η ανατρεπτική και προδοτική δράσις; Αυτήν πώς θα την αποσείσετε;

ΣΥΝΗΓ. Θα δούμε.

ΠΡΟΕΔΡ. Μάρτυς. Προχωρήστε τώρα εις το κυριώτερον μέρος της κατηγορίας. Ποία υπήρξεν η ανατρεπτική και προδοτική δράσις του κατηγορουμένου;

ΜΑΡΤΥΣ (σκουπίζοντας τον ιδρώ του). Κύριε πρόεδρε. Ο κατηγορούμενος ούτος μας απασχολεί από της εφηβικής —δύναμαι να είπω— ηλικίας του. Ο κατηγορούμενος, λόγω της οικονομικής καταστάσεως της οικογενείας του, δεν έκαμνεν εγκυκλίους σπουδάς. Θα τον είδατε ωστόσο... πώς συναγωνίζεται εις ρητορικήν δεινότητα και τους συνηγόρους του. Όπερ τι σημαίνει; Ότι ούτος εφοίτησεν εις σκοτεινά νυκτερινά άντρα, όπου πρόσωπα ελθόντα λαθραίως από την αλλοδαπήν, και ζώντα εν παρανομία, προπαρασκευάζουν επιμελώς τους ανατροπείς και τους προδότας δίδοντες εις αυτούς ευρείαν μόρφωσιν διά να δύνανται να φενακίζουν τους αφελείς... να παρασύρουν τας μάζας και να τας στρέφουν κατά της πατρίδος των. Δολίως και απατηλώς εις τα στοιχεία ταυτότητός του καταθέτει ότι ασκεί το επάγγελμα του εργάτου. Διατί όμως το πράττει; Διά να δυνηθή ούτω να προσεγγίση τας νομοταγείς μάζας των εργατών και να αρχίσει τον προσηλυτισμόν. Ουδέν εκ των ατόμων τούτων εργάζεται. Υποκρίνονται όλοι απλώς τους εργάτας.

ΠΡΟΕΔΡ. Και με τι πόρους συντηρούν τας οικογενείας των — όσοι έχουσιν βεβαίως;

ΜΑΡΤΥΣ. Με τα αργύρια της προδοσίας των. Αμείβονται, κ. πρόεδρε. Αμείβονται παχυλώς.

ΣΥΝΗΓ. Τι να τα κάνουν, κ. πρόεδρε, τα λεπτά... αφού χάνουν το κεφάλι τους;

ΜΑΡΤΥΣ. Ένας προδότης...

ΣΥΝΗΓ. Σας απαγορεύω να προβαίνετε εις χαρακτηρισμούς. Ορίστε! Βαφτίζει τον εαυτό του σε πατριώτη και όλοι οι άλλοι είναι προδότες!!

ΠΡΟΕΔΡ. Δεν είπε «όλοι οι άλλοι». Είπε: ο πελάτης σας και οι όμοιοί του.

ΣΥΝΗΓ. Διαμαρτυρόμεθα με όλην την δύναμιν των πνευμόνων μας! Ο κατηγορούμενος είναι απλώς πολιτικός αντίπαλος της Κυβερνήσεως. Κι ούτε παρέστησε ποτέ τον επαγγελματίαν πατριώτην — και μάλιστα επ' αμοιβή!...

ΒΑΣ. ΕΠΙΤΡ. Κύριε πρόεδρε, υβρίζουσι συνεχώς τους μάρτυρας.

ΣΥΝΗΓ. Προδόται δεν είναι οι αντίπαλοι της μιας ή

της άλλης παρατάξεως. Οι προδόται είναι βδελυρά αργυρώνητα όργανα, χωρίς αρχάς, χωρίς ηθικήν, χωρίς πίστιν, αλλά προπάντων χωρίς ηρωισμόν. Αυτό το τονίζω. Χωρίς τον παραμικρόν ηρωισμόν. Είναι όντα δειλά και φοφοδεή. Και σεις θα είδατε τον κατηγορούμενον. Σας δίδει αυτήν την εντύπωσιν; Όχι, λοιπόν, δεν πρέπει και δεν είναι θεμιτόν οι πολιτικοί αντίπαλοι μιας παρατάξεως να αποκαλούνται προδόται.

ΠΡΟΕΔΡ. Αγόρευσιν θα κάνετε; Όλα αυτά να τα πείτε κατά την αγόρευσίν σας.

ΣΥΝΗΓ. Ο Σόλων εθέσπισεν ότι «σ τ α σ ι α ζ ο μ έ ν η ς τ η ς Π ο λ ι τ ε ί α ς» προδότης δεν είναι εκείνος ο οποίος συμμετέχει εις τον αγώνα παρά το πλευρόν της μιας ή της άλλης των παρατάξεων, αλλά εκείνος που παραμένει ουδέτερος και αμέτοχος...

ΠΡΟΕΔΡ. Μην αναμιγνύετε τους αρχαίους μας προγόνους. Εκείνοι ήσαν φιλοπάτριδες. Ενώ αυτοί...

ΣΥΝΗΓ. Και όμως οι περισσότεροι από τους ενδόξους προγόνους μας κατηγορήθηκαν από τους πολιτικούς αντιπάλους των ως προδότες.

ΠΡΟΕΔΡ. Θα συγκρίνετε τώρα...

ΚΑΤΗΓ. (Διακόπτει.) Κύριε πρόεδρε... Κάτι για τα περί π α χ υ λ ή ς α μ ο ι β ή ς θέλω να πω: Ο μάρτυς και η παρέα του μπαινοβγαίνουν ακόμη και κατά την απουσία μου στο σπίτι μου σαν ιδιοκτήτες και έχουν μάλιστα και δικό τους κλειδί. Ξέρει τι τρώγαμε, πώς ντυνόμαστε. Ξέρει ότι η μάνα μου πούλησε και τα λιγοστά μας έπιπλα για να μην πεθάνει της πείνας... ότι πούλησε ακόμη και τα εργαλεία μου και τη ραπτομηχανή της... Μήπως μπορεί ο μάρτυς να μας πει πώς συμβιβάζονται όλα αυτά με την παχυλή αμοιβή;

ΜΑΡΤΥΣ. Όλα αυτά, κ. πρόεδρε, είναι στάχτη στα μάτια, παραπλανητικά.

ΣΥΝΗΓ. Τι παραπλανητικά και κουραφέξαλα! Αφού πεθαίνει ο άνθρωπος. Για πότε τα κρατά; Για τη μέλλουσα ζωή; Μα αφού δεν πιστεύει στη μέλλουσα ζωή, και το ξέρετε!

ΠΡΟΕΔΡ. Δυνατόν να μην το κάνει από την δίψαν του κέρδους... Δυνατόν να είναι προδότης από φανατισμόν. Από ιδεολογίαν.

ΣΥΝΗΓ. Κύριε πρόεδρε... τι είν' αυτά; Έχουμε τώρα και... ιδεολόγους προδότες; Δεν τ' αφήνετε αυτά, λέω, και να σοβαρευτούμε;

ΠΡΟΕΔΡ. (έξαλλος). Πώς! Να εκβληθεί αμέσως της αιθούσης!

ΣΥΝΗΓ. Καλέστε αν θέλετε τη φρουρά... Αλλά εγώ θα επιμένω να βροντοφωνάζω ότι παρά πάσαν δικονομικήν αρχήν και παρά πάντα νόμον...

ΠΡΟΕΔΡ. Αρκεί! Καθίστε!

ΣΥΝΗΓ. Δεν πρόκειται να καθίσω. Εφ' όσον το φάσμα της παρανομίας παραμένει ορθόν, θα παραμείνω ορθός μέχρι τέλους!

ΠΡΟΕΔΡ. Θα κινήσω εναντίον σας τον Νόμον.

ΣΥΝΗΓ. Μέχρι προ ολίγου ακόμη εξέτιον ποινήν ισοβίου καθείρξεως εις έναν από τους «Παρθενώνας» σας άνευ δίκης και καταδίκης... και δεν τρομοκρατούμαι. Οι απειλές σας πίπτουν εις το κενόν. Ιμαλάια αδικιών έχουν συσσωρευθεί πάνω εις τους ώμους των αθώων διά να κατακτηθεί το δικαίωμα που τώρα διεκδικώ, και δεν ευρέθηκε ανάστημα που θα το παραγράψει!

ΠΡΟΕΔΡ. (με μίσος). Ο κ. βασιλικός επίτροπος έχει τον λόγον.

ΒΑΣ. ΕΠΙΤΡ. Κύριε πρόεδρε, εκφράζω την βαθυτάτην μου αποδοκιμασίαν διά το γεγονός ότι, υπό τον απατηλόν μανδύαν του δικηγόρου, προφυλακή του συμμοριτισμού εισεχώρησεν μέχρι της ιεράς ταύτης αιθούσης, όπου υπό το άπλετον φως των νόμων δικάζεται αυτή ταύτη η Εθνοπροδοσία εις την πλέον ειδεχθή της μορφήν. Προτείνω την άμεσον αποπομπήν του!

ΣΥΝΗΓ. (με οργή και αποφασιστικότητα). Θα υπερασπίσω σπιθαμήν προς σπιθαμήν και φράσιν προς φράσιν το δικαίωμά μου...

ΠΡΟΕΔΡ. (στο γραμματέα). Να γραφεί στα πρακτικά: «Παρά τας επανειλημμένας συστάσεις όπως ο συνήγορος του κατηγορουμένου αποφεύγει τους υβριστικούς χαρακτηρισμούς οίτινες συνθέτουν απ' αρχής μέχρι τέλους ολόκληρον το κεφάλαιον της υπερασπίσεώς του, ούτος εμμένει και πλειοδοτεί. Δι' ο το δικαστήριον επιφυλάσσει εις εαυτό το δικαίωμα όπως και εις παραμικράν απόπειραν υποτροπής εφαρμόσει κατ' αυτού τας εκ του νόμου και της δικονομίας απορρεούσας διατάξεις». (Χτυπά το κουδούνι.) Λύεται η συνεδρίασις. Το δικαστήριον θα επαναλάβει αύριον διά να ακούσει την απολογίαν του κατηγορουμένου. Αποσυρθείτε.

ΚΕΦΑΛΑΙΟ ΤΡΙΤΟ

ΠΡΟΕΔΡ. Να εγερθεί ο κατηγορούμενος. Κατηγορούμενε, απολογήσου.

Ο Γιώργης σηκώθηκε όρθιος. Η φωνή του είναι απλή, μαλακιά, μα σταθερή.

ΓΙΩΡΓΗΣ. «Κατηγορούμενε, απολογήσου»... Δυο ανακρίβειες σε δυο μόνο λέξεις. Τον κατηγορούμενο δεν τον κάνουν οι κατηγορίες, ούτε και τις απολογίες οι αθώοι. Πάντως χαίρομαι που μου δίνεται η ευκαιρία — όχι βέβαια ν' απολογηθώ, αλλά για να μιλήσω. Είναι απέραντη η ικανοποίηση που νοιώθει ένας βουβός άνθρωπος όταν ύστερα από τόσον καιρό ξαναβρίσκει τη φωνή του κι αρχίζει να μιλά. Και μόνο που ακούω τώρα τη φωνή μου είναι για μένα μια ευτυχία που —είμαι βέβαιος— πολύ λίγοι άνθρωποι την ένοιωσαν. Φρίκες, τρόμοι, τρέλλες... είχαν φκιάξει πάνω σε κείνο το νησί ένα χάος που μέσα του χάσαμε τη φωνή μας. Και τώρα ακόμη απορώ πώς ύστερα απ' όλα αυτά κείνο το νησί δεν καταποντίσθηκε μόνο του. Κύριοι δικαστές, στρέψτε τη μνήμη σας όσο θέλετε πίσω... Στις φυλακές-γαλέρες, στα Νησιά του Διαβόλου, στις Γουινέες, στα μεσαιωνικά κάτεργα... σ' όλους τους τόπους περιορισμού της ανθρώπινης ελευθερίας, και για όλους τους αιώνες... Πουθενά δε μαρτύρησαν τόσο πολύ οι άνθρωποι, και πουθενά σίδερα δεν έδεσαν τόσο δυστυχισμένα, τόσο παραμορφωμένα, τόσο πληγωμένα και τόσο αθώα κορμιά. Βέβαια, και στα μεσαιωνικά μπουντρούμια πέθαιναν άνθρωποι, και στις βαστίλες χάνανε το φως τους... αλλά πουθενά, ποτέ, τόσοι πολλοί άνθρωποι δε χάσανε το λογικό τους όσο σ' αυτή τη φριχτή αποθήκη των θυμάτων σας που τολμάτε να τη λέτε «Παρθενώνα». Οι λέξεις «βαρβαρότητα», «ωμότητα» κ.λπ. είναι λέξεις θωπευτικές... Η λέξη «σκοτάδι» είναι εξαίσιο φως μπροστά σ' αυτό που 'γινε κάτω από τον πιο φωτεινό ουρανό του κόσμου.

ΠΡΟΕΔΡ. (έξαλλος). Κατηγορούμενε! Φτάνει! Παύσε να υβρίζεις. Περιορίσου εις την απόκρουσιν του κατηγορητηρίου.

ΚΑΤΗΓ. Δεν υπάρχει κατηγορητήριο. Υπάρχει μόνο απόφαση που πάρθηκε πριν απ' τη δίκη. Μια απόφαση θανατική που μπορώ εύκολα να την ματαιώσω και να σώσω αμέσως το κεφάλι μου. Πώς; Το ξέρετε. Κλαίοντας. Αλλά τέτοια χαρά δε θα σας την δώσω. Στις μέρες μας ακρίβυναν πολύ τα δικά μας δάκρυα. Και ξέρετε γιατί; Φτήνυνε το μίσος σας. Εξαντλήθηκε... και μισείτε με μίσος τεχνητό. Απ' την αρχή της δίκης σας με τρομάζετε συνεχώς με την απειλή του θανάτου. Κύριοι, δεν τρομάζω. Ο θάνατος αυτός που μου ετοιμάζετε είναι ένα παιχνίδι... μια απλή διακοπή της ζωής. Έχουμε υποστεί ως τώρα μαρτύρια που το καθένα ξεπερνά χίλιους μαζί θανάτους. Θέλετε να με στείλετε στον άλλο κόσμο; Μα αποκεί έρχομαι. Και σας πληροφορώ πως είναι ευκολότερος απ' τη ζωή στον... Παρθενώνα σας. Κύριοι δικαστές, ποιος από σας είναι βέβαιος ότι αύριο στις πεντέμισι το πρωί θα πεθάνει, και ποιος μετά απ' αυτή τη βεβαιότητα θα ήταν ήρεμος; Μα εμείς είμαστε και βέβαιοι και ήρεμοι. Μέσα στη γενική σας αβεβαιότητα μας κάνατε βέβαιους για όλα, και —προπάντων— βέβαιους για το δίκαιο του αγώνα μας.

ΠΡΟΕΔΡ. Σιωπή! Χρησιμοποιείς την ιεράν ταύτην αίθουσαν διά την βρωμεράν προπαγάνδα σου; Αρκεί!

ΣΤΡΑΤΟΔ. Αφήστε τον, κ. πρόεδρε... Πολύ γρήγορα, μόλις ο θάνατος θα του γίνει βεβαιότης, θα σκύψει τον αυχένα.

ΚΑΤΗΓ. Κάνετε λάθος. Θα πάω όρθιος παντού. Όρθιος όπως περπάτησα ως τώρα, ακόμη και όταν τα πόδια μου έσταζαν αίματα. Πρέπει, για την ιστορία, να σας πω ότι χτες βράδυ, μετά το τέλος της δίκης, τρεις άνθρωποι μπήκαν στο κελλί μου κι όλη τη νύχτα πάλεψαν να σπιλώσουν την τελευταία μέρα της ζωής μου αποσπώντας μου την ταπεινωτική «μετάνοια». Θα μπορούσα να σας δείξω τις πληγές και τα εγκαύματα που έκαναν σ' ολόκληρο το κορμί μου. Δεν το κάνω όμως για να μη νομισθεί ότι εκλιπαρώ την επιείκεια ή τον οίκτο σας. Δεν το πιστεύετε;

ΣΤΡΑΤΟΔ. Εγώ το πιστεύω. Όχι, κ. πρόεδρε, εγώ το πιστεύω. Γι' αυτό, κατηγορούμενε, σε συμβουλεύω εγώ, πατρικώς —όχι με βασανισμούς και απειλάς—, σε προτρέπω πατρικώς να εγκαταλείψεις επιτέλους αυτό το στείρον και ανώφελον πείσμα σου —χάριν μιας αβεβαίας υστεροφημίας— και να επανέλθεις εις τους κόλπους της πατρίδος, ήτις θα σε δεχθεί και θα περιθάλψει τας πληγάς σου.

ΚΑΤΗΓ. Παιδιά που τα φέρνουν οι γονείς στο σπίτι με το ξύλο φεύγουν μακρύτερα. Όχι, κ. στρατοδίκα, δε θα επιστρέψω στο ετοιμόρροπο σπίτι σας που τόσο άσκημα κάνετε να το λέτε «Πατρίδα». Δε θα επιστρέψω ούτε και με το γλυκό σας ύφος, που τόσο αδέξια ηχεί στα χείλη σας. Δε θα επιστρέψω σ' ένα σπίτι που τα θεμέλια και το κατώι του πλημμύρισαν αίματα. Πατρίδα είναι εκείνο που για χάρη του θυσιάζονται οι άνθρωποι και όχι εκείνο που για χάρη του σκοτώνουν.

Ο ΙΔΙΟΣ ΣΤΡΑΤΟΔ. Ε τότε πήγαινε στο διάολο! Πήγαινε στο θάνατο που σου αξίζει!

ΣΥΝΗΓ. Διαμαρτύρομαι! Είναι στάσις δικαστού αυτή, κ. πρόεδρε;

ΠΡΟΕΔΡ. Σιωπή!

ΣΥΝΗΓ. Δηλαδή, μας απαγγείλατε την καταδίκη πριν τελειώσετε τη δίκη;

ΚΑΤΗΓ. Μη συγχύζεστε, κ. συνήγορε... Η καταδίκη είναι τόσο παληά, που μούχλιασε να μένει κλεισμένη μες στη συνείδηση του κ. δικαστού και βγήκε έξω απ' το στόμα του για ν' αναπνεύσει. Στο θάνατο, κ. δικαστά, ναι, εκεί πηγαίνω. Αλλά θα πάω με το βήμα που θέλω εγώ κι όχι με το σκοπό που θα μου παίξετε εσείς. Και όρθιος! Θα ήταν προσβολή και για τον ίδιο το θάνατο να δρασκελίσω το κατώφλι του μπρουμυτισμένος. Κύριοι! Τίποτε δε σας εδίδαξε η στάση μας; Δυο χρόνια τώρα γκρεμίζετε κορμιά, κι ούτε μια ψυχή δε ρίξατε κάτω. Οι όρθιες ψυχές μας έμειναν όλες έξω απ' τα μνήματα και αύριο θα κυνηγούν τα παιδιά σας.

ΒΑΣ. ΕΠΙΤΡ. Εν ονόματι αυτής της στολής...

ΠΡΟΕΔΡ. (Τον καθησυχάζει.)

ΚΑΤΗΓ. Ευτυχώς που το είπατε, κ. δημόσιε κατήγορε, κι έτσι μου δόθηκε η ευκαιρία να προσέξω τις καινούριες σας στολές. Αλλά κάτω απ' τις καινούριες αυτές στολές σαπίζουν οι παληές σας ιδέες, που δεν τις σώζει πια τίποτε γιατί πέθαναν. Και είναι απαράδεκτο οι πεθαμένες ιδέες να δικάζουν ζωντανές.

ΒΑΣ. ΕΠΙΤΡ. Κύριε πρόεδρε, έως πότε επιτέλους το άτομον αυτό θα υβρίζει τους δικαστάς του;

ΚΑΤΗΓ. Κάνετε λάθος, κ. επίτροπε. Δεν είσθε δικαστές μ ο υ. Δε δικάζετε εμένα. Ξαναδικάζετε όλους τους πεθαμένους που δικάσατε και εκτελέσατε. Δεν έχετε καμιά ποικιλία. Δυο χρόνια τώρα κόβετε κεφάλια με το ίδιο μαχαίρι. Είμαι βέβαιος ότι, την ώρα που ξεφυλλίζετε τους νόμους, μερικοί από σας κρατάτε τον κώδικα ανάποδα. Έχετε δίκιο, γιατί δε χρειάζονται. Γιατί κανένας νόμος δεν αναφέρει μόνο κολασμό χωρίς παράβαση, μόνο τιμωρία χωρίς έγκλημα. Σταματήστε, λοιπόν, να τους ξεφυλλίζετε. Εσείς δικάζετε με προφορικούς νόμους, ή μάλλον με κανέναν νόμο, αλλά με ένα κίνητρο που...

ΒΑΣ. ΕΠΙΤΡ. (Τον διακόπτει.) Θα μας κρίνει η Ιστορία.

ΚΑΤΗΓ. Η Ιστορία; Η Ιστορία όμως τελευταία περπατά γρήγορα και σύντομα θ' ανακτήσει όλα της τα δικαιώματα, και τότε μάταια θα τρέξετε να οχυρωθείτε πίσω απ' τις στολές σας. Σας το ξαναλέω: μάταια... γιατί ποτέ οι στολές δε διέταξαν κανέναν να σκοτώνει μες στις δικαστικές αίθουσες αθώους κι αλυσοδεμένους ανθρώπους.

ΒΑΣ. ΕΠΙΤΡ. Κύριε πρόεδρε! Αρκεί!

ΠΡΟΕΔΡ. Κατηγορούμενε... το προνόμιον της απολογίας είναι ιερόν και δεν θα ήθελα να σου το αφαιρέσω. Επειδή όμως δεν κάνεις απολογίαν, αλλά ύβριν, σου το αφαιρώ.

ΚΑΤΗΓ. Για ανθρώπους που αφαιρούν τόσο εύκολα ζωές θα ήταν αστείο να διστάσουν ν' αφαιρέσουν το λόγο. Κλείστε αν θέλετε τ' αυτιά σας. Δεν τα λέω για σας. Και πολύ πλανάσθε αν νομίζετε ότι με όλα αυτά που λέω προσπαθώ να σώσω το κεφάλι μου. Το 'χετε κομμένο από καιρό και τώρα το ξανακολλήσατε για να το «δικάσετε» και για να πάρετε την ευχαρίστηση να το κόψετε και επισήμως. Αν αγωνίζομαι να προλάβω κι αυτό το έγκλημα, είναι γιατί δε θέλω οι ξένοι να πετροβολούνε την πατρίδα μου. Οι πέτρες στον τόπο μας, από πανάρχαιους καιρούς, γίνονταν έργα τέχνης και όχι φονικά όπλα. Αλλά εσείς, τελευταία, τα ξεχάσατε όλα, γιατί ο τρόμος σάς σκόρπισε τη μνήμη και σας διέλυσε τη συνείδηση.

ΠΡΟΕΔΡ. Τέρας! Δεν αισθάνεσαι δέος προ του θανάτου;

ΚΑΤΗΓ. Δέος αισθάνθηκα μπροστά στο φόβο μήπως δώσω το θάνατο. Το να δεχθώ το θάνατο σε μια στιγμή που όλα τρέμουν είναι δείγμα ότι στάθηκα καλά στη ζωή.

ΒΑΣ. ΕΠΙΤΡ. Θα πεθάνεις με θάνατον ατιμωτικόν!

ΚΑΤΗΓ. Θα πεθάνω μόνο με θάνατο. Το ατιμωτικό είναι δικό σας. Οι άνθρωποι πάντα ατιμάζονται μόνοι τους.

ΒΑΣ. ΕΠΙΤΡ. Θα πεθάνεις ως ειδεχθής προδότης.

ΚΑΤΗΓ. Αυτό το «Προδότης» που θα γράψετε στο μνήμα μου γρήγορα θα το σβήσει η βροχή. Η βροχή όμως ποτέ δε θα φτάσει ως τη συνείδησή σας για να σβήσει το δικό σας στίγμα.

ΠΡΟΕΔΡ. (Σηκώνεται έξαλλα χτυπώντας το κουδούνι.) Τελείωσες! Κατηγορούμενε! Τελείωσες!

ΚΑΤΗΓ. Το αν...

ΠΡΟΕΔΡ. Τελείωσες! Κάθισε κάτω! Τελείωσες!

ΚΑΤΗΓ. Έστω. Τελείωσα (ρίχνοντας μια ματιά στο δικαστήριο, που φαίνεται ικανοποιημένο που του 'κλεισαν το στόμα), θα συνεχίσουν άλλοι.

ΣΥΝΗΓ. Αναφέρομαι στο δικαστήριόν σας. Η αφαίρεσις του δικαιώματος της απολογίας δεν είναι κάτι το οποίον εξαρτάται από την ιδικήν σας θέλησι. Τόμοι νομολογίας...

ΠΡΟΕΔΡ. Περιττή η αγόρευσις.

ΣΥΝΗΓ. Η βάσις του βουλεύματος...

ΠΡΟΕΔΡ. Ποια βάσις; Ποιου βουλεύματος; Εσείς ούτε και να το διαβάσετε δεν εμπήκατε εις τον κόπον. Σεις πρώτον —και το εσημείωσα αυτό και το ενθυμούμαι καλώς— δεν αναγνώσατε την δικογραφίαν, αγνοείτε το κατηγορητήριον.

ΣΥΝΗΓ. Με συγχωρείτε. Γνωρίζω κάλλιστα το κατηγορητήριον. Θέλετε να σας το απαγγείλω όλο απέξω;

ΠΡΟΕΔΡ. Πώς είναι δυνατόν να το γνωρίζετε; Εξ όσων γνωρίζω, δεν εζητήσατε την δικογραφίαν.

ΣΥΝΗΓ. Το διάβασα από άλλο αντίτυπον.

ΠΡΟΕΔΡ. Αντίτυπον;

ΣΥΝΗΓ. Μάλιστα. Όχι αντίγραφον. Αντίτυπον. Τα τριάντα χιλιάδες κατηγορητήρια που απαγγείλατε έως τώρα είναι ένα και το αυτό κατηγορητήριον με τιράζ τριάντα χιλιάδων αντιτύπων και μόνον με το όνομα και τα λοιπά στοιχεία κενά.

ΠΡΟΕΔΡ. Αυτό είναι ύβρις! Ή θα περιορισθείτε εις...

ΣΥΝΗΓ. (έντονα). Δεν θα περιορισθώ πουθενά! Δεν ήρθα διά να ασκήσω τα δικαιώματά μου κατά το ήμισυ, ούτε να τα περικόψω κατά το κέφι σας. Ή θα τα ασκήσω εις το ακέραιον...

ΠΡΟΕΔΡ. (Χτυπά δαιμονισμένα το κουδούνι.) Καθίστε! Διακόπτομεν!

ΚΕΦΑΛΑΙΟ ΤΕΤΑΡΤΟ

Ο ΠΡΟΕΔΡΟΣ πέρασε τη γροθιά του απ' τη μύτη, που ήταν έτοιμη να φταρνισθεί. Κάτι την είχε ερεθίσει. Ύστερα έστρεψε το βλέμμα κατά τον κατηγορούμενο. Κείνος τον κοιτούσε ήρεμα και με την αταραξία του ανθρώπου που τίποτα πια δεν πρόκειται να τον κλονίσει. Κατόπι ξαναστράφηκε στην έδρα του κι έσκυψε στα χαρτιά του για να δει τι ήταν παρακάτω. Και ξαφνικά, σα να τ' ανακάλυψε, στράφηκε κατά την έδρα του βασιλικού επιτρόπου και είπε με ανακούφιση:

ΠΡΟΕΔΡ. Ο κ. βασιλικός επίτροπος έχει τον λόγον.

Κείνος σηκώθηκε. Ήταν νέος, άστραφτε όλος από φρεσκάδα και ομορφιά... με τα μαλλιά κατάμαυρα και χτενισμένα σε χωρίστρα, με τη στολή ατσάκιστη και φρεσκοσιδερωμένη σα να τη σήκωσε κείνο το πρωί απ' τη βιτρίνα. Άρχισε με φωνή χαμηλή, προσπαθώντας να δώσει βάθος.

ΒΑΣ. ΕΠΙΤΡ. Προτού έλθω εις την σημερινήν συνεδρίασιν, κύριοι στρατοδίκαι, εθεώρησα χριστιανικόν μου καθήκον να διέλθω εκ του ιερού Ναού της Αγίας Ζώνης και να κοινωνήσω των αχράντων μυστηρίων. Έρχομαι με ήρεμον την συνείδησιν και λαγαράν την σκέψιν, μακράν πάσης προκαταλήψεως, εν ονόματι της μαρτυρικής πατρίδος και του υβρισθέντος Θεού, και ζητώ επιείκειαν. Επιείκειαν δι' εμέ, και δικαιοσύνην δι' Εκείνον. Εις την μακραίωνα ιστορίαν της, κ. δικασταί, η χώρα μας πολλάκις εκινδύνευσεν. Πολλάκις εγένετο λεία των αδηφάγων εχθρών της. Από της καθόδου των Σκυθών μέχρι και της εποχής της εισβολής των Σλαύων, ευρέθησαν αραιοί τινές, μονάδες, ως ο Εφιάλτης, οίτινες αντί αργυρίων επώλησαν την τιμήν της χώρας των εις τους εχθρούς. Η φήμη διέσωσε τα ολίγα ταύτα ονόματα ακριβώς διότι ήσαν ολίγα. Φαντασθήτε... εις Εφιάλτης και εντρεπόμεθα μέχρι σήμερον. Τι θα είπωσιν όμως οι επίγονοί μας, κύριοι στρατοδίκαι, και με πόσην φρίκην θα καλύπτωσιν το πρόσωπον εις την ανάγνωσιν του ατελευτήτου καταλόγου των σημερινών Εφιαλτών οίτινες ολοκλήρους τόμους συμπληρούσιν με τα ειδεχθή των ονόματα; Κύριοι... Διερχόμεθα κρισίμους στιγμάς. Αιμοσταγή και αδίστακτα όντα εισεχώρησαν μέχρι του κύτους του πλοίου μας και ήνοιξαν οπές εις τα ύφαλα. Εάν δεν αφυπνισθώμεν πάραυτα, εάν δεν φανώμεν σκληροί και ανηλεείς, κινδυνεύομεν να απολέσωμεν το παν. Την στιγμήν ταύτην δεν κινδυνεύομεν ημείς, δεν κινδυνεύουσι μόνον οι εφέστιοι θεοί μας. Κινδυνεύει αυτός ούτος ο τρισχιλιετής μας πολιτισμός, κινδυνεύει το μέλλον των ανθρώπων του Πλανήτου μας. Ένεκα τούτου πρέπει να αντιληφθώμεν όλοι τώρα και άνευ χρονοτριβής... ότι δεν είμεθα μόνον απλοί δικασταί... Δεν είμεθα τιμωροί ή κολασταί αξιοποίνων πράξεων, έστω και των πλέον αποτροπιαστικών. Είμεθα οι εντεταλμένοι της Ιστορίας ίνα σώσωμεν ό,τι ευγενές, ό,τι ευκλεέστερον...

Και το γλυκερό τούτο τροπάρι το συνέχισε έξη ολόκληρες ώρες. Και στο τέλος, κατάκοπος, έπεσε πάνω στην έδρα του ξεφωνίζοντας υστερικά κατά τους δικαστές:

—Πάρτε! Πάρτε γρήγορα αυτό το κεφάλι που μορφάζει ενώπιόν σας ως Σατανάς!

Στην αίθουσα έγινε ησυχία. Ο επίτροπος ανάσαινε βαριά σα ν' ανέβηκε σ' ουρανοξύστη. Μούσκεψε ολόκληρο το μαντήλι του, και ο πρόεδρος αναγκάστηκε να του δώσει και το δικό του. Στο τέλος έριξε μια εχθρική ματιά κατά τα έδρανα των δικηγόρων και είπε με προκλητική φωνή:

—Τον λόγον έχει η υπεράσπισις. Παρακαλώ να είσθε σύντομος.

Ο συνήγορος σηκώθηκε.

ΣΥΝΗΓ. Θα είμαι πέραν του δέοντος σύντομος, είπε ήρεμα και αποφασιστικά. Η συμμετοχή εις παρομοίαν δίκην, κύριοι δικασταί, ομοιάζει με συμμετοχήν εις αυτοκτονίαν. Συμμετοχή εις ομάδα θυσίας εις την γραμμήν του πυρός. Τότε, θα διερωτηθείτε, γιατί την εδέχθηκα; Την εδέχθηκα, κύριοι δικασταί, διότι την απόφασιν να σώσω ή να συναποθάνω με τους αθώους δεν την έλαβα σήμερον. Την έχω λάβει από την φοιτητικήν μου ακόμη ηλικίαν. Η άσκησις του δικηγορικού επαγγέλματος, μέχρι και προ ολίγων ακόμη ετών, ήτο απλώς ένα δικανικόν λειτούργημα. Όπου ο λειτουργός του εκέρδιζε δίκες και χρήματα, ή έχανε δίκες χωρίς να χάνει και τα χρήματα. Ο θεμιστοπόλος ούτος ήτο υπερασπιστής απλώς της δικαιοσύνης, και κάποτε και της αδικίας. Και χρειάστηκε η τραγική αυτή περιπέτεια του Λαού μας, χρειάστηκε το πέρασμά μας μέσ' απ' αυτόν τον σκοτεινόν λαβύρινθον διά να αντιληφθώμεν όλοι ότι η άσκησις του επαγγέλματος τούτου δεν είναι ένα ανώδυνον άθυρμα.

Είναι ακροβασία πάνω στην κόψη του μαχαιριού, αυτοθυσία... πάλη... και πτώση... Η Πολιτεία, κύριοι, από αρχαιοτάτων χρόνων εθέσπισεν τους νόμους όχι διά να ικανοποιεί την θέλησιν του ενός ή του άλλου, αλλά διά να απονέμει δικαιοσύνην. Οι νόμοι δεν συνετάχθησαν διά να συμμαχούν με τους δικαστάς, αλλά διά να τους καθοδηγούν εις την ανεύρεσιν της αληθείας. Απέβλεπον βεβαίως εις τον κολασμόν του ενόχου, αλλά —προπάντων— απέβλεπον εις την διαφύλαξιν του αθώου από αδικοπραγίας. Η Δικαιοσύνη δεν έγινε διά να συμμαχεί ούτε με την κατηγορούσαν αρχήν ούτε με την υπεράσπισιν. Ποιο είναι όμως το σημερινό θέαμα; Ορίστε: Κράτος, Δικαιοσύνη, Διώκουσα αρχή, Διοίκηση, Στρατός, ξένοι προστάται και ντόπιοι προστατευόμενοι... επέπεσαν όλοι και εκ συνθήματος εναντίον ενός αθώου και υπερηφάνου Λαού.

ΠΡΟΕΔΡ. Αφήστε τον Λαόν. Ο Λαός μας δεν έχει ανάγκην υπερασπιστών του τύπου σας.

ΣΥΝΗΓ. Εις το πρόσωπον του κατηγορουμένου τον Λαόν μου υπερασπίζομαι. Τέτοιος είναι ο Λαός μας, όπως είναι αυτό το γνήσιο παιδί του. Γενναίος, απτόητος, τίμιος και αθώος. Απ' αυτούς αποτελείται ο Λαός. Και όταν ένας λαός μαρτυρεί υπό το πέλμα της τυραννίας, οι ήρωες και οι μάρτυρες αυτοί είναι οι εκπρόσωποί του.

ΠΡΟΕΔΡ. Αφήστε, είπα, κατά μέρος τον Λαόν. Υπερασπισθείτε τον εγκληματίαν πελάτην σας και αφήστε τους ήρωες και τους μάρτυρες.

ΣΤΡΑΤΟΔ. Τον πελάτην σας, παρακαλώ.

ΣΥΝΗΓ. Πελάτην μου; Κύριοι... Δεν ασκώ ταύτην την στιγμήν επάγγελμα. Ήρθα διά να κινδυνεύσω. Και ίσως η αμοιβή μου να είναι το εδώλιον.

ΠΡΟΕΔΡ. Είσθε οξυδερκής.

ΣΥΝΗΓ. Δεν θα πτοηθώ. Όσες απειλές και αν μου επισείετε, εγώ θα σταθώ όρθιος.

ΠΡΟΕΔΡ. Δι' αυτού του τρόπου χειρίστας υπηρεσίας προσφέρετε εις τον πελάτην σας.

ΣΥΝΗΓ. Τον πελάτην μου τίποτε δεν τον σώζει. Είναι γενναίος, γι' αυτό σας το λέγω αυτό με τόσην αταραξίαν. Δεν αγωνίζομαι διά να σώσω το κεφάλι του. Το κεφάλι του το έδωσε. Αγωνίζομαι διά να σώσω την τιμήν του και την τιμήν της Δικαιοσύνης. Διά να σας καταγγείλω. Να σας καταγγείλω, κύριοι, απεριφράστως, ότι δεν δικάζετε, αλλά δολοφονείτε.

ΠΡΟΕΔΡ. Σας αφαιρώ τον λόγον!

ΣΥΝΗΓ. Δεν τον παραδίδω. Αρνούμαι να συνεργήσω μαζί σας. Αρνούμαι να συμμετάσχω ως συμπαίκτης σας εις τον αγώνα αυτόν ποδοσφαίρου με ανθρώπινα κεφάλια!

ΠΡΟΕΔΡ. Κατηγορούμενε... συνήγορε!

ΣΥΝΗΓ. Δεν κάνατε μεγάλο λάθος. Το βλέπω ότι σιγά σιγά πλησιάζω προς το εδώλιον, αλλά δεν θα υποκύψω. Η Δικαιοσύνη...

ΒΑΣ. ΕΠΙΤΡ. Κύριε πρόεδρε... Τι «Δικαιοσύνη», «Δικαιοσύνη», μας λέγει. Ήλθεν εδώ ως υπερασπιστής του κατηγορουμένου ή της Δικαιοσύνης;

ΣΥΝΗΓ. Όταν ένας αθώος απειλείται από τους λειτουργούς της Δικαιοσύνης, τότε απειλείται αυτή ταύτη η Δικαιοσύνη. Αν, κύριοι, εις τον τόπον μας η Δικαιοσύνη αριθμεί τόσων αιώνων ηλικίαν, είναι διότι την υπερασπίσθησαν οι πολίται αυτής της χώρας μέχρι θανάτου. Μη λησμονείτε ότι η Δικαιοσύνη εδώ ήτο τόσον αδιάβλητος, ώστε και αυτοί ακόμη οι θεοί εκατέβαιναν άπαξ του έτους εις τον Άρειον Πάγον διά να δικαστούν από τους ανθρώπους. Κι εσείς τι αφήσατε να σωθεί από την ιεράν αυτήν παρακαταθήκην; Μερικά αιμόφυρτα ράκη που επάνω τους χορεύει τους κανιβαλικούς του χορούς ο πρώτος αυτοχειροτόνητος εμπειρικός, και μια λυσσόδικη Εξουσία.

ΠΡΟΕΔΡ. Αρκεί!

ΒΑΣ. ΕΠΙΤΡ. Κύριε πρόεδρε!

ΠΡΟΕΔΡ. Αρκεί είπα! Αυτό είναι το χειρότερον είδος αφροσύνης. Αν θέλετε επιτέλους να θυσιαστείτε, πηγαίνετε έξω!

ΣΥΝΗΓ. Δεν θα με διδάξετε εσείς πού πρέπει να θυσιαστώ!... (Το κουδούνι στα χέρια του προέδρου χτυπά δαιμονισμένα. Οι στρατοδίκες όρθιοι ξεφωνίζουν υστερικά.) Θα θυσιασθώ εδώ, εις τον τόπον του εγκλήματος, μαζί με τον πελάτην μου... αθώος πλάι στην αθωότητά του! Και τώρα διατάξτε να με συλλάβουν. Ετελείωσα.

ΠΡΟΕΔΡ. (μετά από παρατεταμένη σιγή). Θα επανέλθωμεν συντόμως. Η παρούσα δίκη έληξε. Εσύ, κατηγορούμενε, μήπως έχεις να προσθέσεις τι προς καλόν σου προτού το δικαστήριον αποσυρθεί εις διάσκεψιν;

ΚΑΤΗΓ. (Σηκώνεται ωχρός και συγκινημένος.) Μάλιστα. Πρώτα συγχαίρω με βαθύ σεβασμό τον αξιότιμο και γενναίο...

ΠΡΟΕΔΡ. Ο κύριος αυτός θα πληρώσει κατά τα έργα του... Εσύ... εσένα ρωτώ. Μήπως έχεις να είπεις τι προς καλόν σου;

ΚΑΤΗΓ. Μάλιστα.

ΠΡΟΕΔΡ. Λέγε, λοιπόν. Αυτό πες μας... και άφησε τις συνηγορίες υπέρ του συνηγόρου σου!

ΚΑΤΗΓ. Ξέρω με απόλυτη πεποίθηση ότι τίποτε δεν μπορεί να με σώσει απ' τα χέρια σας... ούτε εμένα ούτε τη Δικαιοσύνη.

ΒΑΣ. ΕΠΙΤΡ. Κι άλλος υπερασπιστής της Δικαιοσύνης!

ΠΡΟΕΔΡ. Άφησε τη Δικαιοσύνη! Εμείς είμαστε Δικαιοσύνη και στεκόμεθα πολύ καλά στα πόδια μας.

ΚΑΤΗΓ. Δεν το βλέπω εγώ, από την κατεύθυνσή σας ακούω μόνο τριγμούς. Δε στέκεστε, όχι, διόλου καλά. Τη Δικαιοσύνη την κάνανε άνθρωποι, για να κρίνουν άνθρωποι ανθρώπους. Μα με όλα αυτά δεν έχετε καμιά σχέση εσείς.

ΠΡΟΕΔΡ. Πάψε! Κατηγορούμενε! Σου έδωσα τον λόγον διά να σε βοηθήσω να σώσεις το κεφάλι σου και όχι διά να υβρίσεις το δικαστήριον.

ΚΑΤΗΓ. Κάνετε λάθος αν νομίζετε ότι αγωνίζομαι να σώσω το κεφάλι μου. Δεν ξέρω ποιανού κεφάλι είναι βαρύτερο απ' την τιμή του, εκείνο όμως που ξέρω τώρα εγώ για μένα είναι ότι με κομμένο κεφάλι παλεύω να σώσω την τιμή μου. Δεν το 'χετε ακόμη καταλάβει τόσα χρόνια που ασχολείστε μαζί μας; Θα έπρεπε να σας έχουμε γίνει οικείοι κι εμείς και, προπάντων, οι ιδέες μας. Για μας τώρα, στον υπέρτατο αυτόν αγώνα, ζωή είναι η τιμή μας.

ΠΡΟΕΔΡ. Άφησε τις σοφίες και κάθισε. Θέλεις να σωθείς ή όχι; Εάν επιθυμείς να σωθείς, υπόγραψε μίαν δήλωσιν και...

ΚΑΤΗΓ. Δηλαδή, για να μη με σκοτώσετε εσείς, μου ζητάτε να σκοτωθώ ο ίδιος...

ΠΡΟΕΔΡ. Ε τότε γενηθήτω το θέλημά σου.

ΚΑΤΗΓ. Σύμφωνοι! Αλλά θα είχα μίαν απορία. «Εν ονόματι» τίνος θα με εκτελέσετε; Τολμήστε να πείτε «εν ονόματι του Λαού!». Τολμήστε, λοιπόν!

ΣΤΡΑΤΟΔ. Γελά...

ΠΡΟΕΔΡ. Γελάς;

ΒΑΣ. ΕΠΙΤΡ. Γελά το κτήνος!...

ΚΑΤΗΓ. Τα κτήνη δε γελούν. Εγώ σας πληροφορώ ότι θα γελώ και την ώρα που θα με πυροβολείτε. Εσείς όμως, κύριοι, δε θα γελάσετε πια ποτέ. Ακούσατε; Ποτέ!

Έγινε σιωπή. Οι δικαστές κοιτάχτηκαν θειαφένιοι. Πέτρωσαν στη θέση τους με γυάλινα μάτια και μωβ χείλη. «Δεν μπορούμε» είπε; Τι είπε αυτό το κτήνος; Ότι δεν μπορούμε να γελάσουμε; Πώς το είπε; Ότι «δε θα γελάσουμε ποτέ»; «Ποτέ»; Κι εκεί πασκίζουν να σχηματίσουν πάνω στα χείλη τους κάτι. Μα βγήκε ένα ωχρό ξεπαγιασμένο γέλιο. Γέλιο; Το γέλιο του ανθρώπου που πεθαίνει από τέτανο είναι πιο κοντά στο γέλιο από κείνο που σχημάτισαν στα χείλη τους κείνοι οι διαλυμένοι άνθρωποι. Ο Γιώργης απ' τη θέση του το είδε, κι έδωσε την απάντηση μ' ένα δικό του... αληθινό, γάργαρο και ανθρώπινο γέλιο.

* * *

Έγινε σκοτεινή σιωπή.

Και τότε ο πρόεδρος σηκώθηκε, σα να σηκωνόταν απ' τον τάφο του. Και με μια φωνή παγωμένη είπε σιγά σα να κρύωνε:

—Λύεται η συνεδρίασις. Το δικαστήριον αποσύρεται διά να εκδώσει την απόφασίν του.

ΚΕΦΑΛΑΙΟ ΠΕΜΠΤΟ

ΜΠΗΚΑΝ ΣΤΗΝ ΑΙΘΟΥΣΑ ΤΗΣ ΔΙΑΣΚΕΨΗΣ χλωμοί σα χασέδες. Κείνο το καθάριο γέλιο θόλωσε το κέφι τους. Είχαν μπει σ' ένα ματωμένο κύκλο που δεν είχε διέξοδο. Αν σταματούσαν να χύνουν κι άλλα αίματα, τους περίμενε ο αφανισμός. Αν συνέχιζαν να χύνουν, θα πνίγονταν στα αίματα. Εδώ που πέσανε και βούλιαξαν, μόνο με το περισσότερο βούλιαγμα θα σώζουνταν. Αλλά ήταν αυτό σωτηρία; Κάθε κατάδικος φεύγοντας έπαιρνε μαζί του και λίγη απ' τη γαλήνη τους. Και τ' αποθέματά τους κόντευαν να σωθούν. Κείνο που θα τους έσωζε θα 'ταν μια απότομη, άμεση ν ί κ η. Αλλά τ' ανακοινωθέντα τον τελευταίο καιρό ήταν μουδιασμένα. Κι έρχεται σήμερα κι αυτός ο λ η σ τ ή ς και μιλά σαν προφήτης. Σαν ένας προφήτης. Σαν ένας σατανικός μάγος που σου παίρνει το γέλιο. Είναι βέβαια κι ο δικηγόρος που τους κατηγορεί ότι κηλιδώνουν τη Δικαιοσύνη. Χολόσκαση που τους πήρε για τη Δικαιοσύνη! Και ποιος του είπε —του κυρίου αυτού— ότι η έγνοια τους ήταν να σώσουν τη Δικαιοσύνη; Κείνοι σώζουν τη στολή τους, τη ζωή τους, την καλοπέρασή τους. Όλα βέβαια αυτά ήταν γι' αυτούς δικαιοσύνη, αλλά μια δικαιοσύνη δική τους. Μα —κι εδώ που τα λέμε— και για ποια άλλη Δικαιοσύνη έπρεπε ν' αγωνιστούν;

Απ' το δρόμο ξαφνικά ανέβηκε μια φωνή, ύστερα κι άλλη... κι άλλη. Ένας έτρεξε ν' ανοίξει το παράθυρο· οι άλλοι τον σταμάτησαν τρομαγμένοι. Μα τι έτρεχε; Κάποιος κάτι ξεφώνιζε. Ύστερα το ίδιο πράμα το ξεφώνισε κι ένας άλλος, ύστερα κι άλλος. Κοιτάχτηκαν πανιασμένοι.

Ξάφνου η πόρτα άνοιξε χωρίς κανείς να χτυπήσει. Όλοι έκαναν να προφυλαχτούν, μερικοί βάλανε το χέρι τους και στη θήκη του πιστολιού.

—Τι τρέχει; ξεφώνισε ο πρόεδρος σα να τον σημάδευαν απ' την πόρτα. Εκεί στεκόταν σα λαχανιασμένο άλογο ο κλητήρας κουνώντας ακατανόητα ένα μάτσο εφημερίδες.

—Κύριε πρόεδρε... Κύριε πρόεδρε... Κύριε πρόεδρε...

—Θα πεις και τίποτε άλλο; του ξεφωνίζουν ασυγκράτητα οι άλλοι.

Ο κλητήρας πάντα ψεύδιζε.

—Οι συμ... οι συμ... οι συμ...

—Λέγε!

—Λέγε!

—Λέγε, λοιπόν, βλάκα!

—Συντρ... συντρ... συντρ...

Ο πρόεδρος τινάχτηκε κι άρπαξε το μάτσο με τις εφημερίδες, γιατί κατάλαβε ότι ο κλητήρας, στην κατάσταση που είχε φτάσει, αργούσε πολύ να συνέλθει. Τις άρπαξε και χύθηκε απάνω τους ολόκληρος. Ήταν παράρτημα. Κάτι έγραφαν εκεί με κάτι πελώρια γράμματα, μα ο πρόεδρος δεν μπόρεσε να τα διαβάσει. Στο τέλος πέρασε το μανίκι του απ' τα μάτια και διάβασε με φωνή πρώτα χαμηλή, κι ύστερα άγρια και δυνατή: «Η ΣΥΝΤΡΙΒΗ ΤΟΥ ΣΥΜΜΟΡΙΤΙΣΜΟΥ».

—Η συντρ..., η συντρ..., κάνανε κι οι άλλοι σαν τον κλητήρα.

—Μάλιστα, κύριοι! ανάγγειλε πανηγυρικά ο πρόεδρος. Όχι η «συντρ», αλλά η ΣΥΝΤΡΙΒΗ! Ορίστε, διαβάστε όλοι. Το γράφει σαφώς και με πηχυαίους τίτλους. Κλητήρ! Καφέ.

—Και σ' εμένα.

—Ακόμη κάθεσαι;

—Σύνελθε, κλητήρ... Ακόμη να συνέλθεις...

—Κύριε πρόεδρε...

—Φίλε μου, είσαι δειλός!

—Μάλιστα, κ. πρόεδρε.

—Και τσιγάρα...

—Και σε μένα.

—Ομοίως.

—Πήγαινε.

Τανύστηκαν ευχάριστα... σα να ξύπνησαν από 'να τρομερό όνειρο και ν' ανακάλυψαν ότι ζουν. Ότι η ζωή είναι ωραία, κι η μέρα καθαρή, ανοιξιάτικη. Σε λίγο μπήκαν σαν παλίρροια κι άλλοι τρεις συνάδελφοί τους. Φιλήθηκαν. Χτυπήθηκαν στους ώμους. Ο πρόεδρος άφησε τη δικογραφία πάνω στην εταζέρα και γύρισε κοντά τους. Όλοι ήσαν γελαστοί, ξανανιωμένοι. «Σωθήκαμε... σωθήκαμε... σωθήκαμε...» λέγαν όλοι μέσα τους.

Ήρθαν οι καφέδες, τα τσιγάρα... Στρώθηκαν σε μιαν αμέριμνη, ειρηνική συνομιλία.

—Τι κάνει η κυρία; ρωτά ο πρόεδρος τον πιο ηλικιωμένο στρατοδίκη.

—Η κυρία είναι καλά, απαντά κείνος. Μόνο ο γιος μου αρχίζει να μ' ανησυχεί.

—Δηλαδή, πώς αρχίζει να σας ανησυχεί;

—Αρχίζει να μεγαλώνει. Ιδού η ανησυχία.

—Και δεν χαίρεστε;

—Άλλοτε θα χαιρόμουν. Τώρα όμως αγωνιώ.

—Δεν σας καταλαβαίνω.

—Εντός ολίγου οφείλει να μεταβεί εις το Κέντρον Παρουσιάσεως. Εισήλθεν εις στρατεύσιμον ηλικίαν.

—Μα, φίλε μου... Μα πώς;... Ξεχάσατε ότι συνετρίβη ο συμμοριτισμός;

—Ναι... μα... διά το συμμοριτικόν αεροπλάνον που είχε εμφανισθεί...

—Λάθος. Ήτο ιδικόν μας. Είναι από αυτά που μας έστειλαν αφειδώς οι σύμμαχοί μας.

Ένας άλλος στρατοδίκης πήρε το λόγο.

—Ο δικός μου πάλι βιάζεται να μεγαλώσει. Διαρκώς ψάλλει βασιλικά θούρια.

—Άγει το δέκατον ένατον;

—Όχι. Μόνον το ένατον...

Όλοι γελούν.

—Τότε είναι φυσικόν...

Ρουφούσαν γλυκά τον καφέ τους με μικρές ρουφηξιές.

—Τι τα θέλετε, φίλοι μου..., λέει ο πρόεδρος με ευφροσύνη. Σαν τον καφέ... Δεν ενθυμούμαι καλώς, μου διαφεύγει το όνομα του ποιητού... ίσως είναι ο Παπαρρηγόπουλος —ο Δημήτριος εννοείται—, ενθυμούμαι τους τελευταίους του στίχους όπου παρακαλεί να μην ταφεί εις νεκροταφείον, αλλά εις καφενείον ώστε:

Όταν θα πίνουν καφέν οι άλλοι,
γυμνόν κρανίον θε να προβάλλει
το άρωμά του να οσφρανθεί...

Γέλασαν, και τράβηξαν από άλλη μια ρουφηξιά, ακόμη πιο γλυκειά.

—Επειδή μιλήσατε προηγουμένως για παιδιά, λέει

ένας στρατοδίκης, εγώ πάλι αντιμετωπίζω άλλου είδους προβλήματα. Πλήρης αναστάτωσις εις το οικογενειακόν μου περιβάλλον.

—Έχετε μίαν κόρη, νομίζω.

—Δύο. Αλλά η δεύτερη είναι ακόμη μικρά. Πρόκειται για τη μεγάλη, την Μπεμπέκα.

—Ωραίο κορίτσι.

—Αγρία διελκυστίνδα, όπως σας είπα, παίζεται στο σπίτι μου.

—Δηλαδή;

—Με πιέζει να την στείλω εις την Αμερική. Η γυναίκα μου επιμένει να την κάνω αρχιτέκτονα.

—Κι εσείς;

—Επιμένω να μείνει σπίτι και να περιμένει γαμπρόν.

—Χάσμα, δηλαδή, αγεφύρωτον. Και τι θέλει να κάμει στην Αμερική;

—Να γίνει αστήρ.

—Τραγωδία! Κι ύστερα σου λένε κάνε παιδιά...

—Δεν συμφωνώ, λέει ένας τρίτος. Έχω στο σπίτι ένα εγγονάκι.

—Μα... αν δεν σφάλλω... η κυρία... δηλαδή...

—Ναι... Εγώ προσωπικώς είμαι άτεκνος. Εννοώ εγγονάκι εξ ανεψιάς.

—Λοιπόν;

—Σας βεβαιώ... Δεν βλέπω την ώρα πότε να πάω στο σπίτι για ν' αρχίσω μαζί του τα παιγνίδια. Είναι ένα ουράνιο πλασματάκι. Τις προάλλες είχε αρρωστήσει — όχι τίποτε σοβαρό... ένα μικρό κρυωματάκι, απ' τα συνηθισμένα στα παιδιά. Ε, θέλω να με πιστέψετε... σ' όλο το διάστημα της ασθενείας του —δηλαδή, περίπου δύο ημέρας— δεν έβαλα μπουκιά στο στόμα μου.

—Σας πιστεύω. Η γυναίκα μου η καημένη έχει κάνει τρεις αποβολές... κι απ' τον πρώτο κιόλας μήνα, όταν το νεογνόν είναι ακόμη άμορφον... Ε, σας βεβαιώ, κάθε φορά που αποβάλλει κλαίμε κι οι δυο σαν να έχωμεν κηδείαν.

—Εγώ, λέει ο πρόεδρος, ως γνωστόν, δεν εισήλθον εις τα εγκόσμια. Έμεινα, όπως λέγουσιν, εργένης. Πότε αι υποχρεώσεις προς την πατρίδα, πότε αι υποχρεώσεις προς την πατρικήν οικογένειαν... Τρεις αδελφαί... πολύ απαιτητικαί και διόλου ωραίαι. Και αι τρεις εις ώραν γάμου... Εχρειάσθη να παλαίσω επί ολόκληρον εικοσαετίαν διά να τας προικίσω. Όταν επιτέλους το εκατόρθωσα, ήτον πλέον αργά. Είχον υπερβεί το τεσσαρακοστόν. Τώρα καταναλίσκουν το μεγαλύτερον μέρος του μισθού μου εις την αγοράν γατιών, γλαστρών και διαφόρων άλλων αχρήστων ειδών του ζωικού και φυτικού βασιλείου. Και όμως, φίλοι μου, είχα πλαστεί διά σύζυγος, και προπάντων διά πατέρας. Τρεις φοράς απεπειράθην να εισαγάγω εις το σπίτι, διά της υιοθεσίας, κάποιο μικρό... και τις τρεις εξηγέρθησαν ως μαινάδες και το εματαίωσαν. Ιδού, αγαπητοί φίλοι, το δράμα μου! Είμαι ένας άλυτος Προμηθεύς που δυστυχώς δεν βλέπει το τέρμα των δεινών του. Εσείς, κ. επίτροπε;

Ο επίτροπος γέλασε αυτάρεσκα σαν ευτυχισμένος κούκλος.

—Εγώ, κύριοι, είμαι ένας αυριανός πατέρας. Τι λέγω; Μπορεί και σημερινός. Από χθες η γυναίκα μου βρίσκεται στο μαιευτήριον «Μαρίκα Ηλιάδη». Λένε πως είναι το καλύτερον.

—Ορθώς.

—Εγώ, κύριοι, παίρνει το λόγο ένας ξεραγκιανός, δεν

ετεκνοποίησα. Και δεν θα τεκνοποιήσω. Η σημερινή νεότης είναι αγνώμων και προκλητική. Θλίβομαι διά το κατάντημά της. Η μαθητιώσα, ιδίως, νεολαία πηγαίνει κατά κρημνού. Μέγα μέρος αυτής επηρεάσθη από τα ψυχοφθόρα κηρύγματα της αθεΐας, άλλο... Έχω την περίπτωσιν του αδελφού μου. Ο ένας υιός του απωλέσθη διά την εθνικήν οικογένειαν, εισήλθεν εις την οδόν του αναρχισμού και ορθώς εξεδιώχθη πυξ λαξ από το σπίτι και συνελήφθη. Ο έτερος υιός του έγινε κάου-μπόυ.

—Τέντυ μπόυς.

—Αγνοώ την αγγλικήν. Βλέπω το γεγονός. Και το γεγονός είναι ότι οι υιοί του αδελφού μου μετεβλήθησαν εις τέκνα απωλείας. Ιδού ο λόγος διά τον οποίον αφοσιώθην εις την περίθαλψιν των γονέων μου. Τους επήρα κοντά μου, τους εξησφάλισα θαλπωρήν... και κάθε μέρα τρέμω μήπως κάποιος μου κρυολογήσει, μήπως κάποιος μου παραπονεθεί. Α, κύριοι... Παραδέχομαι ότι υπάρχουσι φίλτρα και φίλτρα... αλλά σαν την αφοσίωσιν προς τους γονείς δεν υπάρχει. Αλλά είναι καιρός να τηλεφωνήσω στο σπίτι. Η μητέρα το πρωί ήτο ολίγον κακόκεφη.

—Πάλι; Μα δυο φορές ως τώρα τηλεφωνήσατε.

—Είναι για τον μπαμπά. Δοκίμασε το πρωί να ξυρισθεί μόνος του και κόπηκε. Είναι ηλικία αυτή για να ξυρίζεται κανείς μόνος του; Με συγχωρείτε...

Βγήκε ανήσυχος και τράβηξε κατ' ευθείαν για τον τηλεφωνικό θάλαμο.

—Παθολογική αγάπη, λέει ο πρόεδρος στους άλλους.

—Φθάνει εις μυθικάς διαστάσεις.

—Ευαίσθητος άνθρωπος.

—Και ειλικρινής, και φιλεύσπλαχνος.

—Άνθρωπος καθ' όλην την έννοιαν της λέξεως.

Απ' τη διπλανή αίθουσα μπήκε ο γραμματικός με το πρακτικό της απόφασης.

—Έτοιμη; ρωτά ο πρόεδρος.

—Μάλιστα.

—Τι ποινήν τού έβαλες; Και, εν πρώτοις, επεκοινώνησες με τον Συμμαχικόν Παράγοντα;

—Μάλιστα, κ. πρόεδρε.

—Τι ποινή, λοιπόν, του έβαλες;

—Επτάκις εις θάνατον.

—Διατί τόση επιείκεια;

—Τι σημασίαν έχει, κ. πρόεδρε; Εφ' όσον είναι παμψηφεί, ο κατηγορούμενος θα εκτελεσθεί.

—Δεν είναι το ίδιον, αγαπητέ μου. Κινδυνεύομεν να χαρακτηρισθώμεν επιεικείς. Ποία ήτο η αντίδρασις από συμμαχικής πλευράς;

—Ο Αμερικανός σύμβουλος παρά τω Στρατηγείω, που επεκοινώνησα προ ολίγου τηλεφωνικώς, ήτο σαφής.

—Ναι;... Και τι, λοιπόν, απήντησεν;

—Απήντησεν χαρακτηριστικώς: Νόου κόμενς.

—Λαμπρά. Αυτό σημαίνει ότι οι σύμμαχοί μας είναι σύμφωνοι.

—Ακριβώς.

—Τότε, αγαπητοί, λέει στους στρατοδίκες που ήσαν στην έδρα, τότε δεν μένει παρά να λύσωμεν την συνεδρίασιν και να ανακοινώσωμεν, επ' ακροατηρίω, την απόφασιν... Τι γίνεται με τον πατέρα σας, κ. σύνεδρε;

—Επεκοινώνησα τώρα δα. Ήτο ο ίδιος στο ακουστικό. Τίποτε το σοβαρόν. Μία μικρά αμυχή... Α... ελησμόνησα... Κύριε επίτροπε, σας καλούν εις το τηλέφωνον επειγόντως.

Ο επίτροπος ρωτά:

—Επιτρέπεται, κ. πρόεδρε;

—Σας βλέπω ταραγμένον.

—Μμμάλιστα... Υποπτεύομαι, ξέρετε... ευτυχές γεγονός...

Ο επίτροπος βγήκε. Οι άλλοι τράβηξαν από μια γερή ρουφηξιά, κατόπιν έσβησαν το τσιγάρο κι υπέγραψαν καθαρά και καλλιγραφικά το πρακτικό. Την ώρα που έμπαινε η τελευταία υπογραφή, ένας έξαλλος άνθρωπος μπήκε μέσα.

—Τι τρέχει, κ. επίτροπε; ρωτά ανήσυχος ο πρόεδρος.

—Κύριοι!!! Δέχομαι συγχαρητήρια! Αυτήν ακριβώς την στιγμήν μοι ανηγγέλθη ότι έγινα πατέρας!

—Τα συγχαρητήρια!...

—Ευτυχής διάδοχος και μητέρα απολαμβάνουν άκρας υγείας.

Ο πρόεδρος διέκοψε το θόρυβο κι έβηξε επίσημα.

—Κύριε επίτροπε, επιτρέψατε εκ μέρους του δικαστηρίου να χαιρετίσω την άφιξιν εις την ζωήν ενός ακόμη υπερασπιστού της πατρίδος. Παρακαλώ εξ ονόματος όλων όπως διαβιβάσετε τας προσρήσεις μας εις την ευτυχή σας οικογένειαν.

—Ευχαριστώ... ευχαριστώ... θερμώς... Δεν θα παραλείψω, κ. πρόεδρε.

Ο πρόεδρος έβηξε.

—Λοιπόν, ωραία. Και τώρα εις το έργον. Α... Ποιος θα παραστεί αύριον εις την εκτέλεσιν;

—Εγώ!... φώναξε χαρούμενος ο επίτροπος.

Όλοι στράφηκαν απότομα, και λίγο ξαφνιασμένοι.

Ο επίτροπος χτύπησε τα τακούνια του και στάθηκε ευθυτενής. Το γέλιο της ευτυχίας του ήταν πάντα έντονο στα χείλη του.

—Μπράβο σας, κ. επίτροπε! του λέει με περηφάνεια ο στρατοδίκης με το υικό φίλτρο. Είσθε γενναίος αξιωματικός.

Οι άλλοι βγήκαν λίγο σα σαστισμένοι... σαν κάπως σκεφτικοί...

Η απλή, βρώμικη παράσταση είχε τελειώσει. Είχε εξασφαλιστεί το κόψιμο ενός ακόμη κεφαλιού. Μπορούσαν να πάνε ήσυχοι στα σπίτια τους... Να χαϊδέψουν τα παιδιά τους... Και να τα φάνε.

ΚΕΦΑΛΑΙΟ ΕΚΤΟ

ΞΗΜΕΡΩΣΕ η μέρα της εκτέλεσης.

Όλα ήταν έτοιμα. Το απόσπασμα συγκροτημένο, οι κάννες καθαρισμένες, οι μπότες του κυρίου επιτρόπου καλογυαλισμένες, τα κάτασπρα γάντια του έτοιμα να φουχτιάσουν τη λαβή του ξίφους... το λαρύγγι του καθαρισμένο με γαργάρες για να φωνάξει πιο επίσημα το «επί σκοπόν»... Όλα... Και μόνο ο κατηγορούμενος δεν οδηγήθηκε στον συνήθη τόπον των εκτελέσεων.

Ένα μικρό ύπουλο σύννεφο άρχισε να σκιάζει την ευτυχία του επιτρόπου. Μήπως ανεβλήθη η εκτέλεση; Μήπως αόρατες χείρες μπήκαν στη μέση και ματαίωσαν μια απ' τις εκλεκτότερές του εκτελέσεις; Σε λίγο το πράμα ξεκαθάρισε. Ναι, κάτι τέτοιο ήταν. Μισή ώρα μετά την ανακοίνωση της απόφασης τα τηλεγραφικά σύρματα δονήθηκαν απ' τις αγριότερες διαμαρτυρίες που δόνησαν ποτέ τηλεγραφικά σύρματα. Όλα τα πρώτα αναστήματα σηκώθηκαν όρθια. Αυτό πια όχι! Ως εκεί!...

Κι έτσι, η Χώρα της Ελευθερίας, η Αμέρικα, που μέσα σ' ολόκληρη την ιστορία της δεν υπάρχει ούτε μια ματαίωση θανατικής ποινής, ούτε μια απονομή χάριτος, αναγκάστηκε ν' αναστείλει την εκτέλεση. Για να μην... πέσει όμως το γόητρό της, και για να μη νομισθεί ότι κάνει, έστω και για μια φορά, εκτροπή απ' τις αιώνιες... ανθρωπιστικές της παραδόσεις, απέδωσε την επιείκεια στις ντόπιες αρχές και ησύχασε.

Τα όπλα κρεμάστηκαν ξανά στις θήκες τους. Μια άχρηστη μέρα είχε χαθεί για πάντα. Ο βασιλικός επίτροπος έσφιξε τα άσπρα του γάντια νευρικά. Μια φοβερή βρισιά δάγκασε μέσα στα γυαλιστερά δόντια του. Η υπηρέτριά του δεν έπλυνε κείνη τη μέρα τις μπότες του απ' τα αίματα. Τι να γίνει!... Η ζωή έχει και σύννεφα. Και μικρές απογοητεύσεις. Έφυγε από τον τόπο των εκτελέσεων κατσούφης, και για να παρηγορηθεί αγόρασε μια καινούρια κουδουνίστρα στο παιδί του... Ο Θεός έχει και αυριανή μέρα... Οι προδότες δεν τέλειωσαν. Αλλά και να τελειώσουν, φκιάχνει άλλους.

Η γυναίκα του δεν τον ρώτησε από πού ήρθε, δεν τον ρωτά ποτέ από πού γυρίζει τόσο πρωί. Είναι ήσυχη γι' αυτόν, περήφανη. Εξάλλου σ' αυτά τα σπίτια δε συζητούν ποτέ από πού έρχεται ο πατέρας. Ο πατέρας γυρίζει πάντα φορτωμένος ψώνια, φιλά τα παιδιά. Στο τραπέζι κάνει το σταυρό του... Και κανείς δε θέλει ν' αγγίξει, ούτε και με τη φαντασία, τα έργα του. Μπορεί και να μην το πληροφορηθούν ποτέ τι κάνει ο πατέρας έξω απ' το σπίτι. Αλλά κι αν ακόμη το μάθουν, θα είναι σα να μην το 'μαθαν... γιατί δε θα το πιστέψουν... Δε θα το πιστέψουν ποτέ. Και θα φτύσουν αυτόν που θα τους το πει.

Όλες οι απογευματινές εφημερίδες εξέφραζαν την αγανάκτησή τους για την «σκαιάν» επέμβαση του Εξωτερικού εις το έ ρ γ ο ν της Ελληνικής Δικαιοσύνης. «Γιατί, λοιπόν, έχομεν δικαστάς —ξεφώνιζαν—, και γιατί να τους υποχρεώνωμεν να ταλαιπωρούνται εις ολονυκτίους δίκας εφ' όσον είναι δυνατόν ο οιοσδήποτε ερασιτέχνης του ανθρωπισμού να ανατρέψη την απόφασιν;... Εάν, όντως, είσθε τοιούτοι, κύριοι, εγέρθητε! Προστατεύσετε την Ελλάδα, ήτις όλη είναι ένας στίβος διά την άσκησιν του ανθρωπιστικού σας έργου. Αδικείτε μίαν χώραν και δικαιώνετε τους εχθρούς της! Καταδικάζετε το θύμα και αθωώνετε τους κακούργους. Ε, επιτέλους, κύριοι, πρέπει να το εννοήσετε — άπαξ διά παντός! Όταν η Ελλάς ασκεί δικαιοσύνην, δεν επιτρέπει εις κανέναν να την κατηγορή ότι εκτελεί έγκλημα. Θέλετε να επιδείξετε ανθρωπισμόν; Υπάγετε εις την Μπολσεβικίαν! Εκεί υπάρχει υπεραφθονία θυμάτων και πλείστοι και αμέτρητοι κακούργοι. Όχι δυο μέτρα και δυο σταθμά, κύριοι ανθρωπισταί! Σας λέγομεν, λοιπόν, α λ τ! Αρκεί. Αυτή ήτο η τελευταία παρέμβασις την οποίαν σας επετρέψαμεν, και σας παρακαλούμεν να μην ξαναμπήτε εις τον κόπον. Θα κρούσετε θύρας κλειστάς και θα απευθυνθήτε εις ώτα μη ακουόντων. Προς ανατολάς, παρακαλούμεν! Στραφήτε προς ανατολάς, εκεί προς την Μπολσεβικίαν, όπου στενάζουν και σφαγιάζονται κατά μυριάδας οι άνθρωποι. Εκεί, λοιπόν, και αφήσατε την καθημαγμένην Ελλάδα να δέσει τας πληγάς της και να προστατεύση εαυτήν, και τον Πολιτισμόν σας. Μάλιστα, κύριοι! Και τον ιδικόν σας Πολιτισμόν, και τας ιδικάς σας ηθικοκοινωνικάς αρχάς, χάριν των οποίων έχετε το δικαίωμα να κάνετε ανθρωπισμόν — έστω και ψευδή, έστω και άδικον. Αυτό. Και τώρα μεταβολή! Προς ανατολάς. Ιδού ο εχθρός! Καραδοκεί όπισθέν σας. Πλήξατέ τον!...»

Την ίδια στιγμή, ο «αποτροπιασμός» αυτός του Τύπου έχυσε μια σταγόνα ανακούφισης στ' ακρινά σπιτάκια της πόλης. Γι' αυτό, λοιπόν, δεν είχαν ακουστεί σήμερα την αυγή οι ομοβροντίες; Μια ζωή είχε γλυτώσει... Ναι, μα σ' ένα σπιτάκι της Γαργαρέττας μια άλλη ζωή έφυγε. Η μητέρα δεν άντεξε να περιμένει την είδηση του χαμού του γιου της. Έτρεξε πιο μπροστά απ' αυτόν, για να προφτάσει... να δει πού θα πάνε το παιδί της, για να το φροντίσει. Έφυγε κι άφησε άδειο το σπιτάκι, όπου ένα άγουρο χαροκαμένο κορίτσι απόμεινε μόνο, μόνο και θλιμμένο όσο καμιάν άλλη φορά στη σύντομη ζωή του.

Ο Γιώργης πήρε και τις δυο αγγελίες μαζί. Δυο χτυπήματα αμφίρροπα όπου ο άνθρωπος μένει άφωνος αδυνατώντας να κλάψει ή να χαρεί. Ήταν την ώρα που τον βγάζανε απ' το κελλί του μελλοθάνατου.

—Ξέρεις πού σε πάμε; του λέει ο επικεφαλής λοχίας.

—Ξέρω.

—Δεν ξέρεις τίποτα. Για εχτέλεση λες, ε;

—Ναι.

—Και δε σε νοιάζει;

—Όχι.

—Ε... δεν πας για εχτέλεση.

—Καλά.

—Χμ. Ώστε δε σε νοιάζει ούτε κι αυτό;

—Όχι.

—Ρε για εχτέλεση πας! Κατάλαβες;

—Ναι.

—Και δε λες τίποτα;

—Όχι.

—Ε λοιπόν, δεν πας για εχτέλεση! Πας γι' απέλυση... Κατάλαβες;

—Καλά.

—Καλάθια και ζεμπίλια. Δραμάκι δε σε νοιάζει, δηλαδή, που σε καθαρίζουνε. Και που δε σε καθαρίζουνε πάλι δραμάκι δε σε νοιάζει. Ε;

—Όπως επιθυμείς.

—Όπως επιθυμώ; Ξέρεις τι επιθυμώ; Να σε δω λείψανο. Αλλά ήρτανε, βλέπεις, οι πιρούνες και σε πήρανε απ' τα χέρια μας. Η μπόχα σου, βλέπεις, έφτασε ως την Ευρώπη. Χάλια!... Ε, ρε να μ' άφηναν να κυβερνήσω την Ελλάδα —όχι πολύ— εικοσιτέσσερες ώρες... θα 'βλεπες!

—Α... και τι θα 'κανες;

—Γενική καθαριότης. Δε θ' άφηνα ρουθούνι από σας.

—Λίγους, δηλαδή, τρώτε κάθε μέρα;

—Τρώμε; Ρε αυτοί δε φτάνουνε ούτε για κολατσό. Στις μαύρες του είναι πάλι ο κύριος επίτροπος. Να τον πιάσεις απ' τη μύτη, θα κάνει πατ! Του πήρανε, βλέπεις, το «λαβράκι» μέσα απ' τα χέρια. Ας είναι. Αυτός θα βρει τρόπο να ξεθυμάνει. Εμείς τι κάνουμε;

—Έχει ο Θεός...

—Έχει ο Θεός, αλλά δεν έχει ο Τζίτζικας. Ξέρεις ποιος είναι ο Τζίτζικας; Ο υποφαινόμενος. Παναγιώτης Τζίτζικας του Περικλέους και της Λεμονιάς, μόνιμος επιλοχίας απ' τον καιρό που ανακαλύφτηκαν οι λάσπες. Δυο χρόνια ανασαίνω ζεστό αίμα κι ακόμη δε χόρτασα.

—Λόγια...

—Λόγια; Εγώ, ο Τζίτζικας; Εγώ, ο Τζίτζικας, που βλέπεις, φιλαράκι, είμαι απ' τα ζούμπερα που, άμα δεν πάρουν το πρωινό ρουφηματάκι τους από αίμα, παθαίνουνε κλαμπάτσα και ψοφούνε. Εννόησες;

—Λόγια.

—Λόγια;... Ο επιλοχίας κοντοστάθηκε. Ρε συ, λέει στο φρουρό που τον συνόδευε. Αμολήσου ως το αρχιφυλακείο κι άρπα την εξάρτυσή μου. Θα με δει κάνα τραγί και θα 'χουμε πάλι καμιά καμπάνα. Φέρ' τηνε στο κελλί αριθμός εφτά που πάω τούτονε τον προδότη. Ακόμη εδώ είσαι;

—Καλά ντε, πάω... Ουφ!...

—Τα «ουφ» και «πουφ» να τα πεις στην αδερφή σου! Άκουσες; Εδώ σου μιλάει ο βαθμοφόρος σου.

—Καλά... καλά.

—Κύλα τώρα κι άσε τα πολλά λόγια.

—Καλά. Κύλησα.

Ο επιλοχίας τώρα ζύγωσε το Γιώργη και κόλλησε σχεδόν απάνω του.

—Που λες, κύριε... κρατούμενε, λέρα... Τούτο δω το ρεμάλι, θέλω να πω... Αυτός ο φρουρός ντε, που 'στειλα για την εξάρτυση. Λέρα, που λες... Λέρα που κολλά απάνω σου και δε βγαίνει ούτε μ' εκατό πλυσίματα... Δε μιλάς;

—Τι με νοιάζει;

—Όχι, πρέπει να σε νοιάξει!

—Καρφί δε μου καίγεται.

—Τότε με νοιάζει εμένα. Γιατί αν δεν έλεγα όσα έλεγα τώρα περί κολατσό και τα λοιπά, θα 'βγαζε στη διοίκηση βρώμα που θα στούμπωνε η μύτη σου, με το μπαρδόν. Γιατί εγώ —για να λέμε την αλήθεια—, φιλαράκι, χόρτασα. Δηλαδή, μπούχτισα και με το παραπάνω. Και σήμερα που τη σκαπουλάρισες... πάρε με όπως θέλεις —κιοτή, χέστη—, εγώ χάρηκα. Να, μα το Θεό! Θα με μαρτυρήσεις;

—Όχι.

—Είσαι άντρας. Δυο φορές έκανα αίτηση γι' απόταξη, που λες, και δεν την έκαναν δεχτή. Να περιμένω, λέει, να τελειώσει ο πόλεμος εναντίον των εχθρών του Πολιτισμού. Δε με χέζεις με δεμένα βρακιά! Εσείς οι δυο έχετε πάρε δώσε με τον Πολιτισμό, εμένα τι μ' ανακατεύουνε στη μέση; Έτσι δεν είναι; Σάματις είναι αδερφάκι μου ο Πολιτισμός; Λύστε τις διαφορές σας συναμετάξυ σας κι εμένα αφήστε με να πάω στο σπιτάκι μου. Τι ανάμιξη έχω γω σε ξένο καβγά; Έτσι δεν είναι; Καρτέρα, σου λέει, ώσπου να τελειώσει ο πόλεμος. Ναι, αλλά ώσπου να τελειώσει ο πόλεμος, εγώ θα γίνω γριά. Την έφερες την εξάρτυση ρε; Εντάξει. Αποδώ εσύ, κρατούμενος! Για πού το 'βαλες κατά κει; Για την εξοχή; Μπες εδώ κι ετοίμασε τα τσαμασφύρια σου. Σε μια ώρα μπαρκάρεις για την Κέρκυρα. Ωραίο νησί... Έχει και τρελλοκομείο. Έτσι, αν τύχει και «την φωνίσεις», να μην μπαίνει το καημένο το κράτος στα έξοδα να σε κουβαλούμε. Καλά δε μιλάω;

Έβγαλε τις κλειδάρες του ν' ανοίξει, μα ο σκοπός τον σταμάτησε.

—Καλά... και το άλλο δε θα το πεις; του λέει στριμμένα.

—Ποιο άλλο;

—Το καλό ντε! Τι διάλο... το κορόιδο κάνεις; Κάνεις, δηλαδή, πως το ξεχνάς;

—Δεν κάνω, ρε ψείρα! Δεν κάνω πως το ξεχνώ. Το ξέχασα. Μυαλό είναι. Εσύ δεν ξεχνάς ποτές, δηλαδής; Να τονε!

—Αυτό δεν ξεχνιέται. Ίσα. Πες του το.

—Διαταγάς από σένα θα πάρω, ρε γιδοκόπριο! Άι χάσου... Ψτ!... Άκου δω ρε συ, κρατούμενος! Άκου δω... Η μάνα σου τα τίναξε... Σήμερις το πρωί. Ζωήν σε λόγου σου.

—Καλά.

—Πάλι καλά;... Πώπωωω, Θεούλη μου, απονιά! Φτου! Άιντε να φύγουμε αποδώ ρε να μην κολλήσουμε αθεΐα!... Φτου κι άλλη βολά! Βρε λεπίδι σ' όλους. Θάνατος! Πάμε, στρατιώτη!

ΕΠΙΛΟΓΟΣ

ΕΛΛΗΝΙΚΗ ΑΝΟΙΞΗ... Άνοιξη δυο φορές. Άνοιξη και Ελλάδα — δυο γέλια στο ίδιο στόμα. Το φως φτάνει ως τα υπόγεια. Έσβησαν οι ρυτίδες απ' τη θάλασσα. Χρυσή γύρη σκεπάζει τους τάφους. Άσπρα βαπόρια ξαναριγώνουν απ' την αρχή τη θάλασσα. Άνοιξαν πάλι οι θαλασσινοί δρόμοι και το νερό ξαναβρήκε το λουλακί του χρώμα. Ξεθάρρεψαν κι οι βάρκες και ξεδιπλώσανε τα πανιά τους. Οι ψαράδες —που είχαν ασπρίσει μες στους καφενέδες— καταπιάστηκαν ξανά με τα δίχτυα τους, κι είναι σαν τα παιδιά που ξαναπιάνουν, ύστερα από τόσον καιρό, τα βιβλία τους. Δυο χρόνια είχαν μουδιάσει απ' το καθισιό... Και τα μάτια τους κόβονταν να κοιτάζουν πίσω απ' τα τζάμια του καφενέ την απαγορευμένη θάλασσα. Δυο χρόνια καραντίνα. Δυο χρόνια έξω απ' το νερό. Δυο χρόνια να μη βρέξεις ούτε τη φτέρνα σου.

Γέρασαν κι οι βάρκες τους, ξεσυρμένες στη στεριά, και φαγώθηκαν απ' τον ήλιο οι καρίνες τους. Ούτε στο μώλο δεν μπορούσες να ξεπροβάλεις. Σε σημαδεύανε σα να ήσουνα γλαρόνι.

Μα τώρα οι βουές πέσανε. Στα βουνά που σφύριζαν σα φίδια τα τουφέκια ξαναγύρισαν τα πουλιά. Έξω απ' τις φυλακές και τα νεκροταφεία η ζωή δοκίμασε να σχεδιάσει το παληό της γέλιο. Ήταν που βοηθούσε κι η άνοιξη. Ήταν και που τούτο το νησί, η Κέρκυρα, είχε μείνει λίγο παράμερα απ' το αίμα. Ένα γέλιο ήταν όλη... που χρόνια τώρα οι ξένοι πάνε και της το κλέβουν λίγο λίγο και κείνο δεν τελειώνει. Μόνο τούτα τα δυο χρόνια το γέλιο είχε τραβηχτεί απ' τους δρόμους και κρύφτηκε πίσω απ' τα παράθυρα. Τούτη την άνοιξη όμως, που αραίωσαν τα βόλια, ξεμύτισε πάλι δειλά απ' τα καντούνια. Μια κιθάρα ξεκρεμάστηκε. Ήταν και τα περιβόλια έξω που δεν άντεχαν. Μα η κιθάρα δεν έπαιξε. Μια βαρειά πέτρα είναι καθισμένη στο στήθος της πόλης. Η φυλακή της. Μάταια ο γιαλός ακουμπά κάθε βράδυ τ' αυτί του ν' ακούσει τραγούδια... Η βαρειά παλάμη της φυλακής κλείνει τα στόματα που είναι έτοιμα να τραγουδήσουν.

Μα όλα κάποτε θα γειάνουν. Όλα θα μαλακώσουν και θα γλυκάνουν... Φτάνει να σηκωθούν πια —να σηκωθούν και να φύγουν— κείνοι που έσκισαν το μεγάλο ωκεανό κι ήρθαν να ματώσουν τη θαλασσίτσα μας...

Μια μέρα, σ' ένα από τα δρομολόγια του βαποριού, έφτασε στο νησί κι ένα μαυροντυμένο κορίτσι. Ήταν όμορφο σα λυπημένο κοτσύφι. Κατέβηκε με δυο δέματα κι ένα καλάθι και ρώτησε κατά πού πέφτει η φυλακή. Δέκα άνθρωποι πετάχτηκαν να την βοηθήσουν. Στο τέλος, το κορίτσι έδωσε τα δέματά του σε κείνον που επέμενε περισσότερο και ξεκίνησαν.

Ο άνθρωπος ήταν μικρόσωμος, ασθενικός... ένα γεροντάκι συμπαθητικό με τριμμένα ρούχα και πιπεράτη γλώσσα. Δεν πρόφτασαν να ξεκινήσουν κι αμέσως άρχισε να της μιλά στο ιδίωμά του, μια μιλιά σαν τραγούδι.

—Επέμενα γιατί, που λες, φιόρο μου, επέμενα γιατί, που λες... στάσου. Πώς σε λένε, ψυχή μου;

—Δέσπω.

—Επέμενα γιατί, που λες, Δεσποινιώ μου, γιατί έχω και γω τα ίδια πάθητα τση ψυχής. Όρσε. Εφέρανε τον άντρα σου εδώ... γιατί; Χάθηκαν, δηλαδής, οι φυλακές στην Αθήνα; Όσκε. Αλλά τονε φέρανε εδώ για να μην του φέρνεις λίγη γλύκα, λίγο φαΐ των χεριών σου. Ξέρεις κατά πού πέφτει το Καλάμι, ψυχή μου; Άσε καλύτερα να σ' το πω εγώ. Είναι μια φυλακή τση Κρήτης. Ε, εκεί τονε πήγανε το γιο μου για να μην μπορώ να τονε δω. Βάλανε οι άτιμοι θάλασσα ανάμεσά μας, κατάλαβες; Γιατί αλλοιώς πάω, σου λέω, μα τον Άγιο! Παίρνω τα πόδια μου και πάω, ας είναι όσο θέλει μακριά. Μα πα στη θάλασσα πώς να περπατήσω; Περπατάς, δε σου λέω... Μα πρέπει να 'χεις μονέδα να καβαλικέψεις ένα πλεούμενο. Σ' αρέσει το νησί μας, Δεσποινιώ μου;

—Πολύ, θείε.

—Εχ... και να το 'βλεπες πριν απ' τσου μπομπαρδισμούς! Εδώ πα ήτανε το θεατράκι μας. Πάνε και ρώτα..., ρώτα ούθε θέλεις. Ποιο ήταν το καλύτερο θέατρο του ντουνιά; Τση Κέρκυρας, θα σου πούνε. Δε μ' αρέσουνε οι παινεψιές, μα ευτούνη είναι η αλήθεια. Την Αθήνα δεν την ξέρω. Λένε πως είναι όμορφη. Τσίποτσι δεν είναι όμορφο, κόρη μου, τσίποτσι δεν είναι όμορφο σ' έναν τόπο με τόσες πολλές φυλακές... Συφωνάς, Δεσποινιώ μου;

—Ναι, θείε.

—Λίγα είναι τα λόγια σου. Σε τούτης της ακρίβειας τον καιρό, μάτια μου, εμείς οι φτωχοί τα λόγια πρέπει να τα φτηνύνουμε λιγάκι. Νιόπαντροι θα είσαστε, ε;... Γιατί δε μιλάς, ψυχή μου;

—Δεν... δεν...

—Δεν παντρευτήκατε ακόμη; Αμ αφήνουνε οι φονιάδες; Ένα γειτονόπουλό μου, όπου λες, το σηκώσανε κάτω απ' τα στέφανα. Μην έγινε έτσι και με σένα; Δε μιλάς; Μίλα πια, φως μου!

Το Δεσποινάκι τον λυπήθηκε. Δοκίμασε, λοιπόν, ν' ανοίξει λίγο το στόμα του.

—Εμείς, λέει, δηλαδή ο φυλακισμένος...

—Ε, τι;

—Δε μου είναι τίποτα.

—Τίποτσι; Πώς; Μη και δεν άκουσα καλά; Τίποτσι είπες; Δηλαδή, παίρνεις το βαπόρο κι έρχεσαι στην άκρη του ντουνιά για τίποτσι; Ε, τέτοιο πράμα οι φυλλάδες δεν το γράψανε ακόμη. Μην είναι στενός συγγενής σου;

—Ό... Όχι.

—Ε, το 'χασα το μυαλό μου! Και φοράς και μαύρα. Τα μαύρα γιατί τα φοράς;

—Πέθανε...

—...η μάνα σου;

—Όχι, η μάνα του.

—Ε, τώρα πια πάει..., το 'χασα και το τελευταίο σπυράκι. Πεθαίνει μια γριά που δεν την έχεις τίποτσι, και πας και χώνεσαι μες στο χρώμα του Χάρου... Κι ύστερις παίρνεις το παπόρο και κάνεις δύο μέρες ταξίδι για χατίρι καποιανού που πάλι δε σου είναι τίποτσι... και θέλεις τώρα εγώ ο γέρος να σε πιστέψω.

—Ήταν γιατί έμενα στο σπίτι τους..., γιατί... δεν είχα άλλονε κανέναν στον κόσμο...

—Ααα..., έτσι πες ντε. Τώρα ξαναρχίνησα να 'ρχομαι πάλι γιαλό. Και... του λόγου του, ευτούνος τση φυλακής, θέλω να πω, δε σ' είδε ποτές; Ποτές;

—Με είδε.

—Ε!... Άκου δω! Σε παρακαλώ, να του πεις από μέρους μου ότι είναι ζουρλός! Ένας μπάρμπας, να του πεις, μου το είπε, εδώ τση Κέρκυρας, που 'χει γιο σαν και σένα πίσω απ' τα σίδερα. Είναι ζουρλός! Θα του το πεις;

—Όχι... Γιατί;

—Γιατί; Γιατί είπες; Εμ ένας νιος, μάτια μου, που 'χει στο σπίτι του τέτοια γαζία και δε μουρλαίνεται απ' το μόσκο της... πα να πει ότι είναι από γεννησιμιού του λειψός. Ένας γέρος, να του πεις, μου το είπε που ξέρει απ' αυτά. Μα να που φτάσαμε στη φυλακή, κι εγώ δε θέλω να με δούνε τούτα τα κουλούκια. Άιντε, καλή γεια, τζαντζαμίνι μου... Και γλήγορις να τονε δεις λίμπερο. Και... να μην ξεχάσεις να του πεις ευτούνο που σου παρήγγειλα. Άι στο καλό, ψυχή μου, και... καλή τύχη με το μουρλό που έχεις στην καρδιά σου. Έλα, έλα... μην πας να μου κρυφτείς... Σε κατάλαβα απ' την πρώτη στιγμή.

Η Δέσπω άφησε την ταυτότητά της στο αρχιφυλακείο, έδωσε τα δέματά της να τα ψάξουν και κατόπι προχώρησε κατά το δικτυωτό για ν' ανταμώσει το Γιώργη. Μα... κάποιοι άλλοι προφτάσανε πριν απ' αυτήν. Προπάντων κάποια ά λ λ η. Η Δεσποινιώ κατάλαβε κάτω απ' το μαύρο της ρούχο την καρδιά της να τρέμει. Ξεμάκρυνε λυπημένη και περίμενε να φύγουν οι άλλοι... Μα πού να φύγουν!... Κόλλησαν εκεί και δεν έλεγαν κάποτε να ξεμακρύνουν.

* * *

Κείνο το πρωί ο Γιώργης είχε ένα παράξενο προαίσθημα. Απ' τη μέρα που τον άρπαξαν απ' το κελλί του θανάτου και τον μπαρκάρισαν στο βαπόρι, για πρώτη φορά ένοιωθε αυτό το συναίσθημα. Γι' αυτό και βάλθηκε πρωί πρωί να συγυριστεί. Ξυρίστηκε, φόρεσε ένα καθαρό πουκάμισο και χτένισε χωρίστρα τα μαλλιά του. Το βαπόρι στο μεταξύ σφύριξε. Ως τώρα ούτε μια φορά δεν τ' άκουσε το βαπόρι. Κι ούτε μια φορά δε βγήκε στο προαύλιο την ώρα του επισκεπτηρίου. Γιατί τάχα; Ποιον είχε σ' αυτόν τον κόσμο για να τον συλλογιστεί; Φοβόταν μη γίνει νούμερο σαν τον Γιάννη τον Καλημεριά, που κάθε Κυριακή έβαζε τα καλά του και πήγαινε και κρεμνιότανε στα κάγκελα. Χρόνια τώρα, λέγανε όλοι, ούτε και κουκουβάγια δεν τον επισκέφτηκε, μα κείνος δεν απελπιζότανε. Ο Γιώργης τον θυμόταν θολά απ' τη ΣΦΑ, ανήκε στην εξουσία του Τσίμπλη.

Μια μέρα, καθώς κείνος ντυνότανε, τον ρώτησε:

—Έχεις κανέναν στον κόσμο, μωρέ Γιάννη;

—Όχι, κανέναν.

—Το ίδιο κι εγώ. Γι' αυτό και δε βγαίνω στο επισκεπτήριο. Με παίρνει το παράπονο. Ύστερα... ντρέπομαι κιόλα.

—Ναι, δεν έχω κανένα στον κόσμο. Μα δεν έχω και καμιά άλλη χαρά έξω απ' αυτό το άχρηστο για μένα επισκεπτήριο. Θαρρώ πως, όλοι αυτοί, επισκέπτονται λιγάκι και μένα. Ύστερα, λέω, μπορεί κάποια μέρα κάποιος που δεν ήξερα να κάνει λάθος και να ξαναπέσει κατά δω...

—Ποιος να φανεί, καημένε Γιάννη;

—Πού ξέρεις... Οι συγγενείς μου, βέβαια, τελείωσαν όλοι, αλλά οι άνθρωποι ακόμα δεν τελείωσαν. Πού το ξέρεις...

Σήμερα όμως ο Γιάννης δε φάνηκε στο προαύλιο. Κι ήταν η πρώτη Κυριακή που ο Γιώργης δεν τον είδε να θρονιάζεται κοντά στα κάγκελα.

Νόμισε πως ήταν άρρωστος και πέρασε απ' το κελλί του. Τον ηύρε χωμένο μες στην κουβέρτα του.

—Συναχώθηκες; τον ρωτά σκύβοντας από πάνω του.

—Όχι... Πώς σου φάνηκε;

—Μα... δε θα βγεις στο επισκεπτήριο;

—Έχεις τσιγάρο; Κάτσε λιγάκι εδώ στα τσόλια μου... Όχι, Γιώργη, δε θα ξαναβγώ πια στο επισκεπτήριο. Έχω καταντήσει νούμερο. Δεν ξέρω... μπορεί να γελάστηκα... μα μου φάνηκε πως την τελευταία φορά άκουσα κάτι βηχαλάκια. Μπορεί να μην πρόσεξα καλά, να το νόμισα... μα η αλήθεια είναι πάλι ότι το παρατράβηξα. Γι' αυτό από σήμερα το κόβω. Τη σταματώ κι αυτήν την κυριακάτικη πολυτέλεια. Εξάλλου βλέπω ότι με αντικατέστησες εσύ... Αλλαγή φρουράς. Δυο νούμερα στην ίδια φυλακή πέφτουν πολλά. Έτσι δε νομίζεις;

—Κάτι με φαγουρίζει απ' το πρωί ότι θα 'χω σήμερα επισκεπτήριο.

—Καλώς να τα δεχτείς. Και φύλαξέ μου και μένα λίγο απ' τον αέρα το φρέσκο που θα λάβεις.

—Ευχαρίστως...

—Να, κατά φωνή...

Πραγματικά. Κείνη την ώρα η φωνή του κράχτη άρχισε ν' αραδιάζει διαπεραστικά και μονότονα τα ονόματα. Ο Γιώργης έδωσε αυτί. Ο Γιάννης τον είδε και άρχισε να γελά πικρά.

—Στ' αλήθεια... Το πήρες στα σοβαρά ότι μπορεί να 'χεις σήμερα επισκεπτήριο; Παράξενο...

—Σσς!...

Ο κράχτης συνέχιζε:

—Μυτακούλιας... Σάσσαλος... Μπίλιας... Σπίνος... Καρυστινός.

Ο Γιάννης τον άρπαξε απ' το ρούχο.

—Γιώργη!

—...Αστοχάς, συνέχιζε ο κράχτης. Ξεροτάσσης... Φιλέρης...

—Γιώργη! Κουφάθηκες; Δεν άκουσες; Το 'παν καθαρά! Τ' όνομά σου.

Ο Γιώργης είχε χλωμιάσει.

—Τώρα που τ' άκουσα, λέει, έπαψα να το πιστεύω. Λες στ' αλήθεια, Γιάννη, να 'χω επισκεπτήριο;

—Εσύ δε μου είπες ότι το περίμενες;

—Μου φαίνεται πως έπαιζα...

—Ναι, αλλά σε φώναξαν... Δεν τ' άκουσες;

—Ναι, μα λες να με ήθελαν για το επισκεπτήριο; Λες να με φώναξαν γι' αυτό;

—Ε, γιατί λες να σε φώναξαν; Για να σε μεταλάβουν;

—Δε μου λες... Μήπως έχουμε κι άλλον Καρυστινό στη φυλακή;

—Όχι, πήγαινε.

Ο Γιάννης τον έσπρωξε. Ο άλλος προχώρησε δειλά δειλά, κοιτάζοντας ολοένα πίσω του μήπως ξεροβήξει κανένας. Όχι, όλοι ήσαν αφοσιωμένοι με το επισκεπτήριο. Τότε προχώρησε πιο θαρρετά. Και πλησίασε χλωμός κατά το συρματόπλεγμα. Ξαφνικά μια χερούκλα σηκώθηκε πάνω απ' τα κεφάλια κι άρχισε να του κουνά κάτι φανταχτερά μπόλικα λουλούδια. Την άλλη του χερούκλα τού την κρατούσε κάποια μορφονιά.

Τότε ο Γιώργης κατάλαβε πια καθαρά ότι η φυλακή είχε κι άλλον Καρυστινό κι ετοιμαζόταν να φύγει... γιατί αυτό το μούτρο με τις χερούκλες και τα λουλούδια, και τη μορφονιά κολλημένη απάνω του, πρώτη φορά το 'βλεπε. Αλλά πάλι γιατί ξεχεριάστηκαν να χαιρετούν; Σε μια στιγμή μάλιστα ο άνθρωπος με τις χερούκλες γκάριξε κιόλας σα βαπόρι:

—Γιώργη!!! Ίσα ντε!...

Ο Γιώργης έκανε γείσο την παλάμη του. Ναι, κείνος

ο άγαρμπος τύπος με τη φωνάρα ζητούσε αυτόν. Κι είχε ένα σουλούπι που, αν η στιγμή δεν ήταν ιερή, ο Γιώργης θα 'βαζε τα γέλια. Μαύρη κουστουμιά, γραβάτα και... ζουνάρι.

—Γιώργηηηηη!... ξαναφώναξε ο άγαρμπος.

Και τότε ο Καρυστινός πετάχτηκε σα να τον σούβλισαν.

—Μελιτζάνα!... ξεφώνισε σαν τρελλός.

—Αδερφέ μου! Γιωργάκο μου!... Είσαι συ; Ζεις;... Γύρνα κατά πίσω, ρε βάσανο, λέει στη γυναίκα που τον συνόδευε.

—Μα γιατί, καλέ Στέλιο; του κάνει αυτή σκανδαλισμένη.

—Γύρνα ντε που σου λένε. Γύρνα, μου φαίνεται πως θα με πιάσει κείνη η καταρροή... και δε θέλω να με δεις.

Ο Γιώργης γύρισε και την περιεργάστηκε. Ήταν μια ζωντανή, γερή κοπέλλα του λαού, με καστανά δακρυσμένα μάτια...

—Γιώργη, λέει ο Στελάρας, έτρεμα μη δε με πεις Μελιτζάνα... και τότε θα νόμιζα πως πάει, έσβησε η φιλία μας.

Ξαναστράφηκε κατά την κοπέλλα.

—Ψτ, να τονε, ρε π ρ ό σ ω π ο..., αυτός είναι. Όχι, τώρα να μου πεις εδώ δα μπροστά μου: Σ' το 'λεγα ψέματα πως ήταν φίλος μου; Να τα, τα βλέπεις τα μάτια του; Αν μου πεις τώρα ότι αυτό που τρέχει δεν είναι φιλία, τότε εγώ είμαι ένα τουρσί... ένα λάχανο... Γιώργη! Άσ' τα να τρέξουνε τα ρουφιάνικα! Μην τα σκουπίζεις!... Άσ' τα να τρέξουνε για να το μάθει όλος ο κόσμος τι είδους φίλοι είμαστε... Λοιπόν, Γιωργάκο... την είδες; Αυτή είναι... η... το... π ρ ό σ ω π ο ντε, που σου έλεγα. Η... κουμπαρίτσα σου! Ή μπας και μετάνοιωσες και δε θέλεις να μας περάσεις τα κουλούρια;

—Έγινε, Στελάρα... Όποτε θέλετε. Κι εδώ ακόμη, πίσω απ' τα σίδερα.

—Αχχ.

Η κοπέλλα τον έσπρωξε.

—Έλα τώρα, καημένε Στέλιο!... Δεν ντρέπεσαι καλέ τέτοιος άντρακλας να κλαις;

—Αχ, Γιώργη! ξαναστενάζει ο Στελάρας. Οι γυναίκες δεν έχουν καρδιά.

—Έχεις άδικο, Στελάρα... Αν πιστέψουμε στα μάτια, τότε δείχνει ότι αυτή εδώ, η κουμπαρίτσα μας, έχει καρδιά.

—Μπορεί... Δεν επιμένω... Α! Δε σ' το 'πα. Κείνο, του... Λαρισαϊκού ντε. Ε, έγινε.

—Ποιο «του Λαρισαϊκού»;

—Κείνο ντε το... Στάσου, έχω εδώ και τη ρεκλαμίτσα.

Έβγαλε από την τσέπη του μια καρτέλλα και του την άπλωσε μπρος στα μάτια.

Ο Γιώργης διάβασε με βαθειά συγκίνηση:

«ΤΑΒΕΡΝΑ "ΟΙ ΤΡΕΙΣ ΦΙΛΟΙ"

Ο Στελάρας καλεί τους φίλους του να περάσουν στη λαϊκή γωνίτσα του μια ευχάριστη βραδιά. Ψησταριά, σπληνάντερο, κοκορέτσι, ξανθιά ρετσίνα Αττικής, λαϊκά άσματα και καλή καρδιά».

—Γιώργη, το είδες... Δεν το πάγαινε η καρδιά μου να τον αφήσω όξω τον καημένο τον Παναγή... Τα 'μαθες, ε, για την Αλκμήνη; Φουκαριάρικο κορίτσι.

—Πού την έχουν, Στελάρα;

—Στο άσυλο... Και, καθώς καταλαβαίνω, δεν είναι πια για να το ξαναβρεί το λογικό της... Ααααχχ, σάπια κοινωνία και κόσμε άγαρμπε!...

Ο Γιώργης προσπάθησε ν' αλλάξει λίγο την ατμόσφαιρα.

—Και... δε μου λες, Στελάρα... Και... τι άλλο έχει μέσα κείνο το «Κατάστημα»;

—Αλτ! Ξέρω πού το πας. Ε, όχι, αδερφέ μου... Δεν τα 'παμε ότι θα δοκιμάσουμε να τα καταφέρουμε να ζήσουμε τίμια; Ύστερις τι το κάναμε δω; Το κατάστημα έχει και Κυρία μέσα. Δεν τη ρωτάς; Μέρα νύχτα είναι θρονιασμένη στο ταμείο. Ψέματα, ρε π ρ ό σ ω π ο; Γιατί δε μιλάς; Μίλα ντε! Κατάπιες τη φωνή σου;

—Ναι... έτσι είναι, κύριε Γιώργο...

—Και τώρα βουρ! Πάρε τα δωράκια μας. Μας τα στραπατσάρισαν λίγο στην έρευνα, αλλά δεν πειράζει, λίγο το κακό.

Τρία μεγάλα καλάθια περίμεναν στα πόδια του. Δώρα πλούσια και μπόλικα, από ρουχικά μέχρι τσιγάρα και φρούτα.

—Στελάρα..., λέει ο Γιώργης και τον κοιτά λίγο συλλογισμένος.

—Ώπα!

—Δε μου λες... Μήπως θυμάσαι απ' τη ΣΦΑ κάποιον Γιάννη Καλημεριά;

—Για στάσου... δε μου λες... Μήπως είναι ένας λιγνοκόκαλος που τον «δούλευε» κείνη η σκατοπαρέα του Τσίμπλη; Ένας... συλλογισμένος «πέντε μέτρα κι ένα κόψε», με ήσυχο κομμουνιστικό μάτι;

Ο Γιώργης γέλασε.

—Ακριβώς..., του λέει για να μην του χαλάσει την καρδιά.

—Λοιπόν;

—Είναι δω. Και δεν περιμένει επισκεπτήριο από κανέναν... Κατάλαβες; Από κανέναν.

—Αλτ! Μπαίνω στο παρασύνθημα. Πες μου μονάχα πώς να γίνει...

—Δεν πρέπει να φανεί ότι είναι από μένα. Κατάλαβες;

—Μην προχωράς. Προσώρας θα το μπαλώσουμε το πράμα με τα βρισκούμενα, και από το επόμενο ταξίδι θα του ετοιμάζω και τη δική του καλαθιά. Μολύβι!

Το πρόσωπο έβγαλε αμέσως από το τσαντάκι του ένα κίτρινο μολύβι με φουντίτσα. Ο Στελάρας το σάλιωσε κι έγραψε με την αιώνια ορθογραφία του: Γιάννις Καλημεριάς, εν Φυλακές Κέρκυρα».

Σε λίγο ο κράχτης ξεφώνισε:

—Νά 'ρτει κι ο Καλημεριάς!

—Καλημεριάς!... ξεφώνισε όλη η φυλακή, κι είχαν όλοι μια άδολη χαρά.

—Γιαννακό!... Αδερφέ μου, φώναξε ο Στελάρας από μακριά. Ο φίλος αργεί, αλλά δεν αλησμονεί. Αργά το 'μαθα, αδερφέ μου. Γι' αυτό έφερα μόνο αυτά τα ολίγα.

Ο Γιάννης με τα χέρια στα μελίγγια προσπαθεί να ξεχωρίσει τον επισκέπτη του. Σε λιγάκι ξεφωνίζει:

—Ο Στελάρας!

—Ολόκληρος!

—Κι ήρθες για μένα... για μένα;

—Και για τούτον και για σένα... και... για μένα.

—Ε, λοιπόν, Κουτρούμπα... Κάτι είχα μυριστεί ακόμη αποκεί ότι ήσουν λίγο... χαλασμένος.

—Ας είναι καλά τα παιδιά. Τούτοι με χαλάσανε. Τούτος κι ο μακαρίτης ο Ζαγκλίφας. Λοιπόν... Ισόβια τη βγάζεις;

—Θάνατος, Στελάρα. Αλλά είναι τρία κατά δύο και —προς το παρόν— δε μ' εκτελούνε.

—Αν είναι τρία κατά δύο, σώπα. Θα το γλυτώσεις το πεπονάκι. Εγώ αποδώ και πέρα θα 'ρχομαι συχνά. Θ' αφήνω το κατάστημα στην κοπέλλα αποδώ — σ' τη σύστησα; Είναι η κουμπαρίτσα του Καρυστινού... Θα τ' αφήνω, λοιπόν, σ' αυτήν εδώ, την κουμπαρίτσα του Καρυστινού, και θα πετάγομαι. Καλά ντε! Μη σπρώχνεις!... λέει στο φύλακα που τον παραμέριζε.

—Αποσυρθείτε! έκανε ο φύλακας. Καρυστινός! Έχεις κι άλλη επίσκεψη.

—Κι εγώ που δεν τον χόρτασα; λέει παραπονεμένος ο Στελάρας.

—Αν θέλεις, στάσου παράμερα... κι άμα τελειώσει.

—Για στάσου! Θαρρώ πως κάτι έχω για σένα. Βέβαια... βέβαια..., είδες που πήγα να το ξεχάσω!... Βγάλε καναδυό πακεττιές, ρε πρόσωπο. Παρακαλώ, δεν είναι τίποτις... ας μη γίνεται λόγος. Στο επόμενον περισσότερα. Καλά το κατάλαβα εγώ ότι είσαι καρντάσι φίνο. Είναι κουμπαράκι μας αποδώ ο Καρυστινός, κατάλαβες; Εγώ θα συνεχίσω εδώ με τον Καλημεριά —με την άδειά σου— και μόλις νετάρει ο Καρυστινός... με φωνάζεις, έτσι;

—Έγινε.

Στο μεταξύ στα κάγκελα πλησίασε το δεύτερο «επισκεπτήριο» του Γιώργη. Ήταν όλο ταραχή, όλο γλύκα και ντροπαλοσύνη.

—Κύριε Γιώργο..., λέει κατακόκκινο σα ρόδι το Δεσποινάκι.

—Δεσπ... δεσποινίς, κάποιο λάθος, υποθέτω...

—Όχι, κύριε Γιώργο... Είμαι το κορίτσι που έμενα στο σπίτι σας... η Δέσποινα..., αν θυμάστε.

—Εσείς... το Δεσποινάκι... Αδύνατο!

—Μεγάλωσα.

—Δεσποινάκι... Δεσποινάκι..., ψελλίζει ο Γιώργης μαγεμένος. Δεσποινάκι. Είσαι... είσαι...

—Δεν είμαι τίποτα, κύριε Γιώργο... Είμαι το Δεσποινάκι.

—Είσαι ο άγγελος αυτής της γης. Καμιά δε θα 'κανε τόσα πολλά για τη μητέρα... για μια ξένη γυναίκα. Και κρατάς και καλάθια. Δεσποινάκι, μα είναι όνειρο!... Τι καλό σου έκανα;

—Δεν μπόρεσα περισσότερα, κύριε Γιώργο...

Στα χέρια της έπαιζε πάντα ένα κλειδί. Κι όλο κάτι ήθελε ν' αρχίσει κι όλο το ανέβαλλε. Στο μεταξύ ο Στελάρας είχε σιγά σιγά πλησιάσει.

—Με το μπαρδόν..., κάνει στη Δέσποινα. Η κουμπάρα αποδώ..., και δείχνει την κοπέλλα του, λέει πως σε γνωρίζει. Αληθεύει το πράμα ή μπας και βλέπει μεσημεριάτικο όνειρο;

Οι δυο κοπέλλες κοιτάχτηκαν κι ύστερα αγκαλιάστηκαν.

—Δε θα το ξεχάσω ποτέ..., της είπε η Δέσπω. Η νεκρή μιλούσε ως το τέλος για σας.

Ο Γιώργης ήταν πάντα πελαγωμένος.

—Ξέρεις τι λέω, Δεσποινάκι..., κόβει την παγωνιά ο Στελάρας. Να φύγουμε όλοι μαζί για να 'χεις και συντροφιά στο βαπόρι, ε; Τι λες;

—Σ' ευχαριστούμε, Στελάρα, έκανε ο Γιώργης.

—Λοιπόν, εμείς εδώ συνεχίζουμε με το φιλαράκο μου, τον Καλημεριά, και μόλις νετάρετε τα... Γιώργη, κουράγιο!... λέει συνωμοτικά και κλείνει άγαρμπα το μάτι του. Η μυτάρα του είχε μια πολύ περίεργη συγκίνηση.

—Δεσποινάκι..., αρχίζει με αβέβαιη φωνή ο Γιώργης... και δεν προχωρεί.

—Κύριε Γιώργο..., απαντά το κορίτσι. Και δεν προχωρεί κι αυτό.

Ψάχνει να βρει κάποια λόγια, να ξεμπερδέψει μερικά νοήματα. Δεν μπορεί. Ωστόσο ξαναδοκιμάζει.

—Κύριε Γιώργο!... Τα τακτοποίησα όλα... όλα... στο

σπίτι σας. Κάρφωσα τα παντζούρια, αμπάρωσα την πόρτα... Και σας φέρνω το κλειδί.

Ο Γιώργης χλώμιασε.

—Και... συ... πού θα πας, Δεσποινάκι;

—Δεν ξέρω... ακόμη δεν κανόνισα. Μα θα βρω.

—Και γιατί δε θέλεις να μείνεις στο σπίτι μας, Δεσποινάκι;

—Δεν υπάρχει λόγος πια, κύριε Γιώργο. Μετά το θάνατο της μητέρας σας... είμαι πια περιττή μέσα σ' ένα ξένο σπίτι.

—Α... τότε..., αν είναι έτσι, τότε καλά... Αν, δηλαδή, το θεωρείς ξένο το σπίτι μας, τότε καλά, Δεσποινάκι... Και σε παρακαλώ να με συγχωρέσεις που σε ρώτησα.

—Έτσι είναι, κύριε Γιώργο... Μη σας κακοφαίνεται... Τι να 'κανα εγώ μόνη μου σ' ένα ολομόναχο σπίτι;

—Δηλαδή... αν ήμουν κι εγώ εκεί, θα ήταν διαφορετικά; Τότε θα 'μενες;

—Με ποιο δικαίωμα να 'μενα; Εσείς θα είχατε την οικογένειά σας... τη ζωή σας, το δικό σας νοικοκυριό... Εγώ...

—Ποιαν οικογένειά μου, Δεσπούλα;

—Τη γυναίκα σας..., τα παιδιά σας...

Ο Γιώργης αναστέναξε.

—Καλά, λοιπόν, Δεσπούλα. Τότε ώρα καλή... και σ' ευχαριστώ από καρδιάς για όσα έκανες για μας... όλους... Πραγματικά. Τι να κάνεις μέσα σ' ένα έρημο σπίτι; Έχεις κι εσύ δικαιώματα σ' αυτόν τον κόσμο. Δεν μπορείς να κάψεις όλα σου τα νιάτα δίπλα σε άρρωστους και φυλακισμένους... Έτσι δεν είναι;

—Γιατί μιλάτε έτσι, κύριε Γιώργο;

—Σωστά μιλώ, παιδί μου! Είναι καιρός να φκιάξεις και συ τη ζωή σου. Μεγάλωσες πια, Δεσποινάκι... Μπορεί έξω, στην ελεύθερη ζωή, κάποιος να σε περιμένει. Κι έτσι πρέπει να είναι. Σωστά δε λέω;

—Όχι!

—Τι;

Ήταν όλη η ίδια η φωτιά.

—Δε θέλω, κύριε Γιώργο, να μιλάτε εσείς έτσι για μένα... Με... προσβάλλετε.

Άπλωσε το χέρι της.

—Σας παρακαλώ, πάρτε...

—Τι πράμα;

—Το κλειδί σας.

Ο Γιώργης ήταν άσπρος. Πηχτός ιδρώτας περιέλουζε το πρόσωπό του.

—Καλά, Δεσποινάκι, λέει με ζήλεια. Έτσι έπρεπε να γίνει. Ξέρω πού πας... Και πρέπει. Πας σ' εκείνον. Δηλαδή, σε κάποιον που σ' αγαπά.

—Όχι, είπε ζωηρά το κορίτσι. Δεν υπάρχει κανένας πια που να μ' αγαπά. Κείνη που μ' αγαπούσε... πέθανε...

Το κορίτσι έκλαιε με πικρά δάκρυα.

—Τότε... γιατί δε μένεις ακόμη λίγο, Δεσποινάκι; Γιατί δε μένεις ακόμη στο σπίτι κείνης που σ' αγαπούσε;

—Όχι, κύριε Γιώργο... Περιττό πια να επιμένετε. Αντίο σας!

—Δεσποινάκι!... Ούτε το χέρι δε μου δίνεις;

Το κορίτσι γύρισε... Ανάμεσα απ' το χαλασμένο κιγκλίδωμα υπήρχε μια τρυπίτσα. Μόλις χωρούσε το κοριτσίσιο χέρι. Ο Γιώργης το τράβηξε μέσα.

—Δεσποινάκι..., είπε μ' αλλαγμένη, τρεμουλιαστή φωνή.

Η αγωνία του ύπουλου Στελάρα είχε φτάσει στο κατακόρυφο. Το καημένο το κοριτσίσιο χεράκι... που ανέλαβε, αυτό μόνο, να σώσει την κατάσταση!... Να τα πει όλα. Να πει για τον απέραντο έρωτα που σπαρταρούσε κάτω απ' το μαύρο εκείνο ρουχαλάκι.

—Δεσποινάκι..., ξανάπε πάλι ο Γιώργης... και πάσκιζε μόνο μ' αυτό το «Δεσποινάκι» να τα πει κι αυτός όλα.

Μα τα μάτια του κοριτσιού ήταν σύμφωνα.

—Δεσποινάκι..., ως πόσο μπορείς να περιμένεις; μπόρεσε επιτέλους να ρωτήσει.

—Ως το τέλος, Γιώργο...

—Πόσο μπορείς να καθίσεις μέσα σε κείνο το σπίτι, Δεσποινάκι;

Το Δεσποινάκι ωρίμασε.

—Ώσπου να γκρεμίσει!... είπε.

Ο Γιώργης ξαφνικά ανακάλυψε σε κείνο το νέο κορμί την αυριανή μαυροφορεμένη γυναίκα του.

—Τότε, Δεσποινάκι, πάρε το κλειδί και πήγαινε ν' ανοίξεις το σπίτι μας. Σπίτια που έχουν τέτοιους στύλους δε φοβούνται το γκρέμισμα. Πάρε το κλειδί, άνοιξε το σπίτι μας, κάθισε μέσα και περίμενέ με.

—Ουφ!... Ίδρωσα!! ξεφώνισε από δίπλα ο Στελάρας. Ρε Καρυστινέ, με το μπαρδόν δηλαδή, αδερφέ μου, αλλά στα ερωτικά, δηλαδή, είσαι, με το μπαρδόν, σκράπας! Σε μια στιγμή μου 'ρθε ν' απλώσω τις άγαρμπες χερούκλες μου, ν' αρπάξω τούτο το μαυροφόρικο, να το κάνω ένα τόπι και να το σβουρίξω στην αγκαλιά σου! Πάμε, ρε πρόσωπο. Πιάσε μου το μπράτσο. Έλα και συ, κυρία Καρυστινού!... Πιάσε μου το άλλο μπράτσο. Έτσι... Ε, ρε θάλασσα γαλανομάτα! Κουμπάρε, περίμενέ μας ιλίαν συντόμως και συγγενικώς. Γεια σου και σένα, κύριε Καλημεριά. Αναμείνατε συντόμως. Πιάστε με γερά, ρε θηλυκά... Πιάστε με γιατί θαρρώ πως θα μου φύγουνε πάλε κείνες οι μύξες του παληορουφιάνου!